KB091608

GREAT CODE Vol. 2 2/e

GREAT CODE Vol. 2 2/e

로우레벨로 생각하고
하이레벨로 코딩하기

랜달 하이드 지음   송주경 옮김

에이콘

4

지은이 소개

랜달 하이드^{Randall Hyde}

『The Art of Assembly Language』, 『Write Great Code』 시리즈, 『Using 6502 Assembly Language』와 『P-Source』의 저자며, 『The Waite Group's MASM 6.0 Bible』의 공저자다. 지난 40여 년간 원자력 발전기, 교통신호 시스템, 다양한 소비자용 전자 제품을 위한 임베디드 소프트웨어 및 하드웨어 개발 도구를 만들었고, 포모나에 위치한 캘리포니아 폴리테크닉 주립대학교^{California State Polytechnic University}와 리버사이드에 위치한 캘리포니아 대학교^{University of California}에서 컴퓨터 과학을 가르쳤다.

프로그래밍과 소프트웨어 엔지니어링에 대한 다양한 자료를 제공하는 웹 사이트(www. randallhyde.com)를 운영한다.

| 감사의 글 |

더 좋은 책을 만들기 위해 많은 사람이 이 책의 모든 단어, 기호, 구두점 하나까지 읽고 또 읽었다. 두 번째 판을 세심하게 작업해준 개발 편집자 아사바스카 윗치Athabasca Witschi, 글/프로덕션 편집자 레이첼 모나한Rachel Monaghan, 교정자 제임스 프렐리James Fraleigh에게 감사한다.

이 책의 기술 검토에 큰 역할을 한 나의 오랜 친구 토니 트리벨리에게 이 기회를 빌려 감사의 마음을 전하고 싶다. 그는 이 책의 모든 코드를 컴파일하고 실행해 제대로 작동하는지 확인했다. 기술 검토 프로세스 전반에 걸친 그의 제안과 의견은 이 작업의 품질을 극적으로 향상시켰다.

물론, 그동안 제안 및 수정 사항을 이메일로 보내주신 수많은 독자에게도 감사드린다.

감사의 마음을 담아서

랜달 하이드

| 기술 감수자 소개 |

토니 트리벨리^{Tony Tribelli}

35년 경력의 소프트웨어 개발자다. 임베디드 디바이스의 커널 개발, 분자 모델 구현 등에 기여해왔으며 블리자드 엔터테인먼트^{Blizzard Entertainment}에서 10여 년간 비디오 게임 프로그래머로 일했다. 현재는 소프트웨어 개발 컨설턴트로 활동하면서 컴퓨터 비전을 활용한 애플리케이션을 개발하고 있다.

│ 옮긴이 소개 │

송주경(sjeunibooks@gmail.com)

삼성전자 엔지니어 출신으로 현재 클라우드, 인공지능, 로봇, 메타버스, 블록체인 등 기술 융합 분야와 프로그래밍 강의를 하고 있다. 파이썬, 스파크, 스프링 분야의 번역서를 여러 권 출간했다.

이 책은 무려 40여 년 전에 소프트웨어 개발자로 일을 시작했던 랜달 하이드의 『Write Great Code』 시리즈의 두 번째 책으로, 지난 40여 년간 소프트웨어 개발 산업에 존재해 왔던 방법론, 전략, 실무 이론, 체계를 집대성했다. 저자는 『Write Great Code』 시리즈 1, 3편에서 하드웨어와 효과적으로 소통하는 방법과 개발자가 어떻게 소프트웨어를 완성하는지 소개했으며, 이 책(2편)에서는 로우레벨로 생각하고 하이레벨로 코딩하는 방법을 설명한다.

저자 랜달 하이드의 시대에 각광받던 개발 주제는 현재 클라우드, 인공지능, 양자컴퓨팅, 블록체인 등과 같은 주제로 바뀌었고, 개발 접근 전략이나 방법론 또한 좀 더 세분화되거나 아예 달라지기도 했다. 하지만 더 좋은 소프트웨어를 만들기 위한 열정은 개발자 모두의 공통된 마음이 아닐까 한다.

이 책은 소프트웨어 개발자들이 하이레벨과 로우레벨 사이의 모든 것을 이해하고, 프로그램 개발에 적극 활용하고자 할 때 읽기 좋을 것이다. 지난 수십 년간 존재해온 개발 담론을 확인하며 앞으로 수년간 개발자로서 자신의 경력을 어떤 방식으로 관리할 것인지 계획을 세우고 싶을 때 참고할 수 있을 것이다. 이런 독자들에게 저자는 다양한 예제와 코드를 활용해 체계적으로 자세히 설명한다.

지난 프로젝트보다 더 좋은 코드를 좀 더 효율적으로 만들어내기 위해 고민하는 개발자에게도 추천한다.

| 차례 |

에이콘출판의 기틀을 마련하신 故 정완재 선생님 (1935-2004)

| 들어가며 |

'훌륭한 코드^{great code}(위대한 코드)'란 무엇일까? 이에 대해서는 프로그래머마다 생각이 다를 것이다. 따라서 모든 사람이 만족할 수 있는 포괄적인 정의를 제공하는 것은 불가능하다. 이 책에서 사용할 정의는 다음과 같다.

훌륭한 코드는 소프트웨어의 우수한 특성을 살려 일관성 있게 작성된 소프트웨어다. 특히, 알고리즘을 소스 코드로 구현할 때는 프로그래머의 생각대로 정해진 일련의 규칙을 따른다.

『Write Great Code』 시리즈 1편(『Write Great Code, Volume 1: Understanding the Machine』)에서도 언급했듯이, 거의 모든 사람이 인정하는 훌륭한 코드에는 몇 가지 속성이 있다. 특히 더 훌륭한 코드는 다음과 같다.

- CPU를 효율적으로 사용한다(빠르다).
- 메모리를 효율적으로 사용한다(작다).
- 시스템 리소스를 효율적으로 사용한다.
- 읽기 쉽고 유지 보수가 쉽다.
- 일관된 스타일 지침을 따른다.
- 소프트웨어 엔지니어링 규칙에 따라 명시적으로 설계된다.
- 확장하기 쉽다.
- 충분한 테스트를 거치며, 안정적이다(잘 동작함).
- 문서화가 잘되어 있다.

이 목록에 수십 개의 항목을 쉽게 추가할 수 있다. 어떤 프로그래머는 이식 가능하고, 주어진 프로그래밍 스타일 지침을 따르거나 특정 언어로 작성되어야(또는 특정 언어로 작성되지 않아야) 훌륭한 코드라고 생각할 수 있다. 또는 가능한 한 단순하게 만들어야 한다거나 빨리 만들 수 있어야 한다고 생각할 수도 있다. 또 다른 관점으로 주어진 시간 내에

정해진 예산 내에서 만들어져야 한다고 할 수도 있다.

훌륭한 코드를 설명하는 여러 가지 관점이 있는데, 한 권의 책에서 제대로 설명하기에는 그 내용이 너무 많다. 『Write Great Code』 시리즈 2편은 그중에서도 주로 '효율적인 성능'에 중점을 둔다. 효율성이 항상 소프트웨어 개발의 주요 목표가 되는 것도 아니고 코드가 반드시 훌륭해야 할 필요는 없지만, 비효율적인 코드가 훌륭한 코드는 아니라는 점에는 모두 동의할 것이다. 게다가 비효율성은 현대 애플리케이션의 주요 문제 중 하나이므로 여러 번 강조해도 될 만큼 중요한 주제다.

훌륭한 코드의 성능 특성

컴퓨터 시스템 성능이 메가헤르츠^{MHz}에서 수백 메가헤르츠, 기가헤르츠^{GHz} 수준으로 향상됨에 따라, 컴퓨터의 소프트웨어 성능은 다른 문제가 됐다. 오늘날, 소프트웨어 엔지니어가 "코드를 최적화하면 안 된다!"라고 외치는 것은 드문 일이 아니다. 아이러니하게도 그런 말을 하는 소프트웨어 사용자가 많지는 않다.

이 책은 효율적인 코드를 작성하는 방법에 대해 설명하지만, 최적화에 대한 책은 아니다. **최적화**^{optimization}는 소프트웨어 엔지니어가 소프트웨어 개발 수명주기$^{Software Development Life Cycle, SDLC}$가 거의 끝나갈 무렵의 단계에서 코드가 성능 사양을 충족하지 않는 이유를 파악한 다음 그에 따라 수정하는 것이다. 그러나 불행히도 최적화 단계까지 애플리케이션의 성능에 대해 아무 생각도 하지 않는다면, 최적화 과정이 실질적인 성능 향상으로 이어질 가능성은 거의 없다. 애플리케이션이 합리적인 성능 기준을 충족하는지 확인하는 시간은 설계 및 구현 단계 중에서 SDLC의 시작 부분이다. 최적화는 시스템 성능을 미세하게 향상시킬 수는 있지만, 기적을 일으키는 경우는 거의 없다.

인용문을 대중화한 도널드 크누스$^{Donald\ Knuth}$도 기여한 바가 있지만, '조기 최적화$^{premature\ optimization}$는 모든 악의 근원'이라고 말한 사람은 토니 호어$^{Tony\ Hoare}$다. 이는 SDLC가 끝날 때까지 애플리케이션 성능을 무시하는 소프트웨어 엔지니어에 대한 외침으로, 보통 이 시점에서는 경제적 이유나 시장 출시 기간 때문에 최적화가 생략된다. 그러나 호어가 '개발 초기 단계에서 애플리케이션 성능에 대한 고려를 하는 것은 모든 악의 근원'이라고 말한 것은 아니다. 그가 말한 것은 조기 최적화$^{premature\ optimization}$로, 당시에는 어셈블리 언어 코드의 명령어 개수와 사이클 수를 세는 것을 의미했다. 이는 코드 기반이 유동적인 초기 프로그램 설계 단계에서 하기에 적당한 방법은 아니다. 따라서 호어의 코멘트는 적절했다.

찰스 쿡^{Charles Cook}(https://bit.ly/38NhZkT)의 짧은 에세이에서 발췌한 다음 내용은 호어의 말을 지나치게 받아들여 오해할 때의 문제를 추가로 설명한다.

> 나는 이 인용문이 의도한 것과 다른 문제 영역에 적용됐기 때문에 소프트웨어 디자이너를 심각한 실수로 이끌었다고 항상 생각했다.

> 인용문의 전체 버전은 "우리는 (가령, 97% 정도의 시간 동안) 미세한 부분의 성능 효율에 대해 잊고 있어야 한다. 너무 이른 최적화는 모든 악의 근원이다."이고, 나는 이 말에 동의한다. 일반적으로 성능 병목 현상이 발생하는 위치가 어딘지 명확해지기 전까지는 코드를 미세하게 최적화하는데 많은 시간을 할애할 필요가 없다. 반대로 시스템 레벨에서 소프트웨어를 설계할 때는 항상 처음부터 성능 문제를 고려해야 한다. 우수한 소프트웨어 개발자는 성능 문제가 발생하는 위치를 감각적으로 찾아 자동으로 이 작업을 수행한다. 경험이 없는 개발자는 단순한 약간의 미세 조정으로 최종 문제도 해결될 것이라고 잘못 생각한다.

실제로 호어는 소프트웨어 엔지니어는 특정 명령문의 실행에 필요한 CPU 사이클 수와 같은 기존 최적화에 대해 고민하기 전에, 우수한 알고리즘 설계 및 구현과 같은 다른 문제를 더 고민해야 한다고 말했다.

이 책의 많은 개념은 최적화 단계에서 확실하게 적용할 수 있지만, 여기에 있는 대부분의 기술은 실제로 코딩 초기에 적용해야 한다. 숙련된 소프트웨어 엔지니어는 그렇게 하면 성능이 약간만 향상된다고 말할 수도 있다. 어떤 경우에는 맞지만, 이러한 마이너 효과는 누적된다는 점을 명심하자. '코드 완성' 단계까지 이러한 아이디어를 미루면, 소프트웨어에는 적용되기 힘들 것이다. 그 후에 구현하기에는 사실 너무 많은 작업이 필요하다(그리고 다른 방식으로 작동하는 코드를 변경하는 것은 너무 위험하기도 하다).

이 책의 목표

이 책(그리고 『Write Great Code』 시리즈 1편)은 현세대의 프로그래머가 양질의 코드를 작성할 수 있도록 한다. 특히 다음과 같은 개념을 다룬다.

- 하이레벨 프로그램의 로우레벨 실행을 고려하는 것이 중요한 이유
- 컴파일러가 HLL^{High-Level Language} 구문에서 기계어 코드를 생성하는 방법
- 컴파일러가 로우레벨의 기본적인 데이터 유형을 사용해 다양한 데이터 유형을 표현하는 방법
- 컴파일러가 더 나은 기계어 코드를 생성할 수 있도록 HLL 코드를 작성하는 방법
- 컴파일러의 최적화 기능을 활용하는 방법
- HLL 코드를 작성하는 동안 어셈블리 언어(로우레벨)로 '생각'하는 방법

이 책은 적절한 HLL 명령문을 최신 최적화 컴파일러를 사용해 효율적인 기계어 코드로 변환하는 방법을 알려준다. 대부분의 경우 HLL에 따라 여러 가지 방법으로 결과를 만들어내는데, 그중 일부는 기계어 수준에서 더 자연스럽고 효율적이다. 더 효율적인 것보다 덜 효율적인 명령문 시퀀스^{statement sequence}를 선택하는 데는 여러 가지 이유(예: 가독성)가 있을 수 있지만, 대부분의 소프트웨어 엔지니어는 HLL 명령문 런타임 비용에 대해 전혀 모르기 때문에 선택할 수 없다. 이를 개선하는 것이 이 책의 목표다.

다시 말하지만, 이 책은 어떤 경우에도 가장 효율적인 명령문을 선택하는 것과는 무관하다. 다양한 HLL의 비용을 이해하고, 여러 옵션에 직면했을 때 사용하기 가장 적합한 시퀀스가 무엇인지 제대로 결정할 수 있도록 하는 것이다.

단락 구성

효율적인 코드를 작성하기 위해 전문 어셈블리 언어 프로그래머가 될 필요는 없지만, 이 책의 컴파일러 출력을 이해하려면 최소한 이에 대한 기본 지식은 필요하다. 1장과 2장에서는 어셈블리 언어 학습의 여러 측면을 살펴보고, 일반적인 오해, 컴파일러에 대한 고려사항, 사용 가능한 리소스를 다룬다. 3장에서는 80x86 어셈블리 언어에 대한 빠른 입문

가이드를 제공한다. 온라인 부록(http://www.randallhyde.com/)은 파워PC, ARM, 자바 바이트코드, CIL^{Common Intermediate Language} 어셈블리 언어에 대한 입문 가이드를 제공한다.

4장과 5장에서는 컴파일러 출력을 검사해 HLL 구문의 품질을 결정하는 방법에 대해 배운다. 또한 디스어셈블러, 오브젝트 코드 덤프 툴, 디버거, 어셈블리 언어 코드를 표시하기 위한 다양한 HLL 컴파일러 옵션과 기타 유용한 소프트웨어 툴에 대해 설명한다.

이 책의 나머지 부분인 6~15장에서는 컴파일러가 다양한 HLL 구문과 데이터 유형에 대한 기계어 코드를 생성하는 방법에 대해 설명한다. 이 지식들로 무장하면, 가장 적절한 데이터 유형, 상수, 변수, 제어 구조를 선택해 효율적인 애플리케이션을 생성할 수 있다.

가정 및 전제 조건

이 책은 독자들이 어느 정도의 사전 지식을 갖추고 있다고 가정하며, 구체적으로 다음과 같은 스킬을 갖고 있다면 많은 도움을 얻을 수 있다.

- 적어도 하나 이상의 명령형(절차적) 프로그래밍 언어나 객체지향 프로그래밍 언어에 상당히 능숙하다. (예를 들면, C, C++, 파스칼^{Pascal}, 자바^{Java}, 스위프트^{Swift}, 베이직 BASIC, 파이썬^{Python}, 어셈블리^{assembly}, 에이다^{Ada}, 모듈라-2^{Modula-2}, 포트란^{FORTRAN} 등)

- 간단한 문제에 대한 설명을 듣고 해당 문제에 대한 소프트웨어 솔루션을 설계하고 구현할 수 있어야 한다. 대학에서 한 학기 정도 관련 과목을 수강했거나 몇 개월 정도 독학했다면, 충분히 준비될 수 있다.

- 컴퓨터 구조나 데이터 표현의 기본을 이해해야 하고, 16진수와 이진수 시스템을 알아야 한다. 부호 있는 정수, 문자, 문자열 등 다양한 하이레벨 데이터 유형이 컴퓨터 메모리에 어떻게 표현되는지 이해하고 있어야 한다. 다음 몇 장에서는 기계어에 대한 기본적인 내용을 다루는데, 어느 정도 알고 있다면 상당히 도움이 될 것이다. 『Write Great Code』 시리즈 1편에서 컴퓨터 구조의 모든 것을 다루고 있으므로, 이 분야에 대한 지식이 조금 부족하다고 생각된다면 참고하자.

이 책의 환경

이 책은 일반적인 정보를 다루고 있지만, 내용 중 일부는 시스템에 따라 다르다. 오늘날 인텔 PC가 가장 일반적으로 사용되기 때문에 이 책에서 특정 시스템에 한정된 개념을 다룰 때는 인텔 플랫폼을 기준으로 한다. 그러나 이러한 개념은 다른 시스템과 CPU에도 그대로 적용된다(이전 파워 매킨토시 시스템의 파워PC CPU, 휴대폰, 태블릿, 싱글보드single-board 컴퓨터(라즈베리 파이Raspberry Pi, 하이엔드higher-end 아두이노 보드 등과 같은 SBC)의 ARM CPU, 유닉스 박스의 RISC CPU 등). 따라서 특정 플랫폼에 대한 특정 솔루션을 연구해야 할 수도 있다.

이 책에서 다루는 대부분의 예제는 맥OS, 윈도우, 리눅스에서 실행된다. 예제를 만들 때는 가능한 한 운영체제에 맞는 표준 라이브러리 인터페이스를 고수하고, 대안으로 '좋지 않은less than great' 코드를 작성하는 등 필요한 경우에만 특정 운영체제에 한정된 함수를 호출했다.

본문에 있는 대부분의 특정 예제는 윈도우, 맥OS, 리눅스의 최신 인텔 아키텍처(AMD 포함) CPU에서 실행되며, 일반적으로 최신 PC에서 볼 수 있는 적당한 RAM과 기타 시스템 주변 장치를 사용한다. 소프트웨어 자체는 아닐지라도 맥, 유닉스 박스, SBC, 임베디드 시스템, 심지어 메인프레임에도 이러한 개념이 적용된다.

온라인 부록

이 책(『Write Great Code, Volume 2: Thinking Low-Level, Writing High-Level』)에는 https://nostarch.com/writegreatcode2_2/와 http://www.writegreatcode.com/에서 제공하는 온라인 보충 자료가 포함돼 있다. 다른 리소스들 중에서 이 다섯 가지 부록은 쉽게 업데이트하고 다운로드할 수 있도록 전자 형식으로 게시된다.

에이콘출판사 깃허브 https://github.com/AcornPublishing/greatcode-vol2-2e에서도 동일한 파일을 다운로드할 수 있다.

- **부록 A**: 최소 x86 명령어 셋The Minimal 80X86 Instruction Set
- **부록 B**: HLL 프로그래머를 위한 파워PC 어셈블리PowerPC Assembly for the HLL Programmer

- **부록 C**: HLL 프로그래머를 위한 ARM 어셈블리[ARM Assembly for the HLL Programmer]
- **부록 D**: HLL 프로그래머를 위한 자바 바이트코드 어셈블리[Java Bytecode Assembly for the HLL Programmer]
- **부록 E**: HLL 프로그래머를 위한 CIL 어셈블리[CIL Assembly for the HLL Programmer]

참고 자료

Mariani, Rico. "Designing for Performance." December 11, 2003. https://docs. microsoft.com/en-us/archive/blogs/ricom/designing-for-performance/.

Wikipedia. "Program Optimization." https://en.wikipedia.org/wiki/Program_ optimization.

정오표

한국어판의 정오표는 에이콘출판사의 도서정보 페이지 http://www.acornpub.co.kr/ book/greatcode-vol2-2e에서 볼 수 있다.

문의

한국어판에 관한 질문은 에이콘출판사 편집 팀(editor@acornpub.co.kr)이나 옮긴이의 이 메일로 문의하길 바란다.

1

로우레벨로 생각하고 하이레벨로 코딩하기

> 최고의 HLL 코드를 작성하고 싶다면 어셈블리 언어를 배워라.
>
> — 일반적인 프로그래밍 조언

이 책은 혁신적인 것을 가르치지는 않는다. 오랫동안 실전을 통해 검증된 훌륭한 코드를 작성하는 방법, 즉, 실제 컴퓨터에서 코드가 어떻게 동작하는지를 확실히 이해하는 방법을 설명한다. 이제 그 첫걸음을 내디뎌보자. 1장에서는 다음과 같은 주제들을 다룬다.

- 일반적인 컴파일러로 생성되는 코드의 품질에 대한 프로그래머들의 오해
- 어셈블리 언어를 배우는 것이 여전히 좋은 생각인 이유
- HLL^{High-Level Language}로 코딩하면서 로우레벨로 생각하는 방법

자, 이제 시작해보자!

1.1 컴파일러 품질에 대한 오해

개인용 컴퓨터 혁명 초기의 고성능 소프트웨어는 어셈블리 언어로 작성됐다. 시간이 지나면서 HLL에 대한 컴파일러 최적화 성능이 향상돼, 컴파일러에서 생성된 코드도 수동으

로 최적화된 어셈블리 코드의 10~50% 정도의 성능을 낸다는 주장이 제기됐다. 이러한 선언은 PC 애플리케이션 개발에서 HLL의 시대가 열렸음을 알리는 것이었으며, 동시에 어셈블리 언어의 종말을 고하는 것이기도 했다. 많은 프로그래머가 "내 컴파일러를 사용하면 어셈블리 대비 90%의 성능을 얻을 수 있는데, 어셈블리 언어를 사용하는 것은 미친 짓이야."라며 통계를 인용하기 시작했다. 문제는 이러한 주장을 증명하기 위해 수동으로 최적화한 어셈블리 버전 애플리케이션까지 만들어본 사람은 없다는 것이다. 컴파일러의 성능에 대한 그들의 가정은 틀린 경우가 많았다. 더 우려되는 점은 C나 C++ 같은 언어의 컴파일러가 매우 우수한 출력 코드를 생성할 정도로 향상되면서, 프로그래머는 자바, 파이썬, 스위프트와 같이 더 높은 수준의 HLL을 선호하기 시작했다는 점이다. 이 언어들은 인터프리터(또는 세미인터프리터) 방식이거나 끔찍한 출력 코드를 생성하는 매우 불완전한 코드 제너레이터generator를 사용했다.

최적화된 컴파일러를 만든 사람이 거짓말을 한 것은 아니다. 적당한 조건에서 최적화된 컴파일러는 수동으로 최적화된 어셈블리 언어만큼 쓸 만한 코드를 만들어낸다. 그러나 기대하는 수준의 성능을 얻기 위해서는 그에 적합한 방법으로 HLL 코드를 작성해야 한다. HLL 코드를 그 정도로 잘 작성하려면 소프트웨어가 컴퓨터에서 어떻게 움직이고 동작하는지를 제대로 이해하고 있어야 한다.

1.2 어셈블리 언어를 배우는 것이 여전히 좋은 생각인 이유

프로그래머들이 어셈블리 언어를 포기하고 HLL로 옮겨가기 시작할 무렵에는 HLL 명령문이 로우레벨에서 어떻게 표현되는지를 모두 자연스럽게 이해하고 있었기 때문에 HLL 코드를 제대로 작성할 수 있었다. 그러나 불행히도 그 이후 세대의 컴퓨터 프로그래머들은 어셈블리 언어에 통달할 기회를 얻지 못했다. 따라서 그들은 HLL에서 기계어로 효율적으로 변환될 수 있는 구문이나 데이터 구조를 제대로 고를 수 있는 입장이 아니었다. 이들이 만든 애플리케이션의 성능을 수작업으로 최적화한 어셈블리 언어 프로그램과 비교해볼 수 있었다면, 컴파일러를 만든 사람들도 모두 무안해했을 것이다.

이 문제를 잘 알고 있는 베테랑 프로그래머들은 신참 프로그래머들에게 다음과 같은 조언을 하곤 했다. "좋은 HLL 코드를 작성하고 싶다면, 어셈블리 언어를 배워야 해." 어셈블리 언어를 배움으로써 프로그래머는 코드에 숨어있는 로우레벨적인 의미를 알아낼 수 있고, HLL로 애플리케이션을 작성할 때 어떻게 하는 것이 가장 좋은지 제대로 된 결정을 내릴 수도 있다.[1] 2장에서는 어셈블리 언어에 대해 자세히 알아보자.

1.3 어셈블리 언어를 배우는 것이 절대적으로 필요하지 않은 이유

유능한 프로그래머가 어셈블리 언어를 배우는 것은 도움이 된다. 하지만 어셈블리 언어를 배워야만 훌륭하고 효율적인 코드를 작성할 수 있는 것은 아니다. HLL 문이 기계어로 어떻게 변환되는지를 이해하고, 이를 바탕으로 올바른 HLL 문을 선택하는 것이 중요하다. 이를 배우기 위한 방법 중 하나는 어셈블리 언어의 전문가가 되는 것이지만, 이렇게 하려면 상당한 시간과 노력이 필요하다.

"어셈블리 언어의 전문가가 되지 않고, 그냥 컴퓨터의 로우레벨 특성만 배워서 좋은 HLL 코드를 작성할 수 있나요?" 이것은 좋은 질문이며, 답은 "그렇다."이다. 『Write Great Code』 시리즈의 두 번째인 이 책의 목적은 전문 어셈블리 프로그래머가 되지 않고도 최고의 코드를 작성하는 방법을 가르쳐주는 것이다.

1.4 로우레벨에 대한 고려

1990년대 후반에 자바가 인기를 끌기 시작하면서 다음과 같은 불평이 심심찮게 들리곤 했다.

> 자바가 너무 느리다 보니 소프트웨어를 작성할 때 신경 쓸 게 너무 많아요. C나 C++에서처럼 선형 검색을 그냥 쓸 수가 없어요. 이진 검색 같은 좋은(그러나 구현하기 더 어려운) 알고리즘을 쓸 수밖에 없어요.

위 문장은 컴파일러 최적화를 사용할 때 생기는 가장 큰 문제점이 무엇인지 보여준다. 프로그래머를 게으르게 만든다는 것이다. 최근 수십 년간 컴파일러 최적화는 놀라울

---

1 어셈블리에 대한 지식은 프로그래머가 어셈블리 명령어와 레지스터를 검사해 HLL 코드가 어디에서 잘못되었는지 확인할 수 있다는 점에서 디버깅에 유용할 수도 있다.

정도로 발전했지만, 애초부터 엉망으로 작성된 HLL 소스 코드를 말끔하게 고쳐주는 컴파일러 최적화는 없다.

물론, 많은 초보 HLL 프로그래머는 최신 컴파일러에 사용된 놀라운 최적화 알고리즘에 대한 글을 읽으면, 어떤 코드라도 컴파일러가 효율적인 코드로 만들어낼 것이라고 가정한다. 하지만 여기에는 한 가지 문제가 있다. 제대로 잘 작성된 HLL 코드는 컴파일러가 효율적인 기계어 코드로 훌륭하게 변환할 수 있지만, 잘못 작성된 소스 코드는 오히려 컴파일러의 최적화 알고리즘을 방해한다. 실제로, 컴파일러가 얼마나 훌륭한지 자랑하면서도 자신이 작성한 프로그램 때문에 컴파일러가 제대로 일을 못한다는 사실은 모르고 있는 C/C++ 프로그래머를 심심찮게 볼 수 있다. HLL 소스 코드로부터 생성된 기계어 코드를 실제로 본 적이 없기 때문에, "컴파일러가 만들어낸 코드는 전문 어셈블리 프로그래머가 만들어내는 것만큼 좋다."라는 말을 듣고는 컴파일러가 훌륭하게 작업을 수행할 것이라 맹목적으로 믿어버리는 것이다.

1.4.1 받은 만큼만 돌려주는 컴파일러

소프트웨어 성능을 향상시키기 위해 알고리즘까지 바꾸는 컴파일러는 없다. 예를 들어 이진 검색 대신 선형 검색을 사용하는 경우, 컴파일러가 더 좋은 알고리즘으로 바꿔주리라 기대해서는 안 된다. 물론 최적화를 통해 선형 검색을 어느 정도(두 배나 세 배 정도) 빠르게 해주긴 할 것이다. 하지만 더 좋은 알고리즘을 사용하는 것과는 비교가 되지 않는다. 실제로 충분히 큰 데이터베이스만 있으면, 전혀 최적화하지 않은 상태에서 인터프리터로 돌리는 이진 검색이 최고의 컴파일러로 만들어낸 선형 검색 알고리즘보다 빨리 돌아간다는 사실을 보여주는 것은 매우 간단하다.

1.4.2 컴파일러가 더 좋은 기계어 코드를 생성하도록 돕는 방법

애플리케이션에 가장 적합한 알고리즘을 선택했고 비용을 좀 더 들여서 최상의 컴파일러도 구매했다고 가정해보자. 좀 더 효율적인 HLL 코드를 작성하기 위해 할 수 있는 일이 있을까? 보통은 '그렇다.'

컴파일러 세계에서 가장 잘 알려진 비밀 중 하나는 대부분의 컴파일러 벤치마크가 조작된다는 것이다. 대부분의 컴파일러 벤치마크에는 어떤 알고리즘을 사용하는지가 명시되어 있지만, 이것을 실제로 구현하는 것은 컴파일러 회사의 몫이다. 컴파일러 회사는 자신의 컴파일러에 어떤 코드가 들어갔을 때 어떤 결과가 나오는지 알고 있기 때문에 최고의 결과를 보여주는 코드를 작성한다.

속임수라고 생각할 수도 있겠지만, 사실은 그렇지 않다. 일반적인 환경에서 동일한 코드를 생성해낼 수 있다면(즉, 해당 벤치마크만을 위한 코드를 생성하는 수법을 사용한 것이 아니라면), 컴파일러의 최고 성능을 보여주는 것은 전혀 잘못된 일이 아니다. 그리고 컴파일러 회사가 할 수 있다면, 누구나 할 수 있다. HLL 소스 코드를 신중하게 작성하면 컴파일러가 만들어내는 기계어 코드를 '수동으로 최적화'할 수 있는 것이다.

여러 레벨의 수동 최적화가 가능하다. 가장 추상적인 레벨에서는 더 좋은 알고리즘을 선택함으로써 프로그램을 최적화할 수 있다. 이것은 컴파일러나 언어와 무관하다.

추상화 레벨을 조금 낮추면, 다음 단계로 사용하는 HLL에 맞춰 코드를 최적화하면서 그 언어가 어떻게 구현됐는지와 무관하게 최적화를 수행한다. 이러한 최적화를 다른 언어에서는 사용할 수 없겠지만, 같은 언어라면 어떤 컴파일러를 사용하더라도 적용할 수 있다.

한 단계 더 낮춰보면 특정 회사, 혹은 특정 버전의 컴파일러에서만 사용할 수 있는 코드 최적화를 생각해볼 수 있다.

아마도 가장 낮은 단계는 컴파일러가 만들어내는 기계어를 보면서 적당한 결과가 생성될 때까지 HLL 문장을 바꿔보는 방법일 것이다. 이러한 방법을 사용한 최근의 예로 리눅스 커널을 들 수 있다. 전하는 바에 따르면, 커널 개발자들은 GCC[GNU C Compiler] 컴파일러가 만들어내는 80x86 기계어 코드를 제어하기 위해 리눅스 커널을 작성한 C 코드를 끊임없이 수정했다고 한다.

이 개발 프로세스가 약간 과하다고 할 수 있겠지만 한 가지는 확실하다. 이런 순서를 밟아온 프로그래머는 컴파일러에서 가능한 최고의 기계어 코드를 만들어낼 것이다. 이쯤 되면 훌륭한 어셈블리 프로그래머가 만들어낸 코드와 비교할 만하며, 이 정도는 돼야 HLL 프로그래머들이 컴파일러가 만들어낸 코드와 손으로 작성한 어셈블리를 비교할 때 자랑할 수 있는 코드일 것이다. 이 정도로 극한까지 HLL 코드를 작성하는 사람이 거의 없다는 사실은 논쟁 거리도 되지 않지만, 신중하게 작성한 HLL 코드가 훌륭한 어셈블리 코드에 가까운 성능을 낼 수 있다는 것은 사실이다.

최고의 어셈블리 프로그래머가 작성한 코드와 같은 정도거나 더 좋은 코드를 만들어내는 컴파일러가 등장할 날이 있을까? 이에 대한 답은 '아니오'다. 하지만 프로그래머가 C 같은 HLL로 코드를 작성할 때, 컴파일러가 효율적인 기계어를 만들어내기 쉽도록 신중하게 접근한다면, 어느 정도는 근접할 수 있다. 여기서 우리가 해야 할 질문은 "컴파일러가 가장 효율적으로 변환할 수 있게 하려면 HLL 코드를 어떻게 작성해야 하는가?"이며, 이 질문에 대한 대답이 바로 이 책의 주제다. 한마디로 '어셈블리를 고려한 HLL 코딩 방법'이다. 자, 이제 어떻게 하면 되는지 하나씩 살펴보자.

1.4.3 어셈블리를 고려한 HLL 코딩 방법

HLL 컴파일러는 해당 언어의 문장을 하나 혹은 그 이상의 기계어(또는 어셈블리 언어) 명령어로 변환한다. 애플리케이션이 차지하는 메모리의 양과 실행 시간은 컴파일러가 만들어내는 기계어 명령어의 양이나 종류와 직접적인 관계가 있다.

그러나 서로 다른 HLL 코드에 대해 같은 결과가 나온다 하더라도, 각 코드에 대해 컴파일러가 만들어낸 기계어 명령어들이 똑같다고는 할 수 없다. HLL에서의 if나 switch/case문이 전형적인 예다. 대부분의 프로그래밍 입문서에는, 연속된 if-elseif-else 문은 switch/case문과 같다고 되어 있다. 다음의 간단한 C 예제를 살펴보자.

```
switch( x )
    {
        case 1:
            printf( "X=1\n" );
            break;

        case 2:
            printf( "X=2\n" );
            break;

        case 3:
            printf( "X=3\n" );
            break;
```

```
        case 4:
            printf( "X=4\n" );
            break;

        default:
            printf( "X does not equal 1, 2, 3, or 4\n" );
    }

/* 같은 if문 */

    if( x == 1 )
        printf( "X=1\n" );
    else if( x== 2 )
        printf( "X=2\n" );
    else if( x==3 )
        printf( "X=3\n" );
    else if( x==4 )
        printf( "X=4\n" );
    else
        printf( "X does not equal 1, 2, 3, or 4\n" );
```

앞의 두 코드는 의미적으로 동일하다(즉, 계산 결과가 같다). 하지만 이 두 가지 예제에 대해 컴파일러가 같은 기계어 명령어를 만들어낼 것이라는 보장은 어디에도 없다.

어느 쪽이 더 좋은 것일까? 컴파일러가 문장을 어떻게 기계어로 변환하는지 모른다면, 또한 각 기계어 명령어가 어떤 성능 차이를 갖는지 모른다면, 어느 쪽이 더 좋은지 판단할 수도 선택할 수도 없을 것이다. 위의 두 예제가 컴파일러를 통해 어떻게 변환되는지를 확실히 이해하고 있는 프로그래머라면, 컴파일러가 만들어내는 코드의 품질에 따라 어느 한쪽을 적절히 잘 선택할 수 있을 것이다.

HLL로 코딩하면서 로우레벨로 생각함으로써, 최적화 컴파일러의 결과물이 수작업으로 최적화한 어셈블리 코드에 가까운 수준이 되도록 만들 수 있다. 안타까운 점은 그 반대도 마찬가지라는 것이다. HLL 코드가 로우레벨에서 어떻게 변하게 되는지 고려하지 않는다면, 컴파일러가 최상의 기계어를 생성해내는 경우는 거의 없을 것이다.

1.5 HLL 코딩

HLL로 코딩하면서 로우레벨로 생각할 때의 문제점은 HLL로 코딩하면서도 어셈블리로 코딩할 때만큼 신경을 많이 써줘야 한다는 것이다. 이는 HLL로 프로그램을 작성할 때의 여러 장점, 즉 빠른 개발 속도, 더 나은 가독성, 더 쉬운 유지 보수 등을 상쇄한다. HLL로 애플리케이션을 작성할 때의 장점을 희생한다면, 처음부터 어셈블리 언어로 작성하는 게 더 낫지 않을까?

사실, 로우레벨로 생각한다고 해서 프로젝트의 전체 스케줄이 생각만큼 길어지지는 않는다. 물론 초기 코딩은 느려질 수 있지만, 그 결과로 나오는 HLL 코드는 여전히 읽기 좋고, 이식하기 좋으며, 여타의 잘 작성된 최고의 코드가 갖는 모든 특성을 유지한다. 더 중요한 점은 그렇게 하지 않았을 때 나오는 코드에 비해 더 효율적이라는 것이다. 일단 코드를 작성하고 나면, SDLC^Software Development Life Cycle의 유지 보수나 기능 향상 기간까지 로우레벨로 생각할 필요는 없다. 초기 소프트웨어 개발 단계에서 로우레벨로 생각하는 것만으로도, 로우레벨 코딩과 하이레벨 코딩의 장점(성능과 유지 보수의 편리함)만을 취할 수 있게 된다.

1.6 언어 중립적 접근

이 책에서는 독자가 적어도 하나 이상의 절차적 언어에 능통하다고 가정하지만, 특정 언어를 기준으로 삼고 있지는 않다. 이 책에서 설명하는 개념은 어떤 프로그래밍 언어를 사용하든 상관없이 적용할 수 있다. 독자들의 편의를 위해 프로그래밍 예제는 C/C++, 파스칼, 베이직, 자바, 스위프트, 어셈블리 등 여러 언어를 번갈아 사용할 것이다. 예제를 제시할 때는 그 코드가 어떻게 동작하는지를 확실히 설명할 것이므로, 해당 프로그래밍 언어에 익숙하지 않더라도 관련 설명을 통해 이것이 어떻게 동작하는지 이해할 수 있을 것이다.

이 책에서는 예제와 관련해 다음과 같은 언어와 컴파일러를 사용한다.

- **C/C++**: GCC, 마이크로소프트 비주얼 C++
- **파스칼**: 볼랜드^Borland의 델파이^Delphi, 프리 파스칼^Free Pascal

- 어셈블리 언어: 마이크로소프트 MASM, HLA^{High-Level Assembly}, Gas(GNU 어셈블러)
- 베이직: 마이크로소프트 비주얼 베이직

어셈블리 언어가 익숙하지 않아도 무방하며, 80x86 어셈블리 언어에 대한 입문서와 온라인 레퍼런스(http://www.writegreatcode.com/)를 통해 컴파일러 출력을 읽을 수 있다. 어셈블리 언어에 대한 지식을 넓히려면, 1.8의 리소스를 참고하면 된다.

1.7 추가 팁

한 권의 책에 최고의 코드를 작성하기 위해 알아야 할 모든 것을 담을 수는 없다. 따라서 이 책은 최고의 소프트웨어를 작성하기 위해 알아야 할 영역에 집중하면서, 가능한 최선의 코드를 작성하는 데 필요한 90%의 해법을 제시한다. 나머지 10%를 알기 위해서는 추가 정보가 필요할 것이다. 다음과 같이 해보면 어떨까.

최고의 어셈블리 프로그래머가 된다. 적어도 하나의 어셈블리 언어에 통달하게 되면, 이 책에서 다루지 않는 세세한 부분에 대해서도 알게 될 것이다. 앞서 언급했듯이, 이 책의 목적은 실제로 어셈블리 프로그래머가 되지 않고도 최선의 코드를 작성하는 방법을 알려주는 것이다. 하지만 조금만 더 노력하면, 로우레벨로 생각할 수 있는 능력을 기를 수 있을 것이다.

컴파일러 구성 이론을 배운다. 이는 컴퓨터 과학에서도 어려운 분야지만, 컴파일러가 어떻게 코드를 생성해내는지 이해하는 데 그 바탕이 되는 이론을 공부하는 것보다 더 좋은 방법은 없다. 이 주제를 다루는 다양한 참고서가 있지만, 대부분은 많은 양의 사전 지식이 필요하다. 따라서 책을 구입하기 전에 자신의 지식 수준에 맞는 책인지 신중하게 검토할 필요가 있다. 온라인 검색을 통해서도 훌륭한 자료를 얻을 수 있다.

고급 컴퓨터 아키텍처를 공부한다. 컴퓨터 구조와 어셈블리 프로그래밍은 컴퓨터 아키텍처의 일부분이다. CPU를 설계하는 방법을 알 필요는 없지만, 컴퓨터 아키텍처를 공부하면 HLL 코딩 능력을 향상시키는 데 도움이 될 것이다.

1.8 참고 자료

Duntemann, Jeff. *Assembly Language Step-by-Step*. 3rd ed. Indianapolis: Wiley, 2009.

Hennessy, John L., and David A. Patterson. *Computer Architecture: A Quantitative Approach*. 5th ed. Waltham, MA: Morgan Kaufmann, 2012.

Hyde, Randall. *The Art of Assembly Language*. 2nd ed. San Francisco: No Starch Press, 2010.

2

어셈블리 언어를 꼭 배워야 할까?

이 책을 통해 어셈블리 언어를 익히지 않은 상태에서 더 나은 코드를 작성하는 방법을 배울 수 있다. 하지만 최고의 HLL 프로그래머들이 최고의 코드를 작성하는 중요한 이유 중하나로 그들이 어셈블리 언어를 완벽히 이해하고 있다는 점을 꼽을 수 있다. 이 책을 활용하면 최고의 HLL 코드를 작성하는 방법의 90%는 배울 수 있겠지만, 나머지 10%는 어셈블리 언어를 완벽하게 익혀야 채울 수 있다. 어셈블리 언어를 완벽하게 가르치는 것은이 책의 범위를 넘어서는 일이지만, 최고의 HLL 코드를 작성하는 100%의 해법을 알기위해 어셈블리 언어를 배우려는 독자들에게 그 방향을 제시하고자 한다. 2장에서 살펴볼개념은 다음과 같다.

- 어셈블리 언어 학습의 문제점
- **하이레벨 어셈블러**high-level assembler의 개념과 어셈블리 언어 학습을 더 쉽게 만드는 방법
- MASM^{Microsoft Macro Assembler}(마이크로소프트 매크로 어셈블러), Gas^{Gnu Assembler}(Gnu 어셈블러), HLA^{High-Level Assembly}(하이레벨 어셈블리)와 같은 실제 제품을 사용해 어셈블리 언어 프로그래밍을 쉽게 배울 수 있는 방법
- 어셈블리 언어 프로그래머가 생각하는 방식(어셈블리 언어 프로그래밍 패러다임)

- 어셈블리 언어 프로그래밍을 배우는 데 도움이 되는 리소스

2.1 어셈블리 언어 학습의 이점과 장애물

어셈블리 언어를 배우면(실제로 어셈블리 언어를 배우는) 두 가지 이점이 있다. 먼저 컴파일러가 생성하는 기계어 코드를 완벽하게 이해할 수 있게 된다. 어셈블리 언어를 마스터하면 방금 설명한 100% 솔루션을 달성하고 더 나은 HLL 코드를 작성할 수 있게 된다. 둘째, 가능한 한 최고의 코드를 만들어내기 위해 노력했음에도 불구하고 애플리케이션의 중요한 부분에 대한 HLL 컴파일러의 결과물이 만족스럽지 않을 경우, 그 부분을 직접 어셈블리 언어로 작성할 수 있다. 그러므로 이 책을 통해 더 나은 HLL 코드 작성법을 익힌 후에는 어셈블리 언어를 배우는 것이 좋다.

하지만 어셈블리 언어를 배우는 데는 한 가지 문제가 있다. 과거에는 어셈블리 언어를 배운다는 것이 매우 오래 걸리고 어려우며 괴로운 일이었다. 어셈블리 언어 프로그래밍의 패러다임은 HLL 프로그래밍과 매우 달라서 대부분의 사람은 어셈블리 언어를 배우기 시작할 때 완전히 밑바닥부터 새로 시작하는 기분을 느끼게 된다. C/C++, 자바, 스위프트, 파스칼, 비주얼 베이직 등의 프로그래밍 언어로 할 수 있는 일을 어셈블리 언어로 어떻게 해결해야 할지 파악하지 못한다는 것은 매우 괴로운 경험이다.

대부분의 프로그래머는 새로운 것을 배울 때, 이미 알고 있던 것들을 적용할 수 있길 바란다. 하지만 불행히도 전통적인 어셈블리 언어 학습법은 HLL 프로그래머들이 과거에 배운 것들을 잊게 만드는 경향이 있다. 따라서 이 책은 어셈블리 언어를 배우면서 기존의 지식을 효율적으로 활용할 수 있는 방법을 제공한다.

2.2 이 책이 도움이 되는 방법

이 책을 읽고 나면, 다음과 같은 세 가지 이유 때문에 어셈블리 언어를 훨씬 쉽게 배울 수 있을 것이다.

- 어셈블리 언어를 익히는 것이 더 나은 코드를 작성하는 데 어떻게 도움이 되는지를 이해하게 되므로, 어셈블리 언어를 배우고자 하는 동기가 강해진다.

- 다섯 가지 어셈블리 언어(80x86, 파워PC, ARM, 자바 바이트코드, 마이크로소프트 IL)를 간단히 소개하고 있으므로, 어셈블리 언어에 대한 사전 지식이 없는 사람도 이 책을 통해 어셈블리 언어를 어느 정도는 배울 수 있다.
- 일반적으로 초보 어셈블리 프로그래머들은 자신이 HLL로 할 수 있는 일을 어셈블리 언어로 작성하는 부분에서 가장 큰 어려움을 느낀다. 이 책을 읽고 나면 컴파일러가 모든 일반적인 컨트롤과 데이터 아키텍처를 기계어로 표현하는 방식에 대해 알게 되므로 문제를 쉽게 해결할 수 있을 것이다.

이 책을 통해 전문 어셈블리 언어 프로그래머가 될 수는 없다. 하지만 많은 양의 예제를 통해 컴파일러가 HLL을 어떻게 기계어 코드로 변환하는지는 숙지할 수 있을 것이다. 이러한 지식을 통해 많은 어셈블리 언어 테크닉을 배우게 될 것이며, 이 책을 읽은 후에 어셈블리 언어를 계속 배울지 결정하는 데에도 도움이 될 것이다.

물론 어셈블리 언어를 이미 알고 있다면, 이 책을 더 쉽게 읽을 수 있을 것이다. 또한, 이 책을 통해 어셈블리 언어를 배우는 것도 더 쉬워질 것이다. 어셈블리 언어를 배우는 것이 이 책을 읽는 것보다 시간이 더 많이 걸리므로, 더 효과적인 방법은 이 책을 먼저 읽고 어셈블리 언어를 배우는 것이다.

2.3 해결책: 하이레벨 어셈블러

시간을 거슬러 올라가, 1995년에 캘리포니아 주립 리버사이드 대학의 컴퓨터공학과 학과장과 대화를 나눈 적이 있었다. 나는 학생들이 어셈블리 언어 강의를 들을 때 너무 많은 것을 처음부터 다시 시작해야 하고 새로운 것들을 처음부터 다시 배우는 데 시간이 많이 걸린다는 사실이 매우 안타까웠다. 토론이 진행되면서 근본적인 문제는 어셈블리 언어 자체가 아니라 현존하는 어셈블러(예를 들어 MASM과 같은)의 문법에 있다는 것이 분명해졌다. 어셈블리 언어를 배운다는 것은 몇 개의 기계 명령어를 배우는 것보다 훨씬 더 많은 것을 의미한다. 우선 새로운 프로그래밍 방식을 익혀야 한다. 어셈블리 언어를 마스터하는 것은 단순히 몇 개의 기계 명령어가 가진 의미를 이해하는 것으로만 이뤄지지 않는다. 그 명령어들을 이용해 실제 문제를 어떻게 해결하는지를 익혀야 하는 것이다. 이것이 바로 어셈블리 언어를 마스터할 때 힘든 부분이다.

둘째, 순수한 어셈블리 언어는 몇 개의 명령어만을 간단하게 사용하는 방식으로 프로그래밍할 수 없다. 가장 단순한 프로그램을 짤 때조차 상당한 양의 지식이 있어야 하고 수십 개의 명령어를 나열해야 한다. 그 명령어들에 더해 학생들이 알아야 할 컴퓨터 구조와 관련된 주제들까지 어셈블리 언어 강의에서 한꺼번에 가르치게 되면, 어셈블리 언어로 사소한 프로그램을 작성하게 하는 데만 몇 주가 걸린다.

1995년에 MASM에 포함된 중요한 기능 중 하나가 바로 .if, .while과 같은 HLL 방식의 구문에 대한 지원이었다. 비록 이런 문법은 실제 기계 명령어는 아니었지만, 강의 초기, 즉 학생들이 충분히 로우레벨의 기계 명령어들을 익혀서 자신의 프로그램을 어셈블리 언어로 작성할 수 있게 되기 전에도 기존에 알던 방식으로 프로그램을 작성할 수 있게 해줬다. HLL 구조를 강의 초기에 이용함으로써 학생들은 모든 것을 한꺼번에 이해할 필요 없이 어셈블리 언어의 일부분에 집중할 수 있게 됐다. 이러한 접근 방법은 강의를 진행하면서 학생들이 훨씬 더 빨리 어셈블리 언어로 코드를 작성할 수 있게 해줬고, 결과적으로 학기가 끝날 때는 더 많은 분량의 강의 내용을 소화할 수 있게 됐다.

MASM(32비트 v6.0 이후)과 같이 기존의 로우레벨 기계 명령어와 함께 HLL에서 제공하는 것과 비슷한 제어문을 제공하는 어셈블러를 하이레벨 어셈블러라고 한다. 이론적으로, 어셈블리 언어 프로그래밍을 다루는 적당한 교재를 하이레벨 어셈블러를 통해 가르치면 학생들은 수업 첫 주에도 간단한 프로그램을 작성할 수 있다.

MASM과 같은 하이레벨 어셈블러의 유일한 문제는 제공되는 HLL 방식의 제어문과 데이터 유형의 종류가 매우 적다는 점이다. 거의 모든 것이 HLL 프로그래밍에 익숙한 사람에게는 이질적이다. 예를 들어 MASM의 데이터 선언은 대부분의 HLL과 완전히 다른 방식으로 이뤄진다. HLL 방식의 제어문이 존재함에도 불구하고, 초보 어셈블리 프로그래머들은 여전히 상당한 양의 지식을 새로 익혀야 한다.

2.4 하이레벨 어셈블리 언어

학과장과의 토론 후에는 어셈블러의 문법 구조를 그대로 둔 채 더 많은 HLL 방식의 문법을 지원하는 것이 충분히 가능하다는 사실을 깨달았다. 예를 들어 정수형 배열을 선언하는 C/C++와 파스칼의 다음 명령문을 살펴보자.

```
int intVar[8]; // C/C++

var intVar: array[0..7] of integer; (* Pascal *)
```

이제 동일한 오브젝트에 대한 MASM 선언을 살펴보자.

```
intVar sdword 8 dup (?) ;MASM
```

C/C++와 파스칼 선언문도 서로 다르기는 하지만, 어셈블리 언어의 선언문은 이 두 언어와 근본적인 차이점을 보인다. C/C++ 프로그래머라면 이전에 파스칼을 전혀 접해보지 않았더라도 위의 파스칼 코드가 어떤 의미를 지니는지 파악할 수 있을 것이고, 그 반대도 마찬가지일 것이다. 그러나 파스칼 및 C/C++ 프로그래머가 어셈블리 언어 선언문의 의미를 이해하기는 매우 어려울 것이다. 이 예는 HLL 프로그래머가 어셈블리 언어를 배울 때 접하게 되는 문제점들 중 하나일 뿐이다.

아쉬운 점은 어셈블리 언어에서의 변수 선언이 HLL에서 이뤄지는 것과 근본적으로 다른 형태를 가져야 할 이유가 전혀 없다는 것이다. 어셈블러가 어떤 구문을 통해 변수 선언을 하더라도 최종 실행 파일에 미치는 영향은 전혀 없다. 그렇다면 왜 어셈블러에서는 HLL과 비슷한 구문들을 더 많이 사용해서 처음부터 HLL 프로그래머들이 어셈블리 언어를 쉽게 배울 수 있도록 하지 않는 것일까? 이러한 의문은 이미 HLL을 마스터한 학생들이 어셈블리 언어를 쉽게 배우도록 하기 위해 HLA^{High-Level Assembly}를 개발하게 된 계기가 됐다. 예를 들어 HLA에서는 앞에서 언급했던 배열 선언문이 다음과 같다.

```
var intVar:int32[8]; // HLA
```

C/C++나 파스칼 모두와 조금 다른 형태지만(실제로는 양쪽 선언문의 조합으로 이뤄져 있다), 대부분의 HLL 프로그래머들은 이 선언문의 의미를 파악할 수 있을 것이다.

HLA의 설계 목적은 실제 어셈블리 언어 프로그램을 작성하는 능력을 그대로 유지한 채 전통적인(명령형) 하이레벨 프로그래밍 언어에 최대한 가까운 프로그래밍 환경을 제공하는 것이다. 기계 명령어와 전혀 상관없는 요소에 대해서는 친숙한 HLL의 문법을 사용하면서도 기계 명령어 자체는 80x86 명령어들과 일대일로 대응될 수 있게 하는 것이다.

HLA는 다양한 HLL들과 최대한 비슷하게 만들었기 때문에 학생들은 어셈블리 언어를 배울 때 근본적으로 다른 여러 가지 문법을 익히기 위해 시간을 소비할 필요가 없다. 대신 이미 알고 있는 HLL에 대한 지식을 적용할 수 있으므로 어셈블리 언어를 배우는 과정이 더 쉽고 빨라진다.

익숙한 변수 선언문과 몇 개의 HLL 제어문이 있다고 해서 어셈블리 언어를 쉽게 배울 수 있는 것은 아니다. 어셈블리 언어를 배울 때 흔히 갖게 되는 불만 중 하나는 프로그래머에게 친절하지 않다는 것이다. 프로그래머는 어셈블리 코드를 작성할 때 비슷한 코드를 끊임없이 반복해서 작성해야 한다. 예를 들어 MASM을 이용해 어셈블리 언어를 배우기 시작하면, 화면에 정수값을 찍어주는 등의 유용한 I/O 기능이 제공되지 않는다는 것을 곧 알게 된다. 어셈블리 언어 프로그래머는 이런 I/O 루틴을 직접 작성해야만 한다. 불행히도 그럴듯한 I/O 루틴을 작성하기 위해서는 꽤 복잡한 어셈블리 언어 지식이 필요하다. 하지만 어셈블리 언어에 대한 지식을 얻는 유일한 방법은 꽤 많은 양의 코드를 작성하면서 익히는 것인데, I/O 루틴 없이 그 정도 양의 코드를 작성하는 것은 매우 어려운 일이다. 그러므로 좋은 어셈블리 언어 교육 도구로서 갖춰야 할 또 하나의 항목은 초보 어셈블리 프로그래머들이 I/O 루틴을 직접 작성할 수 있을 정도의 실력을 갖추기 전까지 사용할 수 있게 정수 입출력 등의 간단한 I/O 루틴을 제공하는 것이다. HLA는 이러한 도구를 HLA 표준 라이브러리 형태로 제공하고 있다. 이는 서브루틴과 매크로 모음으로, 단순히 이 루틴을 호출하는 것만으로도 복잡한 애플리케이션을 쉽게 작성할 수 있다.

HLA는 여전히 인기 있는 무료 오픈소스다. 또한 윈도우와 리눅스 버전이 공개된 공용 도메인 제품이다. 이 책에서는 이와 같은 이유들 때문에 어셈블리 언어 중 컴파일러 중립적 예제에 HLA 문법을 사용한다. 20년이 넘었고 32비트 인텔 명령어 셋만 지원한다는 사실에도 불구하고, HLA는 여전히 어셈블리 언어 프로그래밍을 배우는 훌륭한 방법이다. 최신 인텔 CPU가 64비트 레지스터와 오퍼레이션을 지원하지만, HLL 프로그래머에게는 32비트 어셈블리 언어를 배우는 것이 64비트 어셈블리만큼이나 중요하다.

2.5 하이레벨로 생각하고 로우레벨로 코딩하기

HLA의 목적은 초보 어셈블리 프로그래머가 로우레벨로 코드를 작성하면서 HLL의 문법으로 생각할 수 있게 하는 것이다(이 책에서 가르치고자 하는 것과는 정반대다). 어셈블리 언어를 처음 접하는 학생들에게 하이레벨 문법으로 생각할 수 있다는 것은 하늘의 축복이다. 어셈블리 언어 프로그래밍 문제를 접했을 때 학생들은 다른 언어에서 이미 배웠던 기술을 사용할 수 있게 된다. 이러한 방식으로 학생들이 배워야 할 새로운 개념들의 비율을 조절함으로써 교육 과정을 좀 더 효율적으로 만들 수 있다.

물론 궁극적인 목표는 로우레벨 프로그래밍 패러다임을 배우는 것이다. 이는 HLL 방식의 제어 구조를 포기하고 순수한 로우레벨 코드를 작성하는 것을 의미한다. 즉, '로우레벨로 생각하고 로우레벨로 작성하기'다. 그럼에도 불구하고 '하이레벨로 생각하면서 로우레벨로 작성하기'로 처음 시작하는 것은 어셈블리 언어 프로그래밍을 배우는 훌륭하고 건설적인 방법이다.

2.6 어셈블리 프로그래밍 패러다임(로우레벨로 생각하기)

어셈블리 언어로 프로그래밍하는 것은 일반적인 HLL 프로그래밍과 상당히 다르다. 다행히 이 책에서는 어셈블리 언어 프로그램을 처음부터 작성할 필요가 없다. 그럼에도 불구하고 어셈블리 프로그램이 어떻게 작성되는지를 이해하면 왜 컴파일러가 그와 같은 코드 결과물을 내놓는지 이해할 수 있다. 이를 위해 어셈블리 언어 프로그래머와 컴파일러들이 어떻게 '생각'하는지 설명하겠다.

어셈블리 언어 프로그래밍 패러다임의 가장 근본적인 관점(즉, 어셈블리 프로그래밍이 수행되는 방법에 대한 모델)은 대규모 프로젝트를 컴퓨터가 처리할 수 있는 작은 단위로 쪼개는 것이다. 기본적으로 CPU는 한 번에 하나의 작은 단위의 일만 처리할 수 있다(이는 CISC 프로세서에서도 마찬가지다). 그러므로 HLL에서 사용하는 복잡한 명령어들은 컴퓨터가 곧바로 실행할 수 있는 작은 단위의 요소로 분해되어야 한다. 다음 비주얼 베이직[VB]의 할당 문을 예로 들어보자.

```
profits = sales - costOfGoods - overhead - commissions
```

실제로 어떤 CPU도 이 VB 구문을 하나의 기계 명령어로 수행할 수 없다. 대신 이 할당 문을 연산 가능한 개별 요소로 분리해야 한다. 예를 들어, 많은 CPU가 하나의 값을 하나의 기계 레지스터에서 뺄 수 있는 뺄셈 명령어를 제공한다. 예제의 할당 문은 세 개의 뺄셈으로 구성돼 있으므로 위의 할당 문은 최소한 세 개의 뺄셈 명령어로 분리돼야 한다.

80x86 CPU 계열은 sub()라는 상당히 유연한 뺄셈 명령어를 제공한다. 이 명령어는 다음과 같은 형태로 사용할 수 있다(HLA 문법으로).

```
sub( constant, reg );        // reg = reg - constant
sub( constant, memory );     // memory = memory - constant
sub( reg1, reg2 );           // reg2 = reg2 - reg1
sub( memory, reg );          // reg = reg - memory
sub( reg, memory );          // memory = memory - reg
```

원래의 VB 코드에 나오는 식별자가 모두 변수라고 가정하면, 80x86의 sub()와 mov() 명령어를 사용해 다음과 같은 HLA 코드로 원래 할당 문과 같은 기능을 수행하는 명령어를 구현할 수 있다.

```
// sales 값을 EAX 레지스터로 가져온다

mov( sales, eax );

// sales-costOfGoods를 계산 (EAX := EAX - costOfGoods)

sub( costOfGoods, eax );

// (sales-costOfGoods)-overhead를 계산
// (참고: EAX는 sales-costOfGoods를 갖고 있다)
```

```
sub( overhead, eax );

// (sales-costOfGoods-overhead)-commissions를 계산
// (노트: EAX는 sales-costOfGoods-overhead를 갖고 있다)

sub( commissions, eax );

// EAX에 있는 결과를 profits에 저장한다

mov( eax, profits );
```

여기서 주목해야 할 중요한 점은 하나의 VB 구문이 전체 계산에서 각기 작은 부분을 담당하는 다섯 개의 HLA 구문으로 분리됐다는 것이다. 어셈블리 언어 프로그래밍 패러다임의 비밀은 이 예제에서처럼 복잡한 명령어를 어떻게 간단한 명령어들로 분리하는지를 알아내는 것이다. 이 과정은 13장에서 다시 살펴보자.

HLL 제어 구조는 복잡한 명령어가 더 간단한 명령들로 분리되는 또 하나의 큰 영역이다. 다음과 같은 파스칼의 if() 구문을 예로 들어보자.

```
if( i = j ) then begin

    writeln( "i is equal to j" );

end;
```

CPU는 if 기계 명령어를 지원하지 않는다. 대신 두 개의 값을 비교해 **조건 코드 플래그**condition-code flag를 설정하게 하고, **조건 분기**conditional jump 명령을 사용해 이를 검사해야 한다. HLL의 if 조건문을 어셈블리 언어로 바꾸는 일반적인 방법은 반대 조건(i <> j)을 검사한 후, 원래 조건(i = j)이 true면 실행될 명령어들을 건너뛰게 하는 방법이다. 앞에서 예로 든 파스칼의 if문을 (HLL 방식의 구성을 사용하지 않은 순수 어셈블리 언어로 된) HLA로 바꾸면 다음과 같다.

```
mov( i, eax );      // i의 값을 eax 레지스터로 가져온다
cmp( eax, j );      // eax와 j의 값을 비교한다
jne skipIfBody;     // i<>j가 true면 if 구문의 본문을 뛰어넘는다

    << 문자열을 출력하기 위한 코드 >>

skipIfBody:
```

HLL 제어 구조의 부울 표현식이 복잡해질수록 이에 해당하는 기계 명령어의 수도 증가한다. 그러나 프로세스는 동일하게 유지된다. 13장과 14장에서는 컴파일러가 어떻게 HLL 제어 구조를 어셈블리 언어로 변환하는지 살펴볼 것이다.

프로시저나 함수에 매개변수를 전달하고, 프로시저나 함수 내부에서 전달받은 매개변수에 접근하고, 해당 프로시저나 함수의 지역 변수에 접근하는 일은 일반적인 HLL에 비해 어셈블리 언어에서 구현하기 상당히 복잡한 부분이다. 이는 중요한 문제지만, 이 장의 범위를 벗어나므로 15장에서 다시 살펴보자.

기본적으로 HLL의 어떤 알고리즘을 어셈블리 언어로 변환하려면 원래 코드를 훨씬 더 작은 조각으로 분해해야 한다. 앞서 언급했듯이, 어셈블리 프로그램을 읽기만 할 거라면 어떤 기계 명령어를 사용할지 결정할 필요가 없다. 코드를 만들어내는 컴파일러(혹은 어셈블리 프로그래머)가 이 일을 대신 해주기 때문이다. HLL 코드와 어셈블리 코드 사이의 대응 관계를 파악하기만 하면 된다. 이 책의 대부분은 그 관계를 어떻게 파악하는지에 대해 다룬다.

2.7 참고 자료

Bartlett, Jonathan 『*Programming from the Ground Up*』 (Edited by Dominick Bruno, Jr. Self-published, 2004) Gas를 사용한 어셈블리 언어 프로그래밍을 가르치는 이 책의 이전 무료 버전은 웹 사이트(http://www.plantation-productions.com/AssemblyLanguage/ProgrammingGroundUp-1-0-booksize.pdf)에서 찾을 수 있다.

Blum, Richard. *Professional Assembly Language*. Indianapolis: Wiley, 2005.

Carter, Paul. *PC Assembly Language*. Self-published, 2019. https://pacman128.

github.io/static/pcasm-book.pdf.

Duntemann, Jeff. *Assembly Language Step-by-Step*. 3rd ed. Indianapolis: Wiley, 2009.

Hyde, Randall. *The Art of Assembly Language*. 2nd ed. San Francisco: No Starch Press, 2010.

———. "Webster: The Place on the Internet to Learn Assembly." http://plantation-productions.com/Webster/index.html.

3

HLL 프로그래머를 위한 80X86 어셈블리

이 책에서는 HLL 코드와 이를 이용해 컴파일러가 생성해내는 기계어 코드를 비교한다. 컴파일러가 내놓는 결과를 이해하려면 어셈블리 언어에 대한 어느 정도의 지식이 필요하다. 하지만 그렇다고 전문 어셈블리 프로그래머가 될 필요는 없다. 실제로 필요한 것은 컴파일러나 어셈블리 언어 프로그래머가 만들어내는 코드를 읽을 수 있는 능력이다.

3장에서는 다음과 같이 80x86 어셈블리 언어에 대한 기본 개념을 중점적으로 다룬다.

- 80x86 머신의 기본적인 아키텍처
- 여러 가지 컴파일러가 생성해낸 80x86 출력을 읽는 방법
- 32비트와 64비트 80x86 CPU가 지원하는 주소 지정 모드
- HLA, MASM, Gas 등 일반적인 80x86 어셈블러가 공통적으로 사용하는 문법
- 어셈블리 언어 프로그램에서 상수를 사용하거나 데이터를 선언하는 방법

3.1 배울수록 도움이 되는 어셈블리 언어

80x86 이외의 프로세서에서 코딩할 일이 있다면 적어도 두 가지 이상의 어셈블리 언어를 배워야 한다. 이렇게 함으로써 "80x86용으로 HLL 코딩을 했는데, 여기서 사용한 '최적화' 기법이 사실은 80x86 CPU에서만 동작하는 것이었어!"라고 말할 만한 낭패를 피할 수 있다. 이런 이유로 이 책에서는 다음과 같이 추가적인 리소스를 포함하는 온라인 부록을 제공한다.

- 부록 A. 최소 x86 명령어 셋을 다룬다.
- 부록 B. 파워PC CPU에 대한 입문서다.
- 부록 C. ARM 프로세서를 검사한다.
- 부록 D. 자바 바이트코드 어셈블리 언어를 설명한다.
- 부록 E. 마이크로소프트 중간 언어를 다룬다.

다섯 가지 아키텍처 모두가 공유하는 개념도 많지만, 중요한 부분에서 몇 가지 차이가 있고 각각 장단점이 있다.

CISC^{Complex Instruction Set Computer}와 RISC^{Reduced Instruction Set Computer} 아키텍처 사이의 가장 큰 차이점은 메모리 사용 방식일 것이다. RISC 아키텍처에서는 특정 명령어에 대한 메모리 접근이 상대적으로 불편하기 때문에 애플리케이션에서 메모리 접근을 피하기 위해 빙빙 돌아가야 한다. 반면에 80x86 아키텍처는 대부분의 명령이 메모리에 접근할 수 있기 때문에 애플리케이션에서는 이것을 잘 이용할 수 있다.

JBC^{Java bytecode}(자바 바이트코드)와 IL^{Microsoft Intermediate Language}(마이크로소프트 중간 언어) 아키텍처는 JBC와 IL이 실제 CPU가 아니라 **가상 머신**^{virtual machine}이라는 점에서 80x86, 파워PC, ARM 등의 계열과 다르다. 일반적으로 소프트웨어는 런타임에 JBC를 해석하거나 컴파일하려고 시도한다(IL 코드는 항상 런타임에 컴파일됨).[1] 이는 JBC나 IL 코드가 실제 기계어 코드보다 훨씬 느리게 실행되는 경향이 있음을 의미한다.

---

1   JBC 인터프리터는 인터프리트된 바이트코드를 런타임에 기계어 코드로 변환하는 JIT(Just-In-Time) 컴파일을 제공할 수 있다. IL 코드는 항상 JIT 컴파일된다. 그러나 JIT 컴파일러의 품질은 원시 코드 컴파일러에서 생성된 기계어 코드만큼 좋지는 않다.

3.2 80x86 어셈블리 구문

80x86 프로그래머는 다양한 프로그램 개발 툴을 선택할 수 있지만, 여기에는 함정이 있다. 다양한 만큼 문법적으로 호환되지 않는 경우가 많은 것이다. 같은 80x86 계열이라도, 하나의 프로그램에 대해 다른 컴파일러나 디버거를 사용하면 그 결과로 나오는 어셈블리 언어 코드도 다르다. 이렇게 되는 이유는 개발 툴마다 서로 다른 어셈블러 코드를 생성하기 때문이다. 예를 들어 마이크로소프트의 비주얼 C++ 패키지는 마이크로소프트 매크로 어셈블러Microsoft Macro Assembler, MASM와 호환되는 어셈블리 코드를 생성한다. GNU 컴파일러 슈트GNU Compiler Suite, GCC는 GasGNU Assembler와 호환되는 소스 코드를 생성한다. 컴파일러가 만들어내는 코드 외에도 FASM, NASM, GoAsm, HLAHigh-Level Assembly 등과 같은 어셈블러로 작성된 수많은 어셈블리 프로그래밍 예제가 있다.

이 책에서 사용할 어셈블러를 하나 찍어서 진행하면 편하겠지만, 특정 컴파일러에 대해 알아보려는 것이 아니므로 다양한 어셈블러의 문법들을 대강은 전부 살펴볼 필요가 있다. 또한 이 책에서는 보통 HLA로 된, 특정 컴파일러에 한정되지 않는 예제를 사용할 것이다. 따라서 이 장에서는 HLA의 문법과 다른 두 가지 일반적인 어셈블러인 MASM과 Gas를 설명한다. 다행히, 하나의 어셈블러 문법을 마스터하면 다른 어셈블러 문법은 아주 쉽게 배울 수 있을 것이다.

3.2.1 기본 80x86 아키텍처

인텔 CPU는 일반적으로 폰 노이만 머신Von Neumann machine으로 분류된다. 폰 노이만 컴퓨터 시스템은 중앙처리장치CPU, 메모리, 입출력I/O 장치 등 세 가지 주요 블록으로 이뤄진다. 이 세 가지 구성 요소는 시스템 버스(주소address, 데이터, 컨트롤 버스control bus로 구성됨)를 통해 서로 연결된다. 그림 3-1은 이 관계를 보여준다.

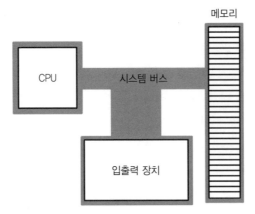

그림 3.1 폰 노이만 시스템의 구조도

CPU가 메모리나 입출력 장치와 통신할 때는 주소 버스^{address bus}에 메모리나 입출력 장치 포트의 위치를 나타내는 값을 넣게 된다(각 위치는 고유한 이진 숫자로 된 주소가 있다). 그런 다음 CPU나 입출력, 메모리 장치는 데이터 버스에 데이터를 넣음으로써 서로 간에 데이터를 전달한다. 컨트롤 버스에는 데이터 전송 방향을 결정하는 신호가 포함돼 있다 (메모리로 가는/오는 것인지, 혹은 입출력 장치로 가는/오는 것인지).

3.2.2 레지스터

레지스터 셋^{register set}은 CPU의 특징이 가장 잘 나타나는 부분이다. 80x86 CPU에서 일어나는 거의 모든 연산에는 적어도 하나 이상의 레지스터가 사용된다. 예를 들어 두 변수의 값을 더해서 그 결과를 세 번째 변수에 저장하려면 변수 하나의 값을 레지스터로 읽어들여 다른 변수의 값을 이 레지스터에 더하고, 그 레지스터의 값을 결과 변수에 저장해야한다. 레지스터는 거의 모든 연산의 중개자 역할을 한다. 따라서 80x86 어셈블리 언어 프로그램에서 레지스터는 매우 중요하다.

80x86 CPU 레지스터는 크게 네 가지 종류, 즉 범용 레지스터, 특수 목적 애플리케이션 레지스터, 세그먼트 레지스터, 특수 목적 커널 모드 레지스터로 분류할 수 있다. 여기서 뒤의 두 가지는 고려하지 않겠다. 왜냐하면 세그먼트 레지스터는 최신 운영체제(윈도우, BSD, 맥OS, 리눅스 등)에서는 거의 사용되지 않으며, 특수 목적 커널 모드 레지스터는 운영체제나 디버거, 혹은 시스템 툴에서 사용하기 위한 것이기 때문이다. 그런 소프트웨

어는 이 책에서 다루는 범위를 넘어선다.

3.2.3 80x86 32비트 범용 레지스터

32비트 80x86(인텔 계열) CPU는 애플리케이션에서 사용할 수 있게 여러 가지 **범용 레지스터**를 제공한다. 여기에는 다음과 같은 여덟 개의 32비트 레지스터가 포함된다.

EAX, EBX, ECX, EDX, ESI, EDI, EBP, ESP

앞에 붙은 *E*는 extended(확장)를 의미하며, 이를 보고 다음과 같은 여덟 개의 16비트 레지스터와 구분한다.

AX, BX, CX, DX, SI, DI, BP, SP

마지막으로, 80x86 CPU는 다음과 같은 여덟 개의 8비트 레지스터를 제공한다.

AL, AH, BL, BH, CL, CH, DL, DH

범용 레지스터에서 가장 주의해야 할 점은 이들이 서로 독립적이지 않다는 것이다. 즉, 80x86 아키텍처는 서로 다른 24개의 레지스터를 제공해주는 것이 아니다. 32비트 레지스터는 16비트 레지스터와 겹치고, 16비트 레지스터는 8비트 레지스터와 겹친다. 그림 3-2는 이러한 관계를 잘 보여준다.

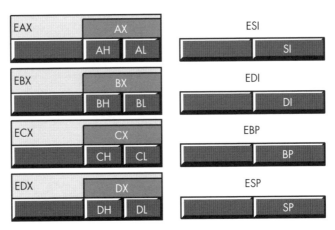

그림 3.2 인텔 80x86 CPU 범용 레지스터

레지스터 하나를 변경함으로써 최대 세 개까지 바뀔 수 있다는 사실은 아무리 강조해도 지나치지 않다. 예를 들어 EAX 레지스터를 변경하면 AL, AH, AX 레지스터도 바뀔 수 있다. 컴파일러가 80x86의 이러한 특징을 활용해서 코드를 생성해내는 것은 자주 볼 수 있는 일이다. 예를 들어, 컴파일러는 32비트로 참(1) 또는 거짓(0) 값을 만들어내기 위해 EAX 레지스터의 모든 비트를 지운 다음(0으로 설정) 0 또는 1을 AL에 읽어들인다. 기계어 명령어 중에는 AL 레지스터의 값만 조작하는 것이 있는데, 이를 사용하는 경우에도 프로그램의 결과를 넘겨줄 때는 EAX를 사용해야 하는 것이 보통이다. 레지스터 중첩이라는 특성을 잘 활용하면, AL을 조작하는 명령어를 사용해 모든 EAX에서 해당 값을 반환할 수 있다.

인텔은 이 레지스터들을 '범용'이라 부르지만, 그렇다고 아무렇게나 사용해도 된다는 것은 아니다. 예를 들어 SP/ESP 레지스터는 특별한 용도(스택 포인터stack pointer)를 갖고 있기 때문에 사실상 다른 목적으로 쓰기는 힘들다. 마찬가지로 BP/EBP도 특별한 용도가 있기 때문에 범용 레지스터로서 제대로 써먹기는 힘들다. 모든 80x86 레지스터는 자신만의 특수한 용도를 갖고 있기 때문에 특정 상황에서는 사용에 제한을 받는다. 이 특수한 용도에 대해서는 기계어 명령을 살펴보면서 알아보자(온라인 자료도 찾아보라).

최신 버전의 80x86 CPU(일반적으로 x86-64 CPU라고 함)는 32비트 레지스터 셋에 두 가지 중요한 확장을 제공한다. 하나는 64비트 레지스터 셋이고, 다른 하나는 여덟 개 레지스터(64비트, 32비트, 16비트, 8비트) 셋이다. 기본 64비트 레지스터의 이름은 다음과 같다.

RAX, RBX, RCX, RDX, RSI, RDI, RBP, RSP

이러한 64비트 레지스터는 32비트 'E' 레지스터와 겹친다. 즉, 32비트 레지스터는 각 레지스터의 LO(하위) 32비트를 구성한다. 예를 들어 EAX는 RAX의 LO 32비트다. 마찬가지로 AX는 RAX의 LO 16비트이고, AL은 RAX의 LO 8비트다.

x86-64 CPU는 기존 80x86 32비트 레지스터의 64비트 변형을 제공하는 것 외에도, 다음과 같은 여덟 개의 다른 64/32/16/8비트 레지스터를 추가한다.

R15, R14, R13, R12, R11, R10, R9, R8

이러한 각 레지스터의 LO 32비트는 다음과 같다.

R15d, R14d, R13d, R12d, R11d, R10d, R9d, R8d

이러한 각 레지스터의 LO 16비트는 다음과 같이 참조할 수 있다.

R15w, R14w, R13w, R12w, R11w, R10w, R9w, R8w

마지막으로 이러한 각 레지스터의 LO 바이트는 다음과 같이 참조할 수 있다.

R15b, R14b, R13b, R12b, R11b, R10b, R9b, R8b

3.2.4 80x86 EFLAGS 레지스터

32비트 EFLAGS 레지스터에는 여러 가지 1비트짜리 부울(true/false) 값(또는 플래그^{flag})이 담겨 있다. 이러한 비트의 대부분은 커널 모드(운영체제) 기능을 위해 예약돼 있는데, 애플리케이션 프로그래머에게는 별 관심이 없다. 그러나 애플리케이션 프로그래머가 어셈블리 코드를 읽거나 쓰는 것과 관련된 비트는 오버플로^{overflow}, 디렉션^{direction}, 인터럽트 비활성화interrupt disable[2], 사인^{sign}, 제로^{zero}, 보조 캐리$^{auxiliary\ carry}$, 패리티^{parity}, 캐리^{carry} 등 모두 여덟 가지 플래그^{flag}다. 그림 3-3은 EFLAGS 레지스터 내의 레이아웃을 보여준다.

애플리케이션 프로그래머가 사용할 수 있는 여덟 개의 플래그 중 특히 오버플로, 캐리, 사인, 제로, 이 네 개의 플래그는 매우 중요하다. 이 네 개의 플래그를 '**상태 코드**$^{condition\ code}$'라고 한다. 각 플래그는 이전 연산 결과에 따라 세팅되거나 지워진다. 예를 들어 두 값을 비교한 후 상태 코드 플래그를 보면 한 값이 다른 값보다 작은지, 같은지, 큰지를 알아낼 수 있다.

---

2 애플리케이션은 인터럽트 플래그를 수정할 수 없지만, 이 장의 뒷부분에서 설명하므로 일단 언급해둔다.

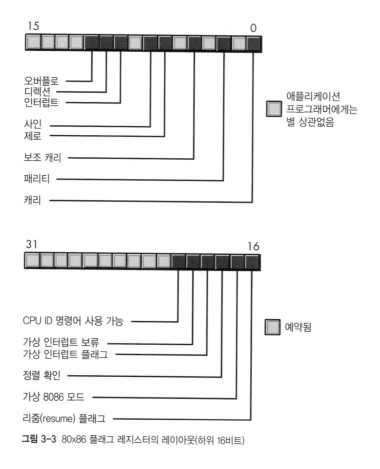

그림 3-3 80x86 플래그 레지스터의 레이아웃(하위 16비트)

x86-64 64비트 RFLAGS 레지스터는 32비트부터 63비트까지 모든 비트를 예약한다. 일반적으로 EFLAGS 레지스터의 상위 16비트는 운영체제 코드에만 유용하다.

RFLAGS 레지스터는 컴파일러 출력을 읽을 때 관심 있는 항목을 포함하지 않으므로 이 책에서는 64비트 변형 CPU에서도 x86 및 x86-64 플래그 레지스터를 EFLAG로 언급한다.

3.3 리터럴 상수

대부분의 어셈블러는 숫자(이진수, 십진수, 16진수), 문자, 문자열 리터럴 상수^{literal constant}를 지원한다. 불행히도 어셈블러마다 리터럴 상수에 대한 문법은 모두 다르다. 이 절에서는 이 책에서 사용할 어셈블러의 문법을 설명한다.

3.3.1 이진 리터럴 상수

모든 어셈블러는 이진(바이너리^{binary}) 리터럴 상수를 지원한다. 이진 상수를 만들어내는 컴파일러는 거의 없으므로 컴파일러의 출력물에서 이것을 볼 일은 없겠지만, 손으로 작성한 어셈블리 코드에서는 볼 수 있다. C++14는 바이너리 리터럴(0bxxxxx)도 지원한다.

3.3.1.1 HLA의 이진 리터럴 상수

HLA의 이진 리터럴 상수는 퍼센트 문자(%)로 시작하고, 그 뒤에 하나 이상의 이진 숫자(0 또는 1)가 온다. 이진수의 숫자 사이에는 밑줄이 들어갈 수 있다. 관례적으로 HLA 프로그래머들은 네 자리마다 하나씩 밑줄을 그어준다. 예를 들면 다음과 같다.

```
%1011
%1010_1111
%0011_1111_0001_1001
%1011001010010101
```

3.3.1.2 Gas의 이진 리터럴 상수

Gas의 이진 리터럴 상수는 0b 접두사로 시작하고, 뒤에 하나 이상의 이진 숫자(0 또는 1) 가 이어진다. 예를 들면 다음과 같다.

```
0b1011
0b10101111
0b0011111100011001
0b1011001010010101
```

3.3.1.3 MASM의 이진 리터럴 상수

MASM의 이진 리터럴 상수는 하나 이상의 이진 숫자(0 또는 1) 뒤에 접미사 b가 붙는다. 예를 들면 다음과 같다.

```
1011b
10101111b
0011111100011001b
1011001010010101b
```

3.3.2 십진 리터럴 상수

대부분의 어셈블러에서 십진 상수는 같은 표준을 사용하며, 특별한 접두사나 접미사 없이 한 개 이상의 십진 숫자가 이어진다. 이는 컴파일러가 숫자를 표현할 때 공통적으로 사용하는 두 가지 형식 중 하나이므로 컴파일러 출력물에서 십진 리터럴 상수를 자주 볼 수 있다.

3.3.2.1 HLA의 십진 리터럴 상수

HLA에서는 임의의 두 숫자 사이에 밑줄을 삽입할 수 있다. HLA 프로그래머는 일반적으로 숫자 세 개마다 밑줄을 하나씩 추가한다. 예를 들어 아래와 같은 수는

```
123
1209345
```

HLA 프로그래머들이라면 밑줄을 추가해 다음과 같이 쓸 것이다.

```
1_024
1_021_567
```

3.3.2.2 Gas, MASM의 십진 리터럴 상수

Gas와 MASM은 십진수 문자열('컴퓨터'에서 십진수를 표현할 때 표준적으로 사용하는 방법이다)을 사용한다. 예를 들면 다음과 같다.

```
123
1209345
```

HLA와 달리 Gas, MASM은 십진 리터럴 상수에 밑줄을 포함할 수 없다.

3.3.3 16진 리터럴 상수

16진 리터럴 상수는 어셈블리 언어 프로그램(특히 컴파일러가 내보내는 프로그램)에서 자주 보게 되는 또 다른 형식이다.

3.3.3.1 HLA의 16진 리터럴 상수

HLA의 16진 리터럴 상수는 16진 숫자(0..9, a..f 또는 A..F) 앞에 $ 접두사가 붙은 것이다. 숫자 사이에는 밑줄을 넣을 수 있다. 관례적으로 HLA 프로그래머들은 네 자리마다 밑줄을 긋는다. 예를 들면 다음과 같다.

```
$1AB0
$1234_ABCD
$dead
```

3.3.3.2 Gas의 16진 리터럴 상수

Gas의 16진 리터럴 상수는 16진 숫자(0..9, a..f 또는 A..F) 앞에 0x 접두사가 붙은 것이다. 예를 들면 다음과 같다.

```
0x1AB0
0x1234ABCD
0xdead
```

3.3.3.3 MASM의 16진 리터럴 상수

MASM의 16진 리터럴 상수는 16진수 문자열(0..9, a..f 또는 A..F) 뒤에 h 접미사가 붙은
것이다. 처음은 반드시 십진수로 시작해야 한다(a..f 범위의 숫자로 시작하는 경우, 보통 0을
앞에 붙인다). 예를 들면 다음과 같다.

```
1AB0h
1234ABCDh
0deadh
```

3.3.4 문자와 문자열 리터럴 상수

문자나 문자열 데이터는 어셈블리 프로그램에서 자주 볼 수 있는 자료형이다. MASM은
문자와 문자열을 구분하지 않는다. 그러나 HLA와 Gas는 문자와 문자열을 내부적으로 다
르게 표현하므로, 두 종류의 리터럴 상수를 구분하는 것은 이러한 어셈블러에서 매우 중
요하다.

3.3.4.1 HLA의 문자와 문자열 리터럴 상수

HLA에서 문자 리터럴 상수를 표현하는 데는 몇 가지 형식이 있다. 가장 일반적인 형식은
'A'와 같이 하나의 문자를 작은따옴표로 묶는 것이다. 작은따옴표를 나타내기 위해서는
한 쌍의 작은따옴표를 다른 작은따옴표로 묶어야 한다(''''). 아니면, # 뒤에 사용하고 싶
은 문자의 ASCII(아스키) 코드를 이진, 십진, 또는 16진 리터럴 상수로 표시할 수도 있다.
예를 들면 다음과 같다.

```
'a'
''''
' '
#$d
#10
#%0000_1000
```

HLA에서 문자열 리터럴 상수는 따옴표로 묶인 문자들이다. 문자열 상수 내에 따옴표가 들어가야 한다면, 따옴표 두 개를 나란히 쓰는 것으로 표현할 수 있다. 예를 들면 다음과 같다.

```
"Hello World"
""--빈 문자열
"He said ""Hello"" to them"
""""-- 따옴표 하나짜리 문자열
```

3.3.4.2 Gas의 문자와 문자열 리터럴 상수

Gas의 문자 리터럴 상수는 작은따옴표 뒤에 쓰는 것으로 나타낸다. 최신 버전의 Gas(맥용 Gas)는 'a' 형식의 문자 상수를 허용한다. 예를 들면 다음과 같다.

```
'a
''
'!
'a' // 최신 버전의 Gas 및 맥 어셈블러
'!' // 최신 버전의 Gas 및 맥 어셈블러
```

Gas에서 문자열 리터럴 상수는 따옴표로 묶인 문자들이다. Gas에서는 문자열 리터럴 상수를 나타낼 때 C 문자열과 같은 문법을 사용한다. Gas 문자열에 특수 문자를 넣고 싶으면 역슬래시(\)를 사용한다. 예를 들면 다음과 같다.

```
"Hello World"
""--빈 문자열
"He said \"Hello\" to them"
"\" "-- 따옴표 하나짜리 문자열
```

3.3.4.3 MASM의 문자와 문자열 리터럴 상수

MASM의 문자와 문자열 리터럴 상수는 한 가지 형식으로 표현된다. 작은따옴표 또는 따옴표로 묶인 문자들이다. MASM은 문자 상수와 문자열 상수를 구별하지 않는다. 예를 들면 다음과 같다.

```
'a'
" ' "--작은따옴표 문자
' " '--따옴표 문자
"Hello World"
""--빈 문자열
'He said "Hello" to them'
```

3.3.5 실수 리터럴 상수

어셈블리 언어에서 실수 리터럴 상수는 일반적으로 HLL과 같은 형식으로 표현한다(연속된 숫자. 보통 소수점이 있고, 지수가 따라올 수도 있음). 예를 들면 다음과 같다.

```
3.14159
2.71e+2
1.0e-5
5e2
```

3.4 어셈블리 언어에서의 선언(기호) 상수

거의 모든 어셈블러는 기호(명명된) 상수를 선언할 수 있다. 실제로 대부분의 어셈블러는 소스 파일에서 **식별자**identifier를 특정 값과 연결시킬 수 있는 여러 가지 방법을 제공한다.

3.4.1 HLA의 선언 상수

HLA 어셈블러는 이름 그대로 소스 파일에서 명명된 상수를 선언할 수 있는 하이레벨 구문을 사용한다. 상수를 정의하는 방법은 세 가지가 있다. const 섹션에서 선언할 수 있고, val 섹션에서 선언할 수도 있으며, 컴파일 타임compile-time 연산자인 ?를 사용할 수도 있다. const와 val 섹션은 HLA 프로그램의 선언 섹션에 있으며, 이들의 문법은 매우 유사하다. 둘 사이의 차이를 살펴보면, val 섹션에서 정의한 식별자의 값은 다시 할당할 수 있지만 const 섹션에서 정의한 것은 그렇지 않다. HLA는 이러한 선언 섹션에서 다양한 옵션을 지원하지만 기본 형식은 다음과 같다.

```
const
    someIdentifier : = someValue;
```

소스 파일에 *someIdentifier*가 (선언된 후) 나타날 때마다 HLA는 이 자리에 *someValue* 값을 대신 집어넣는다. 예를 들면 다음과 같다.

```
const
    aCharConst := 'a';
    anIntConst := 12345;
    aStrConst := "String Const";
    aFltConst := 3.12365e-2;

val
    anotherCharConst := 'A';
    aSignedConst := -1;
```

HLA에서는 ? 문을 사용해 소스 파일에서 공백이 들어갈 수 있는 곳이면 어디든 val

선언을 집어넣을 수 있다. 이는 선언 섹션에서 상수를 선언하는 것이 항상 편리하지는 않기 때문에 꽤 유용하다. 예를 들면 다음과 같다.

```
?aValConst := 0;
```

3.4.2 Gas의 선언 상수

Gas는 소스 파일에 기호 상수를 정의할 때 .equ(equate) 문을 사용한다. 문법은 다음과 같다.

```
.equ        symbolName, value
```

이것을 사용한 Gas 소스 파일의 예는 다음과 같다.

```
.equ        false, 0
.equ        true, 1
.equ        anIntConst, 12345
```

3.4.3 MASM의 선언 상수

MASM도 소스 파일에서 선언 상수를 정의하는 몇 가지 다른 방법을 제공한다. 하나는 equ 명령을 사용하는 것이다.

```
false       equ     0
true        equ     1
anIntConst  equ     12345
```

다른 하나는 = 연산자를 사용하는 것이다.

```
false      =   0
true       =   1
anIntConst =   12345
```

둘 사이의 차이는 거의 없다. 자세한 것은 MASM 문서를 참조하라.

노트 | 대부분의 경우, 컴파일러는 = 대신 equ를 사용한 결과를 출력한다.

3.5 80x86 주소 지정 모드

주소 지정 모드addressing mode는 특정 하드웨어에 대해 명령어 오퍼랜드operand에 액세스하기 위한 방법을 말한다. 80x86 계열은 **레지스터**, **이미디어트**immediate, **메모리 오퍼랜드**라는 세 가지 종류의 오퍼랜드를 제공한다. 이제 이러한 각 주소 지정 모드를 살펴보자.

3.5.1 80x86 레지스터 주소 지정 모드

대부분의 80x86 명령어는 80x86의 범용 레지스터 셋에 대해 동작할 수 있다. 명령어 오퍼랜드에 액세스하고자 하는 레지스터 이름을 지정하면 된다.

어셈블러가 이를 어떻게 구현하는지 이해하기 위해 80x86 mov(move) 명령어를 예로 들어 살펴보자.

3.5.1.1 HLA의 레지스터 액세스

HLA의 mov 명령어는 다음과 같다.

```
mov( source, destination );
```

이 명령어는 *source* 오퍼랜드의 데이터를 *destination* 오퍼랜드로 복사한다. 8비트, 16비트, 32비트 레지스터는 이 명령어를 사용할 수 있는 오퍼랜드다. 유일한 제약은 두

오퍼랜드의 크기가 같아야 한다는 것이다.

이제 실제 80x86 mov 명령어를 살펴보자.

```
mov(bx, ax);        // BX의 값을 AX로 복사한다
mov(al, dl);        // AL의 값을 DL로 복사한다
mov(edx, esi);      // EDX의 값을 ESI로 복사한다
```

HLA는 64비트 레지스터 셋이 아닌 32비트 80x86 레지스터 셋만 지원한다.

3.5.1.2 Gas의 레지스터 액세스

Gas는 각 레지스터 이름 앞에 퍼센트 기호(%)를 붙인다. 예를 들면 다음과 같다.

```
%al, %ah, %bl, %bh, %cl, %ch, %dl, %dh
%ax, %bx, %cx, %dx, %si, %di, %bp, %sp
%eax, %ebx, %ecx, %edx, %esi, %edi, %ebp, %esp
%rax, %rbx, %rcx, %rdx, %rsi, %rdi, %rbp, %rsp
%r15b, %r14b, %r13b, %r12b, %r11b, %r10b, %r9b, %r8b
%r15w, %r14w, %r13w, %r12w, %r11w, %r10w, %r9w, %r8w
%r15d, %r14d, %r13d, %r12d, %r11d, %r10d, %r9d, %r8d
%r15, %r14, %r13, %r12, %r11, %r10, %r9, %r8
```

mov 명령어에 대한 Gas의 문법은 HLA와 유사하다. 괄호와 세미콜론이 없어야 하고, 소스 코드 한 줄에 어셈블리 언어 한 문장이 들어가야 한다는 것만 다르다. 예를 들면 다음과 같다.

```
mov %bx, %ax      // BX의 값을 AX로 복사
mov %al, %dl      // AL의 값을 DL로 복사
mov %edx, %esi    // EDX의 값을 ESI로 복사
```

3.5.1.3 MASM의 레지스터 액세스

MASM 어셈블러는 HLA와 동일한 레지스터 이름을 사용하지만, 여기에 64비트 레지스터 셋에 대한 지원을 추가한다.

```
al, ah, bl, bh, cl, ch, dl, dh
ax, bx, cx, dx, si, di, bp, sp
eax, ebx, ecx, edx, esi, edi, ebp, esp
rax, rbx, rcx, rdx, rsi, rdi, rbp, rsp
r15b, r14b, r13b, r12b, r11b, r10b, r9b, r8b
r15w, r14w, r13w, r12w, r11w, r10w, r9w, r8w
r15d, r14d, r13d, r12d, r11d, r10d, r9d, r8d
r15, r14, r13, r12, r11, r10, r9, r8
```

MASM은 Gas와 비슷한 기본 문법을 사용하지만, 오퍼랜드(표준 인텔 구문)의 순서가 반대다. 즉, mov와 같은 일반적인 명령어는 다음과 같은 형식을 취한다.

```
mov destination, source
```

다음은 MASM 문법에서 mov 명령에 대한 몇 가지 예다.

```
mov ax, bx      ; BX의 값을 AX로 복사
mov dl, al      ; AL의 값을 DL로 복사
mov esi, edx    ; EDX의 값을 ESI로 복사
```

3.5.2 이미디어트 주소 지정 모드

레지스터나 메모리 오퍼랜드를 가질 수 있는 대부분의 명령어에는 **이미디어트**[immediate](다른 말로 상수[constant]) 오퍼랜드도 사용할 수 있다. 예를 들어, 다음 HLA의 mov 명령어는 해당하는 값을 레지스터에 직접 집어넣는다.

```
mov(0, al);
mov(12345, bx);
mov(123_456_789, ecx);
```

대부분의 어셈블러에서는 이미디어트 주소 지정 모드를 사용할 때 다양한 리터럴 상수를 이용할 수 있다. 예를 들어 숫자 값을 넣어야 할 때는 16진, 십진, 이진 등 어떤 형태로도 넣을 수 있다. 오퍼랜드로 문자 상수도 사용할 수 있다. 지켜야 할 규칙은 상수가 데스티네이션destination 오퍼랜드에 들어갈 수 있는 크기여야 한다는 것이다.

HLA, Gas, MASM에 해당하는 예를 추가로 들어보면 다음과 같다(Gas는 오퍼랜드 바로 앞에 $가 있어야 한다).

```
mov( 'a', ch );  // HLA
mov $'a', %ch     // Gas
mov ch, 'a'       ; MASM

mov( $1234, ax ); // HLA
mov $0x1234, %ax  // Gas
mov ax, 1234h     ; MASM

mov( 4_012_345_678, eax ); // HLA
mov $4012345678, %eax      // Gas
mov eax, 4012345678        ; MASM
```

대부분의 어셈블러에서는 기호 상수를 만들어서 그 이름을 소스 오퍼랜드로 사용할 수 있다. 예를 들어, HLA는 true와 false라는 부울 상수를 미리 정의해놓고 있기 때문에 이 이름을 mov 명령어 오퍼랜드로 사용할 수 있다.

```
mov( true, al );
mov( false, ah );
```

일부 어셈블러는 포인터 상수나 추상 데이터 타입 상수까지 사용할 수 있는 경우도 있다(자세한 내용은 사용하는 어셈블러의 참고 문서를 읽어보길 바란다).

3.5.3 직접 메모리 주소 지정 모드

가장 일반적인 32비트 주소 지정 모드이자 가장 이해하기 쉬운 것이 직접^{direct}(혹은 변위 전용^{displacement-only}) 주소 지정 모드다. 여기서 32비트 상수는 소스 오퍼랜드나 데스티네이션 오퍼랜드에 메모리 주소를 지정한다. 이 주소 지정 모드는 32비트 x86 프로세서 또는 64비트 프로세서에서 32비트 모드로 작동하는 경우에만 사용할 수 있다.

예를 들어, 변수 J가 메모리의 $8088번지에 있는 값을 나타내는 바이트 변수라고 할 때, HLA 명령어 mov(J, al);은 $8088번지에 있는 한 바이트를 AL 레지스터로 읽어들이라는 의미다. 마찬가지로 바이트 변수 K가 메모리의 $1234번지에 있다고 하면, 명령어 mov(dl, K);는 DL 레지스터에 있는 값을 메모리 $1234번지에 써넣으라는 의미다(그림 3-4 참조).

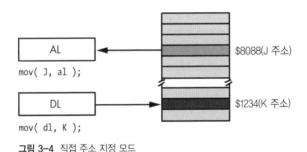

그림 3-4 직접 주소 지정 모드

직접 주소 지정 모드^{Direct Addressing Mode}는 간단한 스칼라 변수에 액세스하는 데 적합하다. 이것은 HLL 프로그램에서 정적 변수나 전역 변수에 액세스할 때 일반적으로 사용하는 주소 지정 모드다.

노트 | 인텔은 이 주소 지정 모드를 '변위 전용'이라고 하는데, 이는 메모리상에서 32비트 상수(변위)가 mov op코드(opcode) 뒤에 따라오기 때문이다. 80x86 프로세서에서 이 변위는 메모리 시작(즉, 주소 0)으로부터의 오프셋(offset)이다.

3장의 예제는 주로 메모리상에 있는 바이트 단위의 오브젝트에 액세스한다. 그러나 80x86 프로세서에서는 맨 처음 바이트의 주소를 가지고 워드^{word}나 더블 워드^{double word}에 접근할 수도 있다는 것을 잊으면 안 된다(그림 3-5 참조).

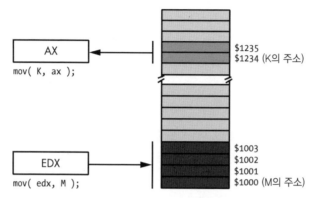

그림 3-5 직접 주소 지정 모드로 워드나 더블 워드에 접근하기

MASM과 Gas에서도 직접 주소 지정 모드에 대해 HLA와 같은 문법을 사용한다. 오퍼랜드에는 액세스하려는 오브젝트의 이름을 지정해주기만 하면 된다. MASM을 사용하는 프로그래머들 중에는 변수 이름을 대괄호로 묶는 이들이 있는데, 꼭 그래야만 하는 것은 아니다.

다음은 HLA, Gas, MASM 문법을 사용하는 몇 가지 예다.

```
mov( byteVar, ch );  // HLA
movb byteVar, %ch    // Gas
mov ch, byteVar      ; MASM

mov( wordVar, ax );  // HLA
movw wordVar, %ax    // Gas
mov ax, wordVar      ; MASM

mov( dwordVar, eax );  // HLA
movl dwordVar, %eax    // Gas
mov eax, dwordVar      ; MASM
```

3.5.4 RIP 관련 주소 지정 모드

x86-64 CPU는 64비트 모드에서 작동할 때 32비트 직접 주소 지정 모드를 지원하지 않는다. 전체 64비트 주소 공간을 지원하기 위해 명령어 끝에 64비트 상수를 추가하고 싶지 않은 AMD 엔지니어는 RIP(명령 포인터instruction pointer) 레지스터의 값에 부호 있는 32비트 상수(직접 주소 대체)를 추가해 유효 메모리 주소를 계산하는 **RIP 관련 주소 지정 모드**RIP-Relative Addressing Mode를 만들기로 결정했다. 이를 통해 현재 명령어에서 ±2GB 범위 내의 데이터에 액세스할 수 있다.[3]

3.5.5 레지스터 간접 주소 지정 모드

80x86 CPU에서는 레지스터를 통해 간접적으로 메모리에 접근할 수 있는데, 이것이 **레지스터 간접 주소 지정 모드**Register Indirect Addressing Mode다. 이 방식을 '간접'이라 부르는 이유는 오퍼랜드가 실제 주소가 아니기 때문이다. 그 대신에 그 값은 사용할 메모리 주소를 지정한다. 레지스터 간접 주소 지정 모드의 경우, 레지스터 값은 액세스할 주소가 된다. 예를 들어, HLA 명령어 mov(eax, [ebx]);는 CPU에게 EAX의 값을 EBX가 가리키는 주소의 메모리에 써넣으라고 명령하는 것이다.

x86-64 CPU에서는 64비트 레지스터(예: RAX, RBX, ..., R15) 중 하나를 사용해 64비트 모드에서도 레지스터 간접 주소 지정 모드를 사용할 수 있다. 레지스터 간접 주소 지정 모드는 64비트 주소 공간 전체에 액세스할 수 있다. 예를 들어 MASM 명령어 mov eax, [rbx]는 CPU가 RBX 번지의 주소에서 EAX 레지스터를 가져오게 한다.

3.5.5.1 HLA에서의 레지스터 간접 주소 지정 모드

80x86에는 레지스터 간접 주소 지정 모드를 사용하는 여덟 가지 방법이 있다. HLA 구문으로 나타내보면 다음과 같다.

---

3 기술적으로 x86-64 CPU에서는 64비트 변위를 사용해 AL, AX, EAX, RAX 레지스터를 로드하고 저장할 수 있다. 이 형식은 주로 메모리 매핑된 입출력 장치에 액세스하기 위해 존재하며 일반적인 애플리케이션에서 사용하는 명령은 아니다.

```
mov( [eax], al );
mov( [ebx], al );
mov( [ecx], al );
mov( [edx], al );
mov( [edi], al );
mov( [esi], al );
mov( [ebp], al );
mov( [esp], al );
```

이러한 여덟 가지 주소 지정 모드는 대괄호로 묶인 레지스터(각각 EAX, EBX, ECX, EDX, EDI, ESI, EBP, ESP)의 내용이 가리키는 오프셋 메모리 위치를 참조한다.

노트 | HLA 레지스터 간접 주소 지정 모드에는 32비트 레지스터를 사용해야 한다. 16비트나 8비트 레지스터는 사용할 수 없다.

3.5.5.2 MASM에서의 레지스터 간접 주소 지정 모드

MASM에서 32비트 모드의 레지스터 간접 주소 지정 모드를 나타내는 문법은 HLA와 정확히 동일하다(MASM은 명령어 오퍼랜드를 역으로 사용하며, 주소 지정 모드 문법만 같다). 64비트 모드에서 32비트 레지스터가 아닌 64비트 레지스터를 사용하는 것만 빼면 문법은 동일하다(레지스터 이름을 대괄호로 둘러싼다).

앞의 예와 같은 명령을 MASM으로 쓰면 다음과 같다.

```
mov al, [eax]
mov al, [ebx]
mov al, [ecx]
mov al, [edx]
mov al, [edi]
mov al, [esi]
mov al, [ebp]
mov al, [esp]
```

다음은 MASM 64비트 레지스터 간접 주소 지정 모드의 예다.

```
mov al,    [rax]
mov ax,    [rbx]
mov eax,   [rcx]
mov rax,   [rdx]
mov r15b,  [rdi]
mov r15w,  [rsi]
mov r15d,  [rbp]
mov r15,   [rsp]
mov al,    [r8]
mov ax,    [r9]
mov eax,   [r10]
mov rax,   [r11]
mov r15b,  [r12]
mov r15w,  [r13]
mov r15d,  [r14]
mov r15,   [r15]
```

3.5.5.3 Gas에서의 레지스터 간접 주소 지정 모드

Gas에서는 레지스터 이름을 (대괄호 대신) 괄호로 둘러싼다. 앞의 32비트 HLA mov 명령어를 Gas로 바꾸면 다음과 같다.

```
movb(%eax), %al
movb(%ebx), %al
movb(%ecx), %al
movb(%edx), %al
movb(%edi), %al
movb(%esi), %al
movb(%ebp), %al
movb(%esp), %al
```

다음은 Gas의 64비트 레지스터 간접 변형이다.

```
movb(%rax), %al
movb(%rbx), %al
movb(%rcx), %al
movb(%rdx), %al
movb(%rdi), %al
movb(%rsi), %al
movb(%rbp), %al
movb(%rsp), %al
movb(%r8),  %al
movb(%r9),  %al
movb(%r10), %al
movb(%r11), %al
movb(%r12), %al
movb(%r13), %al
movb(%r14), %al
movb(%r15), %al
```

3.5.6 인덱스 주소 지정 모드

유효 주소effective address는 모든 주소 계산이 완료되면 명령어가 액세스할 메모리의 최종 주소다. **인덱스 주소 지정 모드**Indexed Addressing Mode에서는 대괄호 속에 있는 32비트나 64비트 레지스터의 값에 변수의 주소(변위displacement 또는 오프셋offset이라 부르기도 함)를 더해 유효 주소를 계산한다. 이렇게 더한 값이 명령어가 액세스하는 메모리의 주소가 된다. 예를 들어, *VarName*은 메모리의 $1100 주소에 있고 EBX에 8이 들어있는 경우, mov(*VarName* [ebx], al);은 $1108 주소에 있는 한 바이트를 AL 레지스터로 읽어들이라는 명령이다(그림 3-6 참조).

x86-64 CPU에서 주소 지정 모드는 64비트 레지스터 중 하나를 사용한다. 그러나 명령어의 일부로 인코딩된 변위는 여전히 32비트다. 따라서 레지스터는 기본 주소를 갖고 있어야 하며, 변위는 기본 주소에서 오프셋(인덱스)을 제공한다.

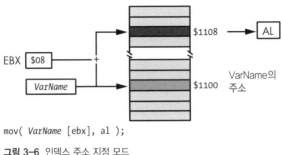

```
mov( VarName [ebx], al );
```

그림 3-6 인덱스 주소 지정 모드

3.5.6.1 HLA에서의 인덱스 주소 지정 모드

*VarName*이 프로그램에서 선언된 정적 변수의 이름이라 했을 때, HLA 문법에서 인덱스 주소 지정 모드를 사용하면 다음과 같다.

```
mov( VarName[ eax ], al );
mov( VarName[ ebx ], al );
mov( VarName[ ecx ], al );
mov( VarName[ edx ], al );
mov( VarName[ edi ], al );
mov( VarName[ esi ], al );
mov( VarName[ ebp ], al );
mov( VarName[ esp ], al );
```

3.5.6.2 MASM에서의 인덱스 주소 지정 모드

MASM은 32비트 모드에서 인덱스 주소 지정 모드를 사용할 때 HLA와 같은 문법을 사용할 수 있고, 그 외에도 몇 가지 방법이 제공된다. MASM에서 지원되는 다양한 형식을 살펴보면 다음과 같다.

```
varName[reg32]
[reg32 + varName]
[varName][reg32]
[varName + reg32]
```

```
[reg₃₂][varName]
varName[reg₃₂ + const]
[reg₃₂ + varName + const]
[varName][reg₃₂][const]
varName[const + reg₃₂]
[const + reg₃₂ + varName]
[const][reg₃₂][varName]
varName[reg₃₂ - const]
[reg₃₂ + varName - const]
[varName][reg₃₂][-const]
```

덧셈의 교환법칙 때문에 MASM은 다른 많은 조합도 사용할 수 있다. 이 어셈블러에서는 대괄호 안에 두 아이템을 + 연산자로 붙여서 나란히 쓸 수 있다.

다음은 이전 HLA 예제와 같은 MASM 예제다.

```
mov  al, VarName[ eax ]
mov  al, VarName[ ebx ]
mov  al, VarName[ ecx ]
mov  al, VarName[ edx ]
mov  al, VarName[ edi ]
mov  al, VarName[ esi ]
mov  al, VarName[ ebp ]
mov  al, VarName[ esp ]
```

64비트 모드에서 MASM은 인덱스 주소 지정 모드에 대해 64비트 레지스터 이름을 지정해야 한다. 64비트 모드에서 레지스터는 메모리에 있는 변수의 기본 주소를 저장하고 명령어로 인코딩된 변위는 해당 기본 주소에서 오프셋을 제공한다. 즉, 레지스터를 전역 배열의 인덱스로 사용할 수 없다(일반적으로 RIP 관련 주소 지정 모드를 사용한다).

64비트 모드에서 유효한 MASM 인덱스 주소 지정 모드의 예는 다음과 같다.

```
mov  al, [ rax + SomeConstant ]
mov  al, [ rbx + SomeConstant ]
mov  al, [ rcx + SomeConstant ]
mov  al, [ rdx + SomeConstant ]
```

```
mov  al, [ rdi + SomeConstant ]
mov  al, [ rsi + SomeConstant ]
mov  al, [ rbp + SomeConstant ]
mov  al, [ rsp + SomeConstant ]
```

3.5.6.3 Gas에서의 인덱스 주소 지정 모드

레지스터 간접 주소 지정 모드와 마찬가지로 Gas에서는 대괄호 대신 괄호를 사용한다. Gas에서 인덱스 주소 지정 모드를 사용할 때의 구문은 다음과 같다.

$varName$(%reg_{32})
const(%reg_{32})
$varName$ + const(%reg_{32})

앞의 HLA 예제와 같은 내용의 Gas 예제는 다음과 같다.

```
movb VarName( %eax ), al
movb VarName( %ebx ), al
movb VarName( %ecx ), al
movb VarName( %edx ), al
movb VarName( %edi ), al
movb VarName( %esi ), al
movb VarName( %ebp ), al
movb VarName( %esp ), al
```

64비트 모드에서 Gas는 인덱스 주소 지정 모드는 64비트 레지스터 이름을 지정해야 한다. MASM과 동일한 규칙이 적용된다.

64비트 모드에서 유효한 Gas 인덱스 주소 지정 모드의 예는 다음과 같다.

```
mov  %al, SomeConstant(%rax)
mov  %al, SomeConstant(%rbx)
mov  %al, SomeConstant(%rcx)
```

```
mov    %al, SomeConstant(%rdx)
mov    %al, SomeConstant(%rsi)
mov    %al, SomeConstant(%rdi)
mov    %al, SomeConstant(%rbp)
mov    %al, SomeConstant(%rsp)
```

3.5.7 스케일 인덱스 주소 지정 모드

스케일 인덱스 주소 지정 모드scaled-index addressing mode는 인덱스 주소 지정 모드와 비슷하지만 두 가지 차이점이 있다. 스케일 인덱스 주소 지정 모드에서는 다음과 같은 것이 가능하다.

- 레지스터 두 개를 합쳐서 변위에 더할 수 있다.
- 인덱스 레지스터에 1, 2, 4, 8을 곱할 수 있다.

아래 HLA 예제를 보면, 무엇이 가능한지 쉽게 알 수 있을 것이다.

```
mov( eax, VarName[ ebx + esi*4 ] );
```

스케일 인덱스 주소 지정 모드와 인덱스 주소 지정 모드의 가장 큰 차이점은 esi*4 부분의 유무다. 예제에서는 유효 주소를 계산할 때 ESI 값에 4를 곱한 값을 더한다(그림 3-7).

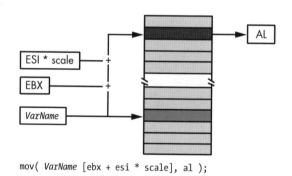

```
mov( VarName [ebx + esi * scale], al );
```
그림 3-7 스케일 인덱스 주소 지정 모드

64비트 모드에서는 기본 레지스터와 인덱스 레지스터를 64비트 레지스터로 대체한다.

3.5.7.1 HLA에서의 스케일 인덱스 주소 지정 모드

HLA의 문법에서는 다음과 같이 여러 가지 방식으로 스케일 인덱스 주소 지정 모드를 나타낼 수 있다.

```
VarName[ IndexReg₃₂*scale ]
VarName[ IndexReg₃₂*scale + displacement ]
VarName[ IndexReg₃₂*scale - displacement ]

[ BaseReg₃₂ + IndexReg₃₂*scale ]
[ BaseReg₃₂ + IndexReg₃₂*scale + displacement ]
[ BaseReg₃₂ + IndexReg₃₂*scale - displacement ]

VarName[ BaseReg₃₂ + IndexReg₃₂*scale ]
VarName[ BaseReg₃₂ + IndexReg₃₂*scale + displacement ]
VarName[ BaseReg₃₂ + IndexReg₃₂*scale - displacement ]
```

이 예제에서 $BaseReg_{32}$는 임의의 범용 32비트 레지스터를 나타내고, $IndexReg_{32}$는 ESP를 제외한 임의의 범용 32비트 레지스터를 나타내며, $scale$은 1, 2, 4, 8 중 하나의 상수를 나타낸다. $VarName$은 정적 변수 이름을 나타내고 $displacement$는 32비트 상수를 나타낸다.

3.5.7.2 MASM에서의 스케일 인덱스 주소 지정 모드

MASM에서도 HLA와 같은 문법을 사용할 수 있고, 인덱스 주소 지정 모드에서와 마찬가지로 추가적인 문법을 제공한다. 또한 + 연산자에서 교환법칙이 성립하기 때문에 파생되는 형식도 같다.

MASM은 64비트 레지스터 이름으로 스왑하는 것을 제외하고, 32비트 모드와 동일한 구문을 사용하는 64비트 스케일 인덱스 주소 지정 모드도 지원한다. 32비트와 64비트 스케일 인덱스 주소 지정 모드의 가장 큰 차이점은 64비트 disp [reg * index] 주소 지정 모드가 없다는 것이다. 64비트 주소 지정 모드에서 이는 PC 기준 인덱스 주소 지정 모드로, 변위는 현재 명령어 포인터 값에서 32비트 오프셋이다.

3.5.7.3 Gas에서의 스케일 인덱스 주소 지정 모드

스케일 인덱스 주소 지정 모드에서도 Gas는 대괄호 대신 괄호를 사용한다. 또한 다른 어셈블러에서 수식을 사용하는 것과 달리, 기본 레지스터base register, 인덱스 레지스터index register, 스케일 팩터scale factor 이렇게 세 개의 오퍼랜드를 각각 지정하는 구문을 사용한다. Gas에서 스케일 인덱스 주소 지정 모드의 일반적인 구문은 다음과 같다.

$expression(\ baseReg_{32},\ indexReg_{32},\ scaleFactor\ )$

더 구체적으로는 다음과 같다.

$VarName(\ ,IndexReg_{32},\ scale\ )$
$VarName + displacement(\ ,IndexReg_{32},\ scale\ )$
$VarName - displacement(\ ,IndexReg_{32},\ scale\ )$
$(\ BaseReg_{32},\ IndexReg_{32},\ scale\ )$
$displacement(\ BaseReg_{32},\ IndexReg_{32},\ scale)$

$VarName(\ BaseReg_{32},\ IndexReg_{32},\ scale\ )$
$VarName + displacement(\ BaseReg_{32},\ IndexReg_{32},\ scale\ )$
$VarName - displacement(\ BaseReg_{32},\ IndexReg_{32},\ scale\ )$

여기서 $scale$은 1, 2, 4, 8 값 중 하나다.

Gas는 64비트 스케일 인덱스 주소 지정 모드도 지원한다. 64비트 레지스터 이름으로 스왑swap한다는 점을 제외하면 32비트 모드와 동일한 문법을 사용한다. 64비트 주소 지정 모드를 사용하는 경우, RIP 관련 변수 이름(이 예에서는 $VarName$)도 지정할 수 없다. 32비트 $displacement$만 사용할 수 있다.

3.6 어셈블리 언어에서 데이터 선언하기

80x86의 개별 기계어 명령어에서 사용할 수 있는 로우레벨 데이터 타입은 다음 몇 가지밖에 없다.

바이트(**byte**) 임의의 8비트 값

워드(**word**) 임의의 16비트 값

더블 워드(double word 또는 **dword**) 임의의 32비트 값

쿼드 워드(quad word 또는 **qword**) 임의의 64비트 값

32비트 실수(**real32** objects 또는 **real4** objects) 32비트 단정도 실수값

64비트 실수(**real64** objects 또는 **real8** objects) 32비트 배정도 실수값

노트 | 80x86 어셈블러는 일반적으로 10바이트(tbyte)와 80비트 실수(real80/real10) 데이터 타입을 지원하지만, 대부분의 최신(64비트) HLL 컴파일러에서는 이를 사용하지 않기 때문에 여기서는 다루지 않는다(그러나 특정 C/C++ 컴파일러는 long double 데이터 타입을 통해 80비트 실수형(real80) 값을 지원하기도 한다. 또한 스위프트(Swif)는 float80 유형을 사용하는 인텔 시스템에서 real80 값을 지원한다).

3.6.1 HLA에서의 데이터 선언

HLA 어셈블러는 '하이레벨'이라는 그 이름에 걸맞게 다양한 1바이트 데이터 타입(문자character, 부호 있는 정수signed integer, 부호 없는 정수unsigned integer, 부울Boolean, 열거형enumerated type 등)을 제공한다. 어셈블리 언어로 실제 애플리케이션을 작성할 때 이런 다양한 데이터 타입(그리고 HLA가 수행해주는 타입 체크)은 큰 도움이 된다. 그러나 우리의 목적은 단순히 바이트 변수에 대한 스토리지를 할당하고 더 큰 데이터 구조를 위해 바이트 블록을 따로 설정할 수 있으면 된다. HLA에서 8비트 오브젝트나 8비트 배열을 선언하기 위해서는 byte 타입 하나면 충분하다.

다음과 같이 HLA static 섹션에서 byte 오브젝트를 선언할 수 있다.

```
static
    variableName : byte;
```

바이트 블록에 스토리지를 할당하려면 다음과 같은 HLA 문법을 사용한다.

```
static
    blockOfBytes : byte[ sizeOfBlock ];
```

이렇게 선언한 HLA 변수들은 초기화되지 않은 상태로 생성된다. 기술적으로 말하면, HLA의 static 오브젝트들은 언제나 0으로 초기화되기 때문에 실제로 초기화되지 않은 것은 아니다. 하지만 이 코드에서는 이러한 바이트 오브젝트들이 어떤 값으로 초기화될 지 명시적으로 지정되어 있지 않다는 의미다. 다음과 같은 방법을 사용하면 운영체제가 프로그램을 메모리로 읽어들일 때 HLA의 바이트 변수들을 어떻게 초기화할지 지정할 수 있다.

```
static
    // InitializedByte의 초기값은 5

    InitializedByte : byte := 5;

    // InitializedArray의 초기값은 0, 1, 2, 3

    InitializedArray : byte[4] := [0,1,2,3];
```

3.6.2 MASM에서의 데이터 선언

MASM에서 1바이트 오브젝트나 배열을 위한 메모리를 확보하려면 .data 섹션에서 db 또는 byte 명령을 사용하는 것이 일반적이다. 오브젝트 하나를 선언할 때는 다음 두 가지 방법 중 하나를 사용한다.

```
variableName    db      ?
variableName    byte    ?
```

위와 같은 방법으로 선언한 오브젝트는 초기화되지 않는다(실제로 HLA에서와 마찬가지로 0으로 초기화된다). 변수 선언에서 초기값을 지정하고 싶지 않으면 db/byte 지시자의 오퍼랜드 부분에 ?를 넣으면 된다.

바이트 블록으로 이뤄진 변수를 선언하려면 다음과 같은 구문을 사용한다.

```
variableName    db      sizeOfBlock dup(?)
variableName    byte    sizeOfBlock dup(?)
```

초기값이 0이 아닌 오브젝트를 만들려면 다음과 같은 구문을 사용할 수 있다.

```
                .data
InitializedByte     db      5
InitializedByte2    byte    6
InitializedArray0   db 4    dup(5)    ; 배열은 5,5,5,5
InitializedArray1   db 5    dup(6)    ; 배열은 6,6,6,6,6
```

바이트 배열을 서로 다른 값으로 초기화하고 싶을 때는 MASM db/byte 지시문의 오퍼
랜드 부분에 원하는 값을 콤마(,)로 구분해서 나열하면 된다.

```
                .data
InitializedArray2   byte    0,1,2,3
InitializedArray3   byte    4,5,6,7,8
```

3.6.3 Gas에서의 데이터 선언

Gas에서 바이트[byte] 변수를 선언하려면 .data 섹션에서 .byte 지시문을 사용하면 된다. 이
지시문의 일반적인 형식은 다음과 같다.

```
variableName: .byte 0
```

Gas에는 초기화되지 않은 변수를 만들 수 있는 방법이 없으므로, 그럴 경우에는 그냥 0으로 초기화하도록 하면 된다. Gas에서 실제로 바이트 변수를 선언하면 다음과 같은 모양이 된다.

```
InitializedByte: .byte    5
ZeroedByte       .byte    0 // 0으로 초기화
```

Gas는 바이트 오브젝트의 배열을 선언하기 위한 명시적인 지시문을 제공하지 않는다. 대신 .rept/.endr 지시문을 사용해 다음과 같이 .byte 지시문의 여러 복사본을 만들 수 있다.

```
variableName:
      .rept    sizeOfBlock
      .byte    0
      .endr
```

노트 | 배열을 서로 다른 값으로 초기화하려는 경우, 콤마로 구분된 값 리스트를 사용할 수도 있다.

다음은 Gas에서 배열을 선언하는 예제다.

```
          .section    .data
InitializedArray0:      // 배열의 초기값은 5,5,5,5
          .rept    4
          .byte    5
          .endr

InitializedArray1:
          .byte    0,1,2,3,4,5
```

3.6.3.1 어셈블리 언어에서 바이트 변수 액세스하기

바이트 변수에 액세스할 때는 80x86 주소 지정 모드 중 하나로 변수의 선언된 이름을 사용한다. 예를 들어 byteVar라는 바이트 오브젝트와 byteArray라는 바이트 배열이 있는 경우, mov 명령어를 사용해 해당 변수를 AL 레지스터로 읽어들이려면 다음 명령어 중에서 아무거나 사용하면 된다(이 예제에서는 32비트 코드를 가정함).

```
// HLA의 mov 명령은 "src, dest" 구문을 사용한다

mov( byteVar, al );
mov( byteArray[ebx], al ); // EBX byteArray에서의 인덱스

// Gas의 movb 명령도 "src, dest" 구문을 사용한다

movb byteVar, %al
movb byteArray(%ebx), %al

; MASM의 mov 명령은 "dest, src" 구문을 사용한다

mov al, byteVar
mov al, byteArray[ebx]
```

16비트 오브젝트의 경우, HLA는 word 데이터 타입을 사용하고 MASM은 dw나 word 지시문을 사용하며 Gas는 .int 지시문을 사용한다. 선언되는 오브젝트의 크기가 다르다는 것 외에는 바이트 변수를 선언하는 경우와 동일하다. 예를 들면 다음과 같다.

```
// HLA 예제

static

    // HLAwordVar: 2바이트, 0으로 초기화

    HLAwordVar : word;

    // HLAwordArray: 8바이트, 0으로 초기화
```

```
        HLAwordArray : word[4];

        // HLAwordArray2: 10바이트, 0, ..., 5로 초기화

        HLAwordArray2 : word[5] := [0,1,2,3,4];

; MASM 예제

                    .data
MASMwordVar         word    ?
MASMwordArray       word    4 dup(?)
MASMwordArray2      word    0,1,2,3,4

// Gas 예제

                    .section    .data
GasWordVar:         .int    0
GasWordArray:

                    .rept   4
                    .int    0
                    .endr

GasWordArray2:      .int    0,1,2,3,4
```

32비트 오브젝트의 경우 HLA는 dword 데이터 타입을 사용하고 MASM은 dd나 dword 지시문을 사용하며 Gas는 .long 지시문을 사용한다. 예를 들면 다음과 같다.

```
// HLA 예제

static
    // HLAdwordVar: 4바이트, 0으로 초기화

    HLAdwordVar : dword;

    // HLAdwordArray: 16바이트, 0으로 초기화

    HLAdwordArray : dword[4];
```

```
            // HLAdwordArray: 20바이트, 0, ..., 4로 초기화

    HLAdwordArray2 : dword[5] := [0,1,2,3,4];

; MASM/TASM 예제

                        .data
MASMdwordVar            dword    ?
MASMdwordArray          dword    4 dup(?)
MASMdwordArray2         dword    0,1,2,3,4

// Gas 예제

                        .section    .data
GasDWordVar:            .long    0
GasDWordArray:

                        .rept    4
                        .long    0
                        .endr

GasDWordArray2:         .long    0,1,2,3,4
```

3.7 어셈블리 언어에서 오퍼랜드 크기 지정

80x86 어셈블러는 두 가지 메커니즘을 사용해 오퍼랜드 크기를 지정한다.

- 타입에 따라 오퍼랜드의 크기가 결정된다(대부분의 어셈블러에서 수행함).
- 명령어에 따라 오퍼랜드의 크기가 결정된다(Gas의 경우 이렇다).

예를 들어 다음 세 가지 HLA mov 명령을 살펴보자.

```
mov( 0, al );
mov( 0, ax );
mov( 0, eax );
```

각각의 경우, 레지스터 오퍼랜드의 종류에 따라 mov 명령어가 옮길 데이터의 크기가 결정된다. MASM은 경우도 비슷하다(오퍼랜드의 순서는 반대임).

```
mov al,  0 ; 8비트 데이터 이동
mov ax,  0 ; 16비트 데이터 이동
mov eax, 0 ; 32비트 데이터 이동
```

여기서 요점은 명령어(mov)가 모두 똑같다는 것이다. 즉, **전송된 데이터의 크기를 결정하는 것은 명령어가 아니라 오퍼랜드다.**

노트 | 최신 버전의 Gas에서는 b나 w 같은 접미사를 사용하지 않고 오퍼랜드(레지스터) 크기로 작업 크기를 지정할 수도 있다. 그러나 이 책에서는 이전 버전의 Gas와 혼동되는 것을 피하기 위해 movb나 movw 같은 명령어를 계속 사용한다(3.7.3절 'Gas에서의 타입 지정').

3.7.1 HLA에서의 타입 지정

오퍼랜드 크기를 지정하는 이전 접근 방식에는 한 가지 문제가 있다. 다음 HLA 예제를 살펴보자.

```
mov( 0, [ebx] ); // EBX가 가리키는 메모리 위치에 0을 복사한다
```

이 명령은 애매하다. EBX가 가리키는 메모리 위치는 바이트일 수도 있고, 워드일 수도 있고, 더블 워드일 수도 있다. 이 명령어만 보고서는 어셈블러가 오퍼랜드의 크기를 알 수 없다. 이런 경우에 어셈블러는 에러를 발생시키므로, 메모리 오퍼랜드의 크기를 명시해야 할 필요가 있다. HLA의 경우 다음과 같이 타입 지정 연산자를 사용한다.

```
mov( 0, (type word [ebx]) ); // 16비트 데이터 이동
```

일반적으로 다음과 같은 HLA 문법을 사용해 메모리 오퍼랜드의 크기를 지정할 수 있다.

```
(type new_type memory)
```

여기서 *new_type*은 데이터 타입(byte, word, dword 등)을 나타내고, *memory*는 타입을 재정의하려는 메모리 주소를 나타낸다.

3.7.2 MASM에서의 타입 지정

MASM에서도 같은 문제가 발생한다. 따라서 다음과 같은 타입 지정 연산자를 사용해 메모리 위치를 지정해야 한다.

```
mov word ptr [ebx], 0 ; 16비트 데이터 이동
```

메모리 위치를 바이트나 더블 워드 크기로 지정하고 싶으면, 위의 예에 byte나 dword를 사용하면 된다.

3.7.3 Gas에서의 타입 지정

Gas에서는 오퍼랜드의 크기를 지정하기 위해 타입에 따라 별도의 명령 기호를 사용하므로 타입 지정 연산자가 불필요하다. Gas에서는 mov 같은 하나의 명령 기호를 사용하는 대신 mov 뒤에 크기를 나타내는 한 글자의 접미사를 붙여 네 글자로 구성된 명령어를 사용한다.

movb 8비트(byte) 값 복사

movw 16비트(word) 값 복사

movl 32비트(long) 값 복사

movq 64비트(long long) 값 복사

오퍼랜드에 명시적인 크기가 없더라도 이러한 명령 기호를 사용하면 애매한 상황이

발생하지 않는다. 예를 들면, 다음과 같다.

```
movb $0,(% ebx) // 8비트 데이터 복사
movw $0,(% ebx) // 16비트 데이터 복사
movl $0,(% ebx) // 32비트 데이터 복사
movq $0,(% rbx) // 64비트 데이터 복사
```

이제 이런 기본 지식을 바탕으로 일반적인 컴파일러의 출력을 이해할 수 있다.

3.8 참고 자료

Bartlett, Jonathan. 『*Programming from the Ground Up*』 (Edited by Dominick Bruno, Jr. Self-published, 2004) Gas를 사용한 어셈블리 언어 프로그래밍을 가르치는 이 책의 이전 무료 버전은 웹 사이트(http://www.plantation-productions.com/AssemblyLanguage/ProgrammingGroundUp-1-0-booksize.pdf)에서 찾을 수 있다.

Blum, Richard. *Professional Assembly Language*. Indianapolis: Wiley, 2005.

Duntemann, Jeff. *Assembly Language Step-by-Step*. 3rd ed. Indianapolis: Wiley, 2009.

Hyde, Randall. *The Art of Assembly Language*. 2nd ed. San Francisco: No Starch Press, 2010.

Intel. "Intel 64 and IA-32 Architectures Software Developer Manuals." Updated November 11, 2019. https://software.intel.com/en-us/articles /intel-sdm/.

4

컴파일러 동작 및 코드 생성

효율적인 기계어 코드를 생성하는 HLL 코드를 작성하려면, 먼저 컴파일러와 링커가 HLL로 작성된 소스 문장을 실행 가능한 기계어 코드로 변환하는 방법을 이해해야 한다. 컴파일러 이론을 전부 설명하는 것은 이 책의 범위를 넘어선다. 4장에서는 독자들이 HLL 컴파일러의 한계를 이해하고 그 안에서 작업할 수 있도록 변환 프로세스의 기본을 설명한다.

4장에서 다룰 주제는 다음과 같다.

- 프로그래밍 언어가 사용하는 다양한 유형의 입력 파일
- 컴파일러와 인터프리터의 차이점
- 일반적인 컴파일러가 소스 파일을 처리해 실행 가능한 프로그램을 생성하는 방법
- 컴파일러가 주어진 소스 파일에 대해 최선의 코드를 만들지 못하는 이유와 최적화 프로세스
- 컴파일러가 생성하는 다양한 유형의 출력 파일
- COFF와 ELF 같은 일반적인 오브젝트 파일 포맷
- 컴파일러가 생성하는 실행 파일의 크기와 효율성에 영향을 미치는 메모리 구성 및 정렬 문제
- 링커 옵션이 코드 효율성에 미치는 영향

이는 4장 이후의 내용을 이해하는 데 기반이 되며, 컴파일러가 최선의 코드를 생성하는 것에 대한 핵심적인 내용이다. 자, 이제 프로그래밍 언어에서 사용하는 파일 형식을 먼저 살펴보자.

4.1 프로그래밍 언어가 사용하는 파일 유형

일반적인 프로그램은 다양한 형태를 가진다. **소스 파일**source file은 사람이 읽을 수 있는 형식으로 프로그래머가 작성해 언어 변환기(컴파일러)로 보낸다. 일반적인 컴파일러는 소스 파일을 **오브젝트 코드**object code 파일로 변환한다. **링커 프로그램**linker program은 별도의 오브젝트 모듈을 결합해 재배치 가능한 파일이나 실행 파일을 만든다. 마지막으로, **로더**loader(일반적으로 운영체제)는 실행 파일을 메모리에 로드하고 실행 전에 오브젝트 코드를 최종 수정한다. 이때 최종 수정은 현재 메모리에 있는 오브젝트 코드에 적용되며, 디스크에 있는 실제 파일은 수정되지 않는다. 이것들이 언어 처리 시스템이 다루는 유일한 파일 유형은 아니지만, 보통 이런 방식으로 이뤄진다. 컴파일러의 한계를 완전히 이해하려면 언어 프로세서가 이러한 각 파일 유형을 어떻게 다루는지에 대해 먼저 알아야 한다. 이제 소스 파일을 살펴보자.

4.2 소스 파일

전통적으로 소스 파일에는 순수 ASCII나 유니코드Unicode 텍스트(또는 다른 문자 셋)가 포함되며, 프로그래머가 텍스트 편집기로 만든다. 순수 텍스트 파일이기 때문에 텍스트를 처리하는 프로그램이라면 무엇이든 사용할 수 있다는 장점이 있다. 예를 들어, 텍스트 파일의 라인 수를 계산하는 프로그램으로 소스 파일의 라인 수도 셀 수 있다. 이렇게 텍스트 파일을 다루는 작은 필터 프로그램은 수백 개가 넘기 때문에 소스 파일을 순수 텍스트 형식으로 유지하는 것이 좋다. 이 형식을 **플레인 바닐라 텍스트**plain vanilla text라고도 한다.

4.2.1 토큰화 소스 파일

일부 언어 처리 시스템(특히 인터프리터)은 소스 파일을 토큰화된tokenized 형식으로 유지한다. **토큰화 소스 파일**은 일반적으로 특정 단일 바이트의 토큰 값을 사용해 예약어와 기타 어휘 요소를 소스 언어로 압축하므로 종종 텍스트 소스 파일보다 크기가 작다. 또한 토큰화 코드를 처리하는 인터프리터는 일반적으로 순수 텍스트를 처리하는 인터프리터보다 훨씬 빠르다. 이는 단일 바이트 토큰의 문자열을 처리하는 것이 예약어 문자열을 인식하는 것보다 훨씬 더 효율적이기 때문이다.

일반적으로 인터프리터의 토큰화 파일은 소스 파일의 if나 print와 같은 문자열에 직접 매핑되는 바이트 시퀀스로 구성된다. 문자열 테이블과 약간의 로직을 추가하면 토큰화 프로그램을 원본 소스 파일로 간단히 되돌릴 수 있다(일반적으로 소스 파일에서 여분의 공백이 없어진 형태가 되는데, 이것 외에는 거의 동일하다). 옛 베이직 인터프리터 중 상당수는 이런 방식으로 동작했다. 인터프리터에 베이직 소스 코드 한 줄을 입력하면 인터프리터가 즉시 해당 줄을 토큰화하고 토큰화 양식을 메모리에 저장한다. 나중에 LIST 명령을 실행하면 인터프리터가 메모리상의 소스 코드를 **역토큰화**^{detokenize}해서 리스트를 생성한다.

토큰화 소스 파일은 종종 독자적인 포맷을 사용한다. 즉, 텍스트 파일의 라인^{line}, 단어^{word}, 문자^{character} 수를 계산하는 wc(word count), 스페이스를 탭으로 치환하는 entab, 탭을 스페이스로 치환하는 detab과 같은 범용 텍스트 조작 툴은 사용할 수 없다.

이러한 한계를 극복하기 위해 토큰화 파일에서 동작하는 언어들은 대부분 소스 파일을 역토큰화해 표준 텍스트 파일을 생성할 수 있다(입력 텍스트 파일이 주어지면 소스 파일을 재토큰화할 수 있다). 그런 다음 일부 필터 프로그램을 통해 결과 텍스트 파일을 실행하고, 필터 프로그램의 출력을 재토큰화해 새로운 토큰화 소스 파일을 생성한다. 상당한 작업이 필요하지만, 이와 같은 방법으로 토큰화 파일을 사용하는 언어 변환기에서도 다양한 텍스트 기반 유틸리티 프로그램을 활용할 수 있다.

4.2.2 특화된 소스 파일

엠바카데로^{Embarcadero}의 델파이^{Delphi}, 프리 파스칼^{Free Pascal}과 유사한 라자루스^{Lazarus} 프로그램 같은 일부 프로그래밍 언어는 전통적인 텍스트 기반 파일 포맷을 전혀 사용하지 않는다. 그 대신에 프로그램이 수행해야 하는 명령을 나타내기 위해 순서도^{flowchart}, 폼^{form} 같은 그래픽 요소를 종종 사용한다. 다른 예로는 스크래치 프로그래밍 언어(비트맵 디스플레이에서 그래픽 요소를 사용해 간단한 프로그램을 작성할 수 있는)와 마이크로소프트 비주얼 스튜디오^{Microsoft Visual Studio} 및 애플 엑스코드 통합 개발 환경^{Apple Xcode IDE(Integrated development environment)}(텍스트 기반 소스 파일이 아닌 그래픽 연산을 사용해 화면 레이아웃을 지정할 수 있는)이 있다.

4.3 컴퓨터 언어 프로세서의 유형

일반적으로 컴퓨터 언어 처리 시스템은 순수 인터프리터, 인터프리터, 컴파일러, 증분 컴파일러라는 네 가지 종류로 구분한다. 이것들은 소스 프로그램을 처리하고 결과를 실행하는 방식이 서로 다르며, 각각의 효율성에 영향을 미친다.

4.3.1 순수 인터프리터

순수 인터프리터^{pure interpreter}는 텍스트 소스 파일에서 직접 동작하며 매우 비효율적이다. 일반적으로 ASCII 텍스트 파일로 된 소스 파일을 지속적으로 스캔해 문자열 데이터로 처리하며, 어휘소^{lexeme}(예약어, 리터럴 상수 등과 같은 언어 구성 요소)를 인식하는 데 시간이 많이 소모된다. 실제로, 많은 순수 인터프리터는 프로그램을 실행하는 것보다 어휘 분석을 처리하는 데 더 많은 시간을 소비하기 때문에 컴퓨터 언어 처리 프로그램 중에서 보통 크기가 가장 작다. 이러한 이유로 순수 인터프리터는 매우 간결한 언어 프로세서가 필요할 때 많이 쓰인다. 또한 프로그램 실행 중에 소스 코드를 문자열 데이터로 다룰 수 있는 스크립트 언어나 HLL에서도 인기가 있다.

4.3.2 인터프리터

인터프리터^{interpreter}는 런타임에 프로그램 소스 파일의 일부를 실행한다. 이것은 사람이 읽을 수 있는 형식의 텍스트 파일일 필요가 없다. 앞에서 말한 것처럼, 실행 중 어휘 분석을 생략할 수 있게 토큰화된 소스 파일을 다루는 경우가 많다. 일부 인터프리터는 텍스트 소스 파일을 읽어서 먼저 토큰화 형식으로 변환한 후에 실행한다. 이렇게 하면 텍스트 파일을 작성할 때는 프로그래머가 좋아하는 편집기를 사용하고, 실행할 때는 토큰화 포맷의 빠른 실행 속도를 즐길 수 있다. 유일한 단점은 소스 파일을 토큰화하기 위한 초기 딜레이(대부분의 최신 머신에서는 거의 느끼지도 못함)가 있다는 점과 프로그램 명령문을 포함하는 문자열을 실행하는 것이 불가능할 수 있다는 점이다.

4.3.3 컴파일러

컴파일러compiler는 텍스트 형식의 소스 프로그램을 실행 가능한 기계어 코드로 변환한다. 이 과정은 매우 복잡한데, 특히 컴파일러 최적화에서 더욱 그렇다. 컴파일러가 생성하는 코드에 대해 유의해야 할 사항은 다음과 같다. 첫째, 컴파일러는 CPU가 직접 실행할 수 있는 기계어 명령을 생성한다. CPU는 프로그램을 실행하는 동안 소스 파일을 디코딩하는 데 시간을 낭비하지 않고, 모든 CPU 리소스를 기계어 코드를 실행하는 데 사용한다. 따라서 컴파일한 프로그램은 인터프리터를 사용한 버전보다 보통 몇 배 더 빠르게 실행된다. 물론 컴파일러에 따라 성능 차이는 있지만, 저성능의 컴파일러조차도 대부분의 인터프리터보다 성능이 좋다.

컴파일러가 소스 코드를 기계어 코드로 변환하는 것은 가능하지만, 인터프리터와 달리 프로그램에서 기계어 코드 출력만으로 원본 소스 파일을 재구성하는 것은 불가능한 건 아니지만 매우 어렵다.

4.3.4 증분 컴파일러

증분 컴파일러incremental compiler는 컴파일러와 인터프리터의 중간쯤에 있다. 다양한 종류의 많은 증분 컴파일러가 있는데, 이를 하나로 정의하기는 어렵다. 일반적으로 소스 파일을 기계어 코드로 직접 컴파일하지 않고 중간 형식으로 변환하는 것은 인터프리터와 비슷하다. 하지만 인터프리터의 토큰화 코드와 달리 이 중간 형식은 원본 소스 파일과 강한 상관관계가 없다. 중간 형식은 보통 이 코드를 실행할 수 있는 실제 CPU가 없다는 점에서 '**가상 머신 언어**virtual machine language'의 기계어 코드다. 이 코드를 실행할 수 있는 인터프리터는 간단히 만들 수 있다. 가상 머신Virtual Machine, VM용 인터프리터는 일반적으로 토큰화 코드용 인터프리터보다 훨씬 효율적이므로, 인터프리터에서 토큰 목록을 실행하는 것보다 가상 머신 코드를 실행하는 것이 훨씬 빠르다. 예를 들어, 자바는 **자바 바이트코드 엔진**Java bytecode engine(인터프리터 프로그램)과 이 컴파일 기술을 함께 사용해 자바 '머신 코드'

를 인터프리터처럼 실행한다(그림 4-1). 가상 머신 실행의 가장 큰 장점은 가상 머신 코드가 이식 가능하다는 것이다. 즉, 가상 머신에서 실행되는 프로그램은 인터프리터를 사용할 수 있는 모든 곳에서 실행할 수 있다. 반면, 실제 기계어 코드는 작성된 CPU(계열)에서만 실행된다. 일반적으로 인터프리트된 가상 머신 코드는 인터프리터 코드(토큰화된)보다 약 2~10배 빠르게 실행되고, 순수 기계어 코드는 인터프리트된 가상 머신 코드보다 약 2~10배 빠르게 실행된다.

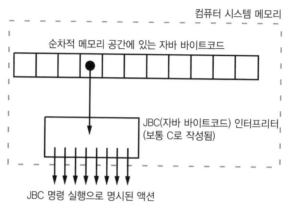

그림 4-1 JBC 인터프리터

증분 컴파일러로 컴파일한 프로그램의 성능을 향상시키기 위해 많은 제조사(특히 자바 시스템 공급 업체)가 JIT^Just-In-Time **컴파일**이라는 기술을 사용한다. 이는 인터프리터 실행 시간의 상당 부분이 가상 머신 코드를 읽고 해석하는 데 사용된다는 사실에 착안한 것이다. 이러한 작업은 프로그램이 실행되는 동안 반복해서 일어난다. JIT 컴파일은 가상 머신 명령어를 처음 만날 때마다 해당 코드를 실제 기계어 코드로 변환한다. 이렇게 하면, 인터프리터가 프로그램 내에서 동일한 명령문을 발견했을 때,(가령, 루프^loop 같은 경우) 필요한 변환 과정을 반복하지 않아도 된다. JIT 컴파일은 실제 컴파일러만큼 좋지는 않지만(실제 컴파일과 같은 속도를 내지는 못하지만), 일반적으로 프로그램 성능을 2~5배 정도는 향상시킬 수 있다.

노트 | 옛 컴파일러와 무료 컴파일러가 소스 코드를 어셈블리 언어로 컴파일하면, 어셈블러라고 하는 별도의 컴파일러가 이 출력을 기계어 코드로 변환한다. 하지만 대부분의 최신 컴파일러와 고성능 컴파일러는 이를 한 번에 처리한다. 이와 관련된 내용은 4.5절 '컴파일러 출력'에서 자세히 살펴보자.

지금까지 살펴본 네 가지의 컴퓨터 언어 프로세서 중에서 컴파일러에 대해 좀 더 자세히 알아보자. 컴파일러가 기계어 코드를 생성하는 방법을 이해하면, 어떤 HLL 명령문을 사용해야 더 좋고 더 효율적인 기계어 코드가 생성되는지도 알 수 있다. 인터프리터나 증분 컴파일러를 사용한다면, 애플리케이션을 처리하기 위해 최적화 컴파일러를 사용하는 것이 최선이다. 예를 들어, GNU는 인터프리트된 자바 바이트코드[JBC]가 아니라 최적화된 기계어 코드를 생성하는 자바용 컴파일러를 제공하며, 이렇게 만들어진 실행 파일은 인터프리트된 자바 바이트코드나 JIT 컴파일된 바이트코드보다 훨씬 빠르다.

4.4 변환 프로세스

일반적인 컴파일러는 **단계**[phase]라고 부르는 여러 논리적 구성 요소로 나뉜다. 정확한 숫자와 이름은 컴파일러에 따라 다르지만, 보통 다음과 같은 다섯 단계를 갖는다.

- 어휘 분석 단계[lexical analysis]
- 구문 분석 단계[syntax analysis]
- 중간 코드 생성 단계[intermediate code generation]
- 네이티브 코드 생성 단계[native code generation]
- 최적화 단계[optimization](지원하는 컴파일러에서만)

그림 4-2는 컴파일러가 HLL 소스 코드를 기계어(오브젝트) 코드로 변환하기 위해 이 단계들을 논리적으로 배열하는 방법을 보여준다.

소스 코드

| 어휘 분석 단계 (스캐너) |
| 구문 분석 단계 (파서) |
| 중간 코드 생성 단계 |
| 최적화 단계 (코드 생성 전) |
| 네이티브 코드 생성 단계 |
| 최적화 단계 (코드 생성 후) |

오브젝트 코드

그림 4-2 컴파일 단계

그림 4-2에서는 컴파일러가 각 단계를 순차적으로 실행하는 것처럼 보이지만, 대부분의 컴파일러는 이 순서대로 실행하지 않는다. 실제로는 병렬로 실행되는데, 각 단계는 작은 단위의 일을 처리해서 결과물을 다음 단계로 넘겨준 후 이전 단계에서 오는 입력을 기다린다. 일반적인 컴파일러에서 메인 프로그램이나 마스터 프로세스에 가장 가까운 것은 **파서**parser(구문 분석 단계)다. 파서는 스캐너scanner(어휘 분석 단계)를 호출해 입력을 읽어들이고 그 결과물을 처리하기 위해 중간 코드 생성기를 호출한다. 중간 코드 생성기는 (최적화를 지원하는 경우 최적화 프로그램을 호출하고 나서) 네이티브 코드 생성기를 호출한다. 네이티브 코드 생성기는 (가능한 경우) 최적화 프로그램을 호출할 수 있다. 네이티브 코드 생성 단계에서 나오는 결과는 실행 가능한 코드다. 네이티브 코드 생성기/최적화 프로그램은 코드를 출력한 후 다시 중간 코드 생성기로 돌아간다. 여기서 다시 파서로 돌아가면, 스캐너에게 더 많은 입력을 요청하면서 전체 프로세스가 종료되고 다시 시작한다.

노트 | 다른 컴파일러 구성도 가능하다. 예를 들어, 최적화 과정이 없거나 실행 여부를 사용자가 선택할 수 있는 컴파일러도 있으며, 어떤 컴파일러는 중간 코드의 생성을 생략하고 바로 네이티브 코드 생성기를 호출한다. 오브젝트 모듈이 서로 다른 시간에 컴파일되게 하는 등의 추가 단계를 포함하는 컴파일러도 있다.

그림 4-2가 일반적인 컴파일러의 (병렬) 실행 경로를 정확하게 나타내는 것은 아니지만, 여기에 표시된 **데이터 흐름**^{data flow}은 정확하다. 스캐너는 소스 파일을 읽고 다른 형식으로 변환한 다음, 이 변환된 데이터를 파서에 전달한다. 파서는 스캐너에서 입력을 받아 해당 입력을 다른 형식으로 변환하고, 이 새 데이터를 중간 코드 생성기로 전달한다. 비슷하게, 나머지 단계도 이전 단계에서 입력을 읽어 다른 형식으로 변환한 후 해당 입력을 다음 단계로 전달한다. 컴파일러는 마지막 단계의 출력을 실행 가능한 오브젝트 파일에 쓴다.

자, 이제 코드 변환 프로세스의 각 단계를 자세히 살펴보자.

4.4.1 스캐닝(어휘 분석)

스캐너^{scanner}(어휘 분석기^{lexical analyzer, lexer}라고도 함)는 소스 파일에서 찾은 문자/문자열 데이터를 읽고, 이 데이터를 소스 파일의 어휘 항목이나 어휘소를 나타내는 토큰으로 분할한다. 앞서 언급했듯이, 어휘소는 소스 파일에서 언어의 가장 작은 구성 요소가 되는 문자열이다. 예를 들어, C 언어 스캐너는 if나 while과 같은 하위 문자열을 C 예약어로 인식한다. 그러나 스캐너는 식별자 ifReady에 들어있는 'if'를 골라내어 예약어 취급을 하지는 않을 것이다. 대신 스캐너는 예약어와 식별자를 구별할 수 있도록 예약어가 사용된 문맥을 고려한다. 각 어휘소에 대해 스캐너는 작은 데이터 패키지(토큰)를 만들고 이를 파서에 전달한다. 토큰은 일반적으로 다음과 같은 값을 갖는다.

- 토큰의 클래스를 표시하는 작은 정수값(토큰이 예약어인지, 식별자인지, 정수 상수인지, 연산자인지, 문자열 리터럴인지를 표시)
- 클래스 내에서 토큰을 구별하는 다른 값(예를 들면, 이 값은 스캐너가 처리한 예약어가 무엇인지를 나타낸다.)
- 스캐너가 어휘소와 연관시킬 수 있는 속성들

노트 | 여기서 말하는 토큰은 앞에서 인터프리터를 설명할 때 언급한 압축된 형태의 토큰과 다르다. 여기서 말하는 토큰은 단순히 다양한 크기의 데이터 구조로, 인터프리터나 컴파일러의 어휘소와 관련된 정보를 담고 있다.

예를 들어, 스캐너가 소스 파일에서 문자열 12345를 스캔한 경우, 토큰의 클래스는 리터럴 상수를 나타내고, 두 번째 값은 정수 상수를 나타내고, 토큰의 속성은 이 문자열이 나타내는 숫자 값(즉, 일만이천삼백사십오)을 나타낸다. 그림 4-3은 이 토큰이 메모리에서 어떻게 나타날지를 보여준다.

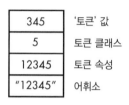

그림 4-3 어휘소 "12345"의 토큰

토큰 값은 345(정수 상수), 토큰 클래스의 값은 5(리터럴 상수), 토큰의 속성 값은 12345(어휘소의 숫자 형식), 어휘소 문자열은 "12345"로 스캐너가 반환한다. 컴파일러의 다른 코드 시퀀스는 이 토큰 데이터 구조를 적절하게 참조할 수 있다.

엄밀히 말하면, 어휘 분석 단계는 선택 사항이다. 파서는 소스 파일을 바로 처리할 수 있다. 그러나 토큰화는 파서가 토큰을 문자열 데이터가 아닌 정수값으로 처리할 수 있게 하기 때문에 컴파일 프로세스를 좀 더 효율적으로 만들 수 있다. 대부분의 CPU는 문자열 데이터보다 작은 정수값을 훨씬 더 빨리 처리할 수 있고, 파서는 소스 파일을 처리하면서 토큰 데이터를 여러 번 참조해야 하기 때문에 어휘 분석은 컴파일 시간을 상당히 절약한다. 일반적으로 순수 인터프리터는 파싱을 하는 동안 각 토큰을 다시 스캔하는 유일한 언어 프로세서인데, 이런 이유로 속도가 그렇게 느린 것이다(소스 파일을 토큰화 형식으로 저장하는 인터프리터는 순수 텍스트 소스 파일을 반복적으로 처리하지 않으므로 이 작업이 빨라진다).

4.4.2 파싱(구문 분석)

파서parser는 컴파일러의 일부분으로 소스 프로그램이 문법상(또 의미상) 올바른지 체크한다. 또 일반적으로 소스 파일에 오류가 있으면, 이를 발견하고 보고한다. 파서는 소스 코드의 토큰을 이용해 프로그램의 의미를 나타내는 복잡한 데이터 구조를 구성하는 일도 담당한다. 스캐너와 파서는 보통 소스 파일을 처음부터 끝까지 선형적으로 처리하며, 컴파일러는 소스 파일을 보통 단 한 번 읽는다. 이후 단계에서는 소스 프로그램의 본문을 랜덤 액세스 방식으로 참조해야 할 필요가 있다. 소스 코드를 나타내는 데이터 구조를 만들어냄으로써(이 구조는 **추상 구문 트리**Abstract Syntax Tree, AST로 불린다) 파서는 코드 생성과 최적화 단계에서 프로그램의 여러 부분을 쉽게 참조할 수 있다.

그림 4-4는 컴파일러가 수식 12345+6을 AST의 노드 세 개로 어떻게 나타내는지를 보여준다(43은 더하기 연산자의 값이고, 7은 산술 연산자를 나타내는 하위 클래스다).

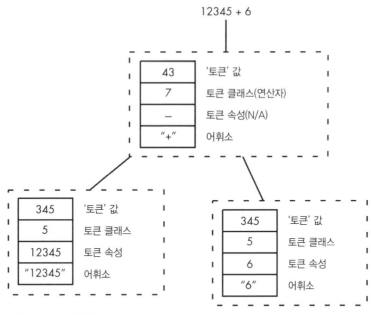

그림 4-4 AST의 일부

4.4.3 중간 코드 생성

중간 코드 생성 단계는 소스 파일의 AST 표현을 유사 기계어 코드 형식으로 변환한다. 컴파일러가 일반적으로 프로그램을 네이티브 기계어 코드로 바로 변환하지 않고 중간 형식으로 변환하는 데는 두 가지 이유가 있다.

첫째, 컴파일러의 최적화 단계는 공통 부분식 제거와 같은 특정 유형의 최적화를 이 중간 형식에서 훨씬 더 쉽게 수행할 수 있다.

둘째, 크로스 컴파일러^{cross-compiler}로 알려진 많은 컴파일러는 여러 다른 CPU에서 실행 가능한 기계어 코드를 생성한다. 코드 생성 단계를 중간 코드 생성기와 네이티브 코드 생성기라는 두 부분으로 나눔으로써, 컴파일러 작성자는 CPU에 독립적인 모든 작업을 중간 코드 생성 단계로 몰아넣어 중간 코드를 단 한 번 만들고 네이티브 코드 생성 단계도 단순화할 수 있다. 즉, 컴파일러는 하나의 중간 코드 생성 단계만 필요하지만, 컴파일러가 지원하는 각 CPU에 대해 별도의 네이티브 코드 생성 단계가 필요할 수 있다. 그렇기 때문에, 가능한 한 많은 CPU 독립적 코드를 중간 코드 생성기로 이동하면 네이티브 코드 생성기의 크기도 줄일 수 있다. 마찬가지로 최적화 단계도 둘로 나뉘는데(그림 4-2 참조), CPU에 독립적인 구성 요소(중간 코드 생성기 다음 부분)와 CPU 종속 구성 요소다.

마이크로소프트의 VB.NET이나 C#과 같은 일부 언어 시스템은 실제로 컴파일러의 출력으로 중간 코드를 내보낸다(.NET 시스템에서 마이크로소프트는 이 코드를 CIL^{Common Intermediate Language}이라고 함). 네이티브 코드 생성 및 최적화는 실제로 .NET 컴파일러가 생성하는 CIL 코드에서 JIT 컴파일을 수행하는 마이크로소프트 공용 언어 런타임^{Common Language Runtime, CLR} 시스템에서 처리된다.

4.4.4 최적화

중간 코드 생성의 다음 단계인 **최적화 단계**는 중간 코드를 좀 더 효율적인 형식으로 변환한다. 이는 일반적으로 AST에서 불필요한 항목을 제거하는 작업이다. 예를 들어 컴파일러의 최적화 프로그램은 다음과 같은 중간 코드를

```
move the constant 5 into the variable i
move a copy of i into j
```

```
move a copy of j into k
add k to m
```

다음과 같이 바꿀 수 있다.

```
move the constant 5 into k
add k to m
```

i, j에 대한 참조가 더 이상 없다면, 최적화 프로그램은 두 변수에 대한 모든 참조를 제거할 수 있다. 사실 k도 더 이상 사용되지 않으면, 최적화 프로그램은 이 두 명령을 add 5 to m이란 하나의 명령으로 대체할 수 있다. 이러한 유형의 변환/최적화는 거의 모든 CPU에서 유효하므로 첫 번째 최적화 단계에 적합하다.

4.4.4.1 최적화의 문제점

최적화는 중간 코드를 '더 효율적인 형식으로' 변환하는 과정인데, 이는 잘 정의된 작업이 아니다. 한 프로그램을 다른 프로그램보다 더 효율적으로 만드는 요소는 무엇인가? 프로그래밍에서 효율성의 첫 번째 정의는 프로그램이 시스템 자원을 최소로 사용한다는 것이다. 프로그래머가 중시하는 시스템 자원은 메모리(공간)와 CPU 주기(속도) 두 가지다. 컴파일러의 최적화 프로그램은 다른 자원들도 관리하겠지만, 그중에서도 공간과 속도가 가장 중요하다. 그러나 최적화에 대해 이 두 가지 측면만 고려하더라도 '최적화' 결과를 설명하는 것은 어렵다. 문제는 하나의 목표(성능 향상)를 위한 최적화 방향과 다른 목표(메모리 사용량 감소)의 최적화 방향이 충돌할 수 있다는 것이다. 이러한 이유로 최적화 프로세스는 대개 타협하는 과정으로 볼 수 있다. 몇 가지 부차적인 문제(예를 들면, 코드의 특정 섹션을 약간 느리게 실행하는 등)를 처리하거나 절충해 합리적인 결과를 만들어낸다(메모리를 지나치게 많이 소비하지 않는 프로그램을 만든다).

4.4.4.2 최적화가 컴파일 시간에 미치는 영향

한 가지 목표(가능한 최고의 성능을 낸다든지)를 정하고 최적화도 그에 대해 엄격하게 수행하는 것이 가능하다고 생각할지도 모른다. 그러나 컴파일러는 실행 가능한 결과를 적

당한 시간 내에 만들어내야 한다. 최적화 과정은 복잡도 이론에서 말하는 **NP-컴플릿 문제**
NP-complete problem에 속한다. NP-컴플릿 문제는 지금까지 알려진 바로는 '난해intractable'하
다. 다시 말해, 경우의 수를 모두 계산해서 최적의 해를 골라내지 않으면 정확한 결과를
보장할 수 없다(즉, 프로그램의 최적화 버전을 찾아낼 수 없다)는 것이다. 불행하게도 NP-컴
플릿 문제에서는 입력의 크기가 커질수록 해결하는 데 걸리는 시간이 기하급수적으로 증
가하는데, 최적화에서 입력의 크기는 대략 소스 코드의 라인 수에 해당한다.

이는 곧 최악의 경우에는 정말 최적인 프로그램을 만드는 데 그 프로그램이 주는 가
치 이상으로 시간이 많이 걸린다는 것을 의미한다. 소스 코드 한 행을 추가하는 것이 컴
파일하고 최적화하는 시간을 약 두 배로 늘릴 수 있다. 또한 두 행을 추가하면 시간이 네
배가 될 수 있다. 사실, 현대의 애플리케이션에서 완벽한 최적의 해를 만들어내려면 우주
의 역사보다 더 오랜 시간이 필요할지도 모른다.

10여 줄 정도의 작은 소스 파일을 제외하면, 완벽한 최적화 도구는 너무 많은 시간이
걸려서 그닥 실용적이지 않다(그런 최적화 도구들이 이미 만들어져 있으니 인터넷 검색 엔진에
서 'superoptimizers'를 검색해보라). 이런 까닭에 컴파일러의 최적화 도구가 정말 최적인
프로그램을 만드는 일은 거의 없다. 단순히 사용자가 최적화 작업에 기꺼이 배분할 만한
제한된 CPU 시간 동안에 얻을 수 있는 최선의 결과를 만들어낼 뿐이다.

노트 | JIT 컴파일에 의존하는 언어(자바, C#, VB.Net)는 최적화 단계의 일부를 런타임으로 보낸다. 따라서
최적화 프로그램의 성능은 애플리케이션의 런타임에 직접적인 영향을 미친다. JIT 컴파일러 시스템은 애플
리케이션과 동시에 실행되기 때문에, 코드를 최적화하는 데 상당한 시간이 소비되고, 이는 런타임에 큰 영향
을 줄 수밖에 없다. 이것이 자바나 C# 같은 언어가 궁극적으로 로우레벨 기계어 코드로 컴파일된 경우에도
C/C++, 파스칼과 같은 기존 언어로 컴파일된 고도로 최적화된 코드만큼 성능이 떨어지는 이유다.

현대의 최적화 도구는 모든 경우의 수를 봐서 최선의 결과를 고르기보다는 휴리스틱
heuristic과 경우의 수에 기반한 알고리즘을 사용해서 기계어 코드를 변환해낸다. 그러므로
최선의 기계어 코드로 변환되는 HLL 프로그램을 작성하고 싶다면 일반적인 컴파일러들
이 최적화에 사용하는 휴리스틱과 알고리즘을 알아야 한다.

4.4.4.3 기본 블록, 축소 가능한 코드, 최적화

컴파일러의 최적화 도구와 시너지를 일으키는 최고의 코드를 작성하려면 컴파일러가 중간 코드를 구성하는 방법(후기 최적화 단계에서 더 나은 기계어 코드를 출력하기 위해)을 이해하는 것이 매우 중요하다. 컴파일러 최적화 도구는 코드 분석을 할 때 프로그램의 실행 순서를 따라 변수 값을 추적한다. 변수 값을 추적하는 과정을 **데이터 흐름 분석**Data Flow Analysis, DFA이라고 한다. 데이터 흐름 분석을 수행함으로써 컴파일러는 변수가 초기화되지 않은 상태와 어떤 값이 대입되는 시점과 프로그램이 더 이상 변수를 쓰지 않는 시점을 알 수 있고, 변수 값이 무엇인지 알 수 없는 시점을 판단할 수 있다. 다음 파스칼 코드의 예를 보자.

```
path := 5;
if( i = 2 ) then begin

    writeln( 'Path = ', path );

end;
i := path + 1;
if( i < 20 ) then begin

    path := path + 1;
    i := 0;

end;
```

좋은 최적화 프로그램은 이 코드를 다음과 같이 변환한다.

```
if( i = 2 ) then begin
    (* 컴파일러는 path = 5를 알고 있기 때문에 *)

    writeln( 'path = ', 5 );

end;
i := 0;      (* 컴파일러는 path < 20을 알고 있기 때문에 *)
path := 6;   (* 컴파일러는 path < 20을 알고 있기 때문에 *)
```

실제로 컴파일러는 마지막 두 명령문에 대한 코드를 생성하지 않는다. 대신 나중에 변수를 참조할 때 i 값은 0으로, path는 6으로 치환한다. 심지어, 여러 번 중첩된 함수 호출이나 복잡한 수식에서 상수 대입과 연산 과정을 추적할 수 있는 컴파일러도 있다.

컴파일러가 데이터 흐름을 분석하는 방법을 완벽히 설명하는 것은 이 책의 범위를 벗어나지만, 잘못 작성된 프로그램은 컴파일러의 최적화 능력을 저해할 수 있으므로 프로세스에 대한 기본적인 이해는 필요하다. 훌륭한 코드는 컴파일러를 방해하지 않고 컴파일러와의 시너지 효과를 낸다.

일부 컴파일러는 하이레벨 코드를 최적화할 때 정말 놀라운 능력을 발휘한다. 그러나 최적화는 본질적으로 느린 프로세스다. 앞서 언급했듯이 최적화는 다루기 힘든 문제다. 다행히 대부분의 프로그램은 완벽한 최적화를 필요로 하지 않는다. 최적의 프로그램보다 약간 느리게 실행되더라도 적당한 근사치의 프로그램을 찾아내는 것은 처리하기 어려운 컴파일 시간과 비교하면 훨씬 수용할 만한 절충안이다.

컴파일 시 최적화 과정에 들어가는 시간을 결정하는 것은 프로그램의 한 부분에서 성능 개선점을 최대한으로 얼마나 많이 찾아내는지에 달려 있다. 따라서 컴파일러를 혼동시키는 프로그래밍 스타일을 사용한다면 컴파일러가 고려할 사항이 너무 많아져서 최적의(혹은 최적에 가까운) 실행 파일을 생성하지 못하게 될 것이다. 따라서 컴파일러의 소스 파일 최적화를 돕는 방법을 배울 필요가 있다.

데이터 흐름을 분석하기 위해, 컴파일러는 소스 코드를 이른바 '기본 블록^{basic block}'으로 쪼갠다. 기본 블록은 해당 블록 중간에서 나가거나 해당 블록 중간으로 들어오는 분기 명령이 없는 순차적인 기계어 명령들이다. 다음 C 코드의 예를 살펴보자.

```
x = 2;              // 기본 블록 1
j = 5;
i = f( &x, j );     // 기본 블록 1의 끝
j = i * 2 + j;      // 기본 블록 2
if( j < 10 )        // 기본 블록 2의 끝
{
    j = 0;          // 기본 블록 3
    i = i + 10;
    x = x + i;      // 기본 블록 3의 끝
}
```

```
else
{
    temp = i;        // 기본 블록 4
    i = j;
    j = j + x;
    x = temp;        // 기본 블록 4의 끝
}
x = x * 2;           // 기본 블록 5
++i;
--j;
```

```
printf( "i=%d, j=%d, x=%d\n", i, j, x ); // 기본 블록 5의 끝
```

```
// 기본 블록 6이 시작하는 곳
```

이 코드에는 다섯 개의 기본 블록이 포함돼 있다. 기본 블록 1은 소스 코드의 맨 앞에서 시작한다. 기본 블록은 명령 순열의 안팎으로 점프가 있는 지점에서 끝난다. 기본 블록 1은 f() 함수 호출에서 끝난다. 기본 블록 2는 f() 함수를 호출한 다음 명령문으로 시작하고 if문 시작 부분에서 끝나는데, 이는 if문이 둘 중 하나로 분기하기 때문이다. else 절은 기본 블록 3을 끝낸다. 또한 else문은 기본 블록 4의 시작이기도 한데, if문의 then 절에서 else문 다음의 첫 문장으로 가는 점프가 있기 때문이다. 기본 블록 4의 끝은 다른 곳으로 향하는 분기문이 있어서가 아니라 기본 블록 2(if문의 then 절)에서 기본 블록 5의 첫 문장으로 가는 점프가 있기 때문에 끝난다. 기본 블록 5는 C의 printf() 함수 호출과 함께 끝난다.

기본 블록이 시작하고 끝나는 지점을 찾는 방법은 컴파일러가 생성한 어셈블리 코드를 참고하는 것이 가장 쉽다. 조건 분기conditional branch/점프, 무조건 점프, 호출 명령이 기본 블록의 마지막 문장이다. 다만, 기본 블록이 새 위치로 흐름 제어를 넘기는 그 명령어까지 포함한다는 점은 기억해야 한다. 다음 기본 블록은 분기 명령 직후에 시작한다. 조건 분기, 무조건 점프, 호출 명령 등의 타깃 레이블도 기본 블록의 시작 지점이 된다.

기본 블록의 장점은 컴파일러가 기본 블록 안의 변수와 프로그램 오브젝트에 무슨 일

이 일어나는지 추적하기가 쉽다는 것이다. 컴파일러는 각 명령문을 처리하면서, 변수의 초기값과 연산 명령에 근거해 변수의 값을 추적할 수 있다.

그러나 두 기본 블록에서 코드의 같은 지점으로 합류할 때에는 문제가 발생한다. 위의 예에서 기본 블록 3에서는 j에 0을 할당한 후에 더 이상 대입하는 일이 없기 때문에, 기본 블록 3의 끝에서도 변수 j의 값은 0이라는 것을 쉽게 알 수 있다. 마찬가지로 기본 블록 3의 끝에서 프로그램은 j의 값이 j0 + x0이라는 것을 안다(j0은 기본 블록에 들어갈 때 j의 초기값을 나타내고 x0은 블록에 들어갈 때 x의 초기값을 나타낸다고 가정함). 그러나 두 블록이 기본 블록 4로 합류하므로 이때 j가 0이 될지 j0 + x0 값을 가질지는 알 수 없다. 이때 컴파일러는 j의 값이 두 개의 다른 값 중 하나일 수 있다는 것을 알아야 한다.

주어진 지점에서 해당 변수가 가질 수 있는 두 가지 가능한 값을 추적하는 것이 괜찮은 최적화 프로그램에게는 별로 어려운 일이 아니다. 그렇다면, 이번에는 컴파일러가 (두 가지 가능한 값이 아닌) 여러 가지 가능한 값을 추적해야 하는 상황을 상상해보자. 여러 개의 if문이 순차적으로 실행되고 각 if문마다 같은 변수를 변경한다고 하면, if문 하나당 경우의 수는 두 배가 된다. 다시 말해, 변수가 가질 수 있는 경우의 수는 if문의 수에 따라 기하급수적으로 증가한다. 어느 순간 컴파일러는 변수가 가질 수 있는 가능한 모든 값을 더 이상 추적할 수 없게 되고, 그 변수의 값을 추적하는 일을 그만둔다. 이렇게 되면 컴파일러가 고려할 수 있는 선택지는 더 적어진다.

루프loop, 조건문, switch/case문, 프로시저/함수 호출이 코드의 실행 가능한 경로를 기하급수적으로 증가시키지만, 다행히 잘 작성된 프로그램은 보통 컴파일러가 별문제 없이 최적화할 수 있다. 기본 블록의 경로가 수렴하는 지점에서 프로그램이 변수에 종종 새로운 값을 할당하기 때문이다(이때 컴파일러는 추적하던 여러 경우의 값을 제거한다). 일반적으로 컴파일러는 실행 경로마다 변수 값이 매번 달라지지는 않는다고 가정하고, 내부 데이터 구조에도 그런 점은 잘 반영돼 있다. 따라서 이런 가정을 벗어나면 컴파일러는 변수 값을 추적하지 못해 수준이 떨어지는 코드를 만들어낸다는 점을 명심해야 한다.

구조적으로 엉망인 프로그램은 컴파일러를 혼란시켜 최적화의 가능성을 줄여버린다. 좋은 프로그램은 **축소 가능한 플로우 그래프**reducible flow graph를 만들어내고, 컨트롤 플로우 경로를 그림으로 묘사한다.

그림 4-5는 위의 코드에 대한 플로우 그래프다.

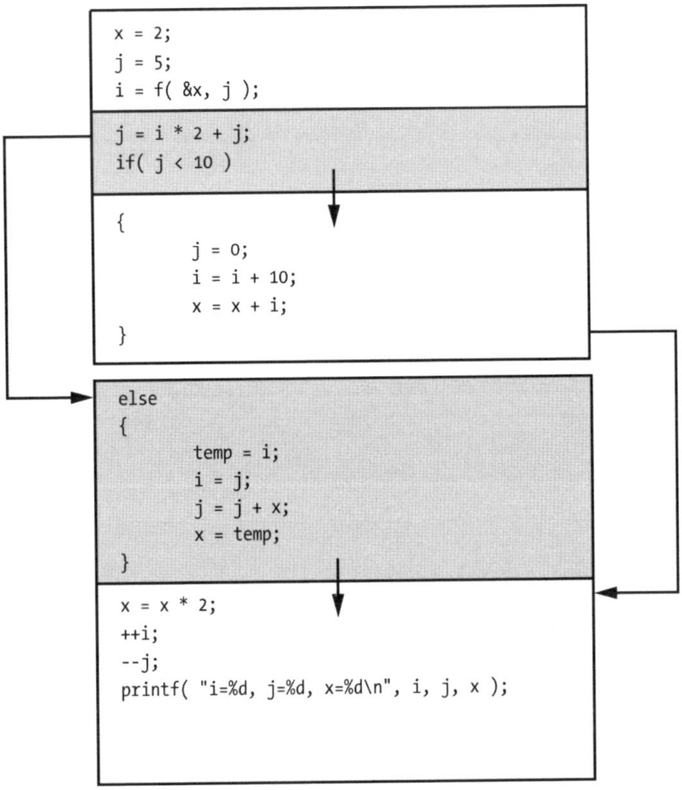

```
x = 2;
j = 5;
i = f( &x, j );
```
```
j = i * 2 + j;
if( j < 10 )
```
```
{
        j = 0;
        i = i + 10;
        x = x + i;
}
```
```
else
{
        temp = i;
        i = j;
        j = j + x;
        x = temp;
}
```
```
x = x * 2;
++i;
--j;
printf( "i=%d, j=%d, x=%d\n", i, j, x );
```

그림 4-5 플로우 그래프의 예

그림에서 볼 수 있듯이, 한 기본 블록의 끝에서 다른 기본 블록의 처음으로 분기하는 것은 화살표를 그려서 표시한다. 이 예에서는 화살표가 아래 방향으로 흐르지만 항상 이렇지는 않다. 예를 들어, 루프는 플로우 그래프에서 역방향으로 분기가 생긴다. 다음 파스칼 코드를 살펴보자.

```
write( 'Input a value for i:' );
readln( i );
j := 0;
while( ( j < i ) and ( i > 0 ) ) do begin

    a[j] := i;
    b[i] := 0;
```

```
    j := j + 1;
    i := i - 1;
end; (* while *)
k := i + j;
writeln( 'i = ', i, 'j = ', j, 'k = ', k );
```

그림 4-6은 이 간단한 코드의 플로우 그래프를 보여준다.

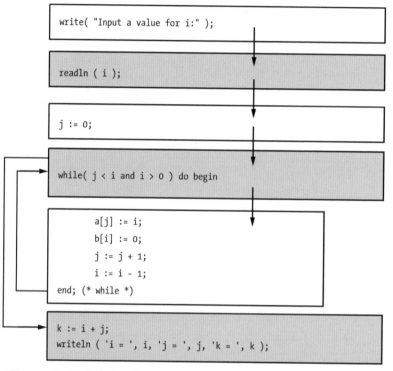

그림 4-6 while 루프의 플로우 그래프

구조화가 잘된 프로그램은 축소 가능한 플로우 그래프를 가진다. 축소 가능한 플로우 그래프가 무엇인지 완벽하게 설명하는 것은 이 책의 범위를 벗어나지만, goto문을 사용하지 않고 구조화된 제어문(if, while, repeat..until)만으로 작성한 프로그램은 축소 가능하다. 이는 컴파일러 최적화 도구가 축소 가능한 프로그램을 다룰 때 훨씬 결과가 좋다는 점에서 중요하다. 반면에 축소 불가능한 프로그램은 컴파일러를 혼란스럽게 한다.

최적화 도구가 축소 가능한 프로그램을 더 쉽게 다룰 수 있는 이유는 기본 블록들은 더 작은 내부 블록의 속성(변수 값의 변경 등)을 상속하는 외부 블록들로 윤곽지어 정리할 수 있기 때문이다. 이런 식으로 소스 파일을 정리함으로써 최적화 도구는 많은 수의 명령문이 아닌 적은 수의 블록을 다루게 된다. 이렇게 계층적으로 접근하면 효율적이면서도 프로그램 상태에 대한 정보를 더 많이 보관할 수 있다. 또 최적화의 시간 복잡도가 기하급수적으로 늘어날 수 있기 때문에, 코드가 처리해야 하는 블록 수를 줄임으로써 최적화 도구의 작업 시간을 극적으로 줄일 수 있다. 다시 강조하지만, 컴파일러가 구체적으로 최적화를 어떻게 하는지는 중요하지 않다. goto문이나 그 외의 기상천외한 분기 방법을 사용하는 일을 피한다면, 프로그램은 보통 축소 가능한 프로그램이 돼서 최적화 도구가 코드를 더 잘 최적화할 수 있다는 점이 중요하다. 따라서, 이를 기억해두자. goto문을 많이 사용해서 코드를 재사용하고 불필요한 실행을 줄이는 방식으로 코드 최적화를 한다면 사실상 거꾸로 가는 것이다. 당장 몇 바이트와 몇 사이클은 절약할 수 있겠지만, 결과적으로 컴파일러를 완전히 혼란시켜서 전체적 최적화를 제대로 해내지 못하고 효율성의 총체적인 손실을 초래할 것이다.

4.4.4.4 공통 컴파일러 최적화

12장에서는 공통 컴파일러 최적화의 완벽한 정의와 프로그램 예제를 살펴볼 것이다. 지금은 기본적인 최적화 종류를 신속하게 훑어보자.

상수 폴딩Constant folding

상수 폴딩은 상수식과 부분식의 값을 실행 시에 계산하는 코드를 만들지 않고 컴파일 시에 미리 계산하는 것이다. 자세한 내용은 12.2.1절 '상수 폴딩'에서 다룬다.

상수 전달Constant propagation

상수 전파는 변수에 상수 값이 들어있는 경우를 컴파일러가 찾아내서 변수 값을 읽어오지 않고 상수 값으로 바꾸는 것이다. 자세한 내용은 12.2.2절 '상수 전달'에서 다룬다.

죽은 코드 제거Dead code elimination

죽은 코드 제거는 프로그램이 해당 명령문의 결과를 사용하지 않거나 조건부 블록이 참이 아닐 때 특정 소스 코드 명령문과 관련된 오브젝트 코드를 제거한다. 자세한 내용은 12.2.3절 '죽은 코드 제거'에서 다룬다.

공통 부분식 제거Common subexpression elimination

종종 어떤 식의 일부가 같은 함수의 다른 곳에서 쓰이는데, 이를 부분식이라고 한다. 부분식에 쓰인 변수 값이 바뀌지 않았다면, 프로그램은 수식을 다시 계산할 필요가 없다. 프로그램은 수식을 처음 계산했을 때 그 값을 저장해뒀다가 다음에 그 수식이 나오는 곳에서 저장한 값으로 대체해준다. 자세한 내용은 12.2.4절 '공통 부분식 제거'에서 다룬다.

연산 대체strength reduction

종종 CPU는 소스 코드가 지정한 것과 다른 연산자를 사용해서 값을 직접 계산할 수 있다. 예를 들어 shift 명령어는 2의 거듭제곱인 상수로 곱셈이나 나눗셈을 구현할 수 있고, 비트 차원의 and 명령어는 특정 mod(나머지) 연산을 계산할 수 있다(일반적으로 곱셈이나 나눗셈 명령어보다 shift와 and 명령어가 훨씬 빠르다). 대부분의 컴파일러 최적화 도구는 이런 연산들을 잘 찾아내 무거운 연산을 가벼운 연산의 조합으로 대체한다. 자세한 내용은 12.2.5절 '연산 대체'에서 다룬다.

인덕션induction

많은 수식에서, 특히 루프 안에서 한 변수의 값이 다른 변수의 값에 100% 연동되는 경우가 있다. 이런 경우에 컴파일러는 루프 기간 동안 한 변수 값의 계산을 없애버리거나 두 변수의 연산을 하나로 통합하는 경우가 많다. 자세한 내용은 12.2.6절 '인덕션'에서 다룬다.

루프 불변식Loop invariants

이상의 최적화들은 모두 잘 작성된 코드를 향상시키기 위한 테크닉들이다. 루프 불변식은 반대로 나쁜 코드를 수정하기 위한 컴파일러 테크닉이다. 루프 불변식이란 루프를 여러 번 반복해도 값이 바뀌지 않는 수식을 말한다. 최적화 도구는 수식의 결과를 루프 밖에서 한 번 계산한 다음, 루프 안에서 그 값을 사용한다. 루프 불변식을 발견하면, 코드 모션code motion을 이용해 루프 밖으로 이동시킬 만큼 똑똑한 컴파일러가 많다. 자세한 내용은 12.2.7절 '루프 불변'에서 다룬다.

좋은 컴파일러는 이 밖에도 다양한 최적화를 수행할 수 있지만, 여기서 다룬 내용이 제대로 된 컴파일러에 기대할 만한 표준 최적화들이다.

4.4.4.5 컴파일러 최적화 제어하기

기본적으로 대부분의 컴파일러는 명시적으로 지정하지 않는 한 최적화를 거의 하지 않는다. 이는 직관에 반하는 것처럼 보이는데, 일반적으로 모든 사람은 컴파일러가 가장 좋은 코드를 생성해주길 바란다. 그러나 '최적화'를 정의하는 방법은 여러 가지가 있기 때문에 한 가지 정의로 모두를 만족시킬 수는 없다. 그래서 대부분의 컴파일러는 명시적으로 지정할 때만 최적화를 한다.

바라는 바를 정확히 만족시키지 못하는 최적화 조건이라도 최적화를 전혀 하지 않는 것보다는 낫다고 생각할 수 있다. 그러나 최적화가 컴파일러의 기본 조건이 아닌 이유는 몇 가지 있다.

- 최적화는 느린 프로세스다. 최적화를 끄면 컴파일러의 처리 시간은 더 빨라진다. 빠른 에디트edit-컴파일-테스트 사이클에서 이는 매우 유리하다.
- 대부분의 디버거는 최적화된 코드에서 제대로 동작하지 않기 때문에 애플리케이션에서 디버거를 사용하려면 최적화를 해제해야 한다(이렇게 하면 컴파일러 출력을 훨씬 쉽게 분석할 수 있다).
- 컴파일러 문제는 대개 최적화 툴에서 발생한다. 최적화되지 않은 코드를 생성하면 컴파일러 문제에 맞닥뜨릴 가능성이 줄어든다(컴파일러 개발자도 컴파일러 문제에 대해 알림을 받을 가능성이 줄어든다).

많은 컴파일러가 최적화 옵션을 제어할 수 있는 커맨드라인command-line 옵션을 제공한다. 유닉스Unix의 초기 C 컴파일러들은 최적화 단계를 지정하기 위해 -0, -01, -02와 같은 커맨드라인 옵션을 사용했다. 정확히 동일한 옵션은 아니지만, 많은 이후 컴파일러(C 등)에서 이 옵션을 채택했다.

컴파일러가 ('최적화 사용optimization' 혹은 '사용하지 않음no optimization'이라는) 한 가지 옵션이 아니라, 최적화 단계를 지정하는 다수의 옵션을 제공하는 이유는 최적화가 사람에 따라 다른 것을 의미하기 때문이다. 어떤 사람들은 프로그램이 차지하는 공간을 최적화한 코드를 바라는 반면, 어떤 사람들은 프로그램의 수행 속도를 최적화한 코드를 원한다(그리고 이 두 가지 최적화는 주어진 상황에서 서로 배타적인 경우가 많다). 어떤 사람은 파일을 최적화하고 싶지만 컴파일하는 데 많은 시간이 걸리는 것을 싫어해서 속도가 빨라지는 컴파일 옵션만을 조금 켜놓을 수도 있다. 어떤 사람은 특정 CPU 제품군(예를 들어, 80x86 제품군의 Core i9 프로세서)의 특정 CPU만을 위한 최적화를 바랄 수도 있다. 더 나아가 어떤 최적화는 프로그램이 특별한 방식으로 작성된 경우에만 '안전'하다(즉, 정확한 결과를 내는 코드를 생성한다). 이런 경우 프로그램이 적합한 방식으로 작성됐는지를 확인하기 전에는 이러한 최적화를 수행하고 싶지 않을 것이다. 마지막으로, HLL을 신중히 작성하는 프로그래머들에게 컴파일러가 수행하는 어떤 최적화는 오히려 열등한inferior 코드를 생성하는 것처럼 보일 수 있으므로, 특정 최적화 방법을 선택할 수 있도록 옵션을 제공하면 가능한 최고의 코드를 원하는 프로그래머에게 도움이 될 수 있다. 그래서 대부분의 최신 컴파일러들은 수행할 최적화 옵션을 상당히 유연하게 제공한다.

마이크로소프트 비주얼 C++ 컴파일러를 살펴보면, 최적화를 제어하기 위해 다음과 같은 커맨드라인 옵션을 제공한다.

```
                         -최적화-
/ O1 공간 최소화
/ O2 속도 최대화
/ Ob <n> 인라인 확장 (기본값 n = 0)
/ Od 최적화 비활성화 (기본값)
/ Og 글로벌 최적화 활성화
/ Oi [-] 고유함수(intrinsic function) 활성화
/ Os 코드 공간 선호
/ Ot 코드 속도 선호
/ Ox 최적화를 최대화
/ favor : <blend | AMD64 | INTEL64 | ATOM> 다음 중 하나에 최적화할 프로세서를 선택한다
    blend - 여러 x64 프로세서에 대한 최적화 조합
    AMD64 - 64비트 AMD 프로세서
    INTEL64 - 인텔 (R) 64 아키텍처 프로세서
    ATOM - 인텔 (R) Atom (TM) 프로세서

                         -코드 생성-
/ Gw[-] 링커용 글로벌 변수 분리
```

/ GF 읽기 전용 문자열 풀링 활성화

/ Gm[-] 최소 리빌드 활성화

/ Gy[-] 링커용 함수 분리

/ GS[-] 보안 검사 활성화

/ GR[-] C++ RTTI 활성화

/ GX[-] C++ EH 활성화(/EHsc와 동일)

/ guard : cf [-] CFG 활성화(제어 흐름 보호)

/ EHs C++ EH 활성화(no SEH 예외)

/ EHa C++ EH 활성화(w/ SEH 예외)

/ EHc extern "C" 기본값은 nothrow다

/ EHr noexcept 런타임 종료 검사를 항상 생성한다

/ fp : <except [-] | fast | precise | strict> 부동 소수점 모델 선택:

   except [-]-코드 생성 시 부동 소수점 예외 고려

   fast - '빠른' 부동 소수점 모델; 결과는 예측하기 어렵다

   precise – '정밀' 부동 소수점 모델; 결과는 예측 가능하다

   strict - '엄격한' 부동 소수점 모델(/fp : except를 의미함)

/ Qfast_transcendentals /fp : except로 inline FP 고유 함수를 생성한다

/ Qspectre [-] CVE 2017-5753에 대한 완화 기능 활성화

/ Qpar [-] 병렬 코드 생성 활성화

/ Qpar-report : 1 자동 병렬화 진단; 병렬화된 루프를 표시

/ Qpar-report : 2 자동 병렬화 진단; 병렬화되지 않은 루프 표시

/ Qvec-report : 1 자동 벡터화 진단; 벡터화된 루프 표시

/ Qvec-report : 2 자동 벡터화 진단; 벡터화되지 않은 루프 표시

/ GL [-] 링크 타임 코드 생성 활성화

/ volatile : <iso | ms> 휘발성(volatile) 모델 선택:

   iso-휘발성 액세스에서 획득(acquire)/해제(release) 의미가 보장되지 않음

   ms-휘발성 액세스에서 획득(acquire)/해제(release) 의미가 보장됨

/ GA 윈도우 애플리케이션에 최적화

/ Ge 모든 기능에 대한 force 스택 검사

/ Gs[num] 컨트롤 스택 검사 호출

/ Gh _penter 함수 호출 활성화

/ GH _pexit 함수 호출 활성화

/ GT 광섬유(fiber-safe) 안전 TLS 액세스 생성

/ RTC1 빠른 검사 활성화(/RTCsu)

/ RTCc 더 작은 형식 검사로 변환

/ RTCs 스택 프레임 런타임 검사

/ RTCu 초기화되지 않은 로컬 사용 검사

/ clr [: option] 공용 언어 런타임용으로 컴파일. 여기서 option은 다음과 같다

   pure - IL 전용 출력 파일 생성(네이티브 실행 코드 없음)

   safe - IL 전용 검증 가능한 출력 파일 생성

```
        initialAppDomain - 비주얼 C++ 2002의 초기 AppDomain 동작 활성화
        noAssembly - 어셈블리를 생성하지 않는다
        nostdlib - 디폴트 \clr 디렉터리 무시
/ homeparams 레지스터에 전달된 매개변수가 스택에 기록되도록 한다
/ GZ 스택 검사(/RTC) 활성화
/ arch : AVX는 AVX 활성화 CPU에서 사용할 수 있는 명령을 사용할 수 있다
/ arch : AVX2는 AVX2 활성화 CPU에서 사용할 수 있는 명령을 사용할 수 있다
/ Gv __vectorcall 호출 규칙
```

GCC에는 GCC 커맨드라인에서 -v --help를 지정해볼 수 있는 비교 가능한(훨씬 더 긴) 목록이 있다. 대부분의 개별 최적화 플래그는 -f로 시작한다. -On(n은 한 자리 정수값)을 사용해 다양한 최적화 단계를 지정할 수도 있다. -O3이나 그 이상의 옵션을 사용할 때는 특정한 경우에 안전하지 않은 최적화를 수행할 수 있으므로 주의해야 한다.

4.4.5 컴파일러 벤치마킹

최고의 코드를 만드는 과정에서 실제로 마주하게 되는 제약은 컴파일러가 제공하는 최적화 셋set이 서로 다르다는 것이다. 최적화 종류가 같더라도 최적화의 효율은 크게 다른 경우가 많다.

다행히도 몇몇 웹 사이트에 가면 여러 가지 컴파일러를 벤치마크한 테스트 결과를 볼 수 있다. 현대의 컴파일러 몇 개를 비교한 아주 좋은 웹 사이트 가운데 하나는 www.willus.com이다. 좋아하는 검색 엔진을 사용해서 'compiler benchmarks'나 'compiler comparisons'를 입력하고 즐겨라!

4.4.6 네이티브 코드 생성

네이티브 코드 생성 단계는 중간 코드를 대상 CPU의 기계어 코드로 변환하는 역할을 한다. 예를 들어 80x86 네이티브 코드 생성기는 이전에 제공된 중간 코드 시퀀스를 다음과 같이 변환할 수 있다.

```
mov(5, eax); // 상수 5를 EAX 레지스터로 이동한다
mov(eax, k); // EAX의 값(5)을 k에 저장한다
add(eax, m); // EAX의 값을 변수 m에 추가한다
```

두 번째 최적화 단계는 네이티브 코드 생성 단계 다음에 오는데, 기계마다 다른 특성을 다룬다. 예를 들어, 펜티엄 II 프로세서용 최적화 도구는 명령 add(1, eax);를 inc(eax);로 치환할 수 있다. 최신 CPU에 대한 최적화 프로그램은 그 반대일 수 있다. 특정 80x86 프로세서에 대한 최적화 도구는 슈퍼스칼라 CPU에서 명령의 병렬 수행을 최대화하도록 명령을 늘어놓을 수 있고, 또 다른(80x86) CPU용 최적화 도구는 명령어를 다른 순서로 늘어놓을 수 있다.

4.5 컴파일러 출력

4.4절 '변환 프로세스'에서는 컴파일러가 보통 기계어 코드를 출력으로 생성한다고 했지만, 엄밀히 말하면 그런 필요도 없고 일반적인 것도 아니다. 대부분의 컴파일러 출력은 주어진 CPU에서 바로 실행 가능한 코드가 아니다. 일부 컴파일러는 실행하기 전에 어셈블러에서 추가 처리가 필요한 어셈블리 언어의 소스 코드를 내보낸다. 다른 컴파일러는 실행 코드와 유사하지만 직접 실행되지 않는 오브젝트 파일을 생성한다. 또 다른 컴파일러는 실제로 다른 HLL 컴파일러의 처리가 추가로 필요한 소스 코드를 출력하기도 한다. 이 절에서는 이렇게 다양한 출력 형식과 장단점을 설명한다.

4.5.1 컴파일러 출력으로 HLL 코드 내보내기

어떤 컴파일러는 다른 HLL 소스 코드로 된 출력을 만든다(그림 4-7). 예를 들어 많은 컴파일러(최초의 C++ 컴파일러 포함)는 C 코드를 출력한다. 사실 컴파일러 제작자가 HLL 코드를 출력하게 할 때는 많은 경우 C 언어를 선택한다.

컴파일러 출력을 HLL로 된 소스 코드로 하면 몇 가지 장점이 있다. 사람이 읽을 수 있어 쉽게 검증할 수 있으며, 여러 플랫폼으로 이식이 가능하다. 예를 들어 컴파일러가 C 코드를 만들어내면 여러 시스템에서 컴파일할 수 있는데, 이는 대부분의 플랫폼에 C 컴

파일러가 존재하기 때문이다. HLL 코드를 출력함으로써 컴파일러는 대상 언어 컴파일러의 최적화 능력에 의존할 수 있게 되고, 따라서 최적화 도구를 만드는 노력을 절약할 수 있다. 즉, HLL 코드를 출력하는 것이 다른 출력을 만드는 것보다 일반적으로 훨씬 쉽다. 그래서 컴파일러 제작자가 코드 생성 모듈은 간단하게 만들고 컴파일 프로세스의 복잡한 부분은 다른 튼튼한 컴파일러에 의존할 수 있게 된다.

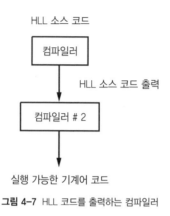

그림 4-7 HLL 코드를 출력하는 컴파일러

물론 HLL 코드를 출력하면 몇 가지 단점이 있다. 무엇보다 실행 가능한 코드를 직접 만드는 것보다는 더 많은 시간이 걸린다. 실행 가능한 파일을 만들려면 두 번째 컴파일러를 사용해야 한다. 더 나쁜 경우, 두 번째 컴파일러가 또 다른 컴파일러나 어셈블러를 실행해야 할 수도 있다. 또 다른 단점으로는 디버거가 사용할 디버그 정보를 포함시키기가 어렵다는 것이다. 아마 가장 근본적인 문제는 HLL이 일반적으로 기본 시스템의 추상화에 불과하기 때문에, 컴파일러가 로우레벨의 기계어 코드에 효과적으로 매핑되는 HLL 코드를 생성하기가 매우 어려울 수 있다는 점이다.

일반적으로 HLL을 출력하는 컴파일러는 매우 높은 수준의 HLL을 로우레벨 언어로 변환한다. 예를 들어, C는 종종 상당히 낮은 수준의 HLL로 간주되는 경우가 많고, 그래서 많은 컴파일러가 출력 포맷으로 C를 선호한다. 이런 목적으로 사용할 이식 가능한 로우레벨 언어를 따로 만들려는 시도는 있었지만, 어느 것도 많은 호응을 받지는 못했다. 그런 시스템을 알고 싶다면 인터넷에서 'C--' 프로젝트를 찾아보면 된다.

컴파일러 출력을 분석해서 효율적인 코드를 작성하려면, HLL 코드를 출력하는 컴파일러로 작업하는 것이 더 어려울 수 있다. 표준 컴파일러에서는 컴파일러가 생성하는 특정 기계어 코드 명령문만 배우면 된다. 그러나 HLL을 출력하는 컴파일러로 훌륭한 코드를 작성하는 방법은 더 어렵다. 주 언어의 컴파일러가 HLL을 내보내는 방법과 두 번째 컴파일러가 이 코드를 기계어 코드로 변환하는 방법을 모두 이해해야 한다.

일반적으로 HLL을 출력하는 컴파일러들은 더 높은 수준의 HLL을 위한 컴파일러이거나 혹은 실험용 컴파일러들(구식 언어의 코드를 좀 더 현대적인 언어로(예를 들면, 포트란에서 C로) 변환하려는 컴파일러)이다. 이런 컴파일러가 효율적인 코드를 생성하기를 기대하는 것은 지나친 요구다. 효율적인 최고의 코드를 작성하고 싶다면 HLL을 출력하는 컴파일러는 피하는 것이 좋다. 기계어 코드나 어셈블리 언어 코드를 직접 생성하는 컴파일러가 더 작고 빠른 실행 파일을 만들어낼 가능성이 높다.

4.5.2 컴파일러 출력으로 어셈블리 언어 내보내기

많은 컴파일러가 이진 기계어 코드를 출력하는 대신 사람이 읽을 수 있는 어셈블리 언어 코드를 출력한다(그림 4-8). 가장 유명한 예로는 FSF/GNU GCC 컴파일러 제품군을 꼽을 수 있으며, FSF/GNU Gas 어셈블러용 어셈블리 언어를 출력한다. HLL 소스 코드를 출력하는 컴파일러와 마찬가지로 어셈블리 언어를 출력하는 데도 장단점이 있다.

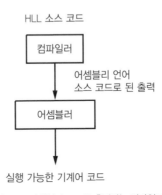

그림 4-8 어셈블리 코드를 출력하는 컴파일러

어셈블리 언어 코드 출력의 주요 단점은 HLL 소스 코드 출력의 단점과 유사하다. 첫째, 실행 가능한 실제 오브젝트 코드를 생성하려면 두 번째 언어 변환기(즉, 어셈블러)를 돌려야 한다. 둘째, 디버거에서 원래 소스 코드를 돌리기 위해 필요한 디버그 메타 정보를 포함하는 것을 어셈블러가 지원하지 않을 수도 있다(하지만 많은 어셈블러가 메타 정보를 포함하는 기능을 지원한다). 이런 두 가지 단점도 컴파일러가 코드를 만들 어셈블러를 적절히 선택해서 최소화할 수 있다. 예를 들어, Gas는 매우 빠르며 소스 레벨 디버거에서 사용 가능한 디버그 정보를 삽입할 수 있도록 지원한다. 따라서 FSF/GNU 컴파일러는 Gas 어셈블러 출력을 해도 문제가 될 것이 거의 없다.

최고의 코드를 작성하고자 하는 프로그래머의 입장에서 봤을 때 어셈블리 언어 출력의 장점은 컴파일러 출력을 읽고 어떤 기계어 명령을 내놓았는지 쉽게 알 수 있다는 것이다. 실제로 이 책에서는 컴파일러의 바로 이 기능을 사용해 컴파일러 출력을 분석했다. 컴파일러 작성자의 관점에서 볼 때 어셈블리 언어 코드를 출력하면 스스로 오브젝트 코드 출력 포맷을 무엇으로 할지 고민할 필요가 없다. 기반이 되는 어셈블러가 그런 고민을 해결해주기 때문이다. 그래서 작성자는 이식성이 더 뛰어난 컴파일러를 작성할 수 있을 뿐 아니라, 다른 운영체제용으로 컴파일할 때도 컴파일러에 다양한 오브젝트 코드 포맷을 집어넣지 않아도 된다. 어셈블러가 이 일을 담당하기 때문에 한 번만 코드 포맷 수대로 넣어주면, 컴파일러 하나하나마다 똑같은 일을 반복할 필요가 없는 것이다. FSF/GNU 컴파일러 제품군은 이 점을 잘 이용하고 있다.

어셈블리 언어 출력을 내놓는 컴파일러의 또 다른 장점은 HLL 코드 중간에 인라인inline 어셈블리 언어 구문을 포함시킬 수 있다는 것이다. 이로 인해 필요하면 소스 코드 중 실행 시간이 매우 중요한 부분에 직접 어셈블리 코드를 집어넣을 수 있으므로 별도로 어셈블리 코드를 작성해서 HLL 프로그램에 링크시키는 수고를 피할 수 있다.

4.5.3 컴파일러 출력으로 오브젝트 파일 내보내기

컴파일러 대부분이 소스 언어를 오브젝트 파일 포맷으로 변환한다. 오브젝트 파일 포맷은 중간 파일 포맷으로, 기계어 명령과 이진 실행 시 데이터와 메타 정보를 포함하고 있다. 이 메타 정보로 인해 링커나 로더가 여러 가지 오브젝트 파일을 하나로 결합해 완전한 실행 파일을 만들 수 있게 되는 것이다. 그뿐 아니라, 프로그래머가 라이브러리 모듈을 링크하거나 직접 오브젝트 모듈을 작성해서 메인 애플리케이션 모듈과 별도로 컴파일할 수 있게 해준다.

오브젝트 파일 출력의 장점은 컴파일러의 출력을 오브젝트 코드 형식으로 변환하는데 별도의 컴파일러나 어셈블러가 필요하지 않으므로 컴파일하는 동안 약간의 시간이 절약된다는 것이다. 그러나 링커 프로그램은 컴파일 후 약간의 시간이 소요되는 오브젝트 파일 출력을 계속 처리해야 한다. 그럼에도 불구하고 링커는 대개 매우 빠르기 때문에, 일반적으로 각각의 모듈을 컴파일하고 이전에 컴파일된 여러 모듈과 링크하는 것이 실행 파일을 만들기 위해 모든 모듈을 함께 컴파일하는 것보다 훨씬 효율적이다.

오브젝트 모듈은 이진 파일이며 사람이 읽을 수 있는 데이터를 포함하지 않으므로, 이 형식의 컴파일러 출력은 우리가 논의한 다른 형식보다 분석하기가 좀 더 어렵다. 다행히도 오브젝트 모듈의 출력을 사람이 읽을 수 있는 형식으로 만들어주는 유틸리티 프로그램들이 있다. 그 결과를 읽는 것이 컴파일러가 내놓은 어셈블리 언어 출력보다는 어렵지만, 컴파일러가 출력한 오브젝트 파일을 연구하는 것은 그럭저럭 할 만하다.

오브젝트 파일은 분석하기 어려우므로 많은 컴파일러 작성자는 옵션으로 오브젝트 코드 대신 어셈블리 코드 출력을 내놓을 수 있게 한다. 이 편리한 기능은 분석을 훨씬 쉽게 만들어주므로 이 책 전체에서 다양한 컴파일러와 함께 사용할 것이다.

노트 | 4.6절 '오브젝트 파일 포맷'에서는 COFF(Common Object File Format)를 중심으로 오브젝트 파일의 구성 요소를 자세히 설명한다.

4.5.4 컴파일러 출력으로 실행 파일 내보내기

어떤 컴파일러들은 실행 가능한 출력 파일을 내놓는다. 그런 컴파일러들은 대개 아주 빠르고 에디트-컴파일-실행-테스트-디버그 순환을 바로바로 수행한다. 불행하게도 이런 컴파일러들이 내놓은 실행 파일을 분석하는 일은 가장 어렵고, 컴파일러가 내놓은 기계어 명령을 읽으려면 디버거나 디스어셈블러disassembler를 사용하는 등 수작업이 많이 필요하다. 그렇지만 일련의 작업 수행 속도가 빠르기 때문에 이런 컴파일러는 많이 쓰인다. 이 책 뒷부분에서는 그런 컴파일러들이 내놓는 실행 파일을 분석하는 방법을 살펴보자.

4.6 오브젝트 파일 포맷

앞에서 말한 것처럼, 컴파일러가 사용하는 출력 형식으로 가장 선호되는 방식은 **오브젝트 파일**object file이다. 하나의 컴파일러와 관련된 툴만 사용하는 독자적인 오브젝트 파일 포맷을 만들 수도 있지만, 대부분의 컴파일러는 코드 생성 시 하나 이상의 표준 오브젝트 파일 포맷을 사용한다. 이렇게 해서 서로 다른 컴파일러들도 같은 오브젝트 파일 유틸리티를 공유할 수 있는데, 이런 유틸리티의 종류에는 링커linker, 라이브러리언librarian, 덤프 유틸리티dump utility, 디스어셈블러disassembler 등이 있다. 공통 오브젝트 파일 포맷에는 OMFObject Module Format(오브젝트 모듈 포맷)와 COFFCommon Object File Format(공통 오브젝트 파일 포맷), PE/COFF(마이크로소프트가 COFF를 변형해 만든 것), ELFExecutable and Linkable Format(실행과 링크 가능한 포맷) 등이 있다. 다른 오브젝트 파일 포맷도 많고, 이 파일 포맷들의 변종도 많다.

대부분의 프로그래머가 오브젝트 파일에 애플리케이션의 실행 가능한 기계어 코드가 있다는 것을 이해하고 있지만, 오브젝트 파일 구성이 애플리케이션의 성능과 크기에 미치는 영향까지는 인식하지 못하는 경우가 많다. 훌륭한 코드를 작성하기 위해 오브젝트 파일의 내부 표현에 대한 상세한 지식이 필요하지는 않지만, 기본적인 이해를 하고 있으면 소스 파일을 작성할 때 컴파일러와 어셈블러가 더 좋은 애플리케이션 코드를 생성하는 데 도움이 될 수 있다.

오브젝트 파일은 대개 몇 바이트짜리 **헤더**header로 시작한다. 헤더는 오브젝트 파일이 유효함을 나타내는 서명 정보signature information와 파일 내에서 데이터 구조의 위치 값들을 담고 있다. 헤더를 지나면 오브젝트 파일은 몇 가지 **섹션**section으로 나뉘는데, 각기 애플리케이션 데이터와 기계어 명령어, 심벌 테이블symbol table 항목, 재배치 데이터, 기타 메타데이터(프로그램에 대한 데이터)를 담고 있다. 여기서 실제 코드와 데이터가 전체 오브젝트 코드 파일의 작은 부분만을 차지하는 경우도 있다.

오브젝트 파일이 어떻게 구조화돼 있는지 알아보려면 특정 오브젝트 파일 포맷을 좀 더 자세히 살펴보는 것이 좋다. 대부분의 오브젝트 파일 포맷(예: ELF와 PE/COFF)은 COFF를 기반으로 하거나 이와 매우 유사하므로, 우리는 COFF를 사용한다. COFF 파일의 기본 구조는 그림 4-9를 보면 된다. 그런 다음 각 섹션을 차례로 설명한다.

그림 4-9 COFF 파일의 구조

4.6.1 COFF 파일 헤더

모든 COFF 파일의 맨 처음에는 COFF 파일 헤더가 있다. 다음은 마이크로소프트 윈도우와 리눅스에서 사용하는 COFF 헤더 구조의 정의다.

```
// 마이크로소프트 윈도우 winnt.h 버전

typedef struct _IMAGE_FILE_HEADER {
    WORD    Machine;
    WORD    NumberOfSections;
    DWORD   TimeDateStamp;
    DWORD   PointerToSymbolTable;
    DWORD   NumberOfSymbols;
    WORD    SizeOfOptionalHeader;
    WORD    Characteristics;
} IMAGE_FILE_HEADER, *PIMAGE_FILE_HEADER;
```

```
// 리눅스 coff.h 버전

struct COFF_filehdr {
    char f_magic[2];        /* 매직 넘버(magic number) */
    char f_nscns[2];        /* 섹션 개수 */
    char f_timdat[4];       /* 시간과 날짜 스탬프(stamp) */
    char f_symptr[4];       /* 심벌 테이블(symtab)을 가리키는 포인터 */
    char f_nsyms[4];        /* 심벌 테이블 항목 개수 */
    char f_opthdr[2];       /* 옵션 헤더의 크기 */
    char f_flags[2];        /* 플래그(flags) */
};
```

리눅스의 coff.h 헤더 파일은 필드 이름을 전통적인 유닉스 이름으로 했다. 마이크로
소프트 winnt.h 헤더 파일은 더 읽기 쉬운 이름을 사용한다. 다음은 슬래시 왼쪽에 유닉
스 이름, 오른쪽에 마이크로소프트 해당 항목이 있는 헤더의 각 필드에 대한 요약이다.

f_magic/Machine

이 COFF 파일이 만들어진 시스템을 나타낸다. 유닉스의 원래 정의에서 이 값은 코드
가 생성된 특정 유닉스 포트port를 나타냈다. 오늘날의 운영체제는 이 값을 약간 다르
게 정의하지만, 결론은 이 값이 COFF 파일의 데이터와 기계어 명령이 현재 운영체제
와 CPU에 적합한지 여부를 나타내는 시그니처라는 것이다.

표 4-1은 f_magic/Machine 필드의 인코딩을 제공한다.

표 4-1 f_magic/Machine 필드 인코딩

값	설명
0x14c	Intel 386
0x8664	x86–64
0x162	MIPS R3000
0x168	MIPS R10000
0x169	MIPS little endian WCI v2
0x183	old Alpha AXP
0x184	Alpha AXP
0x1a2	Hitachi SH3

(이어짐)

값	설명
0x1a3	Hitachi SH3 DSP
0x1a6	Hitachi SH4
0x1a8	Hitachi SH5
0x1c0	ARM little endian
0x1c2	Thumb
0x1c4	ARMv7
0x1d3	Matsushita AM33
0x1f0	PowerPC little endian
0x1f1	PowerPC with floating-point support
0x200	Intel IA64
0x266	MIPS16
0x268	Motorola 68000 series
0x284	Alpha AXP 64-bit
0x366	MIPS with FPU
0x466	MIPS16 with FPU
0xebc	EFI bytecode
0x8664	AMD AMD64
0x9041	Mitsubishi M32R little endian
0xaa64	ARM64 little endian
0xc0ee	CLR pure MSIL

f_nscns/NumberOfSections

COFF 파일에 있는 세그먼트(섹션) 수를 나타낸다. 링커 프로그램은 이 값을 사용해 섹션 헤더 셋(조금 뒤에 설명함)을 반복할 수 있다.

f_timdat/TimeDateStamp

파일의 생성 날짜와 시간을 지정하는 유닉스 스타일 타임스탬프(1970년 1월 1일로부터 몇 초가 지났는지) 값을 포함한다.

f_symptr/PointerToSymbolTable

파일에서 **심벌 테이블**symbol table이 시작되는 위치를 지정하는 파일 오프셋 값(파일의 시작에서 몇 번째 바이트부터인지)을 포함한다. 심벌 테이블은 COFF 파일의 코드에서 사용되는 모든 외부external, 전역global 등의 심벌 이름과 기타 정보를 나타내는 데이터 구조다. 링커는 심벌 테이블을 사용해 외부 참조를 확인한다. 이 심벌 테이블 정보는 최종 실행 파일에도 포함돼 심벌릭 디버거symbolic debugger용으로 사용될 수 있다.

f_nsyms/NumberOfSymbols

심벌 테이블의 항목 수다.

f_opthdr/SizeOfOptionalHeader

파일 헤더 바로 뒤에 오는 옵션 헤더의 크기를 지정한다(즉, 파일 헤더 구조에서 f_flags/Characteristics 필드 바로 뒤에 오는 옵션 헤더의 첫 번째 바이트). 링커나 다른 오브젝트 코드 처리 프로그램은 이 필드의 값을 사용해 옵션 헤더가 끝나는 위치와 파일에서 섹션 헤더가 시작되는 위치를 알 수 있다. 섹션 헤더는 옵션 헤더 바로 뒤에 나오는데, 옵션 헤더의 크기는 고정돼 있지 않다. COFF 파일의 다른 구현마다 옵션 헤더 구조는 다를 수 있다. 옵션 헤더가 COFF 파일에 없는 경우 f_opthdr/SizeOfOptionalHeader 필드의 값은 0일 것이고, 첫 번째 섹션 헤더는 파일 헤더 바로 뒤에 올 것이다.

f_flags/Characteristics

특정 부울Boolean 값 플래그를 지정하는 작은 비트맵으로, 파일이 실행 가능한지, 디버거용 심벌릭 정보와 행 번호 정보를 포함하는지 등을 나타낸다.

4.6.2 COFF 옵션 헤더

COFF 옵션 헤더는 실행 파일과 관련된 정보를 담고 있다. 파일에 실행 불가능한 오브젝트 코드가 포함된 경우(해결되지 않은 참조로 인해) 이 헤더는 없을 수도 있다. 그러나 파일을 실행할 수 없는 경우에도 리눅스 COFF나 마이크로소프트 PE/COFF 파일에는 항상 이 옵션 헤더가 존재한다. 윈도우와 리눅스에서 이 옵션 파일 헤더의 구조는 C에서 다음 형식을 사용한다.

```
// 마이크로소프트 PE/COFF 옵션 헤더(winnt.h에 있음)

typedef struct _IMAGE_OPTIONAL_HEADER {
    //
    // Standard fields.
    //

    WORD    Magic;
    BYTE    MajorLinkerVersion;
    BYTE    MinorLinkerVersion;
    DWORD   SizeOfCode;
    DWORD   SizeOfInitializedData;
    DWORD   SizeOfUninitializedData;
    DWORD   AddressOfEntryPoint;
    DWORD   BaseOfCode;
    DWORD   BaseOfData;

    //
    // NT additional fields.
    //

    DWORD   ImageBase;
    DWORD   SectionAlignment;
    DWORD   FileAlignment;
    WORD    MajorOperatingSystemVersion;
    WORD    MinorOperatingSystemVersion;
    WORD    MajorImageVersion;
    WORD    MinorImageVersion;
    WORD    MajorSubsystemVersion;
    WORD    MinorSubsystemVersion;
    DWORD   Win32VersionValue;
    DWORD   SizeOfImage;
    DWORD   SizeOfHeaders;
    DWORD   CheckSum;
    WORD    Subsystem;
    WORD    DllCharacteristics;
    DWORD   SizeOfStackReserve;
    DWORD   SizeOfStackCommit;
    DWORD   SizeOfHeapReserve;
```

```
    DWORD    SizeOfHeapCommit;
    DWORD    LoaderFlags;
    DWORD    NumberOfRvaAndSizes;
    IMAGE_DATA_DIRECTORY DataDirectory[IMAGE_NUMBEROF_DIRECTORY_ENTRIES];
} IMAGE_OPTIONAL_HEADER32, *PIMAGE_OPTIONAL_HEADER32;

// 리눅스/COFF 옵션 헤더 포맷(coff.h에 있음)

typedef struct
{
  char  magic[2];   /* 파일의 유형 */
  char  vstamp[2];  /* 버전 번호 */
  char  tsize[4];   /* FW 텍스트의 크기 경계를 맞추기 위해 바이트가 추가됐음 */
  char  dsize[4];   /* 초기화된 데이터 " " */
  char  bsize[4];   /* 초기화되지 않은 데이터 " " */
  char  entry[4];   /* 엔트리 포인트 */
  char  text_start[4];  /* 이 파일 내에서 텍스트 영역의 기반 주소 */
  char  data_start[4];  /* 이 파일 내에서 데이터 영역의 기반 주소 */
} COFF_AOUTHDR;
```

가장 먼저 주목해야 할 점은 이러한 구조가 동일하지 않다는 것이다. 마이크로소프트 버전은 리눅스 버전보다 훨씬 더 많은 정보를 갖고 있다. f_opthdr/SizeOfOptionalHeader 필드는 옵션 헤더의 실제 크기를 결정하기 위해 파일 헤더에 있다.

magic/Magic

COFF 파일에 대한 또 다른 시그니처 값을 제공한다. 이 값은 파일이 작성된 시스템이 아니라 파일 유형(COFF)을 식별한다. 링커는 이 필드의 값을 사용해, 링커를 혼란스럽게 하는 임의의 파일 대신 COFF 파일에서 실제로 동작하는지 확인한다.

vstamp/MajorLinkerVersion/MinorLinkerVersion

COFF 파일 포맷의 버전 번호를 지정해, 이전 버전의 파일 형식용으로 작성된 링커가 최신 링커용으로 만들어진 파일을 처리하지 않도록 한다.

tsize/SizeOfCode

파일에 있는 코드 섹션의 크기를 나타낸다. COFF 파일에 두 개 이상의 코드 섹션이 포함된 경우 이 필드의 값은 정의되지 않지만, 일반적으로 COFF 파일의 첫 번째 코드/텍스트 섹션의 크기를 나타낸다.

dsize/SizeOfInitializedData

이 COFF 파일의 데이터 세그먼트의 크기를 나타낸다. 다시 말하지만, 파일에 두 개 이상의 데이터 섹션이 있는 경우 이 필드는 정의되지 않는다. 하지만 여러 데이터 섹션이 있는 경우, 보통 첫 번째 데이터 섹션의 크기 값이 들어간다.

bsize/SizeOfUninitializedData

COFF 파일 안의 BSS^{Block Started by Symbol} 섹션의 크기를 나타낸다. BSS 섹션은 초기화되지 않은 데이터 섹션을 말하는데, 텍스트와 데이터 섹션의 경우 두 개 이상의 BSS 섹션이 있으면 이 필드는 정의되지 않는다. 이러한 경우, 이 필드는 일반적으로 파일 안에 있는 첫 번째 BSS 섹션의 크기를 나타낸다.

노트 | BSS 섹션에 대한 자세한 내용은 4.7.1절 '페이지, 세그먼트, 파일 크기'에서 다룬다.

---

entry/AddressOfEntryPoint

실행 프로그램의 시작 주소를 나타낸다. COFF 파일 헤더의 다른 포인터처럼 이 필드는 실제로 파일에 대한 오프셋이다. 실제 메모리 주소는 아니다.

text_start/BaseOfCode

COFF 파일에서 코드 섹션이 시작되는 파일 오프셋이다. 두 개 이상의 코드 섹션이 있으면 정의되지 않지만, 일반적으로 COFF 파일의 첫 번째 코드 섹션에 대한 오프셋 값이 들어간다.

data_start/BaseOfData

COFF 파일에서 데이터 섹션이 시작되는 파일 오프셋이다. 두 개 이상의 데이터 섹션이 있으면 정의되지 않지만, 일반적으로 COFF 파일의 첫 번째 데이터 섹션에 대한 오프셋 값이 들어간다.

bss_start/StartOfUninitializedData 필드는 필요하지 않다. COFF 파일 포맷은 프로

그램이 메모리로 로드될 때 운영체제의 프로그램 로더가 BSS 섹션에 대한 스토리지를 자동으로 할당한다고 가정한다. 초기화되지 않은 데이터를 위해 COFF 파일의 공간을 낭비할 필요는 없다. 그러나 4.7절 '실행 파일 형식'에서는 일부 컴파일러가 성능상의 이유로 실제로 BSS와 DATA 섹션을 함께 통합하는 방법을 설명한다.

옵션 파일 헤더 구조는 실제로 유닉스 시스템에서 사용되는 이전 오브젝트 파일 포맷인 a.out 포맷의 유물이다. 이것이 COFF가 허용하더라도 여러 텍스트/코드 및 데이터 섹션을 실제로는 처리하지 않는 이유다.

윈도우 변종 포맷에 있는 나머지 필드는 프로그래머가 값을 명시할 수 있다. 이들의 목적은 마이크로소프트 링커를 수동으로 실행하는 이라면 누구든지 명확히 알고 있을 것이다. 어쨌거나 각 필드의 목적이 여기서는 중요하지 않다. 중요한 사실은 COFF가 옵션 헤더에 대한 특정 데이터 구조를 요구하지 않는다는 것이다. COFF의 다른 구현(마이크로소프트의 PE/COFF 등)은 옵션 헤더의 정의를 자유롭게 확장할 수 있다.

4.6.3 COFF 섹션 헤더

섹션 헤더section header는 COFF 파일의 옵션 헤더 다음에 오며, 파일 및 옵션 헤더와 달리 COFF 파일 하나에 여러 섹션 헤더가 들어갈 수 있다. 파일 헤더의 f_nscns/NumberOfSections 필드는 COFF 파일에서 찾은 정확한 섹션 헤더(섹션) 수를 나타낸다. 첫 번째 섹션 헤더는 파일의 고정 오프셋에서 시작하지 않는다. 옵션 헤더의 크기가 가변적이므로(실제로 존재하지 않는 경우 0일 수도 있음) 첫 번째 섹션 헤더의 시작 오프셋을 구하려면 파일 헤더의 크기에 파일 헤더의 f_opthdr/SizeOfOptionalHeader 필드 값을 더해야 한다. 섹션 헤더는 크기가 고정이므로 첫 번째 섹션 헤더의 주소만 있으면, 원하는 섹션 헤더 번호에 섹션 헤더 크기를 곱하고, 그 결과를 첫 번째 섹션 헤더의 기본 오프셋에 추가해 다른 어떤 섹션 헤더의 주소도 쉽게 계산할 수 있다.

다음은 C 구조체로 된 윈도우와 리눅스 섹션 헤더의 정의다.

```
// 윈도우 섹션 헤더 구조체(winnt.h에 있음)

typedef struct _IMAGE_SECTION_HEADER {
```

```
        BYTE    Name[IMAGE_SIZEOF_SHORT_NAME];
        union {
                DWORD PhysicalAddress;
                DWORD VirtualSize;
        } Misc;
        DWORD   VirtualAddress;
        DWORD   SizeOfRawData;
        DWORD   PointerToRawData;
        DWORD   PointerToRelocations;
        DWORD   PointerToLinenumbers;
        WORD    NumberOfRelocations;
        WORD    NumberOfLinenumbers;
        DWORD   Characteristics;
} IMAGE_SECTION_HEADER, *PIMAGE_SECTION_HEADER;

// 리눅스 섹션 헤더 정의(coff.h에 있음)

struct COFF_scnhdr
{
  char s_name[8]; /* 섹션 이름 */
  char s_paddr[4]; /* 물리적 주소, 다른 이름은 s_nlib */
  char s_vaddr[4]; /* 가상 주소 */
  char s_size[4]; /* 섹션 크기 */
  char s_scnptr[4]; /* raw data를 가리키는 파일 포인터 */
  char s_relptr[4]; /* 재배치를 가리키는 파일 포인터 */
  char s_lnnoptr[4]; /* 행 번호를 가리키는 파일 포인터 */
  char s_nreloc[2]; /* 재배치 항목의 개수 */
  char s_nlnno[2]; /* 행 번호 항목의 개수 */
  char s_flags[4]; /* 플래그 */
};
```

이 두 구조를 자세히 살펴보면 거의 동일하다는 것을 알 수 있다(유일한 구조적 차이점은 리눅스에서는 항상 VirtualSize 필드를 유지하기 위해 VirtualAddress 필드와 동일한데, 윈도우에서는 물리적 주소 필드를 오버로딩한다는 것이다).

다음은 각 필드에 대한 요약이다.

s_name/Name

섹션 이름을 나타낸다. 리눅스 정의에서 알 수 있듯이, 이 필드는 여덟 글자로 제한되므로 섹션 이름의 길이는 최대 여덟 글자다(보통 소스 파일이 더 긴 이름을 지정하면 컴파일러/어셈블러는 COFF 파일을 생성할 때 이를 여덟 글자로 자른다). 섹션 이름이 정확히 여덟 글자면 이 필드의 8바이트를 전부 사용하고 0으로 끝나는 바이트는 없다. 섹션 이름이 여덟 글자 미만이면 0으로 끝나는 바이트가 이름 뒤에 온다. 이 필드의 값은 보통 .text, CODE, .data, DATA 같은 값이 된다. 그러나 이름은 세그먼트의 유형을 정의하지 않는다. 코드/텍스트 섹션을 만들고 이름을 DATA로 지정할 수도 있으며, 데이터 섹션을 만들고 이름을 .text나 CODE로 지정할 수도 있다. s_flags/Characteristics 필드의 값은 이 섹션의 실제 유형을 결정한다.

s_paddr/PhysicalAddress/VirtualSize

대부분의 도구에서 사용되지 않는다. 유닉스와 유사한 운영체제(리눅스 등)에서 이 필드는 일반적으로 VirtualAddress 필드와 동일한 값으로 설정된다. 다른 윈도우 도구는 이 필드를 다른 값(0 포함)으로 설정한다. 링커/로더는 여기에 나타나는 값을 무시하는 것 같다.

s_vaddr/VirtualAddress

메모리에서 섹션을 로드하는 주소(즉, 가상 메모리 주소)를 나타낸다. 이것은 파일에 대한 오프셋이 아니라 런타임 메모리 주소다. 프로그램 로더는 이 값을 이용해 섹션을 메모리의 어느 부분으로 로드할지 정한다.

s_size/SizeOfRawData

섹션의 크기를 바이트로 나타낸다.

s_scnptr/PointerToRawData

COFF 파일에서 섹션 데이터가 시작되는 위치를 나타낸다.

s_relptr/PointerToRelocations

해당 섹션의 재배치 목록에 파일 오프셋을 제공한다.

s_lnnoptr/PointerToLinenumbers

현재 섹션의 행 번호 레코드에 대한 파일 오프셋을 담고 있다.

s_nreloc/NumberOfRelocations

해당 파일 위치에 있는 재배치 항목 수를 나타낸다. 재배치 항목은 파일이 메모리로 로드될 때, 이 섹션의 데이터 영역에 패치돼야 하는 주소 데이터의 파일 오프셋을 제공하는 작은 구조체다. 이 책에서는 이러한 재배치 항목을 설명하지 않지만, 관심이 있다면 4장 끝부분의 참고 자료 목록을 통해 더 자세한 내용을 찾아볼 수 있다.

s_nlnno/NumberOfLinenumbers

해당 오프셋에서 찾을 수 있는 행 번호 레코드 수를 나타낸다. 행 번호 정보는 디버거에서 사용되며 4장의 범위를 벗어난다. 다시 말하지만, 행 번호 항목에 대한 자세한 내용을 알고 싶다면 4장 끝부분에서 소개하는 참고 자료를 활용한다.

s_flags/Characteristics

이 섹션의 특성을 지정하는 비트맵이다. 특히 이 필드는 섹션에 재배치가 필요한지, 코드가 포함되는지, 읽기 전용인지 등을 알려준다.

4.6.4 COFF 섹션

섹션 헤더는 오브젝트 파일에 있는 실제 데이터와 코드를 설명하는 디렉터리를 제공한다. s_scnptr/PointerToRawData 필드에는 로^{raw} 이진 데이터나 코드가 파일 안에 위치한 파일 오프셋이 포함되고, s_size/SizeOfRawData 필드는 섹션의 데이터 길이를 나타낸다. 재배치 요구 사항 때문에 섹션 블록에 실제로 나타나는 데이터는 운영체제가 메모리에 로드하는 데이터와 정확히 동일하지 않을 수도 있다. 운영체제가 메모리로 로드하는 위치에 따라 파일을 재배치하기 위해 섹션에 나타나는 많은 명령어 오퍼랜드 주소와 포인터 값을 패치해야 할 수도 있기 때문이다. 재배치 목록(섹션의 데이터와는 분리돼 있음)에는 운영체제가 재배치 가능한 주소를 패치해야 하는 섹션에 대한 오프셋이 포함돼 있다. 운영체제는 디스크에서 섹션 데이터를 로드할 때 이 패치를 수행한다.

COFF 섹션의 바이트는 런타임에는 메모리상의 데이터를 정확하게 나타내지 못할 수 있지만, COFF 형식에서는 섹션의 모든 바이트가 메모리의 해당 주소에 매핑돼야 한다.

그래야 로더가 섹션 데이터를 파일에서 순차적 메모리 위치로 직접 복사할 수 있다. 재배치 작업은 섹션에서 바이트를 삽입하거나 삭제하지 않는다. 단지 섹션의 특정 바이트 값만 변경한다. 이런 요구 사항은 애플리케이션을 메모리로 로드할 때 운영체제에서 큰 메모리 블록을 이동할 필요가 없으므로 시스템 로더를 단순화하고 애플리케이션 성능을 향상시키는 데 도움이 된다. 이 체계의 단점은 COFF 형식이 섹션의 데이터 영역에 나타나는 중복 데이터를 압축할 기회를 놓친다는 것이다. COFF 형식의 설계자들은 디자인할 때 공간보다 성능을 강조하는 것이 더 중요하다고 생각했다.

4.6.5 재배치 섹션

COFF 파일의 재배치 섹션에는 시스템이 해당 섹션의 코드와 데이터를 메모리로 로드할 때 재배치돼야 하는 COFF 섹션의 포인터에 대한 오프셋이 포함돼 있다.

4.6.6 디버깅 및 심벌 정보

그림 4-9에 표시된 마지막 세 섹션에는 디버거와 링커가 사용하는 정보가 담겨 있다. 한 섹션에는 디버거가 소스 코드 줄을 실행 가능한 기계어 코드 명령과 연관시키는 데 사용하는 줄 번호 정보가 포함돼 있다. 심벌 테이블과 문자열 테이블 섹션에는 COFF 파일의 공용public 심벌과 외부external 심벌이 있다. 링커는 이 정보를 사용해 오브젝트 모듈 간의 외부 참조를 확인하고, 디버거는 이 정보를 이용해 디버깅 중에 심벌 변수와 함수 이름을 표시한다.

노트 | 이 책에서는 COFF 파일 형식을 완벽하게 설명하지 않는다. 만약 당신이 어셈블러, 컴파일러, 링커와 같은 애플리케이션을 다루는 데 관심이 있다면, 다른 오브젝트 코드 형식(ELF, MACH-O, OMF 등)을 더 깊이 들여다보고 싶을 것이다. 이 분야를 더 연구하고자 한다면, 4장 끝부분에서 소개하는 참고 자료를 활용하라.

4.7 실행 파일 포맷

대부분의 운영체제는 실행 파일에 특별한 파일 포맷을 사용한다. 실행 파일 포맷은 오브젝트 파일 포맷과 비슷한데, 핵심적인 차이는 일반적으로 실행 파일에는 확인되지 않은 외부 참조가 없다는 것이다.

실행 파일에는 기계어 코드와 이진 데이터 외에 다른 메타데이터도 포함된다. 여기에는 디버깅 정보, DLL^{Dynamically Linked Library}(동적 링크 라이브러리)용 링크 정보, 운영체제가 파일의 여러 섹션을 메모리에 로드하는 방법에 대한 세부 정보 등이 있다. 실행 파일에는 CPU와 운영체제에 따라 재배치 정보도 포함될 수 있으므로 운영체제가 파일을 메모리에 로드할 때 절대 주소^{absolute address}를 패치할 수 있다. 오브젝트 코드 파일에도 동일한 정보가 포함돼 있으므로 많은 운영체제에서 사용하는 실행 파일 형식이 오브젝트 파일 포맷과 비슷하다는 것은 놀라운 일이 아니다.

리눅스, QNX, 기타 유닉스와 유사한 운영체제에서 사용하는 ELF^{Executable and Linkable Format}(실행과 링크 가능한 형식)는 오브젝트 파일 포맷과 실행 포맷이 통합된 전형적인 형태다. 실제로 ELF 형식의 이름은 그 자체로 이중적 속성을 나타낸다. 또 다른 예로, 마이크로소프트의 PE 파일 형식은 COFF 형식을 간단히 수정한 것이다. 오브젝트와 실행 파일 형식 간의 유사성은 운영체제 설계자가 로더(프로그램 실행 담당)와 링커 간에 같은 코드를 공유할 수 있게 한다. 이러한 유사성을 고려하면, 이전 섹션의 정보가 대부분 반복되기 때문에 실행 파일의 특정 데이터 구조를 살펴볼 필요는 없다.

이 두 가지 포맷의 파일 레이아웃에서 나타나는 매우 실제적인 차이는 살펴볼 가치가 있다. 오브젝트 파일은 일반적으로 가능한 한 작게 디자인되는 반면, 실행 파일은 절대적으로 필요한 것보다 더 큰 경우에도 가능한 한 빨리 메모리에 로드되도록 디자인된다. 큰 파일이 작은 파일보다 더 빨리 메모리에 로드될 수 있다는 것은 역설적으로 보일 수 있다. 그러나 가상 메모리를 지원하는 운영체제는 실행 파일의 일부만 한 번에 메모리로 불러들인다. 잘 설계된 실행 파일 포맷은 이 사실을 이용해 가상 메모리의 부하를 줄이고자 파일에서 데이터와 기계어 명령의 레이아웃을 정한다.

4.7.1 페이지, 세그먼트, 파일 크기

가상 메모리 서브시스템과 메모리 보호 체계는 일반적으로 메모리상의 페이지에서 동작한다. 일반적인 프로세서의 페이지 크기는 보통 1~64KB 사이다. 크기에 상관없이 **페이지**page는 개별 보호 기능(해당 페이지의 데이터가 읽기 전용인지, 읽기/쓰기인지, 실행 가능한지 여부)을 적용할 수 있는 가장 작은 메모리 단위다. 특히 읽기 전용/실행 가능 코드와 읽기/쓰기 데이터를 같은 페이지 안에 섞을 수는 없다. 이 둘은 다른 메모리 페이지에 있어야 한다. 80x86 CPU 제품군을 예로 들면, 이들 메모리 페이지는 각각 4KB다. 여기에 읽기/쓰기 데이터가 있고 기계어 명령을 읽기 전용 메모리에 배치하려는 경우, 프로세스 하나에 할당할 수 있는 최소 코드 공간과 최소 데이터 공간은 8KB다. 실제로 대부분의 프로그램에는 개별 보호 권한을 적용할 수 있는 여러 세그먼트 또는 섹션(이전에 오브젝트 파일에서 본 것처럼)이 포함돼 있으며, 각 섹션에는 다른 섹션과 공유되지 않는 고유한 하나 이상의 메모리 페이지 셋이 필요하다. 일반적인 프로그램은 메모리에 네 개 이상의 섹션이 있는데, 코드/텍스트, 정적 데이터, 초기화되지 않은 데이터, 스택 등이 가장 일반적이다. 또한 많은 컴파일러는 힙 세그먼트, 링크 세그먼트, 읽기 전용 세그먼트, 상수 데이터 세그먼트, 애플리케이션 명명 데이터 세그먼트를 가진다(그림 4-10).

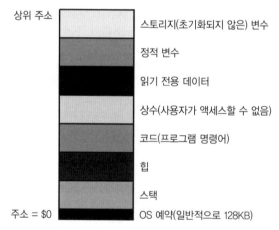

상위 주소 — 스토리지(초기화되지 않은) 변수
정적 변수
읽기 전용 데이터
상수(사용자가 액세스할 수 없음)
코드(프로그램 명령어)
힙
스택
주소 = $0 — OS 예약(일반적으로 128KB)

그림 4-10 메모리의 일반적인 세그먼트

운영체제가 **세그먼트**segment를 페이지에 매핑시키기 때문에 세그먼트의 바이트 수는 항상 페이지 크기의 배수여야 한다. 예를 들어, 프로그램에서 단 한 바이트의 데이터를 사용한다 해도 그 세그먼트는 80x86 프로세서에서 4,096바이트를 사용한다. 마찬가지로 80x86 애플리케이션이 여섯 개의 서로 다른 세그먼트를 사용한다면, 해당 애플리케이션은 프로그램의 명령어 개수나 프로그램에서 사용하는 데이터 바이트 수, 실행 파일의 크기에 관계없이 최소 24KB의 메모리를 사용한다.

많은 실행 파일 형식(예를 들어 ELF나 PE/COFF 등)은 프로그래머가 초기화되지 않은 정적 변수를 배치할 수 있는 **BSS 섹션**에 대한 메모리 옵션을 제공한다. 값이 초기화되지 않았기 때문에 이러한 각 변수를 랜덤 값으로 여기저기에 흐트려 놓아 실행 파일을 복잡하게 만들 필요는 없다. 따라서 일부 실행 파일 형식의 BSS 섹션은 OS 로더에 BSS 섹션의 크기를 알려주는 작은 스텁stub일 뿐이다. 이렇게 하면 실행 파일의 크기에 영향을 주지 않고 애플리케이션에 초기화되지 않은 새 정적 변수를 추가할 수 있다. BSS 데이터의 양을 늘리면 컴파일러는 값을 조정해 초기화되지 않은 변수를 위해 예약할 바이트 수를 로더에 알려준다. 초기화된 데이터 섹션에 동일한 변수를 추가하면 실행 파일의 크기는 추가한 데이터의 크기만큼 늘어날 것이다. 당연히 대용량 스토리지의 공간을 절약하는 것은 좋은 일이므로 BSS 섹션을 이용해 실행 파일의 크기를 줄이는 것은 유용한 최적화 방법이다.

많은 사람이 흔히 잊어버리는 한 가지는 BSS 섹션도 실행 시에는 똑같이 메모리를 필요로 한다는 것이다. 실행 파일 크기가 더 작더라도 프로그램에서 선언한 데이터의 각 바이트는 메모리에 있는 데이터의 1바이트로 변환된다. 일부 프로그래머는 실행 파일의 크기가 실행될 때 메모리에서 차지하는 크기를 나타낼 것이라고 착각한다. 그러나 BSS 섹션의 경우를 보면 꼭 그렇지는 않다. 실행 파일이 600바이트에 불과한 애플리케이션이 네 개의 다른 섹션을 사용하고 각 섹션이 메모리에서 4KB 페이지를 사용하는 경우, 운영체제가 프로그램을 로드하면 프로그램은 총 16,384바이트의 메모리를 필요로 하게 된다. 이는 기본 메모리 보호 하드웨어가 전체 메모리 페이지를 주어진 프로세스로 할당하도록 운영체제에 요구하기 때문이다.

4.7.2 내부 단편화

실행 파일이 애플리케이션의 실행 메모리 공간execution memory footprint(애플리케이션이 실행 시에 사용하는 메모리양)보다 작을 수 있는 또 다른 이유는 내부 단편화다. **내부 단편화**internal fragmentation는 각 덩어리의 일부만 필요하더라도 고정된 크기의 덩어리를 메모리 섹션으로 할당해야 할 때 발생한다(그림 4-11).

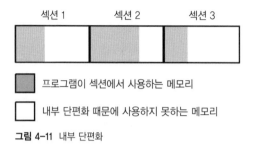

섹션 1 　　　섹션 2 　　　섹션 3

■ 프로그램이 섹션에서 사용하는 메모리

□ 내부 단편화 때문에 사용하지 못하는 메모리

그림 4-11 내부 단편화

섹션의 데이터 크기가 페이지 크기의 배수가 아니더라도, 메모리의 각 섹션은 정수 개의 페이지를 사용한다. 섹션의 마지막 데이터/코드 바이트부터 해당 바이트를 보유하는 페이지 끝까지 모든 바이트가 낭비되는데, 이것이 내부 단편화다. 실행 파일 포맷 중에는 각 섹션을 페이지 크기의 배수로 만들지 않게 해주는 것도 있으나, 이런 식으로 섹션을 압축하는 것은 성능 면에서 저하를 가져올 수 있다. 그래서 실행 파일 포맷 중에는 실행 파일에서 섹션을 압축하지 않는 것도 있다.

마지막으로, 실행 파일의 크기에는 런타임에 동적으로 할당된 데이터(힙상의 데이터 오브젝트나 CPU 스택에 있는 값 포함)가 포함되지 않는다는 점을 기억하자. 애플리케이션은 실행 파일보다 훨씬 많은 메모리를 사용할 수 있다.

프로그래머들은 보통 자신이 가장 좋아하는 언어를 사용해서 누가 가장 작은 'Hello World' 프로그램을 작성하는지를 경쟁한다. 어셈블리 언어 프로그래머는 C나 다른 HLL 보다 어셈블리 언어가 이 프로그램을 훨씬 작게 작성할 수 있다는 것을 강조하면서 자랑스러워한다. 이는 재미있는 정신적 도전이다. 그렇지만 프로그램 실행 파일이 600바이트든 16,000바이트든 상관없이 운영체제가 프로그램의 여러 섹션을 위해 4~5페이지를 할당하면 실행 시에 정확히 같은 양의 메모리를 소비할 가능성이 매우 높다. 세상에서 가장 짧은 'Hello World' 애플리케이션을 만드는 일이 어떤 사람에게는 성취감으로 인해 자랑할 만한 일이 될지는 모르겠지만, 실제로 이러한 애플리케이션은 내부 단편화 때문에 실행 시 절약해주는 것이 거의 없다.

4.7.3 왜 공간 최적화를 하는가?

이는 **공간 최적화**가 쓸모없다는 이야기는 아니다. 훌륭한 코드를 작성하는 프로그래머는 애플리케이션에서 사용하는 모든 기계 리소스를 고려하고 낭비하지 않는다. 그러나 이 과정을 극단적으로 시도하는 것은 시간 낭비다. 주어진 섹션이 4,096바이트(페이지 크기가 4KB인 80x86 CPU 등에서) 미만인 경우, 최적화를 추가로 하더라도 아무것도 절약할 수 없다. 할당 단위(즉, 최소 할당 블록 크기)는 4,096바이트다. 4,097바이트의 데이터가 있는 섹션은 실행 시 8,192바이트를 사용한다. 이 섹션을 1바이트씩 줄여서 실행 시 4,096바이트가 절약된다. 그러나 16,380바이트를 소모하는 데이터 섹션 크기를 4,092바이트로 줄이는 것은 애초에 데이터의 구성이 엉망인 경우가 아니라면 매우 어려울 것이다.

대부분의 운영체제는 CPU의 메모리 매니지먼트 단위의 페이지 크기와 비슷하거나 더 큰 클러스터(또는 블록)에 디스크 공간을 할당한다. 따라서 디스크 공간을 절약하기 위해 실행 파일의 크기를 700바이트로 줄여도(최신 디스크 드라이브 서브시스템의 엄청난 크기를 고려하더라도 훌륭한 목표지만), 절약 효과는 예상만큼 크지 않을 것이다. 예를 들어, 700바이트짜리 애플리케이션은 디스크 표면에서 최소 한 개의 블록을 계속 사용한다. 애플리케이션의 코드나 데이터의 크기를 줄여봤자 디스크 파일에서 훨씬 더 많은 공간을 낭비한다(물론 섹션/블록 할당 세분화에 따라 달라지기는 한다).

실행 파일의 크기가 디스크 블록의 크기보다 더 커지면, 내부 단편화가 공간 낭비에 미치는 영향이 더 작아진다. 실행 파일이 섹션 사이에서 공간 낭비를 하지 않고 데이터 섹션과 코드 섹션을 압축하면, 내부 단편화는 파일의 끝인 마지막 디스크 블록에서만 발생한다. 파일 크기가 무작위라면(분포도 고르게) 내부 단편화는 대략 파일 하나당 디스크 블록의 약 절반을 낭비한다(즉, 디스크 블록 크기가 4KB면 파일 하나당 평균 2KB가 된다). 크기가 4KB 미만인 매우 작은 파일의 경우, 이는 파일 공간에 비해 상당한 양이 될 수 있다. 그러나 애플리케이션의 크기가 더 크면 공간 낭비는 대수롭지 않은 문제가 된다. 따라서 실행 파일이 프로그램의 모든 섹션을 파일에 순차적으로 압축하는 한, 파일은 가능한 한 제일 작은 크기가 될 것이다. 그러나 이것이 정말로 바람직한가?

모든 조건이 같다면 실행 파일이 작은 것이 좋겠지만, 대개는 그렇지 않으므로 가장 작은 실행 파일을 만드는 것은 최선이 아닐 수 있다. 이해를 돕기 위해 운영체제의 가상 메모리 서브시스템에 대한 이전 설명을 떠올려보자. 운영체제가 애플리케이션을 실행하기 위해 메모리에 로드할 때, 실제로 파일 전체를 읽지는 않는다. 대신 운영체제의 페이지 시스템이 애플리케이션을 시작하는 데 필요한 페이지만 불러들인다. 이것은 일반적으로 실행 코드의 첫 페이지와 스택 기반 데이터를 보관할 메모리 페이지, 일부 데이터 페이지로 구성된다. 이론적으로 애플리케이션은 최소 2~3페이지의 메모리로 실행을 시작하고 필요에 따라^{on-demand} 나머지 페이지의 코드와 데이터를 가져온다(애플리케이션이 해당 페이지의 데이터와 코드를 요청할 때). 이를 **디맨드 페이지 메모리 매니지먼트**^{demand-paged memory} ^{management}라고 한다. 실제로 대부분의 운영체제는 효율성을 위해(메모리상에 작업^{working set} 페이지를 유지하기 위해) 실제로 페이지를 미리 로드한다. 그러나 보통 일반적인 운영체제는 전체 실행 파일을 메모리로 로드하지 않고, 애플리케이션이 요구할 때 그 블록을 불러들인다. 결과적으로 파일에서 메모리 한 페이지를 로드하는 데 필요한 시간은 프로그램 성능에 큰 영향을 미칠 수 있다. 그렇다면, 운영체제가 필요시 페이지 메모리 매니지먼트를 사용할 때 성능을 향상시키기 위해 실행 파일을 구성하는 방법이 있을까? 그 대답은 "그렇다."이다. 파일을 좀 더 크게 만들면 가능하다.

성능 향상을 위한 비결은 메모리 페이지 레이아웃과 일치하도록 실행 파일의 블록을 구성하는 것이다. 이는 메모리상의 섹션이 실행 파일의 페이지 크기 경계에 맞춰 정렬돼야 함을 의미한다. 또한 디스크 블록의 크기는 디스크 섹터나 블록 크기의 배수여야 함을 의미한다. 이 경우 가상 메모리 매니지먼트 시스템은 디스크의 한 블록을 메모리 한 페이지로 빠르게 복사하고 필요한 재배치 값을 업데이트하고 프로그램 실행을 계속할 수 있다. 반면에 데이터 페이지가 디스크의 두 블록에 걸쳐 있고 디스크 블록 경계에 정렬돼 있지 않으면, 운영체제는 디스크에서 내부 버퍼로 (하나가 아닌) 두 블록을 읽은 다음 해당 버퍼에서 데이터가 속한 대상 페이지로 복사해야 한다. 이 추가 작업은 시간이 많이 걸리고 애플리케이션 성능을 저하시킬 수 있다.

이런 이유로 일부 컴파일러는 가상 메모리 매니지먼트 서브시스템이 메모리 페이지에 바로 매핑할 수 있게, 실행 파일에 빈 바이트를 끼워 넣어 각 섹션이 블록 경계에서 시작되도록 한다. 이 기술을 사용하는 컴파일러는 종종 그렇지 않은 컴파일러보다 훨씬 더 큰 실행 파일을 생성한다. 이는 실행 파일에 압축된 파일 형식이 매우 간결하게 나타낼 수 있는 대량의 BSS(초기화되지 않은) 데이터가 포함된 경우 특히 더 그렇다.

어떤 컴파일러가 생성한 파일은 실행 시간이 더 걸리는 대신 압축을 해서 크기가 작고, 어떤 컴파일러가 생성한 파일은 크기는 크지만 더 빨리 로드해서 실행되기 때문에 컴파일러의 품질을 만들어진 실행 파일의 크기만으로 비교하는 것은 위험하다. 컴파일러 출력의 품질을 확인하는 가장 좋은 방법은 출력 파일의 크기 같은 부실한 기준이 아니라 출력을 직접 분석하는 것이다.

노트 | 컴파일러 출력 분석은 다음 장의 주제이므로, 관심이 있다면 계속 읽어보자.

4.8 오브젝트 파일의 데이터 및 코드 정렬

『Write Great Code』 시리즈 1편에서 지적했듯이, 데이터 오브젝트를 오브젝트의 크기에 맞는 주소 경계에 정렬하면 성능 향상을 가져올 수 있다. 또한 프로시저 코드의 시작 부분이나 루프의 시작 명령을 좋은 경계에 잘 정렬해도 성능 향상을 가져올 수 있다. 컴파일러 작성자들은 이 사실을 잘 알고 있어 데이터나 정렬을 적절한 경계에 맞추기 위해 데이터나 코드 스트림에 여분의 바이트를 자주 넣는다. 그러나 링커는 두 개의 오브젝트 파일을 링크해서 실행 파일 하나로 만들 때 코드 조각을 자유롭게 움직인다.

섹션은 보통 메모리의 페이지 경계에 맞춰 정렬된다. 일반적인 애플리케이션의 경우 텍스트/코드 섹션은 페이지 경계에서 시작되고, 데이터 섹션은 다른 페이지 경계에서 시작되며, BSS 섹션(존재하는 경우)은 자체 페이지 경계에서 시작된다. 그러나 이 사실이 오브젝트 파일의 섹션 헤더와 연결된 모든 섹션이 메모리의 자체 페이지에서 시작된다는 것을 의미하지는 않는다. 링커 프로그램은 동일한 이름을 가진 섹션을 실행 파일의 단일 섹션으로 결합한다. 예를 들어 두 개의 서로 다른 오브젝트 파일에 모두 .text 세그먼트가 포함된 경우, 링커는 이들을 하나의 .text 섹션으로 결합해 최종 실행 파일에 넣을 것이다. 링커는 이름이 같은 섹션을 결합해 많은 메모리가 내부 단편화로 낭비되지 않도록 한다.

결합하는 각 섹션이 정렬돼야 한다는 요구 사항을 링커는 어떻게 만족시킬까? 물론 답은 사용하는 오브젝트 파일 포맷과 운영체제가 정확히 무엇인지에 따라 다르지만, 일반적으로 오브젝트 파일 포맷 자체에서 찾을 수 있다. 예를 들어 윈도우 PE/COFF 파일에서 IMAGE_OPTIONAL_HEADER$_{32}$ 구조에는 SectionAlignment라는 필드가 포함된다. 이 필드는 섹션을 결합하고 메모리에 로드할 때 링커와 운영체제가 고려해야 하는 주소 경계를 지정한다. 윈도우에서 PE/COFF 옵션 헤더의 SectionAlignment 필드는 보통 32바이트나 4,096바이트다. 물론 4KB 값은 메모리의 4KB 페이지 경계에 섹션을 정렬한다. 32바이트의 정렬 값은 합리적인 캐시 라인 값이기 때문에 선택됐을 것이다(캐시 라인에 대한 설명은 『Write Great Code』 시리즈 1편 참조). 물론 다른 값도 가능하다. 애플리케이션 프로그래머는 일반적으로 링커(또는 컴파일러) 커맨드라인 매개변수를 사용해 섹션 정렬 값을 지정할 수 있다.

4.8.1 섹션 정렬 크기 선택

컴파일러나 어셈블러, 혹은 다른 코드 생성 도구는 정렬 값이 섹션 정렬 크기의 약수가 되도록 보장한다. 예를 들어, 섹션의 정렬 값이 32면 이 섹션에서는 1, 2, 4, 8, 16, 32의 정렬이 가능하다. 더 큰 정렬 값은 불가능하다. 섹션의 정렬 값이 32바이트면 64바이트 경계에서의 정렬은 보장할 수 없는데, 이는 운영체제나 링커가 섹션의 정렬 값만 고려하기 때문이고 해당 섹션을 32의 배수인 어떤 경계에도 배치할 수 있기 때문이다. 그중 절반은 64바이트 경계가 아닐 것이다.

섹션 정렬 값의 약수 값 경계에만 오브젝트를 정렬할 수 있다는 것도 확실하다. 예를 들어 32바이트 정렬인 섹션에서는 5바이트 단위로 오브젝트를 정렬할 수 없다. 섹션 내 오브젝트의 오프셋을 5의 배수가 되도록 할 수는 있지만, 섹션의 시작 메모리 주소가 5의 배수가 아니면 정렬하려는 오브젝트의 주소도 5의 배수가 되지 않을 것이다. 유일한 해결책은 섹션의 정렬 값도 5의 배수로 해주는 것이다.

메모리 주소가 이진 값이기 때문에 대부분의 언어 번역기와 링커는 정렬 값을 주어진 최댓값보다 작거나 같은 2의 거듭제곱으로 제한하며, 그 최댓값은 일반적으로 메모리 매니지먼트 단위의 페이지 크기가 된다. 많은 언어가 정렬 값을 2의 작은 거듭제곱(32, 64, 256 등)으로 제한한다.

4.8.2 섹션 결합

링커가 섹션 두 개를 연결할 때, 각 섹션과 관련된 정렬 값을 고려해야 한다. 애플리케이션이 정확한 동작을 위해 그 정렬 값에 의존할 수 있기 때문이다. 따라서 링커나 오브젝트 파일의 섹션을 연결하는 프로그램은 연결된 섹션을 만들 때 단순히 두 섹션의 데이터만 연결해서는 안 된다.

두 섹션을 연결할 때 한 섹션이나 두 섹션 모두 그 길이가 섹션 정렬 값의 배수가 아니라면, 링커는 그 사이에 끼워 넣는 바이트를 추가해야 한다. 예를 들어 두 섹션의 정렬 값이 32이고 한 섹션은 37바이트이고 다른 한 섹션은 50바이트일 때, 링커는 첫 번째 섹션과 두 번째 섹션 사이에 27바이트를 끼워 넣거나 두 번째 섹션과 첫 번째 섹션 사이에 14바이트를 끼워 넣어야 한다(링커는 일반적으로 연결된 파일에 섹션을 어떤 순서로 놓을지 선택하게 된다).

조금 복잡한 상황은 정렬 값이 두 섹션 간에 서로 다를 때다. 링커가 두 섹션을 이을 때 두 섹션의 데이터 정렬 값을 보존해야 한다. 한 섹션의 정렬 값이 다른 섹션의 정렬 값의 배수라면, 링커는 단순히 둘 중 큰 값을 선택한다. 예를 들어 정렬 값이 항상 2의 거듭제곱이면(대부분의 링커가 그렇듯이), 링커는 단순히 두 정렬 값 중 큰 값을 연결된 섹션의 정렬 값으로 선택한다.

두 섹션의 정렬 값 하나가 다른 한쪽의 배수가 아니면, 두 섹션을 연결할 때 두 섹션 모두의 정렬 값 요구 사항을 보장하는 방법은 두 값의 곱을 정렬 값으로 사용하는 것이다 (또는 두 값의 최소 공배수를 구하는 것도 좋은 방법이다). 예를 들어 32바이트 경계에 정렬된 섹션과 5바이트 경계에 정렬된 섹션을 연결하려면 160바이트(5×32)의 정렬 값이 필요하다. 그러한 섹션을 연결하는 것이 복잡하기 때문에 대부분의 링커는 섹션 크기가 2의 거듭제곱이 되도록 요구해 큰 세그먼트 정렬 값이 항상 작은 정렬 값의 배수가 되도록 보장한다.

4.8.3 섹션 정렬 값 제어

일반적으로 링커 옵션을 사용해 프로그램의 섹션 정렬 값을 제어한다. 예를 들어, 마이크로소프트 link.exe 프로그램에서 /ALIGN : value 커맨드라인 매개변수는 링커에게 출력 파일의 모든 섹션을 지정된 경계(2의 거듭제곱이어야 함)에 정렬하도록 지시한다. GNU 의 *ld* 링커 프로그램을 사용하면 링커 스크립트 파일에서 BLOCK(value) 옵션을 사용해 섹션 정렬 값을 지정할 수 있다. 맥OS 링커(ld)는 -segalign value 커맨드라인 옵션을 제공해 섹션 정렬 값을 지정한다. 정확한 명령과 가능한 값은 링커에 따라 다르다. 그러나 거의 모든 최신 링커는 섹션 정렬 속성을 지정할 수 있다. 자세한 내용은 링커에 대한 매뉴얼을 참조하라.

섹션 정렬 설정에 대해 한 가지는 주의하자. 대개 링커는 파일 안의 모든 섹션이 (2의 거듭제곱) 같은 경계에 정렬되도록 요구한다. 따라서 정렬 요구 사항이 섹션마다 다르다면 오브젝트 파일에서 가장 큰 정렬 값을 선택해야 할 것이다.

4.8.4 라이브러리 모듈 내 섹션 정렬

짧은 라이브러리 루틴을 많이 사용한다면 섹션 정렬 값이 실행 파일의 크기에 큰 영향을 미칠 수 있다. 예를 들어 라이브러리가 포함된 오브젝트 파일의 섹션 정렬 값이 16이라고 하자. 각 라이브러리 함수는 링커 과정에서 16바이트 경계에 위치한다. 라이브러리 함수가 작다면(16바이트보다 작다면), 링커가 최종 실행 파일을 만들 때 함수 사이의 공간이 사용되지 않을 것이다. 이것은 다른 종류의 내부 단편화다.

섹션이 왜 일정 경계에 코드나 데이터를 정렬해야 하는지 쉽게 이해할 수 있도록 『Write Great Code』 시리즈 1편에 나오는 캐시 라인의 동작을 떠올려보자. 캐시 라인에서 함수의 시작 위치를 정렬하면 실행 시 캐시 미스가 더 적게 발생해 함수의 실행 속도는 조금 증가하게 된다. 이런 이유로 많은 프로그래머가 자신의 함수 모두를 캐시 라인의 시작에 정렬하고 싶어 한다. 캐시 라인의 크기는 CPU에 따라 다르지만 일반적으로 16~64바이트이므로, 대부분의 컴파일러, 어셈블러, 링커는 이 경계에 코드와 데이터를 정렬하려고 한다. 80x86 프로세서에서는 16바이트 정렬의 또 다른 장점이 있으므로 80x86 기반 툴들은 오브젝트 파일에서 기본값으로 16바이트의 섹션 정렬을 사용한다.

다음 HLA^{High-Level Assembly} 프로그램을 생각해보자. 이는 마이크로소프트 도구에 의해 처리되고, 두 개의 비교적 작은 라이브러리 루틴을 호출한다.

```
program t;
#include( "bits.hhf" )

begin t;

        bits.cnt( 5 );
        bits.reverse32( 10 );

end t;
```

// 아래는 bits.cnt 라이브러리 모듈의 소스 코드다

```
unit bitsUnit;

#includeonce( "bits.hhf" );


    // bitCount-
    //
    // dword 값에서 값이 1인 비트의 수를 센다
    // 이 함수는 EAX 값에 dword 카운트 값을 리턴한다

    procedure bits.cnt( BitsToCnt:dword ); @nodisplay;

    const
        EveryOtherBit       := $5555_5555;
        EveryAlternatePair  := $3333_3333;
        EvenNibbles         := $0f0f_0f0f;

    begin cnt;

        push( edx );
        mov( BitsToCnt, eax );
        mov( eax, edx );

        // 비트 한 쌍씩을 서로 더해 EAX에 넣는다
        // 알고리즘은 EAX 안의 비트 한 쌍씩을
        // 각각 두 비트짜리 수로 생각해
        // 아래와 같이 비트의 개수를 계산한다
```

```
// (설명은 0번 비트와 1번 비트에 대해서지만
// 다른 쌍에 대해서도 일반적으로 적용된다)
//
// EDX = BIT1 BIT0
// EAX =    0 BIT1
//
// EDX-EAX = 00 (두 비트 모두 0인 경우)
//           01 (Bit0 = 1, Bit1 = 0인 경우)
//           01 (Bit0 = 0, Bit1 = 1인 경우)
//           10 (Bit0 = 1, Bit1 = 1인 경우)
//
// 결과는 EDX에 남는다

shr( 1, eax );
and( EveryOtherBit, eax );
sub( eax, edx );

// 이제 두 개의 비트 쌍을 더해서
// 네 비트씩의 합을 구한다
// 아래와 같이 작동한다
//
// EDX = 비트 위치 0,1, 4,5, ..., 28,29에
//       bits 2,3, 6,7, 10,11, 14,15, ..., 30,31의
//       합이 들어가고 나머지 위치는 0이다
//
// EAX = bits 0,1, 4,5, 8,9, ... 28,29를
//       제외한 나머지 위치는 0이다
//
// EDX + EAX가 두 비트 쌍의 합계가 된다
// 이 합은 EAX의 0,1,2, 4,5,6, 8,9,10, ..., 28,29,30번
// 비트에 기록되고 나머지 비트는 모두 0이 된다

mov( edx, eax );
shr( 2, edx );
and( EveryAlternatePair, eax );
and( EveryAlternatePair, edx );
add( edx, eax );

// 이제 각 짝수와 홀수 니블(nibble)을 더한다
// 위의 계산을 통해 EAX의 비트 3, 7, 11 등은 모두 0이므로
```

148

```
    // AND를 먼저 할 필요가 없고, 그냥 shift해서 두 값을 더하면 된다
    // 이제 EAX의 4바이트에 각각의 비트 수 합계가 계산된다
    // (AL은 원래 AL에 있던 비트의 수가 되고,
    // AH는 원래 AH에 있던 비트의 수가 되는 등)

    mov( eax, edx );
    shr( 4, eax );
    add( edx, eax );
    and( EvenNibbles, eax );

    // 이제 어려운 부분이다
    // EAX의 4바이트 합을 계산해서 그 결과를 EAX에 넣으려고 한다면,
    // 다음 곱셈을 통해 계산하면 된다. 이는 다음과 같이 동작한다
    //   (1) $01 컴포넌트는 bits 24..31을 bits 24..31에 남겨둔다
    //
    //   (2) $100 컴포넌트는 bits 17..23을 bits 24..31에 더한다
    //
    //   (3) $1_0000 컴포넌트는 bits 8..15를 bits 24..31에 더한다
    //
    //   (4) $1000_0000 컴포넌트는 bits 0..7을 bits 24..31에 더한다
    //
    //   비트 0..23은 가비지(garbage)로 채워지지만 bits 24..31은
    //   EAX의 원래 값의 비트 수 합계를 담는다
    //   SHR 명령이 이 값을 bits 0..7로 이동하고,
    //   EAX의 상위 비트를 0으로 만든다

    intmul( $0101_0101, eax );
    shr( 24, eax );

    pop( edx );

  end cnt;

end bitsUnit;
```

다음은 bits.reverse32() 라이브러리 함수의 소스 코드다. 이 소스 파일에는 bits. reverse16()과 bits.reverse8() 함수가 포함돼 있다(지면 공간을 절약하기 위해 이러한 두 함수의 본문은 싣지 않았다). 이 함수들의 동작은 논의와 무관하지만, 이러한 함수는 HO(상

위high-order) 및 LO(하위low-order) 비트 위치의 값을 서로 바꾼다. 이 세 가지 함수는 한 소스 파일에 들어있기 때문에 이 함수 중 하나를 포함하는 모든 프로그램은 자동으로 세 개를 모두 포함한다(컴파일러, 어셈블러, 링커가 원래 그렇게 동작한다).

```
unit bitsUnit;

#include( "bits.hhf" );


    procedure bits.reverse32( BitsToReverse:dword ); @nodisplay; @noframe;
    begin reverse32;

        push( ebx );
        mov( [esp+8], eax );

        // 숫자의 바이트 교환

        bswap( eax );

        // 숫자의 니블 교환

        mov( $f0f0_f0f0, ebx );
        and( eax, ebx );
        and( $0f0f_0f0f, eax );
        shr( 4, ebx );
        shl( 4, eax );
        or( ebx, eax );

        // 숫자의 각 2비트 쌍을 교환

        mov( eax, ebx );
        shr( 2, eax );
        shl( 2, ebx );
        and( $3333_3333, eax );
        and( $cccc_cccc, ebx );
        or( ebx, eax );

        // 숫자의 다른 모든 비트를 교환
```

```
        lea( ebx, [eax + eax] );
        shr( 1, eax );
        and( $5555_5555, eax );
        and( $aaaa_aaaa, ebx );
        or( ebx, eax );
        pop( ebx );
        ret( 4 );
    end reverse32;

    procedure bits.reverse16( BitsToReverse:word );
        @nodisplay; @noframe;
    begin reverse16;

        // reverse32에 나오는 것과 매우 유사한 재미없는 코드가 잘렸다...

    end reverse16;




    procedure bits.reverse8( BitsToReverse:byte );
        @nodisplay; @noframe;
    begin reverse8;

        // 재미없는 코드 조각..

    end reverse8;


end bitsUnit;
```

마이크로소프트 dumpbin.exe 툴로 .obj나 .exe 파일의 다양한 필드를 살펴볼 수 있다. dumpbin을 /headers 커맨드라인 옵션으로 실행해서 bitcnt.obj와 reverse.obj 파일을 보면(HLA 표준 라이브러리에 생성돼 있다) 각 섹션은 16바이트 경계에 정렬돼 있다. 따라서 링커가 bitcnt.obj와 reverse.obj 데이터를 먼저 주어진 예제 프로그램과 연결할 때는 bitcnt.obj 파일의 bits.cnt() 함수와 reverse.obj 파일에 있는 세 함수를 16바이트 경계로 정렬할 것이다(링커가 파일의 각 함수를 16바이트 경계로 정렬하지 않는다. 필요하다면 그

작업은 오브젝트 파일을 만드는 도구가 할 일이다). 실행 파일인 dumpbin.exe 프로그램을 /disasm 커맨드라인 옵션으로 실행하면 링커가 이 정렬 요구를 잘 지켰다는 것을 알 수 있다(주소가 16바이트 경계에 정렬돼 LO 16진수 값으로 0이 들어가는 것을 확인하자).

```
Address    opcodes              Assembly Instructions
---------  ------------------   -----------------------------
04001000: E9 EB 00 00 00        jmp       040010F0
04001005: E9 57 01 00 00        jmp       04001161
0400100A: E8 F1 00 00 00        call      04001100

; 다음이 main 프로그램 시작 부분

0400100F: 6A 00                 push      0
04001011: 8B EC                 mov       ebp,esp
04001013: 55                    push      ebp
04001014: 6A 05                 push      5
04001016: E8 65 01 00 00        call      04001180
0400101B: 6A 0A                 push      0Ah
0400101D: E8 0E 00 00 00        call      04001030
04001022: 6A 00                 push      0
04001024: FF 15 00 20 00 04     call      dword ptr ds:[04002000h]

; 바로 다음에 나오는 bits.reverse32 함수를 16바이트 경계에 정렬시키기 위해
; 아래 INT3 명령을 패딩하는 데 사용했다

0400102A: CC                    int       3
0400102B: CC                    int       3
0400102C: CC                    int       3
0400102D: CC                    int       3
0400102E: CC                    int       3
0400102F: CC                    int       3

; 다음이 bits.reverse32의 시작부다
; 주소가 16바이트 경계에 위치하는 것을 확인하라

04001030: 53                    push      ebx
04001031: 8B 44 24 08           mov       eax,dword ptr [esp+8]
04001035: 0F C8                 bswap     eax
```

```
04001037: BB F0 F0 F0 F0     mov       ebx,0F0F0F0F0h
0400103C: 23 D8              and       ebx,eax
0400103E: 25 0F 0F 0F 0F     and       eax,0F0F0F0Fh
04001043: C1 EB 04           shr       ebx,4
04001046: C1 E0 04           shl       eax,4
04001049: 0B C3              or        eax,ebx
0400104B: 8B D8              mov       ebx,eax
0400104D: C1 E8 02           shr       eax,2
04001050: C1 E3 02           shl       ebx,2
04001053: 25 33 33 33 33     and       eax,33333333h
04001058: 81 E3 CC CC CC CC  and       ebx,0CCCCCCCCh
0400105E: 0B C3              or        eax,ebx
04001060: 8D 1C 00           lea       ebx,[eax+eax]
04001063: D1 E8              shr       eax,1
04001065: 25 55 55 55 55     and       eax,55555555h
0400106A: 81 E3 AA AA AA AA  and       ebx,0AAAAAAAAh
04001070: 0B C3              or        eax,ebx
04001072: 5B                 pop       ebx
04001073: C2 04 00           ret       4
```

; bits.reverse16의 시작부다. 이 함수가
; bits.reverse32와 같은 파일에 들어있고
; 소스 파일에 정렬 옵션을 지정하지 않았기 때문에,
; HLA와 링커도 이 함수를 정렬하지 않고
; 메모리상에서 bits.reverse32 함수 바로 다음에
; 위치하게 된다

```
04001076: 53                 push      ebx
04001077: 50                 push      eax
04001078: 8B 44 24 0C        mov       eax,dword ptr [esp+0Ch]


       .
       .     ; bits.reverse16의 재미없는 코드들
       .     ; bits.reverse8은 생략
```

; bits.reverse8 코드의 끝

```
040010E6: 88 04 24           mov       byte ptr [esp],al
040010E9: 58                 pop       eax
040010EA: C2 04 00           ret       4
```

; 다음 함수(HLA에서 예외 핸들링에 쓰임)를
; 16바이트 경계에 정렬하기 위해 끼워 넣는 바이트

```
040010ED: CC                int        3
040010EE: CC                int        3
040010EF: CC                int        3
```

; 디폴트 예외 리턴 함수
; (HLA가 자동 생성함)

```
040010F0: B8 01 00 00 00    mov        eax,1
040010F5: C3                ret
```

; 내부 HLA BuildExcepts 함수를 16바이트 경계에
; 정렬하기 위해 끼워 넣는 바이트

```
040010F6: CC                int        3
040010F7: CC                int        3
040010F8: CC                int        3
040010F9: CC                int        3
040010FA: CC                int        3
040010FB: CC                int        3
040010FC: CC                int        3
040010FD: CC                int        3
040010FE: CC                int        3
040010FF: CC                int        3
```

; HLA BuildExcepts 코드
; (컴파일러가 자동으로 생성함)

```
04001100: 58                pop        eax
04001101: 68 05 10 00 04    push       4001005h
04001106: 55                push       ebp
```

```
        .
        .        ; BuildExcepts 코드의 나머지 부분은
        .        ; 다른 코드 및 데이터와 함께 여기에 포함된다
        .
```

; bits.cnt가 16바이트 경계에 위치하도록 끼워 넣는 바이트

```
0400117D: CC                    int         3
0400117E: CC                    int         3
0400117F: CC                    int         3
```

; 다음은 bits.cnt 함수의 로우레벨 기계어 코드다

```
04001180: 55                    push        ebp
04001181: 8B EC                 mov         ebp,esp
04001183: 83 E4 FC              and         esp,0FFFFFFFCh
04001186: 52                    push        edx
04001187: 8B 45 08              mov         eax,dword ptr [ebp+8]
0400118A: 8B D0                 mov         edx,eax
0400118C: D1 E8                 shr         eax,1
0400118E: 25 55 55 55 55        and         eax,55555555h
04001193: 2B D0                 sub         edx,eax
04001195: 8B C2                 mov         eax,edx
04001197: C1 EA 02              shr         edx,2
0400119A: 25 33 33 33 33        and         eax,33333333h
0400119F: 81 E2 33 33 33 33     and         edx,33333333h
040011A5: 03 C2                 add         eax,edx
040011A7: 8B D0                 mov         edx,eax
040011A9: C1 E8 04              shr         eax,4
040011AC: 03 C2                 add         eax,edx
040011AE: 25 0F 0F 0F 0F        and         eax,0F0F0F0Fh
040011B3: 69 C0 01 01 01 01     imul        eax,eax,1010101h
040011B9: C1 E8 18              shr         eax,18h
040011BC: 5A                    pop         edx
040011BD: 8B E5                 mov         esp,ebp
040011BF: 5D                    pop         ebp
040011C0: C2 04 00              ret         4
```

사실 이 프로그램의 정확한 동작은 중요하지 않다(어쨌든 쓸 만한 일은 아무것도 하지 않기 때문에). 요점은 링커가 소스 파일에 나오는 하나 이상의 함수 그룹 앞에 여분의 바이트($cc, int 3 명령어)를 어떻게 추가해서 지정된 경계에 정렬되도록 하는지를 보는 것이다.

이 특정 예제에서 bits.cnt() 함수는 실제로 64바이트 길이고, 링커는 16바이트 경계에 맞추기 위해 3바이트만 추가했다. 이 낭비율(함수 크기 대비 끼워 넣는 바이트 수)은 상당히 낮다. 그러나 작은 함수가 많으면, 낭비되는 공간은 중요해진다(이 예제에서 두 개의 명

령어만 있는 디폴트 예외 핸들러와 마찬가지로). 자신의 라이브러리 모듈을 만들 때는 끼워 넣는 바이트가 차지하는 공간의 비효율성을 가늠해보고, 정렬된 코드를 사용함으로써 얻는 성능상의 이익을 저울질해봐야 한다.

오브젝트 코드 덤프 유틸리티(dumpbin.exe 등)는 매우 유용하다. 이는 오브젝트 코드와 실행 파일을 분석해 섹션 크기와 정렬 값의 속성을 구한다. 리눅스(그리고 대부분의 유닉스 계열 시스템)는 이와 비슷한 objdump 유틸리티를 제공한다. 이러한 도구는 컴파일러 출력을 분석하는 데 매우 유용하므로 다음 장에서 좀 더 설명한다.

4.9 링커가 코드에 미치는 영향

COFF와 ELF 등과 같은 오브젝트 파일 포맷의 한계는 컴파일러가 생성하는 코드 품질에 큰 영향을 미친다. 오브젝트 파일 포맷의 설계 때문에 링커와 컴파일러는 불필요했을지 모를 여분의 코드를 실행 파일에 자주 삽입해야 한다. 4.9절에서는 COFF나 ELF와 같은 일반적인 오브젝트 코드 형식이 실행 코드에 미치는 몇 가지 문제를 다룬다.

COFF와 ELF 등의 일반적인 오브젝트 파일 포맷이 갖고 있는 한 가지 문제점은 생성하는 실행 파일이 특정 CPU에 효율적으로 설계되지는 않았다는 것이다. 대신 다양한 CPU를 지원하고 오브젝트 모듈을 쉽게 연결할 수 있도록 만들어졌다. 불행히도 그런 융통성은 최상의 오브젝트 파일을 만들지 못하는 원인이 된다.

아마도 COFF와 ELF 포맷의 가장 큰 문제는 오브젝트 파일의 재배치 값이 오브젝트 코드의 32비트 및 64비트 포인터에 적용돼야 한다는 점일 것이다. 예를 들면, 명령어가 변위나 주소 값을 32(64)비트 이하로 인코딩할 때 문제가 생긴다. 80x86과 같은 일부 프로세서에서는 32비트 이하의 변위(80x86의 8비트 변위 등)는 너무 작으므로, 현재 오브젝트 모듈의 외부 코드를 참조하는 데는 사용하지 않을 것이다. 그러나 파워PC나 ARM 등의 일부 RISC 프로세서에서 사용하는 변위는 훨씬 더 크다(파워PC 분기 명령어의 경우 26비트다). 바로 이것 때문에 GCC가 외부 함수를 호출할 때 함수의 스텁stub을 생성하는 등 코딩에서의 편법이 생겨난다. 다음 C 프로그램과 해당 프로그램에 대해 GCC가 생성하는 파워PC 코드를 살펴보자.

```
#include <stdio.h>
int main( int argc )
{
    .
    .
    .

    printf
    (
        "%d %d %d %d %d ",
        .
        .
        .
    );
    return( 0 );
}
```

```
; GCC의 파워PC 어셈블리 출력이다


        .
        .
        .

        ; 다음 코드가 printf 호출을 준비해서
        ; printf를 호출한다

        addis r3,r31,ha16(LC0-L1$pb)
        la r3,lo16(LC0-L1$pb)(r3)
        lwz r4,64(r30)
        lwz r5,80(r30)
        lwz r6,1104(r30)
        lwz r7,1120(r30)
        lis r0,0x400
        ori r0,r0,1120
        lwzx r8,r30,r0
        bl L_printf$stub ; printf 'stub' 루틴을 호출한다

        ; main 프로그램에서 돌아온다

        li r0,0
        mr r3,r0
```

```
        lwz r1,0(r1)
        lwz r0,8(r1)
        mtlr r0
        lmw r30,-8(r1)
        blr
```

; 외부 printf 함수를 호출하기 위한 stub이다
; 이 코드는 나중에 링커가 수정할 수 있도록
; 32비트 포인터 L_printf$lazy_ptr을 이용해서
; printf 함수로 간접 점프한다

```
        .data
        .picsymbol_stub
L_printf$stub:
        .indirect_symbol _printf
        mflr r0
        bcl 20,31,L0$_printf
L0$_printf:
        mflr r11
        addis r11,r11,ha16(L_printf$lazy_ptr-L0$_printf)
        mtlr r0
        lwz r12,lo16(L_printf$lazy_ptr-L0$_printf)(r11)
        mtctr r12
        addi r11,r11,lo16(L_printf$lazy_ptr-L0$_printf)
        bctr
.data
.lazy_symbol_pointer
L_printf$lazy_ptr:
        .indirect_symbol _printf
```

; 다음은 컴파일러가 32비트 포인터를 두는 곳으로
; 나중에 링커가 이 주소를 실제 printf 함수의
; 포인터로 채울 수 있다

```
        .long dyld_stub_binding_helper
```

컴파일러는 링커가 최종 실행 파일에 덧붙일 때 실제 printf() 루틴이 얼마나 멀리 있을지 모르기 때문에 L_printf$stub 스텁을 생성해야 한다. printf()가 파워PC의 24비트

분기 변위가 지원하는 ±32MB 범위(26비트까지 확장된다)를 벗어나지는 않지만, 이를 보장할 수는 없다. printf()가 동적으로 실행될 때 링크되는 공용 라이브러리의 일부라면, 이 범위를 넘어설 가능성이 크다. 따라서 컴파일러는 안전한 선택을 해야 하고 32비트 변위를 printf() 함수의 주소 변위로 사용해야 한다. 안타깝게도 파워PC 명령은 32비트 변위를 지원하지 않는다(모든 파워PC 명령이 32비트 길이이므로 32비트 변위를 사용하면 op코드opcode를 위한 공간이 남지 않는다). 따라서 컴파일러는 printf() 루틴을 가리키는 32비트 포인터를 변수에 저장하고 그 변수를 통해 간접적으로 점프해야 한다. 파워PC에서 레지스터에 그 포인터의 주소가 아직 없는 경우, 32비트 메모리 포인터에 액세스하려면 상당한 코드가 필요하다. 그래서 L_printf$stub 레이블 뒤에 여분의 코드가 있는 것이다.

링커가 32비트 값이 아닌 26비트 변위를 다룰 수 있다면, L_printf$stub 루틴이나 L_printf$lazy_ptr 포인터 변수도 필요 없을 것이다. 대신 bl L_printf$stub 명령으로 바로 printf() 루틴으로 분기할 수 있다(±32MB 범위를 벗어나지 않는다는 가정하에). 프로그램 파일 하나가 담고 있는 기계어 명령은 일반적으로 32MB이므로 외부 루틴을 호출하기 위해 이 코드가 한 것과 같은 복잡한 난리 법석은 거의 필요하지 않을 것이다.

불행히도 오브젝트 파일 포맷을 어떻게 할 수는 없다. 운영체제가 지정하는 포맷(요즘의 32비트나 64비트 컴퓨터에서는 대개 COFF나 ELF의 변종이다)대로 사용해야 한다. 그러나 이러한 한계 내에서도 할 수 있는 일이 있다.

코드가 32비트 변위를 직접 인코딩할 수 없는 파워PC나 ARM(또는 다른 RISC 프로세서) 같은 CPU에서 돌아가는 코드라면, **크로스 모듈**cross-module 호출을 가능한 한 피해서 최적화할 수 있다. 소스 코드를 한 소스 파일에 모두 넣는(그래서 컴파일 한 번에 모두 처리되는) 단일식 애플리케이션의 작성이 좋은 습관은 아니지만, 모든 함수를 각기 다른 소스 모듈에 넣어서 따로따로 컴파일할 필요는 없다. 특히 서로 호출하는 루틴이라면 더욱 그렇다. 코드에서 사용하는 공통 루틴을 같은 컴파일 단위(소스 파일)에 집어넣으면, 컴파일러가 함수 간의 호출을 최적화함으로써 파워PC 같은 프로세서에서 자투리가 생성되는 것을 피할 수 있다. 그렇다고 외부 함수를 모두 한 소스 파일에 집어넣어서는 안 된다. 모듈 안의 함수가 서로 호출하고 전역 오브젝트global object를 공유할 때만 더 좋은 코드가 되는 것이지, 함수가 서로 완전히 독립적이고 컴파일 단위의 외부에서만 호출된다면 컴파일러는 외부 코드에서 스텁 루틴을 생성할 것이므로 아무런 득도 없을 것이다.

4.10 참고 자료

Aho, Alfred V., Monica S. Lam, Ravi Sethi, and Jeffrey D. Ullman. *Compilers: Principles, Techniques, and Tools*. 2nd ed. Essex, UK: Pearson Education Limited, 1986.

Gircys, Gintaras. *Understanding and Using COFF*. Sebastopol, CA: O'Reilly Media, 1988.

Levine, John R. *Linkers and Loaders*. San Diego: Academic Press, 2000.

5

컴파일러 출력물을 분석하기 위한 툴

훌륭한 코드를 작성하려면 주어진 업무를 적절히 처리만 할 줄 아는 코드와 최고의 성능으로 처리할 줄 아는 코드의 차이를 구별할 수 있어야 한다. 여기서 말하는 훌륭한 코드는 평범한 코드보다 명령어, CPU 사이클, 메모리를 더 적게 사용하는 코드다.

어셈블리어로 작업하는 경우 CPU 제조사의 데이터 시트와 약간의 실험 결과만 있으면 어떤 코드가 훌륭한지 아닌지를 구분할 수 있다. 그러나 HLL로 작업할 때는 HLL 프로그램의 문장을 기계어 코드에 대응시킬 수 있는 방법이 있어야 코드의 질을 평가할 수 있다. 5장에서는 다음과 같은 내용을 다룬다.

- 컴파일러의 기계어 출력을 보고 분석하는 방법과 이를 통해 더 나은 HLL 코드를 작성하는 방법
- 특정 컴파일러가 사람이 읽을 수 있는 어셈블리어 출력 파일을 생성하도록 하는 방법
- dumpbin이나 objdump와 같은 툴을 이용해 이진 오브젝트 코드 출력 파일을 분석하는 방법
- 디스어셈블러를 사용해 컴파일러가 생성하는 기계어 코드 출력물을 분석하는 방법
- 디버거를 사용해 컴파일러 출력물을 분석하는 방법

- 하나의 HLL 소스 파일에 대한 서로 다른 두 어셈블리어 출력물 중에서 더 좋은 출력물을 판단하는 방법

컴파일러 출력물을 분석하는 것은 기계어 코드의 수준을 파악하기 위해 필요한 주요 기술 중 하나다. 컴파일러 결과물을 분석하려면 몇 가지 배워야 할 것이 있다. 첫째, 컴파일러 결과물을 효율적으로 읽을 수 있도록 어셈블리어 프로그래밍을 알아야 한다.[1] 둘째, 컴파일러(혹은 다른 툴들)에서 해독 가능한 어셈블리 코드를 생성하는 방법을 알아야 한다. 마지막으로, 어셈블리 명령을 HLL 코드로 연결시킬 수 있는 방법을 알아야 한다. 3장과 4장에서는 몇 가지 기본적인 어셈블리 코드를 읽는 방법을 배웠다. 5장에서는 컴파일러 결과물을 해독할 수 있는 형식으로 변환하는 방법을 알아본다. 이 책의 나머지 부분에서는 HLL을 잘 골라서 더 나은 기계어 코드를 생성할 수 있도록 해당 어셈블리 코드를 분석하는 방법을 다룬다.

자, 이제 컴파일러 출력에 대한 배경지식과 최적화하는 과정에서 유의해야 할 사항부터 알아보자.

5.1 배경지식

4장에서 설명했듯이, 오늘날 사용 가능한 대부분의 컴파일러는 실행 가능한 프로그램을 생성하기 위해 링커 프로그램이 읽고 처리할 수 있는 오브젝트 코드 결과물을 출력한다. 일반적으로 오브젝트 코드 파일은 해독할 수 없는 이진 데이터로 구성돼 있기 때문에 많은 컴파일러는 자신이 생성하는 어셈블리 코드 리스트를 출력할 수 있는 옵션을 제공한다. 사용자는 이 옵션을 활성화함으로써 컴파일러의 출력물을 분석하고, 더 좋은 결과를 얻기 위해 HLL 소스 코드를 수정할 수 있다. 실제로 특정 컴파일러와 그 최적화에 대한 전반적인 지식을 갖고 있다면 손으로 직접 작성한 어셈블리 코드에 견줄 만한 기계어 코드가 만들어지는 HLL 코드를 작성할 수 있다. 이러한 최적화가 다른 컴파일러에서도 제대로 작동할 것이라고 기대할 수는 없지만, 하나의 컴파일러에서 아주 잘 돌아가면서 다른 프로세서에서도 (비효율적이지만) 여전히 실행할 수 있는 프로그램을 만들어낼 수 있

---

1   이는 일반적인 프로그래머가 어셈블리를 배우는 가장 실용적인 이유일 것이다.

다. 이는 특정한 종류의 시스템에서 최고의 성능을 뽑아내면서 다른 CPU에서도 동작 가능한 코드를 만들어야 할 때 취할 수 있는 아주 좋은 방법이다.

노트 | 컴파일러 결과물을 분석하다 보면 이식 불가능한 최적화를 구현할 수도 있다. 즉, 컴파일러의 출력물을 보면서 HLL 소스 코드를 수정하면 해당 컴파일러에 대해서는 더 좋은 결과를 얻을 수 있다. 그러나 이러한 최적화는 다른 컴파일러에는 적용되지 않을 수 있다.

어셈블리어 결과물을 출력하는 기능은 컴파일러에 따라 다르다. 기본적으로 어셈블리어 결과물을 출력하는 컴파일러도 있다. 예를 들어 GCC는 항상 어셈블리어 파일을 내보낸다(일반적으로 컴파일 후 해당 파일을 삭제한다). 그러나 대부분의 컴파일러는 명시적으로 지정해야 어셈블리어 파일을 생성한다. 일반적인 어셈블러에서 오브젝트 코드 파일로 변환이 가능한 어셈블리 파일을 생성하는 컴파일러도 있고, 기존 어셈블러에서는 그 구문이 해석 불가능한 단순히 어셈블리어 주석만을 생성하는 컴파일러도 있다. 실제 어셈블러가 컴파일러의 어셈블리 출력을 처리할 수 있는지 여부는 중요하지 않다. 더 나은 오브젝트 코드를 생성하고자 HLL 코드를 조정하는 방법을 결정하기 위해서만 해당 출력을 읽을 것이다.

어셈블리어 결과물을 출력할 수 있는 경우에도 컴파일러에 따라 어셈블리 코드의 가독성이 상당히 다를 수 있다. 일부 컴파일러는 원본 HLL 소스 코드를 어셈블리 출력에 주석으로 넣음으로써 어셈블리 명령어와 HLL 코드를 쉽게 연결할 수 있다. 다른 컴파일러(GCC와 같은)는 순수한 어셈블리 코드만을 내보낸다. 따라서 특정 CPU의 어셈블리어에 대한 충분한 지식이 없다면 어셈블리 코드를 해석하는 것은 매우 어려울 수 있다.

최적화 수준을 어느 정도로 하느냐에 따라서도 컴파일러 출력물의 가독성이 달라진다. 모든 최적화를 비활성화하면 HLL 문에 해당하는 어셈블리 명령어를 쉽게 확인할 수 있다. 그러나 이렇게 하면 생성되는 코드의 품질이 엄청나게 떨어진다. 더 좋은 HLL 코드를 작성하기 위해 컴파일러의 어셈블리 출력물을 보는 것이므로, 실제 애플리케이션을 만들 때 사용할 것과 같은 수준의 최적화를 수행해야 한다. 좋은 어셈블리 코드를 만들기 위해 HLL 코드를 조정하고 실제 프로덕션^{production} 코드에서 최적화 수준을 변경하는 것은 절대 안 된다. 이 경우 최적화가 일반적으로 수행하는 일을 수동으로 하는 꼴이 된다.

게다가 이러한 수동 최적화로 인해 최적화 수준을 높일 때 실제로 컴파일러가 적절한 작업을 수행하지 못할 수도 있다.

더 높은 수준의 최적화를 수행하도록 지정하면, 컴파일러는 종종 어셈블리 출력 파일에서 코드를 이동하기도 하고 코드 전체를 완전히 제거하기도 하는 등 여러 가지 코드 변환을 수행하기 때문에 HLL 코드와 어셈블리 출력물을 대응시키기 힘들어진다. 하지만 조금만 연습한다면 HLL 코드의 주어진 명령문에 해당하는 기계어 명령어를 판단할 수 있다.

5.2 컴파일러에서 어셈블리 코드를 출력하는 법

컴파일러가 어셈블리 코드를 출력하게 하는 방법은 컴파일러에 따라 다르다. 해당 정보에 대해서는 각 컴파일러의 매뉴얼을 참조해야 한다. 이 절에서는 일반적으로 사용되는 두 가지 C/C++ 컴파일러인 GCC와 마이크로소프트의 비주얼 C++를 살펴본다.

5.2.1 GNU 컴파일러의 어셈블리 코드 결과물

GCC 컴파일러에서 어셈블리 코드를 출력하려면 컴파일러를 호출할 때 커맨드라인에 -S 옵션을 지정해야 한다. 다음은 GCC의 예다.

```
gcc -02 -S t1.C    # -02 옵션은 최적화를 위한 것이다
```

GCC에 제공되는 -S 옵션은 실제로 컴파일러에 어셈블리 출력 파일을 생성하도록 지시하지 않는다. GCC는 항상 어셈블리 출력 파일을 생성한다. -S는 GCC가 어셈블리 파일을 생성한 후 모든 처리 작업을 중지하도록 지시한다. GCC는 원본 C 파일(이 예에서는 *t1*)과 이름이 같고 확장자가 *.s*인 어셈블리 출력 파일을 생성한다(일반 컴파일 중에 GCC는 *.s* 파일을 어셈블리한 후 삭제한다).

5.2.2 비주얼 C++의 어셈블리 코드 결과물

비주얼 C++(VC++) 컴파일러에서는 MASM 호환 어셈블리 코드를 얻기 위해 -FA 명령어

옵션을 사용한다. VC++에서는 보통 어셈블리 코드를 생성하기 위해 다음과 같은 명령어를 사용한다.

```
cl -O2 -FA t1.c
```

5.2.3 어셈블리 코드 결과물 예제

컴파일러에서 생성하는 어셈블리 코드에 대한 예제로서 다음 C 프로그램을 살펴보자.

```c
#include <stdio.h>
int main( int argc, char **argv )
{
    int i;
    int j;

    i = argc;
    j = **argv;


    if( i == 2 )
    {
        ++j;
    }
    else
    {
        --j;
    }

    printf( "i=%d, j=%d\n", i, j );
    return 0;
}
```

이어지는 절에서는 이 코드 시퀀스에 대해 비주얼 C++, GCC 등이 생성하는 출력물을 살펴보고 컴파일러에 따라 생성되는 어셈블리 코드가 어떻게 다른지 살펴보자.

5.2.3.1 비주얼 C++ 어셈블리 코드 결과물

아래의 명령어를 사용해 VC++에서 컴파일을 수행하면

```
cl -Fa -O1 t1.c
```

다음과 같은 어셈블리 코드(MASM)를 생성한다.

노트 | 이 출력에 나타나는 각 어셈블리어 문장이 정확히 무엇을 의미하는지는 중요하지 않다. 여기서는 이 코드가 비주얼 C++나 Gas의 결과 코드와 문법이 서로 어떻게 다른지를 아는 것이 중요하다.

```
; 마이크로소프트 (R) 최적화에 의해 생성된 리스트
; 컴파일러 버전 19.00.24234.1
; 이 리스트는 가독성을 위해 수동으로 주석을 달았다

include listing.inc

INCLUDELIB LIBCMT
INCLUDELIB OLDNAMES

PUBLIC    __local_stdio_printf_options
PUBLIC    _vfprintf_l
PUBLIC    printf
PUBLIC    main
PUBLIC    ??_C@_0M@MJLDLLNK@i?$DN?$CFd?0?5j?$DN?$CFd?6?$AA@ ; `string'
EXTRN     __acrt_iob_func:PROC
EXTRN     __stdio_common_vfprintf:PROC
_DATA     SEGMENT
COMM      ?_OptionsStorage@?1??__local_stdio_printf_options@@9@9:QWORD
; `__local_stdio_printf_options'::`2'::_OptionsStorage
_DATA     ENDS
;         COMDAT pdata
pdata     SEGMENT
   .
   .
```

```
;       COMDAT main
_TEXT   SEGMENT
argc$ = 48
argv$ = 56
main    PROC                                                    ; COMDAT

$LN6:
        sub     rsp, 40                                         ; 00000028H

; if( i == 2 )
;{
;     ++j;
;}
;else
;{
;     --j
;}

        mov     rax, QWORD PTR [rdx]   ; rax (i) = *argc
        cmp     ecx, 2
        movsx   edx, BYTE PTR [rax]    ; rdx(j) = **argv

        lea     eax, DWORD PTR [rdx-1] ; rax = ++j
        lea     r8d, DWORD PTR [rdx+1] ; r8d = --j;

        mov     edx, ecx               ; edx = argc (argc was passed in rcx)
        cmovne  r8d, eax               ; eax = --j if i != 2

; printf( "i=%d, j+5d\n", i, j ); (i in edx, j in eax)

        lea     rcx, OFFSET FLAT:??_C@_0M@MJLDLLNK@i?$DN?$CFd?0?5j?$DN?$CFd?6?$AA@
        call    printf

; return 0;

        xor     eax, eax

        add     rsp, 40                                         ; 00000028H
        ret     0
```

```
main     ENDP
_TEXT    ENDS
; Function compile flags: /Ogtpy
; File c:\program files (x86)\windows kits\10\include\10.0.17134.0\ucrt\stdio.h
;       COMDAT printf
_TEXT    SEGMENT
    .
    .
    .
    END
```

5.2.3.2 GCC 어셈블리 코드 결과물(파워PC)

비주얼 C++와 마찬가지로 GCC는 어셈블리 출력 파일에 C 언어 소스 코드를 삽입하지
않는다. GCC의 경우, 어셈블리 코드 출력은 사용자 요청에 의해서가 아니라 항상 수행하
는 작업이다. 즉, C 소스 코드를 출력 파일에 삽입하지 않음으로써 GCC 컴파일 시간을
약간 줄일 수 있다(컴파일러가 C 소스 코드를 쓰지 않아도 되고 어셈블러가 이를 읽지 않아도 되
기 때문이다). 다음은 파워PC에서 GCC를 gcc -O1 -S t1.c 명령문을 이용해 수행한 결과다.

```
gcc -O1 -S t1.c

.data
.cstring
        .align 2
LC0:
        .ascii "i=%d, j=%d\12\0"
.text
        .align 2
        .globl _main
_main:
LFB1:
        mflr r0
        stw r31,-4(r1)
LCFI0:
        stw r0,8(r1)
```

```
LCFI1:
        stwu r1,-80(r1)
LCFI2:
        bcl 20,31,L1$pb
L1$pb:
        mflr r31
        mr r11,r3
        lwz r9,0(r4)
        lbz r0,0(r9)
        extsb r5,r0
        cmpwi cr0,r3,2
        bne+ cr0,L2
        addi r5,r5,1
        b L3
L2:
        addi r5,r5,-1
L3:
        addis r3,r31,ha16(LC0-L1$pb)
        la r3,lo16(LC0-L1$pb)(r3)
        mr r4,r11
        bl L_printf$stub
        li r3,0
        lwz r0,88(r1)
        addi r1,r1,80
        mtlr r0
        lwz r31,-4(r1)
        blr
LFE1:
.data
.picsymbol_stub
L_printf$stub:
        .indirect_symbol _printf
        mflr r0
        bcl 20,31,L0$_printf
L0$_printf:
        mflr r11
        addis r11,r11,ha16(L_printf$lazy_ptr-L0$_printf)
        mtlr r0
        lwz r12,lo16(L_printf$lazy_ptr-L0$_printf)(r11)
        mtctr r12
```

```
        addi r11,r11,lo16(L_printf$lazy_ptr-L0$_printf)
        bctr
.data
.lazy_symbol_pointer
L_printf$lazy_ptr:
        .indirect_symbol _printf
        .long dyld_stub_binding_helper
.data
.constructor
.data
.destructor
        .align 1
```

보다시피 GCC의 결과물은 다소 빈약하다. 물론 이것은 파워PC의 어셈블리 코드이기 때문에, 이 어셈블리 출력을 비주얼 C++ 컴파일러의 80x86 출력과 비교하는 것은 그다지 실용적이지 않다.

5.2.3.3 GCC 어셈블리 코드 결과물(80x86)

다음 코드는 t1.c 소스 파일을 GCC에서 x86-64 어셈블리 코드로 출력한 결과다.

```
    .section    __TEXT,__text,regular,pure_instructions
    .macosx_version_min 10, 13
    .globl _main                   ## -- Begin function main
    .p2align 4, 0x90
_main:                             ## @main
    .cfi_startproc
## BB#0:
    pushq   %rbp
Lcfi0:
    .cfi_def_cfa_offset 16
Lcfi1:
    .cfi_offset %rbp, -16
    movq    %rsp, %rbp
Lcfi2:
    .cfi_def_cfa_register %rbp
    movl    %edi, %ecx
```

```
    movq    (%rsi), %rax
    movsbl  (%rax), %eax
    cmpl    $2, %ecx
    movl    $1, %esi
    movl    $-1, %edx
    cmovel  %esi, %edx
    addl    %eax, %edx
    leaq    L_.str(%rip), %rdi
    xorl    %eax, %eax
    movl    %ecx, %esi
    callq   _printf
    xorl    %eax, %eax
    popq    %rbp
    retq
    .cfi_endproc
                                    ## -- End function
    .section  __TEXT,__cstring,cstring_literals
L_.str:                             ## @.str
    .asciz  "i=%d, j=%d\n"

.subsections_via_symbols
```

이 예제는 GCC가 파워PC용으로 내보낸 엄청난 양의 코드가 컴파일러에 의한 것이 아니라 시스템 아키텍처에 의한 것이라는 사실을 보여준다. 이를 다른 컴파일러가 내보낸 코드와 비교해보면 서로 거의 비슷하다는 사실을 알 수 있다.

5.2.3.4 GCC 어셈블리어 결과물(ARMv7)

다음 코드는 t1.c 소스 파일을 GCC에서 ARMv6 어셈블리 코드로 출력한 결과물이며, 라즈베리 파이^{Raspberry Pi}(32비트 라즈비안^{Raspbian}을 실행)에서 컴파일했다.

```
..arch armv6
    .eabi_attribute 27, 3
    .eabi_attribute 28, 1
    .fpu vfp
    .eabi_attribute 20, 1
```

```
        .eabi_attribute 21, 1
        .eabi_attribute 23, 3
        .eabi_attribute 24, 1
        .eabi_attribute 25, 1
        .eabi_attribute 26, 2
        .eabi_attribute 30, 2
        .eabi_attribute 34, 1
        .eabi_attribute 18, 4
        .file    "t1.c"
        .section    .text.startup,"ax",%progbits
        .align  2
        .global main
        .type    main, %function
main:
        @ args = 0, pretend = 0, frame = 0
        @ frame_needed = 0, uses_anonymous_args = 0
        stmfd   sp!, {r3, lr}
        cmp r0, #2
        ldr r3, [r1]
        mov r1, r0
        ldr r0, .L5
        ldrb    r2, [r3]    @ zero_extendqisi2
        addeq   r2, r2, #1
        subne   r2, r2, #1
        bl  printf
        mov r0, #0
        ldmfd   sp!, {r3, pc}
.L6:
        .align  2
.L5:
        .word   .LC0
        .size   main, .-main
        .section    .rodata.str1.4,"aMS",%progbits,1
        .align  2
LC0:
        .ascii  "i=%d, j=%d\012\000"
        .ident  "GCC: (Raspbian 4.9.2-10) 4.9.2"
        .section    .note.GNU-stack,"",%progbits
```

@은 소스 코드의 주석을 나타낸다. Gas는 @부터 줄 끝까지 모두 무시한다.

5.2.3.5 스위프트 어셈블리어 출력(x86-64)

스위프트 소스 파일 main.swift를 맥OS 스위프트 컴파일러에서 어셈블리 코드로 출력할 것을 요청할 때는 다음 명령어를 사용한다.

```
swiftc -O -emit-assembly main.swift -o result.asm
```

그러면 result.asm 어셈블리 파일이 생성된다. 다음 스위프트 소스 코드를 살펴보자.

```
import Foundation

var i:Int = 0;
var j:Int = 1;


    if( i == 2 )
    {
        i = i + 1
    }
    else
    {
        i = i - 1
    }
    print( "i=\(i), j=\(j)" )
```

이를 이전 명령으로 컴파일하면 다소 긴 어셈블리 출력 파일이 생성된다. 다음은 해당 코드의 메인 프로시저다.

```
_main:
.cfi_startproc
    pushq   %rbp
    .cfi_def_cfa_offset 16
```

```
        .cfi_offset %rbp, -16
        movq    %rsp, %rbp
        .cfi_def_cfa_register %rbp
        pushq   %r15
        pushq   %r14
        pushq   %r13
        pushq   %r12
        pushq   %rbx
        pushq   %rax
        .cfi_offset %rbx, -56
        .cfi_offset %r12, -48
        .cfi_offset %r13, -40
        .cfi_offset %r14, -32
        .cfi_offset %r15, -24
        movq    $1, _$S6result1jSivp(%rip)
        movq    $-1, _$S6result1iSivp(%rip)
        movq    _$Ss23_ContiguousArrayStorageCyypGML(%rip), %rdi
        testq   %rdi, %rdi
        jne LBB0_3
        movq    _$SypN@GOTPCREL(%rip), %rsi
        addq    $8, %rsi
        xorl    %edi, %edi
        callq   _$Ss23_ContiguousArrayStorageCMa
        movq    %rax, %rdi
        testq   %rdx, %rdx
        jne LBB0_3
        movq    %rdi, _$Ss23_ContiguousArrayStorageCyypGML(%rip)
LBB0_3:
        movabsq $8589934584, %r12
        movl    48(%rdi), %esi
        movzwl  52(%rdi), %edx
        addq    $7, %rsi
        andq    %r12, %rsi
        addq    $32, %rsi
        orq $7, %rdx
        callq   _swift_allocObject
        movq    %rax, %r14
        movq    _$Ss27_ContiguousArrayStorageBaseC16countAndCapacitys01_B4BodyVvpWvd@GOTPCREL
    (%rip), %rbx
        movq    (%rbx), %r15
```

```
    movaps  LCPI0_0(%rip), %xmm0
    movups  %xmm0, (%r14,%r15)
    movq    _$SSSN@GOTPCREL(%rip), %rax
    movq    %rax, 56(%r14)
    movq    _$Ss23_ContiguousArrayStorageCySSGML(%rip), %rdi
    testq   %rdi, %rdi
    jne LBB0_6
    movq    _$SSSN@GOTPCREL(%rip), %rsi
    xorl    %edi, %edi
    callq   _$Ss23_ContiguousArrayStorageCMa
    movq    %rax, %rdi
    testq   %rdx, %rdx
    jne LBB0_6
    movq    %rdi, _$Ss23_ContiguousArrayStorageCySSGML(%rip)
    movq    (%rbx), %r15
LBB0_6:
    movl    48(%rdi), %esi
    movzwl  52(%rdi), %edx
    addq    $7, %rsi
    andq    %r12, %rsi
    addq    $80, %rsi
    orq $7, %rdx
    callq   _swift_allocObject
    movq    %rax, %rbx
    movaps  LCPI0_1(%rip), %xmm0
    movups  %xmm0, (%rbx,%r15)
    movabsq $-2161727821137838080, %r15
    movq    %r15, %rdi
    callq   _swift_bridgeObjectRetain
    movl    $15721, %esi
    movq    %r15, %rdi
    callq   _$Ss27_toStringReadOnlyStreamableySSxs010TextOutputE0RzlFSS_Tg5Tf4x_n
    movq    %rax, %r12
    movq    %rdx, %r13
    movq    %r15, %rdi
    callq   _swift_bridgeObjectRelease
    movq    %r12, 32(%rbx)
    movq    %r13, 40(%rbx)
    movq    _$S6result1iSivp(%rip), %rdi
    callq   _$Ss26_toStringReadOnlyPrintableySSxs06CustomB11ConvertibleRzlFSi_Tg5
```

```
movq    %rax, 48(%rbx)
movq    %rdx, 56(%rbx)
movabsq $-2017612633061982208, %r15
movq    %r15, %rdi
callq   _swift_bridgeObjectRetain
movl    $1030365228, %esi
movq    %r15, %rdi
callq   _$Ss27_toStringReadOnlyStreamableySSxs010TextOutputE0RzlFSS_Tg5Tf4x_n
movq    %rax, %r12
movq    %rdx, %r13
movq    %r15, %rdi
callq   _swift_bridgeObjectRelease
movq    %r12, 64(%rbx)
movq    %r13, 72(%rbx)
movq    _$S6result1jSivp(%rip), %rdi
callq   _$Ss26_toStringReadOnlyPrintableySSxs06CustomB11ConvertibleRzlFSi_Tg5
movq    %rax, 80(%rbx)
movq    %rdx, 88(%rbx)
movabsq $-2305843009213693952, %r15
movq    %r15, %rdi
callq   _swift_bridgeObjectRetain
xorl    %esi, %esi
movq    %r15, %rdi
callq   _$Ss27_toStringReadOnlyStreamableySSxs010TextOutputE0RzlFSS_Tg5Tf4x_n
movq    %rax, %r12
movq    %rdx, %r13
movq    %r15, %rdi
callq   _swift_bridgeObjectRelease
movq    %r12, 96(%rbx)
movq    %r13, 104(%rbx)
movq    %rbx, %rdi
callq   _$SSS19stringInterpolationS2Sd_tcfCTf4nd_n
movq    %rax, 32(%r14)
movq    %rdx, 40(%r14)
callq   _$Ss5print_9separator10terminatoryypd_S2StFfA0_
movq    %rax, %r12
movq    %rdx, %r15
callq   _$Ss5print_9separator10terminatoryypd_S2StFfA1_
movq    %rax, %rbx
movq    %rdx, %rax
```

```
movq    %r14, %rdi
movq    %r12, %rsi
movq    %r15, %rdx
movq    %rbx, %rcx
movq    %rax, %r8
callq   _$Ss5print_9separator10terminatoryypd_S2StF
movq    %r14, %rdi
callq   _swift_release
movq    %r12, %rdi
callq   _swift_bridgeObjectRelease
movq    %rbx, %rdi
callq   _swift_bridgeObjectRelease
xorl    %eax, %eax
addq    $8, %rsp
popq    %rbx
popq    %r12
popq    %r13
popq    %r14
popq    %r15
popq    %rbp
retq
.cfi_endproc
```

보다시피 스위프트는 C++보다 더 최적의 코드를 만들지 않는다. 실제로 공간을 절약하기 위해 이 파일에서 수백 줄의 추가 코드를 생략했다.

5.2.4 어셈블리 코드 결과물 분석

어셈블리어 프로그래밍에 능숙하지 않으면 어셈블리 코드 결과물을 분석하는 것은 쉽지 않다. 어셈블리어 프로그래머가 아니라면, 컴파일러의 옵션에 따라(혹은 HLL 소스 코드를 재구성했을 때) 만들어진 명령어의 수를 세보고 그 수가 줄어들었으면 프로그램의 성능이 더 좋아졌을 것이라고 가정하는 정도가 할 수 있는 최선일 것이다. 하지만 실제 상황에서는 이렇게 가정하는 것이 항상 옳지는 않다. 일부 기계어 명령어(특히 80x86과 같은 CISC 프로세서에서)는 다른 명령어보다 실행하는 데 훨씬 더 많은 시간이 필요하다. 80x86과 같은 프로세서에서 세 개 이상의 명령어 시퀀스는 동일한 작업을 수행하는 하나의 명령어보다 빠르게 실행될 수 있다. 다행히 HLL의 소스 코드를 재구성해도 컴파일러가 위와 같은 시퀀스를 모두 사용하는 경우는 드물다. 따라서 일반적으로 어셈블리 코드 결과물을 분석할 때는 이런 점을 고려할 필요가 없다.

일부 컴파일러는 최적화 수준을 변경하면 서로 다른 시퀀스를 생성한다. 최적화 옵션에 따라 크기가 작은 프로그램을 선호하기도 하고 수행 시간이 더 빠른 프로그램을 선호하기도 하기 때문이다. 더 작은 프로그램을 선호하는 컴파일러 옵션을 사용하면 (세 명령어가 더 큰 코드로 컴파일된다고 가정할 때) 세 개의 명령어보다는 한 개의 명령어를 선택할 것이고, 속도를 선호하는 컴파일러 옵션을 사용하면 더 빠른 명령 시퀀스를 선택할 것이다.

이 절에서는 다양한 C/C++ 컴파일러를 예제로 사용하지만, 다른 언어의 컴파일러에서도 어셈블리 코드를 만들 수 있다는 점을 기억해야 한다. 어셈블리 코드를 출력하는 것이 가능한지, 이를 위해 어떤 옵션을 선택해야 하는지 등을 알아보려면 컴파일러와 함께 제공된 문서들을 참조한다. 커맨드라인 입력 대신 통합 개발 환경을 제공하는 컴파일러도 있고, 통합 개발 환경(예를 들어, 비주얼 C++)에서 작동하는 컴파일러는 대부분 커맨드라인 입력도 같이 제공한다. 또한 커맨드라인에서 하던 것과 마찬가지로 통합 개발 환경에서도 어셈블리 출력 여부를 지정할 수 있다. 자세한 사용법은 컴파일러 제조사의 문서를 참조하자.

5.3 오브젝트 코드 유틸리티를 사용해 컴파일러 출력 분석하기

많은 컴파일러에서 오브젝트 코드 대신 어셈블리 코드로 결과물을 출력하는 옵션을 제공하고 있지만, 이러한 기능이 제공되지 않는 컴파일러도 많다. 즉, 이진 기계어 코드로 된 오브젝트 코드 파일만을 출력하는 것이다. 이런 컴파일러에서 출력된 결과물을 분석하려면 특별한 툴을 이용해야 한다. 컴파일러가 링커에 제공할 오브젝트 코드 파일(PE/COFF 또는 ELF 파일과 같은)을 만들어낸다면 **오브젝트 코드 덤프**object code dump 유틸리티를 사용해 분석하는 것이 가능하다. 예를 들어 마이크로소프트의 dumpbin.exe 프로그램이 이와 같은 일을 하며, FSF/GNU의 dumpobj 프로그램도 리눅스와 기타 운영체제에서 ELF 파일을 분석하기 위해 비슷한 기능을 제공한다. 이어지는 절에서는 컴파일러 출력물을 분석하기 위해 이 두 가지 툴을 사용하는 방법을 살펴본다.

오브젝트 파일로 작업하는 경우, 한 가지 장점은 그 안에 심벌symbol 정보가 있다는 것이다. 즉, 오브젝트 파일에는 이진 기계어 코드 외에 소스 파일에 나타나는 식별자 이름도 같이 들어있다(이러한 정보는 일반적으로 실행 파일에 포함돼 있지 않다). 기계어 명령어 코드에서 심벌이 가리키는 메모리 영역을 참조할 때 오브젝트 코드 유틸리티는 해당 심벌 이름을 표시할 수 있다. 이러한 오브젝트 코드 유틸리티는 HLL 소스 코드를 기계어 코드와 자동으로 대응시켜주지는 않지만, 유틸리티의 결과물을 살펴볼 때 심벌 정보를 사용하면 편리하다. $401_1000과 같은 메모리 주소보다는 JumpTable과 같은 이름이 이해하기가 훨씬 쉽기 때문이다.

5.3.1 마이크로소프트의 dumpbin.exe 유틸리티

마이크로소프트의 dumpbin 커맨드라인 도구를 사용하면 마이크로소프트 PE/COFF 파일의 내용을 분석할 수 있다.[2] 다음과 같이 프로그램을 실행하면 된다.

---

dumpbin *options filename*

---

filename 매개변수는 살펴보고자 하는 오브젝트 파일의 이름이고, *options* 매개변수는 출력하고 싶은 정보의 유형을 지정한다. 이러한 옵션은 각각 슬래시(/)로 시작한다. 가능한 옵션의 종류를 살펴보자. 먼저 가능한 오브젝트 리스트는 다음과 같다(커맨드라인에서 /?를 입력하면 확인할 수 있다).

Microsoft (R) COFF/PE Dumper Version 14.00.24234.1
Copyright (C) Microsoft Corporation. All rights reserved.

usage: dumpbin *options files*

  options:

---

2   실제로 dumpbin.exe는 link.exe의 덧씌우기 프로그램에 불과하다. 즉, 자체 커맨드라인 인자를 처리해서 link.exe 커맨드라인을 빌드하고 링커를 실행시킨다.

```
/ALL
/ARCHIVEMEMBERS
/CLRHEADER
/DEPENDENTS
/DIRECTIVES
/DISASM[:{BYTES|NOBYTES}]
/ERRORREPORT:{NONE|PROMPT|QUEUE|SEND}
/EXPORTS
/FPO
/HEADERS
/IMPORTS[:filename]
/LINENUMBERS
/LINKERMEMBER[:{1|2}]
/LOADCONFIG
/NOLOGO
/OUT:filename
/PDATA
/PDBPATH[:VERBOSE]
/RANGE:vaMin[,vaMax]
/RAWDATA[:{NONE|1|2|4|8}[,#]]
/RELOCATIONS
/SECTION:name
/SUMMARY
/SYMBOLS
/TLS
/UNWINDINFO
```

dumpbin의 주요 용도는 컴파일러가 생성하는 오브젝트 코드를 보는 것이지만, PE/COFF 파일에 대한 상당한 양의 흥미로운 정보도 표시한다. 다양한 dumpbin 커맨드라인 옵션의 의미를 더 알고 싶다면, 4.6절 '오브젝트 파일 포맷'이나 4.7절 '실행 파일 형식'을 다시 보길 바란다.

이어지는 절들에서는 여러 가능한 dumpbin 커맨드라인 옵션들을 설명하고, C로 작성된 간단한 'Hello World' 프로그램에 대한 예제 출력물을 살펴본다.

```
#include <stdio.h>

int main( int argc, char **argv)
{
    printf( "Hello World\n" );
}
```

5.3.1.1 /all

/all 커맨드라인 옵션은 오브젝트 파일 안의 코드에 대한 디스어셈블리를 제외하고 가능한 모든 정보를 표시하도록 dumpbin에 지시한다. 그러나 문제는 언어가 제공하는 표준 라이브러리(예를 들면, C 표준 라이브러리)의 모든 루틴을 링커가 .exe 파일에 포함시켰다는 것이다. 애플리케이션의 코드를 개선하기 위해 컴파일러 출력물을 분석할 때 분석하려는 프로그램과 직접 관련이 없는 추가적인 모든 정보를 살펴보는 것은 매우 지겨운 일이기 때문이다. 다행히도 이러한 불필요한 정보를 쉽게 줄일 수 있는 방법이 있다. 실행 파일 (.exe) 대신 오브젝트(.obj) 파일에서 dumpbin을 실행하는 것이다. 'Hello World' 예제에 대해 dumpbin이 만들어낸 결과(축약 버전)는 다음과 같다.

```
G:\>dumpbin /all hw.obj
Microsoft (R) COFF/PE Dumper Version 14.00.24234.1
Copyright (C) Microsoft Corporation.  All rights reserved.


Dump of file hw.obj

File Type: COFF OBJECT

FILE HEADER VALUES
            8664 machine (x64)
               D number of sections
        5B2C175F time date stamp Thu Jun 21 14:23:43 2018
             466 file pointer to symbol table
              2D number of symbols
               0 size of optional header
               0 characteristics
```

```
SECTION HEADER #1
.drectve name
        0 physical address
        0 virtual address
       2F size of raw data
      21C file pointer to raw data (0000021C to 0000024A)
        0 file pointer to relocation table
        0 file pointer to line numbers
        0 number of relocations
        0 number of line numbers
   100A00 flags
          Info
          Remove
          1 byte align

Hundreds of lines deleted...

   Summary

         D .data
        70 .debug$S
        2F .drectve
        24 .pdata
        C2 .text$mn
        18 .xdata
```

대부분의 기본 자료는 지면상 생략했다(12개 정도의 추가 페이지를 읽어야 하는 수고를 덜기 위해). /all 명령을 직접 실행해보면, 출력되는 결과물이 얼마나 많은지 확인할 수 있을 것이다. 이 옵션은 조심해서 사용하자.

5.3.1.2 /disasm

/disasm 커맨드라인 옵션은 가장 흥미로운 옵션 중 하나다. 이 옵션은 오브젝트 파일을 디스어셈블한 코드를 출력한다. /all 옵션과 마찬가지로 dumpbin을 사용해 .exe 파일을 디스어셈블하는 것은 시도하지 않는 편이 좋다. 디스어셈블된 코드의 길이도 상당히 길고 대부분의 코드가 애플리케이션에서 호출하는 라이브러리 루틴으로 이뤄져 있기 때문

이다. 예를 들어, 간단한 'Hello World' 애플리케이션의 경우 디스어셈블 코드가 5,000
줄 이상 생성된다. 이 코드 중 일부를 제외하고는 대부분 라이브러리 루틴에 해당한다.
이 정도 양의 코드를 살펴보는 것은 대부분의 사람에게 지나치게 부담되는 일이다.

그러나 실행 파일이 아닌 hw.obj 파일을 디스어셈블하면 일반적으로 다음과 같은 결
과를 얻는다.

```
Microsoft (R) COFF/PE Dumper Version 14.00.24234.1
Copyright (C) Microsoft Corporation.  All rights reserved.


Dump of file hw.obj

File Type: COFF OBJECT

main:
  0000000000000000: 48 89 54 24 10     mov         qword ptr [rsp+10h],rdx
  0000000000000005: 89 4C 24 08        mov         dword ptr [rsp+8],ecx
  0000000000000009: 48 83 EC 28        sub         rsp,28h
  000000000000000D: 48 8D 0D 00 00 00  lea         rcx,[$SG4247]
  00
  0000000000000014: E8 00 00 00 00     call        printf
  0000000000000019: 33 C0              xor         eax,eax
  000000000000001B: 48 83 C4 28        add         rsp,28h
  000000000000001F: C3                 ret

// dumpbin.exe가 내보낸 관심 없는 코드가 누락되었다..

  Summary

        D .data
       70 .debug$S
       2F .drectve
       24 .pdata
       C2 .text$mn
       28 .xdata
```

이 디스어셈블된 코드를 자세히 살펴보면, 실행 파일이 아닌 오브젝트 파일을 디스어

셈블할 때 발생하는 주요 문제를 발견할 수 있다. 코드에 나타나는 대부분의 주소는 재배치 가능하며 오브젝트 코드 리스트에 $00000000으로 표시된다. 이 때문에 어셈블러 문장이 무슨 일을 하는지 이해하기가 어려워진다. 예를 들어 hw.obj를 디스어셈블한 코드 목록에는 아래와 같은 두 문장이 있다.

```
000000000000000D:  48 8D 0D 00 00 00  lea        rcx,[$SG4247]
                    00
0000000000000014:  E8 00 00 00 00     call       printf
```

lea 명령어 opcode는 3바이트 시퀀스 48 8D 0D(REX opcode 접두사 바이트 포함)다. "Hello World" 문자열의 주소는 00 00 00 00(opcode 다음 4바이트)이 아니고, 링커/시스템이 나중에 채울 재배치 가능한 주소다. hw.obj에 대해 dumpbin을 실행시키면서 /all 옵션을 주면 다음과 같은 두 개의 재배치 항목을 찾을 수 있다.

```
RELOCATIONS #4

                                      Symbol   Symbol
Offset    Type              Applied To  Index   Name
--------  ----------------  ----------------  --------  -----
00000010  REL32                     00000000       8  $SG4247
00000015  REL32                     00000000      15  printf
```

'Offset' 항목은 파일 안에서 재배치가 적용된 바이트 오프셋을 나타낸다. 앞의 디스어셈블된 코드를 보면, lea 명령어는 오프셋 $d에서 시작하므로 실제 주소는 오프셋 $10에 있다.

마찬가지로 call 명령어는 오프셋 $14에서 시작하므로 패치해야 하는 실제 루틴의 주소는 1바이트 뒤인 오프셋 $15에 있다. dumpbin이 출력하는 재배치 정보에서 이러한 재배치와 관련된 심벌을 식별할 수 있다($SG4247은 C 컴파일러가 "Hello World" 문자열에 대해 생성한 내부 심벌이다. printf가 C printf() 함수를 나타낸다는 사실은 쉽게 알 수 있다).

함수 호출이나 메모리 참조가 일어나는 곳마다 재배치 리스트와 비교하는 것은 매우 고통스러운 일이지만, 이렇게 하면 적어도 심벌 이름은 얻을 수 있다.

/disasm 옵션을 hw.exe 파일에 적용해 얻어낼 수 있는 디스어셈블 코드의 처음 몇 라인을 살펴보자.

```
0000000140001009: 48 83 EC 28        sub         rsp,28h
000000014000100D: 48 8D 0D EC DF 01  lea         rcx,[000000014001F000h]
                  00
0000000140001014: E8 67 00 00 00     call        0000000140001080
0000000140001019: 33 C0              xor         eax,eax
000000014000101B: 48 83 C4 28        add         rsp,28h
000000014000101F: C3                 ret
                          .
                          .
                          .
```

링커가 오프셋 $SG4247과 print 레이블에 해당하는 주소(파일의 로드 주소에 상대적인)를 채워넣은 것에 주목하자. 이는 다소 편리해 보일 수 있다. 그러나 파일 내에는 이러한 레이블(특히 printf 레이블)이 더 이상 존재하지 않는다. 레이블이 없기 때문에 디스어셈블된 결과를 분석할 때 도대체 어느 기계어 명령어가 HLL 문장에 대응되는지 알아내는 것은 매우 어려울 수 있다. 이것이 dumpbin을 사용할 때 실행 파일이 아닌 오브젝트 파일을 사용해야 하는 또 다른 이유다.

dumpbin 유틸리티를 이용해 얻은 디스어셈블 결과를 분석하는 것이 너무 고생스러워 보인다고 해서 좌절할 필요는 없다. 최적화가 목적일 경우에는 각각의 기계어 명령어가 수행하는 작업을 파악하는 것보다 두 가지 버전의 HLL 프로그램이 어떻게 다른지에 더 주목할 것이기 때문이다. 그러므로 두 가지 버전의 오브젝트 파일(HLL 코드를 수정하기 전후에 생성됨)에 대해 dumpbin을 실행해 코드 변경의 영향을 받는 기계어 명령어를 쉽게 확인할 수 있다. 예를 들어, 아래 코드는 'Hello World' 프로그램을 수정한 것이다.

```
#include <stdio.h>

int main( int argc, char **argv)
{
    char *hwstr = "Hello World\n";
```

```
        printf( hwstr );
}
```

이 코드에 대해 dumpbin이 디스어셈블한 결과는 다음과 같다.

```
Microsoft (R) COFF Binary File Dumper Version 6.00.8168
  0000000140001000: 48 89 54 24 10        mov         qword ptr [rsp+10h],rdx
  0000000140001005: 89 4C 24 08           mov         dword ptr [rsp+8],ecx
  0000000140001009: 48 83 EC 28           sub         rsp,28h
  000000014000100D: 48 8D 0D EC DF 01     lea         rcx,[000000014001F000h]
                    00
  0000000140001014: E8 67 00 00 00        call        0000000140001080
  0000000140001019: 33 C0                 xor         eax,eax
  000000014000101B: 48 83 C4 28           add         rsp,28h
  000000014000101F: C3                    ret
```

수작업으로 하든 유닉스의 diff 유틸리티를 통해 분석하든, 위 결과물을 이전 어셈블리 결과물과 비교해보면 HLL 소스 코드의 변화가 어떻게 기계어 코드의 결과물에 영향을 미쳤는지 확인할 수 있다.

노트 | 5.8절 '두 컴파일의 출력 비교'에서는 각 방법(수작업 및 diff 기반)의 장점을 설명한다.

5.3.1.3 /headers

/headers 옵션은 COFF 헤더 파일과 섹션 헤더 파일을 표시하도록 dumpbin에 지시한다. /all 옵션을 사용해도 이 정보를 얻을 수 있지만, /header는 다른 정보들을 제외하고 헤더 정보만 표시한다.

다음은 'Hello World' 실행 파일의 출력 예제다.

```
G:\WGC>dumpbin /headers hw.exe
Microsoft (R) COFF/PE Dumper Version 14.00.24234.1
```

Dump of file hw.exe

PE signature found

File Type: EXECUTABLE IMAGE

FILE HEADER VALUES
            8664 machine (x64)
               6 number of sections
        5B2C1A9F time date stamp Thu Jun 21 14:37:35 2018
               0 file pointer to symbol table
               0 number of symbols
              F0 size of optional header
              22 characteristics
                   Executable
                   Application can handle large (>2GB) addresses

OPTIONAL HEADER VALUES
             20B magiC# (PE32+)
           14.00 linker version
           13400 size of code
            D600 size of initialized data
               0 size of uninitialized data
            1348 entry point (0000000140001348)
            1000 base of code
       140000000 image base (0000000140000000 to 0000000140024FFF)
            1000 section alignment
             200 file alignment
            6.00 operating system version
            0.00 image version
            6.00 subsystem version
               0 Win32 version
           25000 size of image
             400 size of headers
               0 checksum
               3 subsystem (Windows CUI)
            8160 DLL characteristics
                   High Entropy Virtual Addresses

```
                    Dynamic base
                    NX compatible
                    Terminal Server Aware
            100000 size of stack reserve
              1000 size of stack commit
            100000 size of heap reserve
              1000 size of heap commit
                 0 loader flags
                10 number of directories
                 0 [          0] RVA [size] of Export Directory
             1E324 [         28] RVA [size] of Import Directory
                 0 [          0] RVA [size] of Resource Directory
             21000 [       126C] RVA [size] of Exception Directory
                 0 [          0] RVA [size] of Certificates Directory
             24000 [        620] RVA [size] of Base Relocation Directory
             1CDA0 [         1C] RVA [size] of Debug Directory
                 0 [          0] RVA [size] of Architecture Directory
                 0 [          0] RVA [size] of Global Pointer Directory
                 0 [          0] RVA [size] of Thread Storage Directory
             1CDC0 [         94] RVA [size] of Load Configuration Directory
                 0 [          0] RVA [size] of Bound Import Directory
             15000 [        230] RVA [size] of Import Address Table Directory
                 0 [          0] RVA [size] of Delay Import Directory
                 0 [          0] RVA [size] of COM Descriptor Directory
                 0 [          0] RVA [size] of Reserved Directory


SECTION HEADER #1
   .text name
   1329A virtual size
    1000 virtual address (0000000140001000 to 0000000140014299)
   13400 size of raw data
     400 file pointer to raw data (00000400 to 000137FF)
       0 file pointer to relocation table
       0 file pointer to line numbers
       0 number of relocations
       0 number of line numbers
60000020 flags
         Code
         Execute Read
```

```
SECTION HEADER #2
   .rdata name
     9A9A virtual size
    15000 virtual address (0000000140015000 to 000000014001EA99)
     9C00 size of raw data
    13800 file pointer to raw data (00013800 to 0001D3FF)
        0 file pointer to relocation table
        0 file pointer to line numbers
        0 number of relocations
        0 number of line numbers
 40000040 flags
          Initialized Data
          Read Only


   Debug Directories

         Time Type       Size     RVA Pointer
     -------- ------- -------- -------- -------

     5B2C1A9F coffgrp    2CC 0001CFC4    1B7C4


SECTION HEADER #3
   .data name
    1BA8 virtual size
   1F000 virtual address (000000014001F000 to 0000000140020BA7)
     A00 size of raw data
   1D400 file pointer to raw data (0001D400 to 0001DDFF)
        0 file pointer to relocation table
        0 file pointer to line numbers
        0 number of relocations
        0 number of line numbers
 C0000040 flags
          Initialized Data
          Read Write


SECTION HEADER #4
   .pdata name
    126C virtual size
   21000 virtual address (0000000140021000 to 000000014002226B)
    1400 size of raw data
   1DE00 file pointer to raw data (0001DE00 to 0001F1FF)
        0 file pointer to relocation table
```

```
                0 file pointer to line numbers
                0 number of relocations
                0 number of line numbers
         40000040 flags
                   Initialized Data
                   Read Only


   SECTION HEADER #5
     .gfids name
           D4 virtual size
        23000 virtual address (0000000140023000 to 00000001400230D3)
          200 size of raw data
        1F200 file pointer to raw data (0001F200 to 0001F3FF)
                0 file pointer to relocation table
                0 file pointer to line numbers
                0 number of relocations
                0 number of line numbers
         40000040 flags
                   Initialized Data
                   Read Only


   SECTION HEADER #6
     .reloc name
          620 virtual size
        24000 virtual address (0000000140024000 to 000000014002461F)
          800 size of raw data
        1F400 file pointer to raw data (0001F400 to 0001FBFF)
                0 file pointer to relocation table
                0 file pointer to line numbers
                0 number of relocations
                0 number of line numbers
         42000040 flags
                   Initialized Data
                   Discardable
                   Read Only


      Summary
        2000 .data
        1000 .gfids
        2000 .pdata
```

```
 A000 .rdata
 1000 .reloc
14000 .text
```

/headers 옵션을 사용할 때 dumpbin이 출력하는 정보를 이해하려면, 4장(4.6절 '오브젝트 파일 포맷' 참조)에서 오브젝트 파일 포맷을 설명한 내용을 살펴보자.

5.3.1.4 /imports

/imports 옵션은 프로그램이 메모리에 로드될 때 운영체제가 제공해야 하는 모든 동적 연결 심벌을 나열한다. HLL로 작성된 코드의 결과물을 분석할 때는 이 정보가 그다지 유용하지 않기 때문에 이 장에서는 이 옵션을 더 이상 언급하지 않겠다.

5.3.1.5 /relocations

/relocations 옵션은 파일의 모든 재배치 오브젝트를 표시한다. 이 명령은 프로그램의 모든 심벌 목록과 디스어셈블 결과물에서 사용되는 오프셋을 모두 보여주기 때문에 매우 유용하다. 물론 /all 옵션도 이 정보를 제공하지만, /relocations에서는 다른 출력을 모두 제외하고 이 정보만 제공한다.

5.3.1.6 dumpbin.exe의 다른 옵션들

dumpbin 유틸리티는 이 장에서 언급된 옵션들 외에도 수많은 옵션을 지원한다. 앞에서도 말했지만, dumpbin을 실행할 때 /?를 커맨드라인에 넣어보면 가능한 모든 옵션 목록을 확인할 수 있다. 좀 더 자세한 내용은 https://docs.microsoft.com/en-us/cpp/build/reference/dumpbin-reference?view=vs-2019/에서 찾아볼 수 있다.

5.3.2 FSF/GNU objdump 유틸리티

운영체제(예: 리눅스, 맥, BSD)에서 GNU 툴셋을 사용하고 있으며 GCC나 GNU 호환 툴로 생성한 오브젝트 파일을 분석하려고 한다면, FSF/GNU의 objdump 유틸리티를 사용하면 된다. 지원되는 커맨드라인 옵션은 다음과 같다.

```
Usage: objdump <option(s)> <file(s)>
Usage: objdump <option(s)> <file(s)>
Display information from object <file(s)>.
At least one of the following switches must be given:
  -a, --archive-headers    Display archive header information
  -f, --file-headers       Display the contents of the overall file header
  -p, --private-headers    Display object format specific file header contents
  -P, --private=OPT,OPT... Display object format specific contents
  -h, --[section-]headers  Display the contents of the section headers
  -x, --all-headers        Display the contents of all headers
  -d, --disassemble        Display assembler contents of executable sections
  -D, --disassemble-all    Display assembler contents of all sections
  -S, --source             Intermix source code with disassembly
  -s, --full-contents      Display the full contents of all sections requested
  -g, --debugging          Display debug information in object file
  -e, --debugging-tags     Display debug information using ctags style
  -G, --stabs              Display (in raw form) any STABS info in the file
  -W[lLiaprmfFsoRt] or
  --dwarf[=rawline,=decodedline,=info,=abbrev,=pubnames,=aranges,=macro,=frames,
          =frames-interp,=str,=loc,=Ranges,=pubtypes,
          =gdb_index,=trace_info,=trace_abbrev,=trace_aranges,
          =addr,=cu_index]
                           Display DWARF info in the file
  -t, --syms               Display the contents of the symbol table(s)
  -T, --dynamic-syms       Display the contents of the dynamic symbol table
  -r, --reloc              Display the relocation entries in the file
  -R, --dynamic-reloc      Display the dynamic relocation entries in the file
  @<file>                  Read options from <file>
  -v, --version            Display this program's version number
  -i, --info               List object formats and architectures supported
  -H, --help               Display this information

The following switches are optional:
  -b, --target=BFDNAME         Specify the target object format as BFDNAME
  -m, --architecture=MACHINE   Specify the target architecture as MACHINE
  -j, --section=NAME           Only display information for section NAME
  -M, --disassembler-options=OPT Pass text OPT on to the disassembler
  -EB --endian=big             Assume big endian format when disassembling
  -EL --endian=little          Assume little endian format when disassembling
```

```
     --file-start-context   Include context from start of file (with -S)
 -I, --include=DIR          Add DIR to search list for source files
 -l, --line-numbers         Include line numbers and filenames in output
 -F, --file-offsets         Include file offsets when displaying information
 -C, --demangle[=STYLE]     Decode mangled/processed symbol names
                            The STYLE, if specified, can be `auto', `gnu',
                            `lucid', `arm', `hp', `edg', `gnu-v3', `java'
                            or `gnat'
 -w, --wide                 Format output for more than 80 columns
 -z, --disassemble-zeroes   Do not skip blocks of zeroes when disassembling
     --start-address=ADDR   Only process data whose address is >= ADDR
     --stop-address=ADDR    Only process data whose address is <= ADDR
     --prefix-addresses     Print complete address alongside disassembly
     --[no-]show-raw-insn   Display hex alongside symbolic disassembly
     --insn-width=WIDTH     Display WIDTH bytes on a single line for -d
     --adjust-vma=OFFSET    Add OFFSET to all displayed section addresses
     --special-syms         Include special symbols in symbol dumps
     --prefix=PREFIX        Add PREFIX to absolute paths for -S
     --prefix-strip=LEVEL   Strip initial directory names for -S
     --dwarf-depth=N        Do not display DIEs at depth N or greater
     --dwarf-start=N        Display DIEs starting with N, at the same depth
                            or deeper
     --dwarf-check          Make additional dwarf internal consistency checks.
```

objdump: supported targets: elf64-x86-64 elf32-i386 elf32-iamcu elf32-x86-64 a.out-i386-linux
pei-i386 pei-x86-64 elf64-l1om elf64-k1om elf64-little elf64-big elf32-little elf32-big pe-x8664 pe-bigobj-x86-64 pe-i386 plugin srec symbolsrec verilog tekhex binary ihex
objdump: supported architectures: i386 i386:x86-64 i386:x64-32 i8086 i386:intel
i386:x8664:intel i386:x64-32:intel i386:nacl i386:x86-64:nacl i386:x64-32:nacl iamcu
iamcu:intel l1om
l1om:intel k1om k1om:intel plugin
The following i386/x86-64 specific disassembler options are supported for use
with the -M switch (multiple options should be separated by commas):

```
  x86-64        Disassemble in 64bit mode
  i386          Disassemble in 32bit mode
  i8086         Disassemble in 16bit mode
  att           Display instruction in AT&T syntax
  intel         Display instruction in Intel syntax
  att-mnemonic  Display instruction in AT&T mnemonic
```

```
intel-mnemonic  Display instruction in Intel mnemonic
addr64          Assume 64bit address size
addr32          Assume 32bit address size
addr16          Assume 16bit address size
data32          Assume 32bit data size
data16          Assume 16bit data size
suffix          Always display instruction suffix in AT&T syntax
amd64           Display instruction in AMD64 ISA
intel64         Display instruction in Intel64 ISA
Report bugs to <http://www.sourceware.org/bugzilla/>.
```

다음과 같은 m.hla 소스 코드가 있을 때,

```
begin t;

        // mem.alloc와 mem.free를 테스트

    for( mov( 0, ebx ); ebx < 16; inc( ebx )) do

            // 많은 스토리지를 할당

        for( mov( 0, ecx ); ecx < 65536; inc( ecx )) do

                rand.range( 1, 256 );
                malloc( eax );
                mov( eax, ptrs[ ecx*4 ] );

            endfor;
                .
                .
                .
```

리눅스 명령어 objdump -S m을 사용해 80x86 기계에서 얻은 출력 예제는 다음과 같다.

```
objdump -S m
```

```
0804807e <_HLAMain>:
 804807e:   89 e0                  mov    %esp,%eax

        .
        . // 여기에 HLA가 자동으로 생성한 일부 삭제된 코드가 있다
        .

 80480ae:   bb 00 00 00 00         mov    $0x0,%ebx
 80480b3:   eb 2a                  jmp    80480df <StartFor__hla_2124>

080480b5 <for__hla_2124>:
 80480b5:   b9 00 00 00 00         mov    $0x0,%ecx
 80480ba:   eb 1a                  jmp    80480d6 <StartFor__hla_2125>

080480bc <for__hla_2125>:
 80480bc:   6a 01                  push   $0x1
 80480be:   68 00 01 00 00         push   $0x100
 80480c3:   e8 64 13 00 00         call   804942c <RAND_RANGE>
 80480c8:   50                     push   %eax
 80480c9:   e8 6f 00 00 00         call   804813d <MEM_ALLOC1>
 80480ce:   89 04 8d 68 c9 04 08   mov    %eax,0x804c968(,%ecx,4)

080480d5 <continue__hla_2125>:
 80480d5:   41                     inc    %ecx

080480d6 <StartFor__hla_2125>:
 80480d6:   81 f9 00 00 01 00      cmp    $0x10000,%ecx
 80480dc:   72 de                  jb     80480bc <for__hla_2125>

080480de <continue__hla_2124>:
 80480de:   43                     inc    %ebx

080480df <StartFor__hla_2124>:
 80480df:   83 fb 10               cmp    $0x10,%ebx
 80480e2:   72 d1                  jb     80480b5 <for__hla_2124>

080480e4 <QuitMain__hla_>:
 80480e4:   b8 01 00 00 00         mov    $0x1,%eax
 80480e9:   31 db                  xor    %ebx,%ebx
 80480eb:   cd 80                  int    $0x80
```

```
8048274:    bb 00 00 00 00          mov     $0x0,%ebx
8048279:    e9 d5 00 00 00          jmp     8048353 <L1021_StartFor__hla_>

0804827e <L1021_for__hla_>:
804827e:    b9 00 00 00 00          mov     $0x0,%ecx
8048283:    eb 1a                   jmp     804829f <L1022_StartFor__hla_>

08048285 <L1022_for__hla_>:
8048285:    6a 01                   push    $0x1
8048287:    68 00 01 00 00          push    $0x100
804828c:    e8 db 15 00 00          call    804986c <RAND_RANGE>
8048291:    50                      push    %eax
8048292:    e8 63 0f 00 00          call    80491fa <MEM_ALLOC>
8048297:    89 04 8d 60 ae 04 08    mov     %eax,0x804ae60(,%ecx,4)

0804829e <L1022_continue__hla_>:
804829e:    41                      inc     %ecx

0804829f <L1022_StartFor__hla_>:
804829f:    81 f9 00 00 01 00       cmp     $0x10000,%ecx
80482a5:    72 de                   jb      8048285 <L1022_for__hla_>

080482a7 <L1022_exitloop__hla_>:
80482a7:    b9 00 00 00 00          mov     $0x0,%ecx
80482ac:    eb 0d                   jmp     80482bb <L1023_StartFor__hla_>
```

이 코드는 전체 코드의 일부일 뿐이다(몇 개의 레이블이 표시되지 않은 것은 이 때문이다). 그럼에도 이 간단한 예제를 통해 주어진 일부분의 코드에서 생성된 오브젝트 코드 파일을 어떻게 디스어셈블하는지 알 수 있고, objdump 유틸리티가 컴파일러 출력물을 분석하는 데 얼마나 유용하게 쓰이는지도 확인할 수 있다.

dumpbin과 마찬가지로 objdump도 디스어셈블된 기계어 코드 이외의 추가 정보를 제공해주며, 컴파일러 출력물을 분석할 때 유용하게 사용할 수 있다. 그러나 대부분의 경우 GCC -S(어셈블리 출력)가 가장 유용한 옵션이다. 다음은 objdump 유틸리티를 사용한 일부 C 코드의 디스어셈블 출력 예제다. 먼저 원본 C 코드는 다음과 같다.

```
// Original C code:

#include <stdio.h>
int main( int argc, char **argv )
{
    int i,j,k;

    j = **argv;
    k = argc;
    i = j && k;
    printf( "%d\n", i );
    return 0;
}
```

다음은 주어진 C 코드에 대한 GCC의 Gas 출력물(x86-64)이다.

```
    .file   "t.c"
    .section    .rodata
.LC0:
    .string "%d\n"
    .text
    .globl  main
    .type   main, @function
main:
.LFB0:
    .cfi_startproc
    pushq   %rbp
    .cfi_def_cfa_offset 16
    .cfi_offset 6, -16
    movq    %rsp, %rbp
    .cfi_def_cfa_register 6
    subq    $32, %rsp
    movl    %edi, -20(%rbp)
    movq    %rsi, -32(%rbp)
    movq    -32(%rbp), %rax
    movq    (%rax), %rax
    movzbl  (%rax), %eax
```

```
        movsbl  %al, %eax
        movl    %eax, -12(%rbp)
        movl    -20(%rbp), %eax
        movl    %eax, -8(%rbp)
        cmpl    $0, -12(%rbp)
        je  .L2
        cmpl    $0, -8(%rbp)
        je  .L2
        movl    $1, %eax
        jmp .L3
.L2:
        movl    $0, %eax
.L3:
        movl    %eax, -4(%rbp)
        movl    -4(%rbp), %eax
        movl    %eax, %esi
        movl    $.LC0, %edi
        movl    $0, %eax
        call    printf
        movl    $0, %eax
        leave
        .cfi_def_cfa 7, 8
        ret
        .cfi_endproc
.LFE0:
        .size   main, .-main
        .ident  "GCC: (Ubuntu 5.4.0-6ubuntu1~16.04.9) 5.4.0 20160609"
        .section    .note.GNU-stack,"",@progbits
```

그리고 다음은 main 함수를 objdump가 디스어셈블한 결과다.

```
.file "t.c"

0000000000400526 <main>:
  400526:   55                  push    %rbp
  400527:   48 89 e5            mov     %rsp,%rbp
  40052a:   48 83 ec 20         sub     $0x20,%rsp
  40052e:   89 7d ec            mov     %edi,-0x14(%rbp)
```

```
400531:    48 89 75 e0         mov     %rsi,-0x20(%rbp)
400535:    48 8b 45 e0         mov     -0x20(%rbp),%rax
400539:    48 8b 00            mov     (%rax),%rax
40053c:    0f b6 00            movzbl  (%rax),%eax
40053f:    0f be c0            movsbl  %al,%eax
400542:    89 45 f4            mov     %eax,-0xc(%rbp)
400545:    8b 45 ec            mov     -0x14(%rbp),%eax
400548:    89 45 f8            mov     %eax,-0x8(%rbp)
40054b:    83 7d f4 00         cmpl    $0x0,-0xc(%rbp)
40054f:    74 0d               je      40055e <main+0x38>
400551:    83 7d f8 00         cmpl    $0x0,-0x8(%rbp)
400555:    74 07               je      40055e <main+0x38>
400557:    b8 01 00 00 00      mov     $0x1,%eax
40055c:    eb 05               jmp     400563 <main+0x3d>
40055e:    b8 00 00 00 00      mov     $0x0,%eax
400563:    89 45 fc            mov     %eax,-0x4(%rbp)
400566:    8b 45 fc            mov     -0x4(%rbp),%eax
400569:    89 c6               mov     %eax,%esi
40056b:    bf 14 06 40 00      mov     $0x400614,%edi
400570:    b8 00 00 00 00      mov     $0x0,%eax
400575:    e8 86 fe ff ff      callq   400400 <printf@plt>
40057a:    b8 00 00 00 00      mov     $0x0,%eax
40057f:    c9                  leaveq
400580:    c3                  retq
```

보다시피 어셈블리 코드 출력은 objdump에서 출력된 결과보다 더 읽기 쉽다.

5.4 디스어셈블러를 사용해 컴파일러 출력 분석하기

컴파일러 출력물을 분석하기 위해 오브젝트 코드 '덤프dump' 툴을 이용할 수도 있지만, 실행 파일에 대해 디스어셈블러를 실행하는 것도 가능하다. 디스어셈블러는 이진 기계어 코드를 사람이 읽을 수 있는('사람이 읽을 수 있는'이라는 말은 논란의 여지가 있지만, 어쨌든 기본 아이디어가 그렇다는 것이다) 어셈블리어 코드로 변환시키는 유틸리티다. 따라서 이는 컴파일러 출력을 분석하는 데 사용할 수 있는 또 다른 툴이라 할 수 있다.

오브젝트 코드 덤프 유틸리티(간단한 디스어셈블러 포함)와 정교한 디스어셈블러 프로그램 사이에는 미묘하지만 중요한 차이가 있다. 오브젝트 코드 덤프 유틸리티는 자동이지만, 오브젝트 코드 구성이 일반적이지 않을 경우(명령어 코드 내에 데이터가 있는 경우처럼) 종종 제대로 작동되지 않을 수 있다. 자동 디스어셈블러는 사용하기 매우 편하고 특별한 지식이 필요하지도 않지만 디스어셈블을 제대로 해내지 못하는 경우가 많다. 반면 본격적인 대화형 디스어셈블러는 제대로 사용하려면 더 많은 교육이 필요하지만, 조금만 익숙해지면 까다로운 기계어 코드도 디스어셈블하는 것이 가능하다. 따라서 적절한 디스어셈블러는 단순한 오브젝트 코드 덤프 유틸리티가 실패하는 상황에서도 작동한다. 다행히도 대부분의 컴파일러는 오브젝트 코드 덤프 유틸리티를 헷갈리게 할 정도로 까다로운 코드를 항상 내놓지는 않는다. 따라서 본격적인 디스어셈블러 프로그램을 사용하는 방법을 배우지 않고도 문제를 해결할 수 있다. 하지만 디스어셈블러의 사용법을 익혀두면 간단한 방법이 통하지 않을 때 유용하게 사용할 수 있다.

몇 가지 '무료' 디스어셈블러가 있지만, 여기서는 IDA7 디스어셈블러를 다룬다. IDA는 성능이 매우 좋고 강력한 상용 디스어셈블러 시스템인 IDA Pro의 프리웨어 버전이다 (https://www.hex-rays.com/products/ida/).

IDA를 처음 실행하면 그림 5-1과 같은 화면이 나타난다.

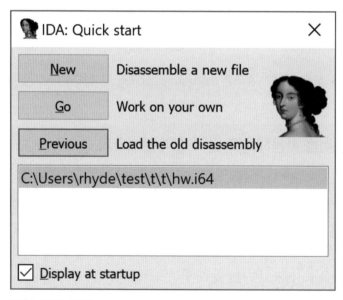

그림 5-1 IDA 시작 창

New 버튼을 클릭하고 디스어셈블하려는 .exe나 .obj 파일의 이름을 입력한다. 실행 파일 이름을 입력하면 IDA는 그림 5-2와 같이 포맷을 설정하는 대화 상자를 표시한다. 이 대화 상자에서 이진 파일 형식(예: PE/COFF, PE64 실행 파일 또는 순수 이진 파일)과 파일을 디스어셈블할 때 사용할 옵션을 선택할 수 있다. IDA는 이러한 옵션들의 기본값을 적절하게 잘 선택해주므로 예외적인 이진 파일이 아니라면 대부분 그대로 놓아두면 된다.

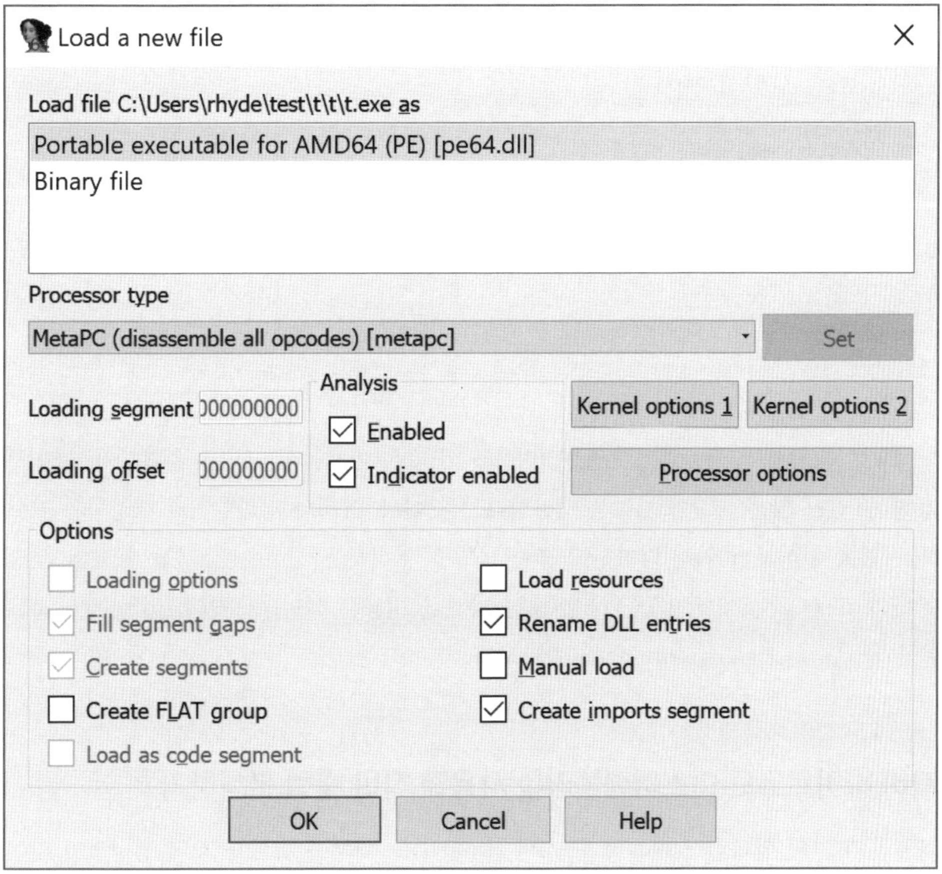

그림 5-2 IDA 실행 파일 형식 대화 상자

일반적으로 IDA는 표준 디스어셈블리에 대한 적절한 파일 유형 정보를 파악한 다음, 오브젝트 코드 파일의 디스어셈블리를 '자동'으로 수행한다. 어셈블리어 출력 파일을 생성하려면 OK를 클릭한다. 다음은 5.2.3절 '어셈블리 코드 결과물 예제'에 제공된 t1.c 파일의 처음 몇 줄을 디스어셈블한 것이다.

```
; int __cdecl main(int argc, const char **argv, const char **envp)
main    proc    near
        sub     rsp, 28h
        mov     rax, [rdx]
        cmp     ecx, 2
        movsx   edx, byte ptr [rax]
        lea     eax, [rdx-1]
        lea     r8d, [rdx+1]
        mov     edx, ecx
        cmovnz  r8d, eax
        lea     rcx, aIDJD      ; "i=%d, j=%d\n"
        call    sub_140001040
        xor     eax, eax
        add     rsp, 28h
        retn
main    endp
```

IDA는 대화형interactive 디스어셈블러다. 즉, 더 나은 어셈블리 코드를 출력하기 위해 사용할 수 있는 많은 복잡한 기능을 제공한다는 뜻이다. 그러나 컴파일러가 생성하는 코드의 수준을 알아보기 위해 컴파일러 출력 파일을 분석하는 경우에는 '자동' 모드로도 충분하다. IDA(프리웨어)와 IDA Pro에 대한 자세한 내용은 해당 매뉴얼(https://www.hex-rays.com/products/ida/support/)을 참조하자.

5.5 자바 바이트코드 디스어셈블러를 사용해 자바 출력 분석하기

대부분의 자바 컴파일러(특히 오라클사의 컴파일러)는 기계어 코드를 직접 생성하지 않는다. 대신 **자바 바이트코드**JBC를 생성하는데, 컴퓨터 시스템은 JBC 인터프리터를 이용해 JBC를 수행한다. 성능을 향상시키기 위해 일부 자바 인터프리터는 번역 중에 JBC를 원시 기계어 코드로 변환하는 JITJust-In-Time 컴파일러를 실행해 성능을 향상시킨다(결과가 최적화 컴파일러가 생성하는 기계어 코드만큼 좋지는 않지만). 불행히도 자바 인터프리터는 런타임에 이 변환을 수행하기 때문에 자바 컴파일러에서 출력된 기계어 코드를 분석하기가 어렵다. 그러나 생성된 JBC를 분석하는 것은 가능하다. 이는 단순히 추측하는 것보다 컴파일러가 자바 코드로 수행하는 작업에 대해 더 나은 그림을 보여줄 수 있다. (상대적으로는 사소한) 다음 자바 프로그램을 살펴보자.

```
public class Welcome
{
    public static void main( String[] args )
    {
        switch(5)
        {
            case 0:
                System.out.println("0");
                break;
            case 1:
                System.out.println("1");
                break;
            case 2:
            case 5:
                System.out.println("5");
                break;
            default:
                System.out.println("default" );
        }
        System.out.println( "Hello World" );
    }
}
```

일반적으로, 커맨드라인에 다음과 같은 형식을 사용해 이 프로그램(Welcome.java)을 컴파일할 수 있다.

```
javac Welcome.java
```

이 명령은 Welcome.class JBC 파일을 생성한다. 다음 명령을 사용해서 이 파일을 표준 출력으로 디스어셈블할 수 있다.

```
javap - c Welcome
```

단, 커맨드라인에는 .class 확장명을 포함하지 않고 javap 명령이 자동으로 제공된다. javap 명령은 다음과 유사한 바이트코드 디스어셈블리 목록을 생성한다.

```
Compiled from "Welcome.java"
public class Welcome extends java.lang.Object{
public Welcome();
  Code:
  0:    aload_0
  1:    invokespecial   #1; //Method java/lang/Object."<init>":()V
  4:    return

public static void main(java.lang.String[]);
  Code:
  0:    iconst_5
  1:    tableswitch{ //0 to 5
        0: 40;
        1: 51;
        2: 62;
        3: 73;
        4: 73;
        5: 62;
        default: 73 }
  40:   getstatiC    #2;      //Field java/lang/System.out:Ljava/io/PrintStream;
  43:   ldC#3;               //String 0
  45:   invokevirtual   #4; //Method java/io/PrintStream.println:(Ljava/lang/String;)V
  48:   goto    81
  51:   getstatiC    #2;      //Field java/lang/System.out:Ljava/io/PrintStream;
  54:   ldC#5;               //String 1
  56:   invokevirtual   #4; //Method java/io/PrintStream.println:(Ljava/lang/String;)V
  59:   goto    81
  62:   getstatiC    #2;      //Field java/lang/System.out:Ljava/io/PrintStream;
```

```
65:   ldC#6;              //String 5
67:   invokevirtual    #4; //Method java/io/PrintStream.println:(Ljava/lang/String;)V
70:   goto    81
73:   getstatiC    #2;     //Field java/lang/System.out:Ljava/io/PrintStream;
76:   ldC#7;              //String default
78:   invokevirtual    #4; //Method java/io/PrintStream.println:(Ljava/lang/String;)V
81:   getstatiC    #2;     //Field java/lang/System.out:Ljava/io/PrintStream;
84:   ldC#8;              //String Hello World
86:   invokevirtual    #4; //Method java/io/PrintStream.println:(Ljava/lang/String;)V
89:   return

}
```

JBC 니모닉mnemonics과 javap 자바 클래스 파일 디스어셈블러에 대한 매뉴얼은 Oracle.com에서 찾을 수 있다(사이트에서 'javap'와 'Java bytecode disassembler' 검색). 또한 이 책과 함께 제공되는 온라인 부록(부록 D)에서는 자바 VM 바이트코드 어셈블리어를 설명한다.

5.6 IL 디스어셈블러를 사용해 마이크로소프트 C# 및 비주얼 베이직 코드 결과물 분석하기

마이크로소프트의 .NET 언어 컴파일러는 원시 기계어 코드를 직접 내보내지 않는다. 그 대신에 특정 IL(중간 언어) 코드를 내보낸다. 이것은 원칙적으로 자바 바이트코드나 UCSD p-머신 코드와 매우 유사하다. .NET 런타임 시스템은 IL 실행 파일을 컴파일하고 JIT 컴파일러를 사용해 실행한다.

마이크로소프트 C# 컴파일러는 이러한 방식으로 작동하는 .NET 언어의 좋은 예다. 간단한 C# 프로그램을 컴파일하면 dumpbin으로 검사할 수 있는 마이크로소프트 .exe 파일이 생성된다. 안타깝게도 dumpbin을 사용해서 오브젝트 코드(IL 등)를 볼 수는 없다. 다행히 마이크로소프트는 IL 바이트/어셈블리 코드를 디스어셈블하는 데 사용할 수 있는 유틸리티 ildasm.exe를 제공한다.

다음과 같이 작은 C# 예제 프로그램(유비쿼터스 'Hello World!' 프로그램을 약간 수정한 Class1.cs)을 살펴보자.

```csharp
using System;
using System.Collections.Generic;
using System.Linq;
using System.Text;
using System.Threading.Tasks;

namespace Hello_World
{
    class program
    {
        static void Main( string[] args)
        {
            int i = 5;
            int j = 6;
            int k = i + j;
            Console.WriteLine("Hello World! k={0}", k);
        }
    }
}
```

명령 프롬프트에서 ildasm class1.exe를 입력하면 그림 5-3과 같은 창이 나타난다.

그림 5-3 IL 디스어셈블러 창

코드 디스어셈블리를 보기 위해서는 Main 항목 옆에 있는 S 아이콘을 더블 클릭한다. 그러면 다음 텍스트가 포함된 창이 열린다(분명하게 하기 위해 주석이 추가됨).

```
.method private hidebysig static void Main(string[] args) cil managed
{
  .entrypoint
  // Code size       25 (0x19)
  .maxstack 2
  .locals init (int32 V_0,
                int32 V_1,
                int32 V_2)
; 상수 5를 스택에 push

  IL_0000:  ldc.i4.5
```

```
; 스택을 pop하고 i에 저장

  IL_0001:  stloc.0

; 상수 6을 스택에 push

  IL_0002:  ldc.i4.6

; 스택을 pop하고 j에 저장

  IL_0003:  stloc.1

; i, j를 스택에 push

  IL_0004:  ldloc.0
  IL_0005:  ldloc.1

; 스택의 두 아이템을 더한 뒤, 결과는 스택에 둔다

  IL_0006:  add

; 합계를 k에 저장

  IL_0007:  stloc.2

; 스택에 문자열 로드(문자열에 대한 포인터)

  IL_0008:  ldstr      "Hello World! k={0}"

; k의 값을 스택에 push

  IL_000d:  ldloc.2
  IL_000e:  box        [mscorlib]System.Int32

; writeline 루틴 호출

  IL_0013:  call       void [mscorlib]System.Console::WriteLine(string, object)
  IL_0018:  ret
} // end of method program::Main
```

모든 .NET 언어(비주얼 베이직, F# 등)에서 IL 디스어셈블러 프로그램을 사용할 수 있다. 마이크로소프트의 IL 어셈블리어에 대한 자세한 내용은 온라인 부록 E를 참조하자.

5.7 디버거를 사용해 컴파일러 출력 분석하기

컴파일러 출력을 분석하기 위한 또 다른 옵션은 디버거를 이용하는 방법이다. 일반적으로 디버거는 기계어 명령어를 보는 데 사용할 수 있는 디스어셈블러를 내장하고 있다. 컴파일러가 출력하는 결과물을 분석하기 위해 디버거를 사용하는 일은 매우 고된 일이 될 수도 있고 쉬운 일이 될 수도 있는데, 이는 사용하는 디버거가 무엇인지에 따라 달라진다. 일반적으로 독립된 디버거를 사용하는 것이 컴파일러의 IDE에 내장된 디버거를 사용하는 것보다 컴파일러 출력을 분석하는 데 훨씬 더 많은 노력을 필요로 한다. 이 절에서는 두 가지 방법을 모두 다룬다.

5.7.1 IDE에 내장된 디버거를 사용하는 방법

마이크로소프트 비주얼 C++는 컴파일로 생성된 코드를 분석하기 위해 훌륭한 도구를 제공한다(물론 컴파일러는 어셈블리 출력물도 생성하지만, 여기서는 그 사실을 무시한다). 비주얼 스튜디오 디버거를 사용해 출력물을 보려면 먼저 C/C++ 프로그램을 실행 파일로 컴파일한 다음 비주얼 스튜디오 디버그^{Debug} 메뉴에서 Debug ➤ Step Into를 선택한다. 프로그램이 실행을 일시 중지하면 디버그 메뉴에서 Debug ➤ Windows ➤ Disassembly를 선택한다. t1.c 프로그램(5.2.3절 '어셈블리 코드 결과물 예제' 참조)의 경우, 다음과 같은 디스어셈블리가 표시돼야 한다(32비트 코드를 생성한다고 가정하자).

```
--- c:\users\rhyde\test\t\t\t.cpp --------------------------------------------------
#include "stdafx.h"
#include <stdio.h>
int main(int argc, char **argv)
{
00F61000 push          ebp
00F61001 mov           ebp,esp
00F61003 sub           esp,8
```

```
       int i;
       int j;

       i = argc;
00F61006 mov          eax,dword ptr [argc]
00F61009 mov          dword ptr [i],eax
       j = **argv;
00F6100C mov          ecx,dword ptr [argv]
00F6100F mov          edx,dword ptr [ecx]
00F61011 movsx        eax,byte ptr [edx]
00F61014 mov          dword ptr [j],eax



       if (i == 2)
00F61017 cmp          dword ptr [i],2
00F6101B jne          main+28h (0F61028h)
       {
           ++j;
00F6101D mov          ecx,dword ptr [j]
00F61020 add          ecx,1
00F61023 mov          dword ptr [j],ecx
       }
       else
00F61026 jmp          main+31h (0F61031h)
       {
           --j;
00F61028 mov          edx,dword ptr [j]
00F6102B sub          edx,1
00F6102E mov          dword ptr [j],edx
       }

       printf("i=%d, j=%d\n", i, j);
00F61031 mov          eax,dword ptr [j]
00F61034 push         eax
00F61035 mov          ecx,dword ptr [i]
00F61038 push         ecx
00F61039 push         0F620F8h
00F6103E call         printf (0F61090h)
00F61043 add          esp,0Ch
       return 0;
```

```
00F61046 xor          eax,eax
}
00F61048 mov          esp,ebp
00F6104A pop          ebp
00F6104B ret
```

물론 마이크로소프트의 비주얼 C++ 패키지는 컴파일 중에 어셈블리 출력물을 생성하는 것이 가능하므로 굳이 비주얼 스튜디오에 내장된 디버거를 이런 방식으로 사용할 필요는 없다.[3] 그러나 어셈블리 출력물을 생성하는 것을 지원하지 않는 컴파일러를 사용할 경우에는 디버거의 결과물을 이용하는 것이 컴파일러가 만들어낸 기계어 코드를 볼 수 있는 가장 쉬운 방법일 것이다. 예를 들어, 엠바카데로의 델파이 컴파일러는 어셈블리어 출력을 생성하는 옵션을 제공하지 않는다. 델파이에서 애플리케이션에 링크하는 클래스 라이브러리 코드가 워낙 많기 때문에 디스어셈블러를 사용해 프로그램의 일부분에 해당하는 코드를 보려는 시도는 건초더미에서 바늘을 찾는 것만큼이나 힘든 일이다. 따라서 델파이 환경에 내장된 디버거를 사용하는 것이 훨씬 더 좋은 방법이다.

5.7.2 독립된 디버거를 사용하는 방법

컴파일러가 IDE의 일부로 자체 디버거를 제공하지 않는 경우, 또 다른 대안은 OllyDbg, DDD, GDB 같은 별도의 독립된 디버거를 사용해 컴파일러의 출력을 디스어셈블하는 것이다. 일반적인 디버깅 작업에서 하는 것과 같이 실행 파일을 디버거에 로드하기만 하면 된다.

특정 프로그래밍 언어와 관련이 없는 대부분의 디버거는 기계어 수준의 디버거로, 디버깅 작업 중에 볼 수 있도록 이진 기계어 코드를 기계어 명령어로 디스어셈블한다. 기계어 수준의 디버거를 사용할 때 생기는 한 가지 문제점은 특정 부분의 코드만 디스어셈블하도록 지정하기가 힘들다는 것이다. 앞에서 언급했듯이, 디버거에서 전체 실행 파일을 로드할 때는 일반적으로 애플리케이션의 소스 파일에는 나타나지 않는 정적으로 링크된 라이브러리 루틴과 기타 런타임 지원 코드가 모두 로드된다. 컴파일러가 특정 명령문 시

---

3   비주얼 C++ 디버거 출력은 C/C++ 소스 코드를 디스어셈블한 출력물로, 컴파일러가 생성한 어셈블리 출력물보다 낮다.

퀀스를 기계어 코드로 변환하는 방법을 찾기 위해 이 모든 관련 없는 코드를 검색하는 것은 상당한 시간이 소요된다. 또한 엄청난 코드 검색 작업이 필요할 수도 있다. 다행히 대부분의 링커는 필요한 라이브러리 루틴들을 한꺼번에 모은 뒤 실행 파일의 앞부분이나 뒷부분에 배치한다. 그래서 일반적으로 여기서 애플리케이션과 관련된 코드를 찾을 수 있다.

디버거는 일반적으로 순수한 기계어 수준 디버거, 심벌 디버거, 소스 수준 디버거라는 세 가지 유형 중 하나에 해당한다. 심벌 디버거나 소스 수준 디버거에는 특별한 디버깅 정보가 담겨 있는 실행 파일이 필요하므로, 컴파일러는 이러한 추가 정보를 구체적으로 포함시켜야 한다.

순수한 기계어 수준 디버거pure machine-level debugger는 원본 소스 코드나 애플리케이션의 심벌에 전혀 액세스하지 않는다. 순수한 기계어 수준 디버거는 애플리케이션의 기계어 코드를 단순히 디스어셈블해서 숫자 상수와 기계 주소로 된 리스트를 보여준다. 이러한 코드를 읽는 것은 어렵지만, 컴파일러가 어떤 식으로 HLL 코드를 처리하는지를 이해한다면 (이 책에서 앞으로 배우게 될 것이다) 특정 코드의 위치를 기계어 코드 내에서 좀 더 쉽게 찾을 수 있을 것이다. 그럼에도 불구하고 코드에서 '기준점root point'을 제공하는 심벌 정보가 없으면 분석이 어려울 수 있다.

심벌 디버거symbolic debugger는 실행 파일(경우에 따라서는 별도의 디버깅 파일)에 있는 특수한 심벌 테이블 정보를 사용해 소스 파일의 함수나 변수명을 레이블과 연관시킨다. 이 기능을 사용하면 디스어셈블한 코드의 특정 위치를 훨씬 쉽게 찾을 수 있다. 심벌 레이블이 함수 호출을 식별하면 디스어셈블된 코드와 원래 HLL 소스 코드 사이의 상관관계를 알아내기가 훨씬 쉽다. 그러나 한 가지 명심해야 할 점은 디버깅 모드를 활성화해 애플리케이션을 컴파일한 경우에만 심벌 정보를 사용할 수 있다는 것이다. 디버거에서 이와 같은 기능을 사용하기 위해 활성화하는 방법을 살펴보려면 컴파일러 매뉴얼을 찾아보자.

소스 수준 디버거source-level debugger는 실제로 디버거가 처리 중인 파일과 관련된 원본 소스 코드를 표시한다. 컴파일러가 만들어낸 기계어 코드를 보려면 종종 프로그램에서 별도의 기계어 창을 활성화해야 한다. 심벌 디버거와 마찬가지로 컴파일러는 소스 수준 디버거가 사용할 수 있는 디버그 정보가 포함된 특수 실행 파일(또는 별도의 파일)을 생성해야 한다. 소스 수준 디버거는 원본 HLL 소스 코드와 디스어셈블된 기계어 코드 간의 상관

관계를 보여주므로 작업하기가 훨씬 쉽다.

5.8 두 컴파일의 출력 비교

전문 어셈블리어 프로그래머이면서 컴파일러 설계에도 능숙하다면, 출력되는 기계어 코드의 품질을 향상시키기 위해 HLL 소스 코드를 어떻게 고쳐야 할지 쉽게 알 수 있을 것이다. 그러나 대부분의 프로그래머(특히 컴파일러 출력을 연구한 경험이 많지 않은 사람)는 컴파일러의 어셈블리어 출력물을 보는 것도 쉬운 일이 아니다. 이런 사람들은 (수정 전과 후의) 두 가지 결과를 비교해서 어떤 코드가 더 좋은지 결정해야 한다. 무엇보다 HLL 소스 파일을 수정한다고 해서 언제나 좋은 결과를 얻을 수 있는 것은 아니다. 기계어 코드에 전혀 영향을 주지 않는 경우도 있다(이 경우 더 읽기 쉽고 유지 보수가 쉬운 쪽을 사용해야 한다). 어떤 경우에는 실제로 더 나쁜 기계어 코드를 만들어내기도 한다. 따라서 HLL 소스 파일을 변경할 때 컴파일러가 수행할 작업을 정확히 알지 못하는 경우, 수정 사항을 적용하기 전에 컴파일러가 만들어낸 기계어 코드가 어떻게 달라졌는지 확인하고자 전과 후를 비교해봐야 한다.

5.8.1 diff를 이용한 코드의 전과 후 비교

물론 경험 많은 소프트웨어 개발자라면, "음, 파일을 비교해야 한다면 diff를 쓰면 되지!"라고 생각할 것이다. 결과적으로 말하자면, 일반적인 diff 프로그램(두 파일 간의 차이를 계산하는)은 특정 목적에는 유용하지만 컴파일러가 출력한 두 개의 서로 다른 파일을 비교할 때는 보편적으로 적용할 수 없다. diff와 같은 프로그램의 문제는 두 파일 간의 차이가 크지 않을 때는 잘 작동하지만 파일이 크게 다를 때는 그리 유용하지 않다는 것이다. 예를 들어, 다음 C 프로그램(t.c)과 마이크로소프트 비주얼 C++ 컴파일러에서 생성된 두 개의 서로 다른 출력물을 보자.

```
extern void f( void );
int main( int argc, char **argv )
{
    int boolResult;
```

```
    switch( argc )
    {
        case 1:
            f();
            break;
        case 10:
            f();
            break;
        case 100:
            f();
            break;
        case 1000:
            f();
            break;
        case 10000:
            f();
            break;
        case 100000:
            f();
            break;
        case 1000000:
            f();
            break;
        case 10000000:
            f();
            break;
        case 100000000:
            f();
            break;
        case 1000000000:
            f();
            break;

    }
    return 0;
}
```

다음 어셈블리 코드는 cl /Fa t.c(최적화 없이 컴파일하기) 명령을 사용해서 MSVC++
가 생성한 결과물이다.

```
; Listing generated by Microsoft (R) Optimizing Compiler Version 19.00.24234.1


include listing.inc

INCLUDELIB LIBCMT
INCLUDELIB OLDNAMES


PUBLIC  main
EXTRN   f:PROC
pdata   SEGMENT
$pdata$main DD  imagerel $LN16
        DD      imagerel $LN16+201
        DD      imagerel $unwind$main
pdata   ENDS
xdata   SEGMENT
$unwind$main DD 010d01H
        DD      0620dH
xdata   ENDS
; Function compile flags: /Odtp
_TEXT   SEGMENT
tv64 = 32
argc$ = 64
argv$ = 72
main    PROC
; File c:\users\rhyde\test\t\t\t.cpp
; Line 4
$LN16:
        mov     QWORD PTR [rsp+16], rdx
        mov     DWORD PTR [rsp+8], ecx
        sub     rsp, 56 ; 00000038H
; Line 7
        mov     eax, DWORD PTR argc$[rsp]
        mov     DWORD PTR tv64[rsp], eax
        cmp     DWORD PTR tv64[rsp], 100000             ; 000186a0H
        jg      SHORT $LN15@main
```

```
        cmp      DWORD PTR tv64[rsp], 100000          ; 000186a0H
        je       SHORT $LN9@main
        cmp      DWORD PTR tv64[rsp], 1
        je       SHORT $LN4@main
        cmp      DWORD PTR tv64[rsp], 10
        je       SHORT $LN5@main
        cmp      DWORD PTR tv64[rsp], 100             ; 00000064H
        je       SHORT $LN6@main
        cmp      DWORD PTR tv64[rsp], 1000            ; 000003e8H
        je       SHORT $LN7@main
        cmp      DWORD PTR tv64[rsp], 10000           ; 00002710H
        je       SHORT $LN8@main
        jmp      SHORT $LN2@main
$LN15@main:
        cmp      DWORD PTR tv64[rsp], 1000000         ; 000f4240H
        je       SHORT $LN10@main
        cmp      DWORD PTR tv64[rsp], 10000000        ; 00989680H
        je       SHORT $LN11@main
        cmp      DWORD PTR tv64[rsp], 100000000       ; 05f5e100H
        je       SHORT $LN12@main
        cmp      DWORD PTR tv64[rsp], 1000000000      ; 3b9aca00H
        je       SHORT $LN13@main
        jmp      SHORT $LN2@main
$LN4@main:
; Line 10
        call     f
; Line 11
        jmp      SHORT $LN2@main
$LN5@main:
; Line 14
        call     f
; Line 15
        jmp      SHORT $LN2@main
$LN6@main:
; Line 18
        call     f
; Line 19
        jmp      SHORT $LN2@main
$LN7@main:
; Line 22
```

```
        call    f
; Line 23
        jmp     SHORT $LN2@main
$LN8@main:
; Line 26
        call    f
; Line 27
        jmp     SHORT $LN2@main
$LN9@main:
; Line 30
        call    f
; Line 31
        jmp     SHORT $LN2@main
$LN10@main:
; Line 34
        call    f
; Line 35
        jmp     SHORT $LN2@main
$LN11@main:
; Line 38
        call    f
; Line 39
        jmp     SHORT $LN2@main
$LN12@main:
; Line 42
        call    f
; Line 43
        jmp     SHORT $LN2@main
$LN13@main:
; Line 46
        call    f
$LN2@main:
; Line 50
        xor     eax, eax
; Line 51
        add     rsp, 56                             ; 00000038H
        ret     0
main    ENDP
_TEXT   ENDS
END
```

다음 어셈블리 코드는 cl /0x /Fa t.c(/0x는 비주얼 C++에서 최대 속도 최적화를 가능하게 한다) 명령을 사용해 C 프로그램을 컴파일한 결과물이다.

```
; Listing generated by Microsoft (R) Optimizing Compiler Version 19.00.24234.1

include listing.inc

INCLUDELIB LIBCMT
INCLUDELIB OLDNAMES

PUBLIC   main
EXTRN    f:PROC
pdata    SEGMENT
$pdata$main DD   imagerel $LN18
         DD      imagerel $LN18+89
         DD      imagerel $unwind$main
pdata    ENDS
xdata    SEGMENT
$unwind$main DD 010401H
         DD      04204H
xdata    ENDS
; Function compile flags: /Ogtpy
_TEXT    SEGMENT
argc$ = 48
argv$ = 56
main     PROC
; File c:\users\rhyde\test\t\t\t.cpp
; Line 4
$LN18:
         sub     rsp, 40                           ; 00000028H
; Line 7
         cmp     ecx, 100000                       ; 000186a0H
         jg      SHORT $LN15@main
         je      SHORT $LN10@main
         sub     ecx, 1
         je      SHORT $LN10@main
         sub     ecx, 9
         je      SHORT $LN10@main
```

```
        sub     ecx, 90                         ; 0000005aH
        je      SHORT $LN10@main
        sub     ecx, 900                        ; 00000384H
        je      SHORT $LN10@main
        cmp     ecx, 9000                       ; 00002328H
; Line 27
        jmp     SHORT $LN16@main
$LN15@main:
; Line 7
        cmp     ecx, 1000000                    ; 000f4240H
        je      SHORT $LN10@main
        cmp     ecx, 10000000                   ; 00989680H
        je      SHORT $LN10@main
        cmp     ecx, 100000000                  ; 05f5e100H
        je      SHORT $LN10@main
        cmp     ecx, 1000000000                 ; 3b9aca00H
$LN16@main:
        jne     SHORT $LN2@main
$LN10@main:
; Line 34
        call    f
$LN2@main:
; Line 50
        xor     eax, eax
; Line 51
        add     rsp, 40                         ; 00000028H
        ret     0
main    ENDP
_TEXT   ENDS
        END
```

군이 코드를 자세히 들여다보지 않아도 두 어셈블리어 출력 파일이 얼마나 크게 다른
지는 쉽게 알 수 있다. diff를 통해 이 두 파일을 실행해보면 더 복잡해질 뿐이다. diff의
출력은 두 어셈블리어 출력 파일을 수동으로 비교하는 것보다 해석하기가 더 어렵다.

diff와 같은 파일 비교 프로그램(혹은, 많은 하이레벨 프로그래밍 에디터에 포함된 좀 더
좋은 파일 비교 툴)은 HLL 소스 파일을 살짝 고쳤을 때 결과가 어떻게 달라지는지를 비교
해볼 때는 쓸 만하다. 위의 예제에서 case 1000: 문장을 case 1001:로 고쳤을 때 만들어지

는 어셈블리 파일을 diff를 이용해 원본 파일과 비교해보면 다음과 같은 결과를 얻을 수 있다.

```
50c50
< cmp eax, 1000

--> cmp eax, 1001
```

diff 출력 결과를 알아볼 수만 있다면 diff도 나쁘지는 않다. 그러나 더 좋은 방법은 상용 파일 비교 프로그램을 이용하는 것이다. Beyond Compare(https://www.scootersoftware.com/)나 Araxis Merge(https://www.araxis.com/merge/)도 좋은 옵션이다.

컴파일러 출력을 비교하는 또 다른 방법은 수작업이다. 두 코드를 나란히 놓고(종이에 출력하든 모니터상에서 보든) 분석하는 것이다. 위의 C 예제에서 C 컴파일러의 두 가지 출력을(최적화하지 않은 것과 /Ox 최적화 옵션을 사용한 것) 비교해보면, 양쪽 모두 switch 값을 다양한 상수와 비교하기 위해 이진 탐색 알고리즘을 사용했다는 것을 알 수 있다. 최적화된 버전과 최적화되지 않은 버전의 주요 차이점은 중복된 코드의 유무에 있다.

컴파일러가 생성하는 서로 다른 두 어셈블리 코드를 제대로 비교하려면, 컴파일러가 만들어내는 기계어 출력물을 해석하는 방법을 배우고 특정 어셈블리어 명령어들을 HLL 코드와 연결시키는 방법을 배워야 한다. 이후 이어지는 장들에서는 이와 관련된 내용을 다룬다.

5.9 참고 자료

컴파일러 매뉴얼은 컴파일러가 생성하는 기계어 코드를 보는 방법을 알고 싶을 때 가장 먼저 찾아봐야 할 자료다. 많은 컴파일러에서 어셈블리어로 결과물을 출력하는 옵션을 지원하며, 이는 컴파일러가 생성하는 코드를 볼 수 있는 가장 좋은 방법이다. 컴파일러에서 이 옵션을 제공하지 않는 경우, 컴파일러의 IDE에 내장된 디버깅 툴(사용 가능한 경우)이 또 다른 좋은 선택이 될 수 있다. 자세한 내용은 IDE나 컴파일러에 대한 설명서를 참조하자.

Objdump와 dumpbin 같은 툴은 컴파일러 출력물을 검사하는 데 유용하다. 이러한 프로그램의 사용을 더 자세히 알고 싶다면 마이크로소프트, FSF/GNU, 애플 LLVM의 문서를 찾아보자. OllyDbg나 GDB와 같은 외부 디버거를 사용하기로 결정했다면, 해당 소프트웨어의 매뉴얼을 확인하거나 프로그램 제작자의 지원 홈페이지(OllyDbg 디버거의 경우 http://www.ollydbg.de/)를 참조하자.

6

상수와 HLL

모르는 프로그래머들도 있겠지만, 많은 CPU에서는 기계어 수준에서 상수와 변수 데이터를 다르게 취급한다. 대부분의 CPU에서는 특별히 '이미디어트 주소 지정 모드immediate addressing mode'를 제공해 언어 번역기가 상수 값을 직접 기계어 명령어에 집어넣을 수 있게 한다. 그렇지 않으면, 상수 값을 메모리에 저장해두고 변수를 통해 액세스해야 한다. 하지만 상수 데이터를 효율적으로 표현하는 방식은 CPU마다 다르고, 데이터 유형에 따라서도 다르다. CPU가 기계어 코드 수준에서 상수 데이터를 처리하는 방법을 이해하면, 작고 빠른 실행 프로그램을 만들기 위해 HLL 소스 코드에서 상수를 어떻게 표현하면 좋은지 알 수 있을 것이다. 이를 위해 6장에서는 다음과 같은 주제를 설명한다.

- 프로그램의 효율성을 향상시키기 위해 리터럴 상수를 어떻게 사용해야 하는가?
- 리터럴 상수와 선언 상수의 차이점
- 프로그램 크기와 런타임 계산을 줄이기 위해 컴파일러가 컴파일 타임compile-time 상수 표현을 어떻게 처리하는가?
- 컴파일 타임 상수와 메모리에 있는 읽기 전용 데이터의 차이점
- **열거형 데이터 타입**enumerated data type, **부울 데이터 타입**Boolean data type, **실수 상수**floating-point constant, **문자열 상수**string constant 등과 같은 정수가 아닌 상수를 컴파일러가 어떻게

표현하는가?

- 배열 상수나 레코드^{record}/구조체^{struct} 상수 등과 같은 복합 데이터 타입 상수를 컴파일러가 어떻게 표현하는가?

6장을 마치고 나면, 다양한 상수가 컴파일러가 생성하는 기계어 코드의 효율성에 어떤 영향을 미치게 되는지 명확히 이해할 수 있을 것이다.

노트 | 『Write Great Code, Volume 1: Understanding the Machine』을 이미 읽었다면, 6장을 가볍게 훑어보고 넘어가도 괜찮다. 1편의 6장과 7장에서 다루는 내용과 일부 중복되기 때문이다.

6.1 리터럴 상수와 프로그램 효율성

하이레벨 프로그래밍 언어와 대부분의 최신 CPU에서는 메모리 변수의 값을 읽는 곳이라면 어디에서든 상수 값을 지정할 수 있다. 비주얼 베이직과 HLA 각각에서 변수 i에 상수 1000을 할당하는 문장은 다음과 같다.

```
i = 1000

mov( 1000, i );
```

대부분의 CPU와 마찬가지로, 80x86은 1,000이라는 상수를 기계어 명령어에 직접 인코딩한다. 이렇게 하면 기계어 수준에서 상수를 효율적인 방법으로 컴팩트하게 처리할 수 있다. 따라서 이러한 방식으로 리터럴 상수를 사용하는 문장은, 먼저 상수를 변수에 대입하고 그 변수를 나중에 참조하는 코드보다 더 효율적인 경우가 많다. 다음 비주얼 베이직 코드를 살펴보자.

```
oneThousand = 1000
    .
    .
```

```
 .
x = x + oneThousand  '리터럴 상수 대신 'oneThousand'를 사용
y = y + 1000         '리터럴 상수를 사용
```

마지막 두 문장에 대해 80x86 어셈블리 코드가 어떻게 나올지 생각해보자. 앞쪽 문장의 경우, 메모리에 있는 두 값을 직접 더할 수는 없기 때문에 두 개의 명령어를 사용해야 한다.

```
mov (oneThousand, eax); // x = x + oneThousand
add (eax, x);
```

그러나 상수를 메모리에 더하는 것은 가능하므로 두 번째 비주얼 베이직 문장은 하나의 기계어 명령어로 변환하는 것이 가능하다.

```
add( 1000, y ); // y = y + 1000
```

보다시피 변수보다는 리터럴 상수를 사용하는 것이 더 효율적이다. 그러나 이는 모든 프로세서에서 리터럴 상수가 더 효율적이거나 상수 값에 관계없이 모든 CPU가 더 효율적으로 작동한다는 것을 의미하지는 않는다. 오래된 CPU들 중에서는 기계어 명령어에 리터럴 상수를 붙일 수 없는 것들도 있다. ARM과 같은 많은 RISC 프로세서는 8비트, 12비트, 16비트 같은 더 작은 크기의 상수에 대해서만 이와 같은 기능을 제공한다.[1] 정수 상수를 사용할 수 있는 CPU라 하더라도 리터럴 실수 상수를 지원하지 않을 수 있다. 80x86 프로세서가 이러한 CPU의 가장 좋은 예다. 기계어 명령어의 일부로 대규모 데이터 구조(배열, 레코드, 문자열 등)를 인코딩할 수 있는 CPU는 거의 없다. 다음 C 코드 예제를 살펴보자.

---

1 80x86에서도 상수를 32비트로 제한한다.

```
#include <stdlib.h>
#include <stdio.h>
int main( int argc, char **argv, char **envp )
{
  int i,j,k;

  i = 1;
  j = 16000;
  k = 100000;
  printf( "%d, %d, %d\n", i, j, k );

}
```

위 코드를 GCC 컴파일러를 사용해 파워PC 어셈블리로 컴파일하면 다음과 같다(설명과 관련 없는 코드는 삭제했다).

```
L1$pb:
    mflr r31
    stw r3,120(r30)
    stw r4,124(r30)
    stw r5,128(r30)

; 다음 두 명령어는 변수 'i'에 1을 복사한다

    li r0,1
    stw r0,64(r30)

; 다음 두 명령어는 변수 'j'에 16000을 복사한다
 li r0,16000
 stw r0,68(r30)

; 변수 'k'에 100,000을 넣기 위해서는 세 개의 명령어가 필요하다

    lis r0,0x1
    ori r0,r0,34464
    stw r0,72(r30)
```

; 다음 코드를 셋업하고, printf 함수를 호출한다

```
addis r3,r31,ha16(LC0-L1$pb)
la r3,lo16(LC0-L1$pb)(r3)
lwz r4,64(r30)
lwz r5,68(r30)
lwz r6,72(r30)
bl L_printf$stub
mr r3,r0
lwz r1,0(r1)
lwz r0,8(r1)
mtlr r0
lmw r30,-8(r1)
blr
```

파워PC CPU에서는 하나의 명령어에 16비트 상수만 붙일 수 있다. 더 큰 값을 레지스터에 로드하려면, 먼저 lis 명령어로 32비트 레지스터의 상위[HO] 16비트를 로드한 다음 ori 명령어로 하위[LO] 16비트를 합쳐야 한다. 이 명령어가 하는 일이 무엇인지는 별로 중요하지 않다. 중요한 점은 큰 상수에 대해서는 세 개의 명령어가 필요한 데 반해 작은 상수에 대해서는 두 개면 된다는 것이다. 따라서 파워PC에서 16비트 상수 값을 사용하면 더 짧고 빠른 기계어 코드가 생성된다.

GCC 컴파일러에서 이 C 코드를 ARMv7 어셈블리로 컴파일하면 다음과 같다(설명과 관련 없는 코드는 삭제했다).

```
.LC0:
    .ascii  "i=%d, j=%d, k=%d\012\000"
    .text
    .align  2
    .global main
    .type   main, %function
main:
    @ args = 0, pretend = 0, frame = 24
    @ frame_needed = 1, uses_anonymous_args = 0
    stmfd   sp!, {fp, lr}
    add fp, sp, #4
```

```
        sub sp, sp, #24
        str r0, [fp, #-24]
        str r1, [fp, #-28]
; 1을 변수 'i'에 저장한다

        mov r3, #1
        str r3, [fp, #-8]

@ 16000을 변수 'j'에 저장한다

        mov r3, #16000
        str r3, [fp, #-12]

@ 100,000(상수가 메모리에 나타남)을 'k' 변수에 저장한다

        ldr r3, .L3
        str r3, [fp, #-16]

@ 값을 패치(fetch)한 뒤, 프린트한다

        ldr r0, .L3+4
        ldr r1, [fp, #-8]
        ldr r2, [fp, #-12]
        ldr r3, [fp, #-16]
        bl printf
        mov r3, #0
        mov r0, r3
        sub sp, fp, #4
        @ sp 필요
        ldmfd   sp!, {fp, pc}
.L4:

@ k에 대한 상수 값이 메모리에 나타난다

        .align  2
.L3:
        .word   100000
        .word   .LC0
```

ARM CPU에서는 하나의 명령어에 16비트 상수만 붙일 수 있다. 더 큰 값을 레지스터로 읽어들이기 위해 컴파일러는 상수를 메모리에 배치하고 메모리에서 로드한다.

80x86과 같은 CISC 프로세서에서는 일반적으로 명령어 하나로 모든 정수 상수(최대 32비트)를 인코딩할 수 있는데, 이것이 프로그램에서 사용하는 상수의 크기가 효율성과 무관하다는 점을 의미하는 것은 아니다. CISC 프로세서는 크거나 작은 이미디어트 오퍼랜드가 있는 기계 명령어에 대해 서로 다른 인코딩을 사용해, 프로그램이 더 작은 상수에 대해 더 적은 메모리를 사용할 수 있도록 한다. 예를 들어, 다음 두 80x86/HLA 기계어 명령어를 살펴보자.

```
add( 5, ebx );
add( 500_000, ebx );
```

80x86에서 어셈블러는 첫 번째 명령어를 3바이트로 인코딩할 수 있다. 2바이트는 op코드와 주소 지정 모드 정보를 표시하고, 1바이트는 작은 이미디어트 상수 5를 나타내는 데 사용한다. 반면, 두 번째 명령어는 인코딩하는 데 6바이트가 필요하다. op코드와 주소 지정 모드 정보에 2바이트, 상수 500_000을 표현하는 데 4바이트가 필요하다. 당연히 두 번째 명령어가 더 크며, 이로 인해 속도가 약간 느려질 수도 있다.

6.2 바인딩 타임

상수는 정확히 무엇일까? HLL 관점에서 상수는 값이 변경되지 않는(즉, 일정하게 유지되는) 일종의 엔티티[entity]다. 그러나 정의는 좀 더 많다. 예를 들어 다음 파스칼 상수 선언을 보자.

```
const someConstant : integer = 5;
```

이 선언 다음 코드에서는[2] 값 5 대신 *someConstant*라는 이름을 사용할 수 있다. 하지만 이 선언 전에는 어떨까? 이 선언이 속하는 범위 밖에서는 어떨까? 분명히 *someConstant*의 값은 이 선언을 처리하는 컴파일러에 따라 바뀔 수 있다. 따라서 상수의 '값은 변하지 않는다.'는 개념이 여기에는 정확히 적용되지 않는다.

여기서 주목해야 할 점은 프로그램이 값을 *someConstant*와 연관시키는 위치가 아니라 **언제** 연결되는지다. **바인딩**binding은 일부 오브젝트의 속성(이름, 값, 범위 등) 사이에 연결을 만들기 위한 기술적 이름이다. 예를 들어 앞의 파스칼 예제에서는 값 5를 *someConstant*라는 이름에 바인딩한다. 바인딩(연결)이 발생하는 **바인딩 타임**binding time은 다음과 같이 여러 포인트에서 일어날 수 있다.

- **언어 정의 시간**: 언어 디자이너가 언어를 정의하는 시기를 말한다. 많은 언어의 상수 true나 false가 좋은 예다.
- **컴파일 중**: 이번 절의 파스칼 *someConstant* 선언이 좋은 예다.
- **링킹**linking **단계 중**: 프로그램에서 오브젝트 코드(기계어 명령어)의 크기를 지정하는 상수를 예로 들 수 있다. 링커가 모든 오브젝트 코드 모듈을 가져와서 같이 결합할 때, 프로그램은 링크 단계에 앞서 크기를 계산할 수 없다.
- **프로그램 로드 중**(메모리로): 로드 시간 바인딩의 좋은 예는 메모리 오브젝트 주소(변수나 기계어 명령어)를 포인터 상수와 연결하는 것이다. 많은 시스템에서 운영체제는 코드를 메모리로 로드할 때 코드를 재배치하므로, 프로그램은 로드 후에만 절대 메모리 주소를 결정할 수 있다.
- **프로그램 실행 중**: 일부 바인딩은 프로그램이 실행되는 동안에만 할 수 있다. 예를 들어, 일부 (계산된) 산술 표현식의 값을 변수에 할당하면 실행 중에 값이 변수에 바인딩된다.

동적 바인딩dynamic binding은 프로그램 실행 중에 발생하는 바인딩이다. **정적 바인딩**static binding은 다른 시간에 발생하는 바인딩이다. 7장에서 바인딩에 대해 다시 살펴보자(7.2절 '변수란?' 참조).

---

2   특히, 이 선언 범위 내의 코드에서

6.3 리터럴 상수와 선언 상수

선언 상수manifest constant는 심벌 이름과 연결된(바인딩된) 상수 값이다. 언어 번역기는 소스 코드에서 해당 이름이 나타난 모든 곳에서 값을 직접 대체해 읽기 쉽고 유지 관리가 좋은 프로그램을 만들 수 있다. 코드를 프로답게 작성하려면 선언 상수를 제대로 사용해야 한다.

많은 프로그래밍 언어에서 선언 상수를 간단하게 만들 수 있다.

- 파스칼 프로그래머는 const 섹션을 사용한다.
- HLA 프로그래머는 const 또는 val 선언 섹션을 사용한다.
- C/C++ 프로그래머는 #define 매크로 기능을 사용한다.

다음 코드는 파스칼 프로그램에서 선언 상수를 제대로 사용한 예를 보여준다.

```
const
    maxIndex = 9;

var
    a :array[0..maxIndex] of integer;
        .
        .
        .
    for i := 0 to maxIndex do
        a[i] := 0;
```

이 코드는 리터럴 상수를 사용한 경우보다 읽고 유지하기가 훨씬 쉽다. 이 프로그램에서 명령 하나(maxIndex 상수 선언 부분)만 바꾸고 다시 컴파일하면, 원소의 개수를 쉽게 바꿀 수 있고 프로그램도 제대로 돌아갈 것이다.

컴파일러는 선언 상수의 이름이 있는 곳에 숫자 상수를 그대로 바꿔 넣기 때문에 선언 상수를 사용해도 성능이 저하되지 않는다. 선언 상수를 사용하면 효율성을 저하시키지 않으면서 프로그램의 가독성을 향상시키기 때문에 선언 상수는 훌륭한 코드가 가져야 할 중요한 요소라 할 수 있으니 애용하자.

6.4 상수식

많은 컴파일러가 컴파일 중에 **상수식**constant expression의 값을 계산하는 능력을 갖고 있다. 상수식은 컴파일하는 순간에 필요한 값을 모두 알 수 있기 때문에, 런타임에 값을 계산하는 대신 컴파일 타임에 컴파일러가 값을 계산해 대체할 수 있다. 선언 상수와 마찬가지로 상수식을 사용하면 실행 시간의 효율성을 떨어뜨리지 않고도 읽기 쉽고 유지하기 편한 코드를 만들 수 있다.

예를 들어 다음 C 코드를 살펴보자.

```
#define smArraySize 128
#define bigArraySize (smArraySize*8)
     .
     .
     .
char name[ smArraySize ];
int  values[ bigArraySize ];
```

이 코드의 두 배열 선언은 다음과 같이 바뀐다.

```
char name[ 128 ];
int  values[ (smArraySize * 8) ];
```

C 프리프로세서preprocessor는 이를 다음과 같이 좀 더 확장한다.

```
char name[ 128 ];
int  values[ (128 * 8) ];
```

C 언어는 정의에서 상수식을 지원하지만, 모든 언어가 그런 것은 아니다. 사용하는 언어의 컴파일러가 이를 지원하는지는 매뉴얼을 보고 확인해야 한다. 예를 들어 파스칼 언어 정의에는 상수식에 대해 아무런 언급이 없다. 일부 파스칼은 구현하면서 이를 지원하지만, 그렇지 않은 경우도 있다.

최신 최적화 컴파일러는 수식의 일부분을 컴파일 타임에 계산함으로써(상수 폴딩 constant folding이라고 함. 4.4.4.4절 '공통 컴파일러 최적화' 참조) 런타임에 고정 값을 계산하는 시간을 절약할 수 있다. 다음 파스칼 코드를 살펴보자.

```
var
    i    :integer;
            .
            .
            .
    i := j + (5*2-3);
```

쓸 만한 파스칼 컴파일러라면 5*2-3과 같은 부분식subexpression은 상수식임을 인식하고, 그 결과값(7)을 컴파일할 때 계산한 후 대입해 넣을 것이다. 다시 말하자면, 좋은 파스칼 컴파일러는 일반적으로 다음 문장을 컴파일했을 때와 같은 기계어 코드를 만들어낼 것이다.

```
i := j + 7;
```

사용하는 컴파일러가 상수식을 완전히 지원한다면, 이 기능을 이용해 더 좋은 소스 코드를 작성할 수 있다. 역설적으로 보일지도 모르겠지만, 어떤 경우에는 전체 식을 모두 쓰는 것이 코드를 읽기 쉽게 만든다. 왜냐하면 뚱딴지 같은 '매직' 넘버를 보는 것이 아니라 그 값을 계산하기 위해 어떻게 했는지를 알 수 있기 때문이다. 예를 들어 청구서나 시간표 루틴을 작성한다고 할 때, 7이라는 상수를 쓰는 것보다는 5*2-3이라는 식을 쓰는 것이 '두 사람이 5시간씩 일했고, 세 사람의 시간만큼이 빠졌다.'라는 의미를 표현하는 데 더 적합할 것이다.

예제 C 코드와 파워PC용 GCC 컴파일러를 돌려 만들어낸 결과를 보면서 상수식이 실제로 어떻게 최적화되는지를 살펴보자.

```
#include <stdio.h>
int main( int argc, char **argv, char **envp )
{
  int j;

  j = argc+2*5+1;
  printf( "%d %d\n", j, argc );

}
```

다음은 GCC 결과(파워PC 어셈블리 언어)다.

```
_main:
    mflr r0
    mr r4,r3           // 레지스터 r3이 ARGC 값을 가진다
    bcl 20,31,L1$pb
L1$pb:
    mr r5,r4           // 이제 R5에 ARGC 값이 있다
    mflr r10
    addi r4,r4,11      // R4의 값은 argc+ 2*5+1
                       // (즉, argc+11)
    mtlr r0            // printf 함수 호출 코드
    addis r3,r10,ha16(LC0-L1$pb)
    la r3,lo16(LC0-L1$pb)(r3)
    b L_printf$stub
```

보다시피 GCC는 상수식 2*5+1을 상수 11로 대체했다.

코드를 더 읽기 쉽게 만드는 것은 확실히 좋은 일이며, 훌륭한 코드가 가져야 할 중요
조건이기도 하다. 그러나 일부 컴파일러는 상수식의 사용을 지원하지 않고 대신 런타임
에 상수 값을 계산하는 코드를 만들어낸다. 당연히 이것은 결과 프로그램의 크기와 실행
속도에 영향을 미친다. 컴파일러가 무엇을 할 수 있는지 알면, 가독성을 희생하면서 효율
성을 높이기 위해 상수식을 사용할지 혹은 식을 미리 계산할지 결정하는 데 도움이 된다.

6.5 선언 상수와 읽기 전용 메모리 오브젝트

C/C++ 프로그래머라면 이전 절에서 C/C++ const 선언이 언급되지 않은 사실을 알아차렸을 것이다. C/C++ const문으로 선언된 심벌이 선언 상수가 아닐 수도 있기 때문이다. 즉, C/C++는 소스 파일에 표시되는 모든 심벌의 값을 항상 대체하지는 않는다. 대신 C/C++ 컴파일러는 해당 const 값을 메모리에 저장한 다음, 정적(읽기 전용) 변수처럼 const 오브젝트를 참조할 수 있다. const 오브젝트와 정적 변수의 유일한 차이점은 C/C++ 컴파일러에서 런타임에 값을 const에 할당할 수 없다는 것이다.

C/C++가 const문에 정의된 상수를 종종 정적 변수인 것처럼 다루는데, 그럴 만한 이유가 있다. 이렇게 하면 함수 안에 지역 상수를 만들되 함수가 실행될 때마다 다른 값을 갖게 할 수 있기 때문이다(물론 함수가 실행되는 동안 결정된 값은 그대로 유지된다). 이것이 C/C++의 const 내에서 항상 이러한 '상수'를 사용할 수 없고, C/C++ 컴파일러가 해당 값을 미리 계산할 것으로 기대할 수 없는 이유다.

대부분의 C++ 컴파일러는 다음과 같은 코드를 쓸 수 있다.

```
const int arraySize = 128;
        .
        .
        .
int anArray[ arraySize ];
```

그러나 다음과 같은 코드는 허용하지 않는다.

```
const int arraySizes[2] = {128,256}; // 된다
const int arraySize = arraySizes[0]; // 된다

int array[ arraySize ]; // 안 된다
```

arraySize와 arraySizes는 모두 상수다. 그러나 C++ 컴파일러에서는 arraySizes 상수나 이를 기반으로 하는 모든 것을 배열 바인딩으로 사용할 수 없다. 이는 arraySizes[0]이 실제로 런타임 메모리 위치이므로 arraySize도 런타임 메모리 위치여야 하기 때문이다.

이론적으로는 컴파일러가 컴파일 타임에 arraySize를 계산할 수 있다는 것을 파악하고 해당 값(128)으로 대체할 수 있을 만큼 똑똑하다고 생각할 수 있다. 그러나 C++ 언어에서는 이를 허용하지 않는다.

6.6 스위프트 let문

스위프트 프로그래밍 언어에서는 let문을 사용해 상수를 만들 수 있다. 예를 들면 다음과 같다.

```
let someConstant = 5
```

값은 런타임 시 상수 이름에 바인딩된다(동적 바인딩). 할당 연산자(=)의 오른쪽에 있는 식이 상수식일 필요는 없다. 변수나 기타 비상수^{nonconstant} 구성 요소를 포함하는 임의의 표현식이 될 수도 있다. 프로그램이 이 명령문을 실행할 때마다(루프에서) 프로그램은 someConstant에 다른 값을 바인딩할 수 있다.

스위프트 let문은 전통적인 의미에서 진정으로 상수를 정의하지 않는다. 오히려 '한 번 쓰기' 변수를 만들 수 있다. 즉, let문을 사용해 정의한 심벌 스코프^{scope} 내에서 값으로 이름을 한 번만 초기화할 수 있다. 이름 스코프를 벗어났다가 다시 들어오면, 스코프를 종료할 때 값이 소멸되고 스코프에 다시 들어갈 때 새 값(다른 값)을 이름에 바인딩할 수 있다. C++의 const int 선언과 달리 let문은 읽기 전용 메모리의 오브젝트에 대한 스토리지를 할당할 수 없다.

6.7 열거형 데이터 타입

잘 작성된 프로그램은 구체적인 숫자와 상관없는 현실 세계의 이름을 사용하는 경우가 많다. 다양한 디스플레이 기술을 표현하는 이름들, 즉 crt, lcd, led, plasma 같은 이름을 예로 들 수 있다. 현실 세계에서는 이런 개념들이 숫자와 직접적인 연관은 없지만, 컴퓨터 시스템에서 사용하려면 숫자를 사용해 인코딩할 필요가 있다. 각 기호와 연결된 내부적인 숫자는 서로 다르기만 하다면 무엇이 되든 별 상관없는 것이 보통이다. 많은 컴퓨터 언어에는 **열거형 데이터 타입**enumerated data type이 있어 리스트에 있는 각 이름에 고유한 숫자를 자동으로 연결시켜준다. 열거된 데이터 타입을 사용하면 0, 1, 2 등과 같은 '모호한' 숫자를 쓰는 대신 의미 있는 이름을 데이터에 붙여줄 수 있다.

예를 들어, C 언어의 초기 버전에서 각각 고유한 값을 갖는 식별자를 만들려면 다음과 같이 해야 한다.

```
/*
  각 디스플레이 기술을 나타내기 위한 기호들을 정의한다
*/

#define crt 0
#define lcd (crt+1)
#define led (lcd+1)
#define plasma (led+1)
```

각 상수에 순서대로 값을 할당함으로써 각각 고유한 값을 갖게 하는 것이다. 이렇게 해서 얻을 수 있는 또 다른 장점은 순서를 정할 수 있다는 것이다. 즉, crt < lcd < led < plasma 같은 식이다. 그러나 이런 식으로 선언 상수를 만드는 것은 손이 많이 가고 오류가 발생하기 쉽다.

다행히 대부분의 언어에서 열거형 상수를 사용해 이 문제를 해결할 수 있다. '열거enumerate'는 숫자를 의미하며, 이 말에서 컴파일러가 하는 일을 정확히 알 수 있다. 즉, 각 상수에 숫자를 붙이는데, 열거된 상수에 어떤 식으로 숫자를 붙이는지는 컴파일러에 따라 다르다.

최근의 프로그래밍 언어는 대부분 열거형 타입이나 상수를 선언할 수 있다. 다음 C/C++, 파스칼, 스위프트, HLA에서의 예를 살펴보자.

```
enum displays {crt, lcd, led, plasma, oled };        // C++
type displays = (crt, lcd, led, plasma, oled );      // 파스칼
type displays :enum{crt, lcd, led, plasma, oled };  // HLA
// 스위프트
```

```
enum Displays
{
    case crt
    case lcd
    case led
    case plasma
    case oled
}
```

이 네 가지 예는 내부적으로 0을 crt, 1를 lcd, 2를 led, 3을 plasma, 4를 oled와 연관시킨다. 다시 말하지만, 이 값의 유일한 목적은 열거된 오브젝트를 구별하는 것이므로 정확한 내부 표현이 어떻게 되는지는 별 상관이 없다(각 값이 서로 다르기만 하다면).

대부분의 언어는 열거형 리스트의 심벌에 단조롭게 증가하는 값(다음 값이 이전 값보다 언제나 큰 값)을 할당한다. 따라서 이러한 예는 다음과 같은 관계가 성립한다.

```
crt < lcd < led < plasma < oled
```

열거 리스트에 나타나는 기호에 서로 다른 값이 할당되기는 하지만, 한 프로그램의 모든 열거형 상수가 서로 다른 값을 갖게 되는 것은 아니다. 대부분의 컴파일러에서는 열거 리스트의 첫 번째 항목에 0을, 두 번째 항목에 1을 할당하는 식으로 동작한다. 예를 들어 다음 파스칼 타입 선언을 살펴보자.

```
type
    colors = (red, green, blue);
    fasteners = (bolt, nut, screw, rivet );
```

대부분의 파스칼 컴파일러는 red와 bolt를 표현하기 위해 내부적으로 0이라는 값을 사용한다. green과 nut는 1로 표현한다. 그 이후도 마찬가지다. 타입 체크를 강제하는 언어(파스칼, 스위프트 등)에서는 colors와 fasteners 타입을 같은 식에 사용할 수 없는 것이 일반적이다. 이 경우에는 컴파일러의 타입 체크 기능이 혼란을 미연에 방지해줄 것이므로 각 심벌이 내부적으로 표현되는 값을 공유한다고 해도 문제가 될 것은 없다. 그러나

C/C++, 어셈블리와 같은 일부 언어는 타입 체크를 엄격하게 하지 않으므로 혼동이 발생할 수 있다. 이러한 언어에서 서로 다른 타입의 열거형 상수를 섞어 쓰지 않는 것은 프로그래머의 책임이다.

대부분의 컴파일러는 열거형을 나타내기 위해 CPU가 효율적으로 액세스할 수 있는 가장 작은 메모리 단위를 할당한다. 대부분의 열거형 선언은 256개 미만의 심벌을 정의하기 때문에 바이트 데이터에 효율적으로 액세스할 수 있는 시스템의 컴파일러는 일반적으로 열거형 데이터 유형이 있는 모든 변수에 대해 1바이트를 할당한다. 많은 RISC 시스템의 컴파일러는 32비트 워드(또는 그 이상)를 할당하기도 하는데, 이는 단순히 데이터 접근 속도가 더 빠르기 때문이다. 정확히 어떻게 표현되는지는 언어가 어떻게 정의됐는지, 컴파일러가 어떻게 구현됐는지에 따라 다르다. 자세한 내용은 컴파일러의 매뉴얼을 살펴보자.

6.8 부울 상수

많은 고급 프로그래밍 언어는 true/false 값을 나타내는 부울 또는 논리 상수를 지원한다. 가능한 부울 값은 두 가지밖에 없으므로 이를 표현하는 데는 1비트면 충분하다. 그러나 대부분의 CPU에서 1비트를 할당하는 것은 불가능하기 때문에 대부분의 프로그래밍 언어에서는 한 바이트나 그 이상을 사용해 부울 값을 나타낸다. 부울 오브젝트의 남은 비트는 어떻게 될까? 이는 언어에 따라 다르다.

대부분의 경우 **부울 데이터 타입**은 열거형과 같이 취급된다. 예를 들어 파스칼은 부울 타입을 다음과 같이 정의한다.

```
type
    boolean = (false, true);
```

이 선언에 따르면 false의 내부 값은 0, true의 내부 값은 1로 지정된다. 이로 인해 다음과 같은 성질을 갖게 된다.

- 대부분의 부울 함수나 연산은 예상대로 작동한다. 예를 들어 (true and true) =

true, (true and false) = false와 같은 식이다.

- 두 값을 비교해보면 false가 true보다 작은데, 이는 직관적인 결과다.

그러나 0을 false에, 1을 true에 연결하는 것이 항상 최선은 아니다. 그 이유는 다음과 같다.

- 일부 부울 연산의 경우 비트 문자열에 적용하면 제대로 된 결과가 나오지 않는다. 예를 들어 (not false)는 true와 같은 결과가 나와야 한다. 그러나 부울 변수를 8 비트 오브젝트에 저장하면, (not false)는 $FF와는 같고 true(1)과는 같지 않다.
- 명령어를 수행한 후 0인지 아닌지를 쉽게 테스트할 수 있는 CPU는 많다. 그러나 1인지 아닌지를 테스트할 수 있는 CPU는 거의 없다.

C, C++, C#, 자바와 같은 언어는 0을 false로 취급하고 그 외 모든 것은 true로 취급한다. 여기에는 다음과 같은 장점이 있다.

- 0인지 아닌지를 쉽게 체크할 수 있는 CPU에서는 부울 연산의 결과를 쉽게 얻을 수 있다.
- 0/nonzero로 표현하면 부울 변수의 크기에 영향을 받지 않는다.

그러나 다음과 같은 단점도 있다.

- 비트 단위 논리 연산을 사용하면 제대로 된 부울 값을 얻지 못할 수 있다. 예를 들어 $A5(true/nonzero) AND $5A(true/nonzero)는 0(false)와 같다. 논리적으로 true AND true는 false가 아니다. 마찬가지로 (NOT $A5)의 결과는 $5A다. 일반적으로 (Not true)의 결과는 true($5A)가 아니라 false여야 한다.
- 비트 문자열이 2의 보수 값으로 취급될 경우, 일부 true 값은 0보다 작을 수 있다 (예를 들어 8비트 값 $FF는 -1인데, 이는 0보다 작다). 따라서 어떤 경우에는 false가 true보다 작다는 직관적인 결과와 다른 결과를 얻을 수 있다.

어셈블리 언어로 작업하는 경우(true와 false 값을 직접 정의해야 하는 경우)가 아니라면, 사용하는 HLL이 부울 값(true와 false)을 정의하는 방식에 따를 수밖에 없다.

사용하는 언어가 true와 false를 어떻게 표현하는지를 알면, 더 좋은 기계어 코드를 생성하는 HLL 소스 코드를 작성하는 데 도움이 된다. 예를 들어 C/C++ 코드를 작성한다고 해보자. 이 언어에서 false는 0이고 true는 다른 모든 값이다. 다음 C 문장을 살펴보자.

```
int i, j, k;
      .
      .
      .
   i = j && k;
```

위 코드에 대해 대부분의 컴파일러들은 경악할 만한 기계어 코드를 만들어낸다. 보통 다음과 같다(비주얼 C++의 출력).

```
; Line 8
        cmp     DWORD PTR j$[rsp], 0
        je      SHORT $LN3@main
        cmp     DWORD PTR k$[rsp], 0
        je      SHORT $LN3@main
        mov     DWORD PTR tv74[rsp], 1
        jmp     SHORT $LN4@main
$LN3@main:
        mov     DWORD PTR tv74[rsp], 0
$LN4@main:
        mov     eax, DWORD PTR tv74[rsp]
        mov     DWORD PTR i$[rsp], eax
;
```

여기서 false는 0이고 true는 1로만 표현된다고 가정해보자(다른 값을 가질 가능성은 없다고 가정한다). 이러한 조건에서는 다음과 같은 문장을 사용할 수 있다.

```
i = j & k; /* 비트 단위 AND 연산 */
```

이에 대해 비주얼 C++가 만들어내는 코드는 다음과 같다.

```
; Line 8
        mov     eax, DWORD PTR k$[rsp]
        mov     ecx, DWORD PTR j$[rsp]
        and     ecx, eax
        mov     DWORD PTR i$[rsp], ecx
```

훨씬 좋은 코드가 나온 것을 볼 수 있다. 항상 1을 true로 사용하고 0을 false로 사용한다면, 논리 연산을 수행하는 부분을 모두 비트 단위 AND(&)와 OR(|) 연산자로 대체할 수 있을 것이다.[3] 앞에서 살펴봤듯이 비트 단위 NOT 연산을 사용하는 경우에는 제대로 된 결과를 기대할 수 없다. 그러나 다음과 같이 하면 논리 NOT 연산을 제대로 수행할 수 있다.

```
i = ~j & 1; /* "~"는 C에서 비트 단위 not 연산자다 */
```

이 문장은 j의 모든 비트를 거꾸로 한 다음 0번 비트를 제외한 모든 비트를 지운다.

적어도 사용하는 컴파일러가 부울 상수를 어떻게 표현하는지는 제대로 알고 있어야 한다. true와 false에 대해 어떤 값을 사용할지 선택할 수 있는 경우, 컴파일러가 더 좋은 코드를 만들어낼 수 있는 값을 고를 수 있다.

6.9 실수 상수

실수 상수floating-point constant는 대부분의 컴퓨터 아키텍처에서 특별한 경우에 속한다. 실수 표현은 많은 수의 비트를 필요로 하기 때문에, 이미디어트 주소 지정 모드로 임의의 상수를 실수 레지스터에 로드하는 CPU는 거의 없다. 작은 (32비트) 실수 상수의 경우에도 마찬가지다. 심지어 80x86 같은 CISC 프로세서의 경우에도 그렇다. 따라서 대부분의 컴파일러는 실수 상수를 메모리에 놓고 이를 마치 변수인 것처럼 메모리로 읽어들여 처리한

---

3   비트 단위 연산자로 항상 대체할 수는 없다. 비트 단위 연산자를 지원하지 않는 모든 논리는 표준 연산자인 &&와 ||를 사용해야 한다.

다. 예를 들어 다음 C 프로그램을 살펴보자.

```c
#include <stdlib.h>
#include <stdio.h>
int main( int argc, char **argv, char **envp )
{
  static int j;
  static double i = 1.0;
  static double a[8] = {0,1,2,3,4,5,6,7};

  j = 0;
  a[j] = i+1.0;



}
```

이제 GCC에 -O2 옵션을 줬을 때 만들어내는 파워PC 코드를 살펴보자.

```
.lcomm _j.0,4,2
.data
// 변수 i
// static 오브젝트이므로, GCC는 이 변수에 대한 데이터를 메모리에 직접 쓴다
// '1072693248'은 배정도(double-precision) 실수 1.0의 상위 32비트다
// 0은 하위 32비트다(정수형으로 봤을 때)

    .align 3
_i.1:
    .long      1072693248
    .long      0

// 배열 'a'
// 더블 워드의 각 쌍은 배열의 한 원소를 나타낸다
// 이상한 정수값들은 0.0, 1.0, 2.0, 3.0, ..., 7.0의 표현을 정수로 읽었을 때의 값이다

    .align 3
_a.2:
    .long      0
```

```
        .long       0
        .long       1072693248
        .long       0
        .long       1073741824
        .long       0
        .long       1074266112
        .long       0
        .long       1074790400
        .long       0
        .long       1075052544
        .long       0
        .long       1075314688
        .long       0
        .long       1075576832
        .long       0
```

// 아래는 GCC가 리터럴 상수 1.0을 표현하기 위해 사용하는 메모리 위치다
// 여기에 있는 64비트의 내용이 _a.2 배열의 a[1]과 같은 값임에 유의하자
// 프로그램에서 상수 1.0이 필요할 때 GCC는 이 메모리 위치를 참조한다

```
.literal8
        .align 3
LC0:
        .long       1072693248
        .long       0
```

// main 프로그램의 시작

```
.text
        .align 2
        .globl _main
_main:
```
// 정적 변수에 접근할 때 사용하는
// 정적 포인터 레지스터(R10) 셋업

```
        mflr r0
        bcl 20,31,L1$pb
L1$pb:
        mflr r10
        mtlr r0
```

```
                              // 실수 레지스터 F13에
                              // 변수 'i'의 값을 로드

    addis r9,r10,ha16(_i.1-L1$pb)   // R9가 i를 가리키게 함
    li r0,0
    lfd f13,lo16(_i.1-L1$pb)(r9)    // F13에 i의 값을 로드

                              // 실수 레지스터 F0에 상수 1.0을 로드
                              // ('변수' LC0에 들어있음)

    addis r9,r10,ha16(LC0-L1$pb)    // R9에 LC0의 주소를 로드
    lfd f0,lo16(LC0-L1$pb)(r9)      // F0에 LC0의 값(1.0)을 로드
    addis r9,r10,ha16(_j.0-L1$pb)   // R9에 j의 주소를 로드
    stw r0,lo16(_j.0-L1$pb)(r9)     // j에 0을 저장
    addis r9,r10,ha16(_a.2-L1$pb)   // R9에 a[j]의 주소를 로드
    fadd f13,f13,f0                 // i+1.0 계산
    stfd f13,lo16(_a.2-L1$pb)(r9)   // 합을 a[j]에 저장
    blr                             // 호출한 곳으로 리턴
```

파워PC 프로세서는 RISC CPU이므로 아주 단순한 문장에 대해 GCC가 생성한 코드도 상당히 복잡하다. CISC의 경우 어떤지 비교하기 위해 80x86에서는 HLA 코드가 어떻게 나오는지 살펴보자. 다음은 C 코드를 한 줄씩 변환한 것이다.

```
program main;
static
    j:int32;
    i:real64 := 1.0;
    a:real64[8] := [0,1,2,3,4,5,6,7];

readonly
    OnePointZero : real64 := 1.0;

begin main;

    mov( 0, j ); // j=0;

    // i를 실수 스택에 push
```

```
    fld( i );

    // 1.0을 실수 스택에 push

    fld( OnePointZero );

    // i와 1.0을 팝하고 더함. 합을 FP 스택에 push

    fadd();

    // j를 인덱스로 사용

    mov( j, ebx );

    // FP 스택에 있는 것을 팝해 a[j]에 저장

    fstp( a[ ebx*8 ] );

end main;
```

이 코드는 파워PC 코드에 비해 따라가기가 훨씬 쉽다(이것이 CISC 코드가 RISC 코드에 비해 좋은 점 중 하나다). 파워PC와 마찬가지로 80x86도 대부분의 실수 오퍼랜드에 대해 이미디어트 주소 지정 모드를 지원하지 않는다. 따라서 파워PC에서와 같이 상수 1.0의 복사본을 메모리 어딘가에 놓아두고 필요할 때마다 메모리를 참조해야 한다.[4]

대부분의 최신 CPU는 모든 실수 상수에 대해 이미디어트 주소 지정 모드를 지원하지 않기 때문에 프로그램에서 이러한 상수를 사용하는 것은 해당 상수로 초기화된 변수에 액세스하는 것과 같다. 참조하는 위치가 데이터 캐시에 없는 경우 메모리 액세스 속도가 매우 느릴 수 있음을 잊어서는 안 된다. 따라서 실수 상수를 사용하는 것은 레지스터에 맞는 정수나 기타 상수 값에 액세스하는 것에 비해 매우 느릴 수 있다.

일부 CPU에서는 명령어의 일부 op코드를 사용해 특정 실수를 이미디어트 상수로 인

---

4   실제로 HLA에서는 fld (1.0) 같은 명령어를 지정할 수 있다. 그러나 이것은 실제 CPU 명령어가 아니다. HLA는 읽기 전용 데이터 섹션에 상수를 만들어놓고, fld 명령어를 실행할 때 메모리에서 해당 값의 복사본을 로드한다. 또한 0.0과 1.0은 x86에서 특수한 경우다. fldz (0.0) 및 fld1 명령어를 사용해 이러한 공통 이미디어트 상수를 로드할 수 있다.

코딩할 수 있다. 예를 들어, 80x86에는 0.0을 실수 스택에 로드하는 특별한 '**로드 제로**load zero' 명령어가 있다. ARM 프로세서는 특정 실수 상수를 CPU 실수 레지스터로 로드할 수 있는 명령어를 제공한다(온라인 부록 C의 'vmov 명령어' 참조).

32비트 프로세서에서 CPU는 정수 레지스터와 이미디어트 주소 지정 모드를 사용해 간단한 32비트 실수 연산을 수행할 수 있다. 예를 들어, 해당 숫자에 대한 비트 패턴이 있는 32비트 정수 레지스터를 로드한 다음, 이를 실수 변수에 저장해 32비트 단정도single-precision 실수값을 변수에 쉽게 할당할 수 있다. 다음 코드를 살펴보자.

```c
#include <stdlib.h>
#include <stdio.h>
int main( int argc, char **argv, char **envp )
{

    static float i;

    i = 1.0;



}
```

이 코드에 대해 GCC가 만들어내는 파워PC 코드는 다음과 같다.

```
.lcomm _i.0,4,2 // 실수 변수 i를 위한 스토리지 확보

.text
    .align 2
    .globl _main
_main:

    // R10에 정적 데이터 포인터 설정

    mflr r0
    bcl 20,31,L1$pb
L1$pb:
```

```
    mflr r10
    mtlr r0

    // i의 주소를 R9에 로드

    addis r9,r10,ha16(_i.0-L1$pb)

    // 1.0의 실수형 표현을 R0에 로드
    // (1.0을 나타내면 0x3f800000이 된다)

    lis r0,0x3f80 // 0x3f80을 상위 16비트에 넣고, 하위 비트에는 0을 넣는다

    // 1.0을 변수 i에 저장한다

    stw r0,lo16(_i.0-L1$pb)(r9)

    // 이 코드를 호출한 곳으로 리턴한다

    blr
```

CISC 프로세서인 80x86은 어셈블리 언어에서 이 작업을 간단하게 처리한다. 이를 처리하기 위한 HLA 코드는 다음과 같다.

```
program main;
static
    i:real32;
begin main;

    mov( $3f800_0000, i ); // i = 1.0;

end main;
```

단정도 실수 상수를 실수 변수로 대입하는 단순한 일을 처리할 경우, CPU의 이미디어트 주소 지정 모드를 사용하는 경우가 많다. 이는 프로그램이 메모리(데이터가 캐시에 없을 수 있음)에 접근하느라 발생하는 낭비를 막을 수 있다. 그러나 실수 상수를 배정도 변

수에 할당할 때, 컴파일러가 항상 이와 같은 기법을 사용하는 것은 아니다. 예를 들어, 파워PC나 ARM의 GCC에서는 실수 변수에 상수를 할당할 때, 메모리에 저장해둔 상수 복사본을 그대로 두고 해당 메모리의 주소를 복사하러 되돌아간다.

대부분의 최적화 컴파일러는 상수를 메모리 어디에 만들었는지를 테이블로 관리한다. 따라서 소스 파일에서 상수 2.0(또는 다른 실수 상수)을 여러 번 참조하는 경우 컴파일러는 해당 상수에 대한 메모리 하나만 할당한다. 그러나 이러한 최적화는 동일한 소스 파일 내에서만 유효하다. 같은 상수 값을 다른 소스 파일에서 참조하는 경우, 컴파일러는 해당 상수의 복사본을 여러 개 만들어낼 것이다.

데이터 사본을 여러 개 만드는 것을 메모리 낭비라고 할 수도 있지만, 대부분의 최신 컴퓨터 시스템의 메모리양을 고려해보면 이는 정말 사소한 문제다. 오히려 더 큰 문제는 프로그램이 일반적으로 이런 상수에 대해 아무렇게나 접근하는 탓에 대개의 경우 캐시에 거의 존재하지 않고, 그러다 보니 캐시에 존재하는 실제로 더 자주 사용되는 다른 데이터를 종종 쫓아낸다는 것이다.

이 문제에 대한 한 가지 해결책은 실수 '상수'를 직접 관리하는 것이다. 프로그램의 입장에서는 상수도 변수로 볼 수 있으므로, 정적 변수를 초기화하고 이를 사용하는 과정을 스스로 만드는 것이 가능하다. 예를 들면 다음과 같다.

```
#include <stdlib.h>
#include <stdio.h>

static double OnePointZero_c = 1.0;

int main( int argc, char **argv, char **envp )
{
  static double i;

  i = OnePointZero_c;
}
```

위 예에서는 실수 상수를 정적 변수로 다룬 것 말고는 아무 일도 하지 않았다. 하지만 여러 개의 실수 상수가 사용되는 복잡한 상황에서는 어느 상수가 자주 사용되는지를 분석해서 이런 것들을 가까운 메모리 위치에 몰아넣거나 하는 것이 가능하다. 대부분의 CPU에서 레퍼런스의 지역성을 다루는 방식(『Write Great Code』 시리즈 1편 참조)에 의하면, 이들 상수 오브젝트 중 하나에 액세스하면 근처 오브젝트들도 역시 캐시 라인에 들어오게 된다. 따라서 짧은 시간 안에 근처의 다른 오브젝트에 접근할 일이 있다면 해당 값이 캐시에 들어있을 확률은 상당히 높다. 상수를 직접 관리함으로써 얻을 수 있는 또 다른 이점은 상수를 전역적으로 관리함으로써 서로 다른 컴파일 단위(소스 파일)에서 참조가 일어나는 경우에도 하나의 메모리 오브젝트만 접근하도록 할 수 있는 것이다(그렇지 않으면 컴파일 단위 하나당 하나의 메모리 오브젝트를 준비해야 한다). 일반적인 컴파일러는 이런 결정을 내릴 수 있을 정도로 똑똑하지 않다.

6.10 문자열 상수

실수 상수와 마찬가지로 **문자열 상수**string constant도 컴파일러가 효율적으로 처리하지 못한다(리터럴이나 선언 상수인 경우에도 그렇다). 선언 상수를 사용해야 할 때와 메모리 참조를 사용해야 할 때를 구분할 줄 알면 컴파일러가 더 나은 기계어 코드를 생성하도록 도와줄 수 있다. 예를 들어 대부분의 CPU에서는 명령어의 일부로 문자열 상수를 인코딩하는 것이 불가능하다. 문자열 선언 상수를 사용하면 실제로 프로그램의 효율성이 떨어질 수 있다.

다음 C 코드를 살펴보자.

```
#define strConst "A string constant"
        .
        .
        .
    printf( "string: %s\n", strConst );
        .
        .
        .
    sptr = strConst;
        .
        .
```

```
              .
    result = strcmp( s, strConst );
              .
              .
              .
```

컴파일러(실제로 C 프리프로세서)는 소스 파일에 존재하는 모든 strConst 식별자를 "A string constant"라는 문자열로 대치하게 되므로, 실제 소스 코드는 다음과 같게 된다.

```
          .
          .
          .
printf( "string: %s\n", "A string constant" );
          .
          .
          .
sptr = "A string constant";
          .
          .
          .
result = strcmp( s, "A string constant" );
```

이 코드의 문제점은 동일한 문자열 상수가 프로그램의 여기저기에 존재한다는 것이다. C/C++에서 컴파일러는 문자열 상수를 메모리에 두고 대신 이를 가리키는 포인터로 대체한다. 최적화되지 않은 컴파일러는 위와 같이 완전히 같은 문자열에 대해 세 벌의 복사본을 만들어버리기 때문에 메모리를 낭비하게 된다('상수' 문자열에 대해 이야기하고 있음을 상기하자).

컴파일러 공급업체들은 이와 같은 문제를 수십 년 전에 발견했고, 문자열이 소스 파일의 어디에 나오는지 추적하도록 컴파일러를 수정했다. 프로그램에 같은 문자열 리터럴이 두 곳 이상에서 나타나면 컴파일러는 두 번째 이후의 문자열에 대해서는 메모리를 할당하지 않는다. 그 대신에 처음 나온 문자열의 주소를 사용한다. 이러한 최적화(상수 폴딩)를 통해 소스 파일에 같은 문자열이 나타나면 코드의 크기를 줄일 수 있게 됐다.

그러나 이와 같은 최적화가 항상 제대로 작동하는 것은 아니다. 이렇게 처리했을 때 발생하는 문제는 오래된 C 프로그램의 경우 문자열 리터럴 상수를 문자 포인터 변수에 할당한 다음 이를 수정하곤 한다는 것이다. 예를 들면 다음과 같다.

```
sptr = "A String Constant";
        .
        .
        .
*(sptr+2) = 's';
        .
        .
        .
/* "string: 'a string Constant'"가 출력된다 */

printf( "string: '%s'\n", sptr );
        .
        .
        .
/* "a string Constant"가 출력된다! */

printf( "A String Constant" );
```

위 코드에서 보듯이, 사용자가 문자열 오브젝트에 데이터를 저장하게 되면 컴파일러가 문자열 상수를 재활용한 경우 오류가 발생한다. 이렇게 하는 것은 나쁜 프로그래밍 습관인데, 컴파일러 공급업체가 여러 벌의 문자열 리터럴을 같은 곳에 저장하지 않았던 예전 시절의 C 프로그램에서는 자주 볼 수 있는 상황이었다. 이러한 문제가 발생하는 것을 방지하기 위해 컴파일러 공급업체에서 문자열 리터럴 상수를 쓰기 방지된 메모리 영역에 배치하더라도, 이로 인해 또 다른 문제가 발생한다. 다음 C/C++ 코드를 살펴보자.

```
sptr1 = "A String Constant";
sptr2 = "A String Constant";
s1EQs2 = sptr1 == sptr2;
```

위 코드가 실행되고 나면 s1EQs2는 true(1)일까 false(0)일까? C 컴파일러가 최적화를 제대로 수행하지 않던 시절이라면 s1EQs2의 값은 false가 될 것이다. 같은 문자열 데이터를 두 벌 만들어서 서로 다른 메모리 주소에 저장시킬 것이기 때문이다(따라서 sptr1과 sptr2의 주소는 서로 다르다). 최근의 컴파일러는 메모리에 한 벌의 문자열 데이터만을 유지하기 때문에 sptr1과 sptr2가 가리키는 메모리 주소는 같을 것이고, 따라서 위 코드의 결과로 s1EQs2의 값은 true가 될 것이다. 문자열 데이터가 쓰기 방지 메모리에 있든 아니든, 위와 같은 차이점은 발생할 수밖에 없다.

이와 같은 딜레마를 해결하기 위해 많은 컴파일러에서는 옵션을 두어 문자열마다 각각의 메모리를 잡을 것인지, 여러 문자열을 하나의 메모리에 둘 것인지를 선택할 수 있게 하고 있다. 문자열 리터럴 상수의 주소를 비교할 일도 없고 여기에 데이터를 써넣을 일도 없다면, 이 옵션을 꺼서 프로그램의 크기를 줄일 수 있다. 여러 벌의 문자열 데이터가 필요한 예전 코드를 컴파일해야 한다면(물론 이제부터는 그런 코드를 작성하면 안 된다) 이 옵션을 켜면 된다.

문제는 이와 같은 옵션이 있다는 사실을, 또한 기본값이 (안전성이 우선이므로) 일반적으로 여러 벌의 문자열 데이터를 만드는 것으로 돼 있다는 사실을 아는 프로그래머가 드물다는 것이다. 문자 데이터에 대한 포인터를 통해 문자열을 사용하는 C/C++나 다른 언어로 프로그래밍하는 경우 똑같은 문자열을 하나로 합쳐주는 옵션이 컴파일러에 있는지 살펴봐야 하며, 그 기능이 기본적으로 꺼져 있을 경우에는 활성화해줘야 한다.

사용하는 C/C++ 컴파일러에서 문자열 병합 최적화를 수행하지 않는다면, 이를 수동으로 구현하는 것도 가능하다. 방법은 아주 간단한데, char 배열을 하나 만들어서 사용하고자 하는 문자열로 초기화한다. 그 후 선언 상수를 사용하는 것과 똑같이 이 배열 변수의 이름을 사용하면 된다. 예를 들면 아래와 같다.

```
char strconst[] = "A String Constant";
     .
     .
     .
  sptr = strconst;
     .
     .
```

```
        .
    printf( strconst );
        .
        .
        .

    if( strcmp( string, strconst ) == 0 )
    {
        .
        .
        .
    }
```

위 코드는 컴파일러가 문자열 최적화를 해주지 않더라도 문자열 리터럴 상수를 메모리에 하나만 갖고 있게 된다. 컴파일러가 이와 같은 최적화를 수행한다 할지라도 직접 구현하는 것이 더 나은 몇 가지 이유가 있다.

- 문자열 상수 최적화를 수행하지 않는 컴파일러로 코드를 포팅^{porting}해야 할 일이 생길 수 있다.
- 최적화를 수동으로 해준다면 이것이 어떻게 될지 걱정하지 않아도 된다.
- 문자열 리터럴 상수 대신 포인터 변수를 사용하면, 이 포인터가 가리키는 문자열을 프로그램에서 제어하는 것이 가능해진다.
- 국외용으로 프로그램을 변경할 때와 같이, 문자열의 (자연) 언어 종류를 프로그램을 통해 컨트롤할 수 있다.
- 여러 파일 간에 문자열을 쉽게 공유할 수 있다.

위와 같은 문자열 최적화에는 사용하는 프로그래밍 언어가 참조에 의해 문자열을 조작한다는 가정이 깔려 있다(즉, 실제 문자열 데이터에 대한 포인터를 사용한다는 가정). C/C++ 프로그램에서는 이 가정이 맞지만, 모든 언어에 대해 그런 것은 아니다. 문자열을 지원하는 파스칼(예를 들어, 프리 파스칼^{Free Pascal})은 보통 참조가 아니라 값에 의해 문자열을 조작한다. 문자열 값을 문자열 변수에 할당할 때마다 컴파일러는 문자열 데이터의 복사본을 만들어서 이를 문자열 변수의 메모리 영역에 집어넣는다. 이와 같은 복사 과정은 비싸기도 하지만, 문자열 변수의 내용을 절대 바꾸지 않는 경우에는 불필요한 일이다. 게다가 파스칼 프로그램에서 문자열 리터럴을 문자열 변수에 할당하는 경우에는 두 벌의 문자열 복사본이 떠다니게 된다(메모리 어딘가에 있는 문자열 리터럴 상수와 이를 문자열 변수에 복사해 넣은 것). 프로그램이 문자열을 절대로 건드리지 않는 경우(절대 드문 일이 아니다), 하나만 있으면 충분한 문자열을 두 벌이나 유지하느라 메모리를 낭비하게 되는 것이다. 볼랜드[Borland]가 델파이 4.0을 만들면서 델파이의 이전 버전에서 사용하던 문자열 포맷을 포기하고 좀 더 복잡한 문자열 포맷을 도입한 것은 이와 같은 이유(용량과 속도) 때문일 것이다.[5]

스위프트도 문자열을 값 오브젝트로 취급한다. 최악의 경우, 문자열 리터럴을 문자열 변수에 할당할 때마다 문자열 리터럴의 복사본을 만든다. 하지만 스위프트는 '**기록 중 복사**[copy-on-write]'로 알려진 최적화를 구현할 수 있다. 하나의 문자열 오브젝트를 다른 오브젝트에 할당할 때마다 스위프트는 포인터만 복사한다. 따라서 여러 문자열에 동일한 값이 할당된 경우, 스위프트는 모든 복사본에 메모리의 동일한 문자열 데이터를 사용한다. 문자열의 일부를 수정할 때, 스위프트는 원래 문자열 데이터를 참조하는 다른 문자열 오브젝트가 변경돼도 원래의 문자열 데이터는 영향을 받지 않도록 수정하기 전에 문자열의 복사본을 만든다(그래서 이름이 '기록 중 복사'다).

6.11 복합 데이터 타입 상수

많은 언어에서는 문자열 외에도 여러 가지 **복합 상수 타입**[composite constant type]을 지원한다(예를 들면, 배열, 구조체[structure]/레코드[record], 셋[set] 등이 있다). 이와 같은 상수를 사용할 때는 프로그램이 실행되기 전에 변수를 해당 상수 값으로 정적 초기화해주는 것이 일반적이다. 예를 들어, 다음 C/C++ 코드를 살펴보자.

```
static int arrayOfInts[8] = {1,2,3,4,5,6,7,8};
```

arrayOfInts는 상수가 아니다. 배열을 구성하는 상수 값들(즉, {1, 2, 3, 4, 5, 6, 7,

---

5   여기서 '포기'라는 말이 너무 강한 표현일지도 모르겠다. 볼랜드는 짧은 문자열(short string) 데이터 유형에 대해서는 다른 이름으로 이전 형식을 계속 지원하고 있다.

8})로 변수를 초기화해주도록 선언하는 것이다. 실행 파일을 보면, 대부분의 C 컴파일러
는 arrayOfInts에 해당되는 주소에 여덟 개의 숫자 값을 써넣는다.

예를 들어, 이 변수에 대해 GCC가 만들어내는 코드는 다음과 같다.

```
LC0:          // LC0은 arrayOfInts와 연결된 내부 레이블이다
    .long     1
    .long     2
    .long     3
    .long     4
    .long     5
    .long     6
    .long     7
    .long     8
```

arrayOfInts가 C의 정적 오브젝트static object라고 가정하면, 상수 데이터를 유지하기 위
해 추가적으로 필요한 공간은 없다.

그러나 초기화하는 변수가 정적으로 할당된 것이 아니라면 이야기는 달라진다. 다음
과 같은 짧은 C 코드를 살펴보자.

```
int f()
{
  int arrayOfInts[8] = {1,2,3,4,5,6,7,8};
    .
    .
    .
} // end f
```

이 예에서 arrayOfInts는 **자동 변수**automatic variable다. 즉, 프로그램에서 함수 f()를 호
출할 때마다 변수의 스토리지를 스택에 할당해야 한다. 따라서 프로그램을 메모리로 로
드할 때 배열을 상수 데이터 값으로 초기화하는 것만으로는 문제가 해결되지 않는다.
arrayOfInts 오브젝트가 실제로 위치하는 메모리 주소는 함수가 호출될 때마다 달라질
수 있다. C 프로그래밍 언어의 정의를 따르기 위해 컴파일러는 프로그램에서 함수를 호

출할 때마다 배열 상수 데이터의 복사본을 만들고, 이를 arrayOfInts 변수의 위치에 물리적으로 복사해야 한다. 따라서 배열 상수를 이와 같은 방법으로 사용하면 추가적인 공간(별도의 배열 상수를 유지하기 위한)과 추가적인 시간(데이터를 복사하기 위한)이 들어간다. 사용하는 알고리즘에 따라서는 함수 f()를 호출할 때마다 새로운 복사본이 필요할 수도 있다. 하지만 메모리나 CPU 사이클을 희생시켜가면서까지 그래야 할 필요(추가적인 공간과 시간을 소모해야 할 필요)가 있는지는 다시 한 번 생각해봐야 할 것이다.

프로그램에서 배열의 데이터를 수정하지 않는다면, 정적 오브젝트를 사용함으로써 프로그램을 메모리에 로드할 때 한 번만 초기화하게 만들 수 있다.

```
int f()
{
  static int arrayOfInts[8] = {1,2,3,4,5,6,7,8};
    .
    .
    .
} // end f
```

C/C++ 언어에서는 **구조체 상수**struct constant도 지원한다. 구조체 상수도 배열과 마찬가지로 자동 변수로 선언할 때 초기화를 위해 시간/공간이 추가적으로 필요하다.

엠바카데로의 델파이 프로그래밍 언어는 구조체 상수도 지원하지만, '상수'라는 말에는 약간 어폐가 있다. 엠바카데로는 이와 같은 상수를 '**타입이 있는 상수**typed constant'라 부르는데, 델파이의 const 절에서 아래와 같이 선언할 수 있다.

```
const
    ary: array[0..7] of integer = (1,2,3,4,5,6,7,8);
```

위와 같은 선언이 const 절에 나오기는 하지만, 사실 델파이는 이를 변수 선언인 것처럼 처리한다. 이는 불행히도 좋지 않은 프로그래밍 언어 설계 방법이지만, 구조체 상수를 사용하려는 프로그래머 입장에서는 조금 이상하기는 해도 잘 동작한다. 앞에서 예로 든 C/C++ 코드에서와 마찬가지로, 이 예에서 상수는 ary 변수가 아니라 (1, 2, 3, 4, 5, 6,

7, 8) 오브젝트임을 기억하는 것이 중요하다.

델파이(프리 파스칼과 같은 대부분의 최신 파스칼과 함께)는 이외에도 다양한 복합 데이터 타입 상수를 지원한다. 집합 상수^set constant가 좋은 예다. 집합^set 오브젝트를 만드는 경우, 파스칼 컴파일러는 일반적으로 메모리 어딘가에 집합 데이터를 파워셋^powerset(비트맵) 형태로 초기화한다. 프로그램에서 집합 상수를 참조하는 곳마다 파스칼 컴파일러는 메모리에 있는 집합 상수 데이터에 대한 메모리 참조를 생성한다.

스위프트도 배열^array, 튜플^tuple, 딕셔너리^dictionary, 구조체^struct/클래스^class와 기타 데이터 타입에 대한 복합 데이터 타입 상수를 지원한다. 예를 들어, 다음 let문은 여덟 개의 요소가 있는 배열 상수를 만든다.

```
let someArray = [1,2,3,4,11,12,13,14]
```

6.12 상수는 변하지 않는다

이론적으로 상수에 바인딩된 값은 변경되지 않는다(스위프트의 let문은 명백하게 예외다). 현대 시스템에서 상수를 메모리에 배치하는 컴파일러는 실수로 쓰기가 발생하는 경우 예외가 발생하지 않도록 쓰기 방지된 메모리 영역에 상수를 배치하는 경우가 많다. 물론, 읽기 전용(또는 한 번 쓰기) 오브젝트만 사용해 작성할 수 있는 프로그램은 거의 없으며, 대부분의 프로그램에는 컨트롤하는 오브젝트(변수)의 값을 변경할 수 있는 기능이 필요하다. 이것이 다음 7장에서 다룰 주제다.

6.13 참고 자료

Duntemann, Jeff. *Assembly Language Step-by-Step*. 3rd ed. Indianapolis: Wiley, 2009.

Hyde, Randall. *The Art of Assembly Language*. 2nd ed. San Francisco: No Starch Press, 2010.

———. *Write Great Code, Volume 1: Understanding the Machine*. 2nd ed. San Francisco: No Starch Press, 2020.

7

HLL의 변수

7장에서는 HLL의 변수 구현 방법을 로우레벨에서 다룰 것이다. 어셈블리 언어 프로그래머들은 대개 변수와 메모리 위치 간의 상관관계를 잘 알고 있지만, HLL은 많이 추상화되어 있어 이 관계가 잘 안 보인다. 7장에서는 다음과 같은 주제를 다룬다.

- 일반적인 컴파일러가 실행 시에 메모리를 구성하는 방법
- 컴파일러가 메모리를 여러 섹션으로 분할하는 방법과 각 섹션에 변수를 할당하는 방법
- 변수를 다른 오브젝트와 구별하는 속성
- 정적 변수^{static variable}, 자동 변수^{automatic variable}, 동적 변수^{dynamic variable}의 차이
- 컴파일러가 스택 프레임에 자동 변수를 구성하는 방법
- 하드웨어가 제공하는 변수의 기본^{primitive} 데이터 타입
- 기계어 명령이 변수 주소를 인코딩하는 방법

7장을 다 읽고 나면, 메모리를 최소한으로 사용하면서 빨리 실행되는 코드를 생성하기 위해 프로그램의 변수를 어떻게 정의해야 할지 이해하게 될 것이다.

7.1 런타임 메모리 구성

4장에서 설명했듯이, 운영체제(맥OS, 리눅스, 윈도우 등)는 서로 다른 타입의 데이터를 메인 메모리의 서로 다른 영역(섹션 또는 세그먼트)에 넣는다. 링커를 실행할 때 다양한 커맨드라인 매개변수를 지정해 메모리 구성을 제어할 수 있지만, 기본적으로 윈도우는 일반적인 프로그램을 로드할 때 메모리를 그림 7-1과 같이 구성한다(맥OS와 리눅스도 비슷하지만 일부 섹션을 재정렬한다).

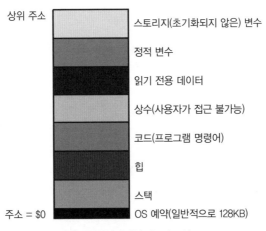

그림 7-1 윈도우의 일반적인 런타임 메모리 구성

운영체제는 최하위 메모리 주소를 예약해두고 있다. 일반적인 애플리케이션은 메모리 최하위 주소의 데이터에 접근하거나 명령을 실행할 수 없다. 운영체제가 이 공간을 예약하는 것은 NULL 포인터 참조를 감지하는 데 도움이 되기 때문이다. 프로그래머는 포인터가 유효하지 않음을 나타내기 위해 종종 NULL(0)로 포인터를 초기화한다. 이러한 운영체제에서 메모리 위치 0에 접근하려고 하면, 운영체제는 유효하지 않은(잘못된) 메모리 위치에 접근했다는 것을 나타내는 일반 보호 오류general protection fault를 생성한다.

메모리의 나머지 일곱 개 섹션에는 **스택, 힙, 코드, 상수, 읽기 전용 데이터, 정적 (초기화) 변수, 스토리지(초기화되지 않은) 변수** 등 프로그램과 관련된 다양한 타입의 데이터가 있다.

대부분의 애플리케이션은 컴파일러와 링커linker/로더loader의 기본적인 섹션 레이아웃으로 충분하지만, 메모리 레이아웃을 알아두면 더 짧은 프로그램을 개발할 수도 있다. 예를 들어, 코드 섹션은 일반적으로 읽기 전용이므로 코드, 상수, 읽기 전용 데이터 섹션을 결합해 단일 섹션으로 만들면 컴파일러/링커가 섹션 사이에 넣는 여분^{padding}의 공간을 절약할 수 있다. 큰 애플리케이션에서 이 공간은 중요하지 않지만, 작은 프로그램에서는 실행 파일의 크기에 큰 영향을 준다.

이제부터 이러한 각 섹션을 자세히 설명한다.

7.1.1 코드, 상수, 읽기 전용 섹션

메모리의 코드(또는 텍스트) 섹션에는 프로그램의 기계어 명령이 포함돼 있다. 컴파일러는 명령문을 번역해서 기계어 op코드를 나타내는 바이트 값의 문자열을 만들어낸다. CPU는 프로그램 실행 시에 이 op코드 값을 해석한다.

또한 대부분의 컴파일러는 프로그램의 읽기 전용 데이터와 상수 풀$^{constant\ pool}$(상수 테이블) 섹션을 코드 섹션에 연결한다. 코드 명령과 마찬가지로 읽기 전용 데이터는 이미 쓰기 보호돼$^{write-protected}$ 있기 때문이다. 그러나 윈도우, 맥OS, 리눅스와 기타 여러 운영체제에서 실행 파일에 별도의 섹션을 만들고 읽기 전용으로 표시하는 것은 완전히 가능하다. 결과적으로 일부 컴파일러는 별도의 읽기 전용 데이터 섹션을 지원하고, 어떤 컴파일러는 상수를 위한 별도의 섹션(상수 풀)을 만든다. 이러한 섹션에는 프로그램 실행 중에 프로그램이 변경해서는 안 되는 초기화된 데이터, 테이블과 기타 오브젝트가 포함된다.

많은 컴파일러는 여러 코드 섹션을 생성하고 실행 전에 링커가 이들을 하나의 코드 세그먼트로 결합하도록 한다. 이해를 돕기 위해 다음과 같은 짧은 파스칼 코드를 살펴보자.

```
if( SomeBooleanExpression ) then begin

    << 99.9%의 시간 동안 실행되는 코드 >>

end
else begin

    << 0.01%의 시간 동안 실행되는 코드 >>

end;
```

어떻게 했는지는 몰라도 컴파일러가 이 if문의 then 섹션이 else 섹션보다 훨씬 더 자주 실행된다는 것을 알았다고 하자. 어셈블리 프로그래머는 가장 빠른 코드를 만들기 위해 이 시퀀스를 다음과 같이 인코딩할 수 있다.

```
      << 부울식을 계산해서 true/false를 EAX 안에 넣는다 >>
      test( eax, eax );
      jz exprWasFalse;
      << 99.9%의 시간 동안 실행되는 코드 >>
rtnLabel:
      << 파스칼 예제의 END 이후에 정상적으로 실행되는 코드 >>
         .
         .
         .
// 파스칼 예제에서는 나오지 않는 코드의 다른 부분

exprWasFalse:
      << 0.1%의 시간 동안 실행되는 코드 >>

      jmp rtnLabel;
```

이 어셈블리 코드는 다소 복잡해 보일 수 있지만, 모든 제어 전송 명령control transfer instruction은 최신 CPU에서 파이프라인pipelined 연산을 수행하기 때문에 아마도 많은 시간을 소비할 것이다(자세한 내용은 『Write Great Code』 시리즈 1편의 9장 참조). 분기 없이 실행되는(또는 곧바로 통과하는) 코드가 가장 빠르다. 이전 예에서는 대부분의 경우 99.9%의 시간 동안 곧바로 실행된다. 드문 경우로 두 개의 분기가 실행되기도 한다(하나는 else 섹션으로, 다른 하나는 일반 제어 흐름으로 돌아간다). 그러나 이 코드는 거의 실행되지 않기 때문에 쓸 만하다.

많은 컴파일러는 기계어 코드를 생성할 때 위에서처럼 코드 섹션을 이동하기 위해 약간의 트릭을 쓴다. 코드를 순차적으로 내보내지만 else 코드는 별도의 섹션에 배치한다. 다음 MASM 코드는 이 기술을 보여준다.

```
    << 부울식을 계산해서 true/false를 EAX 안에 넣는다 >>
    test eax, eax
    jz exprWasFalse
    << 99.9%의 시간 동안 실행되는 코드 >>
alternateCode segment

exprWasFalse:
    << 0.1%의 시간 동안 실행되는 코드 >>

    jmp rtnLabel;
alternateCode ends

rtnLabel:
    << 파스칼 예제의 END 이후에 정상적으로 실행되는 코드 >>
```

else 섹션 코드가 then 섹션 코드 바로 뒤에 나오기는 하지만, 다른 세그먼트에 배치하면 어셈블러나 링커가 이 코드를 이동시켜서 alternateCode 세그먼트의 다른 코드와 결합시킨다. 어셈블러나 링커가 코드 이동을 하게 하는 이 작은 트릭이 HLL 컴파일러를 단순하게 만든다. 예를 들어, GCC는 이 트릭을 이용해 자신이 생성하는 어셈블리 언어 파일에서 코드를 이동하게 한다. 결과적으로 이 트릭이 가끔 사용되는 것을 볼 수 있으며, 일부 컴파일러가 코드 세그먼트를 여러 개 생성할 것으로 예상할 수 있다.

7.1.2 정적 변수 섹션

많은 언어가 컴파일 단계에서 전역 변수를 초기화하는 기능을 제공한다. 예를 들어, C/C++에서는 다음과 같은 명령문을 사용해 정적 오브젝트에 대한 초기값을 설정할 수 있다.

```
static int i = 10;
static char ch[] = { 'a', 'b', 'c', 'd' };
```

C/C++ 등의 언어에서 컴파일러는 이러한 초기값을 실행 파일에 배치한다. 프로그램을 실행시키면, 운영체제는 실행 파일의 정적 변수 부분을 메모리상의 해당 변수와 관련

된 주소에 로드한다. 따라서 이 예제의 프로그램이 처음 실행을 시작할 때 i와 ch는 이러한 값을 바인딩한다.

대부분의 컴파일러들은 어셈블리 리스팅을 생성할 때, 정적 섹션을 DATA 또는 _DATA 세그먼트라고 부른다. 예를 들어, 다음 C 코드를 살펴보자.

```c
#include <stdlib.h>
#include <stdio.h>

static char *c = "";
static int i = 2;
static int j = 1;
static double array[4] = {0.0, 1.0, 2.0, 3.0};

int main( void )
{
    .
    .
    .
```

다음은 비주얼 C++ 컴파일러가 이러한 선언에 대해 내보내는 MASM 어셈블리 코드다.

```
_DATA    SEGMENT
?c@@3PEADEA    DQ FLAT:$SG6912              ; c
?i@@3HA        DD 02H                       ; i
?j@@3HA        DD 01H                       ; j
?array@@3PANA DQ 00000000000000000r    ; 0  ; array
               DQ 03ff0000000000000r    ; 1
               DQ 04000000000000000r    ; 2
               DQ 04008000000000000r    ; 3
_DATA    ENDS
```

위 예에서 보듯이, 비주얼 C++ 컴파일러는 이러한 변수를 _DATA 세그먼트에 배치한다.

7.1.3 스토리지 변수 섹션

대부분의 운영체제는 프로그램 실행 전에 메모리를 0으로 초기화한다. 따라서 초기값으로 0이 적합하면 정적 오브젝트의 초기값을 담기 위해 디스크 공간을 낭비할 필요가 없다. 그러나 일반적으로 컴파일러는 정적 섹션에서 초기화되지 않은 변수를 0으로 초기화한 것처럼 처리해 디스크 공간을 사용한다. 일부 운영체제는 다른 섹션 타입인 **스토리지 변수 섹션**(BSS 섹션이라고도 함)을 제공해 디스크 공간의 낭비를 막는다.

BSS 섹션은 컴파일러가 초기값이 없는 정적 오브젝트를 저장하는 곳이다. 4장에서 언급한 바와 같이 BSS는 '기호로 시작되는 블록'이란 뜻으로, 초기화되지 않은 정적 배열 static array 공간을 할당할 때 쓰던 **의사 명령 코드**pseudo-opcode를 나타내는 옛 어셈블리 언어 용어다. 윈도우나 리눅스 같은 최신 운영체제에서 컴파일러나 링커는 초기화되지 않은 모든 변수를 BSS 섹션에 넣는다. 이 섹션은 해당 섹션에 대해 따로 설정할 바이트 수를 운영체제에 알려준다. 운영체제가 프로그램을 메모리에 로드할 때 BSS 섹션의 모든 오브젝트가 들어갈 충분한 메모리를 예약하고 0으로 채운다. 실행 파일의 BSS 섹션에는 실제 데이터가 들어가지 않는다. 그래서 프로그램이 초기화되지 않은 큰 정적 배열을 BSS 섹션에 선언하는 프로그램은 디스크 공간을 더 적게 사용한다. 다음은 컴파일러가 BSS 섹션에 변수를 배치하도록 이니셜라이저initializer를 제거한 이전 섹션의 C/C++ 예제 수정본이다.

```
#include <stdlib.h>
#include <stdio.h>

static char *c;
static int i;
static int j;
static double array[4];

int main( void )
{
    .
    .
    .
```

다음은 비주얼 C++ 출력이다.

```
_BSS        SEGMENT
?c@@3PEADEA   DQ 01H DUP (?)                        ; c
?i@@3HA       DD 01H DUP (?)                        ; i
?j@@3HA       DD 01H DUP (?)                        ; j
?array@@3PANA DQ 04H DUP (?)                        ; array
_BSS        ENDS
```

모든 컴파일러가 BSS 섹션을 사용하는 것은 아니다. 예를 들어, 많은 마이크로소프트 언어와 링커는 초기화되지 않은 오브젝트와 정적/읽기 전용 데이터 섹션을 간단히 묶어서 초기값으로 0을 갖도록 한다. 마이크로소프트는 이 체계가 더 빠르다고 주장하지만, 코드에 초기화되지 않은 큰 배열이 있다면(배열의 각 바이트가 실행 파일에 들어가기 때문에, 컴파일러가 배열을 BSS 섹션에 배치하면 발생하지 않는 일이다) 실행 파일은 더 커질 것이다. 이것은 기본 조건이며, 적절한 링커 플래그를 설정함으로써 변경할 수 있다.

7.1.4 스택 섹션

스택stack이란 특히 프로시저의 호출과 반환에 반응해 늘기도 하고 줄기도 하는 데이터 구조를 말한다. 런타임에 시스템은 자동 변수(정적이 아닌 지역 변수)와 서브루틴subroutine 매개변수, 임시 변수 등을 메모리의 스택 섹션에 있는 **활성 레코드**activation record라는 특별한 이름의 데이터 구조에 넣는다(시스템은 서브루틴이 실행을 시작할 때 활성 레코드를 생성하고, 서브루틴이 호출된 함수로 반환할 때 활성 레코드를 해제하므로, 활성 레코드라는 이름은 적절하다). 그래서 메모리의 스택 섹션은 아주 바쁘다.

많은 CPU가 스택을 구현하는 데, **스택 포인터**stack pointer라는 특수 레지스터를 사용한다. 스택 포인터를 사용하지 않고 범용 레지스터를 사용하는 CPU(특히 RISC)도 있다. CPU가 스택 포인터를 제공하는 경우에는 CPU가 **하드웨어 스택**hardware stack을 지원한다고 하고, 프로그램이 범용 레지스터를 사용하는 경우에는 CPU가 **소프트웨어 구현 스택**software-implemented stack을 사용한다고 한다. 80x86은 하드웨어 스택을 제공하고, 파워PC는 소프트웨어 구현 스택의 예다(파워PC 프로그램의 대부분은 R1을 스택 포인터 레지스터로 사용한다). ARM CPU

는 의사 하드웨어 스택pseudo-hardware stack을 지원한다. 범용 레지스터 중 하나를 하드웨어 스택 포인터로 할당하지만, 스택을 명시적으로 유지하기 위해 애플리케이션은 여전히 필요하다. 하드웨어 스택을 제공하는 시스템은 일반적으로 소프트웨어 구현 스택이 있는 시스템보다 적은 명령어를 사용해 스택의 데이터를 조작할 수 있다. 그러나, 소프트웨어 스택 구현을 사용하기로 선택한 RISC CPU 디자이너는 하드웨어 스택이 있으면, CPU가 실행하는 모든 명령이 실제로 느려진다고 생각한다. 이론적으로는 RISC 디자이너가 옳다고 주장할 수 있다. 그러나 실제로 80x86 제품군에는 가장 빠른 CPU 중 일부가 포함되어 있으므로, 하드웨어 스택이 있다고 해서 반드시 CPU 속도가 느려진다는 것을 의미하지는 않는다.

7.1.5 힙 섹션과 동적 메모리 할당

단순한 프로그램은 정적 변수와 자동 변수만 사용해도 되지만, 복잡한 프로그램은 프로그램 컨트롤하에 공간을 동적으로 할당하고 해제할 수 있어야 한다. C와 HLA 언어에서는 이러한 목적으로 malloc()과 free() 함수를 사용한다. C++는 new와 delete(그리고 std::unique_ptr) 연산자를 제공하고, 파스칼은 new와 dispose를, 자바 및 스위프트는 new를 사용한다(이러한 언어에서는 자동 할당을 해제한다). 다른 언어들도 비슷한 루틴을 지원한다. 이러한 메모리 할당 루틴에는 다음과 같은 몇 가지 공통점이 있다.

- 프로그래머가 (할당할 바이트 수를 명시적으로 지정하거나, 크기를 알고 있는 데이터 타입을 지정해) 할당할 스토리지 바이트 수를 요청할 수 있다.
- 새로 할당된 스토리지에 대한 포인터pointer(즉, 해당 스토리지의 주소)를 반환한다.
- 불필요해진 스토리지를 시스템에 반환해, 이후 시스템이 할당 호출할 때 재사용할 수 있는 기능을 지원한다.

동적 메모리 할당은 힙heap이라는 메모리 섹션에서 일어난다. 일반적으로 애플리케이션은 묵시적이거나 명시적으로 포인터 변수를 사용해 힙의 데이터를 참조한다. 자바나 스위프트와 같은 일부 언어는 암묵적으로 배후에서(프로그래머가 모르게) 포인터를 사용한다. 따라서 힙 메모리에 있는 이러한 오브젝트는 이름이 아닌 메모리 주소(포인터를 통한)로 참조되기 때문에 보통 **익명 변수**anonymous variable라고 한다.

운영체제와 애플리케이션은 프로그램이 실행된 후 메모리에 힙 섹션을 만든다. 힙은 실행 파일의 일부가 아니다. 보통, 운영체제와 언어의 **런타임 라이브러리**runtime library는 애플리케이션의 힙을 유지한다. 메모리 매니지먼트 구현 방법에는 여러 가지가 있지만, 힙의 할당과 해제에 대해 기본적인 아이디어를 이해하면 힙을 잘못 사용해 애플리케이션의 성능에 나쁜 영향을 주는 것은 방지할 수 있다.

7.2 변수란?

변수variable란 '변하는vary' 것을 말한다. 정확히 무엇이 변한다는 것일까? 대부분의 프로그래머는 프로그램 실행 중에 변할 수 있는 값이라고 말할 것이다. 하지만 실제로는 여러 가지가 있을 수 있으므로 변수를 명시적으로 정의하기 전에 변수(그리고 기타 오브젝트)가 가질 수 있는 몇 가지 특성을 살펴보자.

7.2.1 속성

속성attribute이란 오브젝트의 특성을 말한다. 예를 들어 변수의 공통 속성에는 이름, 메모리 주소, 크기(바이트), 런타임 값, 해당 값에 연관된 데이터 타입이 포함된다. 오브젝트가 다르면 속성도 다르다. 예를 들어, 데이터 타입은 이름과 크기 속성은 있지만, 연관된 값이나 메모리 위치는 없는 오브젝트다. 상수는 값과 데이터 타입 같은 속성은 있지만, 메모리 주소가 없고 이름도 없을 수 있다(리터럴 상수인 경우). 변수는 이러한 속성을 모두 다 가질 수 있다. 실제로 속성 목록은 일반적으로 오브젝트가 상수인지, 데이터 타입인지, 변수인지 또는 다른 것인지를 결정한다.

7.2.2 바인딩

6장에서 소개한 **바인딩**binding은 속성을 오브젝트와 연결하는 프로세스다. 예를 들어, 값이 변수에 할당되면 값은 할당 시점에 해당 변수에 바인딩된다. 이 결합은 다른 값이 변수에 바인딩될 때(변수에 다른 값을 대입할 때)까지 유지된다. 마찬가지로 프로그램이 실행되는 동안 변수에 메모리를 할당하면 변수는 그 시점에 메모리 주소에 바인딩된다. 변수와 주소는 다른 주소를 변수와 연결할 때까지 바인딩된다. 바인딩은 런타임에 발생하지 않아도 된다. 예를 들어, 값은 컴파일하는 동안 상수 오브젝트에 바인딩되고, 이러한 연결은 프로그램이 실행되는 동안 변경할 수 없다. 마찬가지로 주소는 컴파일 타임에 일부 변수에 바인딩되며 해당 메모리 주소는 프로그램 실행 중에 변경될 수 없다(자세한 내용은 6.2절 '바인딩 타임' 참조).

7.2.3 정적 오브젝트

정적static **오브젝트**는 애플리케이션이 실행되기 전에 바인딩되는 속성이다. 상수는 정적 오브젝트의 좋은 예다.[1] 파스칼, C/C++, 에이다와 같은 프로그래밍 언어의 전역 변수(프로그램 수준에서)도 정적 오브젝트인데, 프로그램 수명 내내 동일한 메모리 주소가 바인딩된다. 시스템은 프로그램이 실행을 시작하기 전에 정적 오브젝트에 속성을 바인딩한다(일반적으로 컴파일, 링크, 로드 중에 바인딩하지만, 더 일찍 값을 바인딩할 수도 있다).

7.2.4 동적 오브젝트

동적dynamic **오브젝트**는 프로그램 실행 중에 일부 속성을 바인딩한다. 프로그램은 실행되는 동안 해당 속성을 동적으로 변경하도록 선택할 수 있다. 동적 속성은 일반적으로 컴파일 시에 결정할 수 없다. 동적 속성의 예로는 런타임 시(malloc() 또는 기타 메모리 할당 함수 호출을 통해) 변수에 바인딩된 값이나 메모리 주소가 있다.

7.2.5 범위

식별자identifier**의 범위**scope는 식별자의 이름이 오브젝트에 바인딩된 프로그램의 섹션을 말한다. 대부분 컴파일된 언어의 이름은 컴파일 중에만 존재하기 때문에 범위는 일반적으로 정적 속성이다(일부 언어에서는 동적일 수 있는데, 이에 대해서는 곧 설명한다). 이름이 오브젝트에 바인딩되는 위치를 컨트롤해 프로그램의 다른 곳에서 해당 이름을 재사용할 수

---

1   let문으로 정의된 스위프트 상수는 예외다.

있다.

대부분의 최신 프로그래밍 언어(C/C++/C#, 자바, 파스칼, 스위프트, 에이다 등)는 **지역 변수**local variable와 **전역 변수**global variable의 개념을 지원한다. 지역 변수의 이름은 프로그램의 주어진 섹션(특정 함수 등) 내에서만 특정 오브젝트에 바인딩된다. 해당 오브젝트의 범위 밖에서 이름은 다른 오브젝트에 바인딩될 수 있다. 이를 통해 전역 오브젝트와 지역 오브젝트가 모호함 없이 동일한 이름을 공유할 수 있다. 이는 잠재적으로 혼란스러워 보일 수 있지만, 프로젝트 전체에서 i나 j 같은 변수 이름을 재사용할 수 있으면 프로그램의 루프 인덱스나 다른 용도로 매번 똑같이 의미 없는 다른 변수 이름을 생각해내지 않아도 된다. 오브젝트 선언의 범위는 이름이 주어진 오브젝트에 적용되는 위치를 결정한다.

인터프리터 언어에서는 인터프리터가 프로그램 실행 중에 식별자 이름을 관리하므로 범위는 동적 속성이 될 수 있다. 예를 들어, 다양한 버전의 베이직 프로그래밍 언어에서 dim은 실행 가능한 명령문이다. dim을 실행하기 전에 정의한 이름은 dim을 실행한 후와 완전히 다른 의미를 가질 수 있다. SNOBOL4는 동적 범위를 지원하는 또 다른 언어다. 대부분의 프로그래밍 언어는 동적 범위를 사용하면 프로그램을 이해하기가 어려워질 수 있으므로 사용하지 않는다.

기술적으로, 범위는 이름뿐만 아니라 모든 속성에 적용될 수 있지만, 이 책은 이름이 주어진 변수에 바인딩된 컨텍스트에서만 용어를 사용한다.

7.2.6 수명

속성의 **수명**lifetime은 속성을 오브젝트에 처음 바인딩할 때부터 다른 속성을 오브젝트에 바인딩해 해당 연결을 끊는 지점까지를 말한다. 프로그램이 일부 속성을 오브젝트와 연결하고 해당 연결을 끊지 않는 경우, 속성의 수명은 연결 시점부터 프로그램이 종료될 때까지다. 예를 들어, 변수의 수명은 변수에 대한 메모리를 처음 할당한 때부터 할당을 해제할 때까지다. 프로그램은 실행 전에 정적 오브젝트를 바인딩하기 때문에(정적 속성은 프로그램 실행 중에 변경되지 않는다) 정적 오브젝트의 수명은 프로그램이 실행을 시작할 때부터 종료될 때까지 확장된다.

7.2.7 변수 정의

이 섹션을 시작한 질문으로 돌아가서, 변수는 동적으로 바인딩된 값을 가질 수 있는 오브젝트로 정의할 수 있다. 즉, 프로그램은 런타임에 변수의 값 속성을 바꿀 수 있다. '바꿀 수 있다.'는 말에서 알 수 있겠지만, 프로그램이 런타임에 변수 값을 바꿀 수 있다고 해서 오브젝트의 값이 변경돼야만 변수라고 부를 수 있는 것은 아니다.

오브젝트에 값을 동적으로 바인딩하는 것이야말로 변수 자체를 정의하는 속성이며, 다른 속성은 동적이든 정적이든 상관없다. 예를 들어, 변수의 메모리 주소는 컴파일 시에 변수에 정적으로 바인딩되거나 런타임에 동적으로 바인딩될 수 있다. 마찬가지로 변수의 데이터 타입도 어떤 언어에서는 동적으로 프로그램 실행 중에 바뀌고, 어떤 언어에서는 정적으로 프로그램을 실행하는 내내 고정돼 있다. 값의 바인딩만이 오브젝트가 변수인지 아닌지(상수인지)를 결정한다.

7.3 변수 스토리지

값은 메모리에서 읽고 쓴다.[2] 이를 위해 컴파일러는 변수를 하나 이상의 메모리 위치에 바인딩해야 한다. 변수 타입에 따라 필요한 스토리지 용량이 결정된다. 캐릭터 변수는 최소 1바이트의 스토리지가 필요하지만, 큰 배열이나 레코드에는 수천, 수백만 바이트 또는 그 이상의 스토리지가 필요할 수 있다. 변수를 일부 메모리와 연결하기 위해 컴파일러(또는 런타임 시스템)는 해당 메모리 위치의 주소를 해당 변수에 바인딩한다. 변수에 두 개 이상의 메모리 위치가 필요한 경우, 시스템은 일반적으로 첫 번째 메모리 위치의 주소를 변수에 바인딩하고 나머지 연속된 위치도 런타임에 변수에 바인딩된다고 가정한다.

변수와 메모리 위치 간에는 정적 바인딩static binding, 의사 정적pseudo-static(자동automatic) 바인딩binding, 동적 바인딩dynamic binding이라는 세 가지 타입의 바인딩이 가능하다. 변수는 일반적으로 메모리 위치에 바인딩되는 방식에 따라 정적 변수, 자동 변수, 동적 변수로 구분된다.

---

2   기술적으로는 레지스터에도 값을 저장할 수 있다. 이 논의를 위해 레지스터를 특수한 형태의 메모리로 간주한다.

7.3.1 정적 바인딩과 정적 변수

정적 바인딩static binding은 런타임 전에 일어나는데, 언어를 디자인할 때, 컴파일할 때, 링크할 때, 시스템이 애플리케이션을 메모리에 로드할 때(실행 전에) 등 가능한 네 가지 시간 중 하나에서 발생한다. 언어를 디자인할 때 바인딩하는 것은 그다지 일반적이지 않지만, 일부 언어(특히 어셈블리 언어)에서는 그렇게 한다. 컴파일 타임에 바인딩하는 것은 실행 가능한 코드를 직접 생성하는 어셈블러와 컴파일러에서는 일반적이다. 링크 시에 바인딩하는 것은 매우 일반적이다(몇 가지 윈도우 컴파일러가 그렇게 한다). 운영체제가 실행 파일을 메모리에 복사할 때 로드 시 바인딩하는 것은 정적 변수에게는 가장 일반적이다. 각 경우를 차례로 살펴보자.

7.3.1.1 언어 디자인 시의 바인딩

언어 디자이너가 언어에서 정의된 변수를 특정 하드웨어 주소(I/O 장치 또는 특별한 종류의 메모리)와 연결하고 해당 주소는 프로그램에서 변경되지 않는 경우, 언어를 디자인할 때 주소를 할당할 수 있다. 이러한 오브젝트는 임베디드 시스템에서 일반적이며, 범용 컴퓨터 시스템의 애플리케이션에서는 드문 일이다. 예를 들어, 8051 마이크로 컨트롤러에서 많은 C 컴파일러와 어셈블러는 CPU에 있는 128바이트 데이터 공간의 고정 위치에 특정 이름을 자동으로 연결한다. 어셈블리 언어의 CPU 레지스터도 언어를 디자인할 때 특정 위치에 바인딩된 변수의 좋은 예다.

7.3.1.2 컴파일 타임 바인딩

컴파일러가 런타임에 정적 변수를 배치할 수 있는 메모리 영역을 알고 있는 경우, 컴파일 시에 주소를 할당할 수 있다. 일반적으로 이러한 컴파일러는 실행 전에 메모리의 특정 주소에 기계어 코드를 로드해야 한다. 대부분의 최신 컴파일러는 재배치 가능한 코드를 생성하므로 이 범주에 속하지 않는다. 그럼에도 불구하고 저가형 컴파일러, 고속 학생용 컴파일러, 임베디드 시스템용 컴파일러는 종종 이 바인딩 기술을 사용한다.

7.3.1.3 링크 시의 바인딩

특정 링커(그리고 관련 툴)는 애플리케이션의 재배치 가능한 다양한 오브젝트 모듈을 함께 연결해서 절대적인 로드 모듈을 만들 수 있다. 컴파일러가 재배치 가능한 코드를 생성하는 동안 링커는 메모리 주소와 변수(그리고 기계어 명령어)를 바인딩한다. 일반적으로 프로그래머는 (커맨드라인 매개변수나 링커 스크립트 파일을 통해) 프로그램에 있는 모든 정적 변수의 기본 주소를 지정한다. 링커는 기본 주소에서 시작하는 연속된 위치에 정적 변수를 바인딩한다. PC의 BIOS^{Basic Input/Output System}와 같은 ROM^{Read-Only Memory}(읽기 전용 메모리)에 애플리케이션을 저장하는 프로그래머는 종종 이 방식을 사용한다.

7.3.1.4 로드 시의 바인딩

가장 일반적인 형태의 정적 바인딩은 로드 시에 발생한다. 마이크로소프트의 PE/COFF나 리눅스의 ELF와 같은 실행 가능한 형식은 일반적으로 실행 파일 안에 들어있는 재배치 정보를 포함한다. 운영체제는 애플리케이션을 메모리에 로드할 때 정적 변수 오브젝트 블록을 배치할 위치를 결정한 다음, 해당 정적 오브젝트를 참조하는 명령어 내의 모든 주소를 패치한다. 이렇게 하면, 로디(운영체제 등)가 정적 오브젝트를 메모리에 로드할 때마다 다른 주소에 할당할 수 있다.

7.3.1.5 정적 변수 바인딩

정적 변수는 프로그램 실행 전에 메모리 주소가 바인딩되는 변수로, 다른 변수 타입에 비해 몇 가지 장점이 있다. 컴파일러는 런타임 전에 정적 변수의 주소를 알고 있기 때문에 종종 **절대 주소 지정 모드**^{absolute addressing mode}나 다른 간단한 주소 지정 모드를 사용해 해당 변수에 액세스할 수 있다. 정적 변수에 액세스할 때는 추가 설정이 필요하지 않으므로, 다른 변수에 액세스할 때보다 보통 더 효율적이다.[3]

정적 변수의 또 다른 이점은 다른 값을 명시적으로 바인딩하거나 프로그램이 끝날 때까지 바인딩된 값을 유지한다는 것이다. 이는 다른 이벤트(프로시저 활성화 및 비활성화 등)

---

3   적어도 80x86 등의 절대 주소를 지원하는 다른 CPU에서는 그렇다. 대부분의 RISC 프로세서는 절대 주소 지정 모드를 지원하지 않는다. 프로그램은 처음 실행을 시작할 때 정적 프레임 포인터나 전역 프레임 레지스터를 설정해야 한다. 하지만 이것은 한 번만 설정하면 되므로 관련된 성능 문제를 무시할 수 있다.

가 발생하는 동안 정적 변수의 값을 유지함을 의미한다. 멀티스레드 애플리케이션의 여러 스레드는 정적 변수를 사용해 데이터를 공유할 수도 있다.

정적 변수에는 언급할 만한 몇 가지 단점도 있다. 우선, 정적 변수의 수명은 프로그램의 수명과 같아서 프로그램이 실행되는 동안 메모리를 소비한다. 프로그램이 더 이상 정적 오브젝트가 보유한 값을 필요로 하지 않는 경우에도 마찬가지다.

정적 변수의 또 다른 단점(특히 절대 주소 지정 모드일 때)은 보통 전체 절대 주소를 명령어의 일부로 인코딩해야 하므로 명령어의 크기가 훨씬 더 커진다. 실제로, 대부분의 RISC 프로세서에서는 단일 명령어로 절대 주소를 인코딩할 수 없기 때문에 절대 주소 지정 모드를 사용할 수 없다.

마지막으로, 정적 오브젝트를 사용하는 코드는 재진입reentrant이 가능하지 않다(즉, 두 개의 스레드나 프로세스가 동일한 코드를 동시에 실행할 수 있음을 의미한다). 즉, 멀티스레드 환경에서 해당 코드를 사용하려면 더 많은 노력이 필요하다(같은 코드 두 벌이 동시에 실행될 수 있고, 둘 다 같은 정적 오브젝트에 접근한다). 그러나 멀티스레드 연산에 대해 이야기하면 복잡해지므로 일단은 무시하자.

노트 | 정적 오브젝트 사용에 대한 자세한 내용은 운영체제 디자인이나 병렬 프로그래밍에 관한 책을 참조하자. 그레고리 앤드류스(Gregory R. Andrews)의 『Foundations of Multithreaded, Parallel, and Distributed Programming』(AddisonWesley, 1999)이 좋은 출발점이 될 수 있다.

다음 예제는 C 프로그램에서 정적 변수를 사용하는 방법을 보여주고, 비주얼 C++ 컴파일러가 이 변수에 접근하기 위해 생성하는 80x86 코드를 보여준다.

```c
#include <stdio.h>

static int i = 5;
static int j = 6;

int main( int argc, char **argv)
{

    i = j + 3;
```

```
    j = i + 2;
    printf( "%d %d\n", i, j );
    return 0;
}
```

; 다음은 'i'와 'j' 변수의 메모리 선언으로,
; 전역 섹션 '_DATA'에 선언돼 있디

```
_DATA    SEGMENT
i        DD       05H
j        DD       06H
$SG6835 DB        '%d %d', 0aH, 00H
_DATA    ENDS
main     PROC
; File c:\users\rhyde\test\t\t\t.cpp
; Line 8
;
;    int main( int argc, char **argv)
;    {
$LN3:
        mov     QWORD PTR [rsp+16], rdx
        mov     DWORD PTR [rsp+8], ecx
        sub     rsp, 40                             ; 00000028H
; Line 10
;
;            i = j + 3;
;
; 변위 전용 주소 지정 모드로
; 전역 변수 j를 EAX 레지스터에 로드하고
; 3을 더한 후, 'i'에 저장한다

        mov     eax, DWORD PTR j
        add     eax, 3
        mov     DWORD PTR i, eax


; Line 11
;
;            j = i + 2;
```

```
;
        mov     eax, DWORD PTR i
        add     eax, 2
        mov     DWORD PTR j, eax

; Line 12
; i, j와 문자열을 적절한 레지스터에 로드하고
; printf를 호출한다

        mov     r8d, DWORD PTR j
        mov     edx, DWORD PTR i
        lea     rcx, OFFSET FLAT:$SG6835
        call    printf
; Line 13
;
; RETURN 0

        xor     eax, eax
; Line 14
        add     rsp, 40                              ; 00000028H
        ret     0
main    ENDP
_TEXT   ENDS
```

주석에서 지적했듯이, 컴파일러가 내보내는 어셈블리 언어 코드는 **변위 전용 주소 지정 모드**displacement-only addressing mode를 사용해 모든 정적 변수에 접근한다.

7.3.2 의사 정적 바인딩과 자동 변수

자동 변수automatic variable는 프로시저나 다른 코드 블록이 실행되기 시작할 때 주소가 바인딩 되는 변수다. 프로그램은 블록이나 프로시저가 실행을 마쳤을 때 해당 메모리를 해제한 다. 실행 코드가 필요에 따라 메모리를 자동으로 할당하고 해제하기 때문에 이러한 오브 젝트를 자동 변수라고 한다.

대부분의 프로그래밍 언어에서 자동 변수를 바인딩할 때는 정적 바인딩과 동적 바인 딩을 결합한 **의사 정적 바인딩**pseudo-static binding 방식을 사용한다. 컴파일러는 컴파일 중에 기본 주소의 오프셋을 변수 이름에 할당한다. 런타임에 오프셋은 항상 고정돼 있지만, 기본 주소는 다를 수 있다. 예를 들어, 프로시저나 함수는 지역 변수 블록(이 장의 앞부분에서 소개된 활성화 레코드)에 대한 스토리지를 할당한 다음, 해당 스토리지 블록의 시작부터 고정 오프셋을 사용해 지역 변수에 접근한다. 프로그램은 런타임까지 변수의 최종 메모리 주소를 결정할 수는 없지만, 컴파일러는 프로그램 실행 중에 변경되지 않는 오프셋을 선택할 수 있으므로 '의사 정적pseudo-static'이란 이름을 얻었다.

일부 프로그래밍 언어에서는 자동 변수automatic variable 대신 **지역 변수**local variable라는 용어를 사용한다. 지역 변수의 이름은 주어진 프로시저나 블록에 정적으로 바인딩된다(즉, 이름의 범위가 해당 프로시저나 코드 블록으로 제한된다). 따라서 지역local은 이 컨텍스트에서 정적 속성이다. 지역 변수와 자동 변수라는 용어가 종종 혼동되는 이유는 쉽게 알 수 있다. 파스칼과 같은 일부 프로그래밍 언어에서 지역 변수는 항상 자동 변수이며, 그 반대의 경우도 마찬가지다. 그럼에도 불구하고 '**지역**local'은 정적 속성이고 '**자동**automatic'은 동적 속성이라는 점을 항상 명심하자.[4]

자동 변수에는 몇 가지 중요한 이점이 있다. 첫째, 그것들을 포함하는 프로시저나 블록이 실행되는 동안에만 스토리지를 소비한다. 이를 통해 여러 블록과 프로시저는 자동 변수 요구에 대해 동일한 메모리 공간을 공유할 수 있다. 활성화 레코드에서 자동 변수를 관리하려면 일부 추가 코드가 필요하다. 하지만 대부분의 CPU에서는 몇 개의 기계어 명령만 있으면 되고, 각 프로시저/블록 입구와 출구마다 한 번만 실행하면 된다. 어떤 경우에는 비용이 상당히 커질 수 있지만, 활성화 레코드를 만들고 없애는 데 드는 추가 시간과 공간은 대개 얼마 되지 않는다. 자동 변수의 또 다른 장점은 활성화 레코드의 베이스가 레지스터에 유지되고 활성화 레코드로의 오프셋이 작으며(보통 256바이트 이하), **베이스 플러스 오프셋**base-plus-offset 주소 지정 모드를 자주 사용한다는 것이다. 따라서 CPU는 기계어 명령어에 32비트나 64비트 주소를 전부 인코딩할 필요 없이 8비트(이하)의 변위만 인코딩하므로 명령어가 더 짧아진다. 또한, 자동 변수는 **스레드로부터 안전**thread-safe하고 자동 변수를 사용하는 코드는 재진입이 가능하다. 각 스레드는 컴파일러가 자동 변수를 유지하는 자체 스택 공간(또는 유사한 데이터 구조)을 유지하기 때문이다. 따라서 각 스레드는

---

4   C/C++와 같은 일부 언어에서는 **지역 정적 변수**(local static variable)를 선언할 수 있다. 이러한 변수에는 선언한 함수로 범위가 제한되는 지역 이름이 있지만, 전체 프로그램의 실행과 동일한 수명을 갖는다.

프로그램이 사용하는 자동 변수의 자체 복사본을 갖게 된다.

그러나 자동 변수에는 몇 가지 단점이 있다. 자동 변수를 초기화하려면 기계어 명령어를 사용해야 한다. 프로그램이 메모리에 로드될 때 정적 변수처럼 자동 변수를 초기화할 수 없다. 또한 자동 변수의 모든 값은 이를 포함하는 블록이나 프로시저를 종료할 때마다 손실된다. 앞에서도 언급했듯이 자동 변수에는 약간의 오버헤드가 필요하다. 자동 변수를 담은 활성 레코드를 만들고 없애기 위해서는 기계어 명령을 실행해야만 한다.

다음은 자동 변수를 사용하는 간단한 C 예제와 이에 대해 마이크로소프트 비주얼 C++ 컴파일러가 생성한 80x86 어셈블리 코드다.

```c
#include <stdio.h>

int main( int argc, char **argv)
{

    int i;
    int j;

    j = 1;
    i = j + 3;
    j = i + 2;
    printf( "%d %d\n", i, j );
    return 0;
}
```

```
; printf 함수 호출에서 문자열 상수에 대해 내보낸 데이터

CONST   SEGMENT
$SG6917 DB        '%d %d', 0aH, 00H
CONST   ENDS


PUBLIC  _main
EXTRN   _printf:NEAR
; 함수 컴파일 플래그: /Ods
```

```
_TEXT    SEGMENT
j$ = 32
i$ = 36
argc$ = 64
argv$ = 72
main     PROC
; 파일 c:\users\rhyde\test\t\t\t.cpp
; Line 5
$LN3:
        mov     QWORD PTR [rsp+16], rdx
        mov     DWORD PTR [rsp+8], ecx
        sub     rsp, 56                           ; 00000038H
; Line 10
        mov     DWORD PTR j$[rsp], 1
; Line 11
        mov     eax, DWORD PTR j$[rsp]
        add     eax, 3
        mov     DWORD PTR i$[rsp], eax
; Line 12
        mov     eax, DWORD PTR i$[rsp]
        add     eax, 2
        mov     DWORD PTR j$[rsp], eax
; Line 13
        mov     r8d, DWORD PTR j$[rsp]
        mov     edx, DWORD PTR i$[rsp]
        lea     rcx, OFFSET FLAT:$SG6917
        call    printf
; Line 14
        xor     eax, eax
; Line 15
        add     rsp, 56                           ; 00000038H
        ret     0
main     ENDP
_TEXT    ENDS
```

자동 변수에 접근할 때 어셈블리 코드는 베이스 플러스 변위base-plus-displacement 주소 지정 모드(예: j$[rsp])를 사용한다. 이 주소 지정 모드는 정적 변수가 사용하는 변위 전용이나 RIP 관련 주소 지정 모드보다 짧은 경우가 많다(물론, 자동 오브젝트에 대한 오프셋이

RSP에 있는 기본 주소의 127바이트 이내에 있을 때라고 가정하자).[5]

7.3.3 동적 바인딩과 동적 변수

동적 변수dynamic variable는 런타임에 스토리지가 바인딩되는 변수다. 일부 언어에서는 애플리케이션 프로그래머가 주소를 동적 오브젝트에 바인딩하는 것에 대해 전적으로 책임을 진다. 다른 언어에서는 런타임 시스템이 동적 변수에 대한 스토리지를 자동으로 할당하고 해제한다.

동적 변수는 일반적으로 malloc()이나 new()(또는 std::unique_ptr)와 같은 메모리 할당 함수를 통해 힙에 할당된다. 컴파일러는 동적 오브젝트의 런타임 주소를 확인할 방법이 없으므로 프로그램은 항상 포인터를 사용해 동적 오브젝트를 간접적으로 참조해야 한다.

동적 변수의 가장 큰 장점은 애플리케이션이 수명을 제어할 수 있다는 것이다. 동적 변수는 필요한 만큼만 스토리지를 사용하며, 런타임 시스템은 변수에 더 이상 필요하지 않을 때 해당 스토리지를 회수할 수 있다. 자동 변수와 달리 동적 변수의 수명은 프로시저나 코드 블록의 진입과 진출 같은 다른 오브젝트의 수명과 무관하다. 메모리는 변수가 처음 필요로 하는 시점에서 동적 변수에 바인딩되며 변수가 더 이상 필요하지 않을 때 해제된다. 상당한 스토리지가 필요한 변수라면, 동적 할당으로 메모리를 효율적으로 사용할 수 있다.

동적 변수의 또 다른 장점은 대부분의 코드가 포인터를 사용해 동적 오브젝트를 참조한다는 것이다. 포인터 값이 CPU 레지스터에 이미 들어있으면, 프로그램은 일반적으로 오프셋이나 주소를 인코딩하는 데 추가 비트가 필요하지 않은 짧은 기계어 명령어를 사용해 해당 데이터를 참조할 수 있다.

동적 변수에는 몇 가지 단점도 있다. 첫째, 유지 관리를 위해 약간의 스토리지 오버헤드가 종종 필요하다. 정적 오브젝트와 자동 오브젝트는 일반적으로 추가 스토리지가 필요하지 않다. 그러나, 런타임 시스템은 시스템의 각 동적 변수를 추적하기 위해 종종 몇 바이트씩 필요하다. 이 오버헤드는 4바이트나 8바이트에서 많게는 수십 바이트(극단적인

5 　비주얼 C++는 일반적으로 RBP를 기본 레지스터(활성화 레코드를 가리킨다)로 사용한다. 이 특정 예에서 비주얼 C++는 RBP 레지스터 설정을 최적화하고 RSP 레지스터를 사용해 기본 포인터 레지스터로 지역 변수에 접근할 수 있는지 확인할 수 있다.

경우)에 이르기까지 다양하며, 오브젝트의 현재 메모리 주소, 오브젝트의 크기 및 타입과 같은 항목을 추적한다. 정수나 문자 등의 작은 오브젝트를 할당하는 경우, 레코드 목적의 저장 용량이 실제 데이터에 필요한 저장 용량을 초과할 수 있다. 또한 대부분의 언어는 포인터 변수를 사용해 동적 오브젝트를 참조하기 때문에 이러한 포인터에는 동적 데이터에 대한 실제 스토리지 이상의 추가 스토리지가 필요하다.

동적 변수의 또 다른 문제는 성능이다. 동적 데이터는 일반적으로 메모리상에 있기 때문에 CPU는 거의 모든 동적 변수 액세스마다 메모리(캐시된 메모리보다 느리다)에 액세스해야 한다. 설상가상으로 동적 데이터에 액세스하려면, 포인터를 통해 간접적으로 포인터 값을 가져오는 데 한 번, 동적 데이터를 가져오는 데 한 번, 이렇게 두 번 메모리에 액세스해야 한다. 런타임 시스템이 동적 데이터를 유지하는 힙 관리도 성능에 영향을 줄 수 있다. 애플리케이션이 동적 오브젝트 스토리지를 요청할 때마다 런타임 시스템은 요청을 충족할 수 있을 만큼 큰 여유 메모리의 연속 블록을 찾아야 한다. 이 탐색 연산은 힙의 구성에 따라 비용이 많이 들 수 있다(이는 각 동적 변수와 관련된 오버헤드 스토리지양에 영향을 미친다). 또한 동적 오브젝트를 릴리스할 때, 다른 동적 오브젝트에서 사용할 수 있도록 해당 스토리지를 확보하기 위해 런타임 시스템에서 일부 코드를 실행해야 할 수도 있다. 이러한 런타임 힙 할당 및 해제 연산은 일반적으로 프로시저 시작/종료 중에 자동 변수 블록을 할당하고 해제하는 것보다 훨씬 비싸다.

동적 변수에 대한 또 다른 고려 사항은 일부 언어(파스칼, C/C++ 등[6])에서 동적 변수 스토리지를 명시적으로 할당하고 해제해야 한다는 것이다. 자동으로 할당이나 해제하는 것이 아니므로 프로그래머가 결함 있는 코드를 만들 수도 있다. 이것이 C#, 자바, 스위프트 같은 언어에서 이 프로세스가 더 느려질 수 있음에도 불구하고, 동적 할당을 자동으로 처리하려는 이유다.

다음은 마이크로소프트 비주얼 C++ 컴파일러가 malloc()으로 할당된 동적 오브젝트에 액세스하는 코드를 보여주는 간단한 C 예제다.

---

6   최신 버전의 C++는 스마트 포인터를 사용할 때 자동 할당 해제를 제공한다.

```
#include <stdlib.h>
#include <stdio.h>


int main( int argc, char **argv)
{

    int *i;
    int *j;


    i = (int *) malloc( sizeof( int ) );
    j = (int *) malloc( sizeof( int ) );
    *i = 1;
    *j = 2;
    printf( "%d %d\n", *i, *j );
    free( i );
    free( j );
    return 0;
}
```

다음은 컴파일러가 생성한 기계어 코드에 동적으로 할당된 오브젝트에 액세스하기 위한 추가 작업을 설명하는 주석을 수작업으로 달아놓은 것이다.

```
_DATA    SEGMENT
$SG6837 DB      '%d %d', 0aH, 00H
_DATA    ENDS
PUBLIC  _main
_TEXT    SEGMENT
i$ = 32
j$ = 40
argc$ = 64
argv$ = 72
main    PROC
; 파일 c:\users\rhyde\test\t\t\t.cpp
; Line 7 // 활성 레코드를 생성한다
$LN3:
```

```
        mov     QWORD PTR [rsp+16], rdx
        mov     DWORD PTR [rsp+8], ecx
        sub     rsp, 56                                    ; 00000038H
```

; Line 13
; malloc을 호출하고 반환된 포인터 값을
; i 변수에 저장한다

```
        mov     ecx, 4
        call    malloc
        mov     QWORD PTR i$[rsp], rax
```

; Line 14
; malloc을 호출하고 반환된 포인터 값을
; j 변수에 저장한다

```
        mov     ecx, 4
        call    malloc
        mov     QWORD PTR j$[rsp], rax
```

; Line 15
; i가 가리키는 동적 변수에 1을 저장한다
; 이 연산에 두 개의 명령이 필요하다

```
        mov     rax, QWORD PTR i$[rsp]
        mov     DWORD PTR [rax], 1
```

; Line 16
; j가 가리키는 동적 변수에 2를 저장한다
; 이 연산에도 두 개의 명령이 필요하다

```
        mov     rax, QWORD PTR j$[rsp]
        mov     DWORD PTR [rax], 2
```

; Line 17
; 동적 변수의 값을 출력하는 printf를 호출한다

```
        mov     rax, QWORD PTR j$[rsp]
        mov     r8d, DWORD PTR [rax]
        mov     rax, QWORD PTR i$[rsp]
```

```
        mov     edx, DWORD PTR [rax]
        lea     rcx, OFFSET FLAT:$SG6837
        call    printf

; Line 18
; 두 변수를 해제한다
;
        mov     rcx, QWORD PTR i$[rsp]
        call    free
; Line 19
        mov rcx, QWORD PTR j$[rsp]
        call    free

; Line 20
; 함수 결과값으로 0을 반환한다
        xor     eax, eax
; Line 21
        add     rsp, 56                         ; 00000038H
        ret     0
main    ENDP
_TEXT   ENDS
END
```

보다시피 포인터를 통해 동적으로 할당된 변수에 액세스하려면 많은 추가 작업이 필요하다.

7.4 공통 기본 데이터 타입

컴퓨터 데이터에는 프로그램이 해당 데이터를 인터프리트하는 방법을 말해주는 데이터 타입 속성이 항상 있다. 데이터 타입은 또한 메모리에 있는 데이터의 크기(바이트)를 결정한다. 데이터 타입은 CPU가 CPU 레지스터에 저장하고 직접 연산할 수 있는 **기본 데이터 타입**primitive data type과 더 작은 기본 데이터 타입으로 구성된 **복합 데이터 타입**composite data type이라는 두 가지 카테고리로 나눌 수 있다. 다음 절에서는 (『Write Great Code』 시리즈 1편에 나오는) 대부분의 최신 CPU에서 발견되는 기본 데이터 타입을 검토하고 복합 데이터 타입은 다음 장에서 논의할 것이다.

7.4.1 정수 변수

대부분의 프로그래밍 언어는 메모리 변수에 정수값을 저장하는 몇 가지 메커니즘을 제공한다. 일반적으로 프로그래밍 언어는 부호 없는 이진 표현, 2의 보수 표현, 이진 코딩 십진 표현(또는 이들의 조합) 등을 사용해 정수값을 나타낸다.

프로그래밍 언어에서 정수 변수의 가장 기본적인 속성은 해당 정수값을 나타내기 위해 할당된 비트 수다. 대부분의 최신 프로그래밍 언어에서 정수값을 나타내는 데 사용되는 비트 수는 일반적으로 8, 16, 32, 64 등과 같은 2의 제곱이다.

많은 언어에서 정수를 나타내는 데 한 가지 크기만 제공하지만, 일부 언어에서는 여러 가지 크기 중에서 선택할 수 있다. 표현하려는 값의 범위, 변수가 소비할 메모리양, 해당 값과 관련된 산술 연산의 성능을 기반으로 크기를 선택한다. 표 7-1에는 다양한 부호 있는signed/부호 없는unsigned/십진decimal 정수 변수에 대한 몇 가지 일반적인 크기와 범위가 나열돼 있다.

모든 언어가 이러한 다양한 크기를 모두 지원하는 것은 아니다. 실제로 동일한 프로그램에서 모든 언어를 지원하려면 어셈블리 언어를 사용해야 할 것이다. 앞서 언급했듯이, 일부 언어는 일반적으로 프로세서의 기본 정수 크기(CPU 범용 정수 레지스터의 크기)인 싱글single 사이즈만을 제공한다. 여러 정수 크기를 제공하는 언어는 선택할 수 있는 명시적인 크기를 제공하지 않는 경우가 많다. 예를 들어, C 프로그래밍 언어는 char(항상 1 바이트), short, int, long, long long이라는 최대 다섯 가지 정수 크기를 제공한다. char 타입을 제외하면 C에서는 이러한 정수 타입의 크기를 지정하지 않는다. short 정수 크기는 int보다 작거나 같고, int 크기는 long 정수보다 작거나 같다. long 정수 크기는 long long 정수보다 작거나 같다. (사실, 네 가지 모두 같은 크기일 수도 있다) 특정 정수 크기에 의존하는 C 프로그램은 원래 컴파일러와 같은 크기를 사용하지 않는 다른 컴파일러로 컴파일하면 실패할 수 있다.

노트 | C99와 C++11에는 int8_t, int16_t, int32_t, int64_t 등의 정확한 크기 타입이 포함된다.

표 7-1 일반적인 정수 크기 및 범위

크기(비트 단위)	표현 방법	부호가 없는 범위
8	Unsigned	0..255
	Signed	−128..+127
	Decimal	0..99
16	Unsigned	0..65,536
	Signed	−32768..+32,767
	Decimal	0..9999
32	Unsigned	0..4,294,967,295
	Signed	−2,147,483,648..+2,147,483,647
	Decimal	0..99999999
64	Unsigned	0..18,466,744,073,709,551,615
	Signed	−9,223,372,036,854,775,808..
		+9,223,372,036,854,775,807
	Decimal	0..9999999999999999
128	Unsigned	0..340,282,366,920,938,463,563,374,607,431,768,211,455
	Signed	−170,141,183,460,469,231,731,687,303,715,884,105,728..
		+170,141,183,460,469,231,731,687,303,715,884,105,727
	Decimal	0..99999999999999999999999999999999999999

다양한 프로그래밍 언어가 정수 변수에 대해 정확한 크기를 지정하지 않는 것이 불편해 보일 수 있지만, 이러한 모호성은 의도된 것이다. 주어진 프로그래밍 언어에서 '정수' 변수를 선언하면 해당 언어는 성능 및 기타 고려 사항에 따라 해당 정수에 가장 적합한 크기를 컴파일러 개발자가 선택하도록 맡긴다. '최상의' 정의는 컴파일러가 코드를 생성하는 CPU에 따라 달라질 수 있다. 예를 들어, 16비트 프로세서의 컴파일러는 CPU가 16비트 정수를 가장 효율적으로 처리하기 때문에 16비트 정수로 구현할 수 있다. 같은 이유로 32비트 프로세서의 컴파일러는 32비트 정수를 구현하도록 선택할 수 있다. 다양한 정수 형식(자바 등)의 정확한 크기를 지정하는 언어는 프로세서 기술이 발전함에 따라 더 큰 데이터 오브젝트를 처리하는 것이 더 효율적으로 되면, 어려움을 겪을 수 있다. 예를 들어, 범용 컴퓨터 시스템이 16비트 프로세서에서 32비트 프로세서로 전환될 때, 32비트 연산이 대부분의 최신 프로세서에서 더 빨랐다. 따라서 컴파일러 작성자는 정수를 연산하는 프로그램의 성능을 최대화하기 위해 정수가 '32비트 정수'를 의미하도록 재정의했다.

일부 프로그래밍 언어는 부호 없는 정수와 부호 있는 정수를 모두 지원한다. 언뜻 보기에 부호 없는 정수를 지원하는 목적은 음수 값이 필요 없을 때 양수 값을 두 배로 제공하기 위한 것 같다. 사실, 훌륭한 프로그래머가 효율적인 코드를 작성할 때 부호 있는 정수 대신 부호 없는 것을 선택하는 데는 많은 이유가 있다.

스위프트 프로그래밍 언어를 사용하면 정수 크기를 명시적으로 제어할 수 있다. 스위프트는 (부호 있는) 8비트 정수(Int8), 16비트 정수(Int16), 32비트 정수(Int32), 64비트 정수(Int64)를 제공한다. 또한 기본 CPU의 기본(가장 효율적인) 정수 포맷에 따라 32비트나 64비트인 Int 타입을 제공한다. 스위프트는 또 8비트 부호 없는 정수(UInt8), 16비트 부호 없는 정수(UInt16), 32비트 부호 없는 정수(UInt32), 64비트 부호 없는 정수(UInt64)와 기본 CPU 크기에 따라 크기가 결정되는 일반 UInt 타입을 제공한다.

일부 CPU에서는 부호 없는 정수의 곱셈과 나눗셈이 부호가 있을 때보다 빠르다. 부호 있는 정수보다는 부호 없는 정수를 사용하는 것이 0~n 범위의 값을 좀 더 효율적으로 비교할 수 있다(부호 없는 경우에는 n에 대한 단일 비교만 이뤄지기 때문이다). 이것은 특히 인덱스가 0에서 시작하는 배열 인덱스의 경계를 확인할 때 유용하다.

많은 프로그래밍 언어에서 다른 크기의 변수들을 한 수식에서 사용할 수 있다. 컴파일러는 최종 결과를 계산하고자 필요에 따라 표현식 내에서 오퍼랜드를 자동으로 부호 확장sign-extend하거나 0 확장zero-extend한다. 이 자동 변환의 문제는 표현식을 처리하는 데 추가 작업이 필요하다는 사실을 숨기고 표현식 자체가 이를 명시적으로 표시하지 않는다는 것이다.

```
x = y + z - t;
```

위와 같은 대입문은 오퍼랜드의 크기가 모두 같으면 기계어 명령어의 짧은 시퀀스가 되겠지만, 오퍼랜드의 크기가 다르면 몇 가지 추가 명령이 필요하다. 예를 들어, 다음 C 코드를 살펴보자.

```
#include <stdio.h>

static char c;
```

```
static short s;
static long l;

static long a;
static long b;
static long d;

int main( int argc, char **argv)
{

    l = l + s + c;
    printf( "%ld %hd %hhd\n", l, s, c );

    a = a + b + d;
    printf( "%ld %ld %ld\n", a, b, d );

    return 0;
}
```

비주얼 C++ 컴파일러로 컴파일하면, 두 할당 문에 대해 다음 두 어셈블리 언어 시퀀스를 얻게 된다.

```
;           l = l + s + c;
;
    movsx   eax, WORD PTR s
    mov     ecx, DWORD PTR l
    add     ecx, eax
    mov     eax, ecx
    movsx   ecx, BYTE PTR c
    add     eax, ecx
    mov     DWORD PTR l, eax
;
;           a = a + b + d;
;
    mov     eax, DWORD PTR b
    mov     ecx, DWORD PTR a
    add     ecx, eax
    mov     eax, ecx
```

```
add     eax, DWORD PTR d
mov     DWORD PTR a, eax
```

위에서 보듯이, 변수의 크기가 모두 같은 명령문은 오퍼랜드의 크기가 다른 명령문보다 더 적은 명령어를 사용했다.

수식에서 크기가 다른 정수를 사용하는 경우, 모든 CPU가 모든 오퍼랜드 크기를 똑같이 효율적으로 지원하는 것은 아니다. CPU의 범용 정수 레지스터보다 큰 크기의 정수를 사용하면 비효율적인 코드가 생성된다는 것은 분명하지만, 더 작은 정수값을 사용하는 것도 비효율적일 수 있다는 점은 알기 어렵다. 많은 RISC CPU는 범용 레지스터와 정확히 같은 크기의 오퍼랜드에만 연산을 한다. 더 작은 오퍼랜드는 해당 값과 관련된 연산을 수행하기 전에 먼저 범용 레지스터 크기로 0 확장이나 부호 확장을 해야 한다. 다양한 크기의 정수를 지원하는 80x86과 같은 CISC 프로세서에서도 특정 크기를 사용하는 것은 비용이 더 들 수 있다. 예를 들어, 32비트 운영체제에서 16비트 오퍼랜드를 다루는 명령은 추가적인 op코드 접두사 바이트^opcode prefix byte가 필요하므로 8비트나 32비트 오퍼랜드를 다루는 명령보다 크다.

7.4.2 부동 소수점/실수 변수

정수와 마찬가지로 많은 HLL은 여러 크기의 **부동 소수점**^floating-point **변수**를 제공한다. 대부분의 언어는 최소한 두 가지를 제공하는데, IEEE 754 부동 소수점 표준을 기반으로 하는 32비트 단정밀도^single-precision 부동 소수점 포맷과 64비트 배정밀도^double-precision 부동 소수점 포맷이 그것이다. 일부 언어는 인텔의 80비트 확장 정밀도^extended-precision 부동 소수점 포맷을 기반으로 80비트 부동 소수점 변수(스위프트가 좋은 예)를 제공하지만, 많이 사용되지는 않는다. 최신 ARM 프로세서는 쿼드 정밀도^quad-precision 부동 소수점 산술(128비트)을 지원한다. GCC의 일부 변형은 쿼드 정밀도 산술을 사용하는 _float128 타입을 지원한다.

다양한 부동 소수점 형식은 정밀도를 위해 공간과 성능을 절충한다. 더 작은 부동 소수점 형식을 포함하는 계산은 일반적으로 더 큰 형식을 포함하는 계산보다 빠르다. 그러나 성능 향상과 크기 절감을 위해 정밀도를 포기한다(『Write Great Code』 시리즈 1편 4장

참조).

정수 연산이 포함된 수식과 마찬가지로 표현식에서 크기가 다른 부동 소수점 오퍼랜
드를 혼합하지 않아야 한다. CPU나 FPU는 모든 부동 소수점 값을 사용하기 전에 동일한
포맷으로 변환해야 한다. 여기에는 추가 지침(더 많은 메모리 사용)과 추가 시간이 포함될
수 있다. 따라서 가능하면 하나의 수식에서는 동일한 부동 소수점 타입을 사용해야 한다.

정수 포맷과 부동 소수점 포맷 간의 변환도 피해야 하는, 또 다른 비용이 많이 드는
작업이다. 최신 HLL은 레지스터에 변수 값을 가능한 한 많이 유지하려고 한다. 불행히도
일부 최신 CPU에서는 데이터를 먼저 메모리에 복사하지 않고서는 정수 레지스터와 부동
소수점 레지스터 간에 데이터를 이동할 수 없다(메모리가 느리기 때문에 비용이 많이 든다).
또한 정수와 부동 소수점 수 사이의 변환에는 종종 시간과 메모리를 소비하는 몇 가지 특
수 명령어가 사용된다. 가능하면 이러한 변환은 피하는 것이 좋다.

7.4.3 문자 변수

대부분의 최신 HLL에서 표준 문자character 데이터는 문자당 1바이트를 사용한다. 인텔
80x86 프로세서와 같이 바이트 주소를 지원하는 CPU에서 컴파일러는 각 **문자 변수**마다
1바이트의 공간을 할당해 메모리상의 문자 변수에 효율적으로 접근할 수 있다. 그러나
일부 RISC CPU는 32비트 덩어리(또는 8비트 이외의 특정 크기)로만 메모리의 데이터에 접
근할 수 있다.

메모리에서 개별 바이트를 처리할 수 없는 CPU의 경우, HLL 컴파일러는 일반적으로
문자 변수에 대해 32비트를 예약하고 문자 데이터에 대해 해당 더블 워드 변수의 하위
바이트만 사용한다. 스칼라 문자 변수가 많은 프로그램은 거의 없기 때문에[7] 대부분의 시
스템에서 낭비되는 공간의 양은 거의 문제가 되지 않는다. 그러나 압축을 푼 문자 배열이
있으면 낭비되는 공간이 커질 수 있다. 이는 8장에서 다시 설명한다.

최신 프로그래밍 언어는 유니코드 문자셋을 지원한다. 유니코드 문자는 문자의 데이
터 값(UTF-8, UTF-16, UTF-32와 같은 기본 인코딩에 따라 다르다)을 저장하는 데 1~4바이
트의 메모리가 필요하다. 최근에는 문자열 내의 문자에 대한 고성능 랜덤 접근이 필요한

---

7   스칼라는 '문자 배열이 아닌' 변수를 의미한다.

프로그램(유니코드 성능이 저하됨)을 제외하고, 대부분의 문자나 문자열 연산에서 유니코드는 ASCII 문자 셋을 대체하고 있다.

7.4.4 부울 변수

부울^{Boolean} 변수는 true나 false 두 값을 나타내는 데 하나의 비트면 충분하다. HLL에서는 보통 이러한 변수에 대해 최소한의 메모리를 예약한다(바이트 주소를 지원하는 시스템에서는 1바이트이고 16비트, 32비트, 64비트 주소만을 지원하는 CPU에서는 더 많은 양의 메모리다). 그러나 항상 그런 것은 아니다. 일부 언어(포트란)에서는 멀티바이트^{multibyte} 부울 변수(포트란 LOGICAL * 4 데이터 타입)를 만들 수 있다.

일부 언어(C/C++의 초기 버전)에서는 명시적인 부울 데이터 타입을 지원하지 않는다. 대신 정수 데이터 타입을 사용해 부울 값을 나타낸다. C/C++로 구현할 때, 0과 0이 아닌 값으로 각각 false와 true를 나타낸다. 이러한 언어에서는 부울 값을 담을 정수의 크기를 선택함으로써 부울 변수의 크기를 선택할 수 있다. 예를 들어, C/C++ 언어의 일반적인 32비트 구현에서는 표 7-2에 표시된 대로 1바이트나 2바이트 또는 4바이트의 부울 값을 정의할 수 있다.[8]

표 7-2 부울 값 크기 정의

C 정수 데이터 타입	부울 오브젝트의 크기
char	1바이트
short int	2바이트
long int	4바이트

변수가 레코드의 필드이거나 배열의 원소가 되는 등의 특별한 상황에서는 부울 변수로 단일 비트만을 사용하는 언어도 있다. 이와 관련된 내용은 8~11장에서 복합 데이터 구조를 다룰 때 설명한다.

---

8   C/C++ 컴파일러는 short int에 16비트 정수를 사용하고 long int에 32비트 정수를 사용한다.

7.5 변수 주소와 HLL

프로그램의 구성, 클래스와 변수 타입은 컴파일러가 생성하는 코드의 효율성에 영향을 미칠 수 있다. 또한, 선언 순서나 오브젝트의 크기, 메모리에서의 오브젝트 배치와 같은 문제는 프로그램의 실행 시간에 큰 영향을 미칠 수 있다. 이 절에서는 효율적인 코드를 생성하기 위해 변수 선언을 구성하는 방법을 설명한다.

기계어 명령어로 **이미디어트 상수**immediate constant를 인코딩할 때처럼, 많은 CPU가 좀 더 효율적으로 메모리에 접근하는 특별한 주소 지정 모드를 제공한다. 사용하는 상수를 신중하게 선택해 프로그램의 크기를 줄이고 속도를 향상시킬 수 있는 것처럼, 변수 선언 방법을 신중하게 선택해 프로그램을 좀 더 효율적으로 만들 수 있다. 상수에서는 값이 중요했지만, 변수에서는 컴파일러가 배치하는 메모리의 주소를 고려해야 한다.

80x86은 여러 주소 크기를 제공하는 CISC 프로세서의 대표적인 예다. 맥OS, 리눅스, 윈도우 등의 최신 32비트나 64비트 운영체제에서 실행되는 80x86 CPU는 0비트, 8비트, 32비트의 세 가지 주소 크기를 지원한다. 80x86은 레지스터 간접 주소 지정 모드에 0비트 변위를 사용한다. 80x86 컴파일러는 일반적으로 코드에 명시적으로 선언한 변수에 접근하는 데 이를 사용하지 않기 때문에, 여기서는 0비트 변위 주소 지정 모드는 다루지 않는다. 8비트 및 32비트 변위 주소 지정 모드가 현재는 더 흥미로운 이슈다.

7.5.1 전역 변수와 정적 변수의 스토리지 할당

32비트 변위는 아마도 이해하기 가장 쉬울 것이다. 컴파일러가 레지스터가 아닌 메모리에 할당하고 프로그램에서 선언한 변수는 메모리상의 어딘가에 나타나야 한다. 대부분의 32비트 프로세서에서 주소 버스의 폭은 32비트이므로 메모리상의 임의 위치에 있는 변수에 접근하려면 32비트 주소가 필요하다. 이 32비트 주소를 인코딩하는 명령어는 모든 메모리 변수에 접근할 수 있다. 80x86은 유효 주소가 32비트 상수로 명령어에 들어가는 변위 전용 주소 지정 모드를 지원한다.

32비트 주소의 문제(64비트 주소를 사용하는 64비트 프로세서에서는 더 심각하다)는 주소가 명령어 인코딩의 가장 큰 부분을 차지한다는 것이다. 예를 들어, 80x86에서 특정 형태의 변위 전용 주소 지정 모드에는 1바이트 opcode와 4바이트 주소가 있다. 즉, 명령어 크기의 80%를 주소가 차지한다. 80x86(x86-64)의 64비트 변형이 실제로 64비트 절대 주소를 명령어의 일부로 인코딩했다면, 명령어의 길이는 9바이트이고 명령어 바이트의 거의 90%를 차지한다. 이를 방지하기 위해 x86-64는 변위 전용 주소 지정 모드를 수정했으며, 더 이상 명령어의 일부로 메모리의 절대 주소를 인코딩하지 않는다. 대신 부호 있는 32비트 오프셋(±20억 바이트)을 명령어로 인코딩한다.

일반적인 RISC 프로세서에서는 상황이 더 좋지 않다. 명령어는 일반적인 RISC CPU에서 균일하게 32비트 길이이므로 명령어의 일부로 32비트 주소를 인코딩할 수 없다. 메모리상의 임의의 32비트 또는 64비트 주소에 있는 변수에 액세스하려면, 해당 변수의 32비트 또는 64비트 주소를 레지스터에 로드한 다음 레지스터 간접 주소 지정 모드를 사용해 액세스해야 한다. 32비트 주소의 경우 그림 7-2에서 볼 수 있듯이 세 개의 32비트 명령어가 필요하며, 속도나 공간 측면에서 비용이 많이 든다. 64비트 주소를 사용하면 훨씬 더 비싸다.

RISC CPU는 CISC 프로세서보다 느리게 실행되지 않기 때문에 컴파일러가 그렇게 나쁜 코드를 생성하지는 않는다는 것을 알 수 있다. 실제로 RISC CPU에서 실행되는 프로그램은 종종 레지스터의 오브젝트 블록에 대한 기본 주소를 유지하므로, 기본 레지스터의 짧은 오프셋을 사용해 해당 블록의 변수에 효율적으로 액세스할 수 있다. 그러나 컴파일러는 메모리의 임의 주소를 어떻게 처리할까?

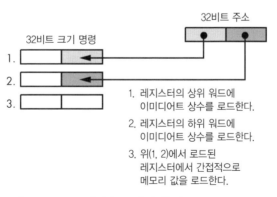

그림 7-2 RISC CPU가 절대 주소에 접근할 때

7.5.2 자동 변수를 사용해 오프셋 크기 줄이기

변위가 큰 명령을 피하는 한 가지 방법은 변위가 작은 주소 지정 모드를 사용하는 것이다. 예를 들어, 80x86(그리고 x86-64)은 베이스 플러스 인덱스 주소 지정 모드에 대해 8비트 변위 형식을 제공한다. 이 형식을 사용하면 레지스터에 포함된 기본 주소 주변의 −128~+127바이트 오프셋에 있는 데이터에 접근할 수 있다. RISC 프로세서도 유사한 기능을 갖고 있지만, 일반적으로 변위 비트 수가 더 많아서 더 많은 주소 범위를 허용한다.

메모리의 일부 기본 주소에 레지스터를 지정하고 해당 기본 주소 근처에 변수를 배치하면, 더 짧은 명령을 사용할 수 있어 프로그램을 더 작고 빠르게 실행할 수 있다. 어셈블리 언어로 작업 중이고 CPU 레지스터에 직접 접근할 수 있다면, 이는 그리 어렵지 않다. 그러나 HLL에서 작업하는 경우, CPU 레지스터에 직접 접근할 수 없고 접근하더라도 편리한 주소에 변수를 할당하도록 컴파일러를 설득하지 못할 수 있다. 그렇다면, HLL 프로그램에서는 이 작은 변위 주소 지정 모드를 어떻게 활용할까? 실은 이 주소 지정 모드의 사용을 명시적으로 지정하지 않아도 컴파일러가 자동으로 수행한다.

파스칼로 된 간단한 다음 함수를 살펴보자.

```
function trivial( i:integer; j:integer ):integer;
var
    k:integer;
begin

    k := i + j;
    trivial := k;

end;
```

이 함수에서, 컴파일된 코드는 활성화 레코드(스택 프레임이라고도 함)를 구성한다. 7장의 앞부분에서 봤듯이, **활성화 레코드**는 시스템이 함수나 프로시저와 관련된 지역 데이터를 보관하는 메모리의 데이터 구조다. 활성화 레코드에는 매개변수 데이터, 자동 변수, 반환 주소, 컴파일러가 할당하는 임시 변수 및 시스템 상태 정보(저장된 레지스터 값 등)가 포함된다. 런타임 시스템은 즉시 활성화 레코드에 스토리지를 할당하는데, 실제로 프로시저나 함수에 대한 두 개의 다른 호출은 메모리의 다른 주소에 활성화 레코드를 배치할 수 있다. 활성화 레코드의 데이터에 접근하기 위해 대부분의 HLL은 레지스터(일반적으로 프레임 포인터라고 한다)가 활성화 레코드를 가리키게 하고, 프로시저나 함수는 이 프레임 포인터를 기준으로 오프셋이 정해진 매개변수와 자동 변수를 참조한다. 자동 변수와 매개변수가 많거나 상당히 크지 않은 경우, 이러한 변수는 일반적으로 기본 주소 근처의 오프셋에서 메모리에 나타난다. 이는 CPU가 프레임 포인터에 있는 기본 주소 근처의 변수를 참조할 때 작은 오프셋을 사용할 수 있다는 것을 의미한다. 위의 파스칼 예제에서 매개변수 i 및 j와 지역 변수 k는 프레임 포인터 주소의 몇 바이트 내에 있을 가능성이 높으므로, 컴파일러는 큰 변위가 아닌 작은 변위를 사용해 이러한 명령어를 인코딩할 수 있다. 컴파일러가 활성화 레코드에 지역 변수와 매개변수를 할당하면, 프로그래머는 기본 주소 근처에 나타나도록 활성화 레코드에 변수를 배열하기만 하면 된다. 그렇다면, 배열은 어떻게 해야 할까?

활성화 레코드의 구성은 프로시저를 호출하는 코드에서 시작된다. 호출자는 활성화 레코드에 매개변수 데이터(있는 경우)를 배치한다. 그런 다음 어셈블리 언어 call(또는 이에 상응하는) 명령을 실행하면 반환 주소가 활성화 레코드에 추가된다. 이때, 프로시저 내에서 활성화 레코드의 구성은 계속된다. 프로시저는 레지스터 값과 기타 중요한 상태 정보를 복사한 다음 활성화 레코드에 지역 변수를 위한 공간을 만든다. 또한 프로시저는 활성화 레코드의 기본 주소를 가리키도록 프레임 포인터 레지스터(80x86의 EBP나 x86-64의 RBP)를 업데이트해야 한다.

일반적인 활성화 레코드의 모양을 보려면, 다음 HLA 프로시저 선언을 살펴보자.

```
procedure ARDemo( i:uns32; j:int32; k:dword ); @nodisplay;
var
    a:int32;
    r:real32;
    c:char;
    b:boolean;
    w:word;
begin ARDemo;
    .
    .
```

```
    .
end ARDemo;
```

HLA 프로그램이 이 ARDemo 프로시저를 호출할 때마다, 매개변수 목록에 나타나는 순서대로 왼쪽에서 오른쪽으로 매개변수에 대한 데이터를 스택에 푸시해 활성화 레코드를 빌드한다. 따라서 호출 코드는 먼저 i 매개변수에 대한 값을 푸시한 다음 j 매개변수에 대해 푸시하고, 마지막으로 k 매개변수에 대해 푸시한다. 매개변수를 입력한 후, 프로그램은 ARDemo 프로시저를 호출한다. 프로시저를 시작하자마자 스택이 높은 메모리 주소에서 낮은 메모리 주소(대부분의 프로세서에서와 같이)로 증가한다고 가정하면, 그림 7-3과 같이 배열된 이 네 가지 항목이 스택에 포함된다.

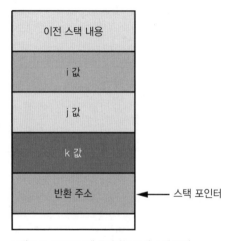

그림 7-3 ARDemo에 들어가는 즉시 스택 구성

ARDemo의 처음 몇 개 명령어는 프레임 포인터 레지스터의 현재 값(32비트 80x86의 EBP나 x86-64의 RBP)을 스택에 푸시한 다음, 스택 포인터의 값(80x86/x86-64의 ESP/RSP)을 프레임 포인터 레지스터에 복사한다. 다음으로 코드는 스택 포인터를 아래쪽 메모리로 이동해 지역 변수의 공간을 만든다. 이렇게 하면 80x86 CPU에서는 그림 7-4와 같은 구성으로 스택이 만들어진다.

활성화 레코드의 오브젝트에 접근하려면 프레임 포인터 레지스터(그림 7-4의 EBP)에서 원하는 오브젝트까지의 오프셋을 사용해야 한다.

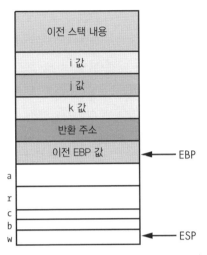

그림 7-4 ARDemo의 활성화 레코드(32비트 80x86)

여기서 흥미로운 것은 매개변수와 지역 변수다. 프레임 포인터 레지스터의 양수 오프셋으로는 매개변수에, 음수 오프셋으로는 지역 변수에 액세스할 수 있다(그림 7-5).

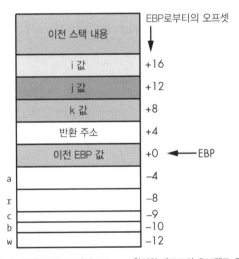

그림 7-5 32비트 80x86에서 ARDemo 활성화 레코드의 오브젝트 오프셋

인텔은 활성화 레코드의 베이스를 가리키도록 EBP/RBP(베이스 포인터 레지스터 base-pointer register)를 특별히 예약한다. 따라서 컴파일러는 일반적으로 스택에 활성화 레코드를 할당할 때, 이 레지스터를 프레임 포인터 레지스터 frame-pointer register로 사용한다. 대

신 일부 컴파일러는 80x86 ESP/RSP(스택 포인터) 레지스터를 사용해 활성화 레코드를 가리키려고 시도한다. 이렇게 하면 프로그램의 명령어 수를 줄일 수 있기 때문이다. 컴파일러가 EBP/RBP, ESP/RSP 또는 다른 어떤 레지스터를 프레임 포인터로 사용하든지, 결론은 컴파일러가 활성화 레코드를 가리키는 레지스터를 두고 대부분의 지역 변수와 매개변수는 활성화 레코드의 베이스 주소 주변에 위치시킨다는 것이다.

그림 7-5에서 볼 수 있듯이, ARDemo 프로시저의 모든 지역 변수와 매개변수는 프레임 포인터 레지스터(EBP)의 127바이트 내에 있다. 즉, 80x86 CPU에서 이러한 변수나 매개변수 중 하나를 참조하는 명령어는 1바이트로 EBP의 오프셋을 인코딩할 수 있다. 앞서 언급했듯이 프로그램이 활성화 레코드를 만들 때, 매개변수는 프레임 포인터 레지스터의 양의 오프셋에 나타나고 지역 변수는 프레임 포인터 레지스터의 음의 오프셋에 나타난다.

매개변수와 지역 변수가 몇 개만 있는 프로시저의 경우, CPU는 작은 오프셋(80x86에서는 8비트, 다양한 RISC 프로세서에서는 더 큰 값)을 사용해 모든 매개변수와 지역 변수에 접근할 수 있다. 다음 C/C++ 함수를 살펴보자.

```
int BigLocals( int i, int j )
{
    int array[256];
    int k;
        .
        .
        .
}
```

32비트 80x86에서 이 기능에 대한 활성화 레코드는 그림 7-6에서 볼 수 있다.

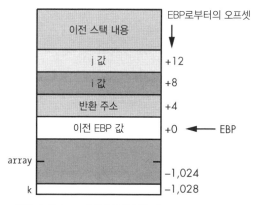

그림 7-6 BigLocals() 함수의 활성화 레코드

노트 | 이 활성화 레코드와 파스칼 및 HLA 함수용 레코드 간의 한 가지 차이점은 C가 스택에 매개변수를 푸시할 때 역순으로 한다는 것이다(즉, 마지막 매개변수를 먼저 푸시하고 첫 번째 매개변수를 마지막으로 푸시함). 그러나 이 차이는 우리의 논의에 전혀 영향을 미치지 않는다.

그림 7-6에서 볼 수 있는 중요한 점은 지역 변수 array와 k가 큰 음수 오프셋 값을 가진다는 것이다. 오프셋이 −1,024와 −1,028인데, EBP에서 array와 k로의 변위는 컴파일러가 80x86에서 한 바이트에 인코딩할 수 있는 범위를 훨씬 벗어난다. 따라서 컴파일러는 이 변위 값을 32비트 값을 사용해 인코딩할 수밖에 없다. 물론 이 함수에서 이러한 지역 변수에 접근하는 것은 상당히 많은 비용이 든다.

이 예에서는 array 변수에 대해 아무것도 할 수 없다(어디에 배치하든 배열의 기본 주소에 대한 오프셋은 활성화 레코드의 기본 주소에서 최소 1,024바이트 이상이 된다). 그러나 그림 7-7의 활성화 레코드를 생각해보자.

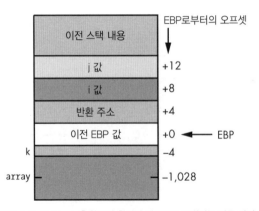

그림 7-7 BigLocals () 함수의 활성화 레코드를 구성하는 다른 방법

컴파일러는 이 활성화 레코드에서 지역 변수를 재정렬했다. array 변수에 접근하려면 여전히 32비트 변위가 필요하지만, k의 오프셋은 -4이므로 k에 접근할 때 8비트 변위(32비트 80x86에서)가 사용된다. 다음 코드를 사용해 이러한 오프셋을 생성할 수 있다.

```
int BigLocals( int i, int j );
{
    int k;
    int array[256];
        .
        .
        .
}
```

이론적으로 활성화 레코드의 변수 순서를 재배열하는 것은 컴파일러가 수행하기에 별로 어렵지 않은 일이다. 따라서 컴파일러가 이렇게 살짝 수정함으로써 가능한 한 많은 지역 변수를 작은 변위 값으로 접근할 수 있게 해주길 기대할 수 있다. 실제로는 여러 가지 기술적이고 현실적인 문제 때문에 이 최적화를 하는 컴파일러는 거의 없다(특히 활성화 레코드의 변수 위치를 가정하고 만든 안 좋은 코드는 깨질 수 있다).

지역 변수를 가능한 한 많이 작은 변위에 두고 싶다면 방법은 간단하다. 모든 1바이트 변수를 먼저 선언하고, 2바이트 변수를 두 번째로 선언한 후 4바이트 변수를 그다음에 선언하는 식으로 함수에서 가장 큰 지역 변수까지 순서대로 선언한다. 그러나 일반적으

300

로는 가능한 한 많은 변수의 변위를 작게 만드는 것보다는 함수 내에서 명령의 수를 가능한 한 작게 하는 것이 더 좋을 수 있다. 예를 들어, 1바이트 변수가 128개 있어서 이를 먼저 선언하면 이에 접근할 때 한 바이트 변위면 충분할 것이다. 그러나 이 변수에 접근하지 않는다면, 4바이트 대신 1바이트를 사용해도 아무런 이점이 없다. 시간을 절약하려면 4바이트 대신 1바이트 변위를 갖는 변수에 실제로 접근해야 한다. 따라서 함수의 오브젝트 코드 크기를 줄이려면, 가능한 한 많은 수의 명령이 작은 변위를 사용하도록 해야 한다. 100바이트 배열을 함수 내 다른 변수보다 훨씬 많이 쓴다면 배열을 먼저 선언하는 것이 나을 것이다(그렇게 하면, 80x86에서는 28바이트 공간만이 다른 변수가 쓸 수 있는 작은 변위 값으로 남는다).

RISC 프로세서는 일반적으로 부호 있는 12비트나 16비트 오프셋을 사용해 활성화 레코드의 필드에 접근한다. 따라서 RISC 칩에서 선언할 때는 한층 여유가 있다(12비트나 16비트 범위를 초과하면 지역 변수에 접근하는 데 비용이 많이 들기 때문에 이는 참 다행이다). 2,048(12비트)바이트나 32,768바이트를 초과하는 배열을 하나 이상 선언하지만 않으면, RISC 칩의 일반적인 컴파일들은 괜찮은 코드를 생성한다.

지금까지 인수는 지역 변수뿐 아니라 매개변수에도 마찬가지로 적용되지만, 비용상의 이유로 함수에 (값을 통해) 커다란 데이터 구조를 넘기는 코드는 거의 없다.

7.5.3 중간 변수를 위한 스토리지 할당

중간 변수intermediate variable는 한 프로시저/함수에서는 지역이지만 다른 프로시저/함수에서는 전역인 변수를 말한다. 중첩 프로시저nested procedure를 지원하는 프리 파스칼, 델파이, 에이다, 모듈라-2Modula-2, 스위프트, HLA와 같은 블록 구조block-structured 언어에서는 중간 변수가 존재한다.

스위프트의 다음 예제 프로그램을 살펴보자.

```
import Cocoa
import Foundation

var globalVariable = 2
```

```
func procOne()
{
    var intermediateVariable = 2;

    func procTwo()
    {
        let localVariable =
            intermediateVariable + globalVariable
        print( localVariable )
    }
    procTwo()
}

procOne()
```

　　중첩된 프로시저는 중첩된 프로시저를 포함하는 프로시저의 변수(즉, 중간 변수)뿐 아니라 main 프로그램의 변수(즉, 전역 변수)에 모두 접근할 수 있다. 지금까지 살펴본 것처럼 지역 변수 액세스가 전역 변수 액세스보다 저렴하다(프로시저 내의 전역 오브젝트에 접근하려면 항상 더 큰 오프셋을 사용해야 하기 때문이다). procTwo 프로시저에서 수행되는 중간 변수 접근은 비싸다. 지역 변수 액세스와 전역 변수 액세스의 차이점은 명령에 코딩된 오프셋/변위의 크기다. 지역 변수는 일반적으로 전역 오브젝트보다 더 작은 오프셋을 사용한다. 반면 중간 액세스는 일반적으로 여러 기계어 명령이 더 필요하다. 이는 중간 변수에 액세스하는 명령어 시퀀스를 지역(또는 전역) 변수에 액세스하는 것보다 몇 배 더 느리고 몇 배 더 크게 만든다.

　　중간 변수 사용의 문제점은 중간 오브젝트를 참조하기 위해 컴파일러가 활성화 레코드의 연결 리스트나 활성화 레코드에 대한 포인터 테이블(디스플레이display)을 유지해야 한다는 것이다. 중간 변수에 액세스하려면 procTwo 프로시저가 연결 고리를 따라가거나 (이 예에서는 하나의 링크만 있다) procOne의 활성화 레코드에 대한 포인터를 테이블에서 찾아야 한다. 게다가 포인터의 연결 리스트에서 디스플레이를 유지한다는 것도 그다지 저렴하지 않다. 이 오브젝트를 유지하기 위해 프로시저/함수의 진입과 진출 시마다 추가 작업을 해줘야 하는데, 이는 그 프로시저나 함수가 중간 변수를 전혀 참조하지 않더라도 그렇다. 전역 변수가 아닌 중간 변수를 이용하면 (정보 은닉과 관련된) 소프트웨어 엔지니어링 이점이 따른다고 하지만(이것도 논란이 있다), 중간 오브젝트는 비싸다는 점을 명심해야 할 것이다.

7.5.4 동적 변수와 포인터를 위한 스토리지 할당

HLL에서의 포인터 액세스도 최적화를 할 수 있다. **포인터**[pointer]는 사용하는 데 비용이 많이 들 수 있지만, 특정 상황에서는 변위 크기를 줄임으로써 실제로 프로그램을 더 효율적으로 만들어준다.

포인터는 단순히 다른 메모리 오브젝트의 주소를 값으로 갖는 메모리 변수다(따라서 포인터는 컴퓨터의 주소와 크기가 같다). 대부분의 최신 CPU는 레지스터를 통해서만 메모리를 참조할 수 있으므로 오브젝트에 간접적으로 액세스하는 것은 보통 2단계로 이뤄진다. 먼저 포인터 변수의 값을 레지스터에 로드한 다음 그 레지스터를 통해 (간접적으로) 오브젝트를 참조한다.

다음 C/C++ 코드를 살펴보자.

```
int *pi;
    .
    .
    .
i = *pi;    // 여기서 pi는 의미 있는 값으로 초기화된 상태라고 하자
```

다음은 해당 80x86/HLA 코드다.

```
pi: pointer to int32;
    .
    .
    .
mov( pi, ebx );      // 다시,
mov( [ebx], eax );   // pi는 적절히 초기화됐다
mov( eax, i );
```

pi가 포인터 오브젝트가 아닌 일반 변수였다면, 이 코드에서는 mov ([ebx], eax); 명령을 내리고 pi를 eax로 직접 이동했을 것이다. 포인터 변수를 사용하면, 컴파일러가 생성한 코드 시퀀스에 추가 명령이 들어가면서 프로그램의 크기는 늘어나고 실행 속도는 느려진다.

오브젝트를 가까운 시점에서 여러 번 간접 참조하면 컴파일러는 레지스터에 로드해둔 포인터 값을 재사용해 추가적인 명령 비용을 줄일 수 있다. 다음 C/C++ 코드를 보자.

```
int *pi;
    .
    .    // 여기서 pi를 적절히
    .    // 초기화했다고 하자
  .
*pi = i;
*pi = *pi + 2;
*pi = *pi + *pi;
printf( "pi = %d\n", *pi );
```

관련된 80x86/HLA 코드는 다음과 같다.

```
pi: pointer to int32;
    .
    . // 여기서 pi를 적절히
    . // 초기화했다고 하자
    .
// EBX를 초기화하는 추가적인 명령

mov( pi, ebx );

mov( i, eax );
mov( eax, [ebx] );  // 이 코드를 더 최적화할 수도 있겠지만,
mov( [ebx], eax );  // 논의의 흐름상 무시하기로 한다
add( 2, eax );
mov( eax, [ebx] );
mov( [ebx], eax );
add( [ebx], eax );
```

```
mov( eax [ebx] );
stdout.put( "pi = ", (type int32 [ebx]), nl );
```

이 코드에서 실제 포인터 값은 EBX로 단 한 번만 로드한다. 그 이후로는 EBX에 있는 포인터 값을 이용해 pi가 가리키는 오브젝트를 참조한다. 물론 어떤 컴파일러는 이 어셈블리 언어 시퀀스에서 중복되는 다섯 개의 메모리 로드와 스토어를 모두 없앨 수 있겠지만, 당분간 중복되지 않는다고 가정하고 여기서는 그대로 남겨뒀다. pi가 가리키는 오브젝트에 액세스하기 위해 매번 pi의 값을 EBX에 로드할 필요는 없으므로, 오버헤드 명령(mov(pi, ebx);) 하나만으로 여섯 개의 명령을 커버할 수 있다. 따라서 그다지 성능 저하가 일어나지는 않는다.

실제로 이 코드는 지역 변수나 전역 변수에 직접 액세스하는 것보다 더 최적이다. 다음 명령을 보자.

```
mov([ebx], eax);
```

이 형식의 명령어는 0비트 변위를 인코딩한다. 따라서 이 mov(move) 명령은 3이나 5, 6바이트가 아닌 2바이트면 충분하다. pi가 지역 변수였다면, pi를 EBX로 복사하는 원래 명령어의 길이는 3바이트(2바이트 op코드와 1바이트 변위)였을 가능성이 높다. mov([ebx], eax); 명령이 2바이트에 불과하므로, 8비트 변위 대신 간접 참조를 사용해 바이트 수를 '균등화'하는 데 세 개의 명령이면 충분하다. pi가 가리키는 것을 참조하는 세 번째 명령어 이후에는 포인터를 사용한 코드가 실제로 더 짧다.

간접 참조를 이용해 전역 변수 블록에도 더 효율적으로 액세스할 수 있다. 앞서 언급했듯이, 컴파일러는 일반적으로 프로그램을 컴파일하는 동안 전역 오브젝트의 주소를 확인할 수 없다. 따라서 최악의 경우를 가정하고, 전역 변수에 액세스하는 기계어 코드를 생성할 때 가능한 최대 변위/오프셋을 허용해야 한다. 물론, 오브젝트에 직접 액세스하지 않고 포인터를 사용하면, 변위 값의 크기를 32비트에서 0비트로 줄일 수 있음을 확인했다. 따라서 전역 오브젝트의 주소(예: C/C++에서는 & 연산자 사용)를 가져온 다음 간접 참조로 변수에 액세스할 수 있다. 이 액세스 방식의 문제는 레지스터(레지스터는 매우 귀중한 자원으로 32비트 80x86에서는 범용 레지스터가 여섯 개밖에 없다)가 하나 필요하다는 것이다. 동일한 변수에 연속적으로 여러 번 액세스하는 경우, 이 0비트 변위 트릭은 코드를 더 효율적으로 만들 수 있다. 그러나 짧은 코드 시퀀스에서 다른 여러 변수에 액세스하지 않고 동일한 변수에 반복적으로 액세스하는 것은 다소 드문 일이다. 즉, 컴파일러가 레지스터에서 포인터를 내놓고 나중에 포인터 값을 다시 로드해야 하므로, 이 방법의 효율성은 떨어진다. 레지스터가 많은 RISC 칩 또는 x86-64에서 작업하는 경우라면 이 트릭을 활용할 수 있다. 하지만 레지스터 수가 제한된 프로세서에서는 자주 사용할 수 없다.

7.5.5 레코드/구조체를 사용해 명령어 오프셋 크기 줄이기

단일 포인터로 여러 변수에 액세스할 수 있는 트릭이 있다. 모든 변수를 한 구조체에 넣은 다음 구조체의 주소를 사용하는 것이다. 포인터를 통해 구조체의 필드에 접근하면 더 작은 명령을 사용해 오브젝트에 액세스할 수 있다. 이는 활성화 레코드에서 본 것과 거의 똑같이 작동한다(실제로 활성화 레코드는 말 그대로 프로그램이 프레임 포인터 레지스터를 통해 간접적으로 참조하는 레코드다). 사용자 정의 레코드/구조체에서 간접적으로 오브젝트에 액세스하는 것과 활성화 레코드에서 오브젝트에 액세스하는 것의 유일한 차이점은 대부분의 컴파일러에서 음수 오프셋을 사용해 사용자 구조체/레코드의 필드를 참조할 수 없다는 것이다. 따라서 활성화 레코드에서 일반적으로 액세스할 수 있는 바이트 수의 약 절반으로 제한된 오프셋밖에 사용할 수 없다. 예를 들어, 80x86에서는 포인터의 오프셋 0 위치를 0비트 변위를 사용해 액세스하고, 1~+127의 오프셋은 1바이트 변위로 액세스할 수 있다. 이 트릭을 사용하는 다음 C/C++ 예제를 살펴보자.

```
typedef struct
{
    int i;
    int j;
    char *s;
    char name[20];
    short t;
} vars;
```

```
static vars v;
vars *pv = &v; // pv를 v의 주소로 초기화한다
       .
       .
       .
   pv->i = 0;
   pv->j = 5;
   pv->s = pv->name;
   pv->t = 0;
   strcpy( pv->name, "Write Great Code!" );
       .
       .
       .
```

잘 설계된 컴파일러는 이 코드에서 정확히 한 번 레지스터에 pv 값을 로드할 것이다. vars 구조체의 모든 필드가 메모리에 있는 구조체의 기본 주소에서 127바이트 내에 있으므로, 80x86 컴파일러는 v 변수 자체가 정적/전역 오브젝트이더라도 1바이트 오프셋만 필요한 명령어 시퀀스를 내보낼 수 있다. 참고로 vars 구조체의 첫 번째 필드는 특별하다. 이것은 구조체의 오프셋이 0이므로, 이 필드에 액세스할 때 0비트 변위를 사용할 수 있다. 따라서 해당 구조체를 간접적으로 참조하려면, 구조체에서 가장 자주 참조되는 필드를 먼저 배치하는 것이 좋다.

코드에서 간접 참조를 사용하는 것은 비용이 발생한다. 32비트 80x86과 같이 레지스터가 제한된 CPU에서 이 방법을 사용하면 한동안 레지스터가 묶여 컴파일러가 더 나쁜 코드를 생성할 수 있다. 컴파일러가 레지스터에 구조체의 메모리 주소를 지속적으로 다시 로드해야 한다면, 이 트릭으로 인한 이득은 금방 사라질 것이다. 이와 같은 트릭은 서로 다른 프로세서(또는 동일한 프로세서에 대해 서로 다른 컴파일러)에 따라 효율이 다르므로, 컴파일러가 생성하는 코드를 확인해 트릭이 실제로 비용을 절감하는지 확인해야 한다.

7.5.6 레지스터에 변수 저장하기

레지스터에 대한 주제에서 빠질 수 없는 것은 변수를 0비트 변위로 참조하는 또 다른 방법으로, 변수를 기계 레지스터에 넣어두는 것이다. 기계 레지스터는 변수와 인자를 넣어

두기에 가장 효율적인 장소다. 불행히도 어셈블리 언어와 (제한적이지만) C/C++ 언어만이 변수나 인자를 레지스터에 넣도록 제어할 수 있게 해준다. 어떤 면에서는 나쁘지 않은데, 이는 좋은 컴파일러는 일반 프로그래머보다 레지스터 할당을 훨씬 더 잘하기 때문이다. 그러나 전문 프로그래머는 프로그램이 처리할 데이터와 특정 메모리 위치에 대한 액세스 빈도를 이해하기 때문에 컴파일러보다 더 나은 레지스터 할당 작업을 수행할 수 있다(물론, 전문 프로그래머는 먼저 컴파일러가 만든 코드를 보고 이용할 수 있지만, 컴파일러는 프로그래머가 만든 코드를 보지 않는다).

델파이와 같은 일부 언어는 프로그래머가 레지스터를 할당하는 방법을 거의 지원하지 않는다. 특히, 델파이 컴파일러는 함수나 프로시저의 처음 세 인자를 EAX, EDX, ECX 레지스터에 넘기는 컴파일러 옵션을 제공한다. 이 옵션을 fastcall **호출 규칙**fastcall calling convention이라고 하며, 여러 C/C++ 컴파일러에서도 이를 지원한다.

델파이나 다른 몇 가지 언어에서는 유일하게 fastcall 인자 전달 규칙 정도를 제어할 수 있다. 그러나 C/C++에서는 register 키워드를 제공한다. 이는 const, static, auto 키워드 같은 스토리지 지정자로, 컴파일러에 이 변수는 자주 사용되므로 레지스터에 보관하는 것이 좋다는 프로그래머의 생각을 알려준다. 그러나, 컴파일러는 register 키워드를 무시할 수 있다(컴파일러가 자동 할당으로 변수 공간을 예약할 때 그렇다). 많은 컴파일러가 register 키워드를 모두 무시한다. 이는 컴파일러 작성자는 어느 프로그래머보다 레지스터 할당을 더 잘할 수 있다고 다소 오만하게 가정하기 때문이다. 물론 32비트 80x86과 같이 레지스터가 부족한 일부 컴퓨터에서는 작업할 레지스터가 너무 적기 때문에 일부 함수를 실행하는 동안 레지스터에 변수를 할당할 수도 없다. 그럼에도 불구하고 일부 컴파일러는 프로그래머의 요구를 존중하며, 요청하면 레지스터에 몇 개의 변수를 할당한다.

대부분의 RISC 컴파일러는 인자 전달을 위한 여러 레지스터와 지역 변수를 위한 여러 레지스터를 예약한다. 따라서, 가장 자주 액세스하는 인자는 컴파일러가 레지스터에 할당할 가능성이 높으므로 가장 자주 액세스하는 인자를 인자 선언의 앞부분에 배치하는 것이 좋다.[9] 지역 변수 선언도 마찬가지다. 가장 자주 사용하는 지역 변수를 앞에 선언해 많은 컴파일러가 이 변수들을 (순서대로) 레지스터에 할당하도록 한다.

---

9   많은 최적화 컴파일러는 매우 똑똑해서 프로그램이 변수를 사용하는 방법에 따라 해당 변수를 레지스터에 할당한다.

컴파일러 레지스터 할당의 한 가지 문제는 정적이라는 것이다. 즉, 컴파일러는 런타임이 아닌 컴파일 중에 소스 코드 분석을 기반으로 레지스터에 배치할 변수를 결정한다. 컴파일러는 종종 '이 함수는 다른 어떤 변수보다 변수 xyz를 훨씬 더 자주 참조하므로 레지스터 변수에 적합하다.'와 같은 가정을 한다(거의 정확하다). 실제로 변수를 레지스터에 배치하면 컴파일러는 확실히 프로그램의 크기를 줄일 수 있다. 그러나, 코드상의 xyz에 대한 모든 참조가 사실은 거의 실행되지 않을 수도 있다. 컴파일러는 메모리가 아닌 레지스터에 액세스하기 위해 더 작은 명령을 내보냄으로써 약간의 공간을 절약할 수 있지만, 코드가 눈에 띄게 빠르게 실행되지는 않는다. 결국 코드가 거의 실행되지 않거나 전혀 실행되지 않는 경우, 해당 코드를 더 빠르게 실행해도 프로그램의 실행 시간에는 별 영향이 없다. 반면에 깊이 중첩된 루프 안에 묻어놓은 일부 변수에 대한 단일 참조가 여러 번 실행될 수 있다. 전체 함수에서 단 한 번 참조하기 때문에 컴파일러 최적화는 실행 프로그램이 변수를 자주 참조한다는 사실을 놓칠 수 있다. 컴파일러는 루프 내부의 변수 처리에 대해 더 똑똑해졌지만, 실은 컴파일러도 임의의 루프가 런타임에 실행되는 횟수를 예측할 수는 없다. 이러한 종류의 예측은 사람이 훨씬 더 뛰어나므로(아니면, 적어도 프로파일러로 측정할 수 있다), 레지스터의 변수 할당에 대해 더 좋은 결정을 내릴 수 있다.

7.6 메모리의 변수 정렬하기

많은 프로세서(특히 RISC)에서 고려해야 할 또 다른 효율성 문제가 있다. 많은 최신 프로세서에서는 메모리의 임의 주소에 있는 데이터에 액세스할 수 없다. 대신, 모든 액세스는 CPU가 지원하는 일부 기본 경계(일반적으로 4바이트)에서 발생해야 한다.[10] CISC 프로세서가 임의의 바이트 경계에서 메모리 액세스를 허용할 때도, 오브젝트 크기의 배수인 경계에 있는 기본 오브젝트(바이트, 워드, 더블 워드)에 액세스하는 것이 더 효율적이다(그림 7-8 참조).

---

10 파워PC는 성능이 저하되더라도 정렬되지 않은 메모리 액세스를 지원한다. ARM의 이전 버전(ARMv6-A 이전)은 정렬되지 않은 메모리 액세스를 전혀 허용하지 않는다.

많은 CPU에서 메모리 오브젝트는
오브젝트 크기의 배수인 주소에서 시작해야 한다.

더블 워드

워드

바이트

주소 n+　0　1　2　3　4　5　6　7　8　9　10　11

(n은 4로 나눠 떨어지는 수)

그림 7-8 메모리상의 변수 정렬

CPU가 정렬되지 않은 액세스를 지원한다면(즉, CPU가 오브젝트의 기본 크기의 배수가 아닌 경계에 있는 메모리 오브젝트에 액세스할 수 있도록 허용한다면) 변수를 활성화 레코드에 **패킹**packing할 수 있어야 한다. 이렇게 하면 최대한 많은 변수를 짧은 오프셋 안에 넣을 수 있다. 그러나, 정렬되지 않은 접근은 정렬된 접근보다 느리기 때문에, 많은 최적화 컴파일러는 모든 변수가 고유 크기의 적절한 경계에 정렬되도록 하기 위해 활성화 레코드에 패딩 바이트를 넣는다(그림 7-9 참조). 이것은 좀 더 큰 프로그램에 대해 좀 더 나은 성능을 제공한다.

```
char oneByte ;
short twoBytes ;
char oneByte2 ;
int fourBytes ;
```

오프셋

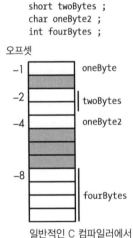

−1 oneByte

−2 twoBytes

−4 oneByte2

−8 fourBytes

일반적인 C 컴파일러에서
생성된 활성화 레코드

▨ 패딩 바이트

그림 7-9 활성화 레코드의 패딩 바이트

그러나 모든 더블 워드를 제일 먼저 선언하고, 두 번째로 워드 선언을, 세 번째로 바이트 선언을 한 후 배열/구조체 선언을 마지막으로 하면, 코드의 속도와 크기를 모두 향상시킬 수 있다. 컴파일러는 대개 선언한 첫 번째 지역 변수를 합리적인 경계(일반적으로 더블 워드 경계)에 맞춘다. 먼저, 모든 더블 워드 변수를 선언해 4의 배수 주소에 모두 위치시킨다(대개 컴파일러는 선언에서 인접한 변수를 메모리의 인접한 위치에 할당하기 때문이다). 선언한 첫 번째 워드 크기의 오브젝트는 4의 배수인 주소에 위치한다. 이는 해당 주소도 2의 배수라는 것을 의미한다(워드 액세스에 가장 적합하다). 모든 워드 변수를 함께 선언하면 각 변수가 2의 배수인 주소에 위치한다. 프로시저나 함수에서 모든 지역 바이트 변수를 마지막에 선언하면, 일반적으로 이러한 선언이 함수에서도 사용하는 더블 워드나 워드 변수의 성능에 영향을 미치지 않는다. 그림 7-10은 다음 함수에서 선언한 변수의 일반적인 활성화 레코드가 어떻게 표시되는지 보여준다.

```c
int someFunction( void )
{
    int d1;    // int는 32비트 오브젝트라고 하자
    int d2;
    int d3;
    short w1; // short는 16비트 오브젝트라고 하자
    short w2;
    char b1;   // char은 8비트 오브젝트라고 하자
    char b2;
    char b3;
        .
        .
        .
} // someFunction의 끝
```

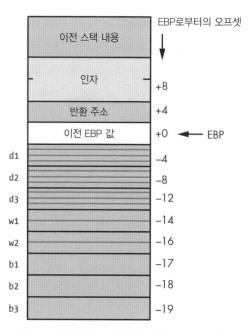

EBP로부터의 오프셋

이전 스택 내용	
인자	+8
반환 주소	+4
이전 EBP 값	+0 ← EBP
d1	−4
d2	−8
d3	−12
w1	−14
w2	−16
b1	−17
b2	−18
b3	−19

그림 7-10 활성화 레코드에 정렬된 변수(32비트 80x86)

모든 더블 워드 변수(d1, d2, d3)가 4의 배수(−4, −8, −12) 주소에서 시작하고, 모든 워드 크기 변수(w1, w2)는 2의 배수(−14, −16) 주소에서, 바이트 변수(b1, b2, b3)는 메모리상의 임의 주소(짝수와 홀수 주소 모두)에서 시작한다.

이제 임의의(순서가 없는) 변수 선언이 있는 다음 함수와 해당 활성화 레코드를 살펴보자(그림 7-11).

```
int someFunction2( void )
{
    char  b1; // char은 8비트 오브젝트라고 하자
    int   d1; // int는 32비트 오브젝트라고 하자
    short w1; // short는 16비트 오브젝트라고 하자
    int   d2;
    short w2;
    char  b2;
    int   d3;
    char  b3;

        .
```

```
        .
        .
        .
} // someFunction2의 끝
```

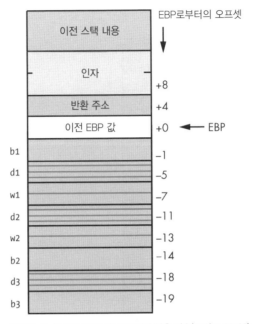

이전 스택 내용

인자   +8

반환 주소   +4

이전 EBP 값   +0 ← EBP

EBP로부터의 오프셋

b1   −1

d1   −5

w1   −7

d2   −11

w2   −13

b2   −14

d3   −18

b3   −19

그림 7-11 활성화 레코드의 정렬되지 않은 변수(32비트 80x86)

보다시피 바이트 변수를 제외한 모든 변수는 오브젝트의 부적절한 주소에 위치한다. 임의의 주소에서 메모리 액세스를 허용하는 프로세서에서는 적절한 주소 경계에 정렬되지 않은 변수에 접근하는 데 더 많은 시간이 걸릴 수 있다.

일부 프로세서는 프로그램이 정렬되지 않은 주소의 오브젝트에 액세스하는 것을 허용하지 않는다. 예를 들어, 대부분의 RISC 프로세서는 32비트 주소 경계를 제외하고는 메모리에 액세스할 수 없다. short나 byte 값에 액세스하기 위해 일부 RISC 프로세서에서는 소프트웨어적으로 32비트 값을 읽어서 16비트나 8비트 값을 추출해야 한다(즉, CPU는 소프트웨어가 바이트나 워드를 압축된 데이터로 다루도록 한다). 이 데이터를 압축하거나 해제하는 데 필요한 추가 명령과 메모리 액세스는 메모리 액세스 속도를 상당히 감소시킨다(메모리에서 바이트나 워드를 읽기 위해 보통 둘 이상의 명령이 필요하다). 메모리에 데이터를 쓰는 것은 CPU가 먼저 메모리에서 데이터를 가져와 새 데이터와 이전 데이터를 병합한 다음, 그 결과를 다시 메모리에 써야 하기 때문에 더 안 좋다. 따라서, 대부분의 RISC 컴파일러는 그림 7-11과 유사한 활성화 레코드를 생성하지 않는다. 대신, 모든 메모리 오브젝트가 4바이트의 배수인 주소 경계에서 시작되도록 패딩 바이트를 추가한다(그림 7-12 참조).

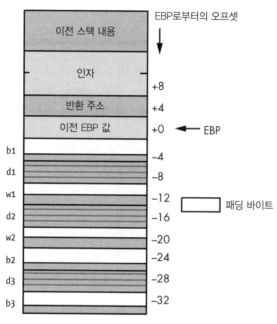

그림 7-12 RISC 컴파일러는 패딩 바이트를 넣어서 정렬한다.

그림 7-12에서 모든 변수는 32비트의 배수인 주소에 있다. 따라서 RISC 프로세서는 이러한 변수에 액세스하는 데 문제가 없다. 물론 활성화 레코드가 좀 더 커지는 비용은 든다(지역 변수는 19바이트가 아닌 32바이트를 사용한다).

그림 7-12의 예는 32비트 RISC 기반 컴파일러의 일반적인 예로, CISC CPU의 컴파일러도 이 작업을 수행하지 않는다는 의미는 아니다. 예를 들어, 80x86의 많은 컴파일러는 컴파일러가 생성하는 코드의 성능을 향상시키기 위해 이 활성화 레코드를 만든다. 잘못 정렬된 방식으로 변수를 선언해도 CISC CPU에서 코드 속도가 느려지지는 않지만 추가 메모리를 사용할 수 있다.

물론 어셈블리 언어로 작업하는 경우, 특정 프로세서에 적합하거나 효율적인 방식으로 변수를 선언하는 것은 보통 사용자의 몫이다. 예를 들어, HLA(80x86)에서 다음 두 프로시저 선언은 그림 7-10, 7-11, 7-12에 표시된 활성화 레코드를 생성한다.

```
procedure someFunction; @nodisplay; @noalignstack;
var
    d1  :dword;
    d2  :dword;
    d3  :dword;
    w1  :word;
    w2  :word;
    b1  :byte;
    b2  :byte;
    b3  :byte;
begin someFunction;

        .
        .
        .

end someFunction;



procedure someFunction2; @nodisplay; @noalignstack;
var
    b1  :byte;
    d1  :dword;
    w1  :word;
    d2  :dword;
    w2  :word;
    b2  :byte;
    d3  :dword;
    b3  :byte;
begin someFunction2;

        .
        .
        .

end someFunction2;
```

```
procedure someFunction3; @nodisplay; @noalignstack;
var
        // HLA의 정렬 지시문이 다음 선언을 정렬하게 만든다

        align(4);
        b1  :byte;
        align(4);
        d1  :dword;
        align(4);
        w1  :word;
        align(4);
        d2  :dword;
        align(4);
        w2  :word;
        align(4);
        b2  :byte;
        align(4);
        d3  :dword;
        align(4);
        b3  :byte;
begin someFunction3;
            .
            .
            .
end someFunction3;
```

HLA 프로시저 *someFunction*과 *someFunction3*은 모든 변수가 적절한 경계에 정렬되기 때문에, 80x86 프로세서에서 가장 빠르게 실행되는 코드를 생성한다. HLA 프로시저 *someFunction*과 *someFunction2*는 활성화 레코드의 변수 사이에 패딩이 없기 때문에, 80x86 CPU에서 가장 압축된 활성화 레코드를 생성한다. RISC CPU에서 어셈블리 언어로 작업하는 경우, 메모리의 변수에 더 쉽게 액세스하기 위해 *someFunction*이나 *someFunction3* 방식을 선택하는 것이 좋다.

7.6.1 레코드와 정렬

HLL의 레코드/구조체에는 관심을 가져야 하는 정렬 문제가 있다. 최근 CPU 제조사들

은 서로 다른 프로그래밍 언어와 해당 구현 간의 호환성을 높이기 위해 ABI^{Application Binary} Interface(애플리케이션 바이너리 인터페이스) 표준을 권장하고 있다. 모든 언어와 컴파일러가 이러한 제안을 준수하는 것은 아니지만, 많은 최신 컴파일러는 이를 준수한다. 무엇보다도 이러한 ABI 사양은 컴파일러가 메모리의 레코드나 구조체 오브젝트 내에서 필드를 구성하는 방법을 설명한다. 규칙은 CPU마다 다르지만, 대부분의 ABI에 적용되는 한 가지는 컴파일러가 오브젝트 크기의 배수인 오프셋에 레코드/구조체 필드를 정렬해야 한다는 것이다. 레코드/구조체에서 인접한 두 필드의 크기가 다르고 구조체에서 첫 번째 필드를 배치하면 두 번째 필드가 두 번째 필드의 기본 크기의 배수가 아닌 오프셋에 배치되는 경우, 컴파일러는 패딩 바이트를 넣어서 두 번째 필드를 두 번째 오브젝트의 크기에 적합한 더 높은 오프셋으로 밀어 넣는다.

실제로 서로 다른 CPU나 운영체제에 대한 ABI는 메모리의 다른 주소에 있는 오브젝트에 액세스하는 CPU의 능력에 따라 약간씩 다르다. 예를 들어, 인텔은 컴파일러 제작자가 바이트는 모든 오프셋에, 워드는 짝수 오프셋에, 나머지는 4의 배수인 오프셋에 정렬하도록 한다. 일부 ABI는 레코드 내에서 8바이트 경계에 64비트 오브젝트를 배치할 것을 권장한다. x86-64 SSE나 AVX 명령어는 128비트/256비트 데이터 값에 대해 16바이트/32바이트를 정렬한다. 32비트보다 작은 오브젝트에 액세스하기 어려운 일부 CPU는 레코드/구조체의 모든 오브젝트에 대해 최소 32비트 정렬을 제안할 수 있다. 규칙은 CPU에 따라서, 그리고 제조업체가 더 빠른 실행 코드(일반적인 경우)나 더 작은 데이터 구조 가운데 무엇을 선호하는지에 따라 다르다.

단일 컴파일러로 단일 CPU(예: 인텔 기반 PC)에 대한 코드를 작성하는 경우, 패딩 필드에 대한 컴파일러의 규칙을 배우고 최대 성능과 최소 낭비를 위해 선언을 조정한다. 그러나 여러 다른 컴파일러, 특히 여러 다른 CPU에 대한 컴파일러를 사용해 코드를 컴파일해야 하는 경우, 한 셋의 규칙을 따르면 한 시스템에서는 잘 작동하지만 다른 시스템에서는 비효율적인 코드를 생성한다. 다행히 다른 ABI를 위해 재컴파일할 때 발생하는 비효율성을 줄일 수 있는 몇 가지 규칙이 있다.

성능/메모리 사용의 관점에서 볼 때, 가장 좋은 해결책은 앞서 활성화 레코드에 대해 본 것과 동일한 규칙을 적용하는 것이다. 레코드에서 필드를 선언할 때 비슷한 크기의 모든 오브젝트를 그룹화하고, 레코드/구조체의 모든 큰(스칼라) 오브젝트를 먼저 배치한 뒤

나머지 작은 오브젝트를 배치한다. 이 방법은 낭비(패딩 바이트)를 최소화하고, 대부분의 기존 ABI에서 최고의 성능을 제공한다. 이 접근 방식의 유일한 단점은 서로 논리적 관계가 아닌 기본 크기로 필드를 구성해야 한다는 것이다. 그러나, 레코드/구조체의 모든 필드가 동일한 레코드/구조체의 모든 구성원인 한 논리적으로 연관되어 있기 때문에, 이 방법은 특정 함수의 지역 변수를 구성하는 것보다는 낫다.

많은 프로그래머가 패딩 필드 자체를 구조체에 추가한다. 예를 들어, 다음과 같은 코드는 리눅스 커널이나 심하게 해킹된 소프트웨어에서 흔히 볼 수 있다.

```c
typedef struct IveAligned
{
    char byteValue;
    char padding0[3];
    int dwordValue;
    short wordValue;
    char padding1[2];
    unsigned long dwordValue2;
        .
        .
        .
};
```

이 구조체의 padding0 및 padding1 필드는 4의 배수인 오프셋에서 dwordValue 및 dwordValue2 필드를 수동으로 정렬하기 위해 추가됐다.

필드를 자동으로 정렬하지 않는 컴파일러를 사용하는 경우, 이 패딩이 비합리적인 것은 아니다. 다른 컴퓨터에서 이 코드를 컴파일하려고 하면 예기치 않은 결과가 발생할 수 있다. 예를 들어, 컴파일러가 크기에 관계없이 32비트 경계에 모든 필드를 정렬하는 경우, 이 구조체 선언은 두 개의 paddingX 배열을 유지하기 위해 두 개의 더블 워드를 추가로 사용한다. 이로 인해 별다른 이유 없이 공간이 낭비된다. 따라서 패딩 필드를 수동으로 추가하기로 결정했다면, 이 점을 명심해야 한다.

구조체의 필드를 자동으로 정렬하는 많은 컴파일러는 이 기능을 해제하는 옵션을 제공한다. 이는 정렬이 선택 사항이고 컴파일러가 약간의 성능 향상을 위해 수행하는 CPU

용 코드를 생성하는 컴파일러의 경우 특히 그렇다. 레코드/구조체에 패딩 필드를 수동으로 추가하려면, 수동으로 정렬한 후 컴파일러가 필드를 다시 정렬하지 않도록 이 옵션을 지정해야 한다.

이론적으로 컴파일러는 활성화 레코드에서 지역 변수의 오프셋을 자유롭게 재배열할 수 있다. 그러나, 컴파일러가 사용자 정의 레코드/구조체의 필드를 재배열하는 것은 극히 드물다. 너무 많은 외부 프로그램 및 데이터 구조가 선언된 순서와 동일한 순서로 나타나는 레코드의 필드에 의존한다. 이는 두 개의 개별 언어로 작성된 코드 간에 레코드/구조체 데이터를 전달하거나(예: 어셈블리 언어로 작성된 함수를 호출할 때) 레코드 데이터를 디스크 파일에 직접 덤프할 때 특히 그렇다.

어셈블리 언어에서 필드를 정렬하는 데 필요한 노력의 양은 순수한 수작업에서 거의 모든 ABI를 자동으로 처리할 수 있는 다양한 기능에 이르기까지 다양하다. 일부 (로우엔드low-end) 어셈블러는 레코드나 구조체 데이터 타입도 제공하지 않는다. 이러한 시스템에서 어셈블리 프로그래머는 오프셋을 레코드 구조체에 수동으로 지정해야 한다(보통, 숫자 오프셋을 구조체에 상수로 선언한다). 다른 어셈블러(예: NASM)는 자동으로 동등 항목을 생성하는 매크로를 제공한다. 이러한 시스템에서 프로그래머는 지정된 경계에서 특정 필드를 정렬하기 위해 패딩 필드를 수동으로 넣는다. MASM과 같은 일부 어셈블러는 간단한 정렬 기능을 제공한다. MASM에서 struct를 선언할 때, 1이나 2, 4 등의 값을 지정할 수 있으며, 어셈블러는 지정한 정렬 값이나 오브젝트 크기의 배수 중 더 작은 오프셋에 모든 필드를 정렬한다(자동으로 구조체에 패딩 바이트를 추가한다). 또한 MASM은 전체 구조체의 길이가 정렬 크기의 배수가 되도록 구조체 끝에 충분한 수의 패딩 바이트를 추가한다. 다음 MASM 구조체 선언을 살펴보자.

```
Student    struct  2
score      word    ?   ; 오프셋 0
id         byte    ?   ; 오프셋 2, 이 필드 뒤에 한 바이트의 패딩이 추가된다
year       dword   ?   ; 오프셋 4
id2        byte    ?   ; 오프셋 8
Student    ends
```

이 예제에서 MASM은 길이가 2바이트의 배수가 되도록 구조체 끝에 추가 바이트의 패딩을 추가한다.

MASM을 사용하면 align 지시문을 사용해 구조체 내 개별 필드의 정렬을 제어할 수도 있다. 다음 구조체 선언은 위의 예제와 동일하다(struct 오퍼랜드 필드에 정렬 값 오퍼랜드가 없음).

```
Student    struct
score      word     ?    ; 오프셋 0
id         byte     ?    ; 오프셋 2
           align    2    ; 한 바이트의 패딩을 넣는다
year       dword    ?    ; 오프셋 4
id2        byte     ?    ; 오프셋 8
           align    2    ; struct의 끝에 한 바이트의 패딩을 추가한다
Student    ends
```

MASM 구조체에 대한 필드 정렬 기본값은 정렬되지 않는다. 즉, 필드(이전 필드) 크기에 관계없이 구조체 내에서 사용 가능한 다음 오프셋에서 필드가 시작된다.

HLA 언어는 레코드 필드 정렬에 대한 가장 큰 제어(자동이나 수동 모두)를 제공한다. MASM과 마찬가지로 기본 레코드 정렬은 정렬되지 않는다. HLA의 align 지시문을 사용해 HLA 레코드의 필드를 수동으로 정렬할 수 있다. 다음은 이전 MASM 예제의 HLA 버전이다.

```
type
    Student :record
        score :word;
        id    :byte;
        align(2);
        year  :dword;
        id2   :byte;
        align(2);
    endrecord;
```

320

HLA를 사용하면 레코드의 모든 필드에 대한 자동 정렬을 지정할 수도 있다. 다음 예를 보자.

```
type
    Student :record[2]    // HLA가 모든 필드를
                          // 워드 경계에 정렬하도록 한다

        score :word;
        id    :byte;
        year  :dword;
        id2   :byte;
    endrecord;
```

이 HLA 레코드와 이전 MASM 구조체(자동 정렬 포함) 간에는 미묘한 차이가 있다. Student struct 2 형식의 지시문을 지정할 때, MASM은 2의 배수나 오브젝트 크기의 배수 중 더 작은 경계에 있는 모든 필드를 정렬한다. 반면, HLA는 필드가 바이트인 경우에도 항상 이 선언을 사용해 2바이트 경계에 모든 필드를 정렬한다.

필드 정렬을 최소 크기로 강제하는 기능은 이러한 종류의 정렬을 강제하는 다른 시스템(또는 컴파일러)에서 생성된 데이터 구조로 작업하는 경우, 아주 좋은 기능이다. 그러나 이러한 타입의 정렬은 필드가 자연 경계에서만 정렬되도록 하기 위해(MASM이 수행하는 작업) 특정 선언에 대해 불필요하게 레코드의 공간을 낭비할 수 있다. 다행히 HLA는 HLA가 필드에 적용할 최대 및 최소 정렬을 모두 지정할 수 있는 레코드 선언에 대한 또 다른 구문을 제공한다.

```
recordID: record[ maxAlign : minAlign ]
    <<fields>>
endrecord;
```

maxAlign 항목은 HLA가 레코드에서 사용할 가장 큰 정렬을 지정한다. HLA는 maxAlign 바이트 경계에 기본 크기가 maxAlign보다 큰 모든 오브젝트를 정렬한다. 마찬가지로 HLA는 최소 minAlign 바이트의 경계에 minAlign보다 크기가 작은 모든 오브젝트를 정렬한다. HLA는 해당 오브젝트 크기의 배수인 경계에 기본 크기가 minAlign과 maxAlign 사이인 오

브젝트를 정렬한다. 다음 HLA 및 MASM 레코드/구조체 선언은 동일하다.

다음은 MASM 코드다.

```
Student    struct  4
score      word    ?    ; offset:0
id         byte    ?    ; offset 2

    ; 1바이트의 패딩이 여기에 나타난다

year       dword   ?    ; offset 4
id2        byte    ?    ; offset:8

    ; 3바이트의 패딩이 여기에 나타난다

courses    dword   ?    ; offset:12
Student    ends
```

HLA 코드는 다음과 같다.

```
type
    // 4바이트 오프셋이나 오브젝트의 크기 중 작은 값에 정렬한다
    // 또한, 전체 레코드 길이가
    // 4바이트의 배수인지 확인한다

    Student  :record[4:1]
        score    :word;
        id       :byte;
        year     :dword;
        id2      :byte;
      courses    :dword;
    endrecord;
```

레코드(또는 기타 데이터 구조) 내에서 필드 정렬을 제어하는 기능을 언어 디자인 단계에서 제공하는 HLL은 거의 없지만, 많은 컴파일러는 프로그래머가 기본 변수나 필드 정렬을 지정할 수 있도록 컴파일러 pragma 형식으로 해당 언어에 대한 확장을 제공한다. 이

에 대한 표준이 있는 언어는 거의 없기 때문에, 특정 컴파일러의 참조 매뉴얼을 확인해야한다(C++11은 정렬 지원을 제공하는 몇 안 되는 언어 중 하나다). 이러한 확장은 표준이 아니지만, 특히 다른 언어로 컴파일된 코드를 연결하거나 시스템의 성능을 최대한 활용하려는 경우에는 매우 유용하다.

7.7 참고 자료

Aho, Alfred V., Monica S. Lam, Ravi Sethi, and Jeffrey D. Ullman. *Compilers: Principles, Techniques, and Tools*. 2nd ed. Essex, UK: Pearson Education Limited, 1986.

Barrett, William, and John Couch. *Compiler Construction: Theory and Practice*. Chicago: SRA, 1986.

Dershem, Herbert, and Michael Jipping. *Programming Languages, Structures and Models*. Belmont, CA: Wadsworth, 1990.

Duntemann, Jeff. *Assembly Language Step-by-Step*. 3rd ed. Indianapolis: Wiley, 2009.

Fraser, Christopher, and David Hansen. *A Retargetable C Compiler: Design and Implementation*. Boston: Addison-Wesley Professional, 1995.

Ghezzi, Carlo, and Jehdi Jazayeri. *Programming Language Concepts*. 3rd ed. New York: Wiley, 2008.

Hoxey, Steve, Faraydon Karim, Bill Hay, and Hank Warren, eds. *The PowerPC Compiler Writer's Guide*. Palo Alto, CA: Warthman Associates for IBM, 1996.

Hyde, Randall. *The Art of Assembly Language*. 2nd ed. San Francisco: No Starch Press, 2010.

Intel. "Intel 64 and IA-32 Architectures Software Developer Manuals." Updated November 11, 2019. https://software.intel.com/en-us/articles/intel-sdm.

Ledgard, Henry, and Michael Marcotty. *The Programming Language Landscape*. Chicago: SRA, 1986.

Louden, Kenneth C. *Compiler Construction: Principles and Practice*. Boston: Cengage, 1997.

Louden, Kenneth C., and Kenneth A. Lambert. *Programming Languages: Principles and Practice*. 3rd ed. Boston: Course Technology, 2012.

Parsons, Thomas W. *Introduction to Compiler Construction*. New York: W. H. Freeman, 1992.

Pratt, Terrence W., and Marvin V. Zelkowitz. *Programming Languages, Design and Implementation*. 4th ed. Upper Saddle River, NJ: Prentice Hall, 2001.

Sebesta, Robert. *Concepts of Programming Languages*. 11th ed. Boston: Pearson, 2016.

8

배열 자료형

HLL은 추상화를 통해 **복합 자료형**composite data type(작은 데이터 오브젝트로 구성된 복잡한 자료형)이 내부적으로 어떻게 처리되는지를 감춘다. 이러한 추상화가 편리할 때도 있지만, 뒤에서 무슨 일이 벌어지는지 모른다면 불필요한 코드를 만들어내거나 필요한 만큼의 성능을 내지 못하는 구조를 사용하게 될 수 있다. 8장에서는 가장 중요한 복합 자료형 중 하나인 배열을 살펴본다. 8장에서 다룰 주제는 다음과 같다.

- 배열의 정의
- 다양한 언어로 배열을 선언하는 방법
- 메모리에서 배열을 표현하는 방법
- 배열의 원소에 액세스하기
- 다차원 배열: 정의, 표현, 액세스
- 행 우선row-major/열 우선column-major 다차원 배열의 접근
- 동적 배열과 정적 배열
- 배열 사용이 애플리케이션의 성능과 크기에 미치는 영향

배열은 현대 애플리케이션에서 매우 일반적이므로, 훌륭한 코드를 작성하려면 프로

그램이 메모리에서 배열을 어떻게 구현하고 사용하는지 확실히 이해해야 한다. 8장에서는 프로그램에서 배열을 좀 더 효율적으로 사용하는 데 필요한 기초를 다진다.

8.1 배열

배열array은 가장 일반적인 복합 자료형 중 하나지만, 배열이 어떻게 동작하는지 완전히 파악하는 프로그래머는 거의 없다. 시스템 수준에서 배열이 작동하는 방식을 이해하면, 프로그래머는 완전히 다른 관점에서 배열을 볼 수 있게 된다.

추상적으로 배열은 같은 종류의 멤버(원소)를 모아놓은 자료형이다. 배열에서 멤버를 선택하려면 정수(또는 문자, 열거형, 부울형과 같이 실제로는 정수로 표현되는 값)로 된 인덱스를 사용한다. 8장에서는 배열의 모든 정수 인덱스가 연속된 값이라고 가정한다. 즉, x와 y가 배열의 유효한 인덱스이고 x < y이면, x < i < y인 모든 i도 유효한 인덱스다. 또한 일반적으로 배열 원소는 메모리에서 연속된 위치를 차지한다고 가정한다. 그러나 이는 배열의 일반적인 정의에 필요하지 않다. 다섯 개의 원소가 있는 배열은 메모리에 그림 8-1과 같이 나타난다.

그림 8-1 메모리의 배열 레이아웃

배열의 **기본 주소**base address는 메모리의 가장 낮은 위치에 있는 첫 번째 원소의 주소를 말한다. 배열의 두 번째 원소는 메모리에서 첫 번째 원소 바로 뒤에 나오고, 세 번째 원소는 두 번째 원소 바로 다음에 오는 식이다. 인덱스는 0에서 시작할 필요가 없다. 연속된 값이면 인덱스의 시작 값은 무엇이든 상관없다. 그러나 첫 번째 인덱스가 0이면 배열 액세스를 설명하는 것이 더 쉬우므로, 8장에서 별도로 표시되지 않는 한 배열의 인덱스는 0에서 시작한다.

인덱스 연산자를 배열에 적용할 때마다, 해당 인덱스로 지정된 고유한 배열 원소가 결과로 나온다. 예를 들어, A[i]는 배열 A의 i번째 원소를 선택하는 것을 의미한다.

8.1.1 배열 선언

대부분의 HLL에서 배열 선언 방식은 매우 유사하다. 이 절에서는 여러 언어의 예제를 살펴본다.

8.1.1.1 C, C++, 자바에서 배열 선언

C, C++, 자바는 배열을 선언할 때 배열에 들어가는 원소의 총 개수를 명시한다. 이러한 언어의 배열 선언 구문은 다음과 같다.

```
data_type   array_name [ number_of_elements ];
```

다음은 C/C++에서의 배열 선언 예다.

```
char CharArray[ 128 ];
int intArray[ 8 ];
unsigned char ByteArray[ 10 ];
int *PtrArray[ 4 ];
```

C/C++에서 이러한 배열을 자동 변수로 선언하면 해당 메모리 위치의 현재 값으로 초기화한다. 반면에 이러한 배열을 정적 오브젝트로 선언하면 C/C++는 각 배열 원소를 0으로 초기화한다. 배열을 직접 초기화하려면, 다음과 같은 C/C++ 구문을 사용할 수 있다.

```
data_type array_name[ number_of_elements ] = {element_list};
```

다음은 그 일반적인 예다.

```
int intArray[8] = {0,1,2,3,4,5,6,7};
```

C/C++ 컴파일러는 이러한 초기 배열 값을 오브젝트 코드 파일에 저장하고, 운영체제

는 프로그램을 메모리로 로드할 때 이러한 값을 intArray와 관련된 메모리 위치로 로드한다. 다음의 짧은 C/C++ 프로그램을 통해 이것이 어떻게 작동하는지 살펴보자.

```c
#include <stdio.h>
static int intArray[8] = {1,2,3,4,5,6,7,8};
static int array2[8];

int main( int argc, char **argv )
{
    int i;
    for( i=0; i<8; ++i )
    {
        array2[i] = intArray[i];
    }
    for( i=7; i>= 0; --i )
    {
        printf( "%d\n", array2[i] );
    }
    return 0;
}
```

마이크로소프트 비주얼 C++ 컴파일러는 두 배열 선언에 대해 다음과 같은 80x86 어셈블리 코드를 내보낸다.

```
_DATA    SEGMENT
intArray DD      01H
         DD      02H
         DD      03H
         DD      04H
         DD      05H
         DD      06H
         DD      07H
         DD      08H
$SG6842  DB      '%d', 0aH, 00H
_DATA    ENDS
_BSS     SEGMENT
```

```
_array2    DD        08H DUP (?)
_BSS       ENDS
```

각 DD(define double word)문은 4바이트의 스토리지를 예약하고, 운영체제가 프로그램을 메모리로 로드할 때 초기값을 오퍼랜드로 지정한다. intArray 선언은 마이크로소프트 메모리 모델에서 초기화된 데이터를 포함할 수 있는 _DATA 세그먼트에 나타난다. 반면, array2 변수는 _BSS 세그먼트 내에서 선언된다. 여기서 MSVC++는 초기화되지 않은 변수를 배치한다(오퍼랜드 필드의 ?는 데이터가 초기화되지 않았다는 것을 어셈블러에 알려주고, 8 dup (?)는 어셈블러가 이 선언을 여덟 번 반복하게 한다). 운영체제가 _BSS 세그먼트를 메모리에 로드할 때, 해당 세그먼트와 관련된 모든 메모리를 0으로 채운다. 초기화된 경우와 초기화되지 않은 경우 모두, 컴파일러는 이러한 배열의 여덟 개 원소 모두를 연속된 메모리에 할당한다.

8.1.1.2 HLA에서의 배열 선언

HLA의 배열 선언문은 C/C++ 선언과 의미상 동일한 다음 구문을 사용한다.

array_name : *data_type* [*number_of_elements*];

다음은 초기화되지 않은 배열에 대한 스토리지를 할당하는 HLA 배열 선언의 몇 가지 예다(두 번째 예에서는 HLA 프로그램의 type 섹션에서 integer 자료형을 정의했다고 가정한다).

```
static
  // 원소 0..127의 문자형 배열

  CharArray: char[128];

  // 원소 0..7의 '정수형' 배열

  IntArray: integer[ 8 ];

  // 원소 0..9의 바이트 배열
```

```
ByteArray: byte[10];

// 원소 0..3의 더블 워드 배열

PtrArray: dword[4];
```

다음과 같은 선언을 사용해 배열 원소를 초기화할 수도 있다.

```
RealArray: real32[8] :=
    [ 0.0, 1.0, 2.0, 3.0, 4.0, 5.0, 6.0, 7.0 ];

IntegerAry: integer[8] :=
    [ 8, 9, 10, 11, 12, 13, 14, 15 ];
```

이 두 정의 모두 여덟 개의 원소가 있는 배열을 만든다. 첫 번째 정의는 0.0~7.0 범위의 값 중 하나를 사용해 각 4바이트인 real32 배열 원소를 초기화한다. 두 번째 선언은 8~15 범위의 값 중 하나로 각 integer 배열 원소를 초기화한다.

8.1.1.3 파스칼/델파이에서의 배열 선언

파스칼/델파이는 다음과 같이 배열을 선언한다.

```
array_name : array[ lower_bound..upper_bound ] of data_type;
```

앞의 예제와 같이 *array_name*은 식별자이고 *data_type*은 이 배열의 각 원소 타입이다. 파스칼/델파이에서는 (C/C++, 자바, HLA와 달리) 배열의 크기보다는 배열의 인덱스 범위 (상한 및 하한)를 지정한다. 다음은 파스칼의 일반적인 배열 선언이다.

```
type
    ptrToChar = ^char;
var
    CharArray: array[ 0..127 ] of char;    // 128개 원소
```

```
IntArray: array[ 0..7 ] of integer;    // 여덟 개 원소
ByteArray: array[ 0..9 ] of char;       // 열 개 원소
PtrArray: array[ 0..3 ] of ptrToChar;  // 네 개 원소
```

이 파스칼 예제에서는 인덱스가 0에서 시작하지만, 파스칼에서 인덱스가 꼭 0부터 시작해야 하는 것은 아니다. 다음은 파스칼에서 완벽하게 유효한 배열 선언이다.

```
var
    ProfitsByYear : array[ 1998..2028 ] of real; // 31개 원소
```

이와 같이 배열을 선언하는 프로그램은 이 배열의 원소에 액세스할 때, 0~30이 아닌 1998~2028 인덱스를 사용한다.

많은 파스칼 컴파일러는 프로그램 오류를 찾는 데 도움이 되는 매우 유용한 기능을 제공한다. 이러한 컴파일러는 배열의 원소에 액세스할 때마다, 배열 인덱스가 선언에 명시된 범위 내에 있는지 확인하는 코드를 자동으로 추가한다. 이 추가 코드는 인덱스가 범위를 벗어난 경우, 프로그램을 중지한다. 예를 들어, ProfitsByYear에 대한 인덱스가 1998~2028 범위를 벗어나면 프로그램은 에러를 내며 중단된다.[1]

8.1.1.4 스위프트에서의 배열 선언

스위프트의 배열 선언은 다른 C 기반 언어의 선언과 조금 다르다. 스위프트 배열 선언은 다음 두 가지 (동등한) 형식 중 하나를 사용한다.

```
var data_type array_name = Array<element_type>()
var data_type array_name = [element_type]()
```

다른 언어와 달리 스위프트의 배열은 완전히 동적이다. 일반적으로 배열을 처음 만들 때는 원소 수를 지정하지 않는다. 대신 append() 같은 함수를 사용해 필요에 따라 배열에

---

1   많은 파스칼 컴파일러는 프로그램이 완전히 테스트되면 **바운드 체킹**(bounds-checking) 기능을 끄는 옵션을 제공한다. 그 결과, 결과 프로그램의 효율성이 향상된다.

원소를 추가한다. 몇 개의 원소가 있는 배열을 미리 선언하려면, 다음과 같은 배열 생성
자 형식을 특별히 사용할 수 있다.

```
var data_type array_name = Array( repeating: initial_value, count: elements )
```

이 예에서 initial_value는 element_type 값이고, elements는 배열에 생성할 원소의 개
수다. 예를 들어, 다음 스위프트 코드는 각각 0으로 초기화된 100개의 Int 값으로 구성된
두 개의 배열을 만든다.

```
var intArray = Array<Int>( repeating: 0, count: 100 )
var intArray2 = [Int]( repeating: 0, count: 100 )
```

(가령, append() 함수를 사용해서) 이 배열의 크기를 확장할 수 있다. 스위프트 배열은 동
적이기 때문에 런타임에 크기가 늘어나거나 줄어들 수 있다.

초기값으로 스위프트 배열을 생성하는 것도 가능하다.

```
var intArray = [1, 2, 3]
var strArray = ["str1", "str2", "str3"]
```

파스칼과 마찬가지로, 스위프트는 런타임에 배열 인덱스의 유효성을 체크한다. 존재
하지 않는 배열 원소에 액세스하려고 하면 스위프트에서 예외가 발생한다.

8.1.1.5 정수가 아닌 인덱스 값으로 배열 선언하기

일반적으로 배열 인덱스는 정수형이지만, 일부 언어에서는 다른 **서수형 타입**ordinal type(기본
정수로 표현되는 자료형)을 허용한다. 예를 들어, 파스칼은 char 형이나 Boolean 형을 배열
인덱스로 허용한다. 파스칼에서는 다음과 같이 배열을 선언하는 것이 매우 합리적이고
유용할 수 있다.

```
alphaCnt : array[ 'A'..'Z' ] of integer;
```

문자 표현을 배열 인덱스로 사용해 alphaCnt의 원소에 액세스할 수 있다. 예를 들어 alphaCnt의 각 원소를 0으로 초기화하는 경우, 파스칼에서는 다음과 같은 코드를 사용할 수 있다.

```
for ch := 'A' to 'Z' do
    alphaCnt[ ch ] := 0;
```

어셈블리 언어와 C/C++는 대부분의 서수형 값을 정수형 값의 특별한 형태로 취급하므로 배열 인덱스로 사용하는 데 별다른 문제가 없다. 베이직에서는 실수도 배열 인덱스로 허용하지만, 이 경우에 소수점 아래는 잘려나간다.

노트 | 베이직에서 실수값을 배열 인덱스로 사용할 수 있는 이유는 원래 베이직 언어가 정수 표현을 지원하지 않고 실수와 문자열 값만을 지원했었기 때문이다.

8.1.2 메모리에서의 배열 표현

간단히 말하면, 배열은 인덱스를 사용해 액세스하는 변수의 모음이다. 메모리의 고유한 인덱스를 고유한 오브젝트에 매핑하고 같은 인덱스는 항상 같은 오브젝트에 매핑한다면, 어떻게 구현하더라도 의미적으로는 배열이라고 말할 수 있다. 그러나 실제로 대부분의 언어는 배열 데이터에 효과적으로 접근하기 위해 몇 가지 공통 알고리즘을 사용한다.

가장 일반적으로 배열을 구현하는 방법은 배열의 원소를 메모리상에서 연속된 위치에 저장하는 것이다. 대부분의 프로그래밍 언어가 배열의 첫 번째 원소를 낮은 메모리 주소에 저장하고 다음 원소를 높은 메모리 위치에 순서대로 저장한다.

다음 C 프로그램을 살펴보자.

```
#include <stdio.h>

static char array[8] = {0,1,2,3,4,5,6,7};



int main( void )
{

    printf( "%d\n", array[0] );
}
```

다음은 GCC가 이를 위해 내보낸 해당 파워PC 어셈블리 코드다.

```
        .align 2
_array:
        .byte   0   ; 어셈블러는 연속된 라인의 바이트 값을
        .byte   1   ; 연속적인 메모리에 저장한다는 점에 유의하자
        .byte   2
        .byte   3
        .byte   4
        .byte   5
        .byte   6
        .byte   7
```

배열이 사용하는 바이트 수는 원소 수에 원소당 바이트 수를 곱한 것이다. 이전 예제에서 각 배열 원소는 1바이트이므로 배열은 원소 수만큼 바이트를 사용한다. 그러나 더 큰 원소가 있는 배열의 경우, 전체 배열 크기(바이트)는 원소의 크기만큼 더 크다. 다음 C 코드를 살펴보자.

```
#include <stdio.h>

static int array[8] = {0,0,0,0,0,0,0,1};


int main( void )
{
    printf( "%d\n", array[0] );
}
```

다음은 GCC 어셈블리 언어로 출력한 결과다.

```
        .align 2
_array:
        .long   0
        .long   0
        .long   0
        .long   0
        .long   0
        .long   0
        .long   0
        .long   1
```

많은 언어는 배열의 끝에 패딩 바이트를 추가해 배열의 총길이가 2나 4와 같이 편리한 값의 배수가 되도록 한다(이렇게 하면, 시프트shift 연산을 이용해 배열의 인덱스 계산을 쉽게할 수 있다. 자세한 내용은 『Write Great Code』 시리즈 1편의 3장을 참조하라). 그러나 이 추가패딩 바이트는 있을 수도 있고 없을 수도 있기 때문에, 프로그램에서 이러한 추가 패딩바이트에 의존하면 안 된다. 컴파일러에 따라 넣기도 하고 넣지 않기도 하며, 메모리에서배열 바로 뒤에 오는 오브젝트 유형에 따라 넣는 경우도 있다.

대부분의 최적화 컴파일러는 2, 4, 8바이트와 같이 일반적인 크기의 배수인 메모리주소에서 배열을 시작하려고 한다. 편의상, 배열의 시작 전이나 메모리의 이전 오브젝트뒤에 패딩 바이트를 추가한다(그림 8-2 참조).

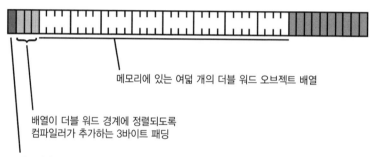

메모리에 있는 여덟 개의 더블 워드 오브젝트 배열

배열이 더블 워드 경계에 정렬되도록
컴파일러가 추가하는 3바이트 패딩

메모리에서 4의 배수가 되는
주소에 있는 1바이트 오브젝트

그림 8-2 배열 앞에 패딩 바이트 추가

바이트 주소 지정 가능 메모리를 지원하지 않는 시스템에서, 쉽게 액세스할 수 있는 경계에 배열의 첫 번째 원소를 배치하려는 컴파일러는 시스템이 지원하는 모든 경계에 배열에 대한 스토리지를 할당한다. 이전 예제에서 .align 2 지시문은 _array 선언 앞에 있다. Gas 구문에서 .align 지시문은 어셈블러에게 소스 파일에 선언된 다음 오브젝트의 메모리 주소를 조정해 2의 거듭제곱(.align의 오퍼랜드로 지정됨)의 배수인 주소에서 시작하도록 지시한다. 이 예제에서 .align 2는 어셈블러에게 4의 배수(즉, 2^2)인 주소 경계에 _array의 첫 번째 원소를 정렬하도록 지시한다.

각 배열 원소의 크기가 CPU가 지원하는 최소 메모리 오브젝트 크기보다 작으면, 컴파일러 개발자는 다음 두 가지 옵션 중 하나를 선택해야 한다.

1. 배열의 각 원소에 액세스할 수 있는 가장 작은 메모리 오브젝트를 할당한다.
2. 여러 배열 원소를 하나의 메모리 셀에 모두 넣는다.

옵션 1은 빠르다는 장점이 있지만, 각 배열 원소가 필요하지 않은 추가 스토리지를 사용하기 때문에 메모리를 낭비한다. 다음 C 예제는 원소 크기가 5바이트인 배열에 스토리지를 할당한다. 여기서 각 원소는 4바이트 long 오브젝트와 1바이트 char 오브젝트로 이뤄진 구조체다(C 구조체는 11장에서 좀 더 살펴본다).

```
#include <stdio.h>

typedef struct
{
    long a;
    char b;
} FiveBytes;

static FiveBytes shortArray[2] = {{2,3}, {4,5}};
int main( void )
{
    printf( "%ld\n", shortArray[0].a );
}
```

GCC가 이 코드를 컴파일해서, long 오브젝트에 대해 더블 워드 정렬이 필요한 파워 PC 프로세서에서 실행할 때 컴파일러는 각 원소 사이에 3바이트의 패딩을 자동으로 삽입한다.

```
.data
        .align 2    ; _shortArray 배열이 4의 배수가 되는 주소에서 시작되도록 한다

_shortArray:
        .long   2 ; shortArray[0].a
        .byte   3 ; shortArray[0].b
        .space  3 ; 다음 원소가 4바이트 정렬에 맞도록 패딩
        .long   4 ; shortArray[1].a
        .byte   5 ; shortArray[1].b
        .space  3 ; 배열의 끝에 있는 패딩
```

옵션 2는 배열 원소에 액세스할 때 데이터를 압축하고 해제하기 위한 추가 지침이 필요하기 때문에 간결하지만 느리다. 이러한 컴퓨터의 컴파일러는 종종 데이터를 압축할지, 압축을 풀지를 지정할 수 있는 옵션을 제공하므로 공간과 속도 중에서 선택할 수 있다.

바이트 주소 지정이 가능한 컴퓨터(예: 80x86)에서 작업하는 경우, 이 문제에 대해 걱

정할 필요가 없다. 그러나 HLL을 사용하고 있고 코드가 나중에 다른 시스템에서 실행될 수 있는 경우에는 모든 시스템에서 효율적인 배열 구성(즉, 배열의 각 원소를 여분의 바이트로 채우는 구조)을 선택해야 한다.

8.1.3 스위프트 배열 구현

지금까지 예제에서는 스위프트에 배열이 포함돼 있지만, 스위프트 배열은 다르게 구현한다. 우선, 스위프트 배열은 메모리의 원소 모음이 아닌 struct 오브젝트를 기반으로 하는 Opaque 타입이다.[2] 스위프트는 배열 원소가 연속적인 메모리 위치에 나타나는 것을 보장하지 않는다. 따라서 스위프트 배열의 오브젝트 원소와 특정한 다른 원소 유형이 연속적으로 저장된다고 가정할 수 없다. 이를 해결하기 위한 방법으로 스위프트는 ContiguousArray 타입을 제공한다. 배열 원소가 연속된 메모리에 위치하도록 하려면, 스위프트에서 배열 변수를 선언할 때 Array 대신 ContiguousArray를 사용하면 된다.

```
var data_type array_name = ContiguousArray()
```

스위프트 배열의 내부 구현은 개수(현재 배열 원소 수), 용량(현재 할당된 배열 원소 수), 배열 원소를 보유하는 스토리지에 대한 포인터를 포함하는 구조다. 스위프트 배열은 Opaque 타입이므로 이 구현은 언제든지 변경될 수 있다. 그러나 이 구조 어딘가에는 메모리의 실제 배열 데이터에 대한 포인터가 있다.

스위프트는 배열에 대한 스토리지를 동적으로 할당한다. 즉, 스위프트 컴파일러가 생성하는 오브젝트 코드 파일에 임베디드된 배열 스토리지는 볼 수 없다(스위프트 언어가 정적으로 할당된 배열을 지원하도록 변경되지 않는 한). 원소를 추가해 배열의 크기를 늘릴 수 있지만, 현재 용량 이상으로 확장하려면 스위프트 런타임 시스템이 배열 오브젝트를 동적으로 재배치해야 한다. 성능상의 이유로 스위프트는 지수 할당 스키마를 사용한다. 용량을 초과하는 값을 배열에 추가할 때마다 스위프트 런타임 시스템은 현재 용량의 두 배(또는 다른 상수)에 해당하는 스토리지를 할당하고, 현재 배열 버퍼에서 새 버퍼로 데이터

---

2   Opaque 타입은 프로그래머에게 보이지 않는 구현이 있다.

를 복사한 다음, 배열의 내부 포인터가 새 블록을 가리키도록 한다. 이 프로세스의 한 가지 중요한 문제는 배열의 데이터에 대한 포인터가 정적으로 유지되거나 배열의 데이터가 메모리의 동일한 버퍼 위치에 남아있다고 가정할 수 없다는 것이다. 즉, 다른 시점에서 메모리의 다른 위치에 배열이 나타날 수 있다.

8.1.4 배열 원소에 액세스하기

배열의 모든 스토리지를 연속적인 메모리 위치에 할당했고 그 배열의 첫 번째 인덱스가 0이라면, 일차원 배열의 원소에 액세스하는 일은 간단하다. 다음 식을 사용하면 임의의 원소의 주소를 계산할 수 있다.

*Element_Address = Base_Address + index * Element_Size*

*Element_Size*는 각 배열 원소가 차지하는 바이트 크기다. 따라서 배열의 원소가 1바이트 크기를 갖고 있다면, *Element_Size* 값은 1이고 계산은 아주 단순해진다. 배열의 각 원소가 워드(또는 다른 2바이트 타입)면, Element_Size는 2가 된다. 다음 파스칼 배열 선언을 보자.

```
var  SixteenInts : array[0..15] of integer;
```

바이트 주소 지정이 가능한 시스템에서 SixteenInts 배열의 원소에 액세스하기 위해 4바이트 정수를 가정하면 다음과 같이 계산할 수 있다.

*Element_Address = AddressOf(SixteenInts) + index * 4*

HLA 어셈블리 언어(컴파일러가 대신 이 계산을 수행해야 하는 경우)에서는 다음과 같은 코드를 사용해 배열 원소 SixteenInts [index]에 액세스할 수 있다.

```
mov( index, ebx );
mov( SixteenInts[ ebx*4 ], eax );
```

이를 확인하려면 다음 파스칼/델파이 프로그램과 결과로 나오는 32비트 80x86 코드 (델파이 컴파일러의 .exe 출력을 디스어셈블한 결과를 원래 파스칼 코드에 다시 붙여 넣음)를 살펴보자.

```
program x(input,output);
var
    i :integer;
    sixteenInts :array[0..15] of integer;

    function changei(i:integer):integer;
    begin
        changei := 15 - i;
    end;

    // changei        proc    near
    //                mov     edx, 0Fh
    //                sub     edx, eax
    //                mov     eax, edx
    //                retn
    // changei        endp

begin

    for i:= 0 to 15 do
        sixteenInts[ changei(i) ] := i;
    //                xor     ebx, ebx
    //
    // loc_403AA7:
    //                mov     eax, ebx
    //                call    changei
    //
    // 배열의 원소에 액세스하기 전에 배열 인덱스에
    // 4를 곱하기 위해 스케일 인덱스 주소 지정 모드를
```

```
//  사용했다는 점을 주의해서 보자
//
//              mov     ds:sixteenInts[eax*4], ebx
//              inc     ebx
//              cmp     ebx, 10h
//              jnz     short loc_403AA7

end.
```

HLA 예제와 같이, 델파이 컴파일러는 80x86 스케일 인덱스 주소 지정 모드를 사용해 배열의 인덱스에 원소 크기(4바이트)를 곱한다. 80x86은 스케일 인덱스 주소 지정 모드에 대해 1, 2, 4, 8바이트의 네 가지 스케일링 값을 제공한다. 배열의 원소 크기가 이 네 가지 값 중 하나가 아닌 경우, 기계어 코드는 인덱스에 배열 원소의 크기를 명시적으로 곱해야 한다. 다음 델파이/파스칼 코드(그리고 디스어셈블한 80x86 코드)는 9바이트의 활성화 데이터가 있는 레코드를 사용해 이 프로세스를 보여준다(델파이는 이를 4바이트의 다음 배수로 반올림하므로, 실제로 레코드 배열의 각 원소에는 12바이트를 할당한다).

```
program x(input,output);
type
    NineBytes=
        record
            FourBytes        :integer;
            FourMoreBytes    :integer;
            OneByte          :char
        end;

var
    i                :integer;
    NineByteArray    :array[0..15] of NineBytes;

    function changei(i:integer):integer;
    begin
        changei := 15 - i;
    end;
```

```
// changei        proc    near
//                mov     edx, 0Fh
//                sub     edx, eax
//                mov     eax, edx
//                retn
// changei        endp


begin

    for i:= 0 to 15 do
        NineByteArray[ changei(i) ].FourBytes := i;

//                xor     ebx, ebx
//
//  loc_403AA7:
//                mov     eax, ebx
//                call    changei
//
//          // EAX = EAX * 3을 계산한다
//
//                lea     eax, [eax+eax*2]
//
//          // 실제로 사용된 인덱스는 index*12 ((EAX*3) * 4)
//
//                mov     ds:NineByteArray[eax*4], ebx
//                inc     ebx
//                cmp     ebx, 10h
//                jnz     short loc_403AA7

end.
```

마이크로소프트의 C/C++ 컴파일러도 유사한 코드를 만들어낸다(레코드 배열의 각 원소당 12바이트를 할당한다).

8.1.5 패딩 vs. 패킹

이 파스칼 예제는 중요한 이슈를 보여준다. 컴파일러는 일반적으로 배열의 각 원소를 4바이트나 머신 아키텍처에 가장 적합한 크기의 배수가 되도록 **패딩**padding한다. 이는 배열의 각 원소가 메모리의 경계에 위치하도록 함으로써, 배열 원소(그리고, 레코드 필드)에 대한 액세스를 향상시킨다. 일부 컴파일러는 각 배열 원소의 끝에서 패딩을 없애고 배열 원소가 메모리상에서 완전히 연속적으로 위치하도록 하는 옵션을 제공한다. 예를 들어, 파스칼/델파이에서는 packed 키워드를 사용해 이를 달성할 수 있다.

```
program x(input,output);

// 'packed' 키워드를 사용했다
// 이것은 각 record 뒤에 패딩을 넣지 말고
// 연속된 9바이트로 패킹하라고 델파이에게 지시한다

type
    NineBytes=
        packed record
            FourBytes       :integer;
            FourMoreBytes   :integer;
            OneByte         :char;
        end;

var
    i               :integer;
    NineByteArray   :array[0..15] of NineBytes;

    function changei(i:integer):integer;
    begin
        changei := 15 - i;
    end;

    // changei          proc near
    //                  mov     edx, 0Fh
    //                  sub     edx, eax
    //                  mov     eax, edx
    //                  retn
```

```
//    changei            endp


begin

    for i:= 0 to 15 do
        NineByteArray[ changei(i) ].FourBytes := i;
//                xor        ebx, ebx
//
// loc_403AA7:
//                mov        eax, ebx
//                call       changei
//
//        // 인덱스를 계산한다 (eax) = index * 9
//        // (실제로는 index = index + index*8과 같이 계산한다)
//
//                lea        eax, [eax+eax*8]
//
//                mov        ds:NineBytes[eax], ebx
//                inc        ebx
//                cmp        ebx, 10h
//                jnz        short loc_403AA7

end.
```

packed 예약어는 파스칼 컴파일러에 힌트를 줄 뿐이다. 일반적인 파스칼 컴파일러는 이를 무시할 수 있다. 파스칼 표준에는 컴파일러의 코드 생성에 미치는 영향에 대해 아무 것도 명시돼 있지 않다. 델파이는 packed 키워드를 사용해 컴파일러에 4바이트가 아닌 1 바이트 경계에 배열(그리고 레코드) 원소를 **패킹**packing하도록 지시한다. 다른 파스칼 컴파일러는 실제로 비트 경계에 오브젝트를 정렬할 때 이 키워드를 사용한다.

노트 | packed 키워드에 대한 자세한 정보는 컴파일러의 문서를 참조하자.

일반적인 언어의 정의에서 데이터를 주어진 경계로 패킹하는 방법을 제공하는 언어 는 거의 없다. 예를 들어 C/C++ 언어에서 많은 컴파일러가 pragma나 커맨드라인 옵션으

로 배열 원소 패딩을 제어하지만, 이러한 기능은 거의 항상 특정 컴파일러에서만 동작한다.

배열 원소의 패킹과 패딩 중에서 선택하는 것은 (선택할 수 있는 경우) 일반적으로 속도와 공간 사이의 선택이나 마찬가지다. 패킹을 사용하면 액세스 속도가 느려지는 대신 각 배열 원소에 대해 적은 양의 공간을 절약할 수 있다(예: 홀수 주소에 위치한 dword 오브젝트에 액세스할 때). 그리고 원소 크기가 2의 배수(또는 2의 거듭제곱)가 아닌 배열로 인덱스를 계산하려면 더 많은 명령이 필요할 수 있으며, 이로 인해 이러한 배열의 원소에 액세스하는 프로그램의 속도는 느려진다.

물론, 일부 시스템 아키텍처는 정렬되지 않은 데이터에 액세스하는 것을 허용하지 않는다. 따라서, 다른 CPU에서 컴파일하고 실행해야 하는 이식 가능한 코드를 작성하는 경우, 배열 원소가 메모리에 단단히 패킹돼 있다는 가정은 하지 말아야 한다. 일부 컴파일러는 이 옵션을 제공하지 않을 수 있다.

마지막으로, 이 주제를 마치기 전에 배열 원소 크기는 2의 제곱이 가장 좋다는 점을 강조하고 싶다. 일반적으로 배열 인덱스에 2의 거듭제곱을 곱하는 데는 단일 명령어만 있으면 된다(즉, shift-left 명령). 32바이트 원소가 있는 배열을 사용하는 C 프로그램과 볼랜드 C++ 컴파일러에서 생성된 어셈블리 출력을 살펴보자.

```
typedef struct
{
    double EightBytes;
    double EightMoreBytes;
    float  SixteenBytes[4];
} PowerOfTwoBytes;

int i;
PowerOfTwoBytes ThirtyTwoBytes[16];

int changei(int i)
{
    return 15 - i;
}
```

```
int main( int argc, char **argv )
{
    for( i=0; i<16; ++i )
    {
        ThirtyTwoBytes[ changei(i) ].EightBytes = 0.0;
    }

    // @5:
    //   push        ebx
    //   call        _changei
    //   pop         ecx           // 매개변수 제거
    //
    // EAX의 index에 32를 곱한다
    // (eax << 5) = eax * 32라는 사실을 생각하자
    //
    //   shl         eax,5
    //
    // (double) 0.0을 위해 8바이트의 0을 넣는다
    //
    //   xor         edx,edx
    //   mov         dword ptr [eax+_ThirtyTwoBytes],edx
    //   mov         dword ptr [eax+_ThirtyTwoBytes+4],edx
    //
    // 여기서 루프를 종료한다
    //
    //   inc         dword ptr [esi]    ;ESI는 i를 가리킨다
    // @6:
    //   mov         ebx,dword ptr [esi]
    //   cmp         ebx,16
    //   jl          short @5
    return 0;
}
```

보다시피 볼랜드 C++ 컴파일러는 인덱스에 32를 곱하는 shl 명령어를 내보낸다.

8.1.6 다차원 배열

다차원 배열multidimensional array은 두 개 이상의 독립적인 인덱스로 배열의 원소를 선택할 수 있는 배열이다. 전형적인 예를 들어보면, 날짜별로 상품 판매량을 추적하는 2차원 데이터 구조(매트릭스matrix)가 있다. 테이블의 한 인덱스는 날짜가 되고, 다른 인덱스는 상품(일부 정수값)이 된다. 이 두 인덱스에 의해 선택된 배열의 원소는 주어진 날짜에 판매된 해당 상품의 총판매량이다. 이 예제의 3차원 배열은 날짜 및 국가별 상품 판매량이다. 상품, 날짜, 국가의 조합을 인덱스로 지정된 날짜에 해당 국가에서 판매된 해당 상품의 판매량이 배열의 원소에 들어간다.

대부분의 CPU는 인덱스 주소 지정 모드를 사용해 1차원 배열을 쉽게 처리할 수 있다. 불행히도 다차원 배열의 원소에 쉽게 액세스할 수 있는 마법의 주소 지정 모드는 없다. 이를 위해서는 몇 가지 작업과 기계어 코드가 필요하다.

8.1.6.1 다차원 배열 선언

'$m \times n$' 배열에는 m×n개의 원소가 있으며, $m \times n \times Element\_Size$ 바이트의 스토리지가 필요하다. 1차원 배열의 경우 여러 HLL에서 비슷한 문법을 사용하지만, 다차원 배열의 경우 문법은 조금씩 달라지기 시작한다.

C, C++, 자바에서는 다음 구문을 사용해 다차원 배열을 선언한다.

```
data_type array_name [dim₁][dim₂]...[dimₙ];
```

예를 들어, C/C++의 3차원 배열 선언은 다음과 같다.

```
int threeDInts[ 4 ][ 2 ][ 8 ];
```

이 예제에서는 깊이가 4×2행 8열로 구성된 64개 원소가 있는 배열을 만든다. 각 int 오브젝트에 4바이트가 필요하다고 하면, 이 배열은 256바이트의 스토리지를 사용한다.

파스칼에서는 다차원 배열을 선언하는 두 가지 방법을 제공한다. 다음 예제는 그 두 방법을 모두 보여준다.

```
var
    threeDInts:
        array[0..3] of array[0..1] of array[0..7] of integer;

    threeDInts2: array[0..3, 0..1, 0..7] of integer;
```

첫 번째 파스칼 선언은 기술적으로 배열의 배열인 반면, 두 번째 선언은 표준 다차원 배열이다.

의미상, 서로 다른 언어가 다차원 배열을 처리하는 방식에는 두 가지 주요 차이점이 있다. 하나는 배열을 선언할 때, 배열의 각 차원의 전체 크기를 지정하는지, 아니면 상한/하한을 지정하는지 여부이고, 다른 하나는 시작 인덱스가 0인지, 1인지, 사용자 지정 값인지 여부다.

8.1.6.2 스위프트 다차원 배열 선언

스위프트는 기본 다차원 배열이 아니라 **배열의 배열**array of arrays을 제공한다. 배열 오브젝트가 엄격하게 메모리에 있는 배열 원소의 시퀀스인 대부분의 프로그래밍 언어에서, 배열의 배열과 다차원 배열은 동일하다(앞의 파스칼 예제 참조). 그러나 스위프트는 디스크립터 descriptor(struct 기반) 오브젝트를 사용해 배열을 지정한다. 문자열 디스크립터와 마찬가지로 스위프트 배열은 다양한 필드(용량, 현재 크기, 데이터에 대한 포인터 등)를 포함하는 데이터 구조로 구성된다. 자세한 내용은 8.1.3절 '스위프트 배열 구현'을 참조하자. 배열의 배열을 만들면, 각각의 하위 배열을 가리키는 **디스크립터 배열**이 실제로 생성된다. (동일한) 스위프트 array-of-arrays 선언과 예제 프로그램은 다음과 같다.

```
import Foundation

var a1 = [[Int]]()
var a2 = ContiguousArray<Array<Int>>()
a1.append( [1,2,3] )
a1.append( [4,5,6] )
a2.append( [1,2,3] )
a2.append( [4,5,6] )
```

```
print( a1 )
print( a2 )
print( a1[0] )
print( a1[0][1] )
```

이 프로그램을 실행하면 다음과 같은 출력이 생성된다.

```
[[1, 2, 3], [4, 5, 6]]
[[1, 2, 3], [4, 5, 6]]
[1, 2, 3]
2
```

2차원 배열의 경우, 이러한 타입의 출력을 기대할 수 있다. 그러나 내부적으로 a1과 a2는 각각 두 개의 원소를 가진 1차원 배열이다. 이 두 원소는 배열을 가리키는 배열 디스크립터다(이 예제에서는 각각 세 개의 원소가 포함된다). a2가 연속적인 배열 타입이어도, a2와 연관된 여섯 개의 배열 원소가 연속된 메모리 위치에 나타날 가능성은 거의 없다. a2에 보관된 두 개의 배열 디스크립터가 연속적인 메모리 위치에 나타날 수 있지만, 이것이 모두 가리키는 여섯 개의 데이터 원소로 반드시 전달되는 것은 아니다.

스위프트는 배열 스토리지를 동적으로 할당하기 때문에, 2차원 배열의 행은 원소 수가 다를 수 있다. 이전 스위프트 프로그램을 수정한 다음 코드를 살펴보자.

```
import Foundation

var a2 = ContiguousArray<Array<Int>>()
a2.append( [1,2,3] )
a2.append( [4,5] )

print( a2 )
print( a2[0] )
print( a2[0][1] )
```

이 프로그램을 실행하면 다음과 같이 출력된다.

```
[[1, 2, 3], [4, 5]]
[1, 2, 3]
2
```

a2 배열의 두 행의 크기가 어떻게 다른지 확인해보자. 이는 수행하려는 작업에 따라 유용하거나 결함의 원인이 될 수 있다.

스위프트에서 표준 다차원 배열 스토리지를 얻는 한 가지 방법은 다차원 배열의 모든 원소에 대해 충분한 원소를 가진 1차원 ContiguousArray를 선언하는 것이다. 그런 다음, **행 우선**row-major(또는, **열 우선**column-major) 기능을 사용해 인덱스를 배열로 계산한다(8.1.6.4절 '행 우선 순서 구현'과 8.1.6.5절 '열 우선 순서 구현' 참조).

8.1.6.3 다차원 배열 원소를 메모리에 매핑하기

지금까지 배열이 선언되는 방법을 살펴봤으니, 이제 배열을 메모리에 구현하는 방법을 생각해보자. 우선, 다차원 오브젝트를 1차원 메모리 공간에 저장하는 것부터 살펴보자.

다음 파스칼 배열을 잠깐 살펴보자.

```
A:array[0..3,0..3] of char;
```

이 배열은 네 개의 문자로 구성된 네 개의 행으로 총 16바이트를 차지한다. 이 배열의 각 16바이트를 주 메모리의 연속된 16바이트 각각에 매핑시켜야 한다. 그림 8-3은 이를 수행하는 한 가지 방법을 보여준다.

다음 두 가지 규칙을 준수하는 한, 배열 그리드 내의 위치를 다른 방법으로도 메모리 주소에 매핑할 수 있다.

- 배열의 모든 원소는 서로 다른 메모리에 위치한다.
- 배열의 각 원소는 항상 동일한 메모리 위치에 매핑된다.

따라서 실제로 필요한 것은 16개 메모리 위치의 연속 블록으로 오프셋을 생성하는, 두 개의 입력 매개변수(하나는 행에 대한 것이고, 다른 하나는 열 값에 대한 것이다)가 있는 함수다.

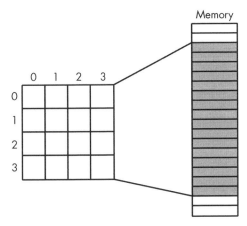

그림 8-3 4×4 배열을 연속된 메모리 위치에 매핑하기

이 두 가지 조건만 충족하면 어떤 함수라도 잘 동작할 것이다. 그러나 실제로 원하는 것은 런타임에 효율적으로 계산할 수 있고, 차원이나 크기에 상관없이 배열에 대해 작동하는 매핑 함수다. 여기에 맞는 다양한 옵션이 있지만, 대부분의 HLL은 행 우선 순서와 열 우선 순서라는 두 가지 방법 중 하나를 사용한다.

8.1.6.4 행 우선 순서 구현

행 우선 순서row-major ordering는 행을 가로질러 이동한 다음 열 아래로 이동해 연속된 메모리 위치에 배열 원소를 할당한다. 그림 8-4는 A[col, row]에 대해 이러한 매핑을 보여준다.

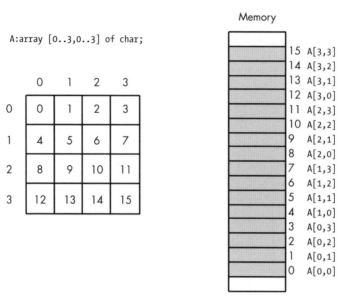

A:array [0..3,0..3] of char;

그림 8-4 4×4 배열의 행 우선 순서

행 우선 순서는 파스칼, C/C++/C#, 자바, 에이다, 모듈라-2 등 대부분의 하이레벨 프로그래밍 언어에서 사용하는 방법이다. 기계어로 구현하기가 매우 쉽고 사용하기도 쉽다. 2차원 구조에서 선형 시퀀스로의 변환은 매우 직관적이다. 그림 8-5는 4×4 배열에 대한 행 우선 순서의 또 다른 표현이다.

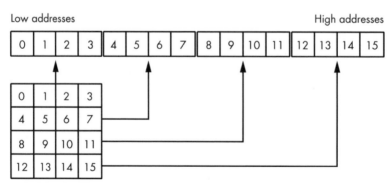

그림 8-5 4×4 배열에 대한 행 우선 순서의 또 다른 보기

다차원 배열 인덱스 셋을 하나의 오프셋으로 변환하는 함수는 1차원 배열 원소의 주소를 계산하는 공식을 약간 수정한 것이다. 다음 형식에 대한 액세스 권한이 주어지면,

```
array[ colindex ][ rowindex ]
```

오프셋을 2차원 행 우선 순서 배열로 계산하는 일반 공식은 다음과 같다.

```
Element_Address =
    Base_Address +
        (colindex * row_size + rowindex) * Element_Size
```

일반적으로 $Base\_Address$는 배열의 첫 번째 원소(이 경우에는 A[0][0])의 주소이고, $Element\_Size$는 배열의 개별 원소 크기(단위는 바이트)다. Row_size는 배열의 한 행에 있는 원소의 개수다(이 경우에는 각 행에 네 개의 원소가 있으므로 4가 된다). $Element\_Size$가 1이고 row_size가 4라고 가정하면, 이 공식은 기본 주소에서 표 8-1에 표시된 대로 오프셋을 계산한다.

3차원 배열의 경우, 오프셋을 메모리로 계산하는 공식은 좀 더 복잡하다. 다음과 같이 주어진 C/C++ 배열 선언을 살펴보자.

```
someType array[depth_size][col_size][row_size];
```

표 8-1 2차원 행 우선 순서 배열의 오프셋

열 인덱스	행 인덱스	배열 오프셋
0	0	0
0	1	1
0	2	2
0	3	3
1	0	4
1	1	5
1	2	6
1	3	7

(이어짐)

열 인덱스	행 인덱스	배열 오프셋
2	0	8
2	1	9
2	2	10
2	3	11
3	0	12
3	1	13
3	2	14
3	3	15

array[*depth_index*] [*col_index*] [*row_index*]와 유사한 배열 액세스 권한이 있는 경우, 오프셋을 메모리로 생성하는 계산은 다음과 같다.

```
Address =
    Base +
        ((depth_index * col_size + col_index) *
            row_size + row_index) * Element_Size
```

다시 말하지만, *Element_Size*는 단일 배열 원소의 크기(바이트)다. 4차원 배열의 경우, C/C++에서는 다음과 같이 선언된다.

```
type A[bounds0] [bounds1] [bounds2] [bounds3];
```

A[i][j][k][m] 원소에 액세스할 때, 배열 원소의 주소를 계산하는 공식은 다음과 같다.

```
Address =
    Base +
        (((i * bounds1 + j) * bounds2 + k) * bounds3 + m) *
            Element_Size
```

C/C++에서 n차원 배열은 다음과 같이 선언하고,

---

dataType array[b_{n-1}][b_{n-2}]...[b_0];

이 배열의 다음 원소에 액세스하려고 한다면,

---

array[a_{n-1}][a_{n-2}]...[a_1][a_0]

다음 알고리즘을 사용해 특정 배열 원소의 주소를 계산할 수 있다.

```
Address := a_{n-1}
for i := n-2 downto 0 do
    Address := Address * b_i + a_i
Address := Base_Address + Address * Element_Size
```

컴파일러가 배열 인덱스를 계산하기 위해 실제로 이런 식의 루프를 실행하는 것은 매우 드물다. 일반적으로 배열의 차원은 높지 않고 컴파일러는 루프를 풀기 때문에, 루프 컨트롤 명령의 오버헤드를 피할 수 있다.

8.1.6.5 열 우선 순서 구현

다른 일반적인 배열 원소 주소 함수인 **열 우선 순서**column-major ordering는 포트란, OpenGL과 다양한 베이직 언어(예: 이전 버전의 마이크로소프트 베이직)에서 배열을 인덱스화하는 데 사용된다. 열 우선 배열(A[col, row]에 액세스)은 그림 8-6과 같이 구성된다.

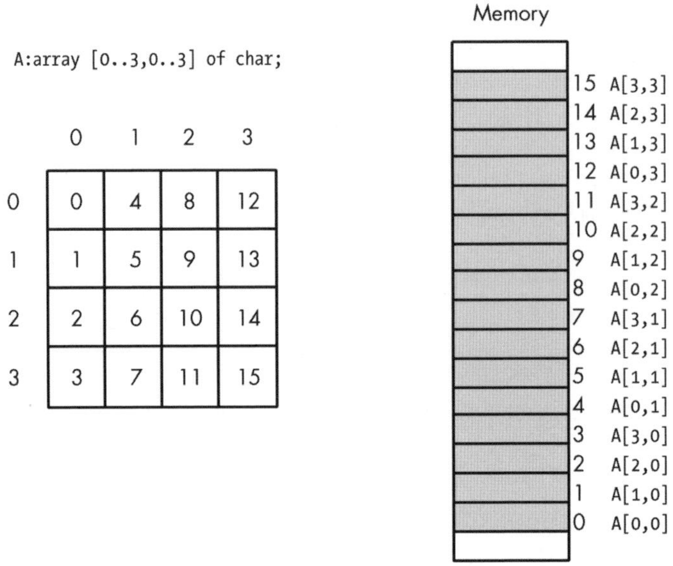

A:array [0..3,0..3] of char;

그림 8-6 열 우선 순서

　　열 우선 순서를 사용할 때, 배열 원소의 주소를 계산하는 공식은 행 우선 순서와 매우 유사하다. 차이점은 계산할 때 인덱스와 크기 변수의 순서를 반대로 한다는 것이다. 즉, 맨 왼쪽 인덱스에서 맨 오른쪽으로 작업하는 대신에 맨 오른쪽에서 맨 왼쪽으로 인덱스 작업을 수행한다.

　　2차원 열 우선 배열의 경우 다음과 같다.

```
Element_Address =
    Base_Address +
        (rowindex * col_size + colindex) *
            Element_Size
```

　　3차원 열 우선 배열의 경우는 다음과 같다.

```
Element_Address =
    Base_Address +
        ((rowindex * col_size + colindex) *
```

```
        depth_size + depthindex) *
            Element_Size
```

이후에도 마찬가지다. 이러한 새로운 수식을 사용하는 것 외에, 열 우선 순서를 사용해 배열 원소에 액세스하는 것은 행 우선 순서를 사용해 배열에 액세스하는 것과 동일하다.

8.1.6.6 다차원 배열의 원소 접근

HLL에서 다차원 배열의 원소에 쉽게 액세스할 수 있으므로, 많은 프로그래머는 관련 비용을 고려하지 않고 액세스할 수 있다. 이 절에서는 이러한 비용에 대한 명확한 그림을 볼 수 있도록, 다차원 배열의 원소에 액세스하기 위해 일반적으로 생성하는 몇 가지 어셈블리 언어 시퀀스 컴파일러에 대해 살펴본다. 배열은 최근의 애플리케이션에서 볼 수 있는 좀 더 일반적인 데이터 구조 중 하나이고, 다차원 배열도 매우 일반적이기 때문에, 컴파일러 디자이너는 배열 인덱스를 가능한 한 효율적으로 계산하도록 많은 노력을 기울인다.

다음과 같은 선언이 주어질 때,

```
int ThreeDInts[ 8 ][ 2 ][ 4 ];
```

다음과 같은 배열을 참조한다면,

```
ThreeDInts[i][j][k] = n;
```

행 우선 순서를 사용해 배열 원소에 액세스할 경우 다음을 계산해야 한다.

```
Element_Address =
    Base_Address +
        ((i * col_size + j) * // col_size = 2
            row_size + k) *   // row_size = 4
                Element_Size
```

이를 그대로 어셈블리 코드로 옮긴다면 다음과 같다.

```
intmul( 2, i, ebx );      // EBX = 2*i
add( j, ebx );            // EBX = 2*i + j
intmul( 4, ebx );         // EBX = (2*i + j)*4
add( k, ebx );            // EBX = (2*i + j)*4 + k
mov( n, eax );
mov( eax, ThreeDInts[ebx*4] );  // ThreeDInts[i][j][k] = n; assumes 4-byte ints
```

그러나 실제로 컴파일러 작성자는 속도가 느리기 때문에 80x86 intmul (imul) 명령어를 사용하지 않는다. 짧은 덧셈 시퀀스, 시프트, '유효 주소 로드load effective address' 명령어 시퀀스를 사용해 곱셈을 시뮬레이션하는 데 다양한 기계 관용구를 사용할 수 있다. 대부분의 최적화 컴파일러는 무조건 곱하기 명령어를 사용하는 코드 대신에, 배열 원소 주소를 계산하는 시퀀스를 사용한다.

4×4 배열의 16개 원소를 초기화하는 다음 C 프로그램을 살펴보자.

```
int i, j;
int TwoByTwo[4][4];

int main( int argc, char **argv )
{
    for( j=0; j<4; ++j )
    {
        for( i=0; i<4; ++i )
        {
            TwoByTwo[i][j] = i+j;
        }
    }
    return 0;
}
```

이제 볼랜드 C++ v5.0 컴파일러(이전 컴파일러)가 이 예제에서 for 루프를 어셈블리로 변환한 코드를 살펴보자.

```
        mov        ecx,offset _i
        mov        ebx,offset _j
    ;
    ;    {
    ;        for( j=0; j<4; ++j )
    ;
?live1@16: ; ECX = &i, EBX = &j
        xor        eax,eax
        mov        dword ptr [ebx],eax ;i = 0
        jmp        short @3
    ;
    ;        {
    ;            for( i=0; i<4; ++i )
    ;
@2:
        xor        edx,edx
        mov        dword ptr [ecx],edx ; j = 0

; base( TwoByTwo ) + eax*4로
; 배열의 현재 열의 인덱스를 계산한다
; '열 기본 주소'는 EDX에 남겨둔다

        mov        eax,dword ptr [ebx]
        lea        edx,dword ptr [_TwoByTwo+4*eax]
        jmp        short @5
    ;
    ;            {
    ;                TwoByTwo[i][j] = i+j;
    ;
?live1@48: ; EAX = @temp0, EDX = @temp1, ECX = &i, EBX = &j
@4:

;
        mov        esi,eax                    ; i+j를 계산한다
        add        esi,dword ptr [ebx]        ; EBX는 j의 값을 가리킨다

        shl        eax,4                      ; 행 인덱스에 16을 곱한다

; ESI에 들어간 합을 특정 배열 원소에 저장한다
```

```
; EDX는 배열의 기본 주소에 열 오프셋 값이 추가된 값이다
; EAX는 배열의 행 오프셋 값이다
; 이 합은 원하는 배열 원소의 주소가 된다

    mov         dword ptr [edx+eax],esi   ; 합을 원소에 저장한다

    inc         dword ptr [ecx]           ; i를 1 증가시킨다
@5:
    mov         eax,dword ptr [ecx]       ; i 값을 가져온다
    cmp         eax,4                     ; i가 4보다 작은가?
    jl          short @4                  ; 그렇다면, 안쪽 루프를 반복한다
    inc         dword ptr [ebx]           ; j를 1 증가시킨다
@3:
    cmp         dword ptr [ebx],4         ; j가 4보다 작은가?
    jl          short @2                  ; 그렇다면, 바깥쪽 루프를 반복한다
    ;

          .
          .
          .

; 4x4 (x4 바이트) 2차원 배열을 위한 스토리지
; 총합 = 4*4*4 = 64바이트

    align    4
_TwoByTwo    label dword
    db   64  dup(?)
```

이 예에서 rowIndex * 4 + columnIndex 계산은 다음 네 가지 명령(배열 원소도 저장함)에 의해 처리된다.

```
; EDX = base address + columnIndex * 4

    mov      eax,dword ptr [ebx]
    lea      edx,dword ptr [_TwoByTwo+4*eax]
        .
        .
        .
; EAX = rowIndex, ESI = i+j
```

```
shl       eax,4                  ; 행 인덱스에 16을 곱함
mov       dword ptr [edx+eax],esi  ; 합을 원소에 저장
```

이 코드 시퀀스는 스케일 인덱스 주소 지정 모드(lea 명령어와 함께)와 shl 명령어를 사용해 필요한 곱셈을 했다. 곱셈은 비용이 많이 드는 연산이기 때문에 대부분의 컴파일러는 다차원 배열 인덱스를 계산할 때 곱셈을 사용하지 않는다. 그럼에도 불구하고, 이 코드를 1차원 배열에 액세스하는 코드와 비교하면 배열 인덱스를 계산하는 데 필요한 기계어 명령의 수가 2차원 배열 엑세스에서 더 많다는 것을 알 수 있다.

3차원 배열 액세스는 2차원 배열 액세스보다 훨씬 더 비싸다. 다음은 3차원 배열의 원소를 초기화하는 C/C++ 프로그램이다.

```c
#include <stdlib.h>
int i, j, k;
int ThreeByThree[3][3][3];

int main( int argc, char **argv )
{
    for( j=0; j<3; ++j )
    {
        for( i=0; i<3; ++i )
        {
            for( k=0; k<3; ++k )
            {
                // 27개의 배열 원소를
                // 임의의 값으로 초기화한다

                ThreeByThree[i][j][k] = rand();
            }
        }
    }
    return 0;
}
```

다음은 마이크로소프트 비주얼 C++ 컴파일러가 생성한 32비트 80x86 어셈블리 코

드 출력이다.

```
; Line 9
        mov     DWORD PTR j, 0      // for( j = 0;...;... )
        jmp     SHORT $LN4@main

$LN2@main:
        mov     eax, DWORD PTR j    // for( ...;...;++j )
        inc     eax
        mov     DWORD PTR j, eax

$LN4@main:
        cmp     DWORD PTR j, 4      // for( ...;j<4;... )
        jge     $LN3@main

; Line 11
        mov     DWORD PTR i, 0      // for( i=0;...;... )
        jmp     SHORT $LN7@main

$LN5@main:
        mov     eax, DWORD PTR i    // for( ...;...;++i )
        inc     eax
        mov     DWORD PTR i, eax

$LN7@main:
        cmp     DWORD PTR i, 4      // for( ...;i<4;... )
        jge     SHORT $LN6@main

; Line 13
        mov     DWORD PTR k, 0      // for( k=0;...;... )
        jmp     SHORT $LN10@main

$LN8@main:
        mov     eax, DWORD PTR k    // for( ...;...;++k )
        inc     eax
        mov     DWORD PTR k, eax

$LN10@main:
        cmp     DWORD PTR k, 3      // for( ...; k<3;... )
```

```
        jge     SHORT $LN9@main

; Line 18
        call    rand
        movsxd  rcx, DWORD PTR i    // Index =( ( ( ( i*3 + j ) * 3 + k ) * 4 )
        imul    rcx, rcx, 36         // 00000024H
        lea     rdx, OFFSET FLAT:ThreeByThree
        add     rdx, rcx
        mov     rcx, rdx
        movsxd  rdx, DWORD PTR j
        imul    rdx, rdx, 12
        add     rcx, rdx
        movsxd  rdx, DWORD PTR k
// ThreeByThree[i][j][k] = rand();

        mov     DWORD PTR [rcx+rdx*4], eax

; Line 19
        jmp SHORT $LN8@main // End of for( k = 0; k<3; ++k )
$LN9@main:
; Line 20
        jmp SHORT $LN5@main // End of for( i = 0; i<4; ++i )
$LN6@main:
; Line 21
        jmp $LN2@main // End of for( j = 0; j<4; ++j )
$LN3@main:
```

관심이 있다면, n차원 배열(n은 4보다 크거나 같음)을 다루는 짧은 HLL 프로그램을 직접 만들어보고, 여기서 나온 어셈블리 코드를 분석해보자.

일반적으로 프로그래밍 언어에서 정의된 것이 아니라면, 열 우선 순서를 사용할지 행 우선 순서를 사용할지는 컴파일러에 의해 결정된다. 특정 배열에 대해(또는 전체 프로그램에서) 어떤 방식을 사용할지 사용자가 선택하게 해주는 컴파일러는 내가 아는 한 존재하지 않는다. 그러나 프로그램에서 단순히 '행'과 '열'의 정의를 변경해 저장 메커니즘을 쉽게 시뮬레이션할 수 있으므로 사실 꼭 필요한 기능은 아니다.

다음 C/C++ 배열 선언을 살펴보자.

```
int array[ NumRows ][ NumCols ];
```

일반적으로 다음과 같이 이 배열의 원소에 액세스한다.

```
element = array[ rowIndex ][ colIndex ]
```

각 행 인덱스 값에 대한 모든 열 인덱스 값을 증가시키면(그리고, 행 인덱스도 순차적으로 증가시킴), 이 배열의 원소에 액세스할 때 메모리 위치에 순차적으로 액세스한다. 즉, 다음 C의 for 루프는 메모리를 순서대로 0으로 초기화한다.

```
for( row=0; row<NumRows; ++row )
{
    for( col=0; col<NumCols; ++col )
    {
        array[ row ][ col ] = 0;
    }
}
```

NumRow와 NumCols가 동일한 값이면, 행 우선 순서가 아닌 열 우선 순서로 배열 원소에 액세스하는 것은 매우 간단하다. 이전 코드에서 인덱스를 바꾸면 다음과 같이 확인할 수 있다.

```
for( row=0; row<NumRows; ++row )
{
    for( col=0; col<NumCols; ++col )
    {
        array[ col ][ row ] = 0;
    }
}
```

NumCols와 NumRows 값이 다른 경우, 다음과 같이 열 우선 순서 배열의 인덱스를 직접 계산하고 1차원 배열에 스토리지를 할당해야 한다.

```
int columnMajor[ NumCols * NumRows ]; // 스토리지 할당
    .
    .
    .
for( row=0; row<NumRows; ++row)
{
    for( col=0; col<NumCols; ++col )
    {
        columnMajor[ col*NumRows + row ] = 0;
    }
}
```

진정한 다차원 배열을 구현하고 싶은(배열의 배열 구현이 아님) 스위프트 사용자는 전체 배열에 대한 스토리지를 단일 ContiguousArray 타입으로 할당한 다음, 배열의 인덱스를 수동으로 계산해야 한다.

```
import Foundation

// 3차원 배열 array[4][4][4] 생성

var a1 = ContiguousArray<Int>( repeating:0, count:4*4*4 )

for var i in 0...3
{
    for var j in 0...3
    {
        for var k in 0...3
        {
            a1[ (i*4+j)*4 + k ] = (i*4+j)*4 + k
        }
    }
}
print( a1 )
```

이 프로그램의 결과는 다음과 같다.

```
[0, 1, 2, 3, 4, 5, 6, 7, 8, 9, 10, 11, 12, 13, 14, 15, 16, 17, 18, 19, 20, 21,
22, 23, 24, 25, 26, 27, 28, 29, 30, 31, 32, 33, 34, 35, 36, 37, 38, 39, 40,
41, 42, 43, 44, 45, 46, 47, 48, 49, 50, 51, 52, 53, 54, 55, 56, 57, 58, 59,
60, 61, 62, 63]
```

애플리케이션에서 필요한 경우 열 우선 구조를 사용해 배열에 액세스할 수 있지만, 언어의 기본 체계와 다른 방식으로 배열에 액세스할 때는 각별히 주의해야 한다. 많은 최적화 컴파일러는 기본 방식으로 배열에 액세스할 때 이를 인식할 수 있을 만큼 똑똑하며, 이러한 상황에서 훨씬 더 나은 코드를 만들어낸다. 실제로 지금까지 제시된 예제는 컴파일러의 최적화를 방해하기 위해 일반적이지 않은 방식으로 배열에 액세스했다. 다음 C 코드와 비주얼 C++ 출력(최적화 사용)을 살펴보자.

```c
#include <stdlib.h>
int i, j, k;
int ThreeByThreeByThree[3][3][3];

int main( int argc, char **argv )
{
    // 여기서 주목해야 할 중요한 차이점은
    // i가 가장 느리게 변경되고 k가 가장 빠르게 변경되도록
    // (행 우선 순서에 따라) 인덱스 i, j, k를 사용해
    // 루프를 배열하는 방법이다

    for( i=0; i<3; ++i )
    {
        for( j=0; j<3; ++j )
        {
            for( k=0; k<3; ++k )
            {
                ThreeByThreeByThree[i][j][k] = 0;
            }
        }
    }
```

```
        return 0;
}
```

다음은 이전 코드의 for 루프에 대한 비주얼 C++ 어셈블리 언어 출력이다. 특히 컴파일러가 세 개의 루프 대신 80x86 stosd 명령어를 어떻게 사용했는지 확인해보자.

```
    push    edi
;
; 다음 코드는 ThreeByThreeByThree 배열의
; 27개(3*3*3) 원소를 0으로 채운다
    mov ecx, 27                    ; 0000001bH
    xor eax, eax
    mov edi, OFFSET FLAT:_ThreeByThreeByThree
    rep stosd
```

연속된 메모리 위치에 0을 저장하지 않도록 인덱스를 다시 정렬하면, 비주얼 C++는 stosd 명령어로 컴파일되지 않는다. 최종 결과가 전체 배열을 0으로 만드는 것이라고 해도, 컴파일러는 stosd의 의미와는 다르다고 생각한다(프로그램에서 ThreeByThreeByThree 배열 원소를 동시에 읽고 쓰는 두 개의 스레드를 생각해보자. 프로그램의 동작은 배열에 쓰는 순서에 따라 달라질 수 있다).

컴파일러 시맨틱뿐 아니라, 하드웨어적인 이유로도 배열의 기본 순서를 바꾸지 않는 것이 좋다. 최신 CPU의 성능은 CPU 캐시의 효율성에 크게 좌우된다. 캐시 성능은 캐시에 있는 데이터의 시간적, 공간적 지역성에 따라 달라지므로, 지역성을 방해하는 방식으로 데이터에 액세스하지 않도록 주의해야 한다. 특히, 스토리지 순서와 일치하지 않는 방식으로 배열 원소에 액세스하면 공간적 지역성에 큰 영향을 미치고, 결과적으로 성능이 저하된다. 여기서 얻게 되는 교훈은 '수행 중인 작업을 실제로 잘 알지 못하는 경우, 컴파일러의 배열 구성을 받아들이자.'는 것이다.

8.1.6.7 애플리케이션에서 배열 액세스 효율성 향상시키기

애플리케이션에서 배열을 사용할 때는 다음 규칙을 따르자.

- 1차원 배열로 충분하다면, 다차원 배열을 사용하지 말자. 이는 행 우선(또는 열 우선) 인덱스를 1차원 배열로 직접 계산해 다차원 배열을 시뮬레이션해야 한다고 제안하는 것이 아니다. 다차원 배열이 아닌 1차원 배열을 사용해 알고리즘을 표현할 수 있다면 1차원 배열을 사용해야 한다.

- 애플리케이션에서 다차원 배열을 사용해야 하는 경우, 2의 거듭제곱이나 적어도 4의 배수인 배열 경계를 사용하자. 컴파일러는 임의의 경계 값이 있는 배열보다 이러한 배열의 인덱스를 훨씬 효율적으로 계산할 수 있다.

- 다차원 배열의 원소에 액세스할 때는 가능한 한 순차적으로 메모리에 액세스하자. 행 우선 순서 배열의 경우에는 가장 오른쪽 인덱스를 가장 빠르게, 가장 왼쪽 인덱스를 가장 느리게(열 우선 순서 배열의 경우에는 그 반대) 시퀀싱sequencing하는 것을 의미한다.

- 해당 언어가 단일 연산자로 전체 행이나 열(또는 배열의 다른 큰 부분)에 대한 연산을 지원하는 경우, 중첩 루프를 사용해 개별 원소에 액세스하는 대신 이러한 기능을 사용한다. 각 배열 원소에 액세스하기 위해 사용되는 루프 오버헤드는 인덱스를 계산하고 원소에 액세스하는 비용보다 클 수 있다. 이는 배열 연산이 루프에서 발생하는 유일한 것일 경우에 특히 중요하다.

- 배열 원소에 액세스할 때는 공간 및 시간 지역성 문제를 항상 염두에 둬야 한다. 임의의(또는 캐시 친화적이지 않은) 방식으로 많은 수의 배열 원소에 액세스하면, 캐시와 가상 메모리 서브시스템에서 **스래싱**thrashing이 발생할 수 있다.[3]

마지막 요점이 특히 중요하다. 다음 HLA 프로그램을 살펴보자.

```
program slow;
#include ( "stdlib.hhf" )
begin slow;

    // 동적으로 할당된 배열에 다음과 같이 액세스한다
    // array[12][1000][1000]
```

---

3 스래싱에 대한 설명은 『Write Great Code』 시리즈 1편을 참조한다.

```
malloc( 12_000_000 ); // 12,000,000바이트를 할당한다
mov( eax, esi );

// 배열의 각 바이트를 0으로 초기화한다

for( mov( 0, ecx ); ecx < 1000; inc( ecx ) ) do

    for( mov( 0, edx ); edx < 1000; inc( edx ) ) do

        for( mov( 0, ebx ); ebx < 12; inc( ebx ) ) do

            // 다음과 같이 배열의 인덱스를 계산한다
            // EBX*1_000_000 + EDX*1_000 + ECX

            intmul( 1_000_000, ebx, eax );
            intmul( 1_000, edx, edi );
            add( edi, eax );
            add( ecx, eax );
            mov( 0, (type byte [esi+eax]) );

        endfor;

    endfor;

endfor;

end slow;
```

EBX 루프가 가장 바깥쪽 루프가 되고 ECX 루프가 가장 안쪽 루프가 되도록 루프를
바꾸는 것만으로도 이 프로그램을 최대 열 배 더 빠르게 실행할 수 있다. 현재 작성된 프
로그램이 행 우선 순서로 저장된 배열에 비순차적으로 액세스하기 때문이다. 가장 오른
쪽 인덱스(ECX)를 가장 자주 변경하고 가장 왼쪽 인덱스(EBX)를 가장 적게 변경하면, 이
프로그램은 메모리에 순차적으로 액세스한다. 이렇게 하면 캐시가 더 잘 작동해서 프로
그램 성능이 크게 향상된다.

8.1.7 동적 배열과 정적 배열

일부 언어에서는 프로그램이 실행될 때까지 크기를 예상할 수 없는 배열을 선언할 수 있다. 많은 프로그램이 사용자로부터 입력을 받을 때까지 데이터 구조에 필요한 공간을 예측할 수 없기 때문에, 이러한 배열은 매우 유용하다. 예를 들어, 디스크에서 텍스트 파일을 한 줄씩 읽어 문자열 배열에 넣는 프로그램을 생각해보자. 프로그램이 실제로 파일을 읽고 라인 수를 계산할 때까지는 문자열 배열에 얼마나 많은 원소가 필요한지 알 수 없다. 프로그램을 작성할 때 프로그래머는 배열의 크기를 알 방법이 없는 것이다.

이러한 배열을 지원하는 언어에서는 이 배열을 보통 **동적 배열**dynamic array이라고 부른다. 이 절에서는 동적 배열과 정적 배열에 관련된 내용을 살펴본다. 정적 배열과 동적 배열에 대한 몇 가지 정의부터 알아보자.

정적 배열static array(또는 순수 정적 배열pure static array)

프로그램이 컴파일 중에 크기를 알고 있는 배열이다. 이것은 컴파일러/링커/운영체제가 프로그램이 실행하기 전에 배열에 대한 스토리지를 할당할 수 있음을 의미한다.

가상 정적 배열pseudo-static array

컴파일러가 크기는 알지만, 프로그램이 실행될 때까지 실제로 스토리지를 할당하지 않는 배열이다. 자동 변수(함수나 프로시저의 비정적 지역 변수)는 **가상 정적**pseudo-static **오브젝트**의 좋은 예다. 컴파일러는 프로그램을 컴파일하는 동안 정확한 크기를 알고 있지만, 선언을 포함하는 함수나 프로시저가 실행될 때까지 프로그램은 실제로 메모리에 스토리지를 할당하지 않는다.

가상 동적 배열pseudo-dynamic array

컴파일러가 프로그램 실행 전에 크기를 결정할 수 없는 배열이다. 일반적으로 프로그램은 사용자 입력의 결과나 다른 계산의 일부로 런타임에 배열의 크기를 결정한다. 그러나, 프로그램이 가상 동적 배열pseudo-dynamic array에 스토리지를 할당하면, 프로그램이 해당 배열에 대한 스토리지를 종료하거나 할당을 해제할 때까지 배열 크기가 고정된 상태로 유지된다. 특히 전체 배열의 스토리지 할당을 해제하지 않고는 선택된 원소를 추가하거나 삭제하기 위해 가상 동적 배열의 크기를 변경할 수 없다.

동적 배열dynamic array(또는 순수 동적 배열pure dynamic array)

프로그램이 실행될 때까지 컴파일러가 크기를 결정할 수 없고, 실제로 배열을 생성한 후에도 크기를 확신할 수 없는 배열이다. 프로그램은 배열에 이미 들어있는 값에 영향을 주지 않고 원소를 추가하거나 삭제해서 언제든지 동적 배열의 크기를 변경할 수 있다(물론, 일부 배열 원소를 삭제하면 해당 값은 사라진다).

노트 | 정적 배열과 가상 정적 배열은 이 책에서 이전에 논의한 정적 및 자동 오브젝트의 예다. 자세한 내용은 7장을 참조하라.

8.1.7.1 1차원 가상 동적 배열

동적 배열을 지원한다고 하는 대부분의 언어는 실제로 가상 동적 배열을 지원한다. 즉, 배열을 처음 생성할 때 배열의 크기를 지정할 수 있지만, 일단 그렇게 한 후에는 배열의 원래 스토리지 할당을 먼저 해제하지 않으면 배열의 크기를 쉽게 변경할 수 없다. 다음 비주얼 베이직 문장을 살펴보자.

```
dim dynamicArray[ i * 2 ]
```

---

i는 이 문장을 실행하기 전에 값을 할당한 정수 변수라고 가정하자. 비주얼 베이직은 이 문장을 만나면 i×2개의 원소가 있는 배열을 만들 것이다. (가상) 동적 배열을 지원하는 언어에서 배열 선언은 일반적으로 실행 가능한 명령문이지만, C나 파스칼처럼 동적 배열을 지원하지 않는 언어에서는 그렇지 않다. 이는 컴파일러가 처리하는 단순한 선언이지만, 컴파일러는 기계어 코드를 생성하지 않는다.

표준 C/C++에서는 가상 동적 배열을 지원하지 않지만, GNU C/C++에서는 지원한다. 따라서, GNU C/C++에서 다음과 같은 함수를 작성할 수 있다.

```
void usesPDArray( int aSize )
{
```

```
    int array[ aSize ];
        .
        .
        .
} /* usesPDArray 함수의 끝 */
```

물론, GCC에서 이 기능을 사용하면, GCC에서만 프로그램을 컴파일할 수 있다.[4] 그 렇기 때문에, 프로그램에서 이러한 유형의 코드를 사용하는 C/C++ 프로그래머를 보기는 쉽지 않다.

가상 동적 배열을 지원하지는 않지만, 일반적인 메모리 할당 함수를 제공하는 C/C++ 같은 언어를 사용하는 경우에는 1차원 가상 동적 배열처럼 작동하는 배열을 쉽게 만들 수 있다. 이는 C/C++처럼 배열 인덱스의 범위를 확인하지 않는 언어에서 특히 쉽다. 다 음 코드를 살펴보자.

```
void usesPDArray( int aSize )
{
    int *array;

    array = (int *) malloc( aSize * sizeof( int ) );
        .
        .
        .
    free( array );

} /* usesPDArray 함수의 끝 */
```

malloc() 같은 메모리 할당 함수를 사용할 때의 한 가지 문제점은 함수에서 반환하기 전에 명시적으로 스토리지를 해제해야 한다는 것이다(이 경우, free() 호출이 수행하는 것 처럼). C 표준 라이브러리의 일부 버전에는 스택에 동적 스토리지를 할당하는 talloc() 함수가 포함돼 있다. talloc()을 호출하는 것은 malloc()이나 free()를 호출하는 것보다

---

4   맥의 Clang에서도 이 기능을 지원한다.

훨씬 빠르며, 리턴할 때 talloc()은 자동으로 스토리지를 비운다.

8.1.7.2 다차원 가상 동적 배열

다차원 가상 동적 배열을 만들 때는 또 다른 문제가 생긴다. 1차원 가상 동적 배열을 사용하면 프로그램은 어떤 이유든 배열 경계를 추적할 필요는 없지만, 배열 인덱스가 유효한지는 확인한다. 그러나 다차원 배열의 경우, 프로그램은 배열의 각 차원의 상한/하한에 대한 추가 정보를 유지해야 한다. 8장의 앞부분에서 봤듯이, 프로그램은 배열 인덱스 목록에서 배열 원소의 오프셋을 계산하기 위해 크기 정보를 알아야 한다. 따라서, 배열의 기본 원소 주소를 포함하는 포인터를 유지하는 것 외에도, 가상 동적 배열을 사용하는 프로그램은 배열 경계를 추적해야 한다.[5] 기본 주소, 차원 수, 각 차원의 경계와 같은 정보 모음을 **도프 벡터**dope vector라고 한다. HLA, C/C++, 파스칼 같은 언어에서는 일반적으로 도프 벡터를 유지하기 위해 구조체나 레코드를 만든다(구조체나 레코드에 대한 자세한 내용은 11장 참조). 다음은 HLA를 사용해서 2차원 정수 배열에 대해 만들 수 있는 도프 벡터의 예다.

```
type
    dopeVector2D :
        record
            ptrToArray :pointer to int32;
            bounds :uns32[2];
        endrecord;
```

다음은 사용자로부터 2차원 배열의 경계를 읽고, 도프 벡터를 이용해 가상 동적 배열에 대한 스토리지를 할당하는 HLA 코드다.

```
var
    pdArray :dopeVector2D;
        .
```

---

5   기술적으로, 프로그램이 배열에 적용된 배열 인덱스의 유효성을 확인하지 않으면, 코드가 배열 차원의 최종 크기를 유지할 필요는 없다. 그러나, 일반적으로 가상 동적 배열을 지원하는 대부분의 언어는 모든 정보를 유지한다.

.

.

```
stdout.put( "Enter array dimension #1:" );
stdin.get( pdArray.bounds[0] );
stdout.put( "Enter array dimension #2:" );
stdin.get( pdArray.bounds[4] ); // 명심할 것, '4'는 경계에 대한 바이트 오프셋이다
// 배열을 위한 스토리지를 할당하기 위해
// bounds[0]*bounds[4]*4 바이트를 할당해야 한다

mov( pdArray.bounds[0], eax );

// bounds[0]*bounds[4] -> EAX

intmul( pdArray.bounds[4], eax );

// EAX := EAX * 4 (4=int32의 크기)

shl( 2, eax );

// 배열을 위한 바이트 할당

malloc( eax );

// 기본 주소 저장

mov( eax, pdArray.ptrToArray );
```

이 예제는 프로그램이 배열 차원과 원소 크기의 곱으로 배열의 크기를 계산해야 한다는 점을 강조한다. 정적 배열을 처리할 때, 컴파일러는 컴파일 중에 이 값을 계산할 수 있다. 그러나 동적 배열로 작업할 때, 컴파일러는 런타임에 이 값을 계산하기 위해 기계어 명령을 내보내야 한다. 즉, 정적 배열을 사용한 경우보다 프로그램이 좀 더 크고 좀 더 느려질 것이다.

가상 동적 배열을 직접 지원하지 않는 언어에서는 행 우선 함수(또는 이와 유사한 함수)를 사용해 인덱스 목록을 단일 오프셋으로 변환해야 한다. 이는 어셈블리 언어뿐만 아니라 HLL에서도 마찬가지다. 행 우선 순서를 사용해 가상 동적 배열의 원소에 액세스하는

다음 C++ 예제를 살펴보자.

```
typedef struct
{
    int *ptrtoArray;
    int bounds[2];
} dopeVector2D;

dopeVector2D pdArray;
        .
        .
        .
    // 가상 동적 배열을 위한 스토리지 할당

    cout << "Enter array dimension #1:";
    cin >> pdArray.bounds[0];
    cout << "Enter array dimension #2:" ;
    cin >> pdArray.bounds[1];
    pdArray.ptrtoArray =
        new int[ pdArray.bounds[0] * pdArray.bounds[1] ];
        .
        .
        .
    // 이 동적 배열의 모든 원소를
    // 순차적인 정수값으로 설정

    k = 0;
    for( i=0; i < pdArray.bounds[0]; ++i )
    {
        for( j=0; j < pdArray.bounds[1]; ++j )
        {
            // 원소 [i][j]에 액세스하기 위해
            // 행 우선 순서를 사용

            *(pdArray.ptrtoArray + i*pdArray.bounds[1] + j) = k;
            ++k;
        }
    }
```

1차원 가상 동적 배열의 경우에는 메모리 할당 및 해제가 실제 배열보다 더 비쌀 수 있다. 특히, 많은 소규모 배열을 여러 번 할당하고 해제할 때 그렇다.

다차원 동적 배열의 큰 문제점은 컴파일러가 컴파일 타임에 배열 경계를 알지 못하므로 가상 정적 배열과 정적 배열에 가능한 효율적인 배열 액세스 코드를 생성할 수 없다는 것이다. 예를 들어, 다음 C 코드를 살펴보자.

```c
#include <stdlib.h>

int main( int argc, char **argv )
{

    // 3x3x3 동적 배열을 위한 스토리지 할당

    int *iptr = (int*) malloc( 3*3*3 *4 );
    int depthIndex;
    int rowIndex;
    int colIndex;

    // 비교하기 위한 3x3x3 크기의 가상 정적 배열

    int ssArray[3][3][3];

    // 다음 중첩 루프는
    // 3x3x3 동적 배열의 모든 원소를
    // 0으로 초기화한다

    for( depthIndex=0; depthIndex<3; ++depthIndex )
    {
        for( rowIndex=0; rowIndex<3; ++rowIndex )
        {
            for( colIndex=0; colIndex<3; ++colIndex )
            {
                iptr
                [
                    // 행 우선 순서 계산

                    ((depthIndex*3) + rowIndex)*3
```

```
                        + colIndex

                ] = 0;
            }
        }
    }

    // 다음 세 중첩 루프는 위와 비슷하지만
    // 가상 정적 배열의 원소를 초기화한다
    // 컴파일러가 컴파일하는 동안 배열의 크기를
    // 알 수 있기 때문에 이 경우에는 위와 비교해
    // 더 좋은 코드를 만들 수 있다

    for( depthIndex=0; depthIndex<3; ++depthIndex )
    {
        for( rowIndex=0; rowIndex<3; ++rowIndex )
        {
            for( colIndex=0; colIndex<3; ++colIndex )
            {
                ssArray[depthIndex][rowIndex][colIndex] = 0;
            }
        }
    }

    return 0;
}
```

다음은 GCC가 이 C 프로그램에 대해 내보내는 파워PC 코드의 관련 부분이다(수동으로 주석 처리됐다). 여기서 주목해야 할 중요한 점은 동적 배열 코드는 값비싼 곱셈 명령어를 사용해야 한다는 것이다. 반면, 가상 정적 배열 코드에는 이 명령어가 필요하지 않다.

```
    .section __TEXT,__text,regular,pure_instructions

_main:

// 지역 변수를 위한 스토리지를 할당한다
// (ssArray, 루프 컨트롤 변수 등을 포함해
```

```
// 총 192바이트이고
// 64바이트로 패딩한다)

    mflr r0
    stw r0,8(r1)
    stwu r1,-192(r1)


// 4바이트 정수의 3x3x3 배열을 위해
// 108바이트를 할당한다
// 이 malloc 호출은 R3에 있는
// 배열을 가리키는 포인터를 남긴다

    li r3,108
    bl L_malloc$stub

    li r8,0     // R8= depthIndex
    li r0,0


    // R10은 지금까지 처리한
    // 행에 있는 원소 수를 센다

    li r10,0

// 루프의 가장 바깥쪽 윗부분

L16:
    // 배열의 처음부터 우리가 처리하려는
    // 행의 시작 부분까지의 바이트를 계산한다
    // 각 행은 12바이트를 갖고 있고
    // R10은 지금까지 처리한 행의 수를 갖고 있다
    // R10과 12를 곱하면
    // 현재 행의 시작점까지의 바이트를 얻을 수 있다
    // 이 값은 R9에 들어간다

    mulli r9,r10,12

    li r11,0    // R11 = rowIndex

// 중간 루프의 윗부분
```

```
L15:
    li r6,3       // R6/CTR = colIndex

    // R3은 배열의 기본 주소
    // R9는 현재 행의 시작 인덱스
    // 위의 MULLI 연산으로 계산했다
    // 이제 R2는 배열의 현재 행의
    // 기본 주소를 갖는다

    add r2,r9,r3

    // CTR = 3

    mtctr r6

    // 배열의 현재 행의 모든 원소에 대해
    // 다음 루프를 한 번 더 반복한다

L45:
    stw r0,0(r2)    // 현재 원소를 0으로
    addi r2,r2,4    // 다음 원소로 이동
    bdnz L45        // CTR만큼 루프를 반복

    addi r11,r11,1  // RowIndex를 1 증가
    addi r9,r9,12   // 배열의 다음 행의 인덱스
    cmpwi cr7,r11,2 // RowIndex=0..2만큼 반복
    ble+ cr7,L15

    addi r8,r8,1    // depthIndex를 1 증가
    addi r10,r10,3  // 원소 cnt를 3 증가
    cmpwi cr7,r8,2  // depthIndex=0..2만큼 반복
    ble+ cr7,L16

/////////////////////////////////////////////////
//
// 가상 정적 배열을
// 초기화하는 코드

    li r8,0         // DepthIndex = 0
    addi r10,r1,64  // ssArray의 기본 주소 계산
```

```
        li r0,0
        li r7,0          // R7은 현재 행의 인덱스
L31:
        li r11,0         // RowIndex = 0
        slwi r9,r7,2     // row/int 인덱스를
                         // row/byte 인덱스로 변환(int_index*4)
L30:
        li r6,3          // # colIndex만큼 반복
        add r2,r9,r10    // Base+row_index = row address
        mtctr r6         // CTR = 3

// 가장 안쪽 루프를 세 번 반복

L44:
        stw r0,0(r2)     // 현재 원소를 0으로
        addi r2,r2,4     // 다음 원소로 증가
        bdnz L44         // CTR만큼 반복

        addi r11,r11,1   // RowIndex를 1 증가
        addi r9,r9,12    // R9 = 다음 행의 베이스 주소
        cmpwi cr7,r11,2  // RowIndex >= 3일 때까지 반복
        ble+ cr7,L30

        addi r8,r8,1     // depthIndex를 1 증가
        addi r7,r7,9     // 배열의 다음 단계의 인덱스
        cmpwi cr7,r8,2
        ble+ cr7,L31

        lwz r0,200(r1)
        li r3,0
        addi r1,r1,192
        mtlr r0
        blr
```

다른 컴파일러와 다른 최적화 수준은 동적 배열이나 가상 정적 배열 액세스를 다른 방식으로 처리한다. 일부 컴파일러는 두 시퀀스 모두에 대해 동일한 코드를 생성하지만, 많은 컴파일러는 그렇지 않다. 결론은 다차원 동적 배열 액세스가 가상 정적 다차원 배열

액세스보다 결코 빠르지 않으며 때로는 더 느리다는 것이다.

8.1.7.3 순수 동적 배열

순수 동적 배열은 관리하기가 훨씬 더 어려우며 APL, SNOBOL4, LISP, 프롤로그 등 하이 레벨 HLL 외에는 거의 찾아볼 수 없다. 한 가지 주목할 만한 예외는 배열로 순수한 동적 배열을 지원하는 스위프트다. 순수 동적 배열을 지원하는 대부분의 언어는 배열에 대한 스토리지를 명시적으로 선언하거나 할당하지 않아도 된다. 대신 배열의 원소를 그냥 사용하고, 원소가 현재 배열에 없으면 언어가 자동으로 생성한다. 그럼 현재 원소 0에서 9까지의 배열이 있는데, 원소 100을 사용하려고 하면 어떻게 될까? 결과는 언어에 따라 다르다. 순수한 동적 배열을 지원하는 일부 언어는 배열 원소 10~100을 자동으로 만들고, 원소 10~99를 0(또는 다른 기본값)으로 초기화한다. 다른 언어는 원소 100만 할당할 수 있고, 다른 원소가 아직 배열에 존재하지 않는다는 사실을 기억할 것이다. 그럼에도 불구하고, 배열에 액세스할 때마다 필요한 추가 비용은 상당히 비쌀 수 있다. 따라서, 순수 동적 배열을 지원하는 언어는 더 많이 사용되지 않는다. 순수 동적 배열은 프로그램을 느리게 만들기 때문이다.

동적 배열을 지원하는 언어를 사용하는 경우, 해당 언어의 배열 액세스와 관련된 비용을 염두에 둬야 한다. 동적 배열을 지원하지는 않지만, 메모리 할당/해제를 지원하는 언어(예: C/C++, 자바, 어셈블리)를 사용한다면, 동적 배열을 직접 구현할 수 있다. 그러한 배열을 사용하는 데 드는 비용은 짐작하는 대로다. 완전히 나쁜 것은 아니지만, 원소를 조작하는 모든 코드를 작성해야 하기 때문이다. C++를 사용하는 경우, 배열 인덱스 연산자([])를 오버로딩해서 동적 배열 원소 액세스의 복잡성을 숨길 수도 있다. 그러나 일반적으로 동적 배열의 진정한 의미를 필요로 하는 프로그래머는 이를 직접 지원하는 언어를 선택할 것이다. 다시 말하지만, 이 길을 가기로 했다면 비용을 염두에 둬야 한다.

8.2 참고 자료

Duntemann, Jeff. *Assembly Language Step-by-Step*. 3rd ed. Indianapolis: Wiley, 2009.

Hyde, Randall. *The Art of Assembly Language*. 2nd ed. San Francisco: No Starch

Press, 2010.

Knuth, Donald. *The Art of Computer Programming, Volume I: Fundamental Algorithms*. 3rd ed. Boston: Addison-Wesley Professional, 1997.

9

포인터 자료형

포인터는 goto문 같은 자료형이다. 잘 쓰면 강력하고 효율적인 프로그램을 만들 수 있지만, 잘못 사용하면 버그가 많고 비효율적인 정크 파일로 만들 수 있다. goto문과 달리, 포인터는 많은 일반적인 프로그래밍 언어에서 불가피한 존재다. 데이크스트라Dijkstra의 'goto는 해롭다'라는 논문은 있지만, '포인터는 해롭다'라는 제목의 논문은 학술지에서 찾아보기 어렵다.[1] 자바나 스위프트 같은 많은 언어가 포인터를 제한하려고 시도하지만, 반대로 여러 인기 있는 언어는 여전히 포인터를 사용하므로 훌륭한 프로그래머라면 포인터를 잘 다룰 수 있어야 한다.

9장에서는 다음과 같은 주제를 다룬다.

- 포인터의 메모리 표현
- HLL이 포인터를 구현하는 방법
- 동적 메모리 할당과 포인터의 관계
- 포인터 연산
- 메모리 할당자의 동작 원리

---

1   Edgar Dijkstra, "Go To Statement Considered Harmful," Communications of the ACM 11, no. 3 (1968)

- 가비지 컬렉션garbage collection
- 일반적인 포인터 문제

로우레벨 구현과 포인터의 사용을 이해하면 좀 더 효율적이고 안전하며 읽기 쉬운 하이레벨 코드를 작성할 수 있다. 9장에서는 일반적인 포인터 관련 문제를 피하고 포인터를 적절하게 사용하는 데 필요한 정보를 제공한다.

9.1 포인터의 정의

포인터pointer는 다른 오브젝트를 참조하는 값을 갖는 변수다. 파스칼과 C/C++ 같은 HLL은 추상화의 벽 뒤에 포인터의 단순성을 숨긴다. HLL 프로그래머는 일반적으로 배후에서 무슨 일이 일어나고 있는지 알고 싶지 않으므로, 언어가 제공하는 고도의 추상화에 의존한다. 그들은 단지 예측 가능한 결과를 생성하는 '블랙박스'를 원한다. 포인터의 경우, 추상화가 너무 강력해서 많은 프로그래머에게는 알기 어려운 대상일지도 모른다. 그렇다고 두려워하지는 말자! 포인터는 실제로 다루기 쉽다.

포인터가 작동하는 방식을 이해하기 위해 배열 자료형을 예로 들어본다. 파스칼의 다음 배열 선언을 살펴보자.

```
M: array[0..1023] of integer;
```

파스칼을 몰라도 여기에 있는 개념은 이해하기 쉽다. M은 M[0]에서 M[1023]까지 인덱싱된 1,024개의 정수 배열이다. 각 배열 원소는 독립적인 정수값을 가진다. 즉, 이 배열은 1,024개의 서로 다른 정수 변수를 제공하며, 각 변수는 이름이 아닌 배열 인덱스(배열 내 변수의 순차적 위치)를 통해 액세스한다.

M [0] : = 100; 문장은 값 100을 배열 M의 첫 번째 원소에 저장한다. 이제 다음 두 명령문을 살펴보자.

```
i := 0; (* 'i'는 정수 변수라고 하자 *)
M [i] := 100;
```

이 두 문장은 M [0] : = 100;과 동일한 작업을 수행한다. 실제로 이 배열에 대한 인덱스로 0~1023 범위의 값을 생성하는 정수 표현식을 사용할 수 있다. 다음 명령문은 이전 명령문과 동일한 작업을 수행한다.

```
i := 5;          (* 모든 변수는 정수라고 하자 *)
j := 10;
k := 50;
m [i*j-k] := 100;
```

자, 이제 다음을 살펴보자.

```
M [1] := 0;
M [ M [1] ] := 100;
```

언뜻 보기에 이러한 문장은 혼란스러워 보일 수 있다. 그러나 이 두 개의 명령도 이전 예제에서와 동일한 작업을 수행한다. 첫 번째 문장은 0을 배열 원소 M[1]에 저장한다. 두 번째 문장은 0인 M[1]의 값을 가져오고, 이 값을 사용해 값 100을 저장할 위치를 결정한다.

이 예제가 합리적이라고 생각한다면(어쩌면 이상해 보일 수도 있겠지만, 그럼에도 사용할 수 있다) M[1]이 포인터이기 때문에 포인터를 이해하는 데는 문제가 없을 것이다! 사실은 아니지만, M을 '메모리'라 하고 이 배열의 각 원소를 별도의 메모리 위치로 취급하면, 이는 포인터의 정의를 만족한다. 즉, 포인터란 다른 메모리 오브젝트의 주소를 값으로 갖는 메모리 변수다.

9.2 HLL에서의 포인터 구현

대부분의 언어는 메모리 주소를 사용해 포인터를 구현하지만, 포인터는 실제로 메모리 주소의 추상화다. 따라서, 언어는 포인터의 값을 메모리의 일부 오브젝트 주소에 매핑하는 메커니즘을 사용해 포인터를 정의할 수 있다. 예를 들어, 일부 파스칼에서는 고정 메모리 주소의 오프셋을 포인터 값으로 사용한다. 일부 언어(LISP와 같은 동적 언어 포함)는 실제로 **이중 간접**double indirection을 사용해 포인터를 구현한다. 즉, 포인터 오브젝트는 값이 액세스할 오브젝트의 주소인 일부 메모리 변수의 주소를 포함한다. 이 접근 방식은 다소 복잡해 보일 수 있지만, 복잡한 메모리 매니지먼트 시스템에서 특정 이점을 제공하므로 메모리 블록을 더 쉽고 효율적으로 재사용할 수 있다. 그러나 좀 더 간단하게 하기 위해, 앞에서 정의한 것처럼 포인터는 메모리에 있는 다른 오브젝트의 주소를 값으로 하는 변수라고 가정한다. 이는 C, C++, 델파이 등 흔히 접하는 많은 고성능 HLL에서 통하는 안전한 가정이다.

다음과 같이 두 개의 80x86 기계어 명령에서 포인터를 사용해 오브젝트에 간접적으로 액세스할 수 있다.

```
mov( PointerVariable, ebx ); // 포인터 변수를 레지스터에 로드한다
mov( [ebx], eax );           // 레지스터 간접 방식으로 데이터에 접근한다
```

이제 앞에서 설명한 이중 간접 포인터 구현을 생각해보자. 이중 간접 방식의 데이터 액세스는 메모리에서 데이터를 가져올 때마다 추가적인 기계어 명령이 필요하기 때문에 직접 포인터를 구현하는 것보다 비효율적이다. C/C++나 파스칼 같은 HLL에서 이중 간접을 명시적으로 사용할 때도 이 점은 잘 드러나지 않는다.

```
i = **cDblPtr;
i := pDblPtr^^;
```

이것은 단순 간접 참조와 문법상 비슷하다. 그러나 어셈블리 언어에서는 관련된 추가 작업을 볼 수 있다.

```
mov( hDblPtr, ebx );  // 포인터의 포인터 값을 취한다
mov( [ebx], ebx );    // 값의 포인터 값을 얻는다
mov( [ebx], eax );    // 값을 얻는다
```

단순 간접 참조로 오브젝트에 액세스하는 두 가지 이전 어셈블리 명령과 비교해보자. 이중 간접은 단순 간접 참조보다 50% 더 많은 코드(그리고, 두 배의 느린 메모리 액세스)를 필요로 하므로, 많은 언어가 단순 간접 참조를 사용해 포인터를 구현하는 것이다. 이를 확인하기 위해 다음 C 코드를 처리할 때 몇 가지 다른 컴파일러에서 어떤 기계어 코드를 만들어내는지 살펴보자.

```c
static int i;
static int j;
static int *cSnglPtr;
static int **cDblPtr;

int main( void )
{
        .
        .
        .
    j = *cSnglPtr;
    i = **cDblPtr;
        .
        .
        .
```

파워PC 프로세서에 대한 GCC 출력은 다음과 같다.

```asm
; j = *cSnglPtr;

        addis r11,r31,ha16(_j-L1$pb)
        la r11,lo16(_j-L1$pb)(r11)
        addis r9,r31,ha16(_cSnglPtr-L1$pb)
        la r9,lo16(_cSnglPtr-L1$pb)(r9)
        lwz r9,0(r9)   // 포인터 값을 R9 레지스터로 가져온다
        lwz r0,0(r9)   // 포인터에 있는 데이터를 읽는다
        stw r0,0(r11) // j에 저장한다

; i = **cDblPtr;
;
```

; 우선 cDblPtr의 주소를 R9에 넣는다

```
        addis r11,r31,ha16(_i-L1$pb)
        la r11,lo16(_i-L1$pb)(r11)
        addis r9,r31,ha16(_cDblPtr-L1$pb)
        la r9,lo16(_cDblPtr-L1$pb)(r9)

        lwz r9,0(r9)   // 이중 포인터의 값을 R9에 넣는다
        lwz r9,0(r9)   // 포인터 값을 R9에 넣는다
        lwz r0,0(r9)   // 값을 R9에 넣는다
        stw r0,0(r11)  // 값을 i에 저장한다
```

이 파워PC 예제에서 볼 수 있듯이, 이중 간접 방식으로 값을 가져오는 것은 단순 간접 참조를 사용하는 것보다 하나 더 많은 명령이 필요하다. 물론, 여기서는 총 명령어 수가 상당히 많으므로, 80x86처럼 적은 수의 명령을 사용할 때보다는 실행 시간에 미치는 영향이 작다. 32비트 80x86에 대한 다음 GCC 코드 출력을 보자.

```
; j = *cSnglPtr;

        movl    cSnglPtr, %eax
        movl    (%eax), %eax
        movl    %eax, j

; i = **cDblPtr;

        movl    cDblPtr, %eax
        movl    (%eax), %eax
        movl    (%eax), %eax
        movl    %eax, i
```

파워PC 코드에서 보듯이, 이중 간접 참조는 추가적인 기계어 명령이 필요하므로 이중 간접을 사용하는 프로그램은 더 크고 느려질 것이다.

파워PC 명령 시퀀스는 80x86 명령 시퀀스의 두 배다.[2] 이 점을 긍정적으로 보자면, 파워PC 코드가 80x86 코드보다 이중 간접이 실행 시간에 미치는 영향이 적다는 것이다. 즉, 추가 명령어는 파워PC 코드에서 총 13%를 차지하고 80x86 코드에서 총 25%를 차지한다.[3] 이 간단한 예제는 실행 시간과 코드가 차지하는 공간이 프로세서에 독립적이지 않다는 사실을 보여준다. 잘못된 코딩 방법(예: 쓸데없이 이중 간접 사용)은 어떤 프로세서에서는 더 많은 영향을 미칠 수 있다.

9.3 포인터와 동적 메모리 할당

포인터는 일반적으로 malloc()/free(), new()/dispose(), new()/delete() 같은 메모리 할당/해제 함수를 사용해 힙에 할당하는 익명 변수를 참조한다(C++17에서는 std::make_unique). 힙에 할당하는 오브젝트는 이름이 아닌 주소로 참조하기 때문에 **익명 변수**anonymous variable라고 한다. 포인터 변수에 이름이 있을 수 있지만, 해당 이름은 이 주소에서 참조하는 오브젝트가 아니라 포인터의 데이터(주소)에 적용된다.

노트 | 7장에서 설명했듯이, 힙은 동적 스토리지 할당을 위해 예약된 메모리 영역이다.

동적 언어는 투명하고 자동적인 방식으로 메모리를 할당하고 해제한다. 애플리케이션은 단순히 동적 데이터를 사용하고, 필요에 따라 메모리를 할당하고, 더 이상 필요하지 않을 때는 다른 용도로 스토리지를 재사용하기 위해 이를 런타임 시스템에 맡긴다. 포인터 변수에 대한 메모리를 명시적으로 할당하고, 할당을 해제할 필요 없이 동적 언어(AWK, 펄 등)로 작성된 애플리케이션은 일반적으로 프로그래밍하기가 훨씬 쉽고 오류가 훨씬 적다. 그러나, 이것은 종종 다른 언어로 작성된 프로그램보다 훨씬 느리게 실행되기

---

2   이것은 파워PC와 80x86 코드의 일반적인 규칙은 아니다. 파워PC의 메모리 참조는 비용이 많이 들기 때문에 파워PC 코드가 그렇게 길어진 것이다. 그러나 파워PC는 레지스터가 네 배나 많으므로, 실제 애플리케이션에서 코드가 항상 큰 것은 아니다.

3   그러나 데이터가 고정돼 있지 않으면, 메모리 액세스는 매우 느리다. 이 경우에 이 코드에서 소요되는 대부분의 시간은 명령을 실행하지 않고 메모리를 기다리는 것이므로, 다른 모든 항목이 동일하면 두 코드 시퀀스의 실행 시간은 더 비슷해질 것이다.

때문에 효율성이 떨어진다. 반대로, 프로그래머가 메모리를 명시적으로 관리해야 하는 기존 언어(C/C++)는 메모리 매니지먼트 코드가 더 복잡해지므로 결함 비율이 더 높은 경향이 있지만, 종종 더 효율적인 애플리케이션을 생성한다.

9.4 포인터 연산과 포인터 산술

대부분의 HLL이 제공하는 포인터 자료형은 포인터 변수에 주소를 할당하고, 포인터 값이 같은지 다른지 확인하기 위해 비교하고, 포인터를 통해 간접적으로 오브젝트를 참조할 수 있다. 이 절에서 볼 수 있듯이 일부 언어는 추가 연산도 허용한다.

많은 프로그래밍 언어는 포인터로 제한된 산술 연산을 할 수 있다. 최소한 포인터에 정수 상수를 더하거나 뺄 수 있다. 이 두 가지 산술 연산의 목적을 이해하려면, C 표준 라이브러리에서 malloc() 함수의 문법을 기억하자.

```
ptrVar = malloc( bytes_to_allocate );
```

malloc()에 전달하는 매개변수는 할당할 스토리지의 바이트 수를 지정한다. 좋은 C 프로그래머는 보통 이 매개변수로 sizeof(int)와 같은 표현식을 제공한다. sizeof() 함수는 단일 매개변수에 필요한 바이트 수를 리턴한다. 따라서, sizeof(int)는 malloc()에게 int 변수에 대한 최소한의 스토리지를 충분히 할당하도록 지시한다. 이제 malloc()에 대한 다음 호출을 보자.

```
ptrVar = malloc( sizeof( int ) * 8 ); // 여덟 개의 정수 배열
```

정수의 크기가 4바이트라면, 이 malloc() 호출은 메모리의 주소에서 32바이트에 대한 스토리지를 연속으로 할당한다(그림 9-1 참조).

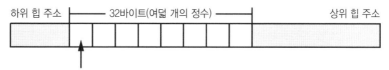

하위 힙 주소 ┌─── 32바이트(여덟 개의 정수) ───┐ 상위 힙 주소

malloc(sizeof(int) * 8)이 반환하는 포인터(주소)

그림 9-1 malloc(sizeof(int) * 8)에 의한 메모리 할당

malloc()이 반환하는 포인터는 이 셋의 첫 번째 정수 주소를 포함하므로, C 프로그램은 이 여덟 개 정수 중 첫 번째 정수에만 직접 액세스할 수 있다. 다른 일곱 개 정수의 개별 주소에 액세스하려면, 해당 기본 주소에 정수 오프셋을 추가해야 한다. 바이트 주소 지정 가능 메모리(예: 80x86)를 지원하는 시스템에서 메모리의 연속된 각 정수 주소는 이전 정수 주소에 정수 크기를 더한 것이다. 예를 들어, C 표준 라이브러리 malloc() 함수 호출이 메모리 주소 $0300_1000을 반환하면, malloc()이 할당하는 여덟 개의 정수는 표 9-1에 표시된 메모리 주소에 상주한다.

표 9-1 기본 주소 $0300_1000에 할당된 정수 주소

정수	메모리 주소
첫 번째	$0300_1000..$0300_1003
두 번째	$0300_1004..$0300..1007
세 번째	$0300_1008..$0300_100b
네 번째	$0300_100c..$0300_100f
다섯 번째	$0300_1010..$0300_1013
여섯 번째	$0300_1014..$0300..1017
일곱 번째	$0300_1018..$0300_101b
여덟 번째	$0300_101c..$0300_101f

9.4.1 포인터에 정수 더하기

이전 절의 여덟 개 정수는 정확히 4바이트 떨어져 있으므로, 첫 번째 정수의 주소에 4를 더해 두 번째 정수의 주소를 얻을 수 있다. 마찬가지로, 세 번째 정수의 주소는 두 번째 정수의 주소에 4바이트를 더한 것이다. 어셈블리 언어에서는 다음과 같은 코드를 사용해

이러한 여덟 개의 정수에 액세스한다.

```
// malloc이 여덟 개의 int32 오브젝트 스토리지를
// EAX에 리턴한다

malloc( @size( int32 ) * 8 );

mov( 0, ecx );
mov( ecx, [eax] );        // 32바이트를 0으로 만든다
mov( ecx, [eax+4] );      // (한 번에 4바이트씩)
mov( ecx, [eax+8] );
mov( ecx, [eax+12] );
mov( ecx, [eax+16] );
mov( ecx, [eax+20] );
mov( ecx, [eax+24] );
mov( ecx, [eax+28] );
```

80x86 인덱스 주소 지정 모드를 사용해 malloc()이 할당하는 여덟 개의 정수에 액세스한다. EAX 레지스터는 이 코드가 할당하는 여덟 개 정수의 기본(첫 번째) 주소를 유지하며, mov() 명령어의 주소 지정 모드에 있는 상수는 이 기본 주소에서 특정 정수의 오프셋을 나타낸다.

대부분의 CPU는 메모리 오브젝트에 바이트 주소를 사용한다. 따라서, 프로그램이 일부 n바이트 오브젝트의 여러 복사본을 메모리에 할당하면, 오브젝트는 연속적인 메모리 주소에서 시작되지 않는다. 대신 n바이트 떨어진 주소의 메모리에 나타난다. 그러나, 일부 컴퓨터에서는 프로그램이 임의의 주소에서 메모리에 액세스하는 것을 허용하지 않으며 워드, 더블 워드, 쿼드 워드의 배수인 주소 경계에 있는 데이터에 액세스해야 한다. 다른 경계에서 메모리에 액세스하려고 하면, 예외가 발생하고 애플리케이션이 중지될 수 있다. HLL이 포인터 산술 연산을 지원하는 경우, 여러 CPU 아키텍처에서 호환 가능한 일반적인 포인터 산술 연산을 제공해야 한다. 포인터에 정수 오프셋을 추가할 때, HLL이 사용하는 가장 일반적인 솔루션은 해당 오프셋에 포인터가 참조하는 오브젝트의 크기를 곱하는 것이다. 즉, 메모리에 16바이트 오브젝트에 대한 포인터 p가 있는 경우, p + 1은 p가 가리키는 위치에서 16바이트 위를 가리킨다. 마찬가지로, p + 2는 p에 포함된 주소보다

32바이트 위를 가리킨다. 데이터 오브젝트의 크기가 필요한 정렬 크기(필요한 경우, 컴파일러가 패딩 바이트를 추가해 맞출 수 있음)의 배수인 한, 이 체계는 정렬된 데이터 액세스가 필요한 아키텍처의 문제를 방지한다. 예를 들어, 다음 C/C++ 코드를 살펴보자.

```
int *intPtr;
    .
    .
    .
    // 정수 여덟 개의 스토리지를 할당한다

    intPtr = malloc( sizeof( int ) * 8 );

    // 각 정수값을 초기화한다

    *(intPtr+0) = 0;
    *(intPtr+1) = 1;
    *(intPtr+2) = 2;
    *(intPtr+3) = 3;
    *(intPtr+4) = 4;
    *(intPtr+5) = 5;
    *(intPtr+6) = 6;
    *(intPtr+7) = 7;
```

이 예제는 C/C++에서 포인터 연산을 사용해 기본 포인터 주소에서 정수 크기 오프셋을 지정하는 방법을 보여준다.

더하기 연산자는 포인터와 정수값 사이에서만 의미가 있다는 점에 유의해야 한다. 예를 들어, C/C++에서는 *(p + i)와 같은 식을 사용해 메모리의 오브젝트에 간접적으로 액세스할 수 있다(여기서 p는 오브젝트에 대한 포인터이고 i는 정수값이다). 두 개의 포인터를 더하는 것은 의미가 없다. 마찬가지로, 포인터에 정수가 아닌 다른 자료형을 더하는 것도 말이 안 된다(가령, 기준 주소에 1.5612를 더한 위치의 데이터를 참조한다는 것이 무슨 뜻일까?). 포인터와 문자열, 문자, 기타 자료형을 연산하는 것도 말이 안 된다. 정수(부호가 있거나, 부호가 없음)는 포인터에 더할 수 있는 유일한 값이다.

한편, 포인터에 정수를 더하는 것뿐만 아니라 정수에 포인터를 더할 수도 있고, 그 결과는 여전히 포인터다(p + i와 i + p 모두 적법하다). 덧셈이 교환법칙을 따르기 때문에 오퍼랜드의 순서는 결과에 영향을 주지 않는다.

9.4.2 포인터에서 정수 빼기

포인터에서 정수를 뺀 값은 포인터에 있는 기본 주소 바로 앞의 메모리 위치를 참조한다. 그러나 빼기는 교환법칙이 성립하지 않으므로, 정수에서 포인터를 빼는 것은 적법한 연산이 아니다(p - i는 맞지만, i - p는 맞지 않다).

C/C++에서 *(p - i)는 p가 가리키는 오브젝트 바로 i번째 앞 오브젝트에 액세스한다. 80x86 어셈블리 언어는 다른 프로세서의 어셈블리어처럼 인덱스 주소 지정 모드를 사용할 때, 음의 상수 오프셋을 지정할 수도 있다. 예를 들면 다음과 같다.

```
mov( [ebx-4], eax );
```

80x86 어셈블리 언어는 오브젝트 오프셋이 아닌 바이트 오프셋을 사용한다(C/C++와 마찬가지로). 따라서, 이 문장은 EBX의 메모리 주소 바로 앞에 있는 메모리의 더블 워드를 EAX로 로드한다.

9.4.3 포인터에서 포인터 빼기

덧셈과는 달리, 다른 변수에서 포인터 변수의 값을 뺄 수 있다. 다음 C/C++ 코드에서, 문자열의 문자를 쭉 따라가면서 찾은 첫 번째 a 뒤에 나오는 첫 번째 e 문자를 찾는 것을 보자(예를 들면, 하위 문자열을 추출하기 위해 이러한 계산의 결과를 사용할 수 있다).

```
int distance;
char *aPtr;
char *ePtr;
    .
    .
    .
aPtr = someString;   // aPtr에 문자열의 시작 포인터를 넣는다
```

```
// 아직 문자열 끝에 도달하지 않았고
// 현재 문자가 'a'가 아닌 동안

while( *aPtr != '\0' && *aPtr != 'a' )
{
    // aPtr이 가리키는 문자의 다음 문자로 이동한다


    aPtr = aPtr + 1;
}

// 아직 문자열 끝에 도달하지 않았고
// 현재 문자가 'e'가 아닌 동안
//
// 'a' 문자에서 시작하라('a'가 없으면 문자열 끝에서)

ePtr = aPtr;
while( *ePtr != '\0' && *ePtr != 'e' )
{
    // aPtr이 가리키는 문자의 다음 문자로 이동한다
    ePtr = ePtr + 1;
}

// 이제 'a'와 'e' 사이의 문자 수를 계산한다
// ('a'는 세고, 'e'는 세지 않는다)

distance = (ePtr - aPtr);
```

하나의 포인터를 다른 포인터에서 빼면, 두 포인터 사이의 데이터 오브젝트 수를 얻을 수 있다(이 경우, ePtr과 aPtr은 문자를 가리키므로, 이 빼기는 두 포인터 사이의 문자 수를, 1 바이트 문자인 경우 바이트 수와 같은 값을 얻을 수 있다).

두 포인터 값의 빼기는 둘 다 메모리에서 동일한 데이터 구조(예: 배열, 문자열, 레코드)를 참조하는 경우에만 의미가 있다. 어셈블리 언어를 사용하면 메모리에서 완전히 다른 오브젝트를 가리키는 두 포인터를 뺄 수 있지만, 그 값은 거의 의미가 없다.

C/C++의 포인터 빼기의 경우, 두 포인터의 기본 타입이 동일해야 한다(즉, 두 포인터는 타입이 같은 두 오브젝트의 주소를 갖고 있어야 한다). C/C++의 포인터 빼기가 두 포인터

사이의 바이트 수가 아닌 오브젝트 수를 생성하기 때문에, 이러한 제한이 존재한다. 메모리의 바이트와 더블 워드 사이의 오브젝트 수를 계산하는 것은 의미가 없다. 그 결과는 바이트로도 셀 수 없고, 더블 워드로도 셀 수 없다.

왼쪽 포인터 오퍼랜드가 오른쪽 포인터 오퍼랜드보다 낮은 메모리 주소에 있는 경우, 두 포인터를 빼면 음수가 반환될 수 있다. 두 포인터 사이의 거리에만 관심이 있고 어떤 포인터에 더 큰 주소가 포함돼 있는지는 신경 쓰지 않는 경우, 언어와 구현 방식에 따라 결과의 절댓값을 가져와야 할 수 있다.

9.4.4 포인터 비교

비교comparison는 포인터에 적합한 또 다른 연산 중 하나다. 포인터를 지원하는 거의 모든 언어가, 두 포인터를 비교해 동일한지 여부를 확인할 수 있다. 포인터 비교는 포인터가 메모리에서 동일한 오브젝트를 참조하는지 여부를 알려준다. 일부 언어(어셈블리, C/C++)에서는 두 포인터를 비교해 한 포인터가 다른 포인터보다 작거나 큰지 확인할 수 있다. 두 포인터를 빼는 것과 마찬가지로, 두 포인터를 비교하는 것은 기본적으로 타입이 같고 동일한 데이터 구조를 가리킬 때만 의미가 있다. 한 포인터가 다른 포인터보다 작으면, 그 포인터는 두 번째 포인터가 가리키는 오브젝트보다 앞에 있는 데이터 구조의 오브젝트를 참조한다는 뜻이다. 그 반대는 좀 더 큰 비교에서 그러하다. 다음은 이러한 포인터 비교를 보여주는 C 예제다.

```
#include <stdio.h>

int iArray[256];
int *ltPtr;
int *gtPtr;


int main( int argc, char **argv )
{
    int lt;
    int gt;
```

```
    // iArray의 'argc' 번째 원소의 주소를
    // ltPtr에 넣는다. 이렇게 하는 이유는
    // 최적화에 의해 아래 코드가 전부
    // 없어지는 것을 방지하기 위해서다
    // (단순히 상수 인덱스를 지정한다면
    // 전부 없어질 것이다)

    ltPtr = &iArray[argc];

    // 여덟 번째 배열 원소의 주소를
    // gtPtr에 넣는다

    gtPtr = &iArray[7];

    // 프로그램 실행 시에 일곱 개 이상의
    // 커맨드라인 매개변수를 넣지 않는다면
    // 다음 두 개의 대입문이
    // lt와 gt를 1(true)로 만들 것이다

    lt = ltPtr < gtPtr;
    gt = gtPtr > ltPtr;
    printf( "lt:%d, gt:%d\n", lt, gt );
    return 0;
}
```

(x86-64) 기계어 수준에서 주소는 단순히 64비트 수이므로, 기계어 코드는 이러한 포인터를 마치 64비트 정수값인 것처럼 비교할 수 있다. 다음은 이 예제에서 비주얼 C++가 내보내는 x86-64 어셈블리 코드다.

```
;
; ARGC 값을 취해(rcx에 넣어져 프로그램에 전달됨)
; iArray의 인덱스로 사용한다(원소당 4바이트이므로
; 크기가 있는 인덱스 주소 지정 모드에서 '*4'를 사용한다)
; 이 배열 원소의 주소를 계산하고
; (LEA(Load Effective Address): 유효 주소 로드 명령을 이용한다)
; 결과 주소 값을 ltPtr에 저장한다
; Line 24
```

```
        movsxd  rax, ecx ; rax=rcx
; Line 37
        xor     edx, edx ;edx = 0
        mov     r8d, edx ;Initialize boolean result w/false
        lea     rcx, OFFSET FLAT:iArray ;rcx = base address of iArray
        lea     rcx, QWORD PTR [rcx+rax*4] ;rcx = &iArray[argc]
        lea     rax, OFFSET FLAT:iArray+28 ;rax=&iArray[7] (7*4 = 28)
        mov     QWORD PTR ltPtr, rcx ;ltPtr = &iArray[argc]
        cmp     rax, rcx ;carry flag = !(ltPtr < gtPtr)
        mov     QWORD PTR gtPtr, rax ;gtPtr = &iArray[7]
        seta    r8b ;r8b = ltPtr < gtPtr (which is !gtPtr > ltPtr)
        cmp     rcx, rax ;Carry flag = !(gtPtr > ltPtr)
; Line 38
        lea     rcx, OFFSET FLAT:??_C@_0O@KJKFINNE@lt?3?$CFd?0?5gt?3?$CFd?6?$AA@
        setb    dl ;dl = !(ltPtr < gtPtr ) (which is !(gtPtr > ltPtr)
        call    printf
;
```

두 주소를 비교한 후 true(1)나 false(0)를 계산하는 트릭만 제외하면, 이 코드는 기계
어 코드로 아주 간단하게 컴파일된다.

9.4.5 포인터와 논리 AND/OR 연산

바이트 주소 지정이 가능한 시스템에서는 주소에서 하위[10] 비트를 제거하는 것이 2의 거
듭제곱인 경계에 쉽게 정렬할 수 있으므로, 주소와 비트 문자열 값을 논리적으로 AND하
는 것이 좋다. 예를 들어, 32비트 80x86 EBX 레지스터에 임의의 주소가 포함된 경우, 다
음 어셈블리 문장은 EBX의 포인터를 4바이트의 배수인 주소로 반올림한다.

```
and( $FFFF_FFFC, ebx );
```

이 연산은 좋은 메모리 경계에서 메모리에 액세스하려는 경우에 매우 유용하다. 예를
들어, 임의의 바이트 경계에서 시작하는 메모리 블록에 대한 포인터를 반환할 수 있는 메
모리 할당 함수가 있다고 가정하자. 포인터가 가리키는 데이터 구조가 더블 워드(dword)
경계에서 시작되도록 하려면, 다음과 같은 어셈블리 코드를 사용할 수 있다.

```
// 할당할 바이트 수

mov( nBytes, eax );

// 올림을 위한 '쿠션'을 제공한다

add( 3, eax );

// 메모리를 할당한다(포인터는 EAX에 넣어 반환한다)

malloc( eax );

// 더블 워드 정렬이 안 된 주소면 상위 더블 워드 주소로 올림한다

add( 3, eax );

// 주소를 4의 배수로 만들어준다

and( $ffff_fffc, eax );
```

이 코드는 malloc()을 호출할 때 3바이트를 추가로 할당하므로, malloc()이 반환하는 주소에 0, 1, 2, 3을 더해 dword 주소에 오브젝트를 정렬할 수 있다. malloc()에서 반환될 때, 코드는 주소에 3을 추가하고, 이미 4의 배수가 아닌 경우, 주소는 다음 dword 경계boundary로 넘어간다. AND 명령어를 사용해 주소를 이전 dword 경계에 맞춘다(이미 dword 정렬된 값이었다면 원래 주소가 되고, 그렇지 않으면 다음 dword 경계가 된다).

9.4.6 포인터의 다른 연산

더하기, 빼기, 비교, AND, OR 연산 외에 포인터 오퍼랜드에 적합한 산술 연산은 거의 없다. 포인터에 정수값(또는 다른 포인터)을 곱한다는 것이 무슨 의미가 있을까? 포인터를 나누는 것은 무슨 의미가 있을까? 포인터를 1비트 위치만큼 왼쪽으로 이동하면 무엇을 얻을까? 이러한 연산에 대해 자신만의 정의를 만들 수 있지만, 원래의 수학적 정의를 고려할 때 이러한 연산은 포인터에 적합하지 않다.

여러 언어(C/C++, 파스칼 등)는 다른 포인터 연산을 제한한다. 프로그래머가 포인터로 할 수 있는 일을 제한하는 데는 다음과 같은 몇 가지 타당한 이유가 있다.

- 포인터를 포함하는 코드는 최적화하기가 매우 어렵다. 포인터 연산의 수를 제한함으로써, 컴파일러는 코드에 대해 다른 방법으로는 할 수 없는 가정을 할 수 있다. 이를 통해 컴파일러(이론상)는 더 나은 기계어 코드를 생성할 수 있다.
- 포인터 조작이 포함된 코드는 결함이 있을 가능성이 높다. 이 영역에서 프로그래머의 옵션을 제한하면, 포인터 남용을 방지하는 데 도움이 되고 좀 더 강력한 코드가 생성될 수 있다.

노트 | 9.9절 '일반적인 포인터 문제'에서는 이러한 오류 중 가장 심각한 오류와 코드에서 오류를 방지하는 방법을 설명한다.

- 일부 포인터 연산, 특히 특정 산술 연산은 CPU 아키텍처 사이에 호환되지 않는다. 예를 들어, 일부 세그먼트 아키텍처(16비트를 사용하는 최초 80x86 같은)에서는 두 포인터의 값을 빼면 예상치 못한 결과가 나올 수 있다.
- 포인터를 적절하게 사용하면 효율적인 프로그램을 만들 수 있지만, 그 반대도 마찬가지다. 포인터를 잘못 사용하면 프로그램 효율성이 떨어질 수 있다. 언어는 지원하는 포인터 연산의 수를 제한함으로써 비효율적인 코드를 만드는 무분별한 포인터 사용을 막을 수 있다.

이와 같이 포인터 연산을 제한하는 정당한 이유들이 있지만, 대부분은 프로그래머를 보호하기 위해 존재한다. 실제로 많은 프로그래머(특히 초보자)가 이러한 제한적인 규칙으로부터 혜택을 얻는다. 그러나 포인터를 남용하지 않는 신중한 프로그래머의 경우, 이러한 제한으로 인해 훌륭한 코드를 작성할 기회를 잃을 수 있다. 따라서 C/C++, 어셈블리와 같이 다양한 포인터 연산을 제공하는 언어는 프로그램에서 포인터 사용에 대해 절대적인 권한을 갖고 싶어 하는 고급 프로그래머에게 인기가 있다.

9.5 단순 메모리 할당자 예제

동적으로 할당된 메모리와 이를 가리키는 포인터의 성능과 메모리 비용을 보여주기 위해 이 절에서는 간단한 메모리 할당/해제 시스템을 살펴본다. 메모리 할당 및 해제와 관련된 연산을 고려하면, 비용을 더 잘 알고 적절히 사용할 수 있다.

매우 단순하고 빠른 메모리 할당 스키마는 메모리 힙 영역에 포인터가 되는 단일 변수를 유지하는 것이다. 메모리 할당 요청이 올 때마다 시스템은 이 힙 포인터의 복사본을 만들어 애플리케이션으로 반환한다. 힙 관리 루틴은 포인터 변수의 주소에 요청된 메모리의 크기를 더하고, 요청된 메모리가 힙에서 사용할 수 있는 것보다 더 많은 메모리를 사용하지는 않는지 확인한다(어떤 메모리 관리자는 요청된 메모리가 너무 크면 NULL 포인터 같은 에러 표시를 리턴하고, 또 다른 메모리 관리자는 예외를 발생시킨다). 이 간단한 메모리 매니지먼트 스키마의 문제점은 애플리케이션에 대한 가비지 컬렉션 메커니즘이 없기 때문에 메모리를 낭비한다는 것이다. 즉, 애플리케이션이 해제한 메모리를 나중에 다시 사용할 방법을 제공하지 않는다. **가비지 컬렉션**garbage collection은 힙 관리 시스템의 주요 목적 중 하나다.

유일한 문제는 가비지 컬렉션을 지원하려면 약간의 오버헤드가 필요하다는 것이다. 메모리 매니지먼트 코드는 더 정교해야 하고, 실행 시간은 더 오래 걸리며, 힙 관리 시스템이 사용하는 내부 데이터 구조를 유지하기 위해 추가 메모리가 필요하다. 32비트 시스템에서 가비지 컬렉션을 지원하는 **힙 매니저**heap manager의 간편한 구현을 생각해보자. 이 간단한 시스템은 사용 가능한 메모리 블록의 (연결된linked) 리스트를 유지한다. 리스트의 사용 가능한 각 메모리 블록에는 두 개의 dword 값이 필요하다. 하나는 사용 가능한 블록의 크기를 지정하고, 다른 하나는 리스트의 다음 사용 가능한 블록(즉, 링크link)의 주소를 포함한다. 그림 9-2를 보자.

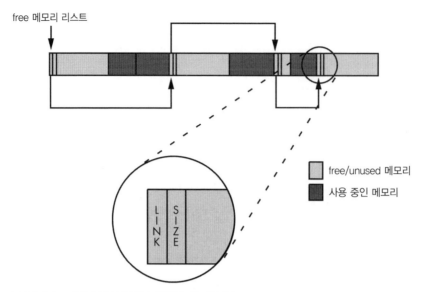

그림 9-2 free 메모리 블록 리스트를 사용하는 힙 매니지먼트

시스템은 NULL 링크 포인터로 힙을 초기화하고, 크기 필드에는 힙의 전체 여유 공간 크기가 포함된다. 메모리 할당 요청이 오면, 힙 매니저는 리스트를 검색해 요청을 충족하기에 충분한 메모리가 있는 사용 가능한 블록을 찾는다. 이 검색 프로세스는 힙 매니저 정의 특성 중 하나다. 몇 가지 일반적인 검색 알고리즘 가운데 **우선 검색**first-fit search과 **최적 검색**best-fit search을 대표적으로 꼽을 수 있다. 이름에서 알 수 있듯이, 우선 검색은 할당 요청을 충족할 만큼 충분히 큰 메모리의 첫 번째 블록을 찾을 때까지 블록 리스트를 검색한다. 최적 검색은 전체 리스트를 스캔하고 요청을 충족할 수 있을 만큼 큰 가장 작은 블록을 찾는다. 최적 알고리즘의 장점은 우선 알고리즘보다 더 큰 블록을 더 잘 보존하는 경향이 있으므로, 이후 시스템이 더 큰 할당 요청을 했을 때도 여전히 처리할 수 있다는 것이다. 반면에 우선 알고리즘은 충분한 크기의 작은 블록이 있어도 최초로 찾은 충분히 큰 블록만 가져오므로, 향후 대용량 메모리 요청을 처리하는 시스템 기능이 제한될 수 있다.

우선 알고리즘은 최적 알고리즘보다 많은 장점이 있다. 가장 분명한 것은 보통 더 빠르다는 점이다. 최적 알고리즘은 할당 요청을 충족할 만큼 충분히 큰, 가장 작은 블록을 찾기 위해 사용 가능한 블록 리스트의 모든 블록을 검색해야 한다(물론, 완벽한 크기의 블록을 찾는 경우는 제외한다). 반면에 우선 알고리즘은 요청을 충족할 만큼 큰 블록을 찾으면 바로 멈출 수 있다.

우선 알고리즘의 또 다른 장점은 **외부 단편화**external fragmentation로 알려진 퇴화 현상이 덜 나타난다는 것이다. 단편화는 할당과 해제 요청이 한참 동안 발생한 후에 생긴다. 힙 매니저가 메모리 할당 요청을 충족하면, 보통 두 개의 메모리 블록을 생성한다. 하나는 요청을 처리 중인 블록이고, 다른 하나는 원래 블록의 나머지 바이트를 포함하는 사용 가능한 블록이다(요청이 블록의 크기와 정확히 일치하지 않는다고 가정한다). 잠시 동작한 후의 최적 알고리즘은 평균적인 메모리 요청을 충족하기에는 너무 작은 메모리 블록을 많이 생성하기 때문에 요청을 효과적으로 처리할 수 없다. 이러한 작은 조각이 힙 전체에 누적되면, 결국 상당한 양의 메모리를 차지하게 된다. 이로 인해 사용 가능한 총 메모리가 충분하더라도(힙 전체에 퍼져 있어서) 메모리 할당 요청을 충족할 만큼 힙에 충분히 큰 블록이 없는 상황이 발생할 수 있다. 이 현상의 예는 그림 9-3을 참조하자.

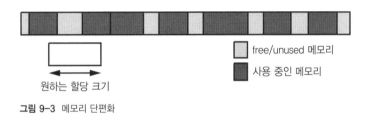

그림 9-3 메모리 단편화

우선 및 최적 검색 알고리즘 외에도 다른 메모리 할당 전략이 있다. 이들 중 일부는 더 빠르게 실행되고, 일부는 메모리 오버헤드가 적고, 일부는 이해하기 쉽고, 일부는 매우 복잡하고, 일부는 단편화가 적으며, 일부는 비연속적인 메모리 블록을 결합해 사용할 수 있다. 메모리/힙 관리는 컴퓨터 과학에서 더 많이 연구되는 주제 중 하나다. 각 방법의 이점을 다른 방법과 비교해서 설명하는 많은 논문이 있다. 메모리 할당 전략에 대한 자세한 내용은 OS 디자인에 대한 좋은 책을 참조하자.

9.6 가비지 컬렉션

메모리 할당은 이야기의 절반에 불과하다. 앞서 언급했듯이, 힙 매니저는 애플리케이션에서 더 이상 재사용할 필요가 없는 메모리를 해제할 수 있는 호출(가비지 컬렉션garbage collection이라고 하는 프로세스)도 제공해야 한다. 예를 들어, C나 HLA의 애플리케이션은 free() 함수를 호출해 이를 수행한다. 처음에는 free()가 작성하기에 매우 간단한 함수처럼 보일 수 있다. 하는 일은 이전에 할당된 블록과 현재 사용되지 않는 블록을 사용 가능한 리스트의 끝에 추가하는 것뿐이다. 이 free()를 단순하게 구현하면 생기는 문제는 힙이 매우 짧은 순서로 단편화돼 사용할 수 없게 된다는 것이다. 그림 9-4의 상황을 보자.

　　free()가 단순히 해제할 블록을 가져와 사용 가능한 리스트에 추가하면, 그림 9-4의 메모리 구성은 세 개의 사용 가능한 블록을 생성한다. 그러나 이 세 블록은 연속적이므로, 힙 매니저는 이 세 블록을 하나의 사용 가능한 블록으로 결합해 더 큰 요청을 충족할 수 있도록 해야 한다. 안타깝게도 이 작업을 수행하려면, 시스템이 해제한 블록에 인접한 사용 가능한 블록이 있는지 확인해야 하고, 이를 위해 사용 가능한 블록 리스트를 검색해야 한다. 인접한 사용 가능한 블록을 더 쉽게 결합할 수 있는 데이터 구조를 생각해낼 수 있지만, 이러한 스키마는 일반적으로 힙의 각 블록에 8바이트 이상의 오버헤드를 추가한다. 이것이 합리적인 절충안인지 여부는 메모리 할당의 평균 크기에 따라 다르다. 힙 매니저를 사용하는 애플리케이션이 작은 오브젝트를 할당하려는 경우, 각 메모리 블록에 대한 추가 오버헤드로 힙 공간의 많은 부분이 소비될 수 있다. 그러나 대부분의 할당이 큰 경우 몇 바이트의 오버헤드는 그다지 중요하지 않다.

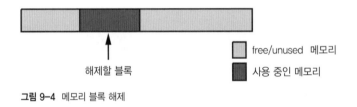

해제할 블록

　　free/unused 메모리
　　사용 중인 메모리

그림 9-4 메모리 블록 해제

9.7 운영체제와 메모리 할당

힙 매니저가 사용하는 알고리즘과 데이터 구조의 성능은 성능 문제의 일부분일 뿐이다. 궁극적으로 힙 매니저는 운영체제에 메모리 블록을 요청해야 한다. 한쪽 끝에서는 운영체제가 모든 메모리 할당 요청을 직접 처리한다. 다른 쪽 끝에서, 힙 매니저는 애플리케이션에 링크된 런타임 라이브러리 루틴으로, 먼저 운영체제에서 큰 메모리 블록을 요청한 다음 애플리케이션에서 할당 요청이 도착할 때 일부를 처리한다.

운영체제에 직접 메모리 할당을 요청할 때 발생하는 문제는 운영체제 API 호출이 종종 매우 느리다는 것이다. 이는 대개 CPU에서 커널 모드와 사용자 모드 사이의 전환(빠르지 않음)을 포함하기 때문이다. 따라서 애플리케이션이 메모리 할당 및 해제 루틴을 자주 호출하면, 운영체제가 직접 구현하는 힙 매니저는 제대로 수행되기 어렵다.

운영체제 호출의 높은 오버헤드로 인해 대부분의 언어는 런타임 라이브러리 내에 자체 버전의 malloc() 및 free() 함수를 구현한다. 첫 번째 메모리 할당에서 malloc() 루틴은 운영체제에서 큰 메모리 블록을 요청하고, 애플리케이션의 malloc() 및 free() 루틴이 이 메모리 블록을 직접 관리한다. malloc() 함수가 원래 생성한 블록에서 수행할 수 없는 할당 요청이 발생하면, malloc()은 운영체제에 또 다른 대형 블록(일반적으로 요청한 것보다 훨씬 큼)을 요청하고, 해당 블록을 free 리스트의 끝에 추가한다. 애플리케이션의 malloc()과 free() 루틴은 운영체제를 가끔씩 호출하기 때문에 빈번한 운영체제 호출로 인한 성능 저하는 겪지 않는다.

그러나 이 프로시저는 구현과 언어에 따라 매우 다르다. 고성능 컴포넌트가 필요한 소프트웨어를 작성할 때, malloc()과 free()가 상대적으로 효율적이라고 가정하는 것은 위험하다. 고성능 힙 매니저를 보장할 수 있는 유일한 방법은 고유한 애플리케이션마다 할당/해제 루틴 셋을 개발하는 것이다. 이러한 루틴을 작성하는 것은 이 책의 범위를 벗어나지만(그리고, 대부분의 표준 힙 관리 함수는 일반적인 프로그램에서 잘 수행된다), 이런 옵션도 있다는 점은 알아두자.

9.8 힙 메모리 오버헤드

힙 매니저는 종종 성능(속도)과 메모리(공간)라는 두 가지 유형의 오버헤드를 나타낸다. 지금까지 주로 성능 측면을 다뤘지만, 이제는 메모리에 집중할 것이다.

시스템이 할당하는 각 블록에는 애플리케이션이 요청하는 스토리지 이상의 오버헤드가 어느 정도 필요하다. 이 오버헤드는 블록의 크기를 추적하기 위해 최소 몇 바이트는 있어야 한다. 더 뛰어난(고성능) 스키마에는 추가 바이트가 필요할 수 있지만, 일반적인 오버헤드는 8바이트에서 64바이트 사이이다. 힙 매니저는 이 정보를 별도의 내부 테이블에 보관하거나, 할당하는 블록에 직접 블록 크기나 기타 메모리 매니지먼트 정보를 첨부할 수 있다. 이 정보를 내부 테이블에 저장하면, 몇 가지 장점이 있다.

첫째, 애플리케이션이 저장된 정보를 실수로 덮어 씌우기 어렵다. 데이터를 힙 메모리 블록 자체에 연결하는 것은 이러한 가능성에 대해 많은 것을 커버하기 어렵다. 둘째, 메모리 매니지먼트 정보를 내부 데이터 구조에 넣으면, 메모리 매니저가 주어진 포인터가 유효한지(즉, 포인터가 힙 매니저가 할당했다고 생각하는 메모리 블록을 가리키는지) 쉽게 확인할 수 있다.

힙 매니저가 할당하는 각 블록에 컨트롤 정보를 직접 연결하면 이 정보를 쉽게 찾을 수 있는 반면, 내부 테이블에 정보를 저장하면 검색 작업이 필요할 수 있다.

힙 매니저와 관련된 오버헤드에 영향을 미치는 또 다른 문제는 **할당 세분화**allocation granularity(힙 매니저가 지원하는 최소 바이트 수)다. 대부분의 힙 매니저는 1바이트만큼 작은 할당을 요청할 수 있지만, 실제로는 1보다 큰 최소 바이트 수를 할당할 수 있다. 일반적으로 메모리 할당 함수를 설계하는 엔지니어는 힙에 할당된 모든 오브젝트가 해당 오브젝트에 대해 합리적으로 정렬된 메모리 주소에서 시작하도록 할당 세분화를 선택한다. 따라서 대부분의 힙 매니저는 4바이트, 8바이트 또는 16바이트 경계에 메모리 블록을 할당한다. 성능상의 이유로 많은 힙 매니저는 캐시 라인 경계(일반적으로 16, 32, 64바이트)에서 각 할당을 시작한다. 세분화에 관계없이, 애플리케이션이 힙 매니저 세분화의 배수보다 적거나 없는 일부 바이트 수를 요청하면, 힙 매니저는 추가 스토리지 바이트를 할당한다(그림 9-5). 이 크기는 힙 매니저에 따라(또는 힙 매니저의 버전에 따라) 다르므로, 프로그래머는 애플리케이션에 요청한 것보다 더 많은 메모리를 사용할 수 있다고 가정해서는 안 된다. 그렇게 하고 싶다면 미리 더 많은 메모리를 요청해야 한다.

힙 매니저가 할당하는 추가 메모리로 인해 **내부 단편화**internal fragmentation라는 또 다른 형태의 단편화가 발생한다(그림 9-5). 외부 단편화와 마찬가지로 내부 단편화는 향후 할당 요청을 충족할 수 없는 소량의 남은 메모리를 시스템 전체에 생성한다. 임의 크기의 메모리 할당을 가정할 때, 각 할당에서 발생하는 내부 단편화의 평균 크기는 세분화 크기의 절반이다. 다행히도 대부분의 메모리 매니저(일반적으로 16바이트 이하)의 경우 세분화 크기는 매우 작으므로, 메모리 할당을 수천 번 한 이후에도 내부 단편화로 손실되는 메모리는 몇십 킬로바이트에 불과할 것이다.

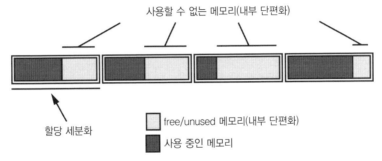

그림 9-5 할당 세분화와 내부 단편화

    할당 세분화와 메모리 컨트롤 정보에 관련된 비용 사이의 일반적인 메모리 요청은 8~64바이트 사이의 애플리케이션이 요청하는 모든 값을 더하면 된다. 대용량 메모리 할당(수백, 수천 바이트)을 요청하는 경우, 오버헤드 바이트는 힙에서 많은 양의 메모리를 사용하지 않는다. 그러나 작은 오브젝트를 많이 할당하면, 내부 단편화와 메모리 컨트롤 정보에 사용되는 메모리가 힙 영역의 상당 부분을 차지할 수 있다. 예를 들어, 단순한 메모리 매니저가 항상 4바이트 경계에 데이터 블록을 할당하고, 메모리 스토리지에 대한 각 할당 요청에 덧붙이는 단일 4바이트 길이의 값을 요구한다고 가정해보자. 이는 힙 매니저가 각각 할당하는 데 필요한 최소 스토리지양이 8바이트임을 의미한다. 1바이트를 할당하는 malloc() 호출을 여러 번 하면, 애플리케이션에서 할당하는 메모리의 거의 88%를 사용할 수 없게 될 것이다. 각 할당 요청에 4바이트 값을 할당하더라도, 힙 매니저는 오버헤드 목적으로 메모리의 2/3를 사용한다. 그러나 평균 할당이 256바이트 블록인 경우, 오버헤드는 총 메모리 할당의 약 2%만 차지한다. 즉, 할당 요청이 클수록 컨트롤 정보와 내부 단편화가 힙에 미치는 영향은 작아진다.

    컴퓨터 과학 저널의 많은 소프트웨어 공학 연구에 따르면, 메모리 할당/해제 요청이 성능을 크게 저하시키는 것으로 나타났다. 이러한 연구에서 저자들은 표준 런타임 라이브러리나 운영체제 커널 메모리 할당 코드를 호출하는 대신, 애플리케이션마다 자신만의 단순하고 독자적인 메모리 매니지먼트 알고리즘을 구현해 100% 이상의 성능 향상을 얻었다. 이 절을 통해 자신의 코드에서 이러한 잠재적인 문제를 인식할 수 있길 바란다.

9.9 일반적인 포인터 문제

프로그래머는 포인터를 사용할 때 여섯 가지 일반적인 실수를 한다. 이러한 실수 중 일부는 진단 메시지와 함께 프로그램을 즉시 중지한다. 다른 것들은 더 미묘해 에러를 보고하지 않고 잘못된 결과를 내보낸다. 다른 것들은 단순히 프로그램의 성능에 부정적인 영향을 미친다. 훌륭한 프로그래머는 항상 포인터 사용의 위험을 인식하고 이러한 실수를 피한다.

- 초기화되지 않은 포인터 사용
- NULL과 같은 잘못된 값을 포함하는 포인터 사용
- 해제된 후에도 계속해서 스토리지 사용
- 프로그램을 사용한 후, 스토리지를 확보하지 못함
- 잘못된 자료형을 사용한 간접 데이터 액세스
- 잘못된 포인터 연산 수행

9.9.1 초기화되지 않은 포인터 사용

포인터에 유효한 메모리 주소를 할당하기 전에 포인터 변수를 사용하는 것은 매우 일반적인 오류다. 초보 프로그래머는 포인터 변수를 선언하면, 포인터가 참조하는 데이터가 아닌 포인터 자체에 대한 스토리지만 예약된다는 사실을 종종 인식하지 못한다. 다음 짧은 C/C++ 프로그램은 이 문제를 보여준다.

```
int main()
{
    static int *pointer;

    *pointer = 0;
}
```

정적 변수를 선언하면 기술적으로는 0(즉, NULL)으로 초기화되지만, 정적 초기화는 유효한 주소로 포인터를 초기화하지 않는다. 따라서 이 프로그램이 실행되면, 변수 포인터에 유효한 주소가 포함되지 않고 프로그램은 실패한다. 이 문제를 방지하려면, 포인터를 **역참조**^{dereference}하기 전에 모든 포인터 변수에 유효한 주소가 포함돼 있는지 확인해야 한다. 예를 들면, 다음과 같다.

```
int main()
{
    static int i;

    static int *pointer = &i;

    *pointer = 0;
}
```

물론, 대부분의 CPU에는 실제로 초기화되지 않은 변수는 없다. 변수는 다음 두 가지 방법으로 초기화된다.

- 프로그래머가 명시적으로 초기값을 제공한다.
- 시스템이 스토리지를 바인딩할 때, 메모리에 있는 비트 패턴을 상속한다.

대부분의 경우, 메모리에 남은 가비지^{garbage} 비트 값은 유효한 메모리 주소가 아니다. 운영체제가 이 예외를 트래핑할 수 있는 경우, 이러한 잘못된 포인터(즉, 가리키는 메모리의 데이터에 액세스)를 역참조하려고 하면, **메모리 액세스 위반 예외**^{Memory Access Violation exception}가 발생한다.

그러나, 가끔 메모리의 무작위 비트가 액세스할 수 있는 유효한 메모리 위치를 가리키기도 한다. 이 상황에서 CPU는 프로그램을 중단하지 않고, 지정된 메모리 위치에 액세스한다. 초보 프로그래머는 임의의 메모리에 액세스하는 것이 프로그램을 중단하는 것보다 낫다고 생각할 수 있다. 그러나 결함이 있는 프로그램이 경고 없이 계속 실행되기 때문에 오류를 무시하는 것은 훨씬 더 나쁘다. 초기화되지 않은 포인터를 사용해 데이터를 저장하면, 메모리에 있는 다른 중요한 변수의 값을 매우 잘 덮어 쓸 수 있다. 이로 인해 찾기 매우 어려운 몇 가지 문제가 발생할 수 있다.

9.9.2 잘못된 값을 포함하는 포인터 사용

프로그래머가 포인터로 저지르는 두 번째 일반적인 실수는 잘못된 값을 할당하는 것이다(메모리에 실제 오브젝트의 주소를 포함하지 않는다는 의미에서 유효하지 않음invalid이라고 한다). 이는 첫 번째 문제보다는 평범하게 보일 수 있다. 초기화하지 않으면, 메모리의 가비지 비트가 잘못된 주소를 제공한다. 결과는 똑같다. 유효하지 않은 주소가 포함된 포인터를 역참조하려고 하면, 메모리 액세스 위반 예외가 발생하거나 예상치 못한 메모리 위치에 액세스한다. 따라서 포인터 변수를 역참조할 때 주의를 기울이고, 사용하기 전에 포인터에 유효한 주소를 할당했는지 확인해야 한다.

9.9.3 포인터 해제 후 스토리지 계속 사용

세 번째 실수는 **댕글링 포인터 문제**dangling pointer problem로 알려져 있다. 이를 이해하려면 다음 파스칼 코드를 보자.

```
(* p 타입의 새 오브젝트를 위한 공간을 할당한다 *)

new( p );

(* 포인터를 사용한다 *)

p^ := 0;
   .
   . (* p와 관련된 스토리지를 사용하는 코드 *)
   .
(* 포인터 p와 관련된 스토리지를 해제한다 *)

dispose( p );

   .
   . (* p를 참조하지 않는 코드 *)
   .
```

410

```
(* 댕글링 포인터                                  *)

p^ := 5;
```

이 프로그램은 일부 스토리지를 할당하고, 해당 스토리지의 주소를 p 변수에 저장한다. 이 코드는 잠시 동안 스토리지를 사용한 다음 해제해 다른 용도로 시스템에 반환한다. dispose()를 호출해도 할당된 메모리의 데이터는 변경되지 않는다. 어떤 식으로든 p 값은 변경되지 않는다. p는 여전히 new()에 의해 이전에 할당된 메모리 블록을 가리킨다. 그러나 dispose()를 호출하면, 프로그램에 더 이상 이 메모리 블록이 필요하지 않다는 것을 시스템에 알려 시스템이 다른 용도로 메모리를 사용할 수 있게 한다. 그러나, dispose() 함수는 이 데이터에 다시 액세스하지 않는다는 사실을 강제할 수는 없다. 프로그래머는 그저 그렇게 하지 않겠다고 스스로 약속하는 것이다. 물론, 이 코드는 그 약속을 깨뜨린다. 마지막 명령문은 메모리에서 p가 가리키는 주소에 값 5를 저장한다.

댕글링 포인터의 가장 큰 문제점은 때때로 포인터를 사용하지 않아도 되기 때문에 문제가 있다는 사실을 즉시 알 수 없다는 것이다. 시스템이 해제한 스토리지를 재사용하지 않는 한, 댕글링 포인터를 사용해도 프로그램에 악영향을 미치지 않는다. 그러나 new()를 추가로 호출할 때마다, 시스템은 dispose()에 대한 이전 호출에서 해제된 메모리를 재사용하기로 결정할 수 있다. 메모리를 재사용할 때 댕글링 포인터를 역참조하려고 하면, 의도하지 않은 결과가 발생할 수 있다. 덮어 쓴 데이터를 읽거나 새 데이터로 덮어 씌우거나 (최악의 경우) 시스템 힙 관리 포인터를 덮어 씌우는(프로그램이 중단될 수 있음) 등의 문제가 발생할 수 있으며, 그 해결책은 분명하다. 포인터와 관련된 스토리지를 해제한 후에는 포인터 값을 사용하지 않는 것이다.

9.9.4 프로그램을 사용한 후 스토리지 해제 실패

이러한 모든 실수 중에서 할당된 스토리지를 해제하지 못하는 것이 프로그램의 올바른 동작에 미치는 영향이 가장 적을 것이다. 다음 C 코드는 이 문제를 보여준다.

```
// 'ptr' 변수에 스토리지를 가리키는 포인터

ptr = malloc( 256 );
      .
      . // 'ptr'을 해제하지 않는 코드
      .
ptr = malloc( 512 );

// 이 시점에서 malloc으로 할당했던
// 256바이트의 원래 블록을 참조할 방법은 없다
```

이 예에서 프로그램은 256바이트의 스토리지를 할당하고, ptr 변수를 사용해 이 스토리지를 참조한다. 나중에 프로그램은 512바이트의 다른 블록을 할당하고, ptr의 값을 이 새 블록의 주소로 덮어 쓴다. ptr의 이전 주소 값은 손실된다. 또한, 프로그램이 이 이전 값을 덮어 썼기 때문에 처음 256바이트의 주소를 free() 함수에 전달할 방법은 없다. 결과적으로, 이러한 256바이트의 메모리는 더 이상 프로그램에서 사용할 수 없다.

256바이트의 메모리를 프로그램에서 액세스할 수 없게 만드는 것은 큰 문제처럼 보이지 않을 수 있지만, 이 코드가 루프 내에서 실행된다고 상상해보자. 루프가 반복될 때마다 프로그램은 256바이트의 메모리를 잃게 된다. 충분한 수의 반복 후에 프로그램은 힙에서 사용 가능한 메모리를 모두 사용한다. 이 문제는 프로그램 실행 중에 컴퓨터에서 메모리 비트가 누수되는 것과 같은 효과가 있으므로, 종종 **메모리 누수**memory leak라고 한다.

메모리 누수는 댕글링 포인터보다는 문제가 적다. 실제로 메모리 누수에는 다음 두 가지 문제가 있다.

- 힙 공간이 부족할 위험(드문 경우지만, 궁극적으로 프로그램이 중단될 수 있다.)
- 가상 메모리 페이지 스와핑(스래싱)으로 인한 성능 문제

그럼에도 할당한 모든 스토리지를 해제하는 것은 좋은 개발 습관이다.

노트 | 프로그램이 종료되면, 운영체제는 메모리 누수로 인해 손실된 데이터를 포함해 모든 스토리지를 회수한다. 따라서 누수로 인해 손실된 메모리는 전체 시스템이 아닌 프로그램에서만 손실된다.

9.9.5 잘못된 자료형을 사용한 간접 데이터 액세스

포인터의 또 다른 문제는 포인터의 **타입 안전성**type-safe을 보장하지 않는 액세스가 실수로 잘못된 자료형을 쉽게 사용할 수 있도록 한다는 것이다. 어셈블리와 같은 일부 언어는 **포인터 타입 체크**pointer type checking를 시행할 수 없으며 강제하지도 않는다. C/C++ 등의 언어에서는 포인터가 참조하는 오브젝트의 타입을 매우 쉽게 **오버라이드**override할 수 있도록 한다. 예를 들어, 다음 C/C++ 프로그램을 보자.

```
char *pc;
    .
    .
    .
pc = malloc( sizeof( char ) );
    .
    .
    .
// 포인터를 문자 타입으로 변환하지 않고
// 정수 타입으로 변환했다

*((int *) pc) = 5000;
```

일반적으로 pc가 가리키는 오브젝트에 값 5000을 할당하려고 하면, 컴파일러는 몹시 불평할 것이다. 값 5000은 1바이트인 문자(char) 오브젝트와 관련된 스토리지 용량에 맞지 않다. 그러나 이 예제에서는 **타입 변환**type casting(또는 강제 변환coercion)을 사용해 pc에 문자에 대한 포인터가 아닌 정수에 대한 포인터가 실제로 포함돼 있다는 것을 컴파일러에 알린다. 따라서 컴파일러는 이 할당이 적합하다고 생각한다.

그러나 pc가 실제로 정수 오브젝트를 가리키지 않는 경우, 이 시퀀스의 마지막 문장은 재앙이 될 수 있다. 문자의 길이는 1바이트이고 정수는 일반적으로 더 크다. 정수가 1바이트보다 크면, 이 할당은 malloc()이 할당한 스토리지의 1바이트를 초과하는 일부 바이트 수를 덮어 쓴다. 이것이 재앙인지 아닌지는 메모리에서 문자 오브젝트 바로 뒤에 오는 데이터에 따라 다르다.

9.9.6 포인터에 대한 잘못된 연산 수행

일반적인 포인터 실수의 마지막 카테고리는 포인터 자체의 연산과 관련돼 있다. 임의의 포인터 산술은 원래 할당된 데이터 범위 밖에 있는 포인터로 이어질 수 있다. '미친 산술'을 사용하면 포인터가 올바른 오브젝트를 가리키지 않도록 수정할 수도 있다. (정말 불편한) 다음 C 코드를 살펴보자.

```
int i [4] = {1,2,3,4};
int *p     = &i[0];
   .
   .
   .
   p = (int *)((char *)p + 1);
   *p = 5;
```

이 예제는 p를 char에 대한 포인터로 캐스트한다. 그런 다음 p의 값에 1을 더한다. 컴파일러는 p가 (캐스트로 인해) 문자를 가리키고 있다고 생각하므로, 실제로 p에 있는 주소에 값 1을 추가한다. 이 시퀀스의 마지막 명령어는 값 5를 p가 가리키는 메모리 주소에 저장한다. 이 주소는 이제 i[0] 원소에 대해, 따로 설정된 4바이트의 1바이트가 된다. 일부 컴퓨터에서는 이로 인해 오류가 발생한다. 다른 경우에는 i[0]과 i[1]에 기괴한 값을 저장한다.

두 포인터가 같은 오브젝트(일반적으로 배열이나 구조체)를 가리키지 않을 때 작거나 큰 두 포인터를 비교하는 것은 포인터를 정수로 캐스팅하고 정수를 할당하는 것처럼, 포인터 연산의 또 다른 잘못된 예다. 값을 해당 포인터에 더하면, 예상치 못한 결과가 발생할 수 있다.

9.10 현대 언어의 포인터

이전 절에서 설명한 문제 때문에 최신 HLL(예: 자바, C#, 스위프트, C++11/C++14)은 수동 메모리 할당이나 해제를 없애려고 한다. 이러한 언어를 사용하면 힙에 새 오브젝트를 만들 수 있지만(보통 new() 함수를 사용함), 해당 스토리지를 명시적으로 해제하는 기능을 제공하지는 않는다. 그 대신에 언어의 런타임 시스템은 메모리 사용량을 추적하고, 프로그램이 종료되면 가비지 컬렉션으로 스토리지를 자동으로 복구한다. 이렇게 하면, 초기화되지 않은 댕글링 포인터와 관련된 대부분의(전부는 아님) 문제가 제거된다. 또한, 메모리 누수 가능성을 낮출 수 있다. 이러한 새로운 언어는 잘못된 포인터 사용과 관련된 문제의 수를 크게 줄인다.

물론, 메모리 할당이나 해제에 대한 컨트롤을 양도하면 몇 가지 문제가 발생하며, 특히 메모리 할당 수명을 컨트롤하는 기능을 포기해야 한다. 이제 런타임 시스템은 사용하지 않는 데이터를 가비지 컬렉션할 시기를 결정하므로, 많은 양의 데이터는 사용을 마친 후에도 얼마 동안 예약할 수 있다.

9.11 관리 포인터

일부 프로그래밍 언어는 매우 제한된 포인터 기능을 제공한다. 예를 들어, 표준 파스칼은 포인터에 대한 몇 가지 연산(할당(복사), 비교(일치/불일치), 역참조)만 허용한다. 포인터 산술을 지원하지는 않으므로 포인터에 대한 많은 실수가 해결된다.[4] C/C++는 포인터에 대한 다양한 산술 연산을 허용해 언어를 매우 강력하게 만들지만, 코드에 결함이 발생할 가능성도 있다.

최신 언어 시스템(예: C#, 마이크로소프트 공용 언어 런타임 시스템)은 포인터에 대한 다양한 산술 연산을 허용하는 **관리 포인터**managed pointer를 도입해, 일반적인 포인터 함정을 피하는 데 유용한 제한 사항이 있는 표준 파스칼 같은 언어보다 더 큰 유연성을 제공한다. 예를 들어, 이러한 언어에서는 임의의 포인터에 임의의 정수를 추가할 수 없다(C/C++에서는 가능). 포인터에 정수를 추가하고 제대로 된 결과를 얻으려면, 포인터에 배열 오브젝트(또는, 메모리에 있는 유사한 원소의 다른 컬렉션)의 주소가 있어야 한다. 또한, 정수의 값은 자료형의 크기를 초과하지 않는 값으로 제한되어야 한다(즉, 런타임 시스템이 배열 바운드 체크array bound checking를 시행함).

관리 포인터를 사용한다고 해서 모든 포인터 문제가 제거되지는 않지만, 포인터가 참

---

4   그러나, 대부분의 실제 파스칼 컴파일러는 포인터 산술을 허용하는 확장 기능을 제공하므로, 파스칼은 포인터에 대해 C/C++와 동일한 문제를 갖고 있다.

조하는 데이터 오브젝트 범위를 벗어난 데이터를 지우는 것은 방지한다. 또한, 포인터 산술에서 잘못된 오프셋을 제공해 시스템에 침입하려는 시도와 같은 소프트웨어의 보안 문제를 예방하는 데 도움이 된다.

9.12 참고 자료

Duntemann, Jeff. *Assembly Language Step-by-Step*. 3rd ed. Indianapolis: Wiley, 2009.

Hyde, Randall. *The Art of Assembly Language*. 2nd ed. San Francisco: No Starch Press, 2010.

Oualline, Steve. *How Not to Program in C++*. San Francisco: No Starch Press, 2003.

10

문자열 자료형

문자열string은 정수형 다음으로 현대 프로그래밍에서 가장 많이 사용되는 자료형일 것이다. 또한 복합 자료형 중에서는 배열 다음으로 가장 많이 사용된다. 문자열은 일련의 개체로, 흔히 연속된 문자를 문자열이라고 한다. 정수, 실수, 부울형 등의 문자열도 존재할 수 있다(비트 문자열은 이 책과 『Write Great Code』 시리즈 1편에서 이미 논의했다). 10장에서는 연속된 문자의 문자열에 대해 설명한다.

일반적으로 문자열은 **길이**length와 일부 **문자 데이터**character data라는 두 가지 주요 속성을 가진다. 그 외에도 특정 변수가 저장할 수 있는 **최대 길이**maximum length나 동일한 문자열을 참조하는 서로 다른 문자열 변수의 수를 지정하는 **참조 카운트**reference count 등의 정보도 가질 수 있다. 10장에서는 이러한 속성을 설명하고 프로그램에서 이런 속성이 어떻게 사용되는지 알아보며, 다양한 문자열 형식과 가능한 여러 연산을 살펴본다. 다룰 주제는 다음과 같다.

- 0으로 끝나는 문자열, 길이로 시작하는 문자열, HLA 문자열, 7비트 문자열 등의 다양한 문자열 형식
- 표준 라이브러리 문자열 처리 함수들을 사용하는 경우(사용하지 않는 경우)
- 정적 문자열static string, 가상 동적 문자열pseudo-dynamic string, 동적 문자열dynamic string

- 참조 카운트^{reference counting}와 문자열
- 문자열의 유니코드, UTF-8/UTF-16/UTF-32 문자 데이터

오늘날의 애플리케이션에서 문자열 관련 연산은 상당한 양의 CPU 시간을 소비한다. 따라서, 문자열을 효율적으로 처리하는 코드를 작성하려면, 프로그래밍 언어가 문자열을 어떻게 표현하고 연산하는지 이해하는 것이 중요하다. 10장에서는 이를 수행하는 데 필요한 기본 정보를 제공한다.

10.1 문자열 형식

언어마다 서로 다른 데이터 구조를 사용해 문자열을 나타낸다. 어떤 문자열 포맷은 더 적은 메모리를 사용하고, 어떤 것은 더 빠르게 처리되거나 사용하기 더 편리하며, 어떤 것은 컴파일러 작성자가 구현하기 쉽거나 프로그래머와 운영체제를 위한 추가 기능을 제공한다.

내부 표현은 다양하지만, 모든 문자열 포맷에는 문자 데이터라는 공통점이 있다. 이것은 0바이트 이상의 시퀀스다(시퀀스라는 용어는 문자의 순서가 중요함을 의미한다). 프로그램이 이 문자 시퀀스를 참조하는 방법은 형식에 따라 다르다. 일부 문자열 포맷에서 문자 시퀀스는 배열로 유지된다. 다른 문자열 포맷에서 프로그램은 메모리의 다른 위치에 있는 문자 시퀀스에 대한 포인터를 유지한다.

모든 문자열 포맷은 길이 속성을 갖고 있다. 그러나, 문자열 포맷들이 문자열의 길이를 표현하는 방법은 다양하다. 어떤 문자열 포맷은 특수한 **종료 문자**^{sentinel character}를 사용해 문자열의 끝을 표시한다. 문자 데이터 앞에 시퀀스의 문자 수를 나타내는 값을 넣는 형식도 있다. 또는, 길이를 문자 시퀀스에 연결되지 않은 변수의 숫자 값으로 인코딩하는 형식도 있다. 일부 문자열 포맷은 문자열의 끝을 표시하는 특수 비트 플래그(set 또는 cleared)를 사용한다. 마지막으로, 이러한 방법들을 조합해 사용하는 경우가 있다. 문자열 길이를 나타내는 방식은 해당 문자열을 연산하는 함수의 성능에 큰 영향을 미칠 수 있다. 또한, 문자열 데이터를 표현하는 데 필요한 추가 스토리지 크기에도 영향을 미친다.

어떤 문자열 포맷은 특정 문자열 함수가 문자열 데이터를 좀 더 효율적으로 처리하는

데 사용할 수 있는 최대 길이나 참조 카운트 값과 같은 추가 속성을 제공한다. 이러한 추가 속성은 문자열 값을 정의하는 데 꼭 필요한 것은 아니다. 그러나, 이러한 속성들은 문자열 연산 함수에서 정확성을 위한 특정 테스트를 제공하거나 더 효율적으로 작동하도록 한다.

문자열 디자인의 배경지식을 이해하는 것을 돕기 위해 다양한 언어에서 널리 사용되는 몇 가지 일반적인 문자열 표현을 살펴보자.

10.1.1 0으로 끝나는 문자열

0으로 끝나는 문자열(그림 10-1)은 C, C++와 기타 여러 언어의 기본 문자열 포맷으로 오늘날 사용되는 가장 일반적인 문자열 표현 방식일 것이다. 또한, 어셈블리 언어와 같이 기본 문자열 포맷이 없는 언어로 작성된 프로그램에서도 0으로 끝나는 문자열이 사용되는 것을 찾아볼 수 있다.

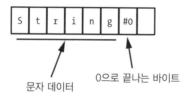

문자 데이터   0으로 끝나는 바이트

그림 10-1 0으로 끝나는 문자열 포맷

ASCIIz 문자열 또는 zstring이라고도 하는 0으로 끝나는 ASCII 문자열은 0개 이상의 8비트 문자 코드를 포함하고 0을 포함하는 바이트로 끝나는 시퀀스다. 유니코드(UTF-16)의 경우, 0개 이상의 16비트 문자 코드를 포함하고 0을 포함하는 16비트 단어로 끝나는 시퀀스다. UTF-32 문자열의 경우, 문자열의 각 항목은 32비트(4바이트) 너비이며 32비트 0으로 끝난다. 예를 들어, C/C++에서 ASCIIz 문자열 "abc"에는 4바이트가 필요하다. a, b, c 세 문자 각각에 대한 1바이트와 0바이트로 구성된다.

0으로 끝나는 문자열은 다른 문자열 포맷에 비해 몇 가지 장점이 있다.

- 0으로 끝나는 문자열은 어떤 길이의 문자열도 1바이트만 추가하면 표현할 수 있다(UTF-16의 경우 2바이트, UTF-32의 경우 4바이트).

- C/C++ 프로그래밍 언어의 대중성 때문에, 0으로 끝나는 문자열을 처리하는 고성능 문자열 처리 라이브러리가 다수 존재한다.
- 0으로 끝나는 문자열은 구현하기 쉽다. 실제로, C/C++ 언어는 문자열 리터럴 상수에 대한 처리 외에 기본 문자열을 전혀 지원하지 않는다. C/C++ 언어에서 문자열은 문자의 배열일 뿐이다. 이것이 아마도 C 언어 디자이너가 처음에 이 포맷을 선택한 이유일 것이다. 따라서, 문자열 연산자 때문에 언어를 복잡하게 만들 필요가 없다.
- 문자 배열을 사용할 수 있는 모든 프로그래밍 언어에서는 0으로 끝나는 문자열을 쉽게 나타낼 수 있다.

그러나 0으로 끝나는 문자열은 문자열 데이터를 나타내는 데 항상 최선의 선택은 아니라는 단점도 있다.

- 0으로 끝나는 문자열을 처리하는 함수는 종종 비효율적이다. 많은 문자열 연산에서 연산을 시작하기 전에 문자열의 길이를 알아야 한다. 0으로 끝나는 문자열의 길이를 계산하는 합리적인 유일한 방법은 처음부터 끝까지 문자열을 스캔하는 것이다. 문자열이 길수록 이 함수는 느리게 실행되므로, 긴 문자열을 처리해야 한다면 0으로 끝나는 문자열 형식은 최선의 선택이 아니다.
- 사소한 문제지만, 0으로 끝나는 문자열 형식에서는 문자 코드 0(예: ASCII와 유니코드의 NUL 문자)을 쉽게 표현할 수 없다.
- 0으로 끝나는 문자열은 문자열 데이터가 어디까지 길어질 수 있는지 알려주는 정보가 없다. 따라서, 문자열 병합과 같은 일부 문자열 함수는 기존 문자열 변수의 길이만 확장할 수 있으며, 호출자가 명시적으로 넘겨준 최대 길이로 오버플로를 확인할 수 있다.

앞서 언급했듯이, 0으로 끝나는 문자열의 한 가지 좋은 점은 포인터와 문자 배열을 사용해 쉽게 구현할 수 있다는 것이다. 다음 C/C++ 문을 살펴보자.

```
someCharPtrVar = "Hello World";
```

다음은 볼랜드 C++ v5.0 컴파일러에 의해 생성된 코드다.

```
;       char *someCharPtrVar;
   ;          someCharPtrVar = "Hello World";
   ;
@1:
; 'offset'은 '주소를 가져오다.'를 의미하고, 's@'은
; 컴파일러에서 제공한 레이블로, 문자열
; "Hello World"가 저장된 곳이다

    mov         eax,offset s@
       .
       .
       .
_DATA   segment dword public use32 'DATA'
;       s@+0:
        ; 문자열 "Hello World"에 대한
        ; 0으로 끝나는 문자열 시퀀스

s@      label   byte
        db      "Hello World",0

        ;       s@+12:
        db      "%s",0
        align   4
_DATA   ends
```

볼랜드 C++ 컴파일러는 단순히 리터럴 문자열 "Hello World"를 메모리의 전역 데이터 세그먼트로 내보낸 다음, 데이터 세그먼트에서 이 문자열 리터럴의 첫 번째 문자 주소를 someCharPtrVar 변수에 로드한다. 이때부터 프로그램은 이 포인터를 통해 문자열 데이터를 간접적으로 참조할 수 있다. 이것은 컴파일러 작성자의 관점에서 볼 때 매우 편리한 구조다.

C, C++, 파이썬 또는 C의 문자열 형식을 채택한 12개의 다른 언어에서 0으로 끝나는 문자열을 사용할 때, 다음과 같은 몇 가지 사항을 염두에 두면 문자열 처리 코드 시퀀스의 성능을 향상시킬 수 있다.

- 비교 가능한 함수를 직접 코딩하려고 시도하기보다는 언어의 런타임 라이브러리 함수를 사용하자. 대부분의 컴파일러 공급업체는 사용자가 직접 작성하는 코드보다 몇 배 더 빠르게 실행되는 고도로 최적화된 버전의 문자열 함수를 제공한다.
- 전체 문자열을 스캔해 문자열 길이를 계산한 후에는 필요할 때마다 다시 계산하지 말고 나중에 사용할 수 있도록 해당 길이를 저장해둔다.
- 한 문자열 변수에서 다른 문자열 변수로 문자열 데이터를 복사하지 말자. 이렇게 하는 것은 0으로 끝나는 문자열을 사용하는 애플리케이션에서 더 많은 비용이 드는 연산(길이 계산 후) 중 하나다.

이제부터 위 항목들을 차례로 설명한다.

10.1.1.1 C 표준 라이브러리 문자열 함수를 사용하는 경우

어떤 프로그래머는 다른 사람들이 더 빠르고 품질 좋은 코드를 작성할 수 있다는 사실을 믿기 싫어한다. 그러나, 표준 라이브러리 함수에 대해서는 자신이 직접 만든 코드로 대체하려는 유혹을 피해야 한다. 사용하고자 하는 라이브러리 코드가 특별히 나쁘지 않다면, 이미 존재하는 라이브러리의 성능과 비슷한 수준의 코드를 만들어내는 것은 쉽지 않다. C, C++와 같은 언어에서 0으로 끝나는 문자열을 처리하는 문자열 함수의 경우, 특히 더 그렇다. 표준 라이브러리가 일반적으로 사용자가 직접 작성한 코드보다 더 나은 성능을 발휘하는 세 가지 주요 이유로 경험, 성숙도, 인라인 대체inline substitution를 꼽을 수 있다.

컴파일러 런타임 라이브러리를 작성하는 일반적인 프로그래머는 문자열 처리 기능에 대한 경험이 많다. 과거에는 새로운 컴파일러가 종종 비효율적인 라이브러리로 악명이 높았지만, 시간이 지나면서 컴파일러 프로그래머는 이러한 라이브러리 루틴을 작성하는 데 상당한 경험을 쌓았으며 잘 작성된 문자열 처리 함수를 제공하는 방법을 알아냈다. 동일한 유형의 루틴을 작성하는 데 상당한 시간을 투자하지 않는 한, 코드가 그 루틴만큼 잘 수행될 가능성은 거의 없다. 많은 컴파일러 제작사가 라이브러리 코드 작성을 전문으로 하는 업체에서 표준 라이브러리 코드를 구입하므로, 사용 중인 컴파일러가 상당히 새롭더라도 좋은 라이브러리일 수 있다. 오늘날 매우 비효율적인 라이브러리 코드를 제공하는 상용 컴파일러는 거의 없다. 대부분의 경우, 연구용이나 '취미용' 컴파일러에만 직접 다시 작성하는 것이 나을 정도의 비효율적인 라이브러리 코드가 포함돼 있다. 간단한 예로, C 표준 라이브러리 strlen()(문자열 길이) 함수를 살펴보자. 다음은 경험이 없는 프로그래머가 작성할 수 있는 strlen()의 일반적인 구현이다.

```c
#include <stdlib.h>
#include <stdio.h>
int myStrlen( char *s )
{
    char *start;

    start = s;
    while( *s != 0 )
    {
        ++s;
    }
    return s - start;
}

int main( int argc, char **argv )
{


    printf( "myStrlen = %d", myStrlen( "Hello World" ) );
    return 0;
}
```

마이크로소프트 비주얼 C++ 컴파일러가 myStrlen()에 대해 생성하는 80x86 기계 코드는 아마 대부분의 어셈블리 프로그래머가 예상하는 그대로일 것이다.

```
myStrlen PROC                                    ; COMDAT
; File c:\users\rhyde\test\t\t\t.cpp
; Line 10                        // string(s)의 포인터를 RCX 레지스터로 넘긴다
        cmp     BYTE PTR [rcx], 0   // *s = 0인가?
        mov     rax, rcx            // 길이를 계산하기 위해 문자열의 시작 부분에 ptr을 저장한다
        je      SHORT $LN3@myStrlen // 문자열의 끝에 도달하면 꺼낸다
$LL2@myStrlen:
```

```
; Line 12
        inc     rcx                     // 문자열의 다음 문자로 이동
        cmp     BYTE PTR [rcx], 0       // 0바이트인가?
        jne     SHORT $LL2@myStrlen     // 그렇지 않다면, 루프 반복
$LN3@myStrlen:
; Line 14
        sub     rcx, rax                // 문자열 길이 계산
        mov     eax, ecx                // EAX로 함수 결과 반환
; Line 15
        ret     0
myStrlen ENDP
```

의심할 여지 없이, 숙련된 어셈블리 언어 프로그래머는 이러한 특정 명령을 재정렬해 속도를 높일 수 있다. 실제로 대부분의 80x86 어셈블리 언어 프로그래머들도 80x86 scasb 명령어가 이 코드 시퀀스에서 대부분의 작업을 수행한다고 말할 수 있다. 이 코드는 매우 짧고 이해하기 쉽지만, 가능한 한 빨리 실행되지는 않는다. 전문 어셈블리 언어 프로그래머는 루프 한 번에 문자열의 각 문자를 하나씩 처리하면서, 한 번에 1바이트 메모리의 문자에 액세스하는 것을 지적한다. 이 문자열 함수의 성능은 루프를 **전개**unrolling[1] 하고 한 번의 루프 반복당 둘 이상의 문자를 처리하면 향상시킬 수 있다. 예를 들어, 다음 HLA 표준 라이브러리 zstr.len() 함수를 살펴보자. 이 함수는 한 번에 네 개의 문자를 처리하면서 0으로 끝나는 문자열의 길이를 계산한다.

```
unit stringUnit;

#include( "strings.hhf" );


/****************************************************************/
/*                                                            */
/* zlen-                                                      */
/*                                                            */
/* 매개변수로 전달된 z-string 문자열의 현재 길이를 반환한다          */
```

---

1   루프 컨트롤 명령과 루프 테스트 명령을 제거해 실행 시간을 단축함으로써 실행 속도를 높이는 최적화 기술이다.

```
/*                                                              */
/***************************************************************/

procedure zstr.len( zstr:zstring ); @noframe;
const
    zstrp :text := "[esp+8]";

begin len;

    push( esi );
    mov( zstrp, esi );

    // ESI를 먼저 dword-align한다
    // ESI의 마지막 2비트가 0이면, ESI에 저장된 주소는 4의 배수다
    // 0이 아니면, ESI에서 1, 2, 3바이트씩 떨어진 곳을 검사해서
    // 종료 0바이트를 갖고 있는지
    // 확인해야 한다

    test( 3, esi );
    jz ESIisAligned;

    cmp( (type char [esi]), #0 );
    je SetESI;
    inc( esi );
    test( 3, esi );
    jz ESIisAligned;

    cmp( (type char [esi]), #0 );
    je SetESI;
    inc( esi );
    test( 3, esi );
    jz ESIisAligned;

    cmp( (type char [esi]), #0 );
je SetESI;
inc( esi );                 // 이후, ESI가 정렬된다


ESIisAligned:
    sub( 32, esi );         // 바로 아래의 add를 무효화시키기 위해
```

```
ZeroLoop:
    add( 32, esi );          // 이 루프가 방금 처리한 문자를 건너뛴다
ZeroLoop2:
    mov( [esi], eax );       // 다음 네 개의 문자를 EAX로 가져온다
    and( $7f7f7f7f, eax );   // HO 비트를 clear (note:$80->$00!)
    sub( $01010101, eax );   // $00과 $80->$FF, 다른 모든 경우 가능한 값이다
    and( $80808080, eax );   // 모든 HO 비트를 검사한다
    jnz MightBeZero0;        // 하나라도 set돼 있다면, $00 또는 $80 바이트를 가진 것이다

    mov( [esi+4], eax );     // 다음은 모두 위에 대한 인라인 확장이다
    and( $7f7f7f7f, eax );   // (각 루프 반복마다
    sub( $01010101, eax );   // 32바이트씩 검사한다)
    and( $80808080, eax );
    jnz MightBeZero4;

    mov( [esi+8], eax );
    and( $7f7f7f7f, eax );
    sub( $01010101, eax );
    and( $80808080, eax );
    jnz MightBeZero8;

    mov( [esi+12], eax );
    and( $7f7f7f7f, eax );
    sub( $01010101, eax );
    and( $80808080, eax );
    jnz MightBeZero12;

    mov( [esi+16], eax );
    and( $7f7f7f7f, eax );
    sub( $01010101, eax );
    and( $80808080, eax );
    jnz MightBeZero16;

    mov( [esi+20], eax );
    and( $7f7f7f7f, eax );
    sub( $01010101, eax );
    and( $80808080, eax );
    jnz MightBeZero20;

    mov( [esi+24], eax );
```

```
    and( $7f7f7f7f, eax );
    sub( $01010101, eax );
    and( $80808080, eax );
    jnz MightBeZero24;

    mov( [esi+28], eax );
    and( $7f7f7f7f, eax );
    sub( $01010101, eax );
    and( $80808080, eax );
    jz ZeroLoop;
```

// 다음 코드는 $80 또는 $00 바이트를 찾은 경우 처리한다
// 0바이트인지 여부와 0바이트의 정확한 위치를 확인해야 한다
// $80 바이트라면 문자열의 문자를 계속 처리해야 한다

// 자, 28..31 사이에서 $00 또는 $80 바이트를 찾았다
// 0바이트가 있는 경우, 위치를 검사한다

```
    add( 28, esi );
    jmp MightBeZero0;
```

// 여기까지 왔다면, 0바이트가
// 4..7 위치에서 발견된 것을 의미한다

```
MightBeZero4:
    add( 4, esi );
    jmp MightBeZero0;
```

// 여기까지 왔다면, 0바이트가
// 8..11 위치에서 발견된 것을 의미한다

```
MightBeZero8:
    add( 8, esi );
    jmp MightBeZero0;
```

// 여기까지 왔다면, 0바이트가
// 12..15 위치에서 발견된 것을 의미한다

```
MightBeZero12:
```

```
        add( 12, esi );
        jmp MightBeZero0;
```

// 여기까지 왔다면, 0바이트가
// 16..19 위치에서 발견된 것을 의미한다

```
MightBeZero16:
        add( 16, esi );
        jmp MightBeZero0;
```

// 여기까지 왔다면, 0바이트가
// 20..23 위치에서 발견된 것을 의미한다

```
MightBeZero20:
        add( 20, esi );
        jmp MightBeZero0;
```

// 여기까지 왔다면, 0바이트가
// 24..27 위치에서 발견된 것을 의미한다

```
MightBeZero24:
        add( 24, esi );
```

// 여기까지 왔다면, 0바이트가
// 0..3 위치에서 발견된 것을 의미하거나
// 위의 조건 중 한 곳에서 여기로 분기된 것을 의미한다

```
MightBeZero0:
        mov( [esi], eax );          // 원래의 4바이트를 가져온다
        cmp( al, 0 );               // 첫 바이트가 0인지 검사한다
        je SetESI;
        cmp( ah, 0 );               // 두 번째 바이트가 0인지 검사한다
        je SetESI1;
        test( $FF_0000, eax );      // 세 번째 바이트(#2)가 0인지 검사한다
        je SetESI2;
        test( $FF00_0000, eax );    // 네 번째 바이트(HO)가 0인지 검사한다
        je SetESI3;
```

// 여기까지 왔으면 발견된 것은 $80이다
// (다행히 ASCII 문자열에 $80은 많이 포함돼 있지 않으므로,

```
// 여기까지의 추가적인 연산은 거의 발생하지 않는다)
// zero 루프로 돌아가서 계속 수행한다

    add( 4, esi );              // 방금 처리한 바이트를 넘긴다
    jmp ZeroLoop2;              // ZeroLoop에서는 32를 더하면 안 된다!

// 다음과 같이 문자열의 길이를 계산한다
// 현재의 위치에서 ESI를 뺀 후에
// MightBeZero0의 어느 곳에서 분기했는지에 따라
// 0, 1, 2, 3 중 한 값을 더한다

SetESI3:
    sub( zstrp, esi );          // 길이 계산
    lea( eax, [esi+3] );        // 0이 가장 상위 바이트에 있었으므로 3을 더한다
    pop( esi );
    ret(4);


SetESI2:
    sub( zstrp, esi );          // 길이 계산
    lea( eax, [esi+2] );        // 0이 세 번째 바이트에 있었으므로 2를 더한다
    pop( esi );
    ret(4);


SetESI1:
    sub( zstrp, esi );          // 길이 계산
    lea( eax, [esi+1] );        // 0이 두 번째 바이트에 있었으므로 1을 더한다
    pop( esi );
    ret(4);


SetESI:
    mov( esi, eax );
    sub( zstrp, eax );          // 길이 계산
    pop( esi );                 // 0이 가장 하위 바이트에 있었으므로 더할 값이 없다(0을 더한다)
    ret( _parms_ );

end len;
end stringUnit;
```

이 함수는 이전에 제시된 간단한 예제보다 훨씬 길고 복잡하지만, 루프를 한 번 반복

할 때마다 네 개의 문자를 처리하기 때문에 실행 속도는 더 빠르다. 즉, 실행되는 루프 반복이 훨씬 적다. 또한, 이 코드는 루프 여덟 개 복사본을 전개해(즉, 루프 본문의 여덟 개 복사본을 인라인으로 확장해) 루프 오버헤드를 줄임으로써, 루프 컨트롤 명령의 실행 속도를 87% 절약한다. 결과적으로, 이 코드는 이전에 제공된 코드보다 2~6배 빠르게 실행된다. 정확한 속도의 향상은 문자열의 길이에 따라 다르다.[2]

자체 라이브러리 함수 작성을 피하는 두 번째 이유는 코드의 성숙도다. 오늘날 사용 가능한 가장 인기 있는 최적화 컴파일러는 제작된 후 시간이 제법 흘렀다. 이 기간 동안 컴파일러 제작사는 스스로의 코드를 사용하면서 병목 현상이 있는 위치를 확인하고 코드를 최적화했다. 표준 라이브러리 문자열 처리 함수를 직접 작성한다면, 이를 최적화하는 데 전념할 시간은 없을 것이다. 전체 애플리케이션에 대해서도 고민해야 하기 때문이다. 프로젝트의 시간 제한 때문에 성능 향상을 위해 다시 돌아가서 해당 문자열 함수를 다시 작성하기는 어렵다. 현재 루틴에 약간의 성능 개선은 있을 수 있겠지만, 컴파일러 제작사는 이후에도 지속적으로 라이브러리를 매우 잘 업데이트할 수 있으며, 사용자는 업데이트된 라이브러리 코드를 프로젝트에 다시 링크만 하면 이러한 개선 사항을 잘 활용할 수 있다. 그러나, 라이브러리 코드를 직접 작성하면 명시적으로 업데이트하지 않는 한 개선되지 않는다. 대부분의 사람은 새 프로젝트 작업으로 너무 바빠서, 이전 코드로 돌아가 성능 향상을 위해 정리할 시간이 없기 때문에 향후 자체적으로 작성된 문자열 함수를 개선할 가능성은 매우 낮다.

C나 C++ 같은 언어에서 표준 라이브러리 문자열 함수를 사용하는 세 번째 이유는 **인라인 확장**이다. 많은 컴파일러가 특정 표준 라이브러리 함수 이름을 인식하고, 함수를 호출하는 대신 효율적인 기계어 코드로 인라인 확장한다. 이 인라인 확장은 특히 함수 호출에 여러 매개변수가 포함된 경우, 명시적 함수 호출보다 몇 배 더 빠를 수 있다. 간단한 예로서, 다음의 C 프로그램을 살펴보자.

---

2   이 코드가 이 절에 제공된 단순한 C 코드를 정확히 대체하지는 않는다는 점은 지적할 가치가 있다. HLA 코드는 모든 문자열이 4바이트의 배수로 패딩된다고 가정한다(HLA의 합리적인 가정). 표준 C 문자열의 경우에는 이것이 반드시 해당되는 것은 아니며, 또한 가능한 한 효율적인 것도 아니다. SSE 4.1 확장이 있는 최신 CPU는 특정 SSE 명령을 사용해 실행할 수 있다. 이 연산이 훨씬 더 빠르다.

```c
#include <string.h>
#include <stdio.h>

int main( int argc, char **argv )
{
    char localStr[256];

    strcpy( localStr, "Hello World" );
    printf( localStr );
    return 0;
}
```

이 코드에 대해 비주얼 C++가 생성하는 64비트 x86-64 어셈블리 코드는 매우 흥미롭다.

```asm
; strcpy 호출에 나타나는 리터럴 문자열을 위한 스토리지

_DATA    SEGMENT
$SG6874 DB 'Hello World', 00H
_DATA    ENDS


_TEXT    SEGMENT
localStr$ = 32
__$ArrayPad$ = 288
argc$ = 320
argv$ = 328
main    PROC
; File c:\users\rhyde\test\t\t\t.cpp
; Line 6
$LN4:
    sub rsp, 312                ; 00000138H
    mov rax, QWORD PTR __security_cookie
    xor rax, rsp
    mov QWORD PTR __$ArrayPad$[rsp], rax
; Line 9
    movsd   xmm0, QWORD PTR $SG6874
```

```
; Line 10
    lea rcx, QWORD PTR localStr$[rsp]
    mov eax, DWORD PTR $SG6874+8
    movsd   QWORD PTR localStr$[rsp], xmm0
    mov DWORD PTR localStr$[rsp+8], eax
    call    printf
; Line 11
    xor eax, eax
; Line 12
    mov rcx, QWORD PTR __$ArrayPad$[rsp]
    xor rcx, rsp
    call    __security_check_cookie
    add rsp, 312                ; 00000138H
    ret 0
main    ENDP
_TEXT   ENDS
```

컴파일러는 무슨 일이 일어나고 있는지 인식하고, 메모리의 리터럴 상수에서 localStr 변수로 문자열의 12바이트를 복사하는 네 개의 인라인 명령어를 대체한다(특히, XMM0 레지스터를 사용해 8바이트를 복사하고, EAX 레지스터를 사용해 4바이트를 복사한다. 이 코드는 RCX를 사용해 localStr의 주소를 printf() 함수에 전달한다). 실제 strcpy() 함수의 호출과 반환에 소요되는 오버헤드는 이보다 더 비싸다(그리고, 문자열 데이터를 복사하는 데 필요한 작업은 고려하지 않는다). 이 예제는 동일한 작업을 수행하기 위해 자신의 '최적화된' 함수를 작성하는 대신에 일반적인 표준 라이브러리 함수를 호출해야 하는 이유를 잘 보여준다.

10.1.1.2 표준 라이브러리 함수를 사용하지 않는 경우

보다시피 일반적으로 자체 버전을 작성하는 것보다 표준 라이브러리 루틴을 호출하는 것이 더 낫지만, 표준 라이브러리에서 하나 이상의 라이브러리 함수에 의존하면 안 되는 특별한 상황이 간혹 있다.

라이브러리 함수는 필요한 기능을 그 이상도 이하도 없이 정확하게 수행할 때, 훌륭하게 작동한다. 프로그래머가 문제를 일으키는 한 가지 영역은 라이브러리 함수를 오용해 실제로 의도하지 않은 작업을 수행하도록 호출하거나 제공하는 기능의 일부만 필요한 경우다. 예를 들어, C 표준 라이브러리 strcspn() 함수를 살펴보자.

```
size_t strcspn( char *source, char *cset );
```

이 함수는 *cset* 문자열에 지정된 문자를 처음 만날 때까지 *source* 문자열의 문자 수를 반환한다. 다음과 같은 이 함수에 대한 호출은 흔히 볼 수 있다.

```
len = strcspn( SomeString, "a" );
```

여기서 의도는 해당 문자열에서 문자가 처음 나오기 전까지 *SomeString*의 문자 수를 반환하는 것이다. 즉, 다음과 같은 작업을 시도한다.

```
len = 0;
while
(
        SomeString[ len ] != '\0'
    && SomeString[ len ] != 'a'
){
    ++len;
}
```

불행히도 strcspn() 함수에 대한 호출은 이 간단한 while 루프 구현보다 훨씬 느리다. strcspn()은 실제로 문자열 내에서 단일 문자를 검색하는 것보다 훨씬 많은 작업을 수행하기 때문이다. 이 함수는 source 문자열 내의 문자 셋에서 임의의 문자를 찾는다. 이 함수에 대한 일반적인 구현은 다음과 같다.

```
len = 0;
for(;;) // 무한 루프
{
    ch = SomeString[ len ];
    if( ch == '\0' ) break;
```

```
    for( i=0; i<strlen( cset ); ++i )
    {
        if( ch == cset[i] ) break;
    }
    if( ch == cset[i] ) break;
    ++len;
}
```

약간의 분석을 통해(그리고, 여기에 한 쌍의 중첩 루프가 있다는 점에 주목하면서), 단일 문자를 포함하는 cset 문자열에 문자 하나만 전달하더라도 이 코드가 그 위의 코드보다 느리다는 것은 분명히 알 수 있다. 이는 하나의 특별한 종료 문자 대신, 여러 종료 문자 중 하나를 검색하기 때문에, 필요 이상으로 일반적인 함수를 호출하는 전형적인 예다. 표준 라이브러리에 존재하는 어떤 함수가 원하는 작업을 정확히 수행하는 경우, 표준 라이브러리 버전을 사용하는 것이 좋다. 그러나 필요한 것보다 더 많은 작업을 수행하는 경우, 표준 라이브러리 함수를 사용하면 비용이 많이 들 수 있으므로 이때는 자신만의 버전을 작성하는 것이 좋다.

10.1.1.3 길이 재계산 데이터를 피하는 이유

이전 절의 마지막 예제는 일반적인 C 프로그래밍 실수를 보여준다. 다음 코드를 보자.

```
for( i=0; i<strlen( cset ); ++i )
{
    if( ch == cset[i] ) break;
}
```

이 루프가 반복될 때마다, 코드는 루프 인덱스가 cset 문자열의 길이보다 작은지 테스트한다. 그러나 루프 내부에서 cset 문자열을 수정하지 않기 때문에(그리고, 이것은 멀티스레드 애플리케이션이 아니기 때문에, 다른 스레드에서 cset 문자열을 수정하지 않는다고 가정하면), 이 루프의 각 반복에서 문자열 길이를 다시 계산할 필요가 없다. 마이크로소프트 비주얼 C++ 32비트 컴파일러가 이 코드 조각에 대해 내보낸 코드를 살펴보자.

```
; Line 10
        mov     DWORD PTR i$1[rsp], 0 ;for(i = 0;...;...)
        jmp     SHORT $LN4@main

$LN2@main:
        mov     eax, DWORD PTR i$1[rsp] ;for(...;...;++i)
        inc     eax
        mov     DWORD PTR i$1[rsp], eax

$LN4@main: ;for(...; i < strlen(localStr);...)
        movsxd  rax, DWORD PTR i$1[rsp]
        mov     QWORD PTR tv65[rsp], rax
        lea     rcx, QWORD PTR localStr$[rsp]
        call    strlen
        mov     rcx, QWORD PTR tv65[rsp]
        cmp     rcx, rax
        jae     SHORT $LN3@main
; Line 12
        movsx   eax, BYTE PTR ch$[rsp]
        movsxd  rcx, DWORD PTR i$1[rsp]
        movsx   ecx, BYTE PTR localStr$[rsp+rcx]
        cmp     eax, ecx
        jne     SHORT $LN5@main
        jmp     SHORT $LN3@main
$LN5@main:
; Line 13
        jmp     SHORT $LN2@main
$LN3@main:
```

다시 말하지만, 기계어 코드는 가장 안쪽의 for 루프를 반복할 때마다 문자열의 길이를 다시 계산한다. 그러나 cset 문자열의 길이는 절대 변경되지 않으므로 매번 다시 계산할 필요가 없다. 코드를 다음과 같이 수정하면 이 문제는 간단하게 해결된다.

```
slen = strlen( cset );
len = 0;
for(;;) // 무한 루프
```

```
{
    ch = SomeString[ len ];
    if( ch == '\0' ) break;
    for( i=0; i<slen; ++i )
    {
        if( ch == cset[i] ) break;
    }
    if( ch == cset[i] ) break;
    ++len;
}
```

최적화 기능이 켜져 있으면, 최신 버전의 마이크로소프트 VC++ 컴파일러에서는 이러한 상황을 인식한다. VC++에서 문자열 길이를 루프 불변 계산(즉, 루프가 반복되도 값은 변경되지 않는다)으로 결정하면, VC++는 strlen()에 대한 호출을 루프 밖으로 이동한다. 안타깝게도 VC++는 모든 상황에 대해 파악할 수는 없다. 예를 들어, VC++가 알지 못하는 함수를 호출하고 localStr의 주소를 (non-const) 매개변수로 전달하면, VC++는 문자열의 길이가 변경될 수 있다고 가정해서(실제로는 아니더라도) strlen() 호출을 루프 밖으로 이동할 수 없다.

상당히 긴 문자열을 연산하려면, 실행 전에 문자열 길이를 알아야 한다. 많은 C 라이브러리에서 흔히 볼 수 있는 strdup() 함수를 살펴보자.[3] 다음 코드는 이 함수의 일반적인 구현이다.

```
char *strdup( char *src )
{
    char *result;

    result = malloc( strlen( src ) + 1 );
    assert( result != NULL ); // Check malloc check
    strcpy( result, src );
    return result;
}
```

---

3   strdup() 함수는 원래 C 표준 라이브러리에 정의되어 있지 않지만, 컴파일러 제작사들은 일반적으로 이 함수를 C 표준 라이브러리에 대한 확장으로 포함시킨다.

436

기본적으로 이 strdup() 구현에는 잘못된 점이 없다. 매개변수로 전달하는 문자열 오브젝트에 대해 전혀 모르는 경우, 해당 문자열의 복사본에 할당할 메모리양을 알 수 있도록 문자열의 길이를 계산해야 한다. strdup()을 호출하는 다음 코드 시퀀스를 살펴보자.

```
len = strlen( someStr );
if( len == 0 )
{
    newStr = NULL;
}
else
{
    newStr = strdup( someStr );
}
```

여기서 문제는 strlen()을 두 번 호출한다는 것이다. 한 번은 이 코드 조각에서 strlen()에 대한 명시적 호출이고, 다른 한 번은 strdup() 함수에 숨겨진 호출이다. 더 큰 문제는 strlen()을 두 번 호출한다는 것이 분명하지 않으므로, 이 코드에서 CPU 사이클을 낭비하고 있다는 것도 분명하지 않다는 점이다. 이는 프로그램이 문자열의 길이를 재계산함으로써(비효율적인 프로세스), 필요 이상으로 함수를 호출하는 또 다른 예다. 한 가지 해결책은 strdup()의 덜 일반적인 버전(예를 들면, strduplen())을 제공해, 이미 계산한 문자열의 길이를 전달할 수 있도록 하는 것이다. strduplen()은 다음과 같이 구현할 수 있다.

```
char *strduplen( char *src, size_t len)
{
    char *result;

    // 새로운 문자열을 위한 스토리지를 할당한다

    result = malloc( len + 1 );
    assert( result != NULL );

    // 소스 문자열과 0 바이트를
```

```
    // 새 문자열에 복사한다

    memcpy( result, src, len+1 );
    return result;
}
```

---

strcpy()(또는, 좀 더 나은 strncpy()) 대신 memcpy()를 사용하는 것에 주목하자. 다시 말하지만, 우리는 이미 문자열의 길이를 알고 있으므로 0 종료 바이트를 찾는 코드를 실행할 필요가 없다(strcpy()와 strncpy()는 모두 이를 수행한다). 물론, 이렇게 구현한 함수에서는 호출자가 올바른 길이를 전달한다고 가정한다. 이는 대부분의 문자열이나 배열 연산에 대한 표준 C 라이브러리의 가정이다.

10.1.1.4 데이터 복사를 피해야 하는 이유

문자열, 특히 긴 문자열을 복사하는 작업은 컴퓨터에서 시간이 많이 소요될 수 있다. 대부분의 프로그램은 메모리에 문자열 데이터를 저장하며, 메모리는 CPU보다 훨씬 느리다(일반적으로 수십 배 이상). 캐시 메모리가 이 문제를 완화할 수 있지만 많은 문자열 데이터를 처리하다 보면 캐시에서 다른 데이터가 지워질 수 있으며, 캐시를 통해 이동하는 모든 문자열 데이터를 자주 재사용하지 않으면 스래싱 문제가 발생할 수 있다. 문자열 데이터 이동을 항상 피할 수는 없지만, 많은 프로그램이 불필요하게 데이터를 복사하므로 프로그램 성능이 저하될 수 있다.

더 좋은 방법은 문자열을 문자열 변수에서 문자열 변수로 복사하는 대신, 포인터를 0으로 끝나는 문자열로 전달하는 것이다. 0으로 끝나는 문자열에 대한 포인터는 레지스터에 저장될 수 있으며, 메모리 변수에 저장할 때도 많은 공간을 차지하지 않는다. 따라서, 포인터 전달은 문자열 변수 간에 문자열 데이터를 복사하는 것보다 캐시나 CPU 성능에 훨씬 적은 부담을 준다.

이 절에서 살펴본 것처럼, 0으로 끝나는 문자열 함수는 일반적으로 다른 유형의 문자열을 조작하는 함수보다 효율성이 떨어진다. 또한, 0으로 끝나는 문자열을 사용하는 프로그램은 strlen()을 여러 번 호출하거나 특정 목표를 달성하기 위해 일반 함수를 남용하는 등 실수를 범하기 쉽다. 다행히도 기본 문자열 포맷이 0으로 끝나는 문자열인 언어에서 좀 더 효율적인 문자열 형식을 디자인하고 사용하는 것은 쉽다.

10.1.2 길이 접두사 문자열

두 번째 일반적인 문자열 형식인 **길이 접두사 문자열**^length-prefixed string^은 0으로 끝나는 문자열의 일부 문제를 해결한다. 길이 접두사 문자열은 파스칼 같은 언어에서 일반적이다. 일반적으로 문자열의 길이를 지정하는 단일 바이트와 0개 이상의 8비트 문자 코드로 구성된다(그림 10-2). 길이 접두사 스키마에서 문자열 "String"은 7바이트, 즉 길이 바이트(6)와 S, t, r, i, n, g 문자로 구성된다.

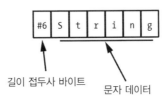

길이 접두사 바이트   문자 데이터

그림 10-2 길이 접두사 문자열 포맷

길이 접두사 문자열은 0으로 끝나는 문자열과 관련된 다음 두 가지 문제를 해결한다.

- NUL 문자는 길이 접두사 문자열로 표현할 수 있다.
- 문자열 연산이 더 효율적이다.

길이 접두사 문자열의 또 다른 장점은 길이가 일반적으로 문자열의 위치 0에 위치하므로(문자열을 문자의 배열로 보는 경우) 문자열의 첫 번째 문자가 배열 표현의 인덱스 1에서 시작한다는 것이다. 많은 문자열 함수의 경우, 문자 데이터에 1부터 시작하는 인덱스를 사용하는 것이 0부터 시작하는 인덱스(0으로 끝나는 문자열에서 사용)보다 훨씬 편리하다.

길이 접두사 문자열은 길이가 최대 255자(1바이트 길이 접두사라고 가정)로 제한된다는 단점이 있다. 2바이트 또는 4바이트 길이 값을 사용해 이 단점을 해결할 수 있지만, 이렇게 하면 오버헤드 데이터양이 1바이트에서 2바이트나 4바이트로 늘어난다. 또한 문자열의 시작 인덱스를 1에서 2나 4로 변경해 1로 시작하는 인덱스의 장점을 잃게 된다. 이 문제를 해결할 방법이 있지만, 더 많은 오버헤드가 수반된다.

많은 문자열 함수는 길이 접두사 문자열을 사용할 때 훨씬 더 효율적이다. 문자열의 길이를 계산할 때도 단순히 메모리에 액세스해서 값을 읽기만 하면 된다. 그러나 궁극적으로 문자열 길이가 필요한 다른 문자열 함수(문자열 병합이나 할당)는 일반적으로 0으로 끝나는 문자열과 유사한 함수보다 효율적이다. 또한, 언어의 표준 라이브러리에 내장된 문자열 함수를 호출할 때마다 문자열 길이를 다시 계산하는 것에 대해서도 걱정할 필요가 없다.

이러한 장점에도, 길이 접두사 문자열 함수를 사용하는 프로그램이 항상 효율적이라고 단정하지는 말자. 불필요하게 데이터를 복사해 많은 CPU 사이클을 낭비할 수 있다. 0으로 끝나는 문자열과 마찬가지로, 문자열 함수의 일부 기능만 사용하면 불필요한 작업을 수행하는 데 많은 CPU 사이클을 낭비할 수 있다.

길이 접두사 문자열 함수를 사용할 때는 다음 사항에 유의하자.

- 비교 가능한 함수를 직접 코딩하려고 시도하기보다는 언어의 런타임 라이브러리 함수를 이용하자. 대부분의 컴파일러 제작사는 사용자가 직접 작성하는 코드보다 몇 배 더 빠르게 실행되는 고도로 최적화된 버전의 문자열 함수를 제공한다.
- 길이 접두사 문자열 형식을 사용할 때 문자열 길이를 계산하는 것은 매우 간단하지만, 많은 (파스칼 같은) 컴파일러는 실제로 문자열 데이터에서 길이 값을 추출하는 함수 호출을 내보낸다. 함수 호출 및 반환은 변수에서 길이 값을 검색하는 것보다 훨씬 시간이 오래 걸린다. 따라서 문자열의 길이를 계산한 후 해당 값을 다시 사용하려면, 해당 길이를 지역 변수에 저장하는 것이 좋다. 물론, 컴파일러가 길이 함수에 대한 호출을 문자열의 데이터 구조에서 간단한 데이터 가져오기로 대체할 수 있을 만큼 똑똑하다면, 이 '최적화'는 그다지 필요하지 않을 수도 있다.
- 한 문자열 변수에서 다른 문자열 변수로 문자열 데이터를 복사하지 말자. 이렇게 하는 것은 길이 접두사 문자열을 사용하는 프로그램에서 더 비싼 연산 중 하나다. 포인터를 문자열로 전달하면 0으로 끝나는 문자열과 동일한 이점이 있다.

10.1.3 7비트 문자열

7비트 문자열 포맷은 ASCII와 같은 7비트로 인코딩된 문자 데이터에 사용할 수 있는 흥미로운 옵션이다. 문자열의 끝을 나타내기 위해 문자열에서 문자의 (일반적으로 사용되지 않는) 최상위 비트(HO)를 사용한다. 문자열의 마지막 문자 코드를 제외한 모든 코드에서 HO 비트가 삭제되고, 문자열의 마지막 문자는 HO 비트가 설정된다(그림 10-3).

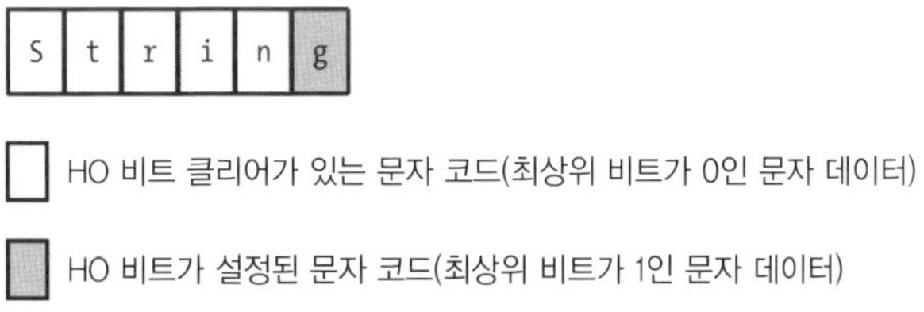

□ HO 비트 클리어가 있는 문자 코드(최상위 비트가 0인 문자 데이터)

■ HO 비트가 설정된 문자 코드(최상위 비트가 1인 문자 데이터)

그림 10-3 7비트 문자열 포맷

이 7비트 문자열 포맷에는 몇 가지 단점이 있다.

- 문자열의 길이를 결정하려면 전체 문자열을 스캔해야 한다.
- 이 포맷에서는 길이가 0인 문자열을 사용할 수 없다.
- 7비트 문자열에 대해 리터럴 문자열 상수를 제공하는 언어는 거의 없다.
- 일반 ASCII를 사용하는 경우, 최대 128자의 코드로 제한된다. 이것은 문제가 되지 않는다.

그러나 7비트 문자열의 큰 장점은 길이를 인코딩하는 데 오버헤드 바이트가 필요하지 않다는 것이다. 어셈블리 언어(매크로를 사용해 리터럴 문자열 상수 만들기)는 7비트 문자열을 처리할 때 사용하는 가장 좋은 언어일 것이다. 7비트 문자열의 이점은 간결성이고 어셈블리 언어 프로그래머는 간결성에 대해 가장 신경 쓰기 때문에 이는 좋은 조합이다. 다음은 리터럴 문자열 상수를 7비트 문자열로 변환하는 HLA 매크로다.

```
#macro sbs( s );

    // 문자열의 마지막 문자를 제외한 모든 문자를 가져온다

    (@substr( s, 0, @length(s) - 1) +

        // 마지막 문자의 최상위 비트를 1로 만들어서 붙인다

        char
```

```
        (
            uns8
            (
                char( @substr( s, @length(s) - 1, 1))
            ) | $80
        )
    )
#endmacro
    .
    .
    .

byte sbs( "Hello World" );
```

7비트 문자열을 지원하는 언어는 거의 없기 때문에 0으로 끝나고 길이 접두사 문자열에 적용되는 첫 번째 조언은 7비트 문자열에 적용되지 않는다. 따라서, 직접 문자열 처리 함수를 작성해야 할 것이다. 길이 계산과 데이터 복사는 7비트 문자열에서도 비용이 많이 드는 작업이므로, 다음 두 가지 조언이 여전히 적용된다.

- 전체 문자열을 스캔해 문자열 길이를 계산한 후에는 필요할 때마다 다시 계산하는 대신 나중에 사용할 수 있도록 해당 길이를 저장한다.
- 한 문자열 변수에서 다른 문자열 변수로 문자열 데이터를 복사하지 말자. 그렇게 하는 것은 7비트 문자열을 사용하는 프로그램에서 더 비싼 작업 중 하나다.

10.1.4 HLA 문자열

문자열당 몇 바이트의 추가 오버헤드에 대해 너무 걱정하지 않는 한, 각각의 단점 없이 길이 접두어와 0으로 끝나는 문자열의 장점을 결합한 문자열 포맷을 만들 수 있다. HLA 언어는 기본 문자열 포맷으로 이 작업을 수행했다.[4]

HLA 문자열 포맷의 가장 큰 단점은 각 문자열에 필요한 오버헤드의 양이다(메모리가

4　HLA는 어셈블리 언어이므로, 합리적인 문자열 포맷을 완벽하고 쉽게 지원할 수 있다. HLA의 기본 문자열 포맷은 리터럴 문자열 상수에 사용되고 HLA 표준 라이브러리의 대부분 루틴을 지원한다.

제한된 환경에서 길이가 짧은 문자열을 많이 처리하는 경우, 상당히 치명적일 수 있다). HLA 문자열에는 길이 접두사와 0으로 끝나는 바이트뿐만 아니라, 문자열당 총 9바이트의 오버헤드가 있는 기타 정보가 포함된다.[5]

HLA 문자열 포맷은 4바이트 길이의 접두사를 사용하므로, 문자열의 길이가 40억 개 이상이 될 수 있다(실제 애플리케이션이 사용하는 것보다 훨씬 더 많다). 또한, HLA는 문자열 데이터에 0바이트를 추가하므로, HLA 문자열은 0으로 끝나는 문자열을 참조(문자열의 길이는 변경하지 않는다)하는 문자열 함수와 호환된다. HLA 문자열의 나머지 4바이트 오버헤드에는 해당 문자열의 최대 법적 길이(0 종료 바이트를 더한)가 포함된다. 이 추가 필드가 있으면, 필요한 경우 HLA 문자열 함수가 문자열 오버플로를 확인할 수 있다. 메모리에서 HLA 문자열은 그림 10-4와 같은 형식을 취한다.

그림 10-4 HLA 문자열 형식

문자열의 첫 번째 문자 바로 앞의 4바이트에는 현재 문자열 길이가 포함된다. 현재 문자열 길이 앞의 4바이트에는 최대 문자열 길이가 포함된다. 문자 데이터 바로 뒤에는 0바이트가 있다. 마지막으로 HLA는 성능상의 이유로 문자열 데이터 구조의 길이가 4바이트의 배수가 되도록 항상 보장하므로, 메모리의 오브젝트 끝에 최대 3바이트의 추가 패딩이 있을 수 있다(그림 10-4에 표시된 문자열은 데이터 구조의 길이가 4바이트의 배수인지 확인하기 위해 1바이트의 패딩만 추가됐다).

HLA 문자열 변수는 실제로 문자열에서 첫 번째 문자의 바이트 주소를 포함하는 포인터다. 길이 필드에 액세스하려면 문자열 포인터의 값을 32비트 레지스터에 로드한 다음, 레지스터에서 오프셋 −4에 있는 길이 필드에 액세스하고 레지스터에서 오프셋 −8에 있는 최대 길이 필드에 액세스한다. 예를 들면, 다음과 같다.

---

5 실제로, 메모리 정렬 제한으로 인해 문자열에 따라 최대 12바이트의 오버헤드가 발생할 수 있다.

```
static
    s :string := "Hello World";
        .
        .
        .
// "Hello World"에서 'H'의 주소를
// esi에 저장한다

mov( s, esi );

// ECX에 문자열의 길이("Hello World"의 경우 11)를 저장한다
.
mov( [esi-4], ecx );
        .
        .
        .
mov( s, esi );

// ECX의 값이 문자열의 최대 길이를 초과하는지 검사한다
.
cmp( ecx, [esi-8] );
jae StringOverflow;
```

앞서 언급했듯이, HLA 문자열의 문자 데이터(0바이트 포함)를 저장하기 위해 예약된 메모리양은 항상 4바이트의 배수다. 따라서 한 HLA 문자열에서 다른 HLA 문자열로 데이터를 복사할 때, 바이트가 아닌 더블 워드 단위로 이동할 수 있다는 것이 항상 보장된다. 이렇게 하면, 한 번에 한 바이트씩 복사하는 대신 더블 워드 단위로 문자열을 복사함으로써 루프 반복 횟수를 1/4까지 줄일 수 있기 때문에, 문자열 복사 루틴을 최대 네 배까지 빠르게 실행할 수 있다. 예를 들어, 다음은 한 문자열을 다른 문자열로 복사하는 HLA str.cpy() 함수의 수정된 코드다.

```
mov( dest, edi );
mov( src, esi );

// source 문자열의 길이를 가져와서
```

```
// source 문자열이 destination 문자열에 맞는지 확인한다

mov( [esi-4], ecx );

// destination 문자열의 길이를 저장한다

mov( ecx, [edi-4] );

// 0바이트를 복사하기 위해
// 문자열 길이에 1바이트를 더한다
// 또한, 복사할 dword의 개수를 계산한다(바이트의 개수가 아니라)
// 그리고 데이터를 복사한다

add( 4, ecx );    // 4로 나눈 후 1을 더한다
shr( 2, ecx );    // 길이를 4로 나눈다
rep.movsd();      // 길이/4 dword만큼 이동한다
```

HLA str.cpy() 함수는 문자열 오버플로와 NULL 포인터 참조도 확인한다(편의상 이 코드는 이 예제에서는 생략했다). 그러나 여기서 중요한 점은 HLA가 성능을 향상시키기 위해 문자열을 더블 워드로 복사한다는 것이다.

HLA 문자열 변수의 한 가지 좋은 점은 (읽기 전용일 경우에만) HLA 문자열이 0으로 끝나는 문자열과 호환된다는 것이다. 예를 들어, 0으로 끝나는 문자열을 전달할 것으로 예상되는 C나 다른 언어로 작성된 함수가 있는 경우, 다음과 같이 해당 함수를 호출하고 HLA 문자열 변수를 전달할 수 있다.

```
someCFunc( hlaStringVar );
```

유일한 문제는 C 코드는 HLA 문자열의 길이 필드를 업데이트하지 않으므로, C 함수가 문자열의 길이에 영향을 미치는 문자열을 변경해서는 안 된다는 것이다. 물론, 반환할 때마다 항상 C strlen() 함수를 호출해 길이 필드를 직접 업데이트할 수 있지만, 일반적으로 0으로 끝나는 문자열을 수정하는 함수에는 HLA 문자열을 넘기지 않는 것이 좋다.

길이 접두사 문자열에 대한 조언은 일반적으로 HLA 문자열에도 적용된다. 구체적으

로는 다음과 같다.

- 비교 가능한 함수를 직접 코딩하는 대신, HLA 표준 라이브러리 함수를 사용하자. 라이브러리 함수의 소스 코드(HLA에서 사용 가능)를 확인해볼 수도 있지만, 대부분의 문자열 함수는 일반 문자열 데이터에서 잘 작동한다.
- 이론적으로는 HLA 문자열 데이터 포맷에 나타나는 명시적인 길이 필드에 의존하면 안 되지만, 대부분의 프로그램은 단순히 문자열 데이터 바로 앞의 4바이트에서 길이 값을 가져오기 때문에 일반적으로 길이를 저장할 필요가 없다. 주의 깊은 HLA 프로그래머는 실제로 HLA 표준 라이브러리에서 str.len() 함수를 호출하고, 나중에 사용할 수 있도록 이 값을 지역 변수에 저장한다. 그러나 길이에 직접 액세스하는 것이 더 안전할 수도 있다.
- 한 문자열 변수에서 다른 문자열 변수로 문자열 데이터를 복사하지 말자. 그렇게 하는 것은 HLA 문자열을 사용하는 프로그램에서 더 비싼 작업 중 하나다.

10.1.5 디스크립터 기반 문자열

지금까지 살펴본 문자열 형식은 문자열에 대한 속성 정보(길이, 종료 바이트 등)를 문자 데이터와 함께 메모리에 보관했다. 좀 더 유연한 방식은 문자 데이터에 대한 포인터도 포함하는 **디스크립터**descriptor라고 하는 레코드 구조에 이러한 정보를 저장하는 것이다. 다음 파스칼/델파이 데이터 구조를 살펴보자(그림 10-5).

```
type
    dString = record
        curLength  :integer;
        strData    :^char;
    end;
```

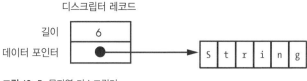

그림 10-5 문자열 디스크립터

이 데이터 구조는 실제 문자 데이터를 저장하지 않는다. 대신 strData 포인터는 문자열의 첫 번째 문자 주소를 갖고 있다. curLength 필드는 문자열의 현재 길이를 나타낸다. 디스크립터를 사용하는 대부분의 문자열 형식이 동적이기 때문에 보통은 최대 길이가 필요하지 않지만(다음 절에서 설명하는 대로), 이 레코드에는 원하는 다른 필드를 추가할 수 있다.

디스크립터 기반 문자열 시스템의 흥미로운 속성은 문자열과 관련된 실제 문자 데이터가 더 큰 문자열의 일부일 수 있다는 것이다. 실제 문자 데이터에 길이나 종료 바이트가 없기 때문에, 두 문자열에 대한 문자 데이터가 중첩될 수 있다(그림 10-6).

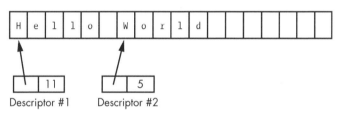

그림 10-6 디스크립터를 사용한 중첩된 문자열

이 예는 겹치는 두 개의 문자열("Hello World"와 "World")을 보여준다. 이는 메모리를 절약하고 substring()과 같은 특정 함수를 매우 효율적으로 만들 수 있다. 물론, 이와 같이 문자열이 겹치는 경우, 다른 문자열의 일부가 지워질 수 있으므로 문자열 데이터를 수정할 수 없다.

다른 문자열 포맷에 대한 조언은 디스크립터 기반 문자열에 강력하게 적용되지 않는다. 물론 표준 라이브러리를 사용할 수 있는 경우, 직접 작성하는 것보다 더 효율적일 수 있으므로, 이러한 함수를 호출해야 한다. 문자열 디스크립터에서 길이 필드를 추출하는 것은 보통 사소한 작업이므로, 길이를 저장할 필요가 없다. 또한, 많은 디스크립터 기반 문자열 시스템은 기록 중 복사^{copy-on-write}(『Write Great Code』 시리즈 1편과 10.2.3절 '동적 문자열' 참조)를 사용해 문자열 복사 오버헤드를 줄인다. 문자열 디스크립터 시스템에서 기록 중 복사 체계는 일반적으로 문자 하나가 변경되어도 문자열 전체를 복사하므로(다른 문자열 포맷과는 다르게), 문자열 변경을 피해야 한다.

10.2 정적, 가상 동적, 동적 문자열

지금까지 다양한 문자열 데이터 포맷을 살펴봤다. 이제 문자열 데이터를 메모리의 어느 곳에 저장할지 살펴보자. 문자열은 시스템이 스토리지를 할당하는 시기와 위치에 따라 분류할 수 있으며, 정적 문자열, 가상 동적 문자열, 동적 문자열 세 가지로 나눠진다.

10.2.1 정적 문자열

순수한 **정적 문자열**static string은 프로그래머가 프로그램을 작성할 때 최대 크기가 결정된다. 파스칼 문자열과 델파이의 **짧은 문자열**short string이 이 범주에 속한다. C/C++에서 0으로 끝나는 문자열을 유지하는 데 사용하는 문자 배열도 고정 길이 문자 배열과 마찬가지로 이 범주에 속한다. 파스칼의 다음 선언을 살펴보자.

```
(* 파스칼 정적 문자열 예제 *)

var
    // 최대 길이는 항상 255 문자다

    pascalString :string[255];
```

다음은 C/C++의 예제다.

```
// C/C++ 정적 문자열 예제

// 최대 길이는 항상 255 문자다(거기에 0바이트가 추가된다)

char cString[256];
```

프로그램이 실행되는 동안에는 이러한 정적 문자열의 최대 크기를 늘릴 방법이 없다. 사용할 스토리지를 줄일 방법도 없다. 이러한 문자열 개체는 런타임에 256바이트를 사용한다.

순수 정적 문자열의 한 가지 장점은 컴파일러가 컴파일 타임에 최대 길이를 결정하고 이 정보를 문자열 함수에 암시적으로 전달할 수 있으므로, 런타임에 바운딩 위반을 테스트할 수 있다는 것이다.

10.2.2 가상 동적 문자열

가상 동적 문자열pseudo-dynamic string은 스토리지를 할당하기 위해 `malloc()`과 같은 메모리 매니지먼트 함수를 호출하면, 시스템이 런타임에 길이를 설정하는 문자열이다. 시스템이 문자열에 대한 스토리지를 할당하면, 문자열의 최대 길이가 고정된다. HLA 문자열은 일반적으로 이 범주에 속한다.[6] HLA 프로그래머는 일반적으로 `stralloc()` 함수를 호출해 문자열 변수에 대한 스토리지를 할당한다. 그 후에는 특정 문자열 오브젝트가 변경할 수 없는 고정 길이를 갖는다.[7]

10.2.3 동적 문자열

일반적으로 디스크립터 기반 형식을 사용하는 **동적 문자열**dynamic string 시스템은, 새 문자열을 만들거나 기존 문자열에 영향을 주는 작업을 수행할 때마다 문자열 개체에 대해 충분한 스토리지를 자동으로 할당한다. 문자열 할당과 하위 문자열 추출 같은 연산은 동적 문자열 시스템에서 비교적 사소한 작업이다. 보통은 문자열 디스크립터 데이터만 복사하므로 매우 빠르다. 그러나, 10.1.5절 '디스크립터 기반 문자열'에서 언급한 것처럼, 이러한 방식으로 문자열을 사용할 경우 시스템에서 다른 문자열 개체의 일부 데이터를 수정할 수 있으므로 데이터를 문자열 개체에 다시 저장할 수 없다.

---

6   어셈블리 언어지만, HLA에서도 정적 문자열과 순수 동적 문자열을 생성할 수 있다.

7   실제로 strrealloc()을 호출해 HLA 문자열의 크기를 변경할 수 있지만, 동적 문자열 시스템에서는 일반적으로 이런 일은 자동으로 처리한다. 그러나, 기존 HLA 문자열 함수는 문자열 오버플로를 감지하더라도 이를 자동으로 처리해주지 않는다.

이 문제에 대한 해결책은 기록 중 복사 기술을 사용하는 것이다. 문자열 함수가 동적 문자열의 문자를 변경해야 할 때마다, 함수는 먼저 문자열의 복사본을 만든 다음 해당 복사본에 필요한 수정을 한다. 연구에 따르면, 기록 중 복사는 문자열 할당과 부분 문자열 추출(단지 부분 문자열 할당) 같은 연산이 문자열 내의 문자 데이터 수정보다 훨씬 더 일반적이기 때문에, 많은 일반적인 애플리케이션의 성능을 향상시킬 수 있다. 이 방법의 유일한 단점은 메모리의 문자열 데이터를 여러 번 수정한 후에는 더 이상 사용되지 않는 문자 데이터를 포함하는 문자열 힙 영역의 섹션이 있을 수 있다는 것이다. 메모리 누수를 방지하기 위해 기록 중 복사를 사용하는 동적 문자열 시스템은 일반적으로 가비지 컬렉션 코드를 제공한다. 이 코드는 다른 용도로 해당 메모리를 복구하기 위해 오래된 문자 데이터를 찾는 문자열 힙 영역을 스캔한다. 안타깝게도 사용 중인 알고리즘에 따라 가비지 컬렉션은 매우 느릴 수 있다.

노트 | 메모리 누수와 가비지 컬렉션에 대한 자세한 내용은 9장을 참조하자.

10.3 문자열의 참조 카운트

두 개의 문자열 디스크립터(또는 포인터)가 메모리의 동일한 문자열 데이터를 가리키는 경우를 생각해보자. 프로그램이 다른 포인터를 사용해 동일한 데이터에 액세스하는 동안에는 포인터와 관련된 스토리지 할당을 취소할 수 없다. 한 가지 일반적인 해결책은 프로그래머가 이러한 세부 사항을 추적하도록 하는 것이다. 안타깝게도 애플리케이션이 더 복잡해짐에 따라 이 접근 방식은 종종 댕글링 포인터, 메모리 누수와 기타 포인터 관련 문제를 발생시킨다. 더 나은 해결책은 프로그래머가 문자열의 문자 데이터에 대한 스토리지를 할당 해제하고, 프로그래머가 해당 데이터를 참조하는 마지막 포인터를 해제할 때까지 실제 할당 해제 프로세스를 보류하는 것이다. 이를 위해 문자열 시스템은 포인터와 관련 데이터를 추적하는 참조 카운터를 사용할 수 있다.

참조 카운터reference counter는 메모리에서 문자열의 문자 데이터를 참조하는 포인터 수를 계산하는 정수다. 포인터에 문자열의 주소를 할당할 때마다 참조 카운터를 1씩 증가시킨다. 마찬가지로, 문자열의 문자 데이터와 관련된 스토리지를 할당 해제할 때마다 참조 카운터를 감소시킨다. 실제 문자 데이터에 대한 스토리지 할당 해제는 참조 카운터가 0으로 감소하기 전에는 발생하지 않는다.

참조 카운팅은 언어가 문자열 할당의 세부 사항을 자동으로 처리할 때 훌륭하게 작동한다. 참조 카운팅을 수동으로 구현하려는 경우에는 다른 포인터 변수에 문자열 포인터를 할당할 때 항상 참조 카운터를 증가시켜야 한다. 이를 수행하는 가장 좋은 방법으로는 포인터를 직접 할당하지 않고 포인터 데이터를 복사하는 것 외에도 참조 카운터를 업데이트하는 일부 함수(또는, 매크로) 호출을 통해 모든 문자열 할당을 처리하는 것이 있다. 코드에서 참조 카운터를 제대로 업데이트하지 못하면, 댕글링 포인터나 메모리 누수가 발생한다.

10.4 델파이 문자열

델파이는 이전 버전의 델파이와 터보 파스칼에서 사용했던 길이 접두사 문자열과 호환되는 **짧은 문자열** 포맷을 제공하지만, 델파이의 이후 버전(v4.0 이상)은 기본 문자열 포맷에 동적 문자열을 사용한다. 이 문자열 포맷은 공개되지 않았지만(변경될 수도 있지만), 델파이의 문자열 포맷이 HLA와 매우 유사하다고 한다. 델파이는 선행 문자열 길이와 참조 카운터(HLA가 사용하는 최대 길이 대신)가 있는, 0으로 끝나는 문자 시퀀스를 사용한다. 그림 10-7은 메모리에 있는 델파이 문자열의 레이아웃을 보여준다.

그림 10-7 델파이 문자열 데이터 포맷

HLA와 마찬가지로, 델파이 문자열 변수는 실제 문자열 데이터의 첫 번째 문자 주소를 포함하는 포인터다. 길이 및 참조 카운터 필드에 액세스하기 위해 델파이 문자열 루틴은 문자 데이터의 기본 주소에서 −4와 −8의 음수 오프셋을 사용한다. 그러나 이 문자열 포맷은 공개되지 않았기 때문에, 애플리케이션은 길이나 참조 카운터 필드에 직접 액세스해서는 안 된다(이러한 필드는 언젠가는 64비트 값이 될 수 있다). 델파이는 문자열 길이를 추출하는 길이 함수를 제공하며, 델파이 문자열 함수는 자동으로 유지되므로 애플리케이션에서 참조 카운터 필드에 액세스할 필요는 없다.

10.5 HLL에서의 문자열 사용

문자열은 하이레벨 프로그래밍 언어에서 매우 일반적인 자료형이다. 애플리케이션은 종종 문자열 데이터를 광범위하게 사용하기 때문에, 많은 HLL은 프로그래머에게 상당한 복잡성을 숨기는 많은 복잡한 문자열 조작 루틴을 라이브러리에 제공한다. 안타깝게도 다음과 같은 명령문을 실행하면, 일반적인 문자열 연산과 관련된 작업량이 얼마나 되는지 잊어버리기 쉽다.

```
aLengthPrefixedString := 'Hello World';
```

일반적인 파스칼 구현에서 이 할당 문은 문자열 리터럴에서 *aLengthPrefixedString* 변수용으로 예약된 스토리지로 각 문자를 복사하는 함수를 호출한다. 즉, 이 명령문은 대략 다음과 같이 확장된다.

```
(* 문자열의 문자들을 복사한다 *)

   for i:= 1 to length( HelloWorldLiteralString ) do begin

       aLengthPrefixedString[ i ] :=
           HelloWorldLiteralString[ i ];

   end;

   (* 문자열 길이를 저장한다 *)

   aLengthPrefixedString[0] :=
       char( length( HelloWorldLiteralString ) );
```

이 코드에는 프로시저 호출, 반환, 매개변수 전달의 오버헤드가 포함되지 않는다. 장 전체에서 언급했듯이, 문자열 데이터 복사는 일반적으로 수행하는 비용이 많이 드는 작업 프로그램 중 하나다. 이는 많은 HLL이 동적 문자열이나 기록 중 복사 방식으로 전환한 이유다. 문자열 할당은 모든 문자 데이터가 아니라 포인터만 복사할 때 훨씬 더 효율적이다. 이것이 기록 중 복사가 항상 더 낫다는 사실을 의미하는 것은 아니지만, 할당, 하위 문자열, 문자열의 문자 데이터를 변경하지 않는 기타 작업과 같은 많은 문자열 연산의 경우에는 매우 효율적일 수 있다.

사용하려는 문자열 포맷을 선택할 수 있는 옵션을 제공하는 프로그래밍 언어는 거의 없지만, 대부분 문자열에 대한 포인터를 만들 수 있으므로 기록 중 복사를 수동으로 지원할 수 있다. 고유한 문자열 처리 함수를 작성하려는 경우, 언어의 자체적인 문자열 처리 기능을 사용하지 않음으로써 매우 효율적인 프로그램을 만들 수 있다. 예를 들어, C의 하위 문자열 연산은 일반적으로 strncpy() 함수에 의해 처리되며, 대부분 다음과 같이 구현된다.[8]

```c
char *
strncpy( char* dest, char *src, int max )
{
    char *result = dest;
    while( max > 0 )
    {
        *dest = *src++;
        if( *dest++ == '\0') break;
        --max;
    }
    return result;
}
```

일반적인 '하위 문자열substring' 연산은 다음과 같이 strncpy()를 사용한다.

---

8   대부분의 실제 strncpy() 루틴은 이 예제보다 더 효율적이다. 사실, 대부분이 어셈블리 언어에서 쓰이지만, 여기서는 무시한다.

```
strncpy( substring, fullString + start, length );
substring[ length ] = '\0';
```

여기서 *substring*은 데스티네이션^{destination} 문자열 오브젝트, *fullString*은 소스 문자열, *start*는 복사할 하위 문자열의 시작 인덱스, *length*는 복사할 하위 문자열의 길이다.

10.1.5절 '디스크립터 기반 문자열'의 HLA 레코드와 유사한 구조를 사용해 C에서 디스크립터 기반 문자열 포맷을 만드는 경우, 다음 두 명령문을 사용해 하위 문자열 연산을 수행할 수 있다.

```
// 가정: '.strData' 필드는 char* 형이다

    substring.strData = fullString.strData + start;
    substring.curLength = length;
```

이 코드는 strncpy() 버전보다 훨씬 빠르게 실행된다.

때로는 특정 프로그래밍 언어가 지원하는 기본 문자열 데이터 표현에 대한 액세스를 제공하지 않으므로, 성능 손실을 감수하고 언어를 전환하거나 어셈블리 언어로 자체 문자열 처리 코드를 작성해야 한다. 그러나 보통은 방금 주어진 예제에서처럼, 문자열 디스크립터를 사용해 애플리케이션에서 문자열 데이터를 복사한다.

10.6 문자열의 유니코드 문자 데이터

지금까지는 문자열의 각 문자가 정확히 1바이트의 스토리지를 사용한다고 가정했다. 또한 문자열에 나타나는 문자 데이터를 논의할 때, 7비트 ASCII 문자 셋을 사용한다고 가정했다. 이는 전통적인 프로그래밍 언어가 문자열의 문자 데이터를 나타내는 방식이었다. 그러나 오늘날 ASCII 문자 셋은 전 세계적으로 사용하기에는 너무 제한돼 있으며, UTF-8, UTF-16, UTF-32, UTF-7과 같은 유니코드 변형을 포함해 몇 가지 새로운 문자 셋이 인기를 얻고 있다. 이러한 문자 포맷은 작동하는 문자열 함수의 효율성에 큰 영향을 미칠 수 있으므로, 이를 다루는 것에 대해 시간을 충분히 할애할 것이다.

10.6.1 유니코드 문자 셋

수십 년 전에 알더스^{Aldus}, 넥스트^{NeXT}, 썬^{Sun}, 애플 컴퓨터, IBM, 마이크로소프트, 리서치 라이브러리 그룹^{Research Library Group}, 제록스^{Xerox}의 엔지니어들은 비트맵과 사용자가 선택 가능한 글꼴이 있는 새로운 컴퓨터 시스템이 한 번에 256개 이상의 다른 문자를 표시할 수 있음을 깨달았다. 당시에는 **DBCS**^{Double-Byte-Character Set}(더블 바이트 문자 셋)가 가장 일반적인 솔루션이었다. 그러나 DBCS에는 몇 가지 문제가 있다. 첫째, 보통 가변 길이 인코딩이기 때문에 DBCS에는 특수 라이브러리 코드가 필요하다. 고정 길이 문자 인코딩에 의존하는 일반적인 문자/문자열 알고리즘은 제대로 작동하지 않는다. 둘째, 일관된 표준이 없다. 서로 다른 DBCS가 서로 다른 문자에 대해 동일한 인코딩을 사용한다. 따라서, 이러한 호환성 문제를 피하기 위해 엔지니어들은 다른 경로를 찾았다.

그들이 생각해낸 해결책은 유니코드 문자 셋이었다. 원래 유니코드를 개발한 엔지니어들은 문자 크기로 2바이트를 선택했다. DBCS와 마찬가지로 이 방식에도 특수 라이브러리 코드가 필요하다(기존의 단일 바이트 문자열 함수는 항상 2바이트 문자로 작동하지 않는다). 그러나 대부분의 기존 문자열 알고리즘은 문자 크기를 변경하지 않으면 여전히 2바이트 문자로 작동한다. 유니코드 정의에는 당시 모든 (알려지고 존재하는) 문자 셋이 포함돼서, 각 문자에 고유한 인코딩을 제공해 서로 다른 DBCS를 괴롭히는 일관성 문제를 방지했다.

원래 유니코드 표준은 각 문자를 나타내는 데 16비트 단어를 사용했다. 따라서 유니코드는 최대 65,536개의 서로 다른 문자 코드를 지원했다. 이는 8비트 바이트로 표현할 수 있는 256개의 가능한 코드보다 많이 발전한 것이다. 또한 유니코드는 ASCII에서 상향 호환된다. HO 9비트⁹ 유니코드 문자의 바이너리 표현에 0이 포함된 경우, LO 7비트는 표준 ASCII 코드를 사용한다. HO 9비트에 0이 아닌 값이 포함되어 있으면, 16비트는 확장 문자 코드(ASCII에서 확장된다)를 형성한다. 그렇게 많은 다른 문자 코드가 필요했던 이유는 당시 특정 아시아 문자 셋에 4,096자가 포함돼 있었기 때문이다. 유니코드 문자 셋은 애플리케이션 정의 문자 셋을 만드는 데 사용할 수 있는 코드 셋도 제공했다. 65,536개의 가능한 문자 코드 중 약 절반이 정의됐으며, 나머지 문자 인코딩은 향후 확장을 위

---

9   ASCII는 7비트 코드다. 16비트 유니코드 값의 HO 9비트가 모두 0이면, 나머지 7비트는 문자에 대한 ASCII 인코딩이다.

해 예약되어 있다.

오늘날 유니코드는 ASCII와 이전 DBCS를 오랫동안 대체하는 범용 문자 셋이다. 모든 최신 운영체제(맥OS, 윈도우, 리눅스, iOS, 안드로이드, 유닉스 등), 웹 브라우저와 대부분의 최신 애플리케이션은 유니코드를 지원한다. 비영리 기업인 **유니코드 컨소시움**Unicode Consortium은 유니코드 표준을 유지한다. 유니코드사Unicode, Inc.(https://home.unicode.org) 표준을 유지하면, 한 시스템에서 작성하는 문자가 다른 시스템이나 애플리케이션에서 예상대로 표시되도록 보장할 수 있다.

10.6.2 유니코드 코드 포인트

안타깝게도, 원래의 유니코드 표준은 여러 가지를 신중하게 생각했지만 문자의 폭발적인 증가는 예상하지 못했다. 인터넷, 모바일, 웹 브라우저에 도입된 이모티콘, 점성술 기호, 화살표, 포인터와 그 밖의 다양한 기호로 유니코드 기호 레퍼토리가 크게 확장됐다(역사적이지만 쓸모없고 희귀한 스크립트를 모두 지원하려는 열망과 함께). 1996년에 시스템 엔지니어는 65,536개의 기호가 부족하다는 사실을 발견했다. 각 유니코드 문자에 대해 3바이트나 4바이트가 필요하지는 않았기 때문에, 유니코드를 정의하는 사람들은 고정된 크기의 문자 표현을 만드는 것을 포기하고, 유니코드 문자의 불특정(다중) 인코딩을 허용했다. 오늘날 유니코드는 1,112,064개의 **코드 포인트**code point를 정의하는데, 이는 원래 유니코드 문자용으로 따로 설정한 2바이트 용량을 훨씬 초과한다.

유니코드 코드 포인트는 유니코드를 특정 문자 기호와 연관시키는 단순한 정수값이며, 문자에 대한 ASCII 코드에 해당하는 유니코드로 생각할 수 있다. 유니코드 코드 포인트에 대한 규칙은 U+ 접두어를 사용해 16진수로 값을 지정하는 것이다. 예를 들어, U+0041은 문자 A의 유니코드 코드 포인트다.

노트 | 코드 포인트에 대한 자세한 내용은 https://en.wikipedia.org/wiki/Unicode#General_Category_property를 참조하자.

10.6.3 유니코드 코드 플레인

이러한 역사 때문에 유니코드에서 65,536개의 문자 블록은 특별하다. 이는 **다국어 플레인**multilingual plane으로 알려져 있다. 첫 번째 다국어 플레인인 U+000000~U+00FFFF는 대략 원래의 16비트 유니코드 정의에 해당한다. 유니코드 표준에서는 이를 **BMP**Basic Multilingual Plane라고 한다. 플레인 1(U+010000~U+01FFFF), 2(U+020000~U+02FFFF), 14(U+0E0000~U+0EFFFF)는 보조 플레인이다. 유니코드는 향후 확장을 위해 플레인 3~13을 예약하고, 사용자 정의 문자 셋을 위해 플레인 15와 16을 예약한다.

유니코드 표준은 U+000000~U+10FFFF 범위의 코드 포인트를 정의한다. 0x10ffff는 1,114,111이며, 유니코드 문자 셋에서 1,112,064개 문자 대부분의 출처다. 나머지 2,048개의 코드 포인트는 유니코드 확장인 **서로게이트**surrogate로 사용하도록 예약돼 있다. **유니코드 스칼라**Unicode scalar는 또 다른 용어다. 이것은 2,048개의 서로게이트 코드 포인트를 제외한 모든 유니코드 코드 포인트 셋의 값이다. 여섯 자리 코드 포인트 값의 HO 두 자리 16진수는 다국어 플레인을 지정한다. 왜 17 플레인일까? 유니코드는 특수한 여러 단어 항목을 사용해 U+FFFF를 넘어서는 코드 포인트를 인코딩하기 때문이다. 두 개의 가능한 확장은 각각 10비트를 인코딩해 총 20비트다. 20비트는 16개의 다국어 플레인을 제공하며, 원래의 BMP는 17개의 다국어 플레인을 생성한다. 이것이 코드 포인트가 U+000000에서 U+10FFFF 범위에 속하는 이유이기도 하다. 16개의 다국어 플레인과 BMP를 인코딩하기 위해 21비트가 필요하다.

10.6.4 서로게이트 코드 포인트

앞서 언급했듯이, 유니코드는 16비트(2바이트) 문자 셋 인코딩으로 시작됐다. 당시 존재했던 가능한 모든 문자를 처리하기에 16비트는 충분하지 않다는 것이 확실해졌을 때, 확장이 필요했다. 유니코드사 조직은 유니코드 v2.0부터 여러 단어 문자를 포함하도록 유니코드 정의를 확장했다. 이제 유니코드는 **서로게이트 코드 포인트**(U+D800~U+DFFF)를 사용해 U+FFFF보다 큰 값을 인코딩한다. 그림 10-8은 인코딩을 보여준다.

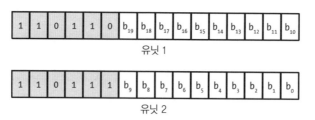

그림 10-8 유니코드 플레인 1~16에 대한 서로게이트 코드 포인트 인코딩

2워드(유닛 1/상위 서로게이트와 유닛 2/하위 서로게이트)는 항상 함께 나타난다. 유닛 1 값(HO 비트 %110110 포함)은 유니코드 스칼라의 상위 10비트($b_{10}..b_{19}$)를 지정하고, 유닛 2 값(HO 비트 %110111 포함)은 유니코드 스칼라의 하위 10비트($b_0..b_9$)를 지정한다. 따라서 비트 $b_{16}..b_{19}$에 1을 더한 값은 유니코드 플레인 1에서 16까지를 지정한다. 비트 $b_0..b_{15}$는 플레인 내의 유니코드 스칼라 값을 지정한다.

서로게이트 코드는 BMP에만 나타난다. 다른 다국어 플레인에는 서로게이트 코드가 없다. 유닛 1과 유닛 2 값에서 추출된 $b_0..b_{19}$ 비트는 항상 유니코드 스칼라 값을 지정한다 (값이 U+D800에서 U+DFFF 범위에 속하더라도).

10.6.5 글리프, 문자, 그래핌 클러스터

각 유니코드 코드 포인트에는 고유한 이름이 있다. 예를 들어, U+0045의 이름은 'LATIN CAPITAL LETTER A'이다. 기호 *A*는 캐릭터의 이름이 아니다. *A*는 문자를 나타내기 위해 장치가 그리는 일련의 선(가로 선 한 개와 기울어진 선 두 개)인 **글리프**glyph다.

단일 유니코드 문자 'LATIN CAPITAL LETTER A'에 대한 다양한 글리프가 있다. 예를 들어, Times Roman A와 Times Roman Italic A의 글리프는 다르지만, 유니코드는 글리프를 구분하지 않는다(또는, 두 글꼴의 A 문자를 구분하지 않는다). 문자 'LATIN CAPITAL LETTER A'는 사용하는 글꼴이나 스타일에 관계없이 U+0045로 유지된다.

흥미로운 점은 스위프트 프로그래밍 언어에 액세스할 수 있는 경우, 다음 코드를 사용해 유니코드 문자의 이름을 출력할 수 있다는 것이다.

```
import Foundation
let charToPrintName :String = "A"         // 이 문자의 이름을 출력한다

let unicodeName =
    String(charToPrintName).applyingTransform(
        StringTransform(rawValue: "Any-Name"),
        reverse: false
    )! // 강세 언래핑(unwrapping)은 항상 성공하기 때문에 적법하다
print( unicodeName )

Output from program:
\N{LATIN CAPITAL LETTER A}
```

그렇다면, 유니코드의 문자는 정확히 무엇일까? 유니코드 스칼라는 유니코드 문자지만, 일반적으로 문자라고 부르는 것과 유니코드 문자(스칼라)의 정의에는 차이가 있다. 예를 들어 é는 한 문자일까, 두 문자일까? 다음 스위프트 코드를 살펴보자.

```
import Foundation
let eAccent :String = "e\u{301}"
print( eAccent )
print( "eAccent.count=\(eAccent.count)" )
print( "eAccent.utf16.count=\(eAccent.utf16.count)" )
```

"\u{301}"은 문자열 내에 유니코드 스칼라 값을 지정하기 위한 스위프트 구문이다. 이 특별한 경우, 301은 **악센트 조합**combining acute accent 문자에 대한 16진 코드다.

첫 번째 print문은 다음과 같다.

```
print( eAccent )
```

문자를 프린트한다(예상대로, 출력으로 é를 생성함).

두 번째 print문은 스위프트가 문자열에 존재한다고 결정한 문자 수를 출력한다.

```
print( "eAccent.count=\(eAccent.count)" )
```

이것은 표준 출력에 1을 프린트한다.

세 번째 print문은 문자열의 원소 수(UTF-16 원소[10])를 출력한다.

```
print( "eAccent.utf16.count=\(eAccent.utf16.count)" )
```

이 문자열은 UTF-16 데이터의 2워드를 보유하기 때문에 표준 출력에 2를 프린트한다.

그렇다면 이것은 한 글자일까, 두 글자일까? 내부적으로(UTF-16 인코딩 가정), 컴퓨터는 이 단일 문자(두 개의 16비트 유니코드 스칼라 값)에 대해 4바이트의 메모리를 따로 설정한다.[11] 그러나 화면에서 출력은 하나의 문자 위치만 취해 사용자에게는 단일 문자처럼 보인다. 이 문자가 텍스트 편집기에 나타나고 커서가 문자 바로 오른쪽에 있는 경우, 사용자는 백스페이스 키를 누르면 삭제될 것으로 예상한다. 사용자의 관점에서 이것은 단일 문자다(스위프트가 문자열의 개수(count) 속성을 프린트할 때 보고하는 것처럼).

그러나 유니코드에서 문자는 대체로 코드 포인트와 동일하다. 이는 사람들이 일반적으로 문자로 생각하는 것과 다르다. 유니코드 용어에서 **그래핌 클러스터**grapheme cluster가 사람들이 일반적으로 문자라고 부르는 것이다. 단일 언어 요소(즉, 단일 문자)를 형성하기 위해 결합되는 하나 이상의 유니코드 코드 포인트 시퀀스다. 따라서, 애플리케이션이 최종 사용자에게 표시하는 기호와 관련된 문자에 대한 이야기는 실제로 그래핌 클러스터에 대한 이야기인 것이다.

그래핌 클러스터는 소프트웨어 개발자의 삶을 비참하게 만들 수 있다. 다음 스위프트 코드(이전 예제의 수정본)를 살펴보자.

---

10 UTF-16 인코딩에 대한 설명은 10.6.7절 '유니코드 인코딩'을 참조한다.

11 스위프트 5는 선호하는 문자열 인코딩을 UTF-16에서 UTF-8로 전환한다. https://swift.org/blog/utf8-string/을 참고하자.

```
import Foundation
let eAccent :String = "e\u{301}\u{301}"
print( eAccent )
print( "eAccent.count=\(eAccent.count)" )
print( "eAccent.utf16.count=\(eAccent.utf16.count)" )
```

이 코드는 처음 두 개의 print문에서 동일한 é와 1 출력을 생성한다. 다음 코드는 é를 생성한다.

```
print( eAccent )
```

이 print문은 1을 생성한다.

```
print( "eAccent.count=\(eAccent.count)" )
```

그러나, 다음 세 번째 print문은 2가 아닌 3을 표시한다(원래 예제와 같이).

```
print( "eAccent.utf16.count=\(eAccent.utf16.count)" )
```

이 문자열에는 세 개의 유니코드 스칼라 값이 틀림없이 있다(U+0065, U+0301, U+0301). 출력할 때 운영체제는 e와 두 개의 악센트 조합 문자를 결합해 단일 문자 é를 형성한 다음, 해당 문자를 표준 출력 장치로 출력한다. 스위프트는 이 조합이 디스플레이에 단일 출력 기호를 생성한다는 것을 알 만큼 똑똑하다. 따라서, count 속성의 결과를 프린트하면, 계속 1이 출력된다. 이 문자열에는 (부정할 수 없는) 세 개의 유니코드 코드 포인트가 있으므로, utf16.count를 프린트하면 출력에 3이 생성된다.

10.6.6 유니코드 일반 및 정규 동등성

유니코드 문자 é는 유니코드가 등장하기 훨씬 전에 실제로 개인용 컴퓨터에 존재했다. 원래 IBM PC 문자 셋의 일부이자 Latin-1 문자 셋의 일부이기도 하다(예를 들면, 이전 DEC 터미널에서 사용됐다). 결과적으로 유니코드는 U+00A0~U+00FF 범위의 코드 포인트에 대해 Latin-1 문자 셋을 사용하고, U+00E9는 é 문자에 해당한다. 따라서, 이전 프로그램을 다음과 같이 수정할 수 있다.

```
import Foundation
let eAccent :String = "\u{E9}"
print( eAccent )
print( "eAccent.count=\(eAccent.count)" )
print( "eAccent.utf16.count=\(eAccent.utf16.count)" )
```

다음은 이 프로그램의 출력이다.

```
é
1
1
```

자! 세 가지 다른 문자열은 모두 é를 생성하지만, 다른 수의 코드 포인트를 포함한다. 이제 이것이 유니코드 문자를 포함하는 프로그래밍 문자열을 어떻게 복잡하게 만드는지 살펴보자. 예를 들어, 다음 세 개의 문자열(스위프트 구문)이 있다고 할 때, 이들을 비교한다면 결과는 어떻게 될까?

```
let eAccent1 :String = "\u{E9}"
let eAccent2 :String = "e\u{301}"
let eAccent3 :String = "e\u{301}\u{301}"
```

사용자에게는 세 개의 문자열이 모두 화면에서 동일하게 보이지만, 분명히 다른 값을 포함한다. 그것들이 같은지 비교하면, 그 결과는 같을까(true), 다를까(false)?

궁극적으로, 이는 사용 중인 문자열 라이브러리에 따라 다르다. 대부분의 현재 문자열 라이브러리는 이러한 문자열이 같은지 비교하면 false를 반환한다. 흥미롭게도 스위프트는 eAccent1이 eAccent2와 같다고 주장하지만, eAccent1이 eAccent3과 같거나 eAccent2가 eAccent3과 같다고 보고하는 것은 맞지 않다. 세 문자열 모두에 대해 동일한 기호를 표시한다는 사실에도 불구하고 말이다. 많은 언어의 문자열 라이브러리는 세 문자열이 모두 같지 않다고 보고한다.

세 개의 유니코드/스위프트 문자열 "\u{E9}", "e \u{301}", "e \u{301} \u{301}"은 디스플레이에 모두 동일한 출력을 생성한다. 따라서, 유니코드 표준에 따르면 공식적으로는 동일하다. 하지만, 일부 문자열 라이브러리는 이러한 문자열을 동등한 것으로 보고하지 않는다. 스위프트와 같이 작은 표준 등가("\u{E9}"== "e \u{301}" 같은)는 처리하지만, 동등해야 하는 임의의 시퀀스는 처리하지 않는다(아마도 정확성과 효율성 사이의 균형을 맞추려고 할 것이다. "e \u{301} \u{301}"과 같이 일반적으로 발생하지 않는 모든 이상한 경우를 처리하는 것은 계산 비용이 많이 들 수 있다).

유니코드는 유니코드 문자열의 **일반적인 형식**normal form을 정의한다. 일반적인 형식의 한 가지 측면은 정규적으로 동등한 시퀀스를 동등한 시퀀스로 바꾸는 것이다. 예를 들어, "e \u{309}"를 "\u{E9}"로 바꾸거나 "\u{E9}"를 "e \ u{309}"로 바꾼다(일반적으로 더 짧은 형식을 선호한다). 일부 유니코드 시퀀스는 여러 결합 문자를 허용한다. 문자를 결합하는 순서는 원하는 그래핌 클러스터를 생성하는 것과 보통 관련이 없다. 그러나 결합 문자가 지정된 순서로 돼 있으면, 두 문자열을 비교하는 것은 더 쉬워진다. 유니코드 문자열을 정규화하면, 결합된 문자가 항상 고정된 순서로 나타나도록 결과를 생성할 수 있다(따라서, 문자열 비교의 효율성이 향상된다).

10.6.7 유니코드 인코딩

유니코드 v2.0 이후부터, 표준은 100만 개 이상의 문자를 처리할 수 있는 21비트 문자 공간을 지원한다(대부분의 코드 포인트는 향후 사용을 위해 예약된다). 더 큰 문자 셋을 허용하기 위해 유니코드사는 고정 크기 3바이트(또는 더 안 좋은 4바이트) 인코딩을 사용하는 대신, 서로 다른 인코딩(UTF-32, UTF-16, UTF-8)을 허용한다.[12]

UTF-32는 32비트 정수를 사용해 유니코드 스칼라를 보유한다. 이 스키마의 장점은

---

12 UTF는 Unicode Transformational Format을 의미한다.

32비트 정수가 모든 유니코드 스칼라 값을 나타낼 수 있다는 것이다(21비트만 필요함). 서로게이트 쌍을 검색할 필요 없이, 문자열의 문자에 무작위로 액세스해야 하는 프로그램과 기타 **상수 시간**constant-time 연산은 UTF-32를 사용할 때 (대부분) 가능하다. UTF-32의 명백한 단점은 각 유니코드 스칼라 값에 4바이트의 스토리지가 필요하다는 것이다. 이는 원래 유니코드 정의의 두 배, ASCII 문자의 네 배다. ASCII와 원래의 유니코드보다 2~4배 많은 스토리지를 사용하는 것은 비용이 적게 드는 것처럼 보일 수 있다. 그 결과, 최근 컴퓨터는 유니코드가 처음 등장했을 때보다 몇 배 더 많은 스토리지를 갖고 있다. 그러나, 이러한 추가 스토리지는 캐시 스토리지를 빠르게 소비하기 때문에 성능에 큰 영향을 미친다. 또한, 최신 문자열 처리 라이브러리는 종종 한 번에 8바이트(64비트 시스템에서) 문자열을 연산한다. ASCII 문자를 사용하면, 주어진 문자열 함수에서 최대 여덟 개의 문자를 동시에 처리할 수 있다. UTF-32를 사용하면, 동일한 문자열 함수는 동시에 두 문자만 연산할 수 있다. 결과적으로 UTF-32 버전은 ASCII 버전보다 네 배 느리게 실행된다. 궁극적으로 유니코드 스칼라 값조차도 모든 유니코드 문자를 표현하기에는 충분하지 않다. 즉, 많은 유니코드 문자에는 일련의 유니코드 스칼라가 필요하므로 UTF-32를 사용해도 문제는 해결되지 않는다.

유니코드가 지원하는 두 번째 인코딩 형식은 UTF-16이다. 이름에서 알 수 있듯이, UTF-16은 16비트 (부호 없는) 정수를 사용해 유니코드 값을 나타낸다. 0xFFFF보다 큰 스칼라 값을 처리하기 위해 UTF-16은 서로게이트 쌍 체계를 사용해 0x010000에서 0x10FFFF 범위의 값을 나타낸다(10.6.4절 '서로게이트 코드 포인트' 참조). 대부분의 유용한 문자는 16비트에 맞기 때문에 대부분의 UTF-16 문자는 2바이트면 충분하다. 서로게이트가 필요한 드문 경우, UTF-16은 문자를 나타내기 위해 2워드(32비트)를 필요로 한다.

마지막 인코딩이자 의심할 여지가 없이 가장 인기 있는 인코딩은 UTF-8이다. UTF-8 인코딩은 앞으로 ASCII 문자 셋에서 호환된다. 특히, 모든 ASCII 문자는 단일 바이트 표현을 갖는다(문자를 포함하는 바이트의 HO 비트에 0비트가 포함된 원래 ASCII 코드). UTF-8 HO 비트가 1이면, UTF-8은 유니코드 코드 포인트를 나타내기 위해 1~3개의 추가 바이트를 가진다. 표 10-1은 UTF-8 인코딩 스키마를 제공한다.

표 10-1 UTF 인코딩

바이트	코드 포인트의 비트	처음 코드 포인트	마지막 코드 포인트	바이트1	바이트2	바이트3	바이트4
1	7	U+00	U+7F	0xxxxxxx			
2	11	U+80	U+7FF	110xxxxx	10xxxxxx		
3	16	U+800	U+FFFF	1110xxxx	10xxxxxx	10xxxxxx	
4	21	U+10000	U+10FFFF	11110xxx	10xxxxxx	10xxxxxx	10xxxxxx

'*xxx ...*' 비트는 유니코드 코드 포인트 비트다. 멀티바이트 시퀀스의 경우, 바이트 1에는 HO 비트가 포함되고, 바이트 2에는 다음 HO 비트(바이트 1에는 LO 비트)가 포함된다. 예를 들어, 2바이트 시퀀스(%11011111, %10000001)는 유니코드 스칼라 %0000_0111_1100_0001 (U+07C1)에 해당한다.

UTF-8 인코딩은 아마도 가장 일반적인 인코딩일 것이다. 이는 대부분의 웹 페이지에서 사용한다. 대부분의 C 표준 라이브러리 문자열 함수는 수정 없이 UTF-8 텍스트에서 작동한다(일부 C 표준 라이브러리 함수는 프로그래머가 주의하지 않으면 잘못된 형식의 UTF-8 문자열을 생성할 수 있다).

다른 언어와 운영체제는 다른 인코딩을 기본값으로 사용한다. 예를 들어, 맥OS와 윈도우는 UTF-16 인코딩을 사용하는 반면, 대부분의 유닉스 시스템은 UTF-8을 사용한다. 일부 파이썬 변형은 기본 문자 형식으로 UTF-32를 사용한다. 하지만 대부분의 프로그래밍 언어는 UTF-8 문자를 처리하기 위해 UTF-8을 사용한다. 이는 이전 ASCII 기반 문자 처리 라이브러리를 계속 사용할 수 있기 때문이다. 애플의 스위프트는 유니코드를 올바르게 수행하려고 시도하는 최초의 프로그래밍 언어 중 하나다(이렇게 하면 엄청난 성능 저하를 가져온다).

10.6.8 유니코드 조합 문자

UTF-8과 UTF-16 인코딩은 UTF-32보다 훨씬 더 간결하지만, 멀티바이트(또는 멀티 워드) 문자 셋을 처리하는 데 따르는 CPU 오버헤드와 알고리즘 복잡성으로 인해 사용이 복잡해질 수 있다(버그나 성능 문제 발생 등). 메모리 낭비 문제(특히 캐시)에도 불구하고, 문자를 32비트 엔티티로 정의하고 처리하면 어떨까? 이는 문자열 처리 알고리즘을 단순화하고, 성능을 향상시키며, 코드의 결함 가능성을 줄이는 것처럼 보인다.

이 이론의 문제점은 21비트(또는 32비트)의 스토리지만으로 가능한 모든 그래핌 클러스터를 나타낼 수 없다는 것이다. 많은 **그래핌 클러스터**는 여러 개로 연결된 유니코드 코드 포인트로 구성된다. 다음은 크리스 이드호프[Chris Eidhof]와 올레 베게만[Ole Begemann]의 『Advanced Swift』(CreateSpace, 2017)의 예다.

```swift
let chars: [Character] = [
    "\u{1ECD}\u{300}",
    "\u{F2}\u{323}",
    "\u{6F}\u{323}\u{300}",
    "\u{6F}\u{300}\u{323}"
]
```

이러한 각 유니코드의 그래핌 클러스터는 동일한 문자를 생성한다. 가령, 문자 아래에 점이 있는 ọ́(Yoruba 문자 셋의 문자) 문자 시퀀스(U+1ECD, U+300)는 그 아래에 점이 있고, 그 뒤에 결합된 **예음**[acute]이 있는 o이다. 문자 시퀀스(U+F2, U+323)는 ò 뒤에 **결합 점**[combining dot]이 있다. 문자 시퀀스(U+6F, U+323, U+300)는 o, 결합 점, 결합 예음 순서다. 마지막으로 문자 시퀀스(U+6F, U+300, U+323)는 o, 결합 예음, 결합 점으로 이어진다. 네 개의 문자열 모두 동일한 출력을 생성한다. 실제로 스위프트 문자열 비교는 네 개의 문자열을 모두 동일하게 취급한다.

```swift
print("\u{1ECD} + \u{300} = \u{1ECD}\u{300}")
print("\u{F2} + \u{323} = \u{F2}\u{323}")
print("\u{6F} + \u{323} + \u{300} = \u{6F}\u{323}\u{300}")
print("\u{6F} + \u{300} + \u{323} = \u{6F}\u{300}\u{323}")
print( chars[0] == chars[1] ) // Outputs true
print( chars[0] == chars[2] ) // Outputs true
print( chars[0] == chars[3] ) // Outputs true
print( chars[1] == chars[2] ) // Outputs true
print( chars[1] == chars[3] ) // Outputs true
print( chars[2] == chars[3] ) // Outputs true
```

이 문자를 생성하는 단일 유니코드 스칼라 값은 없다. 출력 장치에서 이 그래핌 클러스터를 생성하려면, 최소 두 개의 유니코드 스칼라(또는 최대 세 개)를 결합해야 한다. UTF-32 인코딩을 사용하더라도 이 특정 출력을 생성하려면, 여전히 두 개의 (32비트) 스칼라가 필요하다.

이모티콘은 UTF-32를 사용해 해결할 수 없는 또 다른 문제를 발생시킨다. 유니코드 스칼라 U+1F471을 살펴보자. 이것은 금발 머리를 가진 사람의 그림 이모티콘을 출력한다. 여기에 피부색 조절을 추가하면 (U+1F471, U+1F3FF)를 얻게 되는데, 이는 피부색이 어두운 (금발) 사람을 나타낸다. 두 경우 모두 화면에 단일 문자가 표시된다. 첫 번째 예에서는 단일 유니코드 스칼라 값을 사용하지만, 두 번째 예에서는 두 개의 값이 필요하다. 단일 UTF-32 값으로 이를 인코딩할 방법은 없다.

요점은 특정 유니코드 그래핌 클러스터에는 우리가 스칼라에 할당한 비트 수에 관계없이 여러 스칼라가 필요하다는 것이다(예를 들면, 30개나 40개의 스칼라를 단일 그래핌 클러스터로 결합할 수 있다). 즉, 우리가 아무리 피하려고 노력하더라도 단일 '문자'를 표현하기 위해서는 여러 단어 시퀀스를 처리해야 한다. 이것이 UTF-32가 실제로 성공한 적이 없는 이유다. 유니코드 문자열에 대한 임의의 액세스 문제는 해결되지 않는다. 유니코드 스칼라의 정규화와 결합을 처리해야 하는 경우에는 UTF-8이나 UTF-16 인코딩을 사용하는 것이 더 효율적이다.

다시 말하지만, 오늘날 대부분의 언어와 운영체제는 하나 또는 다른 형식의 유니코드를 지원한다(일반적으로 UTF-8 또는 UTF-16 인코딩 사용). 멀티바이트 문자 셋을 처리하는 데 명백한 문제가 있음에도 불구하고, 최신 프로그램은 단순한 ASCII 문자열이 아닌 유니코드 문자열을 처리한다. 거의 '순수한 유니코드'인 스위프트는 표준 ASCII 문자 지원 방식으로 많은 것을 제공하지 않는다.

10.7 유니코드 문자열 함수 및 성능

유니코드 문자열에는 한 가지 근본적인 문제가 있다. 유니코드는 멀티바이트 문자 셋이므로 문자열의 바이트 수가 문자열의 문자 수(또는, 더 중요한 글리프 수)와 동일하지 않다. 불행히도 문자열의 길이를 결정하는 유일한 방법은 문자열의 모든 바이트(시작부터 끝까지)를 스캔하고 해당 문자를 계산하는 것이다. 이 점에서 유니코드 문자열 길이 함수의 성능은 0으로 끝나는 문자열의 경우와 마찬가지로 문자열 크기에 비례한다.

설상가상으로, 문자열에서 문자 위치의 인덱스를 계산하는 유일한 방법(즉, 문자열 시작 부분에서 바이트 단위의 오프셋)은 문자열의 시작 부분부터 스캔해 원하는 문자 수를 계산하는 것이다. 0으로 끝나는 (ASCII) 문자열조차도 이 문제는 저절로 해결되지 않는다. 유니코드에서 하위 문자열이나 문자열의 문자 삽입/삭제와 같은 함수는 매우 비쌀 수 있다.

스위프트 표준 라이브러리의 문자열 함수 성능은 언어의 유니코드 순도로 인해 저하된다. 따라서 스위프트 프로그래머는 문자열을 처리할 때 주의해야 한다. 일반적으로 C/C++나 기타 다른 언어에서 빠른 작업이 스위프트의 유니코드 환경에서는 성능 문제를 일으키는 원인이 될 수 있기 때문이다.

10.8 참고 자료

Hyde, Randall. *The Art of Assembly Language*. 2nd ed. San Francisco: No Starch Press, 2010.

———. *Write Great Code, Volume 1: Understanding the Machine*. 2nd ed. San Francisco: No Starch Press, 2020.

11

레코드, 유니온, 클래스 자료형

레코드, 유니온, 클래스는 많은 최신 프로그래밍 언어에서 자주 쓰이는 복합 자료형이다. 이러한 자료형은 잘못 사용하면 소프트웨어 성능에 매우 안 좋은 영향을 미칠 수 있다. 그러나 올바르게 사용하면 실제 애플리케이션의 성능을 향상시킬 수 있다(다른 자료형을 사용할 때와 비교해서). 11장에서는 이러한 자료형을 최대한 활용해 프로그램의 효율성을 극대화하는 방법을 알아보며, 다음과 같은 주제를 다룬다.

- 레코드, 유니온, 클래스 자료형에 대한 정의
- 다양한 언어의 레코드, 유니온, 클래스 선언문
- 레코드 변수와 인스턴스 생성
- 컴파일 시 레코드 초기화
- 레코드, 유니온, 클래스 데이터의 메모리 표현
- 레코드 사용을 통한 런타임 메모리 성능 향상
- 동적 레코드 타입
- **네임스페이스**namespace
- 가변형variant 자료형의 개념과 유니온으로 가변형 자료형 구현하기
- 클래스의 **가상 메소드 테이블**Virtual Method Table, VMT 구현하기

- 클래스의 상속 및 다형성
- 클래스와 오브젝트의 성능

유니온, 레코드, 클래스 등과 같은 자료형을 제대로 이해하면, 좀 더 효율적이고 읽기 쉬우면서 유지 관리도 간편한 코드를 생성할 수 있다. 이러한 자료형을 구현하는 방법을 자세히 알아보기 전에 몇 가지 정의부터 시작해보자.

11.1 레코드

파스칼의 **레코드**record와 C/C++의 **구조체**structure는 서로 비슷한 복합 자료형을 가리키는 다른 이름이다. 언어 디자인 교과서에서는 **데카르트 곱**Cartesian product이나 **튜플**tuple이라 부르기도 한다. C/C++의 구조체는 **데이터 구조**data structure와 혼동될 수 있기 때문에, 파스칼의 용어로 부르는 것이 아마 가장 좋을 것이다. 그러므로, 여기서는 파스칼의 용어인 레코드를 사용할 것이다. 이름에 관계없이, 레코드는 애플리케이션 데이터를 구성하는 훌륭한 툴이다. 언어들이 이 레코드를 구현하는 방법을 잘 이해하면 좀 더 효율적인 코드를 작성할 수 있다.

배열은 한 가지 타입의 자료만을 담을 수 있다. 반면, 레코드는 여러 타입의 자료를 담을 수 있다. 레코드의 목적은 논리적으로 연관된 값들을 하나의 오브젝트로 캡슐화하는 것이다.

배열에서는 정수 인덱스로 특정 원소를 참조한다. 레코드에서 하나의 원소, 즉, **필드**field를 참조할 때는 필드 이름을 명시해줘야 한다. 레코드 내의 각 필드 이름은 고유한 이름이어야 한다. 즉, 하나의 레코드에서 같은 필드 이름은 두 번 이상 사용할 수 없다. 그러나 모든 필드 이름은 하나의 레코드 안에서만 유효하므로, 프로그램의 다른 곳에서는 해당 이름을 다시 사용할 수 있다.[1]

---

1 기술적으로 중첩된 레코드는 내부적으로 필드 이름을 재사용할 수 있지만, 이들은 서로 다른 레코드에 속해 있는 구조체이므로 기본 규칙은 그대로 유지된다.

11.1.1 다양한 언어에서의 레코드 선언

다양한 언어로 레코드 자료형을 구현하는 방법을 논의하기 전에 파스칼, C/C++/C#, 스위프트, HLA의 선언 구문을 간략히 살펴보자.

11.1.1.1 파스칼/델파이에서의 레코드 선언

다음은 파스칼/델파이의 student 자료형을 만드는 일반적인 레코드 선언이다.

```
type
    student =
        record
            Name:      string [64];
            Major:     smallint;    // 델파이의 2바이트 정수
            SSN:       string[11];
            Mid1:      smallint;
            Mid2:      smallint;
            Final:     smallint;
            Homework: smallint;
            Projects: smallint;
        end;
```

레코드 선언은 record 키워드로 시작되고, 이어서 필드들의 선언이 나열되며, end 키워드로 끝난다. **필드 선언**field declaration은 파스칼 언어의 변수 선언과 문법적으로 동일하다.

대부분의 파스칼 컴파일러는 연속된 메모리 위치에 모든 필드를 할당한다. 즉, 첫 65바이트는 이름에 대한 필드로,[2] 다음 2바이트는 전공 코드를, 이어지는 12바이트는 사회보장 번호를 할당하는 식이다. 나머지 필드들도 마찬가지로 이어지는 메모리 영역에 할당한다.

11.1.1.2 C/C++에서의 레코드 선언

다음은 C/C++의 동일한 선언이다.

---

2   파스칼 문자열은 일반적으로 문자열의 모든 문자를 담는 공간 외에 길이를 인코딩하기 위한 바이트가 추가로 더 필요하다.

```
typedef
    struct
    {
        // 64 글자 널 종료 문자열을 위한 공간

        char Name[65];

        // 일반적인 C/C++의 2바이트 정수

        short Major;

        // 11 글자 널 종료 문자열을 위한 공간

        char SSN[12];

        short Mid1;
        short Mid2;
        short Final;
        short Homework;
        short Projects;

    } student;
```

C/C++의 레코드(구조체) 선언은 typedef 키워드, struct 키워드, 중괄호 쌍으로 묶인 **필드 선언** 셋, 구조체 이름으로 시작한다. 파스칼과 마찬가지로, 대부분의 C/C++ 컴파일러는 레코드에서 선언된 순서대로 필드에 메모리 오프셋을 할당한다.

11.1.1.3 C#에서의 레코드 선언

C# 구조체 선언은 C/C++와 매우 유사하다.

```
struct student
{
    // 64 글자 널 종료 문자열을 위한 공간

    public char[] Name;
```

472

```
// 일반적인 C/C++의 2바이트 정수

public short Major;

// 11 글자 널 종료 문자열을 위한 공간

public char[] SSN;

public short Mid1;
public short Mid2;
public short Final;
public short Homework;
public short Projects;
};
```

C#의 레코드(구조체) 선언은 struct 키워드, 구조체 이름, 중괄호 쌍으로 묶인 필드 선언 셋으로 시작한다. 파스칼과 마찬가지로, 대부분의 C# 컴파일러도 레코드에서 선언된 순서대로 필드에 메모리 오프셋을 할당한다.

11장의 다른 레코드 선언 예제와 일치시키기 위해, 이 예제는 Name과 SSN 필드를 문자 배열로 정의한다. 실제로 C# 프로그래머는 이러한 필드에 문자 배열 대신 string 자료형을 사용하고 싶을 것이다. 그러나, C#은 동적으로 할당된 배열을 사용하기 때문에, C# 구조체의 메모리 레이아웃은 C/C++, 파스칼, HLA의 레이아웃과 다르다.

11.1.1.4 자바에서의 레코드 선언

자바는 순수 레코드를 지원하지 않지만, 데이터 멤버만 있는 클래스 선언은 동일한 용도로 사용된다(11.5.3절 'C#과 자바의 클래스 선언' 참조).

11.1.1.5 HLA에서의 레코드 선언

HLA에서는 record/endrecord 선언문으로 레코드 자료형을 선언한다. 이전 절의 레코드는 다음과 같이 표현한다.

```
type
    student:
        record
            sName:      char[65];
            Major:      int16;
            SSN:        char[12];
            Mid1:       int16;
            Mid2:       int16;
            Final:      int16;
            Homework:   int16;
            Projects:   int16;
        endrecord;
```

보다시피 HLA에서의 선언은 파스칼에서의 선언과 매우 유사하다. 파스칼에서의 선언과 대응시키기 위해 여기서는 sName과 SSN(주민등록번호) 필드에 string 타입을 사용하는 대신 문자 배열을 사용한다. 일반적인 HLA 레코드에서의 선언은 sName 필드에 최소한 string 타입을 사용한다(string 변수는 4바이트 포인터일 뿐이라는 점에 유의하자).

11.1.1.6 스위프트에서의 레코드(튜플) 선언

스위프트는 레코드 개념을 지원하지 않지만, 스위프트 **튜플**tuple을 사용해 시뮬레이션할 수 있다. 튜플은 클래스의 오버헤드 없이 복합/집계 자료형을 만드는 데 유용한 구조다 (그러나, 스위프트는 메모리에 레코드/튜플 요소를 저장할 때 다른 프로그래밍 언어와 같은 방식으로 저장하지 않는다).

스위프트 튜플은 단순한 값 목록이다. 문법적으로 튜플은 다음과 같은 형식을 취한다.

($value_1$, $value_2$, ..., $value_n$)

튜플 내에서 값의 자료형이 동일할 필요는 없다.

스위프트는 함수에서 여러 값을 반환하기 위해 보통 튜플을 사용한다. 다음의 간단한 스위프트 코드를 살펴보자.

```
func returns3Ints()->(Int, Int, Int )
{
    return(1, 2, 3)
}
var (r1, r2, r3) = returns3Ints();
print( r1, r2, r3 )
```

returns3Ints 함수는 세 개의 값(1, 2, 3)을 반환한다.

```
var (r1, r2, r3) = returns3Ints();
```

위 명령은 이 세 가지 정수값을 각각 r1, r2, r3에 저장한다.

또한, 튜플을 단일 변수에 할당하고, 필드 이름으로 정수 인덱스를 사용해 튜플의 '필드'에 액세스할 수 있다.

```
let rTuple = ( "a", "b", "c" )
print( rTuple.0, rTuple.1, rTuple.2 ) // "a b c" 출력
```

.0과 같은 필드 이름을 사용하면, 코드를 유지 관리하기 어려우므로 권장되지 않는다. 튜플에서도 레코드를 만들 수 있지만, 정수 인덱스를 사용해 필드를 참조하는 것은 실제 프로그램에는 그다지 적합하지 않다.

다행히 스위프트는 튜플 필드에 레이블을 할당하고, typealias 키워드를 통해 정수 인덱스가 아닌 레이블 이름으로 해당 필드를 참조할 수 있다.

```
typealias record = ( field1:Int, field2:Int, field3:Float64 )

var r = record(1, 2, 3.0 )
print( r.field1, r.field2, r.field3 )  // "1 2 3.0" 출력
```

메모리의 튜플 스토리지는 다른 언어의 레코드나 구조체와 동일한 레이아웃에 매핑

되지 않을 수 있다. 스위프트에서 튜플은 배열과 마찬가지로, 메모리에 저장하는 방법에 대한 정의를 보장하지 않는 불투명한 타입이다.

11.1.2 레코드 인스턴스 생성

일반적으로 레코드 선언은 레코드 오브젝트에 대한 스토리지를 예약하지 않는다. 대신 레코드 변수를 선언할 때 템플릿으로 사용할 수 있는 자료형을 지정한다. **인스턴스 생성** instantiation은 레코드 템플릿이나 자료형을 사용해 레코드 변수를 만드는 프로세스다.

이전 절의 HLA로 작성된 student 타입 선언을 생각해보자. 이 타입 선언은 레코드 변수에 대한 스토리지는 할당하지 않지만, 사용할 레코드 오브젝트의 구조체는 간단히 제공한다. 실제 student 변수를 만들려면, 컴파일 타임이나 런타임에 레코드 변수에 대한 일부 스토리지를 따로 설정해야 한다. HLA에서 다음과 같은 변수 선언을 사용해, 컴파일 타임에 student 오브젝트에 대한 스토리지를 따로 설정할 수 있다.

```
var
    automaticStudent :student;

static
    staticStudent :student;
```

프로그램이 현재 프로시저에 들어갈 때, var 선언은 현재 활성화 레코드의 student 오브젝트에 대해 충분한 스토리지를 예약하도록 HLA에 지시한다. static문은 HLA에 정적 데이터 섹션의 student 오브젝트에 대한 충분한 스토리지를 예약하도록 지시한다. 이것은 컴파일 타임에 수행된다.

또한 메모리 할당 함수를 사용해 레코드 오브젝트에 대한 스토리지를 동적으로 할당할 수 있다. 예를 들면, C 언어에서 malloc()을 사용해 다음과 같이 student 오브젝트에 대한 스토리지를 할당할 수 있다.

```
student *ptrToStudent;
```

```
              .
              .
    ptrToStudent = malloc( sizeof( student ) );
```

레코드는 단순히 별 관련이 없는 변수들을 모아둔 것이다. 왜 변수를 따로따로 생성하지 않을까? 예를 들어, C에서는 다음과 같이 작성하면 안 될까?

```
// 64 글자 널 종료 문자열을 위한 공간

char someStudent_Name[65];

// 일반적인 C/C++의 2바이트 정수형

short someStudent_Major;

// 11 글자 널 종료 문자열을 위한 공간

char someStudent_SSN[12];

short someStudent_Mid1;
short someStudent_Mid2;
short someStudent_Final;
short someStudent_Homework;
short someStudent_Projects;
```

이 방식에는 여러 문제가 있다. 소프트웨어 공학 관점에서 보면, 이 코드는 무시하지 못할 만큼 큰 유지 보수 문제를 갖고 있다. 예를 들어, student 변수 셋을 여러 개 만든 후에 하나의 필드를 더 추가하고 싶다면? 모든 변수 선언에 대해 해당 필드를 추가해야 한다(별로 좋은 방법은 아니다). 구조체/레코드로 선언할 때, 타입 선언에서 필드 하나만 추가하면 모든 변수 선언이 자동으로 새 필드를 가져온다. 이제 student 오브젝트의 배열을 만들려는 경우 어떻게 될지 생각해보자.

소프트웨어 공학 문제는 제쳐두고, 서로 다른 필드를 하나의 레코드에 모아두는 것은 효율성 측면에서 좋은 생각이다. 많은 컴파일러를 사용하면 할당, 매개변수 전달 등을 위해 전체 레코드를 단일 오브젝트로 처리할 수 있다. 예를 들어, 파스칼에서 student 타입의 두 변수 s1, s2가 있는 경우에는 다음과 같은 단일 할당 문을 사용해 한 student 오브젝트의 모든 값을 다른 student 오브젝트에 할당할 수 있다.

```
s2 : = s1;
```

이는 개별 필드를 할당하는 것보다 더 편리할 뿐 아니라, 컴파일러는 종종 블록 이동 연산을 사용해 더 좋은 코드를 생성할 수 있게 된다. 다음 C++ 코드와 연관된 x86 어셈블리 언어 출력을 살펴보자.

```c
#include <stdio.h>

// C++ 컴파일러가 구조체 할당을 처리할 수 있는 방법을 보여주는
// 적당한 크기의 임의의 구조체가 있다

typedef struct
{
    int x;
    int y;
    char *z;
    int a[16];
} aStruct;

int main( int argc, char **argv )
{
    static aStruct s1;
    aStruct s2;
    int i;

    // s1에 0이 아닌 값을 몇 개 집어넣어
    // 최적화 프로그램이 s1의 필드가 참조되는 모든 곳에서
    // 단순히 0을 대체하지 않도록 한다

    s1.x = 5;
    s1.y = argc;
```

```
    s1.z = *argv;

    // 전체 구조체에 대한 대입 연산
    // (올바른 C++ 문법이다!)

    s2 = s1;

    // 컴파일러의 최적화 프로그램이
    // s2를 빌드하는 코드를 제거하지 않고
    // s1과 s2는 동일한 값을 갖기 때문에
    // s1만 사용하도록 s2를 임의로 변경한다

    s2.a[2] = 2;

    // 최적화 프로그램이
    // 코드에서 s2를 제거하지 못하도록 방해하기 위해
    // 다음 루프를 다시 한 번 돌린다

    for( i=0; i<16; ++i)
    {
        printf( "%d\n", s2.a[i] );
    }

    // 이제 컴파일러가 생성하는 코드를 볼 수 있도록
    // 필드별로 대입한다

    s1.y = s2.y;
    s1.x = s2.x;
    s1.z = s2.z;
    for( i=0; i<16; ++i )
    {
        s1.a[i] = s2.a[i];
    }
    for( i=0; i<16; ++i )
    {
        printf( "%d\n", s2.a[i] );
    }
    return 0;
}
```

다음은 마이크로소프트의 비주얼 C++ 컴파일러가 생성하는 x86-64 어셈블리 코드의 관련된 부분이다(/O2 최적화 옵션 사용).

```
; BSS 세그먼트의 s1 배열이 차지하는 스토리지

_BSS    SEGMENT
?s1@?1??main@@9@9 DB 050H DUP (?)                    ; `main'::`2'::s1
_BSS    ENDS
;
s2$1$ = 32
s2$2$ = 48
s2$3$ = 64
s2$ = 80
__$ArrayPad$ = 160
argc$ = 192
argv$ = 200


; main에 들어가면, rcx = argc, rdx = argv

main    PROC                                         ; COMDAT
; File c:\users\rhyde\test\t\t\t.cpp
; Line 20
$LN27:
        mov     r11, rsp
        mov     QWORD PTR [r11+24], rbx
        push    rdi
;
; 지역 변수에 대한 스토리지 할당
; (s2 포함)

        sub     rsp, 176                             ; 000000b0H
        mov     rax, QWORD PTR __security_cookie
        xor     rax, rsp
        mov     QWORD PTR __$ArrayPad$[rsp], rax

        xor     ebx, ebx   ; ebx = 0
        mov     edi, ebx   ; edi = 0
```

```
    ; s1.z = *argv
        mov     rax, QWORD PTR [rdx] ;rax = *argv
        mov     QWORD PTR ?s1@?1??main@@9@9+8, rax


    ; s1.x = 5
        mov     DWORD PTR ?s1@?1??main@@9@9, 5


     ;s1.y = argc
        mov     DWORD PTR ?s1@?1??main@@9@9+4, ecx
;     s2 = s1;
;
;       xmm1=s1.a[0..1]
        movaps  xmm1, XMMWORD PTR ?s1@?1??main@@9@9+16
        movaps  XMMWORD PTR s2$[rsp+16], xmm1 ;s2.a[0..1] = xmm1
        movaps  xmm0, XMMWORD PTR ?s1@?1??main@@9@9
        movaps  XMMWORD PTR s2$[rsp], xmm0
        movaps  xmm0, XMMWORD PTR ?s1@?1??main@@9@9+32
        movaps  XMMWORD PTR s2$[rsp+32], xmm0
        movups  XMMWORD PTR s2$1$[rsp], xmm0
        movaps  xmm0, XMMWORD PTR ?s1@?1??main@@9@9+48
        movaps  XMMWORD PTR [r11-56], xmm0
        movups  XMMWORD PTR s2$2$[rsp], xmm0
        movaps  xmm0, XMMWORD PTR ?s1@?1??main@@9@9+64
        movaps  XMMWORD PTR [r11-40], xmm0
        movups  XMMWORD PTR s2$3$[rsp], xmm0


    ; s2.a[2] = 2

        mov     DWORD PTR s2$[rsp+24], 2
        npad    14


;    for (i = 0; i<16; ++i)
;    {

$LL4@main:
; Line 53
        mov     edx, DWORD PTR s2$[rsp+rdi*4+16]
        lea     rcx, OFFSET FLAT:??_C@_03PMGGPEJJ@?$CFd?6?$AA@
        call    printf
        inc     rdi
```

```
                cmp     rdi, 16
                jl      SHORT $LL4@main

.;      } //endfor

; Line 59 // s1.y = s2.y
                mov     eax, DWORD PTR s2$[rsp+4]
                mov     DWORD PTR ?s1@?1??main@@9@9+4, eax

        ;s1.x = s2.x
                mov     eax, DWORD PTR s2$[rsp]
                mov     DWORD PTR ?s1@?1??main@@9@9, eax

        ; s1.z = s2.z
                mov     rax, QWORD PTR s2$[rsp+8]
                mov     QWORD PTR ?s1@?1??main@@9@9+8, rax

;     for (i = 0; i<16; ++i)
;     {
;         printf("%d\n", s2.a[i]);
;     }
; Line 64
                movups  xmm1, XMMWORD PTR s2$1$[rsp]
                movaps  xmm0, XMMWORD PTR s2$[rsp+16]
                movups  XMMWORD PTR ?s1@?1??main@@9@9+32, xmm1
                movups  xmm1, XMMWORD PTR s2$3$[rsp]
                movups  XMMWORD PTR ?s1@?1??main@@9@9+16, xmm0
                movups  xmm0, XMMWORD PTR s2$2$[rsp]
                movups  XMMWORD PTR ?s1@?1??main@@9@9+64, xmm1
                movups  XMMWORD PTR ?s1@?1??main@@9@9+48, xmm0
                npad    7

$LL10@main:
; Line 68
                mov     edx, DWORD PTR s2$[rsp+rbx*4+16]
                lea     rcx, OFFSET FLAT:??_C@_03PMGGPEJJ@?$CFd?6?$AA@
                call    printf
                inc     rbx
                cmp     rbx, 16
                jl      SHORT $LL10@main
```

```
; Return 0
; Line 70
        xor     eax, eax
; Line 71
        mov     rcx, QWORD PTR __$ArrayPad$[rsp]
        xor     rcx, rsp
        call    __security_check_cookie
        mov     rbx, QWORD PTR [rsp+208]
        add     rsp, 176                              ; 000000b0H
        pop     rdi
        ret     0
main    ENDP
```

이 예제에서 주목해야 할 중요한 점은 비주얼 C++ 컴파일러가 전체 구조체를 할당할 때마다 일련의 movaps 및 movups 명령을 내보낸다는 것이다. 두 구조체를 필드별로 할당할 때는 각 필드에 대한 개별 mov 명령 시퀀스로 나뉠 수 있다. 마찬가지로 모든 필드가 구조체로 캡슐화되지 않고 각기 따로 선언돼 있었다면, 블록 복사 명령으로 '구조체'와 관련된 변수를 할당할 수 없었을 것이다.

필드를 하나의 레코드로 결합하면, 다음과 같은 많은 이점이 있다.

- 레코드 구조체를 유지하는 것이 훨씬 쉽다(필드 추가, 제거, 이름 바꾸기, 변경 등).
- 컴파일러는 레코드에 대한 추가적인 타입 체크와 의미 검사semantic checking를 수행할 수 있으므로, 레코드를 잘못 사용할 때 생기는 논리 오류를 찾기 쉬워진다.
- 컴파일러는 레코드를 모놀리식 오브젝트로 취급해서 개별 필드 변수로 작업할 때보다 더 효율적인 코드(예: movsd 및 movaps 명령어)를 생성할 수 있다.
- 대부분의 컴파일러는 레코드의 선언 순서를 준수하며, 연속적인 메모리 위치에 연속적인 필드를 할당한다. 이것은 서로 다른 두 언어의 자료형을 인터페이스할 때 중요하다. 대부분의 언어에서 메모리에 별도의 변수를 구성한다는 보장은 없다.
- 레코드를 사용해 캐시 메모리 성능을 개선하고 가상 메모리 스래싱을 줄일 수 있다(이에 대해서는 곧 보게 될 것이다).
- 레코드에는 다른 (유사 타입) 레코드 오브젝트의 주소가 들어있는 포인터 필드가 포함될 수 있다. 이는 메모리에서 대량의 변수를 사용할 때는 불가능하다.

다음 절에서 레코드의 다른 장점을 확인해보자.

11.1.3 컴파일 타임에 레코드 데이터 초기화하기

일부 언어(C/C++, HLA 등)에서는 컴파일 타임에 레코드 변수를 초기화할 수 있다. 정적 오브젝트의 경우, 레코드의 각 필드를 수동으로 초기화하는 데 필요한 애플리케이션의 코드와 시간을 절약할 수 있다. 그 예로, 정적 구조체 변수와 자동 구조체 변수를 초기화하는 다음 C 코드를 살펴보자.

```c
#include <stdlib.h>

// 일정 메모리 공간을 차지하는 임의의 구조체

typedef struct
{
    int x;
    int y;
    char *z;
    int a[4];
} initStruct;

// 다음은
// 구조체의 모든 필드가 필요하다고 생각하게 만들어서
// 최적화를 방해한다

extern void thwartOpt( initStruct *i );

int main( int argc, char **argv )
{
    static initStruct staticStruct = {1,2,"Hello", {3,4,5,6}};
    initStruct autoStruct = {7,8,"World", {9,10,11,12}};

    thwartOpt( &staticStruct );
    thwartOpt( &autoStruct );
    return 0;

}
```

비주얼 C++로 /O2와 /Fa 커맨드라인 옵션을 사용해 컴파일하면, 다음과 같은 x86-64 기계어 코드가 나온다(관련 없는 출력을 제거하기 위해 수동으로 편집했다).

```
; 정적 구조체 선언
; 각 필드가 어떻게 C 소스 파일에서
; 지정된 값으로 초기화되는지를 보라

; 정적 initStruct에서 사용되는 문자열

CONST    SEGMENT
??_C@_05COLMCDPH@Hello?$AA@ DB 'Hello', 00H       ; `string'
CONST    ENDS


_DATA    SEGMENT
; `main'::`2'::staticStruct
?staticStruct@?1??main@@9@9 DD 01H ;x field
         DD       02H ;y field
         DQ       FLAT:??_C@_05COLMCDPH@Hello?$AA@  ; z field
         DD       03H ;a[0] field
         DD       04H ;a[1] field
         DD       05H ;a[2] field
         DD       06H ;a[3] field
_DATA    ENDS


; autoStruct를 초기화하는 데 사용되는 문자열

CONST    SEGMENT
??_C@_05MFLOHCHP@World?$AA@ DB 'World', 00H       ; `string'
CONST    ENDS
;
_TEXT    SEGMENT
autoStruct$ = 32
__$ArrayPad$ = 64
argc$ = 96
argv$ = 104
main     PROC                                   ; COMDAT
; File c:\users\rhyde\test\t\t\t.cpp
; Line 26
```

```
$LN9: ;Main program startup code:
        sub     rsp, 88                             ; 00000058H
        mov     rax, QWORD PTR __security_cookie
        xor     rax, rsp
        mov     QWORD PTR __$ArrayPad$[rsp], rax

; Line 28
;
; autoStruct 초기화

        lea     rax, OFFSET FLAT:??_C@_05MFLOHCHP@World?$AA@
        mov     DWORD PTR autoStruct$[rsp], 7 ;autoStruct.x
        mov     QWORD PTR autoStruct$[rsp+8], rax
        mov     DWORD PTR autoStruct$[rsp+4], 8 ;autoStruct.y
        lea     rcx, QWORD PTR autoStruct$[rsp+16] ;autoStruct.a
        mov     eax, 9
        lea     edx, QWORD PTR [rax-5] ;edx = 4
$LL3@main:
; autoStruct.a[0] = 9, 10, 11, 12 (this is a loop)
        mov     DWORD PTR [rcx], eax
        inc     eax

; autoStruct.a의 다음 요소에서 RCX를 가리킨다
        lea     rcx, QWORD PTR [rcx+4]
        sub     rdx, 1
        jne     SHORT $LL3@main

; Line 30
; thwartOpt(&staticStruct );

        lea     rcx, OFFSET FLAT:?staticStruct@?1??main@@9@9
        call    thwartOpt

; Line 31
; thwartOpt( &autoStruct );

        lea     rcx, QWORD PTR autoStruct$[rsp]
        call    thwartOpt
; Line 32
; Return 0
```

```
        xor     eax, eax ;EAX = 0
; Line 34
        mov     rcx, QWORD PTR __$ArrayPad$[rsp]
        xor     rcx, rsp
        call    __security_check_cookie
        add     rsp, 88                           ; 00000058H
        ret     0
main    ENDP
_TEXT   ENDS
        END
```

autoStruct 변수를 초기화하기 위해 컴파일러가 내보낸 기계어 코드를 주의 깊게 살펴보자. 정적 초기화와 달리, 컴파일러는 시스템이 런타임에 할당하는 자동 레코드의 다양한 필드 주소를 알지 못하기 때문에 컴파일 타임에 메모리를 초기화할 수 없다. 불행히도, 이 특정 컴파일러는 구조체의 필드를 초기화하기 위해 필드마다 할당 시퀀스를 생성한다. 이 방식은 비교적 빠르지만, 특히 큰 구조체가 있는 경우 상당한 양의 메모리를 소비할 수 있다. 자동 구조체 변수 초기화의 크기를 줄이려면, 초기화된 정적 구조체를 자동 변수를 선언한 함수의 각 항목에 대해 만들어 자동 변수에 할당할 수 있다. 다음 C++와 80x86 어셈블리 코드를 살펴보자.

```
#include <stdlib.h>
typedef struct
{
    int x;
    int y;
    char *z;
    int a[4];
} initStruct;

// 다음은 컴파일러가
// 구조체의 모든 필드가 필요하다고 생각하게 만들어서
// 최적화를 방해한다

extern void thwartOpt( initStruct *i );
```

```
int main( int argc, char **argv )
{
    static initStruct staticStruct = {1,2,"Hello", {3,4,5,6}};

    // initAuto는 이 함수의 엔트리 포인트에서
    // autoStruct를 초기화하는 데 사용되는
    // '읽기 전용' 구조체다

    static initStruct initAuto = {7,8,"World", {9,10,11,12}};

    // 스택에 autoStruct를 할당하고
    // initAuto에 보관된 초기값을 이 새 구조체에 할당한다

    initStruct autoStruct = initAuto;

    thwartOpt( &staticStruct );
    thwartOpt( &autoStruct );
    return 0;

}
```

다음은 비주얼 C++에서 내보내는 해당 x86-64 어셈블리 코드다.

```
; staticStruct 구조체의 초기화된 정적 데이터

_DATA SEGMENT

; staticStruct의 초기화된 데이터

?staticStruct@?1??main@@9@9 DD 01H                    ;
`main'::`2'::staticStruct
        DD      02H
        DQ      FLAT:??_C@_05COLMCDPH@Hello?$AA@
        DD      03H
        DD      04H
        DD      05H
        DD      06H
```

```
; autoStruct에 복사할 초기화 데이터

?initAuto@?1??main@@9@9 DD 07H                               ;
`main'::`2'::initAuto
DD 08H
        DQ      FLAT:??_C@_05MFLOHCHP@World?$AA@
        DD      09H
        DD      0aH
        DD      0bH
        DD      0cH
_DATA   ENDS


_TEXT   SEGMENT
autoStruct$ = 32
__$ArrayPad$ = 64
argc$ = 96
argv$ = 104
main    PROC                                    ; COMDAT
; 파일 c:\users\rhyde\test\t\t\t.cpp
; Line 23
$LN4:
; main 시작 코드

        sub     rsp, 88                         ; 00000058H
        mov     rax, QWORD PTR __security_cookie
        xor     rax, rsp
        mov     QWORD PTR __$ArrayPad$[rsp], rax
; Line 34
; 정적 초기화에서 자동 변수로 데이터를 복사해
; autoStruct를 초기화한다

        movups  xmm0, XMMWORD PTR ?initAuto@?1??main@@9@9
        movups  xmm1, XMMWORD PTR ?initAuto@?1??main@@9@9+16
        movups  XMMWORD PTR autoStruct$[rsp], xmm0
        movups  XMMWORD PTR autoStruct$[rsp+16], xmm1


; thwartOpt( &staticStruct );

        lea     rcx, OFFSET FLAT:?staticStruct@?1??main@@9@9
        call    thwartOpt ; Arg is passed in RCX.
```

```
; thwartOpt( &autoStruct );

        lea     rcx, QWORD PTR autoStruct$[rsp]
        call    thwartOpt

; Return 0;
        xor     eax, eax
; Line 40
        mov     rcx, QWORD PTR __$ArrayPad$[rsp]
        xor     rcx, rsp
        call    __security_check_cookie
        add     rsp, 88                         ; 00000058H
        ret     0
main    ENDP
_TEXT   ENDS
        END
```

이 어셈블리 코드에서 볼 수 있듯이, 정적으로 초기화된 레코드의 데이터를 자동으로 할당된 레코드로 복사할 경우에는 네 개의 명령어 시퀀스만 있으면 된다. 이 코드는 상당히 짧지만, 항상 더 빠른 것은 아니다. 한 구조체에서 다른 구조체로 데이터를 복사하는 것은 메모리 간 이동을 포함하며, 현재 모든 메모리가 캐시되지 않은 경우에는 상당히 느릴 수 있다. **이미디어트 상수**immediate constant를 개별 필드로 직접 이동하는 것이 더 빠르지만, 이를 수행하려면 많은 명령어가 필요하다.

이 예제는 자동 변수를 초기화할 때 컴파일러가 런타임에 해당 초기화를 처리하기 위해 일부 코드를 내보내야 한다는 것을 알려준다. 함수의 각 항목마다 변수를 다시 초기화할 필요가 없다면, 정적 레코드 오브젝트를 사용하는 것이 좋다.

11.1.4 메모리에 레코드 저장

다음 파스칼 예제는 일반적인 student 레코드 변수 선언을 보여준다.

```
var
    John: student;
```

파스칼 student 자료형의 초기 선언에서는 그림 11-1에 표시된 것처럼 메모리에 81 바이트의 스토리지가 할당된다. 레이블 John이 이 레코드의 **기본 주소**base address에 해당하는 경우, Name 필드는 오프셋 John + 0, Major 필드는 오프셋 John + 65, SSN 필드는 오프셋 John + 67에 있는 식이다.

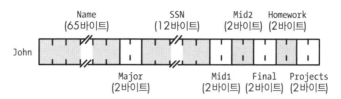

그림 11-1 메모리에 저장되는 student 자료형

대부분의 프로그래밍 언어에서는 레코드의 필드에 숫자 오프셋 대신 이름으로 접근할 수 있다(실제로 일부 로우레벨 어셈블러에서만 숫자 오프셋으로 필드를 참조하도록 요구한다. 그런 어셈블러는 사실 레코드를 지원한다고 말하기 어렵다). 필드에 액세스하는 일반적인 구문은 **도트 연산자**dot operator를 사용해 레코드 변수에서 필드를 선택한다. 앞의 예에서 변수 John의 다양한 필드에 액세스하는 방법은 다음과 같다.

```
John.Mid1 = 80;          // C/C++ 예제
John.Final := 93;        (* 파스칼 예제 *)
mov( 75, John.Projects ); // HLA 예제
```

그림 11-1은 레코드의 모든 필드가 선언된 순서대로 메모리에 나타나는 것을 보여준다. 이는 일반적인 케이스로(이론적으로, 컴파일러는 선택한 메모리의 어느 곳에나 필드를 자유롭게 배치할 수 있다), 첫 번째 필드는 일반적으로 레코드의 가장 낮은 주소에 나타나고, 두 번째 필드는 다음으로 높은 주소에 나타나며, 세 번째 필드는 메모리의 두 번째 필드 다음에 나오는 방식이다.

그림 11-1은 컴파일러가 필드들을 메모리에 빈틈없이 붙여서 저장한다는 사실도 보여준다. 많은 언어에서 이렇게 하지만, 이것이 레코드의 메모리를 구성하는 가장 일반적인 방법은 아니다. 성능을 위해 대부분의 컴파일러는 필드들을 적절한 메모리 경계에 정렬한다. 정확히는 언어, 컴파일러, CPU에 따라 모두 다르지만, 일반적인 컴파일러는 특

정 필드의 자료형에 따라 레코드 스토리지 영역 내의 '적절한' 오프셋에 필드를 배치한다. 예를 들어, 80x86 컴파일러는 인텔 ABI^Application Binary Interface(애플리케이션 바이너리 인터페이스) 레코드의 모든 오프셋에 1바이트 오브젝트를 할당하고, 짝수 오프셋에만 워드word를 할당하며, 더블 워드double word 경계에 더블 워드 이상의 오브젝트를 할당한다. 모든 80x86 컴파일러가 인텔 ABI를 지원하는 것은 아니지만 대부분이 지원하므로, 80x86에서 서로 다른 언어로 작성된 함수와 프로세서 간에 레코드를 공유할 수 있다. 다른 CPU 제조사는 프로세서에 자체 ABI를 제공하며, 해당 ABI를 준수하는 프로그램은 런타임에 동일한 ABI를 준수하는 다른 프로그램과 이진 데이터를 공유할 수 있다.

대부분의 컴파일러는 적절한 오프셋 경계에 레코드 필드를 정렬하는 것 외에도, 전체 레코드 길이가 2, 4, 8, 16(바이트) 배수인지 확인한다. 10장에서도 말했지만, 레코드의 길이를 맞추기 위해 레코드 끝에 패딩 바이트를 추가한다. 이렇게 하면, 레코드 길이가 레코드에서 가장 큰 스칼라(배열도 아니고 레코드도 아닌) 오브젝트의 배수가 된다.[3] 예를 들어, 레코드에 길이가 1, 2, 4, 8바이트인 필드가 있는 경우, 80x86 컴파일러는 일반적으로 레코드 길이를 8의 배수가 되게 한다. 이를 통해 레코드 배열을 만들고, 배열의 각 레코드가 메모리의 적절한 주소에서 시작되도록 할 수 있다.

일부 CPU는 잘못 정렬된 주소의 메모리 오브젝트에 대한 액세스를 허용하지 않지만, 대부분의 컴파일러는 레코드 내에서 필드의 자동 정렬을 비활성화할 수 있다. 일반적으로 컴파일러에는 이 기능을 전역적으로 비활성화할 수 있는 옵션이 있다. 이러한 컴파일러 중 다수는 레코드별로 필드 정렬을 해제할 수 있는 pragma, alignas, packed 키워드를 제공한다. 자동 필드 정렬 기능을 비활성화하면, 필드 사이(그리고, 레코드 끝)의 패딩 바이트를 제거해 메모리를 절약할 수 있다. 단, CPU에서 필드 오정렬이 허용되는 경우에도 마찬가지다. 물론, 메모리에서 잘못 정렬된 값에 액세스해야 할 때는 프로그램이 좀 더 느리게 실행될 수 있다는 점을 감수해야 한다.

패킹된packed **레코드**를 사용하는 한 가지 이유는 레코드 필드 정렬을 수동으로 제어하기 위해서다. 예를 들어, 두 개의 다른 언어로 작성된 두 개의 함수가 있고 이 두 함수 모두 레코드의 일부 데이터에 액세스해야 한다고 가정하자. 게다가 이러한 함수에 대한 두 컴

---

3   또는, 레코드에서 가장 큰 필드의 크기보다 작은 경우, CPU의 최대 경계 크기의 배수가 된다.

파일러는 서로 다른 필드 정렬 알고리즘을 사용한다고 가정한다. 다음과 같은 레코드 선언(파스칼)은 두 함수가 레코드 데이터에 액세스하는 방식과 호환되지 않을 수 있다.

```
type
    aRecord = record

        (* 파스칼 컴파일러가 byte, word, dword형을 지원한다고 가정하자 *)

        bField : byte;
        wField : word;
        dField : dword;

    end; (* record *)
```

여기서 문제는 첫 번째 컴파일러가 bField, wField, dField 필드에 대해 각각 오프셋 0, 2, 4를 사용할 수 있는 반면, 두 번째 컴파일러는 오프셋 0, 4, 8을 사용할 수 있다는 것이다.

그러나, 첫 번째 컴파일러를 사용하면 record 키워드 앞에 packed 키워드를 지정할 수 있으므로, 컴파일러가 이전 필드 바로 다음에 각 필드를 저장하도록 한다. packed 키워드를 사용한다고 해서 레코드가 두 함수 모두와 호환되는 것은 아니지만, 다음과 같이 수동으로 패딩 필드를 레코드 선언에 추가할 수 있다.

```
type
    aRecord = packed record
        bField    :byte; (* 오프셋 0 *)

        (* wField를 dword 경계에 정렬하기 위한 패딩 추가 *)

        padding0 :array[0..2] of byte;

        wField :word; (* 오프셋 4 *)

        (* dField를 dword 경계로 정렬하기 위한 패딩 추가 *)
```

```
        padding1 :word;

        dField :dword; (* 오프셋 8 *)

    end; (* record *)
```

수동으로 패딩을 추가하면, 코드를 유지 관리하는 일이 실제로 번거로울 수 있다. 그러나 호환되지 않는 컴파일러가 데이터를 공유해야 할 경우, 이 방법은 유용할 것이다. 패킹된 레코드에 대한 구체적인 내용은 해당 언어의 레퍼런스 매뉴얼을 참조하자.

11.1.5 레코드를 사용한 메모리 성능 향상

훌륭한 코드를 작성하려는 사람에게 레코드는 메모리에서 변수 배치를 제어하는 중요한 기능을 제공한다. 이 기능을 사용하면, 해당 변수들의 캐시 사용을 더 잘 제어할 수 있으므로, 훨씬 빠르게 실행되는 코드를 작성할 수 있다.

다음 C 전역global/정적static 변수 선언을 잠시 살펴보자.

```
int i;
int j = 5;
int cnt = 0;
char a = 'a';
char b;
```

당신은 컴파일러가 연속적인 메모리 위치에 이러한 변수에 대한 스토리지를 할당한다고 생각할 수 있다. 그러나, 이를 보장하는 언어는 거의 없다. C는 확실히 그렇지 않으며, 실제로 마이크로소프트의 비주얼 C++ 컴파일러와 같은 C 컴파일러는 이러한 변수를 순차적 메모리 위치에 할당하지 않는다. 앞의 변수 선언에 대한 비주얼 C++ 어셈블리 언어 출력을 살펴보자.

```
PUBLIC  j
PUBLIC  cnt
```

```
PUBLIC    a
_DATA     SEGMENT
COMM      i:DWORD
_DATA     ENDS
_BSS      SEGMENT
cnt       DD          01H DUP (?)
_BSS      ENDS
_DATA     SEGMENT
COMM      b:BYTE
_DATA     ENDS
_DATA     SEGMENT
j         DD          05H
a         DB          061H
_DATA     ENDS
```

여기에 있는 모든 지시문의 목적을 이해하지 못하더라도, 비주얼 C++가 메모리의 모든 변수 선언을 재배치했다는 것은 분명히 알 수 있다. 따라서, 소스 파일에서 인접한 변수 선언이 메모리에 인접한 스토리지 셀을 생성한다고 가정할 수는 없다. 실제로 컴파일러가 기계 레지스터에 하나 이상의 변수를 할당하는 것을 막을 수 있는 방법은 없다.

메모리에서 변수의 배치에 대해 왜 걱정하는지 궁금할 수도 있다. 결국, 명명된 변수를 메모리 추상화로 사용하는 주된 이유 중 하나는 로우레벨 메모리 할당 전략에 대해 생각할 필요가 없도록 하는 것이다. 그러나, 메모리에서 변수 배치를 제어할 수 있는 것이 중요한 경우도 있다. 예를 들어, 프로그램 성능을 최대화하려면 함께 액세스하는 변수 셋을 인접한 메모리 위치에 배치해야 한다. 이렇게 하면, 이러한 변수가 동일한 캐시 라인에 있을 가능성이 높아지고 현재 캐시에 있지 않은 변수에 액세스하는 데 드는 막대한 지연 비용을 지불하지 않아도 된다. 또한, 함께 사용하는 변수를 메모리에 서로 인접하게 배치하면, 캐시 라인을 더 적게 사용하므로 스래싱이 감소한다.

일반적으로 전통적인 개념의 레코드를 지원하는 프로그래밍 언어는 레코드 필드를 인접한 메모리 위치에 둔다. 따라서, 인접한 메모리 위치에 서로 다른 변수를 유지해야 하는 이유가 있는 경우(가능한 한 캐시 라인을 공유하도록), 변수들을 레코드에 넣는 것은 매우 합리적인 방법이다. 여기서 핵심 키워드는 '전통적인'이다. 언어에서 동적 레코드 타입을 사용하는 경우에는 다른 접근 방식이 필요하다.

11.1.6 동적 레코드 타입과 데이터베이스

일부 동적 언어는 동적 타입 시스템을 사용하며, 오브젝트 타입은 런타임에 변경될 수 있다. 11장의 뒷부분에서 동적 타입을 살펴보겠지만, 언어가 동적 타입 레코드 구조체를 사용하는 경우 메모리의 필드 배치와 관련한 모든 베팅은 해제된다. 필드는 인접한 메모리 위치에 있지 않을 가능성이 매우 높다. 즉, 동적 언어를 사용하는 경우 캐시에서 최대한의 이점을 얻지 못하기 때문에, 약간의 성능을 희생해야 한다는 사실은 어느 정도 감수해야 할 것이다.

동적 레코드의 고전적인 예는 데이터베이스 엔진에서 읽은 데이터다. 엔진 자체에는 데이터베이스 레코드가 어떤 구조체를 취할 것인지에 대한 정보(즉, 컴파일 타임에)가 없다. 대신, 데이터베이스 자체는 데이터베이스에 레코드 구조에 대한 정보를 알려주는 메타데이터를 제공한다. 데이터베이스 엔진은 데이터베이스로부터 이 메타데이터를 읽고 이것을 사용해서 필드 데이터를 단일 레코드로 구성한 다음, 이 데이터를 데이터베이스 애플리케이션에 반환한다. 동적 언어에서 실제 필드 데이터는 일반적으로 메모리에 분산되고, 데이터베이스 애플리케이션은 해당 데이터를 간접적으로 참조한다.

물론, 동적 언어를 사용하는 경우에는 메모리에 레코드 필드를 배치하거나 구성하는 것보다 성능이 훨씬 더 큰 문제가 될 수 있다. 데이터베이스 엔진과 같은 동적 언어는 메타데이터를 처리하는 많은 명령어를 실행하므로(또는, 데이터 오퍼랜드의 타입을 결정하는 경우), 여기저기서 캐시 스래싱이 일어나 적지 않은 사이클들을 잃을 수 있다는 것은 그리 큰 문제가 되지 않는다. 동적 타이핑 시스템과 관련된 오버헤드에 대한 자세한 내용은 11.3절 '가변형'을 참조하자.

11.2 판별자 유니온

판별자 유니온discriminant union(또는 유니온)은 레코드와 매우 유사하다. **판별자**discriminant는 양적으로 항목들을 구별하거나 구분하는 것이다. 판별자 유니온은 주어진 메모리 위치의 자료형이 무엇인지 다양한 방법으로 구별하기 위해 다른 필드 이름을 사용한다.

레코드와 마찬가지로, 이를 지원하는 일반적인 언어의 유니온에는 '.' 기호를 사용해 액세스하는 필드가 있다. 사실, 많은 언어에서 레코드와 유니온의 유일한 구문적 차이는

record나 struct 대신 union 키워드를 사용하는 것이다. 그러나, 의미상으로는 레코드와 유니온 사이에 큰 차이가 있다. 레코드의 각 필드는 레코드의 기본 주소에서 얼마나 떨어져 있는지를 나타내는 고유한 오프셋 값을 갖고 있으므로, 필드들은 서로 겹치지 않는다. 그러나, 유니온에서 모든 필드는 0이라는 동일한 오프셋 값을 가지며, 모든 필드가 겹친다. 결과적으로 레코드의 크기는 모든 필드의 크기(여기에 추가로 일부 패딩 바이트들의 크기가 더해질 수 있다)의 합인 반면, 유니온의 크기는 가장 큰 필드의 크기(마찬가지로, 일부 패딩 바이트가 끝에 더해질 수 있다)가 된다.

유니온의 필드는 서로 겹치기 때문에, 한 필드의 값을 변경하면 다른 모든 필드의 값도 변경된다. 이는 일반적으로 유니온 필드의 사용이 상호 배타적임을 의미한다. 즉, 주어진 시간에는 하나의 필드만 사용할 수 있다. 결과적으로, 유니온은 레코드만큼 일반적으로 적용되지는 않지만 여전히 많은 용도로 사용된다. 유니온을 사용하면 서로 다른 값에 대해 메모리를 재사용함으로써 메모리를 절약하고, 자료형을 강제 변환하고, 가변형 자료형을 만들 수 있다. 그러나 대부분의 프로그램은 유니온을, 서로 겹치지 않게 다른 시점에 사용하는 서로 다른 변수 오브젝트 사이에 메모리를 공유할 때 사용한다(즉, 변수의 사용은 상호 배타적이다).

예를 들어, 32비트 더블 워드 변수가 있고 LO나 HO 16비트 워드를 지속적으로 추출한다고 가정해보자. 대부분의 HLL에서는 32비트를 읽어와, 원하지 않는 워드를 마스킹하기 위해 AND 연산을 해야 한다. 여기에 HO 워드를 원한다면, 결과를 오른쪽으로 16비트 옮기는 작업도 해야 한다. 유니온을 사용하면, 32비트 더블 워드와 두 개의 16비트 워드 배열을 겹치게 할당해 워드에 직접 액세스할 수 있다. 이 작업을 수행하는 방법은 11.2.3절 '다른 방법으로 유니온 사용'에서 확인할 수 있다.

11.2.1 다양한 언어에서의 유니온 선언

C/C++, 파스칼, HLA 언어는 판별자 유니온 타입 선언을 제공한다. 자바는 유니온과 같은 기능을 제공하지 않는다. 스위프트에는 가변형 레코드 기능을 제공하는 특별한 버전의 Enum 선언이 있지만, 메모리의 동일한 주소에 이러한 선언의 멤버를 저장하지 않는다. 따라서, 스위프트는 유니온 선언을 제공하지 않는다고 할 수 있다.

11.2.1.1 C/C++의 유니온 선언

다음은 C/C++의 유니온 선언 예다.

```
typedef union
{
    unsigned int  i;
    float         r;
    unsigned char c[4];

} unionType;
```

C/C++ 컴파일러가 부호 없는 정수에 4바이트를 할당한다고 가정하면, unionType 오브젝트의 크기는 4바이트가 된다(세 필드가 모두 4바이트 오브젝트이기 때문이다).

11.2.1.2 파스칼/델파이의 유니온 선언

파스칼과 델파이는 **케이스 가변형 레코드**^{case-variant record}를 사용해 판별자 유니온을 만든다. 케이스 가변형 레코드의 구문은 다음과 같다.

```
type
    typeName =
        record

            << 비가변형/유니온 레코드 필드가 여기에 온다 >>

            case tag of
                const1:( field_declaration );
                const2:( field_declaration );
                      .
                      .
                      .
                constn:( field_declaration )

        end;
```

tag 항목은 타입 식별자(boolean, char, 일부 사용자 정의 타입 등)이거나 *identifier:type* 형식의 필드 선언일 수 있다. 후자의 형식을 취하는 경우, *identifier*는 type으로 지정된 타입을 가진 레코드의 다른 필드(가변형 섹션의 멤버가 아님)가 된다. 또한, 파스칼 컴파일러는 애플리케이션이 *tag* 필드의 값에 의해 허용되는 변수를 제외한 모든 가변형 필드에 액세스하려고 할 때마다 예외를 발생시키는 코드를 생성할 수 있다. 실제로 이 검사를 수행하는 파스칼 컴파일러는 거의 없다. 그렇다 하더라도, 파스칼 언어 표준이 컴파일러가 이를 수행해야 한다고 하면, 일부 컴파일러는 그렇게 할 수 있다.

다음은 파스칼에서 두 종류의 케이스 가변형 레코드를 선언한 예를 보여준다.

```
type
    noTagRecord=
        record
            someField: integer;
            case boolean of
                true:( i:integer );
                false:( b:array[0..3] of char)
        end; (* record *)

    hasTagRecord=
        record
            case which:0..2 of
                0:( i:integer );
                1:( r:real );
                2:( c:array[0..3] of char )
        end; (* record *)
```

---

hasTagRecord 유니온에서 볼 수 있듯이, 파스칼 케이스 가변형 레코드에는 일반 레코드 필드가 필요하지 않다. 태그 필드가 없는 경우에도 마찬가지다.

11.2.1.3 HLA의 유니온 선언

HLA도 유니온을 지원한다. 다음은 HLA의 일반적인 유니온 선언이다.

```
type
    unionType:
        union
            i: int32;
            r: real32;
            c: char[4];
        endunion;
```

11.2.2 메모리에 유니온 저장

유니온과 레코드의 가장 큰 차이점으로, 레코드는 서로 다른 오프셋에 각 필드에 대한 스토리지를 할당하는 반면, 유니온은 메모리의 동일한 오프셋에 각 필드를 오버레이한다는 사실을 들 수 있다. 다음 HLA 레코드와 유니온 선언을 살펴보자.

```
type
    numericRec:
        record
            i: int32;
            u: uns32;
            r: real64;
        endrecord;

    numericUnion:
        union
            i: int32;
            u: uns32;
            r: real64;
        endunion;
```

numericRec 타입의 변수 n을 선언한다고 하자. 각 필드는 n.i, n.u, n.r로 액세스할 수 있고, 이는 변수 n을 numericUnion 타입으로 선언한 때와 같다. 그러나, numericRec 오브젝트의 크기는 16바이트다. 레코드에 두 개의 더블 워드 필드와 쿼드 워드(real64) 필드가 포함되어 있기 때문이다. 반면, numericUnion 변수의 크기는 8바이트다. 그림 11-2는 레코드와 유니온 모두에서 i, u, r 필드가 메모리상에 어떻게 배치되는지를 보여준다.

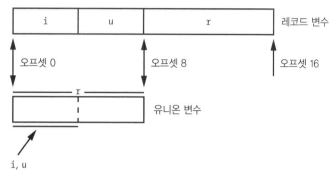

그림 11-2 유니온과 레코드 변수의 레이아웃

11.2.3 다른 방법으로 유니온 사용

메모리 절약 외에도, 프로그래머는 코드에 **별칭**alias을 만들기 위해 종종 유니온을 사용한다. 별칭은 동일한 메모리 오브젝트에 대한 또 다른 이름이다. 별칭은 종종 프로그램에서 혼동을 일으키는 원인이 되므로 드물게 사용해야 하지만, 사용하는 것이 편리할 때가 종종 있다. 예를 들어, 프로그램의 일부 섹션에서 특정 오브젝트를 참조하기 위해 지속적으로 타입 강제 변환을 사용해야 할 수 있다. 이를 피하기 위해 오브젝트에 사용할 서로 다른 타입 중 하나를 나타내는 각 필드에 유니온 변수를 사용할 수 있다. 다음 HLA 코드 일부를 살펴보자.

```
type
    CharOrUns:
        union
            c:char;
            u:uns32;
        endunion;

static
    v:CharOrUns;
```

이와 같이 선언하면, v.u에 액세스해 uns32 오브젝트를 조작할 수 있다. 이 uns32 변수의 LO 바이트를 문자로 처리해야 하는 경우, 다음과 같이 v.c 변수에 액세스하면 된다.

```
mov( eax, v.u );
stdout.put( "v, as a character, is '", v.c, "'" nl );
```

유니온을 사용하는 또 다른 예는 더 큰 오브젝트를 구성하는 바이트로 분해하는 것이다. 다음 C/C++ 코드 조각을 살펴보자.

```
typedef union
{
    unsigned int u;
    unsigned char bytes[4];
} asBytes;

asBytes composite;

        .
        .
        .

    composite.u = 1234567890;
    printf
    (
        "HO byte of composite.u is %u, LO byte is %u\n",
        composite.bytes[3],
        composite.bytes[0]
    );
```

이러한 방식으로 자료형을 구성하고 분해하는 것은 때때로 사용하기에 유용하지만, 이 코드는 이식할 수 없다. 여러 바이트로 구성된 오브젝트의 상위 바이트와 하위 바이트는 빅 엔디안big endian 컴퓨터인지 리틀 엔디안little endian 컴퓨터인지에 따라 다른 주소를 갖는다. 결과적으로 이 코드 조각은 리틀 엔디안 컴퓨터에서는 잘 작동하지만, 빅 엔디안 CPU에서는 올바른 바이트를 표시하지 못한다. 유니온을 사용해 더 큰 오브젝트를 분해할 때마다 이러한 문제를 염두에 둬야 한다. 그럼에도 불구하고, 이 방법은 일반적으로 왼쪽/오른쪽 시프트, AND 연산을 사용하는 것보다 훨씬 효율적이므로 상당히 많이 사용된다.

11.3 가변형

가변형 오브젝트는 **동적**dynamic 타입이다. 즉, 오브젝트의 타입은 런타임에 달라질 수 있다. 프로그래머는 프로그램을 설계할 때 자료형을 결정하지 않아도 되고, 최종 사용자는 프로그램이 작동할 때 원하는 데이터를 입력할 수 있다. 동적 타입 언어로 작성된 프로그램은 일반적으로 기존의 정적 타입 언어로 작성된 것보다 훨씬 간결하다. 이 때문에 동적 타입 언어는 빠른 프로토타이핑prototyping, 인터프리터, 상당한 하이레벨 언어에 자주 쓰인다. 몇 가지 주류 언어(비주얼 베이직, 델파이 등)도 가변형을 지원한다. 이 절에서는 컴파일러가 가변형을 구현하는 방법을 살펴보고, 이와 관련된 효율성 비용에 대해 논의한다.

가변형을 구현하기 위해 대부분의 언어는 유니온을 사용해 가변형 오브젝트가 지원하는 모든 타입에 대한 스토리지를 예약한다. 이는 가변형 오브젝트가 지원하는 가장 큰 기본 자료형 크기만큼의 공간이 최소한 필요하다는 것을 의미한다. 가변형 오브젝트는 값을 저장하는 데 필요한 스토리지 외에도, 현재 어떤 타입의 값을 담고 있는지를 기록하기 위한 스토리지도 추가로 필요하다. 프로그래밍 언어에서 가변형 배열 타입을 허용하는 경우, 배열에 있는 원소 수(또는, 언어가 다차원 가변형 배열을 허용하는 경우, 각 차원에 대한 범위)를 지정하기 위해 더 많은 스토리지가 필요할 수 있다. 결론은 실제 데이터가 1바이트라고 해도, 가변형은 상당한 양의 메모리를 소비한다는 것이다.

가변형 자료형의 작동 방식을 설명하는 가장 좋은 방법은 수동으로 구현하는 것이다. 다음 델파이 케이스 가변형 레코드 신인을 살펴보자.

```
type
    dataTypes =
        (
            vBoolean, paBoolean, vChar, paChar,
            vInteger, paInteger, vReal, paReal,
            vString, paString
        );
```

```
varType =
    record
        elements : integer;
        case theType: dataTypes of
            vBoolean:   ( b:boolean );
            paBoolean:  ( pb:array[0..0] of ^boolean );
            vChar:      ( c:char );
            paChar:     ( pc:array[0..0] of ^char );
            vInteger:   ( i:integer );
            paInteger:  ( pi:array[0..0] of ^integer );
            vReal:      ( r:real );
            paReal:     ( pr:array[0..0] of ^real );
            vString:    ( s:string[255] );
            paString:   ( ps:array[0..0] of ^string[255] )
    end;
```

이 레코드에서 오브젝트가 1차원 배열인 경우, *elements*에는 배열의 원소 수가 포함된다(이 특정 데이터 구조는 다차원 배열을 지원하지 않는다). 반면, 오브젝트가 스칼라 변수인 경우, *elements* 값은 사용되지 않는다. theType 필드는 오브젝트의 현재 타입을 나타낸다. 이 필드에 열거된 상수 vBoolean, vChar, vInteger, vReal, vString 중 하나가 포함된 경우, 오브젝트는 스칼라 변수가 된다. paBoolean, paChar, paInteger, paReal, paString 상수 중 하나를 포함하면, 오브젝트는 지정된 타입의 1차원 배열이 된다.

파스칼 레코드의 케이스 가변형 섹션의 필드는 가변형이 스칼라 오브젝트인 경우 가변형의 값을 갖고, 가변형이 배열 오브젝트인 경우 오브젝트 배열에 대한 포인터를 가진다. 기술적으로, 파스칼은 배열을 선언할 때 배열의 바운드를 지정해야 한다. 하지만 다행스럽게도 델파이에서는 바운드 체크를 해제할 수 있으므로(임의의 크기 배열에 메모리를 할당할 수 있다), 이 예제에서는 배열 바운드를 더미로 둔다.

동일한 타입의 두 가변형 오브젝트를 다루는 것은 쉽다. 예를 들어, 두 개의 가변형 값을 더한다고 가정하자. 먼저, 두 오브젝트의 현재 타입을 확인하고, 두 데이터 타입을 더하는 것이 합당한지 여부를 확인한다.[4] 일단, 덧셈 연산이 가능하다고 판단되면, 두 가변

---

4   예를 들어, 두 개의 부울 값(boolean value)은 더할 수 없다.

형의 태그 필드를 기반으로 case문(또는 switch문)은 쉽게 사용할 수 있다.

```
// 덧셈 연산의 처리

// left.theType이나 right.theType을 사용해
// 변수 theType을 로드한다
// (이 시점에서 동일한 값을 포함할 수 있음)

case( theType ) of

    vBoolean: writeln( "Cannot add two Boolean values!" );
    vChar: writeln( "Cannot add two character values!" );
    vString: writeln( "Cannot add two string values!" );
    vInteger: intResult := left.vInteger + right.vInteger;
    vReal: realResult := left.vReal + right.vReal;
    paBoolean: writeln( "Cannot add two Boolean arrays!" );
    paChar: writeln( "Cannot add two character arrays!" );
    paInteger: writeln( "Cannot add two integer arrays!" );
    paReal: writeln( "Cannot add two real arrays!" );
    paString: writeln( "Cannot add two Boolean arrays!" );

end;
```

왼쪽과 오른쪽 오퍼랜드가 같은 타입이 아니면, 연산은 좀 더 복잡해진다. 서로 다른 타입의 연산은 일부 허용된다. 예를 들어, 정수 오퍼랜드와 실수 오퍼랜드를 더하는 것은 허용된다(대부분의 언어에서 이 연산의 결과값은 실수 타입이 된다). 다른 타입의 연산은 오퍼랜드의 값을 더할 수 있는 경우에만 유효하다. 가령, 숫자 문자열이 문자열에 포함된 경우, 더하기 전에 정수로 변환할 수 있으면 문자열과 정수를 더하는 것도 가능하다(문자열과 실수를 더하는 것도 마찬가지다). 여기에 필요한 것은 2차원 case/switch문이다. 불행히도, 어셈블리 언어 외에서는 case/switch 같은 구문을 찾을 수 없다.[5] 그러나 중첩된 case/switch문을 사용하면 쉽게 시뮬레이션할 수 있다.

---

5   어셈블리 언어에서도 실제로 찾을 수는 없지만, 2차원 case/switch문과 동일한 작업을 수행하는 어셈블리 코드를 쉽게 작성할 수 있다.

```
case( left.theType ) of

    vInteger:
        case( right.theType ) of
            vInteger:
                (* 정수(integer)+정수 오퍼랜드를 처리하는 코드 *)
            vReal:
                (* 정수+실수(real) 오퍼랜드를 처리하는 코드 *)
            vBoolean:
                (* 정수+부울(Boolean) 오퍼랜드를 처리하는 코드 *)
            vChar:
                (* 정수+캐릭터(char) 오퍼랜드를 처리하는 코드 *)
            vString:
                (* 정수+문자열(string) 오퍼랜드를 처리하는 코드 *)
            paInteger:
                (* 정수+정수 배열(intArray) 오퍼랜드를 처리하는 코드 *)
            paReal:
                (* 정수+실수 배열(realArray) 오퍼랜드를 처리하는 코드 *)
            paBoolean:
                (* 정수+부울 배열(booleanArray) 오퍼랜드를 처리하는 코드 *)
            paChar:
                (* 정수+캐릭터 배열(charArray) 오퍼랜드를 처리하는 코드 *)
            paString:
                (* 정수+문자열 배열(stringArray) 오퍼랜드를 처리하는 코드 *)
        end;

    vReal:
        case( right.theType ) of
            (* REAL + type 꼴의 덧셈에서 각각의 오른쪽 오퍼랜드 타입에 대한 처리 *)
        end;

    Boolean:
        case( right.theType ) of
            (* BOOLEAN + type 꼴의 덧셈에서 각각의 오른쪽 오퍼랜드 타입에 대한 처리 *)
        end;

    vChar:
        case( right.theType ) of
            (* CHAR + type 꼴의 덧셈에서 각각의 오른쪽 오퍼랜드 타입에 대한 처리 *)
```

```
        end;

    vString:
        case( right.theType ) of
            (* STRING + type 꼴의 덧셈에서 각각의 오른쪽 오퍼랜드 타입에 대한 처리 *)
        end;

    paInteger:
        case( right.theType ) of
            (* intArray + type 꼴의 덧셈에서 각각의 오른쪽 오퍼랜드 타입에 대한 처리 *)
        end;

    paReal:
        case( right.theType ) of
            (* realArray + type 꼴의 덧셈에서 각각의 오른쪽 오퍼랜드 타입에 대한 처리 *)
        end;

    paBoolean:
        case( right.theType ) of
            (* booleanArray + type 꼴의 덧셈에서 각각의 오른쪽 오퍼랜드 타입에 대한 처리 *)
        end;

    paChar:
        case( right.theType ) of
            (* charArray + type 꼴의 덧셈에서 각각의 오른쪽 오퍼랜드 타입에 대한 처리 *)
        end;

    paString:
        case( right.theType ) of
            (* stringArray + type 꼴의 덧셈에서 각각의 오른쪽 오퍼랜드 타입에 대한 처리 *)
        end;

end;
```

이 주석에서 언급된 모든 코드를 확장하면 몇 가지 명령문이 구성된다. 그리고, 이는 단 하나의 연산자에 대한 것이다! 물론, 모든 기본 산술 연산, 문자열, 문자, 부울 연산에 이 작업을 하는 코드를 구현하려면 상당한 작업이 필요하다. 두 개의 가변형 값을 더할 때마다 이 코드를 인라인으로 확장하는 것은 문제가 되지 않는다. 보통, 두 개의 가변형 매개변수를 받아 가변형 결과값을 생성하는(오퍼랜드의 덧셈이 잘못된 경우, 일종의 예외가 발생한다) vAdd() 같은 함수를 만든다.

중요한 점은 가변형 덧셈을 수행하는 코드가 길다는 것이 아니다. 정말 문제가 되는 것은 성능이다. 가변형 덧셈을 하는데, 수백 개는 아니더라도 수십 개의 기계어 명령이 필요한 것은 전혀 이상하지 않다. 반대로, 두 개의 정수나 부동 소수점 값을 더하는 데는 두세 개의 기계 명령어만 있으면 된다. 그러므로, 가변형 오브젝트 연산은 일반 연산보다 약 1~2배 느리게 실행될 수 있다고 예상할 수 있다. 사실 이것은 '타입 없는typeless' 언어(일반적으로 상당한 하이레벨 언어)가 그렇게 느린 주된 이유 중 하나다. 가변형이 정말로 필요한 경우는 가변형을 피하기 위해 작성하는 대체 코드의 성능보다 우수하거나 더 좋은 성능을 가진 경우다. 그러나, 프로그램을 처음 만들기 시작할 때, 타입을 알고 있는 값을 유지하기 위해 가변형 오브젝트를 사용하는 경우에는 타입이 지정된 오브젝트를 사용해야 한다. 그렇게 하지 않으면 성능이 크게 저하된다.

C++, 자바, 스위프트, 델파이(오브젝트 파스칼)와 같은 객체지향 언어에는 가변형 계산에 더 좋은 솔루션인 상속과 다형성이 있다. union/switch 버전의 큰 문제점은 새로운 타입을 추가해 가변형을 확장하면 큰 고통이 될 수 있다는 것이다. 예를 들어, 복소수를 지원하는 새로운 복소수 자료형을 추가한다고 가정하자. 이때 작성한 모든 함수(일반적으로 각 연산자에 대해 하나씩)를 찾아서 switch문마다 새 case를 추가해야 한다. 이는 유지 관리에는 악몽이 될 수 있다(특히, 원본 소스 코드에 액세스할 수 없는 경우). 그러나 오브젝트를 사용하면, 기존 코드(다른 숫자 타입과 연산의 경우)를 수정하지 않고도 기존 베이스 클래스 (Numeric 같은)를 재정의하는 새 클래스(가령 ComplexNumber)를 만들 수 있다. 이 방법에 대한 자세한 내용은 『Write Great Code, Volume 4: Designing Great Code』를 참조하자.

11.4 네임스페이스

프로그램이 커지고, 특히 이러한 대형 프로그램이 타사 소프트웨어 라이브러리를 사용해 개발 시간을 줄이면, 소스 파일에서 이름이 충돌할 가능성은 점점 커진다. 프로그램의 한 지점에서 특정 식별자를 사용하려고 하는데, 해당 이름이 이미 다른 곳(예를 들면, 사용 중인 라이브러리)에서 사용 중인 경우 이름이 충돌한다. 매우 큰 프로젝트의 어느 시점에서 새 이름이 이미 사용 중이라는 것을 알게 되면, 이름 충돌이 발생하지 않도록 또 다른 새 이름을 생각하려고 할 것이다. 소프트웨어 엔지니어는 이를 **네임스페이스 오염**namespace pollution이라고 한다. 환경 오염과 마찬가지로 문제가 작고 국지적일 때는 쉽게 해결할 수 있다. 그러나 프로그램이 커짐에 따라 '모든 좋은 식별자가 이미 사용됐다.'라는 사실에 직면하는 것은 진정으로 도전이다.

처음에는 이 문제가 과장된 것처럼 보일 수 있다(결국, 프로그래머는 다른 이름을 항상 생각해야 한다). 그러나, 훌륭한 코드를 작성하는 프로그래머는 소스 코드가 일관되고 읽기 쉽도록 특정 명명 규칙을 따르는 경우가 많다(이 주제는 『Write Great Code, Volume 5: Great Coding』에서 다시 다룬다). 새 이름이 그렇게 나쁘지는 않더라도 끊임없이 새로운 이름을 찾아내다 보면, 소스 코드에 일관성이 없어져 프로그램을 읽기 어렵게 만들 수 있다. 식별자에 대해 원하는 이름을 고르고 다른 코드나 라이브러리와의 충돌에 대해서도 걱정할 필요가 없길 바란다면, 네임스페이스를 입력하자.

네임스페이스namespace는 식별자 셋을 네임스페이스 식별자와 연결할 수 있는 메커니즘이다. 여러 측면에서 네임스페이스는 레코드 선언과 같다. 실제로 네임스페이스를 직접 지원하지 않는 언어에서는 record(또는 struct) 선언을 가난한 사람의 네임스페이스로 여긴다(몇 가지 주요 제한 사항 포함). 예를 들어, 다음 파스칼 변수 선언을 살펴보자.

```
var
    myNameSpace:
        record
            i: integer;
            j: integer;
            name: string[64];
            date: string[10];
            grayCode: integer;
        end;

    yourNameSpace:
        record
            i: integer;
            j: integer;
```

```
        profits: real;
        weekday: integer;
    end;
```

보다시피 이 두 레코드의 i 및 j 필드는 별개의 변수다. 프로그램은 레코드 변수 이름으로 이 두 필드 이름을 규정해야 하므로, 이름이 충돌하지 않는다. 즉, 다음 이름을 사용해 이러한 변수를 참조한다.

```
myNameSpace.i, myNameSpace.j,
yourNameSpace.i, yourNameSpace.j
```

필드 앞에 붙는 레코드 변수는 이러한 각 필드 이름을 고유하게 식별한다. 이것은 레코드나 구조체를 사용하는 코드를 작성한 적이 있는 사람에게는 간단한 일이다. 따라서, 네임스페이스를 지원하지 않는 언어에서는 레코드(또는 클래스)를 대신 사용할 수 있다. 하지만, 레코드나 구조체를 사용해 네임스페이스를 만드는 데는 한 가지 중요한 문제가 있다. 많은 언어를 사용하면, 레코드 내에서 변수만 선언할 수 있다. 네임스페이스 선언 (C++나 HLA에서 사용 가능한 것과 같은)을 사용하면, 다른 타입의 오브젝트도 포함할 수 있다. 예를 들어 HLA에서 네임스페이스 선언은 다음 형식처럼 하면 된다.

```
namespace nsIdentifier;

    << 상수, 타입, 변수, 프로시저 등의 선언 >>

end nsIdentifier;
```

클래스 선언(선택한 언어로 사용 가능한 경우)은 이러한 문제 중 일부를 극복할 수 있다. 대부분의 언어는 최소한 클래스 내에서 프로시저나 함수 선언을 허용하지만, 많은 언어는 상수나 타입 선언도 허용한다.

네임스페이스는 그 자체로 선언 섹션이다. 특히, var이나 static(또는 기타) 섹션으로 이동할 필요가 없다. 네임스페이스 내에서 상수, 타입, 변수, 정적 오브젝트, 프로시저 등을 모두 만들 수 있다.

HLA에서 네임스페이스 오브젝트에 액세스하려면 레코드, 클래스, 유니온에서 사용하는 친숙한 **도트**dot 표기법을 사용한다. C++ 네임스페이스의 이름에 액세스하려면 :: 연산자를 사용하면 된다.

네임스페이스 식별자가 유일하고 네임스페이스 내의 모든 필드가 해당 네임스페이스에 유일하다면, 문제는 생기지 않는다. 프로젝트를 다양한 네임스페이스로 신중하게 분할하면, 네임스페이스 오염으로 인해 발생하는 대부분의 문제는 쉽게 피할 수 있다.

네임스페이스의 또 다른 흥미로운 점은 확장 가능하다는 것이다. 예를 들어, C++의 다음 선언을 살펴보자.

```
namespace aNS
{
    int i;
    int j;
}

int i;   // 네임스페이스 외부에 있기 때문에 유일하다
int j;   // 이것도 마찬가지다
namespace aNS
{
    int k;
}
```

이 예제 코드는 완벽하게 합법적이다. aNS의 두 번째 선언은 첫 번째 선언과 충돌하지 않는다. aNS 네임스페이스를 확장해 식별자 aNS::k, aNS::I, aNS::j를 포함한다. 이 기능은 라이브러리의 원래 헤더 파일을 수정하지 않고 라이브러리 루틴과 헤더 파일 셋을 확장하려는 경우에 매우 편리하다(라이브러리 이름이 모두 네임스페이스 내에 표시된다고 가정한다).

구현하는 관점에서 보면, 네임스페이스와 네임스페이스 외부에 나타나는 선언 셋 간에는 실제로 차이가 없다. 컴파일러는 일반적으로 두 타입의 선언을 모두 거의 동일한 방식으로 처리하지만, 프로그램이 네임스페이스에 있는 모든 오브젝트에 네임스페이스의

식별자를 접두사로 붙인다는 점은 다르다.

11.5 클래스와 오브젝트

클래스class 자료형은 현대 OOPObject-Oriented Programming(객체지향 프로그래밍)의 기반이다. 대부분의 OOP 언어에서 클래스는 레코드나 구조체와 밀접한 관련이 있다. 레코드(대부분의 언어에서 놀랍도록 비슷하게 구현된다)와 달리 클래스 구현은 다양하다. 그럼에도 많은 현대 OOP 언어는 유사한 접근 방식을 사용해 결과를 얻으므로, 이 절에서는 C++, 자바, 스위프트, HLA, 델파이(오브젝트 파스칼)의 몇 가지 구체적인 예제를 보여준다. 다른 언어 사용자는 자신의 언어가 비슷하게 작동한다는 사실을 알게 될 것이다.

11.5.1 클래스 vs. 오브젝트

많은 프로그래머가 **클래스**class와 **오브젝트**object라는 용어를 혼동한다. 클래스는 자료형으로, 컴파일러가 클래스 필드와 관련한 메모리를 구성하는 방법에 대한 템플릿이다. 오브젝트는 클래스의 인스턴스로, 클래스의 필드와 관련된 데이터를 보유하도록 할당된 메모리가 있는 일부 클래스 타입의 변수다. 주어진 클래스에 대해서는 하나의 클래스 정의만 있다. 그러나 해당 클래스 타입에는 여러 오브젝트(변수)가 있을 수 있다.

11.5.2 C++의 간단한 클래스 선언

C++에서 클래스와 구조체는 구문상으로나 의미상으로 유사하다. 사실, 그들 사이에는 단 하나의 구문적 차이가 있는데, 바로 class 키워드와 struct 키워드의 사용이다. C++에서 다음 두 가지 유효한 타입 선언을 살펴보자.

```
struct student
{
        // 64 글자 널 종료 문자열을 위한 공간

        char Name[65];
```

```
    // 일반적인 C/C++의 2바이트 정수

    short Major;

    // 11 글자 널 종료 문자열을 위한 공간

    char SSN[12];

    // 아래는 모두 일반적인 2바이트 정수다

    short Mid1;
    short Mid2;
    short Final;
    short Homework;
    short Projects;
};


class myClass
{
public:

// 64 글자 널 종료 문자열을 위한 공간

        char Name[65];

        // 일반적인 C/C++의 2바이트 정수

        short Major;

        // 11 글자 널 종료 문자열을 위한 공간

        char SSN[12];

        // 아래는 모두 일반적인 2바이트 정수다

        short Mid1;
        short Mid2;
        short Final;
        short Homework;
```

```
        short Projects;
};
```

이 두 자료형에는 동일한 필드가 포함되어 있고, 해당 필드에 동일한 방식으로 액세스하지만 메모리 구현은 약간 다르다. 구조체에 대한 일반적인 메모리 레이아웃은 그림 11-3에 나와 있는데, 이는 그림 11-4에 표시된 클래스의 메모리 레이아웃과 비교할 수 있다(그림 11-3은 그림 11-1과 똑같은데, 그림 11-4와 쉽게 비교할 수 있도록 여기에 둔다).

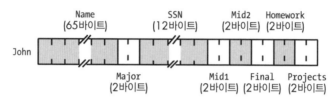

그림 11-3 메모리에 저장되는 student 구조체

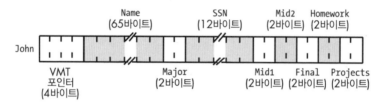

그림 11-4 메모리에 저장되는 student 클래스

VMT 포인터는 클래스 멤버 함수(일명 메소드method)가 클래스에 포함될 때 나타나는 필드다. 일부 C++ 컴파일러는 멤버 함수가 없으면, VMT 포인터 필드를 내보내지 않는다. 이때 class와 struct 오브젝트는 메모리에서 동일한 레이아웃을 갖는다.

노트 | VMT는 가상 메소드 테이블(virtual method table)을 나타내며, 11.5.6절 '가상 메소드 테이블'에서 자세히 설명한다.

C++ 클래스 선언에는 데이터 필드만 포함될 수 있는데, 클래스에는 보통 데이터 멤버뿐만 아니라 멤버 함수 정의도 포함된다. myClass 예제에는 다음과 같은 멤버 함수가 있을 수 있다.

```
class myClass
{
public:

// 64 글자 널 종료 문자열을 위한 공간

        char Name[65];

        // 일반적인 C/C++의 2바이트 정수

        short Major;

        // 11 글자 널 종료 문자열을 위한 공간

        char SSN[12];

        // 아래는 모두 일반적인 2바이트 정수다

        short Mid1;
        short Mid2;
        short Final;
        short Homework;
        short Projects;

        // 멤버 함수

        double computeGrade( void );
        double testAverage( void );
};
```

computeGrade() 함수는 학기의 모든 성적을 계산한다(중간고사, 기말고사, 과제, 프로젝트의 상대평가 점수를 기반으로 함). testAverage() 함수는 모든 테스트 점수의 평균을 반환한다.

11.5.3 C#과 자바의 클래스 선언

C#과 자바 클래스는 C/C++ 클래스 선언과 매우 비슷하다. 다음은 자바에서도 작동하는 C# 클래스 선언의 예다.

```
class student
{
        // 64 글자 널 종료 문자열을 위한 공간

        public char[] Name;

        // 일반적인 C/C++의 2바이트 정수

        public short Major;

        // 11 글자 널 종료 문자열을 위한 공간

        public char[] SSN;

        public short Mid1;
        public short Mid2;
        public short Final;
        public short Homework;
        public short Projects;

        public double computeGrade()
        {
            return Mid1 * 0.15 + Mid2 * 0.15 + Final *
                    0.2 + Homework * 0.25 + Projects * 0.25;
        }
        public double testAverage()
        {
            return (Mid1 + Mid2 + Final)/3.0;
        }
    };
```

11.5.4 델파이(오브젝트 파스칼)의 클래스 선언

델파이(오브젝트 파스칼) 클래스는 파스칼 레코드와 매우 비슷하다. 클래스는 record 대신 class 키워드를 사용하며, 클래스에 함수 프로토타입 선언을 포함할 수 있다.

```
type
  student =
    class
      Name:      string [64];
      Major:     smallint;     // 델파이의 2바이트 정수
      SSN:       string[11];
      Mid1:      smallint;
      Mid2:      smallint;
      Final:     smallint;
      Homework:  smallint;
      Projects:  smallint;

      function computeGrade:real;
      function testAverage:real;
    end;
```

11.5.5 HLA의 클래스 선언

HLA 클래스는 HLA 레코드와 매우 유사하다. 클래스는 record 대신 class 키워드를 사용하며, 클래스에 함수(메소드) 프로토타입 선언을 포함할 수 있다.

```
type
   student:
      class
        var
          sName:    char[65];
          Major:    int16;
          SSN:      char[12];
          Mid1:     int16;
          Mid2:     int16;
```

```
        Final:     int16;
        Homework: int16;
        Projects: int16;

        method computeGrade;
        method testAverage;

    endclass;
```

11.5.6 가상 메소드 테이블

그림 11-3과 11-4에서 봤듯이, 클래스 정의와 구조체 정의의 차이점은 전자에 VMT 필드가 포함돼 있다는 것이다. 가상 메소드 테이블을 나타내는 VMT^{Virtual Method Table}는 오브젝트의 클래스 내에 있는 모든 멤버 함수나 **메소드**에 대한 포인터 배열이다. 가상 메소드(C++의 가상 멤버 함수)는 클래스에서 필드로 선언하는 특별한 클래스 관련 함수다. 현재 student 예제의 클래스에는 실제로 가상 메소드가 없으므로 대부분의 C++ 컴파일러는 VMT 필드를 제거하지만, 일부 OOP 언어는 여전히 클래스 내에 VMT 포인터에 대한 스토리지를 할당한다.

다음은 실제로 가상 멤버 함수가 있으며 VMT도 포함하는 작은 C++ 클래스다.

```
class myclass
{
    public:
        int a;
        int b;
        virtual int f( void );
};
```

C++는 표준 함수를 호출할 때 해당 함수를 직접 호출한다. 그림 11-5에서 볼 수 있듯이, 가상 멤버 함수는 또 다른 이야기다.

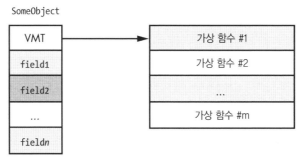

SomeObject

| VMT |
| field1 |
| field2 |
| ... |
| fieldn |

| 가상 함수 #1 |
| 가상 함수 #2 |
| ... |
| 가상 함수 #m |

그림 11-5 C++의 가상 메소드 테이블

　　가상 멤버 함수를 호출하려면 두 개의 간접 액세스가 필요하다. 먼저 프로그램은 클래스 오브젝트에서 VMT 포인터를 가져온 다음, 이를 사용해 VMT에서 특정 가상 함수 주소를 간접적으로 가져와야 한다. 그런 다음, 프로그램은 VMT에서 검색한 포인터를 통해 가상 멤버 함수를 간접적으로 호출한다. 다음 C++ 함수를 살펴보자.

```
#include <stdlib.h>

// 두 개의 간단한 멤버 함수를 갖는 C++ 클래스
// (따라서 VMT는 두 개의 엔트리를 가진다)

class myclass
{
    public:
        int a;
        int b;
        virtual int f( void );
        virtual int g( void );
};

// 몇 개의 간단한 멤버 함수들이다
// 우리는 이 함수들을 호출하는 부분에만
// 관심이 있으므로,  지금은 이렇게
// 단순한 함수로도 충분하다

int myclass::f( void )
{
```

```
        return b;
}

int myclass::g( void )
{
        return a;
}


// myclass의 새 인스턴스를 만들고
// 두 개의 멤버 함수를 호출하는
// main 함수

int main( int argc, char **argv )
{
        myclass *c;

        // 새 오브젝트를 만든다

        c = new myclass;

        // 두 멤버 함수를 호출한다

        c->a = c->f() + c->g();
        return 0;

}
```

　　다음은 비주얼 C++에서 생성하는 해당 x86-64 어셈블리 코드다.

```
; myclass의 VMT가 여기에 있다
; 다음과 같이 세 개의 엔트리가 있다
; 하나는 myclass 생성자에 대한 포인터,
; 또 다른 하나는 myclass::f 멤버 함수에 대한 포인터,
; 마지막 하나는 myclass::g 멤버 함수에 대한 포인터다

CONST SEGMENT
??_7myclass@@6B@ DQ FLAT:??_R4myclass@@6B@ ; myclass::`vftable'
```

```
            DQ      FLAT:?f@myclass@@UEAAHXZ
            DQ      FLAT:?g@myclass@@UEAAHXZ
CONST   ENDS
;
      .
      .
      .
;
; myclass의 새 인스턴스를 위한 스토리지를 할당한다
; 16 = (두 개의 4바이트 정수) + (8바이트 VMT 포인터)
        mov     ecx, 16
        call    ??2@YAPEAX_K@Z              ; operator new
        mov     rdi, rax                   ; 할당된 오브젝트에 대한 포인터 저장
        test    rax, rax                   ; NEW가 실패했나(NULL을 반환했나)?
        je      SHORT $LN3@main

; VMT의 주소로 VMT 필드를 초기화한다

        lea     rax, OFFSET FLAT:??_7myclass@@6B@
        mov     QWORD PTR [rdi], rax
        jmp     SHORT $LN4@main
$LN3@main:
        xor     edi, edi                   ; 실패하면, EDI에 NULL을 넣는다

; 이 시점에서 RDI에는
; 해당 오브젝트를 참조하는 'THIS' 포인터가 포함되어 있다
; 이 특정 코드 시퀀스에서
; 'THIS'는 위에서 할당한 스토리지가 있는
; 오브젝트의 주소다. VMT를 RAX로 가져온다
; (가상 멤버 함수 호출에 필요한 첫 번째 간접 액세스)

        mov     rax, QWORD PTR [rdi]

        mov     rcx, rdi                   ; RCX에서 THIS를 넘긴다
        call    QWORD PTR [rax+8]          ; c->f() 호출
        mov     ebx, eax                   ; 함수 결과 저장

        mov     rdx, QWORD PTR [rdi]       ; RDX에 VMT 로드
        mov     rcx, rdi                   ; RCX에서 THIS 전달
        call    QWORD PTR [rdx]            ; c->g() 호출
```

```
        add     ebx, eax
        mov     DWORD PTR [rdi+8], ebx      ; c-> a에 합계 저장
```

이 예제는 객체지향 프로그램이 일반적으로 표준 프로시저 프로그램보다 좀 더 느리게 실행되는 이유를 충분히 보여준다. 가상 메소드를 호출할 때는 추가적으로 간접 참조를 한다. C++는 **정적 멤버 함수**static member function를 제공해 이러한 비효율성을 해결하려고 시도하지만, 이로 인해 객체지향 프로그래밍을 가능하게 하는 가상 멤버 함수의 많은 이점을 잃을 수 있다.

11.5.7 추상 메소드

일부 언어(C++ 같은)에서는 클래스 내에서 **추상 메소드**abstract method를 선언할 수 있다. 추상 메소드 선언은 해당 메소드에 대한 실제 코드를 제공하지 않을 것이라고 컴파일러에 알린다. 그 대신에, 일부 파생 클래스가 메소드의 구현을 제공한다. 다음은 추상 메소드가 있는 버전의 myclass다.

```
class myclass
{
public:
    int a;
    int b;
    virtual int f(void);
    virtual int g(void);
    virtual int h(void) = 0;
};
```

왜 구문이 이상한가? 가상 함수에 0을 할당하는 것은 실제로는 의미가 없다. 대부분의 다른 언어들처럼 abstract 키워드(virtual이 아닌)를 사용하지 않는 이유는 무엇일까? 이것들은 매우 좋은 질문이다. 대답은 아마도 추상 함수의 VMT 항목에 0(NULL 포인터)이 배치되어 있다는 사실과 무관하지 않을 것이다. 최신 버전의 C++에서 컴파일러 구현자

는 일반적으로 NULL 포인터가 아닌 적절한 런타임 메시지(예를 들면, '추상 메소드를 호출할 수 없음')를 생성하는 일부 함수의 주소를 여기에 배치한다. 다음 코드 조각은 이 버전의 myclass에 대한 비주얼 C++ VMT를 보여준다.

```
CONST    SEGMENT
??_7myclass@@6B@ DQ FLAT:??_R4myclass@@6B@                    ; myclass::`vftable'
        DQ       FLAT:?f@myclass@@UEAAHXZ
        DQ       FLAT:?g@myclass@@UEAAHXZ
        DQ       FLAT:_purecall
CONST    ENDS
```

_purecall 항목은 추상 함수 h()에 해당한다. 이것은 추상 함수에 대한 잘못된 호출을 처리하는 서브루틴의 이름이다. 추상 함수를 재정의할 때, C++ 컴파일러는 VMT에서 _purecall 함수에 대한 포인터를 오버라이딩overriding 함수의 주소로 바꾼다(오버라이드된 함수의 주소를 바꾸는 것처럼).

11.5.8 VMT 공유

하나의 클래스는 메모리에 VMT 사본이 하나만 있다. 이것은 정적 오브젝트로, 지정된 클래스 타입의 모든 오브젝트는 동일한 VMT를 공유한다. 이는 동일한 클래스 타입의 모든 오브젝트가 정확히 동일한 멤버 함수를 갖기 때문에 합리적이다(그림 11-6).

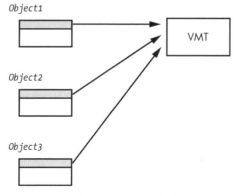

그림 11-6 동일한 VMT를 공유하는 오브젝트(오브젝트는 모두 동일한 클래스 타입이다.)

VMT의 주소는 프로그램 실행 중에 변경되지 않기 때문에, 대부분의 언어는 VMT를 메모리의 상수(쓰기 방지) 섹션에 배치한다. 이전 예제에서 컴파일러는 CONST 세그먼트에 myclass VMT를 배치한다.

11.5.9 클래스의 상속

상속inheritance은 객체지향 프로그래밍의 기본 개념 중 하나다. 기본 개념은 클래스가 베이스 클래스의 모든 필드를 상속하거나 복사한 다음에 새 클래스 자료형의 필드 수를 확장할 수 있다는 것이다. 예를 들어, 평면(2차원) 공간의 포인트point를 설명하는 자료형 포인트를 만들었다고 가정해보자. 이 포인트에 대한 클래스는 다음과 같다.

```
class point
{
    public:
        float x;
        float y;

        virtual float distance( void );
};
```

distance() 멤버 함수는 원점 (0, 0)에서 오브젝트의 (x, y) 필드에 지정된 좌표까지의 거리를 계산할 것이다.

이 멤버 함수의 일반적인 구현은 다음과 같다.

```
float point::distance( void )
{
    return sqrt( x*x + y*y );
}
```

상속을 사용하면, 새 필드를 추가하거나 기존 필드를 대체해 기존 클래스를 확장할 수 있다. 예를 들어, 2차원 point 정의를 3차원 공간으로 확장한다고 가정하자. 이는 다음

C++ 클래스 정의를 사용해 쉽게 수행할 수 있다.

```
class point3D :public point
{
    public:
        float z;

        virtual void rotate( float angle1, float angle2 );
};
```

point3D 클래스는 x, y 필드와 distance() 멤버 함수를 상속한다(물론, distance()는 3차원 공간의 한 포인트에 대한 적절한 결과를 계산하지 않는데, 이와 관련된 내용은 잠시 후에 다룬다). '상속'하면, point3D 오브젝트의 x, y 필드는 point 오브젝트와 정확히 동일한 오프셋이 된다(그림 11-7).

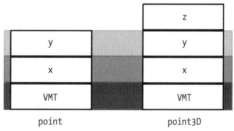

파생(자식) 클래스는 베이스 클래스의 해당 필드와
동일한 오프셋에서 상속된 필드를 찾는다.

그림 11-7 클래스의 상속

실제로 point3D 클래스에 두 개의 항목이 추가됐다. 추가된 항목은 새 데이터 필드 z와 새 멤버 함수 rotate()다. 그림 11-7에서 보면, rotate() 가상 멤버 함수를 추가해도 point3D 오브젝트의 레이아웃에는 전혀 영향을 미치지 않는 것을 알 수 있다. 이는 가상 멤버 함수의 주소가 오브젝트 자체가 아닌 VMT에 나타나기 때문이다. point와 point3D 모두 VMT라는 필드를 포함하지만, 이러한 필드가 메모리의 동일한 테이블을 가리키지는 않는다. 모든 클래스에는 고유한 VMT가 있으며, 이는 이전에 정의한 것처럼 클래스의 모든 멤버 함수(상속되거나 명시적으로 선언됨)에 대한 포인터 배열로 구성된다(그림 11-8).

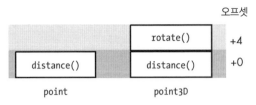

그림 11-8 상속된 클래스의 VMT(32비트 포인터 가정)

특정 클래스의 모든 오브젝트는 동일한 VMT를 공유하지만, 다른 클래스의 오브젝트에는 해당되지 않는다. Point와 point3D는 서로 다른 클래스로, 해당 오브젝트의 VMT 필드는 메모리의 서로 다른 VMT를 가리킨다(그림 11-9).

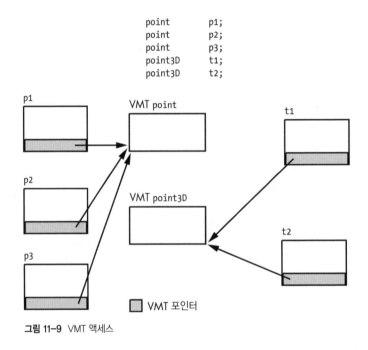

그림 11-9 VMT 액세스

지금까지 주어진 point3D 정의의 한 가지 문제점은 point 클래스에서 distance() 함수를 상속한다는 것이다. 기본적으로 한 클래스가 다른 클래스의 멤버 함수를 상속하는 경우, 상속된 함수의 VMT 항목은 베이스 클래스base class와 관련된 함수를 가리킨다. p3D라는 point3D 타입의 오브젝트object 포인터 변수로 멤버 함수 p3D-> distance()를 호출하면, 원하는 결과를 얻지 못한다. point3D는 point 클래스에서 distance() 함수를 상속하기 때문에, p3-> distance()는 3차원 평면의 정확한 값이 아니라 2차원 평면에서 (x, y, z)까지 투영한 거리를 계산한다. C++에서는 상속된 함수를 **오버로딩**하고 다음과 같이 새로운 point3D 특정 멤버 함수를 만들어 이 문제를 극복할 수 있다.

```
class point3D :public point
{
    public:
        float z;

        virtual float distance( void );
        virtual void rotate( float angle1, float angle2 );
};
float point3D::distance( void )
{
    return sqrt( x*x + y*y + z*z );
}
```

오버로딩된 멤버 함수를 만들어도, 클래스 데이터의 레이아웃이나 point3D VMT의 레이아웃이 변경되지는 않는다. 이 함수로 인한 유일한 변경 사항은 C++ 컴파일러가 point::distance() 함수의 주소가 아닌 point3D::distance() 함수의 주소로 point3D VMT의 distance() 항목을 초기화한다는 것이다.

11.5.10 클래스의 다형성

상속이나 오버로딩 외에 **다형성**polymorphism도 객체지향 프로그래밍의 기반이 되는 또 다른 기준점이다. 문자 그대로 '다양한'(또는, '다양한 형태'나 '다양한 모양')을 의미하는 다형성은 x->distance()와 같이 프로그램에서 함수의 단일 인스턴스가 호출되는 방식을 설명하는데, 이때 다른 함수를 호출할 수도 있다(이전 절의 예에서는 point::distance()나 point3D::distance() 함수일 수 있음). 이것은 C++가 파생된(상속된) 클래스를 다룰 때 타입 체크 기능을 약간 완화하기 때문에 가능하다.

예를 살펴보자. 일반적으로 C++ 컴파일러는 다음을 수행하려고 하면 오류를 생성한다.

```
float f;
int *i;
    .
    .
    .
i = &f; // C++는 이것을 허용하지 않는다
```

C++에서는 베이스 타입이 오브젝트 타입과 정확히 일치하지 않는 포인터에 일부 오브젝트의 주소를 할당할 수 없다. 중요한 예외는 단 하나 있다. C++는 이 제한을 완화해, 포인터의 베이스 타입이 오브젝트 타입의 조상과 일치하거나 조상인 한 포인터에 일부 오브젝트의 주소를 할당할 수 있다(다른 클래스 타입이 상속을 통해 직접적으로나 간접적으로 파생돼 조상 클래스가 만들어진다). 이는 다음 코드가 합법적이라는 것을 의미한다.

```
point *p;
point3D *t;
point *generic;

    p = new point;
    t = new point3D;
      .
      .
      .
    generic = t;
```

이것이 어떻게 합법적일 수 있는지 궁금하다면, 그림 11-7을 다시 살펴보자. generic의 베이스 타입이 point인 경우, C++ 컴파일러는 오브젝트의 오프셋 0에 VMT, 오프셋 4(64비트 시스템의 경우 8)에 x 필드, 오프셋 8(16)에 y 필드에 대한 액세스를 허용한다. 마찬가지로 distance() 멤버 함수를 호출하는 루틴은 오브젝트의 VMT 필드가 가리키는 VMT 오프셋 0에 있는 함수 포인터에 액세스한다. point 타입의 오브젝트에서 generic 포인트가 있으면, 이러한 모든 요구 사항이 충족된다. generic이 point의 파생 클래스(즉, point에서 필드를 상속하는 모든 클래스)를 가리키는 경우에도 마찬가지다. 파생 클래스(point3D)의 추가 필드는 generic 포인터를 통해 액세스할 수 없지만, generic의 베이스 클래스가 point이므로 이는 가능할 수 있다.

중요한 점은, distance() 멤버 함수를 호출할 때 point VMT가 가리키는 것이 아닌 point3D VMT가 가리키는 것을 호출한다는 사실이다. 이것이 바로 C++와 같은 OOP 언어의 기본적인 다형성이다. 컴파일러가 내보내는 코드는 generic에 point 타입의 오브젝트 주소가 포함된 경우, 내보내는 코드와 정확히 일치한다. 모든 '마법'은 컴파일러가 프로그래머가 point3D 오브젝트의 주소를 generic으로 로드할 수 있도록 하기 때문에 발생한다.

11.5.11 다중 상속(C++)

C++는 **다중 상속**multiple inheritance을 지원하는 몇 안 되는 최신 프로그래밍 언어 중 하나로, 클래스는 여러 클래스에서 데이터와 멤버 함수를 상속할 수 있다. 다음 C++ 코드 조각을 살펴보자.

```
class a
{
    public:
        int i;
        virtual void setI(int i) { this->i = i; }
};

class b
{
    public:
        int j;
        virtual void setJ(int j) { this->j = j; }
};

class c : public a, public b
{
    public:
        int k;
        virtual void setK(int k) { this->k = k; }
};
```

이 예에서 클래스 c는 클래스 a와 b의 모든 정보를 상속한다. 메모리에서 일반적인
C++ 컴파일러는 그림 11-10에 표시된 것과 같은 오브젝트를 생성한다.

c 오브젝트의 기본 주소

그림 11-10 다중 상속 메모리 레이아웃

VMT(가상 메소드 테이블)는 setI(), setJ(), setK() 메소드의 주소를 포함하는 일반적
인 VMT의 엔트리 포인트를 가리킨다(그림 11-11). setI() 메소드를 호출하면, 컴파일러
는 오브젝트의 VMT 포인터 항목 주소(그림 11-10에서 c 오브젝트의 기본 주소)와 함께 this
포인터를 로드하는 코드를 생성한다. setI()에 들어가면, 시스템은 this가 타입 a의 오브
젝트를 가리키는 것으로 믿는다. 특히, this.VMT 필드의 첫 번째 항목(타입 a에 관한 것만)
은 setI() 메소드의 주소인 VMT를 가리킨다. 마찬가지로, 메모리의 오프셋(this + 8)에
서 (VMT 포인터가 8바이트이고, 64비트 포인터를 가정하면) setI() 메소드는 i 데이터 값을
찾는다. setI()에 관한 한, this는 클래스 타입 a 오브젝트를 가리킨다(실제로는 타입 c 오
브젝트를 가리키고 있다고 해도).

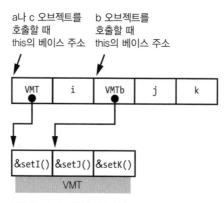

그림 11-11 this 값의 다중 상속

setK() 메소드를 호출하면, 시스템은 c 오브젝트의 기본 주소도 전달한다. 물론, setK()
는 타입 c 오브젝트를 예상하고 this는 타입 c 오브젝트를 가리키고 있으므로, 오브젝트

에 대한 모든 오프셋은 setK()가 예상하는 것과 정확히 일치한다. c 타입의 오브젝트(그리고 c 클래스의 메소드)는 보통 c 오브젝트의 VMT2 포인터 필드를 무시한다.

프로그램이 setJ() 메소드를 호출하려고 하면, 문제가 생긴다. setJ는 클래스 b에 속하기 때문에, this가 클래스 b의 VMT를 가리키는 VMT 포인터의 주소를 갖고 있다고 예상한다. 또한, 오프셋 (this + 8)에서 데이터 필드 j를 찾을 것으로 예상한다. c 오브젝트의 this 포인터를 setJ()에 전달하면, (this + 8) 액세스는 j가 아닌 i 데이터 필드를 참조한다. 게다가 클래스 b 메소드가 클래스 b의 다른 메소드를 호출하는 경우(자신에 대한 리컬시브 호출을 만드는 setJ() 등), VMT 포인터는 잘못된다. 즉, 오프셋 0에서 setI()에 대한 포인터로 VMT를 가리키는데, 클래스 b는 오프셋 0에서 setJ()에 대한 포인터로 VMT를 가리킬 것으로 예상한다. 이 문제를 해결하기 위해 일반적인 C++ 컴파일러는 j 데이터 필드 바로 앞에서 추가 VMT 포인터를 c 오브젝트에 삽입한다. 그리고, 클래스 b 메소드 포인터가 시작되는 위치에서 c VMT를 가리키도록 두 번째 VMT 필드를 초기화한다(그림 11-11). 클래스 b에서 메소드를 호출할 때, 컴파일러는 이 두 번째 VMT 포인터의 주소로 this 포인터를 초기화하는 코드를 내보낸다(메모리에서 c 타입 오브젝트의 시작 부분을 가리키는 대신). 이제 setJ()와 같은 클래스 b 메소드에 진입하면, this는 클래스 b에 대한 합법적인 VMT 포인터를 가리키고, j 데이터 필드는 클래스 b 메소드가 예상하는 오프셋 (this + 8)에 나타난다.

11.6 프로토콜과 인터페이스

자바와 스위프트는 몇 가지 논리적인 문제 때문에 다중 상속을 지원하지 않는다. 전형적인 예는 '다이아몬드 격자' 데이터 구조다. 이는 두 클래스(가령, b와 c)가 모두 동일한 클래스(가령, a)에서 정보를 상속한 다음, 네 번째 클래스(가령, d)가 b와 c에서 모두 상속할 때 발생한다. 결과적으로, d는 a에서 두 번(b에서 한 번, c에서 한 번) 데이터를 상속하는 셈이다. 이로 인해 일관성 문제가 발생할 수 있다.

다중 상속으로 이와 같은 이상한 문제가 발생할 수 있지만, 여러 위치에서 상속할 수 있는 것이 종종 유용하다는 사실은 의심할 여지가 없다. 따라서, 자바나 스위프트 같은 언어의 솔루션은 클래스가 여러 부모로부터 메소드/함수를 상속하도록 허용하는 대신,

단일 상위 클래스에서만 상속하도록 한다. 이는 다중 상속과 관련된 대부분의 문제(특히, 상속된 데이터 필드의 모호한 선택)를 방지하는 동시에 프로그래머가 다양한 소스의 메소드를 포함할 수 있도록 한다. 자바는 이런 확장을 **인터페이스**interface라 하고, 스위프트는 **프로토콜**protocol이라고 한다.

다음은 몇 가지 스위프트 프로토콜 선언과 해당 프로토콜을 지원하는 클래스의 예다.

```swift
protocol someProtocol
{
    func doSomething()->Void;
    func doSomethingElse() ->Void;
}
protocol anotherProtocol
{
    func doThis()->Void;
    func doThat() ->Void;
}

class supportsProtocols: someProtocol, anotherProtocol
{
    var i:Int = 0;
    func doSomething()->Void
    {
        // 적절한 함수 본문
    }
    func doSomethingElse()->Void
    {
        // 적절한 함수 본문
    }
    func doThis()->Void
    {
        // 적절한 함수 본문
    }
    func doThat()->Void
    {
        // 적절한 함수 본문
    }
}
```

스위프트 프로토콜은 어떤 함수도 제공하지 않는다. 대신, 프로토콜을 지원하는 클래스는 프로토콜이 지정하는 함수의 구현을 제공하겠다고 약속한다. 앞의 예제에서 supportsProtocols 클래스는 지원하는 프로토콜에 필요한 모든 함수를 제공한다. 사실상 프로토콜은 추상 메소드만 포함하는 추상 클래스와 같다. 상속하는 클래스는 모든 추상 메소드에 대한 실제 구현을 제공해야 한다.

다음은 자바로 코딩된 이전 예제이며, 유사한 메커니즘인 인터페이스를 보여준다.

```java
interface someInterface
{
    void doSomething();
    void doSomethingElse();
}
interface anotherInterface
{
    void doThis();
    void doThat();
}

class supportsInterfaces implements someInterface, anotherInterface
{
    int i;
    public void doSomething()
    {
        // 적절한 함수 본문
    }
    public void doSomethingElse()
    {
        // 적절한 함수 본문
    }
    public void doThis()
    {
        // 적절한 함수 본문
    }
    public void doThat()
    {
        // 적절한 함수 본문
    }
```

```
}
```

인터페이스/프로토콜은 자바와 스위프트의 베이스 클래스 타입처럼 작동한다. 클래스 오브젝트를 인스턴스화하고 해당 인스턴스를 인터페이스/프로토콜 타입의 변수에 할당하면, 해당 인터페이스/프로토콜에 대해 지원되는 멤버 함수를 실행할 수 있다. 다음 자바 예제를 살펴보자.

```
someInterface some = new supportsInterfaces();

// someInterface에 정의된 멤버 함수를 호출할 수 있다

some.doSomething();
some.doSomethingElse();

// 'some' 변수를 사용해
// doThis나 doThat(또는 i 데이터 필드에 액세스)을 호출하고
// 시도하는 것은 불법이다
```

다음은 스위프트의 비슷한 예다.

```
import Foundation

protocol a
{
    func b()->Void;
    func c()->Void;
}

protocol d
{
    func e()->Void;
    func f()->Void;
}
class g : a, d
{
```

```
    var i:Int = 0;

    func b()->Void {print("b")}
    func c()->Void {print("c")}
    func e()->Void {print("e")}
    func f()->Void {print("f")}

    func local()->Void {print( "local to g" )}
}


var x:a = g()
x.b()
x.c()
```

프로토콜이나 인터페이스의 구현은 매우 간단하다. 이는 해당 프로토콜/인터페이스에 선언된 함수의 주소가 포함된 VMT에 대한 포인터일 뿐이다. 따라서, 이전 예제의 스위프트 g 클래스에 대한 데이터 구조에는 세 개의 VMT 포인터가 있다. 하나는 프로토콜 a용, 다른 하나는 프로토콜 d용, 또 다른 하나는 클래스 g용이다(local() 함수에 대한 포인터 보유). 그림 11-12는 클래스와 VMT 레이아웃을 보여준다.

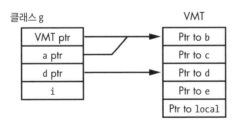

그림 11-12 다중 상속 메모리 레이아웃

그림 11-12에서 클래스 g의 VMT 포인터는 전체 VMT의 주소를 포함한다. 프로토콜 a와 프로토콜 d에 대한 VMT의 포인터를 포함하는 클래스에는 두 개의 항목이 있다. 클래스 g의 VMT에는 이러한 프로토콜에 속하는 함수에 대한 포인터도 포함돼 있으므로, 이 두 프로토콜에 대해 별도의 VMT를 만들 필요가 없다. 대신 aPtr과 dPtr 필드는 클래스 g의 VMT 내에서 해당 항목을 가리킬 수 있다.

이전 예제에서 var x:a = g() 대입이 실행되면, 스위프트 코드는 g 오브젝트에 있는 aPtr 포인터를 사용해 변수 x를 로인한다. 따라서, x.b()와 x.c()에 대한 호출은 일반 메소드 호출처럼 작동한다. 시스템은 x에 있는 포인터를 사용해 VMT를 참조한 다음, 적절한 양을 VMT에 인덱싱해 b나 c를 호출한다. x가 a가 아닌 d 타입이라면, var x:d = g() 할당은 d 프로토콜 VMT의 주소(dPtr이 가리키는)로 x를 로드할 것이다. d와 e에 대한 호출은 d VMT의 오프셋 0과 8(64비트 포인터)에서 발생한다.

11.7 클래스, 오브젝트, 성능

지금까지 살펴본 것처럼, 객체지향 프로그래밍OOP에 직접적으로 드는 시간 비용은 그리 크지 않다. 멤버 함수(메소드) 호출은 이중 간접 참조이므로 좀 더 느려지지만, 이 정도 손실은 OOP가 제공하는 유연성에 비하면 매우 적다. 추가되는 명령과 메모리 액세스 비용은 애플리케이션 전체 성능의 약 10%에 불과하다. C++나 HLA와 같은 일부 언어는 다형성이 필요하지 않을 때, 멤버 함수에 대한 직접 호출을 허용하는 **정적 멤버 함수**static member function의 개념을 지원한다.

객체지향 프로그래머가 때때로 직면하는 큰 문제는 상황을 극단적으로 만드는 것이다. 오브젝트의 필드에 직접 액세스하는 대신 해당 필드 값을 읽고 쓰는 접근 함수를 만든다. 컴파일러가 이러한 접근 함수를 인라인하는 작업을 아주 잘 수행하지 않으면, 오브젝트의 필드에 액세스하는 데 드는 비용은 약 열 배까지도 증가한다. 즉, OOP 패러다임이 과도하게 사용되면 애플리케이션 성능이 상당히 저하될 수 있다. '객체지향 방식'(오브젝트의 모든 필드에 액세스하기 위해 액세스 함수를 사용하는 등)을 수행하면 좋은 점이 분명히 있지만, 이러한 비용은 다소 빠르게 증가한다는 점을 명심하자. OOP 기술이 제공하는 기능이 절대적으로 필요한 경우가 아니라면, 프로그램이 필요 이상으로 상당히 느리게 실행될 수 있다(그리고, 공간도 훨씬 더 많이 차지한다).

스위프트는 극단적인 객체지향 프로그래밍의 좋은 예다. 컴파일된 스위프트 코드의 성능을 동등한 C++ 프로그램과 비교해본 사람은 스위프트가 훨씬 느리다는 사실을 알게 된다. 스위프트가 모든 것에서 오브젝트를 만들기 때문이다(그리고, 런타임에 지속적으로 타입과 바운드를 확인하기 때문이다). 그 결과, 최적화된 C++ 컴파일러가 생성한 여섯 개의 기계어 명령과 동일한 작업을 수행하기 위해 스위프트에서는 수백 개의 기계어 명령이 필요할 수 있다.

많은 객체지향 프로그램이 겪는 또 다른 보편적인 문제는 과도한 일반화다. 이는 프로그래머가 가능한 한 적은 프로그래밍 노력으로 문제를 해결하기 위해 상속으로 클래스를 확장하는 많은 클래스 라이브러리를 사용할 때 발생할 수 있다. 프로그래밍 노력을 절약하는 것은 일반적으로 좋은 생각이지만, 클래스 라이브러리를 확장하면 사소한 작업을 수행해야 하고 원하는 모든 작업을 수행하는 라이브러리 루틴을 호출할 수 있다. 문제는 객체지향 시스템에서 라이브러리 루틴이 고도로 계층화되는 경향이 있다는 것이다. 즉, 어떤 일을 처리할 때 상속받은 클래스의 멤버 함수를 호출할 것이고, 그 함수는 전달한 데이터에 대해 약간의 작업을 수행하고 나서 다시 상속한 클래스의 멤버 함수를 호출할 것이다. 그 함수는 또 약간의 데이터를 처리한 다음, 상속한 클래스의 멤버 함수를 호출한다. 이런 식으로 계속 따라가다 보면, CPU는 실제 필요한 일을 처리하는 데보다 함수를 호출하고 반환하는 데 더 많은 시간을 사용하게 될 것이다. 이러한 상황은 표준 라이브러리(non-OOP)에서도 발생할 수 있지만, 객체지향 애플리케이션에서는 훨씬 더 자주 일어난다.

신중하게 설계된 객체지향 프로그램은 유사한 절차적 프로그램에 비해 그리 느리지 않다. 사소한 작업을 수행하기 위해 값비싼 함수 호출을 많이 하지 않도록 주의하기만 하면 된다.

11.8 참고 자료

Dershem, Herbert, and Michael Jipping. *Programming Languages, Structures and Models*. Belmont, CA: Wadsworth, 1990.

Duntemann, Jeff. *Assembly Language Step-by-Step*. 3rd ed. Indianapolis: Wiley, 2009.

Ghezzi, Carlo, and Jehdi Jazayeri. *Programming Language Concepts*. 3rd ed. New York: Wiley, 2008.

Hyde, Randall. *The Art of Assembly Language*. 2nd ed. San Francisco: No Starch Press, 2010.

Knuth, Donald. *The Art of Computer Programming, Volume I: Fundamental Algorithms*.

3rd ed. Boston: Addison-Wesley Professional, 1997.

Ledgard, Henry, and Michael Marcotty. *The Programming Language Landscape*. Chicago: SRA, 1986.

Louden, Kenneth C., and Kenneth A. Lambert. *Programming Languages, Principles and Practice*. 3rd ed. Boston: Course Technology, 2012.

Pratt, Terrence W., and Marvin V. Zelkowitz. *Programming Languages, Design and Implementation*. 4th ed. Upper Saddle River, NJ: Prentice Hall, 2001.

Sebesta, Robert. *Concepts of Programming Languages*. 11th ed. Boston: Pearson, 2016.

12

산술 연산과 논리 연산

로우레벨 언어와 비교할 때 HLL의 한 가지 주요 이점은 대수 산술과 논리식(이후부터는 '산술식arithmetic expression'이라 표현함)이다. HLL 산술식은 컴파일러가 생성하는 일련의 기계 명령어보다 훨씬 더 읽기 쉽다. 그러나, 산술식에서 기계어 코드로 변환하는 프로세스는 효율적으로 변환하기 매우 어려운데, 일반적인 컴파일러의 최적화 단계 상당 부분이 이를 처리하는 데 전념한다. 이러한 변환은 매우 어려운 작업이지만, 프로그래머가 컴파일러의 작업을 도울 수 있다. 12장에서 다룰 내용은 다음과 같다.

- 컴퓨터 아키텍처가 산술식 계산에 미치는 영향
- 산술식의 최적화
- 산술식의 사이드 이펙트side effect
- 산술식의 시퀀스 포인트sequence point
- 산술식 연산 순서
- 산술식의 단축 연산과 완전 연산
- 산술식의 연산 비용

이 정보로 무장하면, 좀 더 효율적이고 강력한 애플리케이션을 만들 수 있다.

12.1 산술식과 컴퓨터 아키텍처

산술식과 관련해 기존 컴퓨터 아키텍처는 **스택 기반 컴퓨터**stack-based machine, **레지스터 기반 컴퓨터**register-based machine, **어큐뮬레이터 기반 컴퓨터**accumulator-based machine라는 세 가지 기본 유형으로 분류할 수 있다. 이러한 아키텍처 유형 간의 주요 차이점은 CPU가 산술 연산을 적용할 오퍼랜드를 저장하는 위치와 관련이 있다. CPU가 이러한 오퍼랜드에서 데이터를 가져오면, 데이터는 실제 산술/논리 연산을 수행하는 산술/논리 연산 장치로 전달된다.[1] 다음 절에서 이러한 각 구조를 살펴보자.

12.1.1 스택 기반 컴퓨터

스택 기반 컴퓨터는 대부분의 계산에 메모리를 사용하며, 모든 오퍼랜드와 결과를 저장하기 위해 메모리에 스택이라는 데이터 구조를 사용한다. 스택 구조를 사용하는 컴퓨터 시스템은 다른 구조를 사용하는 시스템에 비해 몇 가지 중요한 이점을 제공한다.

- 명령어는 일반적으로 오퍼랜드를 지정할 필요가 없기 때문에, 스택 구조에서 보통 더 짧다.
- 산술식을 일련의 스택 작업으로 변환하는 것은 매우 간단하기 때문에, 일반적으로 다른 시스템보다 스택 아키텍처용 컴파일러를 만드는 것이 더 쉽다.
- 스택 구조에서는 임시 변수가 거의 필요하지 않다. 스택 자체가 그 역할을 수행하기 때문이다.

불행히도 스택 컴퓨터는 몇 가지 중요한 단점도 있다.

- 거의 모든 명령어가 메모리를 참조한다(최신 컴퓨터에서는 느린 작업이다). 캐시를 사용해 이 문제를 완화할 수 있지만, 메모리 성능은 여전히 스택 컴퓨터의 주요 문제다.

---

1   모든 계산은 기본적으로 논리 연산이다. 더하기, 빼기와 같은 산술 연산도 마찬가지다. CPU가 일련의 부울 표현식을 기반으로 결과를 계산한다는 의미에서 '논리' 연산이다. 따라서, 우리의 목적에 따라 '논리 연산'과 '산술 연산'은 동의어다. 부울 표현식이나 로우레벨의 산술 연산에 대한 자세한 내용은 『Write Great Code』 시리즈 1편을 참조하자.

- HLL을 스택 컴퓨터로 변환하는 것은 매우 쉽지만, 다른 구조의 컴퓨터보다 최적화 기회가 적다.
- 스택 컴퓨터가 동일한 데이터 요소(스택 상단의 데이터)에 지속적으로 액세스하기 때문에 파이프라이닝pipelining이나 명령어 병렬 처리가 어렵다.

노트 | 파이프라이닝이나 명령어 병렬 처리에 대한 자세한 내용은 『Write Great Code』 시리즈 1편을 참조하자.

스택을 사용하면 일반적으로 다음 세 가지 작업 중 하나를 수행한다. 새 데이터를 스택에 **푸시**push하거나, 스택에서 데이터를 **팝**pop하거나, 현재 스택 맨 위에 있는 데이터(그리고 때로는 그 바로 아래 데이터나 스택의 다음 데이터)를 연산한다.

12.1.1.1 기본 스택 컴퓨터 구성

일반적인 스택 컴퓨터는 CPU 내부에 두 개의 레지스터가 있다(그림 12-1). 특히, **프로그램 카운터 레지스터**program counter register(80x86의 RIP 레지스터 같은)와 **스택 포인터 레지스터**stack pointer register(80x86 RSP 레지스터 같은)를 찾아볼 수 있다.

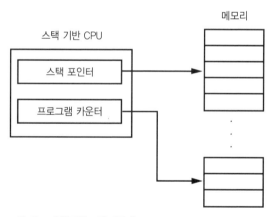

그림 12-1 일반적인 스택 컴퓨터 구조

스택 포인터 레지스터는 메모리에 있는 현재 상위 스택(TOS) 요소의 메모리 주소를 포함한다. CPU는 프로그램이 데이터를 스택에 배치하거나 스택에서 데이터를 제거할 때마다 스택 포인터 레지스터를 증가시키거나 감소시킨다. 일부 아키텍처에서는 스택이 더 높은 메모리 위치에서 더 낮은 메모리 위치로 확장된다. 다른 아키텍처에서 스택은 낮은 메모리 위치에서 높은 메모리 위치로 증가한다. 기본적으로 스택 증가 방향은 상관없다. 이것은 실제로 스택에 데이터를 배치할 때 컴퓨터가 스택 포인터 레지스터를 감소시키는지(스택이 더 낮은 메모리 주소로 증가하는 경우), 스택 포인터 레지스터를 증가시키는지(스택이 더 높은 메모리 주소로 증가하는 경우)를 결정한다.

12.1.1.2 푸시(push) 명령어

스택에 데이터를 배치할 때는 보통 기계 명령어 push를 사용한다. 이 명령어는 일반적으로 다음과 같이 스택에 푸시할 값을 표시하는 오퍼랜드 한 개가 필요하다. 문법은 다음과 같다.

---

push <메모리나 상수 오퍼랜드>

몇 가지 구체적인 예는 다음과 같다.

```
push 10  ; 상수 10을 스택에 넣는다
push mem ; 메모리의 mem 위치에 있는 데이터를 넣는다
```

---

push 연산은 일반적으로 스택 포인터 레지스터의 값을 오퍼랜드의 크기(바이트)만큼 증가시킨 다음, 해당 오퍼랜드를 스택 포인터가 현재 가리키는 메모리 위치에 복사한다. 예를 들어, 그림 12-2와 12-3은 push 10 연산 전후의 스택 모양을 보여준다.

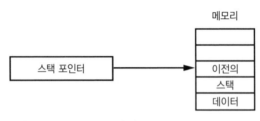

그림 12-2 push 10 연산 수행 전

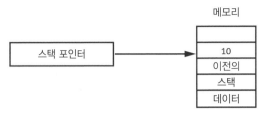

그림 12-3 push 10 연산 수행 후

12.1.1.3 팝(pop) 명령어

스택 맨 위에서 데이터 항목을 제거하려면, pop이나 pull 명령어를 사용한다(이 책에서는 pop을 사용하며, 일부 아키텍처에서는 pull을 사용한다). 일반적인 pop 명령어는 다음과 같다.

pop ⟨*메모리 주소*⟩

노트 | 데이터를 상수로 팝할 수 없다. pop 오퍼랜드는 메모리 주소여야 한다.

pop 명령어는 스택 포인터가 가리키는 데이터의 복사본을 만들어 데스티네이션 메모리 위치에 저장한다. 그런 다음, 스택 포인터 레지스터를 감소시켜(또는 증가시켜) 스택의 다음 하위 항목을 가리키거나 스택의 다음 항목(NOS^Next On Stack)을 가리킨다. 그림 12-4와 12-5를 참조하자.

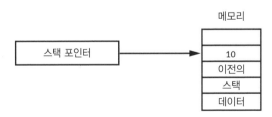

그림 12-4 pop mem 연산 전

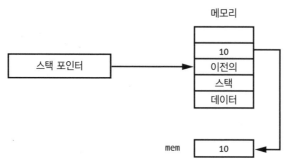

그림 12-5 pop mem 연산 후

pop 명령어가 스택에서 제거한 스택 메모리의 값은 여전히 새로운 TOS 위의 메모리에 물리적으로 존재한다. 그러나 다음에 프로그램이 데이터를 스택에 푸시하면, 이 값은 새 값으로 덮인다.

12.1.1.4 스택 컴퓨터에서의 산술 연산

스택 컴퓨터에 있는 산술 및 논리 명령어는 일반적으로 오퍼랜드를 허용하지 않는다. 이것이 스택 컴퓨터를 종종 **제로 주소**^{zero-address} 컴퓨터라고 부르는 이유다. 산술 명령어 자체는 오퍼랜드 주소를 인코딩하지 않는다. 예를 들어 일반적인 스택 컴퓨터의 **add** 명령을 살펴보자. 이 명령어는 스택(TOS, NOS)에서 두 개의 값을 팝하고 그 합계를 계산한 다음, 결과를 스택으로 다시 푸시한다(그림 12-6과 12-7 참조).

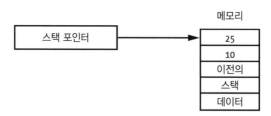

그림 12-6 add 연산 수행 전

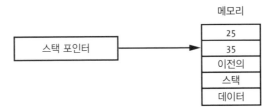

메모리

25
35
이전의
스택
데이터

그림 12-7 add 연산 수행 후

산술식은 본질적으로 재귀적^{recursive}인데, 재귀^{recursion}의 적절한 구현을 위해서는 스택이 필요하기 때문에, 산술식을 일련의 스택 컴퓨터 명령어로 변환하는 것이 상대적으로 간단하다는 사실은 놀라운 일이 아니다. 일반적인 프로그래밍 언어의 산술식은 연산자가 두 오퍼랜드 사이에 나타나는 **중위 표기법**^{infix notation}을 사용한다. 예를 들어, a+b, c-d는 연산자(+, -)가 오퍼랜드([a, b]와 [c, d]) 사이에 들어가는 중위 표기법의 예라고 할 수 있다. 스택 컴퓨터 명령어로 변환하기 전에 이러한 중위 표기법을 **후위 표기법**^{postfix notation}(리버스 폴리싱 표기법^{reverse polish notation}이라고도 함)으로 변환해야 한다. 여기서 연산자는 적용되는 오퍼랜드 바로 뒤에 온다. 예를 들어, 중위 표현식 a+b와 c-d는 각각 후위 표기법 형식으로 변환하면 a b + 및 c d -로 표기된다.

후위 표기법 형식의 표현식이 있으면, 일련의 스택 컴퓨터 명령어로 변환하기 매우 쉽다. 각 오퍼랜드에 대한 push 명령어와 연산자에 대한 해당 산술 명령어를 내보낸다. 예를 들어 a b +는 다음과 같다.

```
push  a
push  b
add
```

그리고 c d -는 다음과 같다.

```
push  c
push  d
sub
```

물론, add는 스택의 상위 두 개 항목을 더하고, sub는 스택의 바로 아래 값에서 TOS Top of Stack를 뺀다고 가정한다.

12.1.1.5 실제 스택 컴퓨터

스택 아키텍처의 큰 장점은 이러한 컴퓨터에 대한 컴파일러를 작성하기 쉽다는 것이다. 스택 기반 컴퓨터용 에뮬레이터를 만드는 것도 매우 쉽다. 이러한 이유로 스택 아키텍처는 자바 가상 머신Java Virtual Machine, UCSD 파스칼 p-머신p-machine, 마이크로소프트 비주얼 베이직, C#, F# CIL과 같은 가상 컴퓨터(VMVirtual Machine)에서 널리 사용된다. 자바 VM의 하드웨어 구현과 같은 실제 스택 기반 CPU가 몇 개 있지만, 메모리 액세스의 성능 제한 때문에 그다지 인기는 없다. 그럼에도 불구하고, 많은 컴파일러는 실제 기계 코드를 생성하기 전에 HLL 소스 코드를 스택 기반 형식으로 변환하기 때문에, 스택 아키텍처의 기본 사항을 이해하는 것이 중요하다. 실제로 드물기는 하지만, 최악의 경우 컴파일러는 복잡한 산술식을 컴파일할 때 스택 기반 시스템을 에뮬레이트하는 코드를 내보내야 한다.

12.1.2 어큐뮬레이터 기반 컴퓨터

스택 컴퓨터 명령어 시퀀스의 단순성은 엄청난 복잡성을 숨긴다. 이전 절의 스택 기반 명령어를 살펴보자.

```
add
```

이 명령어는 간단해 보이지만, 실제로는 많은 동작을 수행한다.

- 스택 포인터가 가리키는 메모리 위치에서 오퍼랜드를 가져온다.
- 스택 포인터의 값을 ALUArithmetic/Logical Unit(산술/논리 연산 장치)로 보낸다.
- 방금 보낸 스택 포인터의 값을 감소시키도록 ALU에 지시한다.
- ALU의 값을 스택 포인터로 다시 라우팅한다.
- 스택 포인터가 가리키는 메모리 위치에서 오퍼랜드를 가져온다.
- 바로 이전 단계와 첫 번째 단계의 값을 ALU로 보낸다.

- ALU가 이 두 값을 더하도록 명령한다.
- 결과값을 스택 포인터가 가리키는 메모리 위치에 저장한다.

일반적인 스택 컴퓨터의 구조는 파이프라이닝처럼 여러 작업을 병렬로 수행하는 것이 어렵다(파이프라이닝에 대한 자세한 내용은 『Write Great Code』 시리즈 1편 참조). 스택 아키텍처는 두 가지 단점이 있다. 일반적인 명령어를 완료하는 데 많은 단계가 필요하며, 이러한 단계는 다른 작업과 병렬로 실행하기 어렵다.

스택 아키텍처의 한 가지 큰 문제는 거의 모든 것을 메모리로 이동한다는 점이다. 예를 들어 두 변수의 합을 계산하고 이 결과를 세 번째 변수에 저장하려면, 두 변수를 가져와서 스택에 저장해야 한다(네 번의 메모리 연산). 그런 다음 스택에서 두 값을 꺼내 더한 다음, 그 합계를 다시 스택에 쓴다(세 번의 메모리 연산). 마지막으로 스택에서 항목을 팝하고, 결과를 데스티네이션 메모리 위치에 저장한다(두 번의 메모리 연산). 총 아홉 번 메모리에 액세스한다. 메모리 액세스가 느리면, 두 숫자의 합을 계산하는 비용이 많이 든다.

이렇게 많은 메모리 액세스를 방지하는 한 가지 방법은 CPU 내에 범용 산술 레지스터를 제공하는 것이다. 이것이 **어큐뮬레이터 기반 컴퓨터**accumulator-based machine 시스템의 개념이다. CPU가 메모리(메모리의 스택)에서 임시 값을 계산하는 대신, 계산한 결과값을 임시로 저장할 단일 어큐뮬레이터 레지스터를 제공하자는 것이다. 어큐뮬레이터 기반 컴퓨터는 **1-주소**one-address 또는 **단일 주소 컴퓨터**single-address machine라고도 하는데, 두 오퍼랜드에서 작동하는 대부분의 명령어는 어큐뮬레이터를 계산의 디폴트 데스티네이션 오퍼랜드로 사용하고, 소스 오퍼랜드로 사용할 메모리나 상수 오퍼랜드 하나만 필요로 하기 때문이다. 어큐뮬레이터 컴퓨터의 일반적인 예는 6502로, 다음과 같은 명령어가 있다.

```
LDA constant or memory ; 어큐뮬레이터 레지스터에 로드
STA memory             ; 어큐뮬레이터 레지스터에 저장
ADD constant or memory ; 오퍼랜드 값과 어큐뮬레이터 레지스터의 값을 더한다
SUB constant or memory ; 어큐뮬레이터 레지스터의 값에서 오퍼랜드의 값을 뺀다
```

1-주소 명령어에는 주소가 0인 명령어에 없는 오퍼랜드가 필요하기 때문에, 어큐뮬레이터 기반 컴퓨터에서 발견되는 개별 명령어는 일반적인 스택 기반 컴퓨터에서 발견

되는 것보다 더 큰 경향이 있다(명령어의 일부로 오퍼랜드 주소를 인코딩해야 하기 때문인데, 자세한 내용은 『Write Great Code』 시리즈 1편을 참조하면 된다). 그러나, 동일한 작업을 수행하는 데 필요한 명령어가 더 적기 때문에, 프로그램 크기는 보통 더 작다. 예를 들어, x = y + z를 계산한다고 가정하자. 스택 컴퓨터에서는 다음과 같은 명령어 시퀀스를 사용할 수 있다.

```
push y
push z
add
pop x
```

어큐뮬레이터 시스템에서는 다음과 같은 시퀀스를 사용한다.

```
lda y
add z
sta x
```

---

push나 pop 명령이 어큐뮬레이터 시스템의 lda, add, sta 명령과 거의 같은 크기라고 가정하면(안전하게), 스택 시스템의 명령 시퀀스는 더 많은 명령이 필요하기 때문에 실제로 분명 더 길다. 스택 컴퓨터에서의 추가 명령을 무시하더라도 스택 컴퓨터에서는 아홉 번의 메모리 액세스가 필요한데, 어큐뮬레이터 컴퓨터는 세 번의 메모리 액세스(y와 z를 가져오고, x를 저장하기 위해)만 필요하기 때문에, 어큐뮬레이터 컴퓨터는 코드를 더 빨리 실행할 수 있을 것이다. 또한, 어큐뮬레이터 시스템은 계산 중에 스택 포인터 레지스터를 조작하는 데 시간을 낭비하지 않는다.

어큐뮬레이터 기반 시스템은 일반적으로 스택 기반 시스템보다 더 높은 성능을 제공하지만(방금 본 이유 때문에), 그렇다고 문제가 없는 것은 아니다. 산술 연산에 사용할 수 있는 범용 레지스터가 하나만 있다면, 시스템에 병목 현상이 발생해 **데이터 해저드**^{data hazard}를 초래한다. 많은 계산에서 애플리케이션은 표현식의 다른 구성 요소를 계산하기 위해 메모리에 임시 결과를 기록한다. 이 때문에 추가적인 메모리 액세스가 발생하는데, CPU

가 어큐뮬레이터 레지스터를 추가로 제공하면 이 문제는 피할 수 있다. 따라서, 대부분의 최신 범용 CPU는 어큐뮬레이터 기반 아키텍처를 사용하지 않고, 대신 많은 수의 범용 레지스터를 제공한다.

노트 | 데이터 해저드에 대한 논의는 『Write Great Code』 시리즈 1편을 참조하자.

어큐뮬레이터 기반 아키텍처는 조작 프로세스가 CPU 내의 기능을 제한했기 때문에, 초기 컴퓨터 시스템에서는 인기가 있었다. 그렇지만, 오늘날 저가형 임베디드 마이크로컨트롤러 외부에서는 거의 찾아볼 수 없다.

12.1.3 레지스터 기반 컴퓨터

12장에서 논의된 세 가지 아키텍처 중 **레지스터 기반 컴퓨터**register-based machine는 최고의 성능을 제공하기 때문에, 오늘날 가장 널리 사용된다. 이 아키텍처는 상당수의 CPU 레지스터를 제공함으로써, 복잡한 표현식을 계산하는 동안 CPU가 메모리에 액세스하는 횟수를 줄일 수 있다.

이론적으로 레지스터 기반 컴퓨터는 두 개의 범용 (산술 가능) 레지스터를 가질 수 있다. 실제로 이 범주에 속하는 유일한 컴퓨터는 모토로라 680x 프로세서이며, 대부분의 사람들은 이를 두 개의 개별 어큐뮬레이터가 있는 어큐뮬레이터 아키텍처의 특별한 케이스로 간주한다. 레지스터 컴퓨터는 보통 최소 여덟 개의 '범용' 레지스터를 가진다(이 숫자는 임의로 선택된 것이 아니라, 80x86 CPU, 8080 CPU, Z80 CPU에서 발견되는 범용 레지스터의 개수를 의미한다. 이는 특정 컴퓨터 아키텍처를 '레지스터 기반' 컴퓨터라고 부르는 최소한의 숫자일 것이다).

일부 레지스터 기반 시스템(32비트 80x86)에서는 사용 가능한 레지스터의 수가 적지만, 보통은 '많을수록 좋다'. 파워PC나 ARM 같은 일반적인 RISC 시스템에는 최소 16개의 범용 레지스터와 32개 이상의 레지스터가 있다. 예를 들어, 인텔의 아이테니엄Itanium 프로세서는 128개의 범용 정수 레지스터를 제공한다. IBM의 CELL 프로세서는 장치에 있는 각 프로세싱 유닛에 128개의 레지스터를 제공한다(각 프로세싱 유닛processing unit은 특정 작업을 수행할 수 있는 미니 CPU다). 일반적인 CELL 프로세서에는 파워PC CPU 코어와 여덟 개의 프로세싱 유닛이 포함되어 있다.

범용 레지스터를 가능한 한 많이 가지려는 이유는 메모리 액세스를 피하기 위해서다. 어큐뮬레이터 기반 컴퓨터에서 어큐뮬레이터는 계산에 사용되는 임시 레지스터지만, 다른 용도로도 어큐뮬레이터가 필요하기 때문에 오랫동안 변수 값을 저장할 수 없다. 레지스터가 많은 레지스터 시스템에서는 레지스터에 특정 (자주 사용되는) 변수를 저장할 수 있으므로, 해당 변수를 사용할 때는 메모리에 액세스할 필요가 전혀 없다. 대입문 x : = y + z; 를 생각해보자. 레지스터 기반 컴퓨터(예: 80x86)에서 다음 HLA 코드를 사용해 이 결과를 계산할 수 있다.

```
// 참고
// x는 EBX에, y는 ECX에, z는 EDX에 있다고 가정한다

mov( ecx, ebx );
add( edx, ebx );
```

여기에는 두 개의 명령어만 있으면 되고, 변수에 대한 메모리 액세스는 필요 없다. 이는 어큐뮬레이터나 스택 기반 아키텍처보다 훨씬 더 효율적이다. 이 예에서 레지스터 기반 아키텍처가 현대 컴퓨터 시스템에서 널리 퍼진 이유를 알 수 있다.

다음 절에서 살펴보겠지만, 레지스터 시스템은 특정 CPU의 아키텍처에 따라 2-주소 시스템이나 3-주소 시스템으로 주로 설명할 수 있다.

12.1.4 산술식의 일반 형식

컴퓨터 설계자는 일반적인 소스 파일을 광범위하게 연구하는데, 그들은 할당 문의 상당수가 다음 형식 중 하나에 해당한다는 것을 발견했다.

```
var = var2;
var = constant;
var = op var2;
var = var op var2;
var = var2 op var3;
```

다른 할당 문이 존재하더라도, 이러한 형식 중 하나를 사용하는 프로그램의 명령문 셋은 일반적으로 다른 할당 문 그룹보다 크다. 따라서, 컴퓨터 설계자는 이러한 형식을 효율적으로 처리하기 위해 CPU를 최적화한다.

12.1.5 3-주소 아키텍처

많은 컴퓨터가 **3-주소 아키텍처**three-address architecture를 사용한다. 즉, 산술 명령문은 세 개의 오퍼랜드(두 개의 소스 오퍼랜드와 데스티네이션 오퍼랜드)를 지원한다. 예를 들어, 대부분의 RISC CPU는 두 오퍼랜드의 값을 더하고 그 결과를 세 번째 오퍼랜드에 저장하는 add 명령어를 제공한다.

---

add *source1, source2, dest*

이러한 아키텍처에서 오퍼랜드는 대개 시스템 레지스터(또는, 작은 상수)이므로, 다음과 같은 명령어를 주로 사용한다(레지스터를 나타내는 이름으로 $R0$, $R1$, ..., Rn을 사용한다고 가정하자).

---

add r0, r1, r2   ; r2 := r0 + r1 계산

RISC 컴파일러는 레지스터에 변수를 저장하려고 하기 때문에, 다음 명령어는 이전 절에서 제공된 마지막 할당 문을 처리한다.

---

var = var2 op var3;

다음과 같은 형식의 할당 문 처리는 상대적으로 쉽다.

---

var = var op var2;

다음과 같이 데스티네이션 레지스터를 소스 오퍼랜드 중 하나로 사용하면 된다.

```
add r0, r1, r0 ; r0  := r0 + r1 계산
```

3-주소 아키텍처의 단점은 세 개의 오퍼랜드 각각을 모두 지원하는 명령어로 인코딩 해야 한다는 것이다. 이것이 세 개 오퍼랜드의 명령어가 레지스터 오퍼랜드에서만 작동 하는 이유다. 세 개의 메모리 주소를 각각 분리해서 인코딩하는 것은 비용이 많이 들 수 있다(VAX 프로그래머에게 물어볼 것). DEC VAX 컴퓨터 시스템은 3-주소 CISC 시스템의 좋은 예다.

12.1.6 2-주소 아키텍처

80x86 아키텍처는 **2-주소 시스템**two-address machine으로 알려져 있다. 이 아키텍처에서 소스 오퍼랜드 중 하나는 데스티네이션 오퍼랜드이기도 하다. 다음 80x86/HLA add 명령을 살 펴보자.

```
add( ebx, eax );  ; eax := eax + ebx; 계산
```

80x86과 같은 2-주소 시스템은 이전에 주어진 처음 네 가지 형식의 할당 문을 단일 명령으로 처리할 수 있다. 그러나, 마지막 형식에는 두 개 이상의 명령과 임시 레지스터 가 필요하다. 예를 들어, 다음을 계산하려면,

```
var1 = var2 + var3;
```

다음 코드를 사용해야 한다(*var2*와 *var3*이 메모리 변수이고, 컴파일러가 *var1*을 EAX 레지 스터에 넣는다고 가정하자).

```
mov( var2, eax );
add( var3, eax );  // 결과(var1)는 EAX에 있다
```

12.1.7 구조적 차이와 코드

1-주소, 2-주소, 3-주소 아키텍처에는 다음과 같은 계층 구조가 있다.

$$1\text{-주소} \subset 2\text{-주소} \subset 3\text{-주소}$$

즉, 2-주소 시스템은 1-주소 시스템이 할 수 있는 모든 것을 할 수 있고, 3-주소 시스템은 1-주소나 2-주소 시스템이 할 수 있는 모든 것을 할 수 있다. 증명은 매우 간단하다.[2]

- 2-주소 시스템이 1-주소 시스템이 할 수 있는 모든 작업을 수행할 수 있음을 나타내려면, 2-주소 시스템에서 하나의 레지스터를 선택하고 1-주소 아키텍처를 시뮬레이션할 때 '어큐뮬레이터'로 사용하면 된다.
- 3-주소 시스템이 2-주소 시스템이 할 수 있는 모든 작업을 수행할 수 있음을 나타내려면, 소스 오퍼랜드 중 하나와 데스티네이션 오퍼랜드에 동일한 레지스터를 사용하고 모든 연산을 두 개의 레지스터(오퍼랜드/주소)로 제한한다.

이 계층 구조를 고려할 때, 1-주소 시스템에서 잘 실행되도록 작성하는 코드를 제한하면, 모든 시스템에서 좋은 결과를 얻을 수 있다고 생각할 수 있다. 실제로 오늘날 사용 가능한 대부분의 범용 CPU는 2-주소 또는 3-주소 시스템이므로, 1-주소 시스템에 맞게 코드를 작성하면 2-주소나 3-주소 시스템에서 가능한 최적화는 제한할 수 있다. 최적화 품질은 컴파일러마다 매우 다르므로, 이런 생각은 상당히 어려울 것이다. 컴파일러가 최상의 코드를 생성하도록 하려면, 앞의 다섯 가지 형식(12.1.4절 '산술식의 일반 형식') 중 하나를 사용하는 식을 만들어야 한다. 대부분의 최신 프로그램은 2-주소 또는 3-주소 시스템에서 실행되기 때문에, 12장의 나머지 부분에서는 2-주소나 3-주소 시스템 환경이라고 가정한다.

---

2   기술적으로 이 증명을 완료하려면 1-주소 시스템으로는 할 수 없지만 2-주소로는 할 수 있고, 2-주소 시스템으로는 할 수 없지만 3-주소로는 작업을 수행할 수 있음을 증명해야 한다. 이 증명은 비교적 간단하기 때문에, 독자를 위한 연습 문제로 남겨 두겠다.

12.1.8 복잡한 표현식

표현식이 앞의 다섯 가지 형식보다 복잡해지면, 컴파일러는 이를 평가하기 위해 두 개 이상의 명령어 시퀀스를 생성해야 한다. 코드를 컴파일할 때, 대부분의 컴파일러는 복잡한 표현식을 다음 예제와 같이 의미상 동일한 '3-주소 명령문three-address statement' 시퀀스로 내부적으로 변환한다.

```
// complex = ( a + b ) * ( c - d ) - e/f;

temp1 = a + b;
temp2 = c - d;
temp1 = temp1*temp2;
temp2 = e/f;
complex = temp1 - temp2;
```

보다시피 이 다섯 개의 명령문은 주석에 나타나는 복잡한 표현과 의미상 동일하다. 계산의 주요 차이점은 두 개의 임시 값(temp1과 temp2)이 도입된다는 것이다. 대부분의 컴파일러는 이러한 임시 값을 유지하기 위해 시스템 레지스터를 사용하려고 한다.

컴파일러는 내부적으로 복잡한 명령어를 일련의 3-주소 명령문으로 변환하는데, 이렇게 복잡한 표현식을 3-주소 명령문으로 직접 변환해 표현하면 도움이 될지 궁금할 것이다. 답은 컴파일러마다 다르다. 많은 (좋은) 컴파일러의 경우, 복잡한 계산을 더 작은 조각으로 나누면 실제로 컴파일러가 특정 시퀀스를 최적화하는 기능을 방해할 수 있다. 따라서, 산술식과 관련해 대부분의 경우, 프로그래머는 프로그래머가 할 일(가능한 한 명확하게 코드를 작성)을 하고, 컴파일러는 컴파일러의 일(결과 최적화)을 수행하도록 해야 한다. 그러나, 기본적으로 2-주소나 3-주소로 변환되는 형식을 사용해 계산할 수 있다면, 그렇게 하는 것이 좋다. 컴파일러가 생성하는 코드에는 영향을 미치지 않지만, 특정 상황에서 컴파일러가 더 나은 코드를 생성하는 데 도움이 될 수 있다. 어느 쪽이든 결과 코드가 덜 복잡하다면, 읽고 유지하기는 더 쉬울 것이다.

12.2 산술문 최적화

HLL 컴파일러는 원래 프로그래머가 소스 코드에서 대수와 유사한 표현을 사용할 수 있도록 설계됐기 때문에, 잘 연구된 컴퓨터 과학 분야 중 하나다. 합리적인 최적화를 제공하는 대부분의 최신 컴파일러는 산술식을 기계어 코드로 번역하는 일을 훌륭히 수행한다. 일반적으로 사용 중인 컴파일러가 산술식을 최적화하는데, 프로그래머의 도움은 그다지 필요하지 않다고 가정할 수 있다(그렇다면, 수동으로 코드를 최적화하는 대신 더 나은 컴파일러를 도입하는 것이 좋다).

컴파일러가 수행하는 작업에 대한 이해를 돕기 위해, 이 절에서는 최신 최적화 컴파일러에서 제공하는 몇 가지 일반적인 최적화를 설명한다. (괜찮은) 컴파일러가 하는 일을 이해하면, 컴파일러가 처리할 수 있는 것들을 수동으로 최적화하는 번거로움을 피할 수 있다.

12.2.1 상수 폴딩

상수 폴딩constant folding은 런타임에 결과를 계산하기 위해 코드를 내보내지 않고, 컴파일 타임에 상수 표현식이나 부분식의 값을 계산하는 최적화다. 예를 들어, 이 최적화를 지원하는 파스칼 컴파일러는 i := 5 + 6; 명령문에 대한 기계어 코드를 생성하기 전에 i := 11; 로 변환한다. 이렇게 하면, 런타임에 실행해야 하는 add 명령을 생략해도 되므로 실행 시간이 절약된다. 또 다른 예로 16MB의 스토리지가 포함된 배열을 할당한다고 가정하자. 이를 수행하는 한 가지 방법은 다음과 같다.

```
char bigArray[ 16777216 ]; // 16MB 스토리지
```

이 액세스 방식의 유일한 문제점은 16,777,216이 매직 넘버라는 것이다. 이 숫자는 다른 임의의 값이 아닌 2^{24} 값을 나타낸다. 이제 다음 C/C++ 선언을 생각해보자.

```
char bigArray[ 16*1024*1024 ]; // 16MB 스토리지
```

대부분의 프로그래머는 1,024 곱하기 1,024는 이진수로 100만이라는 것을 알고 있으며, 이 값의 16배는 16메가 정도라는 것을 알고 있다. 여기서는 부분식 16*1024*1024가 16,777,216과 같다는 사실을 알아야 한다. 이 패턴은 16777216(또는 16777214?)보다 16MB(최소한 문자 배열 내에서 사용될 때)로 인식하기 쉽다. 두 경우 모두 컴파일러가 할당하는 스토리지양은 정확히 동일하지만, 두 번째 경우가 더 읽기 쉽다. 따라서 더 나은 코드라 할 수 있다.[3]

변수 선언이 컴파일러가 이 최적화를 사용할 수 있는 유일한 영역은 아니다. 상수 오퍼랜드를 포함하는 모든 산술식(또는 부분식)은 상수 폴딩의 후보다. 따라서, 결과를 직접 계산하는 대신 상수 표현식을 사용해 산술식을 더 명확하게 작성할 수 있다면, 더 읽기 쉬운 버전을 선택하고 컴파일 타임에 상수 계산을 처리하도록 컴파일러에 맡겨야 한다. 컴파일러가 상수 폴딩을 지원하지 않는 경우, 모든 상수 계산을 수동으로 수행해 확실히 시뮬레이션할 수도 있다. 그러나, 이 작업은 최후의 수단으로만 사용해야 한다. 더 좋은 컴파일러를 찾는 것이 대부분 더 나은 선택이다.

일부 좋은 최적화 컴파일러는 상수 폴딩 시 극단적인 조치를 취할 수 있다. 예를 들어, 최적화 수준이 충분히 높은 일부 컴파일러는 상수 매개변수를 사용해 특정 함수 호출을 해당 상수 값으로 대체한다. 예를 들어, 어떤 컴파일러는 sineR = sin(0); 형식의 C/C++ 명령문을 컴파일하는 동안 sineR = 0;으로 번역할 수 있다(0 radian의 sin 값은 0이므로). 그러나, 이러한 유형의 상수 폴딩은 그다지 일반적이지 않으며, 보통 특별한 컴파일러 모드에서 활성화된다.

특정 컴파일러가 상수 폴딩을 지원하는지 여부가 궁금하다면, 컴파일러가 어셈블리 리스트를 생성하고 출력하는 것을 살펴보면 된다(또는, 디버거를 사용해 디스어셈블된 출력을 봐도 된다). 다음은 C/C++로 작성된 간단한 예제다(비주얼 C++로 컴파일된).

```
#include <stdio.h>
int main(int argc, char **argv)
{
```

---

3 물론, 숫자 표현식 대신 명백한 상수를 사용하는 것이 더 좋은 방법일 수도 있다. 그러나, 어떤 시점에서 상수 값을 실제로 정의해야 할 수 있다. 따라서, 16*1024*1024를 사용하는 정의는 16777216을 사용하는 것보다 낫다.

```
    int i = 16*1024*1024;
    printf( "%d\n", i);
    return 0;
}
```
// 위의 시퀀스에 대한 어셈블리 출력(최적화 해제됨!)

```
        mov     DWORD PTR i$[rsp], 16777216          ; 01000000H
        mov     edx, DWORD PTR i$[rsp]
        lea     rcx, OFFSET FLAT:$SG7883
        call    printf
```

다음은 자바로 작성된 비슷한 프로그램이다.

```
public class Welcome
{
    public static void main( String[] args )
    {
        int i = 16*1024*1024;
        System.out.println( i );
    }
}
```

// 컴파일러에서 생성한 JBC

```
javap -c Welcome
Compiled from "Welcome.java"
public class Welcome extends java.lang.Object{
public Welcome();
  Code:
   0:   aload_0

        ; //Method java/lang/Object."<init>":()V
   1:   invokespecial   #1

   4:   return

public static void main(java.lang.String[]);
  Code:
```

```
  0:   ldc #2; //int 16777216
  2:   istore_1

       ; //Field java/lang/System.out:Ljava/io/PrintStream;
  3:   getstatic   #3

 6: iload_1

       ; //Method java/io/PrintStream.println:(I)V
  7:   invokevirtual   #4 10: return

}
```

ldc #2 명령어는 상수 풀^{constant pool}에서 스택으로 상수를 푸시한다. 이 바이트코드 명령어에 첨부된 주석은 자바 컴파일러가 16*1024*1024를 단일 상수 16777216으로 변환했다는 것을 설명한다. 자바는 런타임에 이를 계산하는 대신, 컴파일 타임에 상수 폴딩을 수행한다.

다음은 main 프로그램과 관련된 부분[4]에 대해 생성된 어셈블리 코드와 유사한 스위프트 프로그램이다.

```
import Foundation

var i:Int = 16*1024*1024
print( "i=\(i)" )

// code produced by
// "xcrun -sdk macosx
//      swiftc -O -emit-assembly main.swift -o result.asm"

    movq    $16777216, _$S6result1iSivp(%rip)
```

---

4   스위프트는 언어가 상수 폴딩을 수행하는지 여부와 관계없이 상당한 추가 코드를 생성하므로, 여기에 추가 코드는 표시되지 않는다.

보다시피 스위프트는 상수 폴딩 최적화도 지원한다.

12.2.2 상수 전달

상수 전달constant propagation은 컴파일러가 가능하다고 판단하는 경우, 변수 액세스를 상수 값으로 대체하기 위해 컴파일러에서 사용하는 최적화다. 예를 들어, 상수 전달을 지원하는 컴파일러는 다음과 같은 최적화를 수행한다.

```
// 원래 코드

    variable = 1234;
    result = f( variable );

// 상수 전달 최적화 후의 코드

    variable = 1234;
    result = f( 1234 );
```

오브젝트 코드에서는 **이미디어트 상수**immediate constant를 조작하는 것이 변수를 조작하는 것보다 더 효율적이다. 따라서, 상수 전달은 종종 훨씬 더 좋은 코드를 생성한다. 어떤 경우에는 상수 전달을 통해 컴파일러가 특정 변수와 명령문을 모두 제거할 수도 있다(이 예제에서 컴파일러는 소스 코드에서 변수 오브젝트에 대한 이후 참조가 없는 경우, variable = 1234를 제거할 수 있다).

어떤 경우에는 잘 작성된 컴파일러가 상수 폴딩과 관련된 터무니없는 최적화를 수행할 수도 있다. 다음 C 코드를 살펴보자.

```
#include <stdio.h>
static int rtn3( void )
{
    return 3;
}
int main( void )
{
```

```
        printf( "%d", rtn3() + 2 );
        return( 0 );
}
```

다음은 GCC가 -03(최대) 최적화 옵션을 사용해 생성하는 80x86 출력이다.

```
.LC0:
        .string "%d"
        .text
        .p2align 2,,3
.globl main
        .type   main,@function
main:
        ; main의 활성화 레코드를 만든다

        pushl   %ebp
        movl    %esp, %ebp
        subl    $8, %esp
        andl    $-16, %esp
        subl    $8, %esp

        ; "rtn3()+5"의 결과 출력

        pushl   $5        ; 상수 전달/상수 폴딩을 동시에 사용!
        pushl   $.LC0
        call    printf
        xorl    %eax, %eax
        leave
        ret
```

얼핏 보면, rtn3() 함수가 어느 곳에도 없다는 것을 알 수 있다. -03 커맨드라인 옵션이 활성화된 상태에서 GCC는 rtn3()이 단순히 상수를 반환한다는 것을 알아냈으므로, rtn3()을 호출하는 모든 곳에서 상수 반환 결과를 전달한다. printf() 함수를 호출할 때, 상수 전달과 상수 폴딩의 조합으로 코드가 printf() 함수에 전달하는 단일 상수 5가 생성됐다.

상수 폴딩과 마찬가지로, 컴파일러가 상수 전달을 지원하지 않는 경우 수동으로 시뮬레이션할 수 있지만, 이는 최후의 수단으로 남겨 두자. 다시 말하지만, 더 좋은 컴파일러를 찾는 것이 거의 항상 더 나은 선택이다.

컴파일러의 어셈블리 언어 출력을 켜면, 컴파일러가 상수 전달을 지원하는지 확인할 수 있다. 예를 들어, 다음 비주얼 C++의 출력을 보자(/O2 최적화 레벨이 설정된).

```c
#include <stdio.h>


int f(int a)
{
    return a + 1;
}

int main(int argc, char **argv)
{
    int i = 16*1024*1024;
    int j = f(i);
    printf( "%d\n", j);
}

// 위 코드에 대한 어셈블리 언어 출력

main    PROC                                    ; COMDAT

$LN6:
        sub     rsp, 40                         ; 00000028H

        mov     edx, 16777217                   ; 01000001H
        lea     rcx, OFFSET FLAT:??_C@_02DPKJAMEF@?$CFd?$AA@
        call    printf

        xor     eax, eax
        add     rsp, 40                         ; 00000028H
        ret     0
main    ENDP
```

보다시피 비주얼 C++는 i와 j 변수뿐만 아니라 f() 함수도 제거했다. 컴파일 타임에 함수 결과(i + 1)를 계산하고, 모든 계산을 상수 16777217(16*1024*1024 + 1)로 대체했다. 다음은 자바를 사용한 예다.

```java
public class Welcome
{
    public static int f( int a ) { return a+1;}
    public static void main( String[] args )
    {
        int i = 16*1024*1024;
        int j = f(i);
        int k = i+1;
        System.out.println( j );
        System.out.println( k );
    }
}

// 이 자바 소스 코드에 대해 생성된 JBC
```

```
javap -c Welcome
Compiled from "Welcome.java"
public class Welcome extends java.lang.Object{
public Welcome();
  Code:
   0:   aload_0

        ; //Method java/lang/Object."<init>":()V
   1:   invokespecial   #1
   4:   return

public static int f(int);
  Code:
   0:   iload_0
   1:   iconst_1
   2:   iadd
```

```
  3:    ireturn

public static void main(java.lang.String[]);
  Code:
  0:    ldc #2; //int 16777216
  2:    istore_1
  3:    iload_1
  4:    invokestatic    #3; //Method f:(I)I
  7:    istore_2
  8:    iload_1
  9:    iconst_1
  10:   iadd
  11:   istore_3

        ; //Field java/lang/System.out:Ljava/io/PrintStream;
  12:   getstatic    #4
  15:   iload_2

        ; //Method java/io/PrintStream.println:(I)V
  16:   invokevirtual    #5

        ; //Field java/lang/System.out:Ljava/io/PrintStream;
  19:   getstatic    #4
  22:   iload_3

        ; //Method java/io/PrintStream.println:(I)V
  23:   invokevirtual    #5
  26:   return
}
```

이 자바 바이트코드는 자바 컴파일러(자바 버전 "1.6.0_65")가 상수 전달 최적화를 지원하지 않는다는 것을 보여준다. f() 함수뿐 아니라 변수 i와 j도 제거하지 않고, 적절한 상수를 전달하는 대신 i의 값을 함수 f()에 전달한다. 자바의 바이트코드 해석이 성능에 큰 영향을 미치므로, 상수 전달과 같은 간단한 최적화는 성능에 그다지 영향을 미치지 않는다고 주장할 수도 있다.

다음은 컴파일러의 어셈블리 출력과 스위프트로 작성된 비슷한 프로그램이다.

```
import Foundation

func f( _ a:Int ) -> Int
{
    return a + 1
}
let i:Int = 16*1024*1024
let j = f(i)
print( "i=\(i), j=\(j)" )

// 다음 명령을 통한 어셈블리 출력
// xcrun -sdk macosx swiftc -O -emit-assembly main.swift -o result.asm

    movq    $16777216, _$S6result1iSivp(%rip)
    movq    $16777217, _$S6result1jSivp(%rip)
    .
    .    // 스위프트 소스와 관련이 없는 많은 코드
    .
    movl    $16777216, %edi
    callq   _$Ss26_toStringReadOnlyPrintableySSxs06CustomB11ConvertibleRzlFSi_Tg5
    .
    .
    .
    movl    $16777217, %edi
    callq   _$Ss26_toStringReadOnlyPrintableySSxs06CustomB11ConvertibleRzlFSi_Tg5
```

스위프트 컴파일러는 런타임 시스템을 지원하기 위해 엄청난 양의 코드를 생성하므로, 스위프트를 최적화 컴파일러라고 할 수는 없다. 다시 말해, 생성되는 어셈블리 코드는 스위프트가 상수 전달 최적화를 지원한다는 것을 보여준다. f() 함수를 제거하고, 계산 결과 상수를 i와 j의 값을 프린트하는 호출로 전달한다. i와 j를 제거하지는 않지만(아마도 런타임 시스템과 관련된 일부 일관성 문제로 인해), 컴파일된 코드를 통해 상수를 전달한다.

스위프트 컴파일러가 생성하는 과도한 양의 코드를 감안할 때, 이 최적화가 가치 있는지는 의문이다. 그러나, 모든 추가 코드(여기서 출력하기에는 너무 많으므로 직접 살펴보자)를 사용하더라도, 출력은 여전히 변환된 자바 코드보다 빠르게 실행된다.

12.2.3 죽은 코드 제거

죽은 코드 제거^{dead code elimination}는 프로그램이 해당 명령문의 결과를 다시 사용하지 않는 경우, 특정 소스 코드 명령문과 관련된 오브젝트 코드를 제거하는 것이다. 이는 프로그래밍 오류의 결과로 종종 생긴다(왜 값을 계산하고 사용하지 않을까?). 컴파일러가 소스 파일에서 죽은 코드를 발견하면, 코드의 논리를 확인하도록 경고할 수 있다. 그러나 경우에 따라서는 초기 최적화로 인해 죽은 코드가 생성될 수 있다. 예를 들어, 앞의 예제에서 variable에 대한 상수 전달 결과로 variable = 1234가 생성되는데, 이는 죽은 코드다. 죽은 코드 제거를 지원하는 컴파일러는 오브젝트 파일에서 이 명령문에 대한 오브젝트 코드를 조용히 제거한다.

죽은 코드 제거의 예로, 다음 C 프로그램과 해당 어셈블리 코드를 살펴보자.

```c
static int rtn3( void )
{
    return 3;
}

int main( void )
{
    int i = rtn3() + 2;

    // 이 프로그램은 i 값을 다시는 사용하지 않는다

    return( 0 );
}
```

다음은 -O3 커맨드라인 옵션이 제공될 때, GCC가 내보내는 32비트 80x86 코드다.

```
.file   "t.c"
        .text
        .p2align 2,,3
.globl main
        .type   main,@function
main:
```

```
        ; main의 활성화 레코드를 만든다

        pushl   %ebp
        movl    %esp, %ebp
        subl    $8, %esp
        andl    $-16, %esp

        ; i에 대한 대입문이 없다는 점을 주의하자

        ; main 함수 결과값으로 0을 반환한다

        xorl    %eax, %eax
        leave
        ret
```

이제 최적화가 활성화되지 않은 경우, GCC의 80x86 출력을 살펴보자.

```
.file   "t.c"
        .text
        .type   rtn3,@function
rtn3:
        pushl   %ebp
        movl    %esp, %ebp
        movl    $3, %eax
        leave
        ret
.Lfe1:
        .size   rtn3,.Lfe1-rtn3
.globl main
        .type   main,@function
main:
        pushl   %ebp
        movl    %esp, %ebp
        subl    $8, %esp
        andl    $-16, %esp
        movl    $0, %eax
        subl    %eax, %esp
```

```
; 함수 호출과 계산에 주목

    call    rtn3
    addl    $2, %eax
    movl    %eax, -4(%ebp)

; 함수 결과값으로 0을 반환한다

    movl    $0, %eax
    leave
    ret
```

실제로 이 책 전체에서 프로그램 예제가 다양한 값을 표시하기 위해, printf()와 같은 함수를 호출하는 주된 이유 중 하나는 해당 값을 명시적으로 사용해 죽은 코드 제거가 어셈블리 출력 파일에서 검사 중인 코드를 지우는 것을 방지하는 데 있다. 이렇게 많은 C 프로그램 예제에서 최종 printf()를 제거하면, 대부분의 어셈블리 코드는 죽은 코드 제거로 인해 사라진다.

다음은 비주얼 C++의 이전 C++ 코드 출력이다.

```
; 마이크로소프트(R) 최적화 컴파일러 버전 19.00.24234.1에서 생성된 리스트

include listing.inc

INCLUDELIB LIBCMT
INCLUDELIB OLDNAMES

PUBLIC main
; Function compile flags: /Ogtpy
; File c:\users\rhyde\test\t\t\t.cpp
_TEXT   SEGMENT
main    PROC

        xor     eax, eax

        ret     0
main    ENDP
```

```
_TEXT    ENDS
; Function compile flags: /Ogtpy
; File c:\users\rhyde\test\t\t\t.cpp
_TEXT    SEGMENT
rtn3     PROC

         mov      eax, 3

         ret      0
rtn3     ENDP
_TEXT    ENDS
END
```

GCC와 달리 비주얼 C++는 rtn3() 함수를 제거하지 않았다. 그러나, main 프로그램에서 i에 대한 할당과 rtn3()에 대한 호출이 제거됐다.

다음은 이와 같은 자바 프로그램과 JBC 출력이다.

```
public class Welcome
{
    public static int rtn3() { return 3;}
    public static void main( String[] args )
    {
        int i = rtn3();
    }
}

// JBC 출력

public class Welcome extends java.lang.Object{
public Welcome();
  Code:
   0:    aload_0

         ; //Method java/lang/Object."<init>":()V
   1:    invokespecial    #1
   4:    return
```

```
public static int rtn3();
  Code:
   0:   iconst_3
   1:   ireturn

public static void main(java.lang.String[]);
  Code:
   0:   invokestatic    #2; //Method rtn3:()I
   3:   istore_1
   4:   return

}
```

처음에는 자바가 죽은 코드 제거를 지원하지 않는 것처럼 보인다. 그러나, 문제는 예제 코드가 컴파일러에서 이 최적화를 트리거하지 않는다는 것이다. 컴파일러에 더 명확히 지시해보자.

```
public class Welcome
{
    public static int rtn3() { return 3;}
    public static void main( String[] args )
    {
        if( false )
        { int i = rtn3();
        }
    }
}
```

// 출력 바이트코드는 다음과 같다

```
Compiled from "Welcome.java"
public class Welcome extends java.lang.Object{
public Welcome();
  Code:
   0:   aload_0

        ; //Method java/lang/Object."<init>":()V
```

```
  1:    invokespecial    #1
  4:    return

public static int rtn3();
  Code:
  0:    iconst_3
  1:    ireturn

public static void main(java.lang.String[]);
  Code:
  0:    return

}
```

이제 우리는 자바 컴파일러에 사용할 무언가를 제공했다. main 프로그램은 rtn3()에 대한 호출과 i에 대한 할당을 제거한다. 최적화는 GCC나 비주얼 C++의 최적화만큼 똑똑하지 않지만, (적어도) 어떤 경우에는 작동한다. 안타깝게도, 상수 전달 없는 자바는 죽은 코드를 제거할 수 있는 많은 기회를 놓친다.

다음은 이전 예제에 해당하는 스위프트 코드다.

```
import Foundation

func rtn3() -> Int
{
    return 3
}
let i:Int = rtn3()
// 어셈블리 언어 출력

_main:
    pushq    %rbp
    movq     %rsp, %rbp
    movq     $3, _$S6result1iSivp(%rip)
    xorl     %eax, %eax
    popq     %rbp
    retq
```

```
        .private_extern _$S6result4rtn3SiyF
        .globl _$S6result4rtn3SiyF
        .p2align    4, 0x90
_$S6result4rtn3SiyF:
    pushq   %rbp
    movq    %rsp, %rbp
    movl    $3, %eax
    popq    %rbp
    retq
```

스위프트는 죽은 코드 제거를 지원하지 않는다(적어도 이 예제에서는). 그러므로, 자바에서 했던 것과 동일한 작업을 시도해본다. 다음 코드를 살펴보자.

```
import Foundation

func rtn3() -> Int
{
    return 3
}
if false
{
    let i:Int = rtn3()
}

// 어셈블리 출력

_main:
    pushq   %rbp
    movq    %rsp, %rbp
    xorl    %eax, %eax
    popq    %rbp
    retq

        .private_extern _$S6result4rtn3SiyF
        .globl _$S6result4rtn3SiyF
        .p2align    4, 0x90
_$S6result4rtn3SiyF:
    pushq   %rbp
```

```
movq    %rsp, %rbp
movl    $3, %eax
popq    %rbp
retq
```

이 코드를 컴파일하면 죽은 코드에 대한 경고 리스트가 생성되고, 출력은 스위프트가 죽은 코드 제거를 지원한다는 것을 보여준다. 스위프트는 상수 전달을 지원하기 때문에, 자바처럼 죽은 코드를 제거할 기회를 놓치지는 않는다(스위프트가 GCC나 비주얼 C++를 따라잡기 전에 좀 더 분발해야 한다).

12.2.4 공통 부분식 제거

종종 몇몇 표현식의 일부(부분식subexpression)가 현재 함수의 다른 곳에 나타날 수 있다. 부분식에 나타나는 변수 값에 변경 사항이 없는 경우, 프로그램은 해당 값을 두 번 계산할 필요가 없다. 그 대신, 첫 번째 결과에서 부분식의 값을 저장한 다음, 부분식이 다시 나타나는 모든 곳에서 해당 값을 사용한다. 예를 들어, 다음 파스칼 코드를 살펴보자.

```
complex := ( a + b )*( c - d ) - ( e div f );
lessSo := ( a + b ) - ( e div f );
quotient := e div f;
```

괜찮은 컴파일러는 이것을 다음과 같은 3-주소 명령문 시퀀스로 변환할 수 있다.

```
temp1 := a + b;
temp2 := c - d;
temp3 := e div f;
complex := temp1*temp2;
complex := complex - temp3;
lessSo := temp1 - temp3;
quotient := temp3;
```

앞의 명령문은 부분식 (a + b)를 두 번 사용하고, 부분식 (e div f)를 세 번 사용하는 데, 3-주소 코드 시퀀스는 이러한 부분식을 한 번만 계산해서 나중에 공통 부분식이 나타날 때 해당 값을 사용한다.

또 다른 예로 다음 C/C++ 코드를 살펴보자.

```c
#include <stdio.h>

static int i, j, k, m, n;
static int expr1, expr2, expr3;

extern int someFunc( void );

int main( void )
{
    // 다음은 최적화를 혼동시키는 트릭이다
    // 외부 함수를 호출할 때,
    // 최적화 프로그램은 이 함수가 반환하는 값에 대해
    // 아무것도 알지 못하므로
    // 값을 최적화할 수 없다
    // 이 코드는, 이 예제를 통해 최적화를 보여주기 위해 수행된다
    // (즉, 컴파일러는 일반적으로 모든 것을 최적화하는데,
    // 다음 트릭 없는 실제 예제에서
    // 최적화 프로그램이 생성하는 코드를 볼 수 없다)

    i = someFunc();
    j = someFunc();
    k = someFunc();
    m = someFunc();
    n = someFunc();

    expr1 = (i+j)*(k*m+n);
    expr2 = (i+j);
    expr3 = (k*m+n);

    printf( "%d %d %d", expr1, expr2, expr3 );
    return( 0 );
}
```

다음은 이전 C 코드에 대해, GCC가 -O3 옵션을 사용해 생성하는 32비트 80x86 어셈블리 파일이다.

```
.file "t.c"
        .section        .rodata.str1.1,"aMS",@progbits,1
.LC0:
        .string "%d %d %d"
        .text
        .p2align 2,,3
.globl main
        .type   main,@function
main:
        ; 활성화 레코드 만들기

        pushl   %ebp
        movl    %esp, %ebp
        subl    $8, %esp
        andl    $-16, %esp

        ; i, j, k, m, n 초기화

        call    someFunc
        movl    %eax, i
        call    someFunc
        movl    %eax, j
        call    someFunc
        movl    %eax, k
        call    someFunc
        movl    %eax, m
        call    someFunc ;n's value is in EAX.

        ; EDX = k*m+n을 계산하고
        ; ECX = i+j를 계산하기

        movl    m, %edx
        movl    j, %ecx
        imull   k, %edx
        addl    %eax, %edx
```

```
addl    i, %ecx
```

; EDX는 *expr3*이며
; printf를 위해 스택에 푸시한다

```
pushl   %edx
```

; n의 값을 저장한다

```
movl    %eax, n
movl    %ecx, %eax
```

; ECX는 *expr2*이며
; printf를 위해 스택에 푸시한다

```
pushl   %ecx
```

; *expr1*은 두 부분식(현재 EDX와 EAX에 저장됨)의 곱이므로,
; 해당 곱을 계산하고, 그 결과를 printf의 스택에 푸시한다

```
imull   %edx, %eax
pushl   %eax
```

; printf의 문자열 포맷 주소를 푸시한다

```
pushl   $.LC0
```

; 변수 값들을 저장한 다음,
; printf를 호출해 값들을 출력한다

```
movl    %eax, expr1
movl    %ecx, expr2
movl    %edx, expr3
call    printf
```

; main 함수의 결과로 0을 반환한다

```
xorl    %eax, %eax
leave
ret
```

컴파일러가 공통 부분식의 결과를 어떻게 다양한 레지스터에 저장하는지 주의해서 살펴보자(자세한 내용은 어셈블리 출력의 주석들을 참조한다).

다음은 비주얼 C++의 (64비트) 출력이다.

```
_TEXT   SEGMENT
main    PROC

$LN4:
        sub     rsp, 40                                 ; 00000028H

        call    someFunc
        mov     DWORD PTR i, eax

        call    someFunc
        mov     DWORD PTR j, eax

        call    someFunc
        mov     DWORD PTR k, eax

        call    someFunc
        mov     DWORD PTR m, eax

        call    someFunc

        mov     r9d, DWORD PTR m

        lea     rcx, OFFSET FLAT:$SG7892
        imul    r9d, DWORD PTR k
        mov     r8d, DWORD PTR j
        add     r8d, DWORD PTR i
        mov     edx, r8d
        mov     DWORD PTR n, eax
        mov     DWORD PTR expr2, r8d
        add     r9d, eax
        imul    edx, r9d
        mov     DWORD PTR expr3, r9d
        mov     DWORD PTR expr1, edx
        call    printf
```

```
        xor     eax, eax

        add     rsp, 40                              ; 00000028H
        ret     0
main    ENDP
_TEXT   ENDS
```

x86-64에서 사용할 수 있는 추가 레지스터 덕분에 비주얼 C++는 레지스터에 모든 임시 값을 저장할 수 있었고, 공통 부분식에서 미리 계산된 값을 재사용하는 작업을 훨씬 더 잘 수행했다.

사용 중인 컴파일러가 일반적인 부분식 최적화를 지원하지 않으면(어셈블리 출력을 검토하면 확인할 수 있다) 최적화 프로그램의 수준이 낮을 가능성이 높으므로, 다른 컴파일러를 사용하는 것이 좋다. 그러나, 그 사이에 언제든지 이 최적화를 직접 명시적으로 코딩할 수 있다. 공통 부분식을 수동으로 계산하는 이전 C 코드의 다음 버전을 보자.

```c
#include <stdio.h>

static int i, j, k, m, n;
static int expr1, expr2, expr3;
static int ijExpr, kmnExpr;

extern int someFunc( void );

int main( void )
{
    // 다음은 최적화를 혼동시키는 트릭이다
    // 최적화는 이 함수가 어떤 값을 반환할지 전혀 모르기 때문에,
    // 외부 함수를 호출함으로써, 상수 전달로 값을 최적화할 수 없다

    i = someFunc();
    j = someFunc();
    k = someFunc();
    m = someFunc();
    n = someFunc();
```

```
    ijExpr = i+j;
    kmnExpr = (k*m+n);
    expr1 = ijExpr*kmnExpr;
    expr2 = ijExpr;
    expr3 = kmnExpr;

    printf( "%d %d %d", expr1, expr2, expr3 );
    return( 0 );
}
```

물론, ijExpr과 kmnExpr 변수를 만들 이유는 없다. *expr2*와 *expr3* 변수를 활용해도 충분하다. 그러나, 가급적 원래 프로그램과 비슷하게 보이도록 하기 위해 두 변수를 사용했다. 다음은 비슷한 자바 코드다.

```
public class Welcome
{
    public static int someFunc() { return 1;}
    public static void main( String[] args )
    {
        int i = someFunc();
        int j = someFunc();
        int k = someFunc();
        int m = someFunc();
        int n = someFunc();
        int expr1 = (i + j)*(k*m + n);
        int expr2 = (i + j);
        int expr3 = (k*m + n);
    }
}

// JBC 출력

public class Welcome extends java.lang.Object{
public Welcome();
  Code:
   0:   aload_0
```

```
            ; //Method java/lang/Object."<init>":()V
    1:    invokespecial   #1
    4:    return


public static int someFunc();
 Code:
    0:    iconst_1
    1:    ireturn
public static void main(java.lang.String[]);
  Code:
    0:    invokestatic    #2; //Method someFunc:()I
    3:    istore_1
    4:    invokestatic    #2; //Method someFunc:()I
    7:    istore_2
    8:    invokestatic    #2; //Method someFunc:()I
   11:    istore_3
   12:    invokestatic    #2; //Method someFunc:()I
   15:    istore 4
   17:    invokestatic    #2; //Method someFunc:()I
   20:    istore 5
; iexpr1 = (i + j)*(k*m + n);
   22:    iload_1
   23:    iload_2
   24:    iadd
   25:    iload_3
   26:    iload   4
   28:    imul
   29:    iload   5
   31:    iadd
   32:    imul
   33:    istore  6
; iexpr2 = (i+j)
   35:    iload_1
   36:    iload_2
   37:    iadd
   38:    istore  7
; iexpr3 = (k*m + n)
   40:    iload_3
   41:    iload   4
   43:    imul
```

```
44:  iload   5
46:  iadd
47:  istore  8
49:  return
```

}

자바는 공통 부분식을 최적화하지 않는다. 그 대신에 부분식을 만날 때마다 다시 계산한다. 따라서, 자바 코드를 작성할 때 공통 부분식의 값은 수동으로 계산해야 한다.

다음은 스위프트 버전이다(어셈블리 출력도 함께).

```
import Foundation

func someFunc() -> UInt32
{
    return arc4random_uniform(100)
}
let i = someFunc()
let j = someFunc()
let k = someFunc()
let m = someFunc()
let n = someFunc()

let expr1 = (i+j)*(k*m+n)
let expr2 = (i+j)
let expr3 = (k*m+n)
print( "\(expr1), \(expr2), \(expr3)" )

// 위 표현식에 대한 어셈블리 출력

; 함수 출력 코드

    movl    $0x64, %edi
    callq   arc4random_uniform
    movl    %eax, %ebx  ; EBX = i
    movl    %ebx, _$S6result1is6UInt32Vvp(%rip)
    callq   _arc4random
```

580

```
        movl    %eax, %r12d ; R12d = j
        movl    %r12d, _$S6result1js6UInt32Vvp(%rip)
        callq   _arc4random
        movl    %eax, %r14d ; R14d = k
        movl    %r14d, _$S6result1ks6UInt32Vvp(%rip)
        callq   _arc4random
        movl    %eax, %r15d ; R15d = m
        movl    %r15d, _$S6result1ms6UInt32Vvp(%rip)
        callq   _arc4random
        movl    %eax, %esi  ; ESI = n
        movl    %esi, _$S6result1ns6UInt32Vvp(%rip)

; 표현식에 대한 코드

        addl    %r12d, %ebx ; R12d = i + j (which is expr2)
        jb  LBB0_11             ; 오버플로가 발생하면 분기

        movl    %r14d, %eax ;
        mull    %r15d
        movl    %eax, %ecx  ; ECX = k*m
        jo      LBB0_12     ; Bail if overflow
        addl    %esi, %ecx  ; ECX = k*m + n (which is expr3)
        jb  LBB0_13         ; Bail if overflow

        movl    %ebx, %eax
        mull    %ecx            ; expr1 = (i+j)*(k*m+n)
        jo  LBB0_14         ; Bail if overflow
        movl    %eax, _$S6result5expr1s6UInt32Vvp(%rip)
        movl    %ebx, _$S6result5expr2s6UInt32Vvp(%rip)
        movl    %ecx, _$S6result5expr3s6UInt32Vvp(%rip)
```

이 코드를 주의 깊게 보면, 스위프트 컴파일러가 공통 부분식을 적절하게 최적화하고 각 부분식을 한 번만 계산하는 것을 볼 수 있다.

12.2.5 연산 대체

CPU는 종종 소스 코드가 지정한 것과 다른 연산자를 사용해 일부 값을 직접 계산할 수

있으므로, 더 복잡한(또는, 더 강력한) 명령어를 더 간단한 명령어로 대체할 수 있다. 예를 들어, shift 연산은 2의 거듭제곱인 상수로 곱셈이나 나눗셈을 구현할 수 있고, 비트 단위 and 명령어를 사용해 특정 모듈로 (나머지) 연산이 가능하다(shift나 and 명령어는 일반적으로 multiply나 divide 명령어보다 훨씬 빠르게 실행된다). 대부분의 컴파일러 최적화는 이러한 연산을 이용해서 더 복잡한 계산을 더 단순한 기계어 명령어 시퀀스로 대체하는 데 능숙하다. 다음 C 코드와 그 뒤에 나오는 80x86 GCC 출력은 연산 대체가 실제로 수행되는 과정을 보여준다.

```c
#include <stdio.h>

unsigned i, j, k, m, n;

extern unsigned someFunc( void );
extern void preventOptimization( unsigned arg1, ... );

int main( void )
{
    // 다음은 최적화를 혼란시키는 트릭이다
    // 외부 함수를 호출할 때, 최적화 프로그램은
    // 이 함수가 반환하는 값에 대해 아무것도 알지 못하므로
    // 값을 최적화할 수 없다

    i = someFunc();
    j = i*2;
    k = i % 32;
    m = i/4;
    n = i*8;

    // 'preventOptimization' 함수의 호출은
    // 컴파일러가 위의 결과가 어딘가에서 사용된다고 믿도록
    // 속이기 위해 수행된다(실제로 계산된 결과를 사용하지 않으면,
    // GCC는 위의 모든 코드를 제거하므로
    // 이 예제의 목적이 무효가 된다)

    preventOptimization( i,j,k,m,n);
    return( 0 );
}
```

다음은 GCC에서 생성된 80x86 코드다.

```
.file    "t.c"
        .text
        .p2align 2,,3
.globl main
        .type   main,@function
main:
        ; main 함수의 활성화 레코드를 만든다

        pushl   %ebp
        movl    %esp, %ebp
        pushl   %esi
        pushl   %ebx
        andl    $-16, %esp

        ; i의 값을 EAX에 넣는다

        call    someFunc

        ; 스케일 인덱스 주소 지정 모드와
        ; LEA 명령을 사용해 i*8을 계산한다
        ; (n 값은 EDX에 그대로 둔다)

        leal    0(,%eax,8), %edx

        ; preventOptimization 함수를 호출하기 위해
        ; 스택의 값을 조정한다

        subl    $12, %esp

        movl    %eax, %ecx      ; ECX = i
        pushl   %edx            ; 함수 호출을 위해 n을 푸시
        movl    %eax, %ebx      ; i를 k에 저장
        shrl    $2, %ecx        ; ECX = i/4 (m)
        pushl   %ecx            ; 함수 호출을 위해 m을 푸시

        andl    $31, %ebx       ; EBX = i % 32
        leal    (%eax,%eax), %esi ; j=i*2
```

```
        pushl    %ebx              ; 함수 호출을 위해 k를 푸시
        pushl    %esi              ; 함수 호출을 위해 j를 푸시
        pushl    %eax              ; 함수 호출을 위해 i를 푸시
        movl     %eax, i           ; 메모리에 변수의 값들을 저장
        movl     %esi, j
        movl     %ebx, k
        movl     %ecx, m
        movl     %edx, n
        call     preventOptimization

        ; 스택을 비우고, main 함수의 결과로 0을 반환한다

        leal     -8(%ebp), %esp
        popl     %ebx
        xorl     %eax, %eax
        popl     %esi
        leave
        ret
.Lfe1:
        .size    main,.Lfe1-main
        .comm    i,4,4
        .comm    j,4,4
        .comm    k,4,4
        .comm    m,4,4
        .comm    n,4,4
```

이 80x86 코드에서는 C 코드가 곱셈이나 나눗셈 오퍼레이터를 광범위하게 사용했음에도 불구하고, GCC는 곱셈이나 나눗셈 명령어를 생성하지 않았다. GCC는 이러한 (복잡한) 연산을 좀 더 단순한 주소 계산이나 시프트, 논리 AND 연산으로 대체했다.

이 C 예제는 변수를 int가 아닌 unsigned로 선언했다. 여기에는 그럴 만한 이유가 있다. 연산 대체는 부호 있는 오퍼랜드보다 부호 없는 특정 오퍼랜드에 대해 더 효율적인 코드를 생성한다. 이는 매우 중요한 포인트다. 부호 있는signed 또는 부호 없는unsigned 정수 오퍼랜드 중 하나를 선택해야 하는 경우, 컴파일러는 부호 없는 오퍼랜드를 처리할 때 더 나은 코드를 생성할 수 있기 때문에, 웬만하면 부호 없는 값을 사용하자. 차이점을 확인하기 위해, 위의 코드를 부호 있는 정수를 사용해 다시 작성한 다음 C 코드와 GCC의

80x86 출력을 살펴보자.

```c
#include <stdio.h>

int i, j, k, m, n;

extern int someFunc( void );
extern void preventOptimization( int arg1, ... );

int main( void )
{
    // 다음은 최적화를 혼동시키는 트릭이다
    // 외부 함수를 호출할 때, 최적화 프로그램은
    // 이 함수가 반환하는 값에 대해 아무것도 알지 못하므로
    // 값을 최적화할 수 없다
    // 즉, 이것은 상수 전달이
    // 컴파일 타임에 다음 값을 모두 계산하는 것을 막는다

    i = someFunc();
    j = i*2;
    k = i % 32;
    m = i/4;
    n = i*8;

    // 'preventOptimization' 함수 호출은
    // 앞의 모든 명령문의 죽은 코드 제거를 방지한다

    preventOptimization( i,j,k,m,n );
    return( 0 );
}
```

다음은 이 C 코드에 대한 GCC (32비트) 80x86 어셈블리 출력이다.

```
.file    "t.c"
        .text
        .p2align 2,,3
        .globl main
```

```
        .type   main,@function
main:
        ; main 함수의 활성화 레코드를 만든다

        pushl   %ebp
        movl    %esp, %ebp
        pushl   %esi
        pushl   %ebx
        andl    $-16, %esp

        ; i의 값을 얻기 위해 someFunc를 호출한다

        call    someFunc
        leal    (%eax,%eax), %esi ; j = i*2
        testl   %eax, %eax        ; i의 부호 테스트
        movl    %eax, %ecx
        movl    %eax, i
        movl    %esi, j
        js .L4

; 다음은 i가 음수가 아닌 경우 실행하는 코드다
.L2:
        andl    $-32, %eax        ; MOD 연산
        movl    %ecx, %ebx
        subl    %eax, %ebx
        testl   %ecx, %ecx        ; i의 부호 테스트
        movl    %ebx, k
        movl    %ecx, %eax
        js      .L5
.L3:
        subl    $12, %esp
        movl    %eax, %edx
        leal    0(,%ecx,8), %eax  ; i*8
        pushl   %eax
        sarl    $2, %edx          ; 부호 있는 수를 4로 나누기
        pushl   %edx
        pushl   %ebx
        pushl   %esi
        pushl   %ecx
        movl    %eax, n
```

```
        movl     %edx, m
        call     preventOptimization
        leal     -8(%ebp), %esp
        popl     %ebx
        xorl     %eax, %eax
        popl     %esi
        leave
        ret
        .p2align 2,,3

; 부호 있는 수를 4로 나누는 경우,
; sarl 연산을 사용해
; i가 음수이면 i 값에 3을 더한다

.L5:
        leal     3(%ecx), %eax
        jmp .L3
        .p2align 2,,3

; 부호 있는 수의 % 연산에서
; 음수로 시작하면
; i 값에 31을 먼저 더한다

.L4:
        leal     31(%eax), %eax
        jmp      .L2
```

이 두 코딩 예제의 차이는 음수를 처리할 필요가 전혀 없을 때, 부호 없는 정수(부호 있는 정수가 아닌)를 선택해야 하는 이유를 보여준다.

연산 대체를 수동으로 시도하는 것은 위험하다. 대부분의 CPU에서 특정 연산(나눗셈 같은)은 다른 연산(오른쪽 시프트 연산 같은)보다 거의 항상 느리지만, 대부분의 많은 연산 대체 최적화는 CPU 간에 호환되지 않는다. 즉, 곱셈 대신 왼쪽 시프트 연산을 적용한다고 해서, 다른 CPU에서 컴파일할 때도 항상 더 빠른 코드가 생성되는 것은 아니다. 일부 구형 C 프로그램에는 성능 향상을 위해 추가된 수동 연산 대체가 기본적으로 포함되어 있다. 오늘날에는 이러한 연산 대체로 인해 실제로 프로그램이 예상보다 느리게 실행될 수 있다. 따라서, 연산 대체를 HLL 코드에 직접 통합할 때는 매우 주의해야 한다. 이것은 컴파일러가 알아서 수행하도록 해야 하는 영역 중 하나다.

12.2.6 인덕션

많은 표현식, 특히 루프 내에 나타나는 표현식에서 표현식의 한 변수 값은 다른 변수에 완전히 의존한다. 예를 들어, 파스칼의 다음 for 루프를 살펴보자.

```
for i := 0 to 15 do begin

    j := i*2;
    vector[ j ] := j;
    vector[ j+1 ] := j + 1;

end;
```

컴파일러의 최적화 프로그램은 j가 i의 값에 완전히 의존한다는 것을 인식하고, 이 코드를 다음과 같이 바꿀 수 있다.

```
ij := 0;   {ij는 이전 코드의 i와 j를 합친 것이다}
while( ij < 32 ) do begin

    vector[ ij ] := ij;
    vector[ ij+1 ] := ij + 1;
    ij := ij + 2;

end;
```

이 최적화는 루프의 일부 작업(특히 j : = i*2 계산)을 절약한다.

다른 예로, 마이크로소프트의 비주얼 C++ 컴파일러가 생성하는 다음 C 코드와 MASM 출력을 살펴보자.

```
extern unsigned vector[32];

extern void someFunc( unsigned v[] );
extern void preventOptimization( int arg1, ... );

int main( void )
{

    unsigned i, j;

    // 벡터를 '초기화'한다(최소한 컴파일러는 이렇게 믿게 하자)

    someFunc( vector );

    // 인덕션을 보여주기 위한 for 루프

    for( i=0; i<16; ++i )
    {
        j = i*2;
        vector[ j ] = j;
        vector[ j+1 ] = j+1;
    }

    // 다음은 이전 계산이 죽은 코드 제거로
    // 삭제되는 것을 막는다

    preventOptimization( vector[0], vector[15] );
    return( 0 );
}
```

다음은 비주얼 C++의 MASM(32비트 80x86) 출력이다.

```
_main   PROC

        push    OFFSET _vector
        call    _someFunc
        add     esp, 4
```

```
        xor     edx, edx

        xor     eax, eax
$LL4@main:

        lea     ecx, DWORD PTR [edx+1]        ; ECX = j+1
        mov     DWORD PTR _vector[eax], edx   ; EDX = j
        mov     DWORD PTR _vector[eax+4], ecx
```

; 루프를 통과할 때마다 j를 2(i*2)만큼 올린다

```
        add     edx, 2
```

; 각 루프에 두 개의 요소를 채울 때
; 벡터에 인덱스를 추가하려면 8을 더한다

```
        add     eax, 8
```

; 배열의 끝에 도달할 때까지 반복한다

```
        cmp     eax, 128                              ; 00000080H
        jb      SHORT $LL4@main

        push    DWORD PTR _vector+60
        push    DWORD PTR _vector
        call    _preventOptimization
        add     esp, 8

        xor     eax, eax

        ret     0
_main   ENDP
_TEXT   ENDS
```

이 MASM 출력에서 볼 수 있듯이, 비주얼 C++ 컴파일러는 i가 이 루프에서 사용되지 않는다는 것을 알고 있다. i와 관련된 계산은 없으며, 완전히 최적화됐다. j = i*2 계산도 없다. 그 대신에 컴파일러는 인덕션을 통해 j가 각 루프에서 2씩 증가하는지 확인하고,

i에서 j 값의 값을 계산하는 대신 이를 수행하는 코드를 내보낸다. 마지막으로, 컴파일러는 벡터 배열로 인덱싱하지 않는다. 대신 루프가 반복될 때마다 배열을 통해 포인터를 이동한다. 이렇게 하면 최적화를 거치지 않은 것보다 더 빠르고 짧은 코드 시퀀스가 생성된다.

공통 부분식의 경우, 인덕션 최적화를 프로그램에 수동으로 통합할 수 있다. 결과는 거의 항상 읽고 이해하기가 어렵다. 하지만, 컴파일러의 최적화 프로그램이 프로그램 섹션에서 좋은 기계어 코드를 생성하지 못하면, 직접 최적화를 수행해야 할 수 있다.

다음은 이 예의 자바 버전과 JBC 출력이다.

```
public class Welcome
{
    public static void main( String[] args )
    {
        int[] vector = new int[32];
        int j;
        for (int i = 0; i<16; ++i)
        {
          j = i*2;
          vector[j] = j;
          vector[j + 1] = j + 1;
        }
    }
}

// JBC

Compiled from "Welcome.java"
public class Welcome extends java.lang.Object{
public Welcome();
  Code:
   0:    aload_0
         ; //Method java/lang/Object."<init>":()V
   1:    invokespecial    #1
   4:    return

public static void main(java.lang.String[]);
```

Code:
; 벡터 배열 생성

```
0:   bipush  16
2:   newarray int
4:   astore_1
```

; i = 0   -- for(int i=0;...;...)

```
5:   iconst_0
6:   istore_3
```

; If i >= 16, exit loop -- for(...;i<16;...)

```
7:   iload_3
8:   bipush  16
10:  if_icmpge    35
```

; j = i*2

```
13:  iload_3
14:  iconst_2
15:  imul
16:  istore_2
```

; vector[j] = j

```
17:  aload_1
18:  iload_2
19:  iload_2
20:  iastore
```

; vector[j+1] = j + 1

```
21:  aload_1
22:  iload_2
23:  iconst_1
24:  iadd
25:  iload_2
26:  iconst_1
```

```
27:   iadd
28:   iastore
```

; Next iteration of loop -- for(...;...; ++i)

```
29:   iinc    3, 1
32:   goto    7
```

; 여기서 프로그램 종료

```
35:   return
```

}

자바가 이 코드를 전혀 최적화하지 않는 것은 분명하다. 더 나은 코드를 원하면 수동으로 최적화해야 한다.

```
for ( j = 0; j < 32; j = j + 2 )
{
    vector[j] = j;
    vector[j + 1] = j + 1;
}
  Code:
```
; 배열 생성

```
0:   bipush  16
2:   newarray int
4:   astore_1
```

; for(int j = 0;...;...)

```
5:   iconst_0
6:   istore_2
```

; if j >= 32, bail -- for(...;j<32;...)

```
7:   iload_2
8:   bipush  32
```

```
   10:   if_icmpge   32

; vector[j] = j

   13:   aload_1
   14:   iload_2
   15:   iload_2
   16:   iastore

; vector[j + 1] = j + 1

   17:   aload_1
   18:   iload_2
   19:   iconst_1
   20:   iadd
   21:   iload_2
   22:   iconst_1
   23:   iadd
   24:   iastore

; j += 2   -- for(...;...; j += 2 )

   25:   iload_2
   26:   iconst_2
   27:   iadd
   28:   istore_2
   29:   goto      7

   32:   return
```

이처럼 최적화된 런타임 코드를 생성하는 데 관심이 있다면, 자바를 사용하는 것은 최상의 언어 선택이 아니다. 어쩌면, 자바 개발자는 인터프리트된 바이트코드 실행 결과로 컴파일러의 출력을 실제로 최적화할 필요는 없으며, 최적화는 JIT 컴파일러의 책임이라고 생각했을지도 모른다.

12.2.7 루프 불변

지금까지 보여준 최적화는 모두 컴파일러가 이미 잘 작성된 코드를 개선하는 데 사용할 수 있는 기술이었다. 반면, **루프 불변**loop invariant을 다루는 것은 잘못된 코드를 수정하기 위한 컴파일러 최적화다. 루프 불변은 일부 루프가 반복되더라도 변하지 않는 표현식이다. 다음 비주얼 베이직 코드는 사소한 루프 불변 계산을 보여준다.

```
i = 5
for j = 1 to 10
    k = i*2
next j
```

k 값은 루프 실행 중에 변경되지 않는다. 루프 실행이 끝났을 때의 k 값은, k에 대한 계산을 루프 이전이나 이후로 옮겨도 똑같다. 예를 들면, 다음과 같다.

```
i = 5
k = i*2
for j = 1 to 10
next j
여기서도 k는 앞의 예제와 같은 값을 가진다
```

첫 번째 예제에서는 루프를 돌 때마다 k = i*2를 계산하지만, 두 번째 예에서는 한 번만 계산한다.

많은 컴파일러 최적화는 루프 불변 계산을 발견하면, **코드 모션**code motion을 사용해 루프 외부로 옮긴다. 이 예로 다음 C 프로그램과 해당 출력을 살펴보자.

```c
extern unsigned someFunc( void );
extern void preventOptimization( unsigned arg1, ... );

int main( void )
{
    unsigned i, j, k, m;
```

```
        k = someFunc();
        m = k;
        for( i = 0; i < k; ++i )
        {
            j = k + 2;      // 루프 불변 계산
            m += j + i;
        }
        preventOptimization( m, j, k, i );
        return( 0 );
    }
```

다음은 비주얼 C++에서 내보낸 80x86 MASM 코드다.

```
_main   PROC NEAR ; COMDAT
; File t.c
; Line 5
        push    ecx
        push    esi
; Line 8
        call    _someFunc
; Line 10
        xor     ecx, ecx  ; i = 0
        test    eax, eax  ; see if k == 0
        mov     edx, eax  ; m = k
        jbe     SHORT $L108
        push    edi

; Line 12
; j = k + 2를 한 번만 계산한다
; (코드는 루프 밖으로 옮겨졌다)

        lea     esi, DWORD PTR [eax+2] ; j = k + 2

; 여기 위 코드를 뺀 나머지 루프가 있다

$L99:
; Line 13
        ; m(edi) = j(esi) + i(ecx)
```

```
        lea     edi, DWORD PTR [esi+ecx]
        add     edx, edi


        ; ++i
        inc     ecx


        ; i < k인 동안 반복한다


        cmp     ecx, eax
        jb      SHORT $L99


        pop     edi
; Line 15
;
; 이 부분은 루프 본문(body) 이후에 나오는 코드다


        push    ecx
        push    eax
        push    esi
        push    edx
        call    _preventOptimization
        add     esp, 16                          ; 00000010H
; Line 16
        xor     eax, eax
        pop     esi
; Line 17
        pop     ecx
        ret     0
$L108:
; Line 10
        mov     esi, DWORD PTR _j$[esp+8]
; Line 15
        push    ecx
        push    eax
        push    esi
        push    edx
        call    _preventOptimization
        add     esp, 16                          ; 00000010H
; Line 16
        xor     eax, eax
```

```
        pop     esi
; Line 17
        pop     ecx
        ret     0
_main   ENDP
```

어셈블리 코드의 주석을 보면 알 수 있듯이, 루프 불변 표현식 j = k + 2는 루프 밖으로 옮겨져 루프 코드가 시작되기 전에 실행되므로 루프의 각 반복에서 실행 시간을 절약할 수 있다.

가능하면 컴파일러에 맡겨야 하는 대부분의 최적화와 달리, 루프 불변 계산은 그대로 둬야 하는 정당한 이유가 없는 한 루프 밖으로 모두 옮겨야 한다. 루프 불변 계산은 코드를 읽는 사람에게 ('루프에서 값이 안 변하네?'라는) 의문을 갖게 한다. 따라서, 실제로 코드를 읽고 이해하기 어렵게 만든다. 어떤 이유로든 루프에 불변 코드를 남기고 싶다면, 나중에 코드를 보는 모든 사람을 위해 정당한 이유를 주석으로 남겨 설명해야 한다.

12.2.8 최적화와 프로그래머

HLL 프로그래머는 이러한 컴파일러 최적화에 대한 이해 정도에 따라 세 그룹으로 나눌 수 있다.

- 첫 번째 그룹은 컴파일러 최적화가 어떻게 작동하는지도 모르며, 코드 구성이 최적화 프로그램에 미치는 영향을 고려하지도 않고 코드를 작성한다.
- 두 번째 그룹은 컴파일러 최적화가 작동하는 방식을 이해해서 코드를 더 읽기 쉽게 작성한다. 이들은 최적화 프로그램이 곱셈과 나눗셈을 시프트로 변환하고(적절한 경우) 상수 표현식을 미리 처리한다고 가정한다. 이 두 번째 그룹은 코드를 올바르게 최적화하는 컴파일러의 능력을 상당히 신뢰한다.
- 세 번째 그룹은 컴파일러가 수행할 수 있는 일반적인 최적화 유형은 알고 있지만, 최적화를 수행하는 컴파일러를 신뢰하지 않는다. 그 대신 이러한 최적화를 수동으로 코드에 통합한다.

흥미롭게도 컴파일러 최적화 프로그램은 실제로 컴파일러가 작동하는 방식을 모르는 첫 번째 프로그래머 그룹을 위해 설계됐다. 따라서, 좋은 컴파일러는 일반적으로 세 가지 유형의 프로그래머 모두에게 거의 동일한 품질의 코드를 생성한다(적어도 산술식과 관련해서는 그러하다). 특히, 동일한 프로그램을 여러 컴파일러에서 컴파일할 때 더욱 그렇다. 그러나, 이러한 확신은 적절한 최적화 기능을 가진 컴파일러에만 유효하다. 여러 개의 서로 다른 컴파일러에서 코드를 컴파일해야 하고 모든 컴파일러에 좋은 최적화 프로그램이 있다고 확신할 수 없는 경우, 수동 최적화는 모든 컴파일러에서 일관되게 우수한 성능을 달성하는 한 가지 방법일 수 있다.

물론, 진짜 질문은 '어떤 컴파일러가 좋고, 어떤 것이 나쁠까?'이다. 이 책에서 접할 수 있는 모든 컴파일러의 최적화 기능을 설명하는 표나 차트를 제공할 수 있다면 좋겠지만, 안타깝게도 컴파일러 공급 업체들이 제품을 개선하면서 순위가 변경되기 때문에 여기에 어떤 자료를 싣는다고 해도 곧 모든 것이 빠르게 쓸모없어질 것이다.[5] 다행스럽게도, 컴파일러의 최신 비교 자료를 유지하는 웹 사이트는 몇 개 있다.

12.3 산술식의 사이드 이펙트

산술식에서 발생할 수 있는 사이드 이펙트와 관련해 컴파일러에 지침을 주고 싶을 수도 있다. 컴파일러가 산술식의 **사이드 이펙트**side effect를 처리하는 방법을 이해하지 못한다면, 경우에 따라서는 잘못된 결과가 나오는 코드를 만들 수 있다. 특히, 여러 컴파일러에서 컴파일할 때 이런 일이 일어날 수 있다. 가능한 한 가장 빠르거나 가장 작은 코드를 작성하려는 것은 모두 훌륭하고 바람직하지만, 정확한 결과를 얻지 못한다면 코드에 대한 최적화는 모두 쓸모없다.

사이드 이펙트는 코드의 일부분이 직접적으로 만들어내는 결과 이외에, 프로그램 상태에 대한 수정을 말한다. 산술식의 주요 목적은 표현식의 결과를 도출해내는 것이다. 표현식에서 시스템 상태에 대한 그 밖의 다른 변경은 사이드 이펙트다. 특히, C, C++, C#, 자바, 스위프트와 기타 C 기반 언어 등이 산술식에서 사이드 이펙트를 발생시키는 주범이다. 예를 들어, 다음 C 코드를 보자.

---

5   실제로, 이 책의 두 번째 버전에서는 컴파일러의 어셈블리 출력 목록을 많이 교체해야 했다.

```
i = i + *pi++ + (j = 2) * --k
```

이 표현은 네 가지 사이드 이펙트를 나타낸다.

- 식의 끝에서 k 값 감소
- j 값을 사용하기 전에 j에 할당
- pi를 역참조한 후 포인터 pi의 값 증가
- i에 값을 대입[6]

C 기반이 아닌 언어는 C만큼 산술식에서 사이드 이펙트를 생성하는 많은 방법을 제공하지만, 대부분의 언어에서는 함수 호출을 통해 표현식 내에서 사이드 이펙트를 만들 수 있다. 예를 들어, 함수의 사이드 이펙트는 이 기능을 직접 지원하지 않는 언어에서 함수 결과로 둘 이상의 값을 반환해야 하는 경우에 유용하다. 다음 파스칼 코드를 살펴보자.

```
var
    k:integer;
    m:integer;
    n:integer;

function hasSideEffect( i:integer; var j:integer ):integer;
begin

    k := k + 1;
    hasSideEffect := i + j;
    j := i;

end;
        .
        .
```

---

6   일반적으로, 뒤에 세미콜론을 붙여서 이 표현식을 단일 문장으로 바꾸면 i에 대한 대입을 사이드 이펙트가 아니라 명령문의 목적으로 간주한다.

```
        .
    m := hasSideEffect( 5, n );
```

이 예제에서 hasSideEffect() 함수를 호출하면, 두 가지 다른 사이드 이펙트가 발생한다.

- 전역 변수 k의 수정
- 참조에 의한 전달 매개변수 j의 수정(코드상에서 실제 매개변수는 n이다.)

함수의 실제 목적은 반환 결과를 계산하는 것이다. 전역 값이나 참조 매개변수의 수정은 해당 함수의 사이드 이펙트를 구성한다. 따라서, 표현식 내에서 해당 함수를 호출하면 사이드 이펙트가 발생한다. 함수에서 전역 값(직접 또는 매개변수를 통해)을 수정할 수 있는 모든 언어는 표현식 내에서 사이드 이펙트를 생성할 수 있다. 이 개념은 파스칼 프로그램에만 국한되지 않는다.

표현식 사이드 이펙트의 문제는 대부분의 언어가 식을 구성하는 구성 요소들의 계산 순서를 보장하지 않는다는 데 있다. 많은 초보 프로그래머는 다음과 같은 표현식을 작성할 때 잘못 가정하곤 한다.

```
i := f(x) + g(x);
```

컴파일러는 먼저 함수 f()를 호출한 다음 함수 g()를 호출하는 코드를 내보낸다. 그러나, 이 실행 순서가 필요한 프로그래밍 언어는 거의 없다. 즉, 일부 컴파일러는 실제로 f()를 호출한 다음 g()를 호출하고, 반환 결과값을 더한다. 그러나, 다른 컴파일러는 먼저 g()를 호출한 다음 f()를 호출하고, 함수 반환 결과의 합을 계산한다. 즉, 컴파일러는 실제로 원시 기계어 코드를 생성하기 전에 이 표현식을 다음과 같이 단순화된 코드 시퀀스 중 하나로 변환할 수 있다.

```
{ "i := f(x) + g(x);"에 대한 변환 1 }

    temp1 := f(x);
    temp2 := g(x);
```

```
    i := temp1 + temp2;
```

{ "i := f(x) + g(x);"에 대한 변환 2 }

```
    temp1 := g(x);
    temp2 := f(x);
    i := temp2 + temp1;
```

이 두 가지 다른 함수 호출 시퀀스는 f()나 g()가 사이드 이펙트를 생성하는 경우, 완전히 다른 결과가 나올 수 있다. 예를 들어, 함수 f()가 전달한 x 매개변수의 값을 수정하면 이전 시퀀스가 다른 결과를 생성할 수 있다.

우선순위, 결합법칙, 교환법칙과 같은 문제는 컴파일러가 식의 어느 부분을 먼저 계산하는지와 관계가 없다.

예를 들어, 다음 산술식과 표현식에 대해 가능한 몇 가지 중간 단계를 살펴보자.

```
    j := f(x) - g(x) * h(x);
```

{ 이 식에 대한 변환 1 }

```
    temp1 := f(x);
    temp2 := g(x);
    temp3 := h(x);
    temp4 := temp2 * temp3
    j := temp1 - temp4;
```

{ 이 식에 대한 변환 2 }

```
    temp2 := g(x);
    temp3 := h(x);
    temp1 := f(x);
    temp4 := temp2 * temp3
    j := temp1 - temp4;
```

{ 이 식에 대한 변환 3 }

```
    temp3 := h(x);
```

```
temp1 := f(x);
temp2 := g(x);
temp4 := temp2 * temp3
j := temp1 - temp4;
```

다른 조합도 가능하다. 대부분의 프로그래밍 언어 스펙에는 계산 순서를 명시적으로 정의하지 않는다. 이는 다소 이상해 보일 수 있지만, 그럴 만한 이유가 있다. 경우에 따라서는 컴파일러가 표현식 내에서 특정 부분식 계산 순서를 재정렬해 더 좋은 기계어 코드를 생성할 수 있기 때문이다. 따라서, 언어 디자이너가 컴파일러를 구현하는 사람에게 특정 계산 순서를 강요하려고 하면, 가능한 최적화 범위를 제한할 수 있다.

물론, 대부분의 언어는 지켜야 하는 특정 규칙이 있다. 아마도 가장 일반적인 규칙은 표현식 내의 모든 사이드 이펙트가 해당 명령문 실행이 완료되기 전에 발생한다는 것이다. 예를 들어, 함수 f()가 전역 변수 x를 수정하는 경우, 다음 명령문은 항상 f()가 수정한 후 x 값을 출력한다.

```
i := f(x);
writeln( "x=", x );
```

믿을 수 있는 또 다른 규칙은, 할당 문의 왼쪽에 있는 변수에 값을 대입하는 것은 이 변수가 그 식의 오른쪽에서 사용된 뒤에 이뤄진다는 것이다. 즉, 다음 코드는 식에서 n의 값을 먼저 사용해 계산하기 전에는 표현식의 결과를 변수 n에 새로 대입하지 않는다.

```
n := f(x) + g(x) - n;
```

표현식 내에서 사이드 이펙트 생성 순서는 대부분의 언어에서 정의되지 않았기 때문에, 다음 코드의 결과를 일반적으로는 알 수 없다(파스칼에서).

```
function incN:integer;
begin
    incN := n;
```

```
    n := n + 1;
end;
    .
    .
    .
    n := 2;
    writeln( incN + n*2 );
```

컴파일러는 incN() 함수를 가장 먼저 호출할 수도 있고(n은 부분식 n*2를 실행하기 전에 3이라는 값을 갖는다), n*2를 먼저 계산한 다음 incN() 함수를 호출할 수도 있다. 결과적으로, 이 명령문에 대한 컴파일 결과로 8이 출력될 수도 있고 6이 출력될 수도 있다. 두 경우모두 writeln 명령문이 실행된 후 n의 값은 3이 되지만, writeln 명령 내의 계산 순서는 다를 수 있다.

몇 가지 실험으로 계산 순서를 알아낼 수 있다는 생각은 하지 않는 것이 좋다. 그래봤자 얻을 수 있는 것은 특정 컴파일러의 계산 순서일 뿐이다. 다른 컴파일러는 다른 순서로 부분식을 계산할 수 있다. 실제로 동일한 컴파일러도 해당 부분식의 컨텍스트에 따라 계산 순서가 달라질 수 있다. 즉, 하나의 컴파일러라도 어떤 경우에는 이런 순서로 계산하고 다른 경우에는 다른 순서로 계산할 수 있다는 것이다. 따라서, 사용하고 있는 컴파일러의 계산 순서를 알아내고 그 순서에 의존하는 것은 위험하다. 컴파일러가 사이드 이펙트를 계산하는 순서에 일관성이 있더라도, 컴파일러 공급 업체는 이후 버전에서 그 순서를 변경할 수 있다. 계산 순서에 의존해야 한다면, 먼저 계산식을 계산 순서를 제어할 수 있는 더 간단한 부분식으로 나눠야 한다. 예를 들어, 프로그램이 이 명령문에서 f() 를 g() 전에 호출해야 하는 경우

```
i := f(x) + g(x);
```

이런 식으로 코드를 작성해야 한다.

```
temp1 := f(x);
temp2 := g(x);
i := temp1 + temp2;
```

식 내에서 계산 순서를 컨트롤해야 하는 경우, 모든 사이드 이펙트가 적절한 시간에 계산되도록 특별히 주의를 기울여야 한다. 이를 위해 시퀀스 포인트에 대해 알아야 한다.

12.4 사이드 이펙트 포함: 시퀀스 포인트

앞서 언급했듯이, 대부분의 언어는 프로그램 실행에서 **시퀀스 포인트**sequence point라고 하는 특정 포인트보다 사이드 이펙트 계산이 먼저 완료되도록 보장한다. 예를 들어, 거의 모든 언어는 표현식이 포함된 명령문의 실행이 끝나기 전에 모든 사이드 이펙트가 계산되도록 보장한다. 명령문의 끝은 시퀀스 포인트의 한 예다.

C 프로그래밍 언어는 명령문 끝의 세미콜론 외에도 표현식 내에서 몇 가지 중요한 시퀀스 포인트를 제공한다. C는 다음 연산자들 사이에서 시퀀스 포인트를 정의한다.

expression1, expression2	(식 내에서의 콤마 연산자)
expression1 && *expression2*	(논리 AND 연산자)
expression1 || *expression2*	(논리 OR 연산자)
expression1 ? *expression2* : *expression3*	(조건부 수식 연산자)

이 예제에서 C[7]는 *expression1*의 모든 사이드 이펙트가 *expression2*나 *expression3*의 계산 전에 완료되도록 보장한다. 조건식의 경우, C는 *expression2*나 *expression3* 중 하나만 실행하므로 이러한 부분식 중 하나만 주어진 조건식을 실행할 때 사이드 이펙트가 발생한다. 마찬가지로, &&나 || 연산에서는 *expression1*만 평가될 수 있다. 따라서, 마지막 세 가지 형식을 사용할 때는 주의를 기울여야 한다.

사이드 이펙트와 시퀀스 포인트가 프로그램 수행에 미치는 영향을 이해하기 위해, C

7　원래 C++ 표준은 시퀀스 포인트를 정의하지 않았지만, 최근 C++ 컴파일러는 일반적으로 C와 동일한 시퀀스 포인트를 제공한다.

로 작성된 다음 예제를 살펴보자.

```
int array[6] = {0, 0, 0, 0, 0, 0};
int i;
    .
    .
    .
i = 0;
array[i] = i++;
```

C 언어는 할당 연산자에서 시퀀스 포인트를 정의하지 않는다. 따라서, 인덱스로 사용하는 표현식 i의 값에 대해서도 보장하지 않는다. 컴파일러는 i의 값을 array의 인덱스로 사용하기 전에 증가시킬지, 그 후에 증가시킬지 선택할 수 있다. ++ 연산자가 **사후 증가** post-increment 연산이라는 말은, i++는 i가 증가되기 전의 값을 반환한다는 것을 의미한다. 이때, 컴파일러가 표현식의 다른 곳에서 i의 **사전 증가** pre-increment 값을 사용한다는 보장은 없다(즉, 컴파일러는 i의 값이 다른 곳에서 사용될 때, 증가되기 전의 값이 쓰일 것이라고 보장할 수는 없다). 따라서, 이 예의 마지막 줄은 다음 두 명령문 중 하나와 의미상 동일할 수 있다는 것이다.

```
    array[0] = i++;
```
또는
```
    array[1] = i++;
```

C 언어 정의는 두 형식 모두를 허용한다. array 인덱스가 식에서 사후 증가 연산자 앞에 있다고 해서, 첫 번째 형식이 돼야 한다고 요구하지는 않는다.

이 예제에서 array에 대한 할당을 제어하려면, 식의 일부가 식의 다른 부분의 사이드 이펙트에 의존하지 않도록 해야 한다. 즉, 두 포인트 사이에 시퀀스 포인트가 없는 한, 표현식의 한 포인트에서 i 값을 사용하고 동시에 표현식의 다른 부분에서 i에 사후 증가 연산자를 적용하는 것은 불가능하다. 이 구문에는 이러한 시퀀스 포인트가 없기 때문에 결과는 C 언어 표준에 의해 정의되지 않는다.

사이드 이펙트가 적절한 포인트에서 발생하도록 하려면, 두 부분식 사이에 시퀀스 포인트가 있어야 한다. 예를 들어, 증분 이전의 i 값을 배열의 인덱스로 사용하려면 다음과 같이 코드를 작성해야 한다.

```
array[i] = i;  //<-세미콜론이 시퀀스 포인트를 표시한다
++i;
```

증분 연산 후의 i 값을 배열 인덱스로 사용하려면, 다음과 같이 코드를 작성하면 된다.

```
++i;            //<-세미콜론이 시퀀스 포인트를 표시한다
array[ i ] = i-1;
```

참고로 괜찮은 컴파일러는 i를 증가시키고 나서 i-1을 계산하지 않는다. 여기서 대칭성을 인식해, 증가 전의 i 값을 저장하고 그 값을 array의 인덱스로 사용한다. 일반적인 컴파일러 최적화에 익숙한 사람은 이러한 기능을 활용해 더 읽기 쉬운 코드를 작성할 수 있다. 본질적으로 컴파일러와 최적화 능력을 불신하는 프로그래머는 다음과 같은 코드를 작성할 수 있다.

```
j=i++;          //<-세미콜론이 시퀀스 포인트를 표시한다
array[ i ] = j;
```

중요한 차이점은 시퀀스 포인트는 계산이 언제 되는지를 정확히 지정하지 않고, 시퀀스 포인트를 건너기 전에 계산이 된다는 것이다. 사이드 이펙트는 이전 시퀀스 포인트와 현재 시퀀스 포인트 사이라면 어디에서든 일어날 수 있으며, 생각보다 훨씬 더 일찍 계산됐을 수도 있다. 계산이 사이드 이펙트를 일으키지 않는 경우, 두 시퀀스 포인트 사이에서 일부 계산이 끝나지 않을 수 있다는 것도 기억해야 한다. 예를 들어, 컴파일러가 시퀀스 포인트 간의 공통 부분식 계산 결과만 사용할 수 있다면, 공통 부분식을 제거하는 것은 훨씬 덜 유용한 최적화다. 부분식이 사이드 이펙트를 생성하지 않는 한, 컴파일러는 앞의 부분식 계산을 얼마든지 자유롭게 할 수 있다. 마찬가지로, 사이드 이펙트가 일어나

지 않는 수식의 경우에는 계산을 뒤로 미루기도 한다.

구문 끝(세미콜론 같은)은 대부분의 언어에서 시퀀스 포인트이므로, 사이드 이펙트 계산을 제어하는 한 가지 방법은 복잡한 식을 3-주소와 유사한 명령문 시퀀스로 직접 나누는 것이다. 예를 들어, 파스칼 컴파일러에 의존해 이전 예제를 3-주소 코드로 변환하는 대신에 원하는 구문을 사용해 코드를 명시적으로 작성할 수 있다.

{ 파스칼에서는 정의되지 않은 결과를 포함하는 명령문 }

```
i := f(x) + g(x);
```

{ 위 구문에 해당하는, 의미가 잘 정의된 명령문 }

```
temp1 := f(x);
temp2 := g(x);
i := temp1 + temp2;
```

{ 마찬가지로 잘 정의됐지만, 위와는 다른 의미를 갖는 버전 }

```
temp1 := g(x);
temp2 := f(x);
i := temp2 + temp1;
```

다시 말하지만, 식에서 연산자 우선순위와 결합법칙을 제어할 수는 없다. 더하기는 왼쪽 결합이지만, 컴파일러는 더하기 연산자의 오른쪽 오퍼랜드를 왼쪽 오퍼랜드보다 먼저 계산할 수 있다. 우선순위와 결합법칙은 컴파일러가 계산 결과를 위해 연산 순서를 정하는 기준일 뿐이며, 프로그램이 표현식의 부분식을 계산하는 시기를 제어하지는 않는다. 우선순위와 결합법칙을 바탕으로 제대로 된 결과를 생성하는 한, 부분식의 계산 순서와 시점은 컴파일러가 자유롭게 선택할 수 있다.

이 절에서는 지금까지 컴파일러가 할당 문의 값을 계산하고, 명령문 끝에서 세미콜론을 만나면 해당 할당(그리고, 기타 사이드 이펙트)이 완료됨을 암시했다. 엄밀히 말하면, 이는 사실이 아니다. 많은 컴파일러는 시퀀스 포인트와 사이드 이펙트에 의해 변경된 오브젝트가 참조되는 곳 사이에서 모든 사이드 이펙트가 발생하도록 한다. 예를 들어, 다음 두 문장을 살펴보자.

```
j = i++;
k = m*n + 2;
```

이 코드의 첫 번째 명령문에는 사이드 이펙트가 있지만, 일부 컴파일러는 첫 번째 명령문의 실행을 완료하기 전에 두 번째 명령문의 값(또는 그 일부)을 먼저 계산할 수 있다. 많은 컴파일러는 성능을 저해할 수 있는 **데이터 해저드**^{data hazard}나 기타 실행 의존성을 피하기 위해 다양한 기계 명령어를 재배치한다(데이터 해저드에 대한 자세한 내용은 『Write Great Code』 시리즈 1편 참조). 이 두 문장 사이에 세미콜론이 있다고 해서 CPU가 새 계산을 시작하기 전에 첫 번째 문장에 대한 모든 계산이 완료된다는 것을 보장하지는 않는다. 다만, 세미콜론에 의존하는 코드를 실행하기 전에 프로그램이 세미콜론 앞에 오는 모든 사이드 이펙트를 계산하도록 보장한다. 두 번째 명령문은 j나 i의 값과는 무관하기 때문에, 컴파일러는 첫 번째 명령문을 완료하기 전에 두 번째 할당 계산을 자유롭게 시작할 수 있다.

시퀀스 포인트는 일종의 장벽 역할을 한다. 코드 시퀀스는 사이드 이펙트의 영향을 받는 후속 코드가 실행되기 전에 실행을 완료해야 한다. 컴파일러는 프로그램의 이전 시퀀스 포인트까지 모든 코드를 실행하기 전에 사이드 이펙트의 값을 계산할 수 없다. 다음 두 코드를 살펴보자.

```
// 코드 1:

    i = j + k;
    m = ++k;

// 코드 2:

    i = j + k;
    m = ++n;
```

코드 1에서 컴파일러는 앞의 명령문에서 k를 사용하기 전에 사이드 이펙트 ++k를 생성하도록 코드를 재배치해서는 안 된다. 문장 끝 시퀀스 포인트는 이 예제의 첫 번째 문장이 후속 문장에서 생성된 사이드 이펙트보다 먼저 k 값을 사용하도록 보장한다. 그러나, 코드 2에서 ++n이 생성하는 사이드 이펙트의 결과는 i = j + k의 어디에도 영향을 미치지 않는다. 따라서, 컴파일러는 ++n 연산을 i의 값을 계산하는 코드로 이동하는 것이 더 편리하거나 효율적인 경우 자유롭게 이동할 수 있다.

12.5 사이드 이펙트로 인한 문제 방지

코드에서 사이드 이펙트의 영향을 확인하기 어려운 경우가 많으므로, 프로그램이 사이드 이펙트 문제에 노출되는 것을 제한할 필요가 있다. 물론, 이렇게 하기 위해서는 프로그램에서 사이드 이펙트를 모두 제거하는 것이 가장 좋다. 하지만 안타깝게도 이는 현실적인 방법이 아니다. 많은 알고리즘은 적절한 동작을 위해 사이드 이펙트에 의존한다(참조 매개변수나 전역 변수를 통해 여러 결과를 반환하는 함수가 좋은 예다). 그러나 몇 가지 간단한 규칙을 준수하면 사이드 이펙트로 인한 의도하지 않은 결과를 줄일 수 있다.

- if, while, do..until과 같은 프로그램 플로우 컨트롤flow control 구문 내의 부울식에 사이드 이펙트를 두지 말자.
- 할당 연산자의 오른쪽에 사이드 이펙트가 있는 경우, (할당 문이 사이드 이펙트를 적용하기 전이나 후에 오브젝트의 값을 사용하는지 여부에 따라) 할당 전이나 후에 사이드 이펙트를 독립된 문장으로 배치하라.
- 동일한 문장에 여러 할당을 사용하지 말자. 그것들을 별도의 문장으로 나누자.
- 같은 식에서 두 개 이상의 함수(사이드 이펙트가 발생할 수 있음)를 호출하지 말자.
- 함수를 작성할 때 전역 오브젝트의 수정(사이드 이펙트를 생성할 수 있는)을 피하자.
- 항상 사이드 이펙트를 철저히 문서화하자. 함수의 경우 함수 도큐먼트document와 해당 함수에 대한 모든 호출과 관련된 사이드 이펙트를 확인해야 한다.

12.6 계산 순서 강제 지정

앞에서 언급했듯이, 연산자 우선순위와 결합법칙은 컴파일러가 부분식을 계산할 수 있는 시기를 제어하지 않는다. 예를 들어, X, Y, Z가 각각의 부분식(한 개의 상수나 변수를 참조하는 단순한 것부터 복잡한 표현식에 대한 모든 것이 될 수 있다)인 경우, X/Y*Z 형식의 표현식은 다음을 의미하지 않는다. 컴파일러는 Y와 Z의 값을 계산하기 전에 X의 값을 계산한다. 실제로 컴파일러는 Z의 값을 먼저 계산한 다음 Y를, 마지막으로 X의 값을 자유롭게 계산할 수 있다. 연산자 우선순위와 결합법칙은 컴파일러가 계산해야 하는 경우에만 필요하다. X/Y를 계산하기 전에 X와 Y의 값을 계산하고(순서에 상관없음), (X/Y)*Z를 계산하기 전에 부분식 X/Y의 값을 계산해야 한다. 물론, 컴파일러는 적용 가능한 대수 변환을 통해 표현식을 변환할 수 있다. 그러나, 정확도가 제한된 산술에 모든 표준 대수 변환이 적용되는 것은 아니기 때문에, 일반적으로 그러한 작업은 주의를 기울여야 한다.

컴파일러는 선택한 순서대로 부분식을 계산할 수 있지만(이로 인해 사이드 이펙트가 모호한 문제가 생길 수 있다), 일반적으로 실제 계산 순서를 재배열하지는 않는다. 예를 들어, 수학적으로 다음 두 표현식은 표준 대수 규칙에 따르면 동일하다(정확도가 제한된 컴퓨터 산술과 비교).

```
X / Y * Z
Z * X / Y
```

표준 수학에서는 곱셈 연산자의 **교환법칙**이 성립하기 때문에 이 둘은 동일하다. 즉, $A \times B$는 $B \times A$와 같다. 실제로 이 두 표현식은 다음과 같이 계산된다면, 일반적으로 동일한 결과를 생성한다.

```
(X / Y) * Z
Z * (X / Y)
```

여기서 괄호는 우선순위를 나타낸다기보다는 CPU가 계산하는 단위라고 생각하면 된다. 즉, 이 문장은 다음과 같다.

```
A = X / Y;
B = Z
C = A * B
D = B * A
```

대부분의 대수 시스템에서 C와 D는 같은 값을 가져야 한다. C와 D가 다를 수 있는 이유를 이해하기 위해 X, Y, Z 값이 각각 5, 2, 3인 정수 오브젝트일 때 어떤 일이 발생하는지 살펴보자.

```
    X / Y * Z
=   5 / 2 * 3
=   2 * 3
=   6

    Z * X / Y
=   3 * 5 / 2
=   15 / 2
=   7
```

다시 말하지만, 이런 이유로 컴파일러가 식을 대수적으로 재배치하는 데 주의를 기울여야 한다. 대부분의 프로그래머는 X*(Y/Z)가 (X*Y)/Z와 같지 않다는 것을 안다. 대부분의 컴파일러도 마찬가지다. 이론적으로 컴파일러는 X*Y/Z 형식의 표현식을 (X*Y)/Z처럼 번역해야 한다. 곱셈과 나눗셈 연산자의 우선순위가 동일하고 결합법칙이 성립하기 때문이다. 그러나, 좋은 프로그래머는 이를 보장하기 위해 결합법칙에 의존하지 않는다. 대부분의 컴파일러는 이 표현을 의도한 대로 정확하게 번역하지만, 후임으로 오는 엔지니어는 이 코드에서 무슨 일이 일어나고 있는지 모를 수도 있다. 따라서, 의도한 계산을 정확히 하기 위해 괄호를 명시적으로 표기하는 것이 좋다. 더 좋은 방법은 정수형의 소수점 이하 버림을 사이드 이펙트로 처리하고, 올바른 계산 순서를 보장하기 위해 식을 여러 성분 계산(3-주소와 유사한 식 사용)으로 분할하는 것이다.

정수형 산술은 분명히 그 나름의 규칙을 따르며, 실제 대수의 규칙이 항상 적용되지는 않는다. 그러나, 부동 소수점 산술에서는 그런 문제가 발생하지 않는다고 가정하지 말

자. 반올림, 잘림, 오버플로, 언더플로 등의 가능성이 있는 정확도가 제한된 연산을 수행할 때마다, 부동 소수점 산술의 경우와 같이 표준 실수 산술 대수 변환 규칙을 적용하는 것은 합법적이지 않을 수 있다. 즉, 임의의 실수 산술 변환을 부동 소수점 식에 적용하면 계산이 부정확해질 수 있다. 따라서, 좋은 컴파일러는 실제 표현식에서 이러한 유형의 변환을 수행하지 않는다. 불행히도 일부 컴파일러는 부동 소수점 연산에 실제 산술 규칙을 적용한다. 대부분 이렇게 생성되는 결과는 상당히 정확하지만(부동 소수점 표현의 한계 내에서), 어떤 경우에는 특히 더 나쁘다.

일반적으로 계산 순서나 부분식이 계산돼야 하는 시점을 제어하고 싶다면, 어셈블리 언어를 사용하는 것이 유일한 해결책이다. 순서가 맞지 않는out-of-order 명령 실행과 같은 사소한 문제가 있기는 하지만, 어셈블리 언어를 사용하면 소프트웨어가 표현식의 다양한 구성 요소를 어떤 순서로 계산해야 할지를 정확히 지정할 수 있다. 계산 순서가 결과값에 영향을 미칠 수 있는 경우, 아주 정확한 계산을 하길 원한다면 어셈블리 언어를 사용하는 것이 가장 안전한 방법일 수 있다. 어셈블리 언어로 된 코드를 읽고 이해할 수 있는 프로그래머는 많지 않지만, 산술식의 의미를 정확하게 표현할 수 있는 언어가 어셈블리라는 것은 의심할 여지가 없다. 어셈블러는 코드를 수정하지 않으므로, 프로그래머가 읽은 내용 그대로의 결과를 얻을 수 있다. 이것은 대부분의 HLL 시스템에는 해당되지 않는다.

12.7 단축 연산

특정 산술 및 논리 연산자의 경우, 식의 일부가 특정 값을 가지면 식의 나머지 구성 요소 값에 관계없이 전체 식의 값이 자동으로 정해진다. 고전적인 예로 곱셈 연산자가 있다. 표현식 A * B가 있고 A 또는 B가 0이면, 결과는 이미 0이기 때문에 다른 구성 요소를 계산할 필요가 없다. 부분식 계산 비용이 비교하는 연산 비용보다 크다면, 프로그램은 첫 번째 부분만을 계산한 후 두 번째 부분을 계산해야 하는지를 결정함으로써 시간을 절약할 수 있다. 이 최적화는 프로그램이 나머지 표현식을 계산하는 과정을 건너뛰므로(전자 용어로는 '단축') **단축 연산**short-circuit evaluation이라고 한다.

몇 가지 산술 연산에 단축 연산을 적용할 수 있지만, 최적화를 확인하는 비용은 계산을 완료하는 것보다 보통 더 비싸다. 예를 들어, 곱셈은 방금 설명한 것처럼 0과 곱하는 것을 피하기 위해 단축 연산을 사용할 수 있다. 그러나, 실제 프로그램에서 0과 곱하는 것은 매우 드물게 발생하므로, 다른 모든 경우에서 0과 비교하는 비용은 일반적으로 0을 곱하는 것을 피해 얻을 수 있는 이득에 비해 훨씬 크다. 따라서, 산술식에서 단축 연산을 지원하는 언어 시스템은 거의 볼 수 없다.

12.7.1 부울식으로 단축 연산 사용

단축 연산의 이점을 얻을 수 있는 식의 한 가지 유형은 부울/논리 표현식이다. 부울식은 다음 세 가지 이유로 단축 연산에 적합하다.

- 부울식은 true와 false라는 두 가지 결과만 생성한다. 따라서, 단축 연산을 통해 얻어진 값이 실제 표현식의 값일 가능성은 매우 높다(무작위 분포를 가정한다면, 50:50 확률).
- 부울식은 복잡한 경향이 있다.
- 부울식은 프로그램에서 자주 나타난다.

이러한 특성으로 인해, 많은 컴파일러가 부울 표현식을 처리할 때 단축 연산을 사용한다.

다음 두 C 구문을 살펴보자.

```
A = B && C;
D = E || F;
```

B가 거짓이면, C의 값에 관계없이 A는 거짓이 된다. 마찬가지로, E가 참이면 F의 값에 관계없이 D는 참이 된다. 따라서 A와 D의 값은 다음과 같이 계산할 수 있다.

```
A = B;
if( A )
{
    A = C;
}
```

```
D = E;
if( !D )
{
    D = F;
}
```

이렇게 하면 일이 더 많은 것처럼 보일 수 있지만(확실히 글자 수는 더 많다!), C와 F가 복잡한 부울 표현식이고 B가 거짓이며 E가 참인 경우가 많다면 이 코드는 훨씬 더 빠르게 실행될 수 있다. 물론, 컴파일러가 단축 연산을 완벽하게 지원한다면, 이 코드를 입력하지 않을 것이다. 컴파일러가 위와 같은 코드를 생성해줄 것이기 때문이다.

단축 연산의 반대는 **완전 부울 연산**complete Boolean evaluation이다. 완전 부울 연산에서 컴파일러는 항상 부울식의 각 하위 구성 요소를 계산하는 코드를 내보낸다. 일부 언어(C, C++, C#, 스위프트, 자바 등)는 단축 연산을 사용한다. 또한 몇몇 언어(에이다와 같은)에서는 단축 연산과 완전 부울 연산 중에 무엇을 사용할 것인지 프로그래머가 지정할 수 있다. 대부분의 언어(파스칼 등)는 표현식이 단축을 사용할지, 완전 부울 연산을 사용할지 정의하지 않고, 구현하는 사람에게 선택권을 준다. 실제로 동일한 컴파일러가 동일한 프로그램의 같은 연산에 대해, 어떤 때는 단축 연산을 하고 어떤 때는 완전 부울 연산을 사용할 수 있다. 부울 연산 유형을 엄격하게 정의하는 언어를 사용하지 않는다면, 특정 컴파일러의 도큐먼트를 확인해 부울 표현식을 처리하는 방법을 결정해야 한다(나중에 다른 컴파일러로 코드를 컴파일해야 할 가능성이 있다면, 특정 컴파일러compiler-specific 메커니즘은 가능한 한 피하자).

앞의 부울 표현식 확장을 다시 살펴보자. A가 거짓이고 D가 참이면, 프로그램이 C와 F를 계산하지 않는다는 것은 분명하다. 따라서, 논리곱(&&)과 논리합(||) 연산자의 왼쪽에 있는 식은 오른쪽 부분을 계산하는지 여부를 정하는 일종의 게이트 역할을 한다. 이것은 중요한 사실이며, 실제로 많은 알고리즘이 정확한 동작을 위해 이 속성을 이용한다. (매우 일반적인) 다음 C 구문을 보자.

```
if( ptr != NULL && *ptr != '\0' )
{
    << 문자열 내에서 ptr 포인터가 현재 가리키고 있는 문자를 처리 >>
```

```
}
```

이 예제는 완전 부울 연산을 사용하면 실패할 수 있다. ptr 변수에 NULL이 포함된 경우를 생각해보자. 단축 연산을 사용하면, 프로그램은 부울 연산식의 결과가 항상 거짓이라는 것을 알기 때문에, 부분식 *ptr != '\0'을 계산하지 않을 것이다. 이 경우, 프로그램은 이 if문에서 종료 중괄호가 끝난 다음 첫 번째 문장으로 즉시 넘어간다. 그러나 이 컴파일러가 완전 부울 연산을 사용한다면, 어떻게 될까. ptr에 NULL이 포함된 것을 확인한 후에도 프로그램은 여전히 ptr을 역참조하려고 시도할 것이다. 불행히도, 이 시도는 아마 런타임 에러를 발생시킬 것이다. 따라서, 완전 부울 연산이 포인터를 통한 액세스를 합법적으로 신중하게 수행했더라도 이 프로그램은 결국 실패한다.

완전 부울 연산과 단축 연산 부울의 또 다른 의미상 차이는 사이드 이펙트와 관련이 있다. 특히, 단축 연산으로 인해 부분식이 실행되지 않으면, 해당 부분식의 사이드 이펙트도 발생하지 않는다. 이는 매우 유용하지만, 본질적으로는 위험하다. 일부 알고리즘은 단축 연산에 절대적으로 의존하기 때문에 이런 면에서는 유용하다. 일부 알고리즘은 표현식이 어떤 시점에서 거짓으로 평가되더라도, 모든 사이드 이펙트가 발생할 것으로 예상하는 경우에는 위험하다. 예를 들어, '커서' 포인터를 문자열의 다음 8바이트 경계나 문자열의 끝(둘 중 먼저 나오는 쪽)으로 이동시키는 다음과 같은 희한한(문법은 완벽하다) C 코드를 생각해보자.

```
*++ptr && *++ptr && *++ptr && *++ptr && *++ptr && *++ptr && *++ptr && *++ptr;
```

이 명령문은 포인터를 1씩 증가시킨 다음, 메모리에서 ptr이 가리키는 바이트를 하나씩 가져온다. 가져온 바이트가 0이면, 그 시점에서 이 문장은 거짓으로 평가되므로 이 표현식/명령문의 실행은 즉시 중지된다. 가져온 문자가 0이 아니면, 프로세스가 최대 일곱 번 더 반복된다. 이 시퀀스의 끝에서, ptr은 0바이트를 가리키거나 원래 위치에서 8바이트 뒤를 가리킨다. 여기서 트릭은 문자열의 마지막에 도달했을 때, 그대로 지나치지 않고 표현식이 즉시 종료된다는 것이다.

물론 완전 부울 연산을 포함하는 부울 표현식에서 사이드 이펙트가 발생할 때 바람직한 동작을 보여주는 예도 있다. 중요한 점은 어느 쪽이 옳고 그른지 명확히 말할 수는 없다는 것이다. 그것은 모두 맥락이 어떤지에 따라 다르다. 어떤 상황에서 주어진 알고리즘은 올바른 결과를 생성하기 위해 단축 부울 연산이나 완전 부울 연산을 사용해야 할 수 있다. 사용 중인 언어가 사용할 스키마를 명시적으로 지정하지 않았거나 정의한 것과 다른 스키마를 사용하려는 경우(가령, C의 완전 부울 연산), 당신이 원하는 계산 방식으로 작동하도록 직접 코드를 작성해야 한다.

12.7.2 단축 연산이나 완전 부울 연산 강제하기

단축 연산이 사용되거나 사용될 수 있는 언어로 완전 부울 연산을 강제하는 것은 비교적 쉽다. 식을 개별 문장으로 나누고 각 부분식의 결과를 변수에 넣은 다음, 이러한 임시 변수에 연결 및 분리 연산자를 적용하기만 하면 된다. 예를 들어, 다음 변환을 살펴보자.

```
// 복잡한 식

if( (a < f(x)) && (b != g(y)) || predicate( a + b ))
{
    << 이 식이 참이면 실행되는 문장 >>
}

// 완전 부울 연산을 수행하는 형태로 변환

temp1 = a < f(x);
temp2 = b != g(y);
temp3 = predicate( a + b );
if( temp1 && temp2 || temp3 )
{
    << 이 식이 참이면 실행되는 문장 >>
}
```

if문 내의 부울식은 여전히 단축 연산을 사용한다. 그러나, 이 코드는 if문 이전에 부분식을 평가하기 때문에, 이 코드는 f(), g(), predicate() 함수에 의해 생성된 모든 사이드 이펙트가 발생하도록 한다.

반대는 어떨까? 즉, 언어가 완전 부울 연산만 지원하거나 평가 유형을 지정하지 않고 단축 연산을 강제하려는 경우, 어떻게 해야 할까? 이 경우에는 완전 부울 연산을 강제하는 것보다 좀 더 많은 작업을 해야 하지만, 그리 어려운 일은 아니다.

다음 파스칼 코드를 살펴보자.[8]

```
if( ((a < f(x)) and (b <> g(y))) or predicate( a + b )) then begin

    << 식이 참이면 실행되는 문장 >>

end; (*if*)
```

단축 부울 연산을 강제하려면, 첫 번째 부분식의 값을 테스트하고 true로 평가되는 경우에만 두 번째 부분식(그리고, 두 식의 논리합)을 계산해야 한다. 다음 코드로 이를 수행할 수 있다.

```
boolResult := a < f(x);
if( boolResult ) then
    boolResult := b <> g(y);

if( not boolResult ) then
    boolResult := predicate( a+b );

if( boolResult ) then begin

    << if문이 참이면 실행되는 문장 >>

end; (*if*)
```

이 코드는 부울식의 현재 상태(boolResult 변수에 저장된다)를 기반으로 g()나 predicate() 함수의 실행을 차단(또는 강제)하기 위해 if문으로 단축 연산을 시뮬레이션한다.

8 　파스칼 표준에는 컴파일러가 완전 부울 연산과 단축 부울 연산 중 어느 것을 사용해야 하는지 지정되어 있지 않다. 그러나 대부분의 파스칼 컴파일러는 완전 부울 연산을 구현한다.

단축 연산을 강제하거나 부울 연산을 완료하기 위해 표현식을 변환하면, 원래 형식보다 훨씬 더 많은 코드가 필요한 것처럼 보인다. 이 경우에는 효율성이 걱정되겠지만 안심해도 된다. 내부적으로, 컴파일러는 이러한 부울 표현식을 수동으로 변환한 것과 유사한 3-주소 코드로 변환하기 때문이다.

12.7.3 단축 연산과 완전 부울 연산 효율성 비교

이전 논의에서 완전 부울 연산과 단축 연산이 동등한 효율성을 갖는다고 생각했을 수 있지만, 그렇지 않다. 복잡한 부울식을 처리하거나 일부 부분식의 비용이 다소 높은 경우, 일반적으로 단축 연산이 완전 부울 연산보다 빠르다. 어느 쪽이 더 적은 오브젝트 코드를 생성하는지를 따져보면 양쪽이 거의 동일하며, 정확한 차이는 연산하려는 표현식에 따라 달라진다.

완전 부울 연산과 단축 연산을 둘러싼 효율성 문제를 이해하기 위해, 두 형식을 모두 사용해 부울 표현식을 구현하는 다음 HLA 코드를 살펴보자.[9]

```
// 복잡한 식

// if( (a < f(x)) && (b != g(y)) || predicate( a+b ))
// {
//      << if문이 참이면 실행되는 문장 >>
// }
//
// 완전 부울 연산을 사용하는 형태로 번역
//
// temp1 = a < f(x);
// temp2 = b != g(y);
// temp3 = predicate( a + b );
// if( temp1 && temp2 || temp3 )
// {
//      << if문이 참이면 실행되는 문장 >>
// }
```

---

9   HLA는 단축 부울 연산이 있는 if문을 지원하지만, 이 연습의 목적은 if문의 고수준 추상화를 피하는 것이므로 여기서는 사용하지 않는다.

```
//
//
// 80x86 어셈블리 언어로 번역,
// 모든 변수와 리턴 값은
// 부호 없는 32비트 정수형이라고 가정

    f(x);           // f의 결과가 EAX에 반환된다고 가정
    cmp( a, eax );   // a를 f(x)의 리턴 값과 비교
    setb( bl );      // bl = a < f(x)
    g(y);           // g의 결과가 EAX에 반환된다고 가정
    cmp( b, eax );   // b를 g(y)의 리턴 값과 비교
    setne( bh );     // bh = b != g(y)
    mov( a, eax );   // predicate 함수에 넘겨주기 위해
    add( b, eax );   // a+b를 계산
    predicate( eax );// predicate의 결과값은 al에 저장됨 (0/1)
    and( bh, bl );   // bl = temp1 && temp2
    or( bl, al );    // al = (temp1 && temp2) || temp3
    jz skipStmts;    // 거짓이면 0, 참이면 0이 아님

    << if문이 참이면 실행되는 문장 >>

skipStmts:
```

다음은 단축 부울 연산을 사용하는 동일한 표현식이다.

```
// if( (a < f(x)) && (b != g(y)) || predicate( a+b ))
// {
//      << if문이 참이면 실행되는 문장 >>
// }

    f(x);
    cmp( a, eax );
    jnb TryOR;        // a가 f(x)보다 작지 않다면, OR 절을 수행한다
    g(y);
    cmp( b, eax );
    jne DoStmts       // b가 g(y)와 같지 않다면(그리고 a < f(x)이면), 본문을 실행한다

TryOR:
```

620

```
        mov( a, eax );
        add( b, eax );
        predicate( eax );
        test( eax, eax ); // EAX = 0?
        jz SkipStmts;

DoStmts:
        << if문이 참이면 실행되는 문장 >>
SkipStmts:
```

단순히 구문의 개수만 세어도 알 수 있듯이, 단축 연산을 사용하는 버전이 좀 더 짧다(11개와 12개). 코드는 세 표현식 중 두 개만 평가하므로, 단축 버전은 아마도 훨씬 더 빨리 실행될 것이다. 이 코드는 첫 번째 부분식 a < f(x)가 true로 평가되고, 두 번째 식 b != g(y)가 false로 평가되는 경우에만 세 부분식을 모두 계산한다. 이처럼 부울식의 결과가 모두 똑같이 나오는 경우, 세 부분식을 모두 테스트할 확률은 25%다. 나머지 경우는 두 개의 부분식만 테스트한다(50%는 a < f(x)와 predicate(a + b)를 테스트하고, 25%는 a < f(x)와 b != g(y)를, 나머지 25%는 세 가지 조건을 모두 테스트한다).

이 두 어셈블리 언어 코드에서 주목해야 할 흥미로운 점은 완전 부울 연산이 표현식의 상태(참 또는 거짓)를 실제 변수로 표현하는 경향이 있는 반면, 단축 연산은 프로그램의 코드 위치에 따라 표현식의 현재 상태를 표현한다는 것이다. 단축 연산 예제를 다시 살펴보자. 코드 위치를 제외한 각 부분식의 부울 결과는 저장되지 않는다. 예를 들어, 이 코드에서 TryOR 레이블에 도달하면 논리합(논리 AND)을 포함한 부분식이 거짓임을 알 수 있다. 마찬가지로, 프로그램이 g(y)를 호출하면, 예제의 첫 번째 부분식 a < f(x)가 true로 평가됐다는 것을 알 수 있다. 또한 DoStmts 레이블에 도달하면, 전체 표현식이 true로 평가됐다는 것을 알 수 있다.

f(), g(), predicate() 함수의 실행 시간이 현재 예제에서 거의 동일하다면, 약간만 수정해서 코드의 성능을 크게 향상시킬 수 있다.

```
// if( predicate( a + b ) || (a < f(x)) && (b != g(y)))
// {
//      << if문이 참이면 실행되는 문장 >>
```

```
// }

    mov( a, eax );
    add( b, eax );
    predicate( eax );
    test( eax, eax );    // EAX = true (not zero)?
    jnz DoStmts;
    f(x);
    cmp( a, eax );
    jnb SkipStmts;       // a >= f(x)이면, OR 절을 수행한다
    g(y);
    cmp( b, eax );
    je SkipStmts;        // b != g(y)이면, 본문을 실행한다

DoStmts:
    << if 조건이 참이면 실행되는 문장 >>
SkipStmts:
```

다시 말하지만, 각 부분식의 결과가 무작위로 균등하게 분포돼 있다고 가정하면(즉, 각 부분식이 참일 확률은 50:50이다), 이 코드는 평균적으로 이전 버전보다 약 50% 더 빠르게 실행된다. 왜일까? predicate()에 대한 테스트를 코드의 시작 부분으로 이동하면, 코드가 본문을 실행해야 하는지를 한 번의 테스트로 확인할 수 있다. predicate()의 50%가 true를 반환하기 때문에 약 절반의 시간 동안 한 번의 테스트로 루프 본문을 실행할 것인지를 결정할 수 있다. 앞의 예에서는 루프 본문을 실행할 것인지 결정하기 위해 항상 최소 두 번의 테스트가 필요했다.

여기서 두 가지 가정(부울 표현식이 참이나 거짓을 생성할 가능성이 동일하고, 각 부분식을 계산하는 비용이 동일하다는)은 실제로 거의 적용되지 않는다. 그러나, 이는 코드를 최적화할 수 있는 기회가 훨씬 더 많다는 것을 의미한다. 예를 들어, predicate() 함수를 호출하는 비용이 높은 경우(표현식의 나머지 계산에 비해), 절대적으로 필요한 경우에만 predicate()를 호출하도록 표현식을 정렬할 수 있다. 반대로 predicate() 호출 비용이 다른 부분식을 계산하는 비용에 비해 낮은 경우 먼저 호출하는 것이 좋다. f()와 g() 함수의 상황은 비슷하다. 논리 AND 연산은 교환법칙이 성립하므로, 다음 두 표현식은 의미상 동일하다(사이드 이펙트가 없는 경우).

```
a < f(x) && b != g(y)
b != g(y) && a < f(x)
```

컴파일러가 단축 연산을 사용할 때, 함수 f() 호출 비용이 함수 g() 호출 비용보다 적으면 첫 번째 표현식이 두 번째 표현식보다 빠르게 실행된다. 반대로 f()를 호출하는 것이 g()를 호출하는 것보다 비용이 많이 든다면, 두 번째 표현식은 일반적으로 더 빠르게 실행된다.

단축 부울식 평가의 성능에 영향을 미치는 또 다른 요소는 주어진 부울식이 각 호출에서 동일한 값을 반환할 가능성이다. 다음 두 가지 템플릿을 살펴보자.

```
expr1 && expr2
expr3 || expr4
```

논리곱을 계산할 때는 논리곱 연산자(&&)의 오른쪽에 참을 반환할 가능성이 더 높은 표현식을 배치하자. 논리 AND 연산의 경우, 첫 번째 오퍼랜드가 거짓이면 단축 연산을 사용하는 부울 시스템이 두 번째 오퍼랜드를 평가하지 않는다. 효율성을 위해서라도, false를 반환할 가능성이 가장 높은 오퍼랜드를 식의 왼쪽에 배치하는 것이 좋다. 이렇게 하면, 반대로 하는 것에 비해 두 번째 오퍼랜드의 계산을 건너뛸 수 있는 경우가 더 많이 생긴다.

논리합(||)에 대해서는 정반대다. 이 경우에는 expr3이 expr4보다 true를 반환할 가능성이 더 높도록 오퍼랜드를 정렬한다. 이러한 방식으로 논리합 연산을 구성하면, 오퍼랜드를 바꾼 경우보다 오른쪽 부분의 실행을 더 자주 건너뛸 수 있다.

이러한 식이 사이드 이펙트를 생성하는 경우에는 부울식 오퍼랜드를 임의로 재정렬할 수 없다. 이러한 사이드 이펙트의 적절한 계산은 부분식의 정확한 순서에 따라 달라질 수 있기 때문이다. 부분식을 다시 정렬하면, 다른 방법으로는 발생하지 않는 사이드 이펙트가 발생할 수 있다. 부울 표현식에서 오퍼랜드를 재배열해 성능을 향상시키려는 경우에는 이 점을 유의하자.

12.8 산술 연산의 상대 비용

대부분의 알고리즘 분석 방법론은 모든 연산은 동일한 시간이 걸린다는 단순한 가정을 사용한다.[10] 일부 산술 연산은 다른 계산보다 두 배 더 느리기 때문에 이 가정은 그다지 정확하지 않다. 예를 들어, 단순한 정수 더하기 연산은 종종 정수 곱셈보다 훨씬 빠르다. 마찬가지로, 정수 연산은 일반적으로 해당 부동 소수점 연산보다 훨씬 빠르다. 알고리즘 분석을 위해서라면, 어떤 연산이 다른 연산보다 n배 더 빠를 수 있다는 사실은 무시해도 된다. 그러나 훌륭한 코드를 작성하는 데 관심이 있다면, 어떤 연산자가 가장 효율적인지 아는 것도 중요하다. 특히, 그중에 선택할 수 있는 옵션이 있을 때는 더욱 그렇다.

안타깝게도 연산자의 상대 속도를 나열한 표는 찾을 수 없다. 주어진 산술 연산자의 성능은 CPU에 따라 다르다. 동일한 CPU 제품군 내에서도 동일한 산술 연산에 대한 성능 차이가 큰 것을 확인할 수 있다. 예를 들어, 시프트^{shift}나 로테이트^{rotate} 연산은 펜티엄 3에서 상대적으로 빠르다(덧셈에 비해 상대적으로). 그러나 펜티엄 4에서는 상당히 느리다. 이러한 연산은 최신 인텔 CPU에서 더 빠르다. 따라서, C/C++의 <<나 >>와 같은 연산자는 실행하는 CPU에 따라 덧셈 연산보다 더 빠르거나 더 느릴 수 있다.

이에 대해 몇 가지 일반적인 가이드라인을 제공할 수 있다. 예를 들어, 대부분의 CPU에서 덧셈 연산은 가장 효율적인 산술 및 논리 연산 중 하나다. 덧셈보다 빠른 산술 연산이나 논리 연산을 지원하는 CPU는 거의 없다. 따라서, 덧셈 같은 연산에 대한 상대적인 성능을 기준으로, 다양한 연산을 클래스로 그룹화하는 것은 상당히 유용하다(표 12-1).

---

10   실제로, 기술적으로 보면 이러한 방법론은 서로 다른 산술 연산이 상수만큼의 차이가 있다고 가정하며 상수끼리 곱해지는 부분은 무시한다.

표 12-1 산술 연산의 상대적인 성능(가이드라인)

상대적인 성능	연산
빠름	정수형 덧셈, 뺄셈, 음수화, 논리 AND, 논리 OR, 논리 XOR, 논리 NOT, 비교
	논리 시프트
	논리 로테이트
	곱셈
	나눗셈
	부동소수점 비교와 음수화
	부동소수점 덧셈과 뺄셈
	부동소수점 곱셈
느림	부동 소수점 나눗셈

표 12-1의 추정이 모든 CPU에 대해 정확하지는 않지만, 특정 프로세서에 대해 더 많은 경험을 얻을 때까지 작업할 수 있는 '첫 번째 근사치'를 제공한다. 많은 프로세서에서 가장 빠른 작업과 가장 느린 작업은 대략 2-3배의 성능 차이를 나타낸다. 특히, 나눗셈은 대부분의 프로세서에서 매우 느린 경향이 있다(부동 소수점 나눗셈은 더 느리다). 곱셈은 일반적으로 더하기보다 느리지만, 정확한 차이는 프로세서마다 크게 다르다.

부동 소수점 나눗셈을 반드시 수행해야 하는 경우, 다른 연산을 사용해 애플리케이션의 성능을 향상시킬 수 있는 방법은 거의 없다(경우에 따라 역수로 곱하는 것이 더 빠르다). 그러나, 다른 알고리즘을 사용해 많은 정수 산술 계산을 수행할 수는 있다. 예를 들어, 왼쪽 시프트는 2를 곱하는 것보다 비용이 적게 든다. 대부분의 컴파일러는 이러한 '연산자 변환'을 자동으로 처리하지만, 컴파일러가 모든 것을 다룰 수는 없으며 일부 컴파일러는 결과를 계산하는 가장 좋은 방법을 찾아내지 못할 때도 종종 있다. 그러나 직접 '연산자 변환'을 수행한다면, 이에 대해서는 컴파일러에 의존하지 않아도 된다.

12.9 참고 자료

Aho, Alfred V., Monica S. Lam, Ravi Sethi, and Jeffrey D. Ullman. *Compilers: Principles, Techniques, and Tools*. 2nd ed. Essex, UK: Pearson Education Limited, 1986.

Barrett, William, and John Couch. *Compiler Construction: Theory and Practice*. Chicago: SRA, 1986.

Fraser, Christopher, and David Hansen. *A Retargetable C Compiler: Design and Implementation*. Boston: Addison-Wesley Professional, 1995.

Duntemann, Jeff. *Assembly Language Step-by-Step*. 3rd ed. Indianapolis: Wiley, 2009.

Hyde, Randall. *The Art of Assembly Language*. 2nd ed. San Francisco: No Starch Press, 2010.

Louden, Kenneth C. *Compiler Construction: Principles and Practice*. Boston: Cengage, 1997.

Parsons, Thomas W. *Introduction to Compiler Construction*. New York: W. H. Freeman, 1992.

Willus.com. "Willus.com's 2011 Win32/64 C Compiler Benchmarks." Last updated April 8, 2012. https://www.willus.com/ccomp_benchmark2.shtml.

13

제어 구조 및 프로그램 결정

제어 구조는 HLL 프로그래밍의 기본 요소다. 명시된 조건의 평가를 기반으로 의사 결정을 내릴 수 있는 능력은 컴퓨터가 제공하는 거의 모든 종류의 자동화에 필수적이다. HLL 제어 구조를 기계어 코드로 변환하는 부분은 아마 프로그램의 성능과 크기에 가장 큰 영향을 미칠 것이다. 주어진 상황에서 사용할 제어 구조를 아는 것은 훌륭한 코드 작성의 핵심이다. 특히 13장에서는 의사 결정과 무조건적인 흐름에 관련된 제어 구조의 기계어 구현을 설명한다.

- if문
- switch와 case문
- goto문과 관련 사항

14장과 15장에서는 이 논의를 확장시켜, 루프 제어 구조와 프로시저/함수 호출 및 반환에 대해 다룬다.

13.1 제어 구조가 프로그램의 효율성에 미치는 영향

프로그램에서 기계어 명령어의 상당 부분은 프로그램 실행 경로 제어와 관련돼 있다. 제어 전송 명령어는 종종 명령어 파이프라인을 비워버리므로(『Write Great Code』 시리즈 1편 참조), 간단한 계산을 수행하는 명령어보다 느린 편이다. 효율적인 프로그램을 만들려면, 제어 전송 명령어의 수를 줄이거나 불가능한 경우 가장 빠른 명령어를 선택해야 한다.

CPU가 프로그램 흐름을 제어하는 데 사용하는 정확한 명령어 셋은 프로세서마다 다르다. 그럼에도 불구하고, 많은 CPU(이 책에서 다룬 다섯 개 제품군 포함)는 '비교/점프' 패러다임을 사용해 프로그램 흐름을 제어한다. 즉, CPU 플래그를 수정하는 비교나 다른 명령어를 사용한 후, CPU 플래그 설정에 따라 제어를 다른 위치로 전송하는 조건부 점프 명령어를 사용한다. 일부 CPU는 단일 명령어로 이 모든 작업을 수행할 수 있는 반면, 다른 CPU는 둘, 셋, 또는 그 이상의 명령어가 필요하다. 일부 CPU에서는 두 값을 다양한 조건으로 비교할 수 있지만, 다른 어떤 CPU에서는 몇 가지 테스트만 허용한다. 메커니즘에 관계없이, 한 CPU의 주어진 시퀀스에 매핑되는 HLL 문장은 다른 CPU의 비슷한 시퀀스에도 매핑된다. 따라서 하나의 CPU에 대한 기본 변환을 이해하면, 모든 CPU에서 컴파일러가 작동하는 방식을 이해할 수 있다.

13.2 로우레벨 제어 구조 소개

대부분의 CPU는 프로그램적인 결정을 내릴 때 2단계 프로세스를 사용한다. 먼저, 프로그램은 두 값을 비교하고 비교 결과를 기계 레지스터나 플래그에 저장한다. 그런 다음, 그 결과를 테스트하고 학습한 내용에 따라 제어를 두 위치 중 하나로 전송한다. 이 **비교 및 조건부 분기**compare and conditional branch 시퀀스에 몇 가지만 더 하면, 대부분의 주요 HLL 제어 구조를 합성할 수 있다.

비교 및 조건부 분기 패러다임 내에서도, CPU는 조건부 코드 시퀀스를 구현하기 위해 보통 두 가지 다른 접근 방식을 사용한다. 특히, 스택 기반 아키텍처(UCSD p-머신, 자바 가상 머신, 마이크로소프트 CLR 등)에서는 특정 조건을 테스트하는 다양한 형태의 비교 명령어를 일반적으로 사용한다. 예를 들어, **같은지**compare if equal, **다른지**compare if not equal, **작은지**compare if less than, **큰지**compare if greater than 등을 검사한다. 각각의 결과는 부울 값이다. 그런 다음, 한 쌍의 조건부 분기 명령어(참이면 분기branch if true, 거짓이면 분기branch if false)로 비교 결과를 테스트하고, 제어를 적절한 위치로 보낸다. 이러한 VM 중 일부는 실제로 비교 및 분기 명령어를 '비교 및 분기compare and branch' 명령어(테스트할 각 조건에 대해 하나씩)로 병합할 수 있다. 적은 수의 명령어를 사용하더라도 최종 결과는 정확히 동일하다.

더 많이 사용되는 두 번째 접근 방식은 CPU의 **프로그램 상태**program status나 **플래그**flag 레지스터의 여러 비트를 설정(또는 삭제)하는 단일 비교 명령어를 CPU의 명령어 셋에 포함하는 것이다. 그런 다음, 프로그램은 여러 특정 조건부 분기 명령 중 하나를 사용해 제어를 다른 위치로 보낸다. 이러한 조건부 분기 명령어는 **같으면 점프**jump if equal, **다르면 점프**jump if not equal, **작으면 점프**jump if less than, **크면 점프**jump if greater than와 같은 이름을 가질 수 있다. 이러한 '비교 및 점프' 기법은 80x86, ARM, 파워PC에서 사용하는 기법이므로, 13장의 예제에서도 사용한다. 그러나, 이는 '**다중 비교**multiple comparison/**참이면 점프**jump true/**거짓이면 점프**jump false' 패러다임으로 쉽게 변환할 수 있다.

ARM 프로세서의 32비트 변형에는 세 번째 기술인 조건부 실행이 도입됐다. 32비트 ARM의 대부분 명령어(분기뿐만 아니라)는 이 옵션을 제공한다. 예를 들어, addeq 명령어는 이전 비교(또는, 다른 작업)의 결과로 **제로 플래그**zero flag 값이 설정된 경우에만 두 개의 값을 더한다. 자세한 내용은 온라인 부록 C의 '조건부 접미사 명령어'를 참조하자.

조건부 분기는 일반적으로 양방향 분기다. 즉, 테스트 중인 조건이 true면 프로그램의 한 위치로 제어를 넘기고, 조건이 false면 다른 위치로 제어를 넘긴다. 명령어의 크기를 줄이기 위해 대부분의 CPU 조건 분기는 가능한 두 분기 위치 중 하나의 주소만 인코딩하고, 반대 조건에 대해서는 암묵적으로 약속된 주소를 사용한다. 특히, 대부분의 조건부 분기는 조건이 true면 제어를 일부 타깃 위치로 넘기고, 조건이 false면 다음 명령어로 넘어간다. 예를 들어 다음 80x86 je(같으면 점프) 명령 시퀀스를 살펴보자.

```
// EAX의 값을 EBX의 값과 비교한다

    cmp( eax, ebx );

// EAX==EBX면, 레이블 EAXequalsEBX로 분기한다

    je EAXequalsEBX;
```

```
       mov( 4, ebx );        // EAX != EBX면, 여기로 내려온다
           .
           .
           .

EAXequalsEBX:
```

이 명령어 시퀀스는 먼저 EAX 레지스터의 값을 EBX의 값(cmp 명령어)과 비교한다. 이 것은 80x86 EFLAGS 레지스터의 **조건 코드 비트**condition-code bit를 설정한다. 특히, EAX의 값 이 EBX의 값과 같으면 80x86 제로 플래그를 1로 설정한다. je 명령어는 제로 플래그가 설정됐는지 확인하고, 설정된 경우 EAXequalsEBX 레이블 바로 뒤에 있는 기계어 명령어로 제어를 넘긴다. EAX의 값이 EBX와 같지 않으면 cmp 명령어는 제로 플래그를 지우고, je 명령어는 데스티네이션destination 레이블로 제어를 넘기는 대신 mov 명령어로 넘어간다.

데이터에 액세스하는 특정 기계어 명령어는 기계어 명령어가 액세스하는 메모리 위 치가 해당 변수가 저장된 활성화 레코드의 기본 주소 부근에 있는 경우 더 작고 빠를 수 있다. 이 규칙은 조건부 점프 명령어에도 적용된다. 80x86은 두 가지 형태의 조건부 점 프 명령어를 제공한다. 한 형식은 길이가 2바이트에 불과하다(op코드 1바이트와 −128 ~ +127 범위의 부호 있는 변위 1바이트). 다른 형식은 길이가 6바이트다(op코드 2바이트, −20억 ~ +20억 범위의 부호 있는 변위 4바이트). 변위 값은 프로그램이 대상 위치에 도달하기 위해 점프해야 하는 거리(바이트)를 나타낸다. 근처로 이동하는 경우, 짧은 형태의 분기를 사용 할 수 있다. 80x86 명령어의 길이는 1~15바이트(대부분 약 3~4바이트 정도)이므로, 짧은 형태의 조건부 점프 명령어는 보통 약 32~40개의 기계어 명령어를 건너뛸 수 있다. 타깃 위치가 ±127바이트 범위를 벗어나면, 이러한 조건부 점프 명령어의 6바이트 버전을 사 용해 현재 명령어에서 ±20억 바이트 범위로 확장한다. 가장 효율적인 코드 작성에 관심 이 있다면, 2바이트 형식을 가능한 한 자주 사용하는 것이 좋다.

분기는 CPU가 파이프라인을 비우고 다시 로드해야 할 수 있으므로, 최신 (파이프라인) CPU에서는 비용이 많이 드는 작업이다(자세한 내용은 『Write Great Code』 시리즈 1편 참 조). 조건부 분기는 분기를 사용하는 경우에만 이 비용이 발생한다. 조건부 분기 명령어에 서 다음 명령어로 넘어가면, CPU는 파이프라인에 있는 명령어를 비우지 않고 계속 사용 한다. 따라서, 많은 시스템에서 '분기가 발생하지 않고 다음 명령어로 넘어가는 것'이 '분

기가 일어나는 것'보다 빠르다. 그러나, 일부 CPU(80x86, 파워PC, ARM 등)에서는 **분기 예측** branch prediction 기능을 지원하는데, 이는 CPU가 파이프라인을 채워 넣을 때 조건 분기 바로 다음 명령어가 아니라 점프할 위치에 있는 명령어를 사용하게 한다. 안타깝게도 분기 예측 알고리즘은 프로세서마다 다르므로(80x86 CPU 제품군 내에서도), 일반적으로 분기 예측이 HLL 코드에 어떤 영향을 미칠지는 예측하기 어렵다. 특정 프로세서에 대한 코드를 작성하지 않는 한, 다음 명령어로 넘어가는 것이 점프하는 것보다 더 효율적이라고 가정하는 편이 가장 안전해 보인다.

비교 및 조건부 분기 패러다임이 기계어 코드 프로그램에서 가장 흔히 사용하는 제어 구조지만, 일부 계산 결과를 기반으로 점프할 메모리의 위치를 결정하는 방법도 있다. 의심할 여지가 없이, 간접 점프(특히, 주소 테이블을 사용하는 경우)가 가장 흔한 형태다. 다음 32비트 80x86 jmp 명령어를 살펴보자.

```
readonly
    jmpTable: dword[4] := [&label1, &label2, &label3, &label4];
            .
            .
            .
        jmp( jmpTable[ ebx*4 ] );
```

이 jmp 명령어는 jmpTable 배열의 EBX 값으로 지정된 인덱스에서 더블 워드 값을 가져온다. 즉, 명령어는 EBX의 값 (0..3)을 기반으로 네 개의 다른 위치 중 하나로 제어를 넘긴다. 예를 들어 EBX 값이 0이면, jmp 명령어는 jmpTable의 인덱스 0(label1 접두사가 붙은 명령어 주소)에서 더블 워드를 가져온다. 마찬가지로 EBX 값이 2면, jmp 명령어는 이 테이블(label3의 주소)에서 세 번째 더블 워드를 가져온다. 이는 다음과 같은 일련의 명령어와 거의 동일하지만, 보통 더 짧다.

```
cmp( ebx, 0 );
je label1;
cmp( ebx, 1 );
je label2;
cmp( ebx, 2 );
```

```
je label3;
cmp( ebx, 3 );
je label4;

// EBX <> 0, 1, 2, 3인 경우는 정의되지 않았다
```

다양한 CPU에서 여러 가지 다른 조건부 흐름 제어 메커니즘을 사용할 수 있지만, 이 두 메커니즘(비교 및 조건부 분기, 간접 점프)은 대부분의 HLL 컴파일러가 HLL에서 표준 제어 구조를 구현하는 데 주로 사용하는 메커니즘이다.

13.3 goto문

goto문은 아마도 가장 기본적인 로우레벨 제어 구조일 것이다. 1960년대 후반부터 1970년대에 걸쳐 불어닥친 '구조화된 프로그래밍'의 물결 이후, HLL 코드에서 goto문의 사용은 감소했다. 실제로 일부 최신 하이레벨 프로그래밍 언어(자바, 스위프트)에서는 구조화되지 않은 goto문을 제공하지 않는다. goto문을 사용할 수 있는 언어에서도 프로그래밍 스타일 지침에 따라 goto문은 특별한 경우에만 사용하도록 제한한다. 1970년대 중반 이후에 프로그래밍을 배운 사람들은 goto문의 사용을 피해야 한다는 것을 마치 '교리'처럼 배웠기 때문에 최근의 프로그램에서 goto문을 찾는 것은 하늘의 별 따기와 같다. 가독성 관점에서 이는 좋은 일이다(1960년대의 일부 포트란 프로그램을 확인해보면, goto문으로 뒤덮인 코드를 읽기가 얼마나 어려운지 알 수 있다). 그럼에도 불구하고, 일부 프로그래머는 코드에서 goto문을 사용하면 더 높은 효율성을 달성할 수 있다고 믿는다. 물론, 때로는 이 말이 맞을 수도 있지만, 궁극적으로 가독성을 희생해서 얻어지는 효율성의 증가는 이득이 거의 없다.

효율성과 관련해 goto의 가장 큰 이점은 중복 코드를 방지하는 데 도움이 된다는 것이다. 다음과 같은 간단한 C/C++ 예제를 살펴보자.

```
if( a == b || c < d )
{
    << 문장 몇 개 실행 >>
```

```
    if( x == y )
    {
        << x == y일 경우, 문장 몇 개 실행 >>
    }
    else
    {
        << x != y일 경우, 문장 몇 개 실행 >>
    }
}
else
{
    << 앞부분에서 x!= y일 경우에 실행되는 것과 같은 내용을 실행 >>
}
```

프로그램을 좀 더 효율적으로 만드는 방법을 찾는 프로그래머는 중복된 모든 코드를 발견하는 즉시 다음과 같이 예제를 수정하고 싶을 것이다.

```
if( a == b || c < d )
{
    << 문장 몇 개 실행 >>

    if( x != y ) goto DuplicatedCode;

    << x == y일 경우, 문장 몇 개 실행 >>
}
else
{
DuplicatedCode:
    << 원래 코드에서 x != y이거나 부울식이 false일 경우,
       실행되는 것과 같은 문장을 실행 >>
}
```

물론, 이 코드는 원본 예제보다 읽고, 수정하고, 유지하는 것이 좀 더 어려울 뿐 아니라, 몇 가지 소프트웨어 엔지니어링 문제도 있다(중복된 코드가 사라져 더 이상 없고 한 곳에서 공통 코드의 결함을 수정하기만 하면 되기 때문에, 실제로 유지 관리가 좀 더 쉽다고 주장할 수도 있다). 그러나, 이 예제 코드가 더 짧다는 사실을 부인할 수는 없다. 아니면?

많은 최신 컴파일러 최적화는 실제로 첫 번째 예제와 같은 코드를 만나더라도, 두 번째 예제에서 생성해낸 것과 동일한 코드를 만든다. 따라서, 좋은 컴파일러는 첫 번째 예제에서와 같이 소스 파일에 중복된 부분이 있더라도 기계어 코드에서는 중복이 일어나지 않도록 만든다. 다음 C/C++ 예제를 살펴보자.

```c
#include <stdio.h>

static int a;
static int b;

extern int x;
extern int y;
extern int f( int );
extern int g( int );

int main( void )
{
    if( a==f(x))
    {
        if( b==g(y))
        {
            a=0;
        }
        else
        {
            printf( "%d %d\n", a, b );
            a=1;
            b=0;
        }
    }
    else
    {
        printf( "%d %d\n", a, b );
        a=1;
        b=0;
    }
```

```
        return( 0 );
}
```

다음은 위 코드의 if문을 GCC를 통해 파워PC로 컴파일한 결과다.

```
        ; f(x):

        lwz r3,0(r9)
        bl L_f$stub

        ; a==f(x)를 계산해, 거짓이면 L2로 점프한다

        lwz r4,0(r30)
        cmpw cr0,r4,r3
        bne+ cr0,L2

        ; g(y):

        addis r9,r31,ha16(L_y$non_lazy_ptr-L1$pb)
        addis r29,r31,ha16(_b-L1$pb)
        lwz r9,lo16(L_y$non_lazy_ptr-L1$pb)(r9)
        la r29,lo16(_b-L1$pb)(r29)
        lwz r3,0(r9)
        bl L_g$stub

        ; b==g(y)를 계산해, 거짓이면 L3으로 점프한다

        lwz r5,0(r29)
        cmpw cr0,r5,r3
        bne- cr0,L3

        ; a=0

        li r0,0
        stw r0,0(r30)
        b L5

        ; a==f(x)이고 b!=g(y)이면, a와 b를 셋업한다
```

```
L3:
        lwz r4,0(r30)
        addis r3,r31,ha16(LC0-L1$pb)
        b L6

        ; a!=f(x)이면 파라미터를 셋업한다

L2:
        addis r29,r31,ha16(_b-L1$pb)
        addis r3,r31,ha16(LC0-L1$pb)
        la r29,lo16(_b-L1$pb)(r29)
        lwz r5,0(r29)

        ; 두 ELSE 섹션이 공유하는 공통 코드

L6:
        la r3,lo16(LC0-L1$pb)(r3) ; printf 호출
        bl L_printf$stub
        li r9,1                 ; a=1
        li r0,0                 ; b=0
        stw r9,0(r30)           ; Store a
        stw r0,0(r29)           ; Store b
L5:
```

물론, 모든 컴파일러에 중복된 코드를 인식하는 최적화 프로그램이 있지는 않다. 따라서, 컴파일러에 관계없이 효율적인 기계어 코드로 컴파일되는 프로그램을 작성하기 위해, goto문을 사용하고 싶을 수 있다. 실제로, 소스 파일에 중복 코드가 있으면 읽고 유지 관리도 어렵다(코드의 한 곳에서 버그를 고쳤을 때, 다른 곳도 고쳐야 한다는 사실을 잊어버릴 가능성이 있다). 이것은 분명 사실이지만, 타깃 레이블에서 코드를 변경하는 경우, 변경 사항이 타깃 레이블로 점프하는 코드의 모든 섹션에 대해 맞는 것인지는 확신할 수 없다. 또한, 소스 코드를 읽을 때 얼마나 많은 goto문에서 그곳으로 점프해 오는지 파악하기도 힘들다.

전통적인 소프트웨어 엔지니어링 접근 방식은 공통 코드를 프로시저나 함수에 넣고 단순히 해당 함수를 호출하는 것이다. 그러나, 함수 호출이나 반환의 오버헤드가 상당히 클 수 있으므로(특히, 중복된 코드가 많지 않은 경우), 성능적인 관점에서 이 접근 방식은 만

족스럽지 않을 수 있다. 공통 코드의 짧은 시퀀스인 경우, 매크로나 인라인 함수를 만드는 것이 가장 좋은 솔루션일 것이다. 중복된 코드의 한 인스턴스만 수정하고 싶다면, 문제는 더욱 복잡해진다(이 경우, 더 이상 중복되지 않는다). 즉, 효율성 때문에 goto문을 사용하는 것은 최후의 선택이어야 한다.

goto문의 또 다른 일반적인 용도는 **예외 처리**exceptional condition다. 복잡하게 꼬인 구조에서 곧장 빠져나와야 하는데 코드를 다시 쓴다고 해도 가독성이 더 좋아질 것 같지 않으면, 그냥 goto문을 쓰는 것이 더 좋다는 사실은 일반적인 상식이다. 그러나, 중첩된 블록에서 점프하면, 전체 프로시저나 함수에 대해 적절한 코드를 생성하는 최적화 프로그램의 기능이 떨어질 수 있다. goto문을 사용하면 즉시 영향을 주는 코드 몇 바이트나 반복 프로세서 사이클을 몇 번 절약할 수 있지만, 함수의 나머지 부분에는 좋지 않은 영향을 미칠 수 있어 결국 전체적으로 코드 효율성이 떨어진다. 따라서, 코드에 goto문을 삽입할 때는 주의해야 한다. 소스 코드를 읽기 어렵게 만들 수 있고, 효율성이 떨어질 수도 있다.

여기, 원래 문제를 해결하는 데 사용할 수 있는 프로그래밍 트릭이 있다. 다음 수정된 코드를 보자.

```
switch( a == b || c < d )
{
    case 1:
        << 문장 몇 개 실행 >>

        if( x == y )
        {
            << x == y이면, 문장 몇 개 실행 >>
            break;
        }
        // x != y면, 다음으로

    case 0:
        << x != y이거나 !(a == b || c < d)이면, 문장 몇 개 실행 >>

}
```

물론, 이것은 까다로운 코드이고, 까다로운 코드는 일반적으로 훌륭한 코드가 아니다. 그러나, 프로그램에서 소스 코드의 중복을 피할 수 있다는 이점은 있다.

13.3.1 제한된 형식의 goto문

goto 없는 구조화된 프로그래밍을 지원하기 위해, 많은 프로그래밍 언어에서는 프로그래머가 루프나 프로시저/함수와 같은 제어 구조를 즉시 종료할 수 있는 제한된 형식의 goto문을 추가했다. 일반적으로 break/exit는 루프를 빠져나올 때, continue/cycle/next는 루프의 처음으로 돌아갈 때, return/exit는 프로시저나 함수에서 즉시 귀환할 때 사용한다. 이와 같은 구문은 프로그래머가 목적지를 선택하지 않기 때문에, 표준적인 goto보다는 구조적이라 할 수 있다. 현재의 문장을 둘러싼 제어문(또는, 함수/프로시저)에 따라 목적지가 결정되는 것이다.

이와 같은 명령문은 거의 대부분 jmp 명령어 하나로 컴파일된다. 루프를 빠져나오는 (예: break) 문장은 루프 바로 다음에 나오는 문장으로 이동하는 jmp 명령으로 컴파일된다. 루프의 처음으로 되돌아가는(예: continue, next, cycle) 문장도 마찬가지로 jmp 명령어 하나로 컴파일되는데, while이나 repeat..until/do..while의 경우에는 루프의 종료 조건을 검사하는 곳으로 점프하고, 나머지 경우에는 루프의 처음으로 점프한다.

일반적으로 jmp 명령어 하나로 컴파일된다고 해서, 이러한 명령문이 사용하기에 효율적이라는 의미는 아니다. jmp가 다소 비쌀 수 있다는 사실을 무시하더라도(CPU가 명령어 파이프라인을 비우게 해야 하므로), 루프에서 분기되는 구문은 컴파일러의 최적화 프로그램에 심각한 영향을 미치고 고품질을 생성할 가능성을 현저히 낮출 수 있다. 따라서, 이러한 명령문은 가능한 한 적게 사용해야 한다.

13.4 if문

아마도 가장 기본적인 하이레벨 제어 구조는 if문일 것이다. 실제로 if문과 goto문만 있으면, 다른 모든 제어 구조를 (의미적으로) 구현할 수 있다.[1] 다른 제어 구조를 논의할 때

---

1   그렇게 하는 것이 유지 보수 측면에서 그다지 좋은 생각은 아니지만, 가능한 것은 확실하다.

이에 대해 다시 살펴보고, 지금은 일반적인 컴파일러가 if문을 기계어 코드로 어떻게 변환하는지에 대해 살펴보자.

두 값을 비교해서 조건이 true면 본문을 실행하는 if문을 비교와 조건 분기 명령어 하나로 간단하게 구현할 수 있다. 다음 파스칼 if문을 살펴보자.

```
if( EAX = EBX ) then begin

    writeln( 'EAX is equal to EBX' );
    i := i + 1;

end;
```

다음은 80x86/HLA 코드로 변환한 것이다.

```
    cmp( EAX, EBX );
    jne skipIfBody;
    stdout.put( "EAX is equal to EBX", nl );
    inc( i );
skipIfBody:
```

파스칼 소스 코드에서 EAX의 값이 EBX와 같으면 if문의 본문이 실행된다. 결과 어셈블리 코드에서 프로그램은 EAX를 EBX와 비교한 다음, EAX가 EBX와 같지 않으면 if문의 본문에 해당하는 구문으로 분기한다. 이것은 HLL if문을 기계어 코드로 변환하는 가장 기본적인 방식이다. 일부 조건을 테스트해서 거짓이면 if문 본문을 건너뛴다.

if..then..else 문의 구현은 기본 if문보다 좀 더 복잡하다. if..then..else 문은 일반적으로 다음과 같은 문법과 의미를 가진다.

```
if( some_boolean_expression ) then

    << 식이 참(true)일 경우, 실행되는 문장 >>

else
```

<< 식이 거짓(false)일 경우, 실행되는 문장 >>

```
endif
```

기계어 코드에서 이 코드 시퀀스를 구현하려면, 간단한 if문 이상의 단일 기계어 명령어가 필요하다. 다음 C/C++ 코드를 살펴보자.

```c
if( EAX == EBX )
{
    printf( "EAX is equal to EBX\n" );
    ++i;
}
else
{
    printf( "EAX is not equal to EBX\n" );
}
```

다음은 80x86 어셈블리 언어 코드로 변환한 것이다.

```
    cmp( EAX, EBX );        // EAX == EBX인지 검사한다
    jne doElse;             // 'then' 코드로 분기한다
    stdout.put( "EAX is equal to EBX", nl );
    inc( i );
    jmp skipElseBody;       // 같지 않다면, 'else' 부분을 건너뛴다

doElse:
    stdout.put( "EAX is not equal to EBX", nl );

skipElseBody:
```

이 코드에 대해 다음 두 가지 사항을 주목해야 한다. 첫째, 조건이 false로 평가되면 코드는 (전체) if문 다음의 첫 번째 문장이 아닌, else 블록의 첫 번째 문장으로 간다. 둘째, true 절의 끝에 있는 jmp 명령어가 else 블록을 건너뛴다.

HLA를 포함한 일부 언어는 if문에서 elseif 절을 지원해 첫 번째 조건이 실패할 경우 두 번째 조건을 평가한다. 이는 앞서 보여준 if문의 코드 생성을 간단하게 확장한 것이다. 다음 HLA if..elseif..else..endif 문을 살펴보자.

```
if( EAX = EBX ) then

    stdout.put( "EAX is equal to EBX" nl );
    inc( i );

elseif( EAX = ECX ) then

    stdout.put( "EAX is equal to ECX" nl );

else

    stdout.put( "EAX is not equal to EBX or ECX" nl);

endif;
```

다음은 순수한 80x86/HLA 어셈블리 언어 코드로 변환한 것이다.

```
// EAX = EBX인지 테스트

    cmp( eax, ebx );
    jne tryElseif;     // 같으면 'then' 섹션 건너뛰기

    // 'then' 섹션 시작

    stdout.put( "EAX is equal to EBX", nl );
    inc( i );
    jmp skipElseBody  // 'then' 섹션의 끝. elseif 절은 건너뛴다

tryElseif:
    cmp( eax, ecx );  // EAX = ECX에 대한 ELSEIF 테스트
    jne doElse;        // 같지 않으면 'then' 절 건너뛰기
```

```
        // elseif 'then' 절

        stdout.put( "EAX is equal to ECX", nl );
        jmp skipElseBody; // 'else' 섹션 건너뛰기

doElse: // else 절 시작
        stdout.put( "EAX is not equal to EBX or ECX", nl );

skipElseBody:
```

elseif 절의 번역은 매우 간단하다. 기계어 코드는 if문과 동일하다. 여기서 주목할 만한 점은 컴파일러가 elseif 절에 대한 부울 테스트를 건너뛰기 위해 if..then 절 끝에서 jmp 명령어를 사용하는 방법이다.

13.4.1 특정 if/else문의 효율성 향상

효율성 관점에서 제어 전송을 포함하지 않는 if..else 문을 통과하는 경로가 없다는 점은 매우 중요하다(단순하게 조건식이 true면 통과하는 간단한 if문과는 다르다). 13장에서 강조했듯이 분기가 일어나면 CPU의 명령어 파이프라인이 비워질 가능성이 높고, 이 파이프라인을 다시 채우기 위해 얼마간의 CPU 사이클이 소모되므로 성능에 나쁜 영향을 미친다. 부울 표현식의 두 결과(true나 false)가 동일할 가능성이 높으면, if..else 문을 어떻게 바꾼다고 해도 코드 성능 향상을 기대하기는 어렵다. 그러나 대부분의 경우, if문의 결과는 한쪽으로(그것도 아주 많이) 치우칠 가능성이 높다. 어느 쪽의 결과가 많이 나오는지를 이해하는 어셈블리 코더는 종종 다음과 같이 if..else 문을 인코딩한다.

```
// if( eax == ebx ) then
//     //<흔한 경우>
//     stdout.put( "EAX is equal to EBX", nl );
// else
//     // 드문 경우
// stdout.put( "EAX is not equal to EBX" nl );
// endif;
```

```
    cmp( EAX, EBX );
    jne goDoElse;
    stdout.put( "EAX is equal to EBX", nl );
backFromElse:

        .
        .
        .
// 코드의 다른 위치(위의 직접 경로가 아님)

goDoElse:
    stdout.put( "EAX is not equal to EBX", nl );
    jmp backFromElse
```

가장 일반적인 경우(조건문의 결과가 true인 경우), 코드는 then 섹션으로 넘어가고 전체 if문 바로 다음에 실행될 코드로 이어진다. 따라서, 부울 표현식(eax == ebx)이 대부분 true면, 이 코드는 분기 없이 바로 실행된다. 드물지만 EAX가 EBX와 다른 경우, 프로그램은 실제로 두 가지 분기를 실행해야 한다. 하나는 else 절을 처리하는 코드 섹션으로 제어를 넘기고, 다른 하나는 if 다음의 첫 번째 명령문으로 제어를 반환한다. 이것이 전체의 절반보다 적다면, 소프트웨어의 전체적인 성능은 향상된다. C와 같은 HLL에서 goto문을 사용해도 이와 동일한 결과를 얻을 수 있다. 예를 들면, 다음과 같다.

```
if( eax != ebx ) goto doElseStuff;

    // << if문의 본문 >>
    // (then과 else 사이에 있는 코드)
endOfIF:
    // << if..endif 문에 이어지는 코드 >>

        .
        .
        .
// 실행 경로 외부

doElseStuff:
    << 비교 결과가 거짓일 때 실행될 코드 >>
    goto endOfIF;
```

물론, 이런 식의 꼼수를 몇 개만 더 섞어 쓰면 도저히 알아볼 수 없는 '스파게티 코드spaghetti code'가 나오기 때문에 함부로 사용할 수도 없다. 어셈블리 언어 프로그래머는 대부분의 어셈블리 언어 코드가 정의상 스파게티 코드이므로 이 문제를 피할 수 있다.[2] 그러나 HLL 코드의 경우 이러한 프로그래밍 스타일은 일반적으로 허용되지 않으며, 필요한 경우에만 사용해야 한다(13.3절 'goto문' 참조).

C와 같은 HLL에서 if문을 쓰는 방식은 일반적으로 다음과 같다.

```
if( eax == ebx )
{
    // i에 특정 값을 더한다

    i = j+5;
}
else
{
    // i에 다른 값을 대입한다

    i = 0;
}
```

다음은 이 C 코드를 80x86/HLA 어셈블리 코드로 변환한 것이다.

```
        cmp( eax, ebx );
        jne doElse;
        mov( j, edx );
        add( 5, edx );
        mov( edx, i );
        jmp ifDone;

doElse:
        mov( 0, i );
ifDone:
```

---

2   HLA와 같은 어셈블러를 사용해 구조화된 코드를 작성하는 것은 매우 쉽다.

이전 예제에서 봤듯이, if..then..else 문을 어셈블리 언어로 변환하려면 두 가지 제어 전송 명령이 필요하다.

- EAX와 EBX 사이의 비교 결과를 테스트하는 jne 명령어
- if문의 else 섹션을 건너뛰는 조건 없는 jmp 명령어

프로그램이 어느 쪽 흐름을 타든(then 절로 가든, else 절로 가든), CPU는 명령어 파이프라인을 비우는 느린 분기 명령어를 실행한다. 이런 문제가 없는 다음 코드를 살펴보자.

```
i = 0;
if( eax == ebx )
{
    i = j + 5;
}
```

순수한 80x86/HLA 어셈블리 코드로 변환하면 다음과 같다.

```
        mov( 0, i );
        cmp( eax, ebx );
        jne skipIf;
        mov( j, edx );
        add( 5, edx );
        mov( edx, i );
skipIf:
```

보다시피, 표현식이 true로 평가되면 CPU는 제어 전송문을 전혀 실행하지 않는다. 물론, CPU는 결과를 즉시 덮어 쓰는 추가 mov 명령어를 실행하므로, 첫 번째 mov 명령어의 실행은 낭비된다. 그러나, 이 추가 mov 명령의 실행은 jmp 명령의 실행보다 훨씬 더 빠르다. 이는 일부 어셈블리 언어 코드를 아는 것이 좋은 이유와 컴파일러가 하이레벨 코드에서 기계어 코드를 생성하는 방법을 아는 것이 좋은 이유를 보여주는 적절한 예다. 두 번째 코드가 첫 번째 코드보다 낫다는 것은 한눈에 알아보기 어렵다. 사실, 초보 프로그래머는 표현식이 true로 평가될 때 프로그램이 i에 대한 할당을 '낭비'하기 때문에 열등하

다고 생각할 것이다(첫 번째 버전에서는 이러한 할당이 수행되지 않는다). 이것이 13장이 존재하는 이유, 즉, 하이레벨 제어 구조를 사용하는 것과 관련된 비용을 이해하기 위한 것이다.

13.4.2 if문에서 완전 부울 연산 강제하기

완전 부울 연산과 단축 부울 연산은 서로 다른 결과를 생성할 수 있으므로(12.7절 '단축 연산' 참조), 부울식의 결과를 계산할 때 어느 한쪽을 선택할 수 있게 해야 하는 경우가 있다.

완전 부울 연산을 강제하는 일반적인 방법은 표현식의 각 하위 구성 요소를 계산하고, 그 결과를 임시 변수에 저장하는 것이다. 그런 다음, 임시 변수에 저장된 결과들을 묶어서 완전한 결과를 만들어낼 수 있다. 다음 파스칼 코드를 살펴보자.

```
if( (i < g(y)) and (k > f(x)) ) then begin

    i := 0;

end;
```

파스칼은 완전 부울 연산을 보장하지 않는다. 따라서, i가 g(y)보다 작은 경우, 이 표현식에서 f() 함수가 호출되지 않을 수 있으므로 f() 호출에 의해 생성되는 사이드 이펙트는 발생하지 않을 수 있다(12.3절 '산술식의 사이드 이펙트' 참조). 애플리케이션의 논리가 f()와 g() 호출로 생성된 사이드 이펙트에 의존하는 경우, 애플리케이션이 두 함수를 모두 호출하는지 확인해야 한다. AND 연산자 기준으로 두 하위 표현식의 위치를 바꾸는 것만으로는 이 문제가 해결되지 않는다. 이렇게 변경한다면 애플리케이션은 g()를 호출하지 않을 수도 있다. 이 문제를 해결하는 한 가지 방법은 별도의 할당 문을 사용해 두 하위식의 부울 결과를 계산한 다음, if 식 내에서 두 결과의 논리 AND를 계산하는 것이다.

```
lexpr := i < g(y);
rexpr := k > f(x);
if( lexpr AND rexpr ) then begin
```

```
        i := 0;

end;
```

이러한 임시 변수 사용으로 발생할 수 있는 효율성 손실은 걱정하지 않아도 된다. 최적화 기능을 제공하는 컴파일러는 이러한 값을 레지스터에 넣고 실제 메모리 위치를 사용하지 않는다. C로 작성되고 비주얼 C++ 컴파일러로 컴파일된, 이전 파스칼 프로그램의 다음 변형을 살펴보자.

```c
#include <stdio.h>

static int i;
static int k;

extern int x;
extern int y;
extern int f( int );
extern int g( int );

int main( void )
{
    int lExpr;
    int rExpr;

    lExpr = i < g(y);
    rExpr = k > f(x);
    if( lExpr && rExpr )
    {
        printf( "Hello" );
    }

    return( 0 );
}
```

비주얼 C++ 컴파일러가 32비트 MASM 코드로 변환한 것은 다음과 같다(의도를 좀 더 명확히 하기 위해 몇 가지 명령을 변형했다).

```
main    PROC

$LN7:
        mov     QWORD PTR [rsp+8], rbx
        push    rdi
        sub     rsp, 32                          ; 00000020H

; eax = g(y)
        mov     ecx, DWORD PTR y
        call    g
; ebx (lExpr) = i < g(y)
        xor     edi, edi
        cmp     DWORD PTR i, eax
        mov     ebx, edi ; ebx = 0
        setl    bl ;if i < g(y), set EBX to 1.

; eax = f(x)
        mov     ecx, DWORD PTR x
        call    f

; EDI = k > f(x)

        cmp     DWORD PTR k, eax
        setg    dil ; Sets EDI to 1 if k > f(x)

; lExpr이 거짓인지 확인한다

        test    ebx, ebx
        je      SHORT $LN4@main

; rExpr이 거짓인지 확인한다

        test    edi, edi
        je      SHORT $LN4@main

; if문의 'then' 섹션

        lea     rcx, OFFSET FLAT:$SG7893
        call    printf
```

```
$LN4@main:

; return(0);
        xor     eax, eax

        mov     rbx, QWORD PTR [rsp+48]
        add     rsp, 32                                 ; 00000020H
        pop     rdi
        ret     0
main    ENDP
```

어셈블리 코드를 보면, 이 코드가 항상 f()와 g() 호출을 모두 실행하는 것을 볼 수 있다. 이를 다음 C 코드 및 어셈블리 출력과 대조해보자.

```c
#include <stdio.h>

static int i;
static int k;

extern int x;
extern int y;
extern int f( int );
extern int g( int );

int main( void )
{
    if( i < g(x) && k < f(x) )
    {
        printf( "Hello" );
    }

    return( 0 );
}
```

다음은 MASM 어셈블리 출력이다.

```
main    PROC

$LN7:
        sub     rsp, 40                                  ; 00000028H

; !(i < g(y))가 참이면, 다음 코드의 나머지 부분을 포기한다
        mov     ecx, DWORD PTR y
        call    g
        cmp     DWORD PTR i, eax
        jge     SHORT $LN4@main

; !(k > f(x))가 참이면, printf를 건너뛴다

        mov     ecx, DWORD PTR x
        call    f
        cmp     DWORD PTR k, eax
        jle     SHORT $LN4@main

; 다음은 if문의 본문이다

        lea     rcx, OFFSET FLAT:$SG7891
        call    printf
$LN4@main:

; return 0
        xor     eax, eax

        add     rsp, 40                                  ; 00000028H
        ret     0
main    ENDP
```

C에서는 다른 트릭을 사용해 모든 부울 표현식에서 완전 부울 연산을 강제할 수 있다. C 비트 연산자는 단축 부울 연산을 지원하지 않는다. 부울식의 하위식이 0이나 1을 항상 생성하는 경우, 비트 부울 결합 연산자(&)와 분리 연산자(|)는 논리 부울 연산자(&&와 ||)와 동일한 결과를 생성한다. 비주얼 C++ 컴파일러가 생성하는 다음 C 코드와 MASM 코드를 살펴보자.

```
#include <stdio.h>

static int i;
static int k;

extern int x;
extern int y;
extern int f( int );
extern int g( int );

int main( void )
{
    if( i < g(y) & k > f(x) )
    {
        printf( "Hello" );
    }
    return( 0 );
}
```

다음은 비주얼 C++에서 내보낸 MASM 코드다.

```
main    PROC

$LN6:
        mov     QWORD PTR [rsp+8], rbx
        push    rdi
        sub     rsp, 32                              ; 00000020H

        mov     ecx, DWORD PTR x
        call    f
        mov     ecx, DWORD PTR y
        xor     edi, edi
        cmp     DWORD PTR k, eax
        mov     ebx, edi
        setg    bl
        call    g
        cmp     DWORD PTR i, eax
```

```
        setl    dil
        test    edi, ebx
        je      SHORT $LN4@main


        lea     rcx, OFFSET FLAT:$SG7891
        call    printf
$LN4@main:

        xor     eax, eax

        mov     rbx, QWORD PTR [rsp+48]
        add     rsp, 32                          ; 00000020H
        pop     rdi
        ret     0
main    ENDP
```

비트 연산자를 사용하면, 임시 변수를 사용한 이전 시퀀스와 비교 가능한 코드가 어떻게 생성되는지 확인할 수 있다. 이렇게 하면 원본 C 소스 파일이 덜 복잡해진다.

C의 비트 연산자는 오퍼랜드가 0과 1인 경우에만 논리 연산자와 동일한 결과를 생성한다는 점을 명심하자. 다행히, 여기서 약간의 C 트릭을 사용할 수 있다. !!(expr)을 작성하고, 표현식의 값이 0이거나 0이 아닌 경우 C는 결과를 0이나 1로 변환한다. 이 작업을 확인하려면, 다음 C/C++ 코드를 살펴보자.

```c
#include <stdlib.h>
#include <math.h>
#include <stdio.h>

int main( int argc, char **argv )
{
    int boolResult;

    boolResult = !!argc;
    printf( "!!(argc) = %d\n", boolResult );
    return 0;
}
```

다음은 이 짧은 프로그램을 위해 마이크로소프트의 비주얼 C++ 컴파일러가 생성하는 80x86 어셈블리 코드다.

```
main    PROC
$LN4:
        sub     rsp, 40        ; 00000028H

        xor     edx, edx       ; EDX = 0
        test    ecx, ecx       ; 시스템이 ECX 레지스터에 ARGC를 통과시킴
        setne   dl             ; ECX==0이면 EDX=1로 설정하고, 그렇지 않으면 EDX=0으로 설정한다

        lea     rcx, OFFSET FLAT:$SG7886 ; 제로 플래그는 변경되지 않았다!
        call    printf         ; RCX의 parm1, EDX의 parm2를 printf

; Return 0;
        xor     eax, eax

        add     rsp, 40        ; 00000028H
        ret     0
main    ENDP
```

80x86 어셈블리 출력에서 볼 수 있듯이, '0/0이 아닌 값'을 '0/1'로 변환하기 위해서는 세 개의 기계어 명령어(비싸지 않은 분기 포함)만 있으면 된다.

13.4.3 if문에서 단축 연산 강제하기

때로는 완전 부울 연산을 강제하는 것이 유용하지만, 일반적으로는 단축 연산을 강제하는 것이 더 좋다. 다음 파스칼 문을 살펴보자.

```
if( (ptrVar <> NIL) AND (ptrVar^ < 0) ) then begin

    ptrVar^ := 0;

end;
```

파스칼 언어 정의에 의해 완전 부울 연산을 사용할지, 단축 연산을 사용할지는 컴파일러 제작자가 결정하도록 한다. 사실, 컴파일러 제작자는 원하는 대로 두 가지 방식을 모두 자유롭게 사용할 수 있다. 따라서, 같은 컴파일러가 코드의 한 섹션에서는 이전 명령문에 대해 완전 부울 연산을 사용하고, 다른 섹션에서는 단축 연산을 사용할 수도 있다.

ptrVar에 NIL 포인터 값이 포함되어 있고 컴파일러가 완전 부울 연산을 사용하는 경우, 이 부울 표현식은 실패한다는 것을 알 수 있다. 이 명령문이 제대로 작동하도록 하는 유일한 방법은 단축 부울 연산을 사용하는 것이다.

AND 연산자를 사용해 단축 부울 연산을 시뮬레이션하는 것은 실제로 매우 간단하다. 모든 부분식에 대해 if문을 만들고, 이를 중첩해서 사용하면 된다. 예를 들어, 현재 파스칼 예제를 다음과 같이 다시 쓰면 단축 부울 연산을 보장할 수 있다.

```
if( ptrVar <> NIL ) then begin

    if( ptrVar^ < 0 ) then begin

        ptrVar^ := 0;

    end;

end;
```

이 문장은 이전 문장과 의미상 같다. 첫 번째 표현식이 false로 평가되면, 두 번째 하위 표현식은 분명 실행되지 않는다. 이 접근 방식은 소스 파일을 약간 복잡하게 만들지만, 컴파일러가 해당 스키마를 지원하는지 여부에 관계없이 단축 연산을 보장할 수 있다.

논리 OR 연산을 처리하는 것은 좀 더 어렵다. 왼쪽 오퍼랜드가 true로 평가되는 경우, 논리 OR의 오른쪽 오퍼랜드가 실행되지 않도록 하려면 추가 테스트가 필요하다. 다음 C 코드를 살펴보자(C는 기본적으로 단축 연산을 지원한다는 것을 기억하자).

```
#include <stdio.h>

static int i;
```

```c
static int k;

extern int x;
extern int y;
extern int f( int );
extern int g( int );

int main( void )
{
    if( i < g(y) || k > f(x) )
    {
        printf( "Hello" );
    }

    return( 0 );
}
```

다음은 마이크로소프트 비주얼 C++ 컴파일러가 생성하는 기계어 코드다.

```
main    PROC

$LN8:
        sub     rsp, 40              ; 00000028H

        mov     ecx, DWORD PTR y
        call    g
        cmp     DWORD PTR i, eax
        jl      SHORT $LN3@main
        mov     ecx, DWORD PTR x
        call    f
        cmp     DWORD PTR k, eax
        jle     SHORT $LN6@main
$LN3@main:

        lea     rcx, OFFSET FLAT:$SG6880
        call    printf
$LN6@main:
```

```
        xor     eax, eax

        add     rsp, 40             ; 00000028H
        ret     0
main    ENDP
_TEXT   ENDS
```

다음은 C 컴파일러에 의존하지 않고 단축 연산을 구현하는 C 프로그램이다(언어 정의에 단축 연산을 보장하기 때문에 C에 필요한 것은 아니지만, 모든 언어에서 이 접근 방식을 사용할 수 있다).

```
#include <stdio.h>

static int i;
static int k;

extern int x;
extern int y;
extern int f( int );
extern int g( int );

int main( void )
{
    int temp;

        // 왼쪽 부분식을 계산하고 저장한다

    temp = i < g(y);

        // 왼쪽 하위 표현식이 false로 평가되면
        // 오른쪽 하위 표현식을 시도한다

    if( !temp )
    {
        temp = k > f(x);
    }
```

```
        // 하위 표현식 중 하나가 true로 평가되면
        // "Hello"를 출력한다

    if( temp )
    {
        printf( "Hello" );
    }

    return( 0 );
}
```

다음은 마이크로소프트 비주얼 C++ 컴파일러에서 내보낸 해당 MASM 코드다.

```
main    PROC

$LN9:
        sub     rsp, 40         ; 00000028H

        mov     ecx, DWORD PTR y
        call    g
        xor     ecx, ecx
        cmp     DWORD PTR i, eax
        setl    cl
        test    ecx, ecx

        jne     SHORT $LN7@main

        mov     ecx, DWORD PTR x
        call    f
        xor     ecx, ecx
        cmp     DWORD PTR k, eax
        setg    cl
        test    ecx, ecx

        je      SHORT $LN5@main
$LN7@main:

        lea     rcx, OFFSET FLAT:$SG6881
```

```
        call    printf
$LN5@main:
        xor     eax, eax

        add     rsp, 40         ; 00000028H
        ret     0
main    ENDP
```

보다시피, 컴파일러가 수동으로 단축 연산을 수행하게 한 버전은 원래 작성했던 코드에 비해 코드의 품질이 그리 좋지 않다. 그러나, 단축 연산이 행해져야만 하는 경우라면, 컴파일러의 지원 여부를 고민하느니 비효율적이더라도 확실한 코드를 사용하는 편이 나을 것이다.

속도, 프로그램의 크기, 단축 연산이 모두 중요하다면, 이를 달성하기 위해 코드에서 약간의 가독성과 유지 관리성을 기꺼이 희생할 수도 있다. 즉, 코드의 구조를 약간 망가뜨리면, C 컴파일러가 단축 연산을 사용해 생성하는 코드와 비슷한 수준의 결과를 만들어낼 수 있다. 다음 C 코드와 결과 출력을 살펴보자.

```
#include <stdio.h>

static int i;
static int k;

extern int x;
extern int y;
extern int f( int );
extern int g( int );

int main( void )
{
    if( i < g(y) ) goto IntoIF;
    if( k > f(x) )
    {
      IntoIF:

        printf( "Hello" );
```

```
        }

    return( 0 );
}
```

다음은 비주얼 C++의 MASM 출력이다.

```
main    PROC

$LN8:
        sub     rsp, 40         ; 00000028H

        mov     ecx, DWORD PTR y
        call    g
        cmp     DWORD PTR i, eax
        jl      SHORT $IntoIF$9

        mov     ecx, DWORD PTR x
        call    f
        cmp     DWORD PTR k, eax
        jle     SHORT $LN6@main
$IntoIF$9:

        lea     rcx, OFFSET FLAT:$SG6881
        call    printf
$LN6@main:

        xor     eax, eax

        add     rsp, 40         ; 00000028H
        ret     0
main    ENDP
```

이 코드를 단축 연산을 사용하는 원래 C 예제의 MASM 출력과 비교하면, 상당히 효율적이라는 것을 알 수 있다. 이는 1970년대에 일부 프로그래머들 사이에서 구조화 프로그래밍에 대해 상당한 저항이 있었던 이유를 보여주는 전형적인 예다. 즉, 구조화 프로그래밍이 때로는 덜 효율적인 코드로 이어진다. 물론, 가독성과 유지 보수성이 몇 바이트나 몇 사이클보다 보통은 더 중요하다. 그러나, 코드 일부 섹션의 성능이 가장 중요하다면, 구조적이지 않은 코드를 작성해 효율성을 증가시킬 수도 있다.

13.5 switch/case문

switch(또는 **case**) 하이레벨 제어문은 HLL에서 발견되는 또 다른 조건문이다. 지금까지 살펴본 것처럼, if문은 부울 표현식을 테스트하고 표현식 결과에 따라 코드에서 서로 다른 두 경로 중 하나를 실행한다. 반면에 switch/case문은 서수(정수) 표현식의 결과에 따라 코드의 여러 지점 중 하나로 분기할 수 있다. 다음 예제는 C/C++, 파스칼, HLA의 switch/case문을 보여준다. 먼저 C/C++ switch문을 보자.

```
switch( expression )
{
  case 0:
    << 식의 값이 0이면 실행될 코드 >>
    break;

  case 1:
    << 식의 값이 1이면 실행될 코드 >>
    break;

  case 2:
    << 식의 값이 2면 실행될 코드 >>
    break;

  << 기타 >>

  default:
    << 식의 값이 위에 나온 값이 아닐 경우, 실행될 코드 >>
}
```

자바와 스위프트는 switch문에 대해 C/C++와 유사한 구문을 제공하는데, 스위프트 버전에는 많은 추가 기능이 있다. 13.5.4절 '스위프트 switch문'에서 이러한 추가 기능 중 일부를 알아본다.

다음은 파스칼 case문 예제다.

```pascal
case ( expression ) of
  0: begin
    << 식의 값이 0이면 실행될 코드 >>
    end;

  1: begin
    << 식의 값이 1이면 실행될 코드 >>
    end;

  2: begin
    << 식의 값이 2면 실행될 코드 >>
    end;

  <<기타>>

  else
    << REG32가 위에 나온 값이 아닐 경우, 실행될 코드 >>

end; (* case *)
```

마지막으로 HLA switch문은 다음과 같다.

```
switch( REG32 )

  case( 0 )
    << REG32 값이 0이면 실행될 코드 >>

  case( 1 )
    << REG32 값이 1이면 실행될 코드 >>

  case( 2 )
```

```
    << REG32 값이 2면 실행될 코드 >>

  <<기타>>

  default
    << REG32가 위에 나온 값이 아닐 경우, 실행될 코드 >>

endswitch;
```

이 예에서 알 수 있듯이 모두 유사한 문법을 사용한다.

13.5.1 switch/case문의 의미

대부분의 초보 프로그래밍 강좌나 서적을 보면, switch/case문의 의미를 if..else..if 문을 연결한 것과 비교하면서 설명한다. 이미 이해하고 있는 개념을 사용해 switch/case문을 소개하는 것인데, 불행히도 이 방법은 잘못된 접근 방식이다. 그 이유를 이해하기 위해, 파스칼 입문 프로그래밍 책에서 파스칼 case문과 동일하다고 주장할 수 있는 다음 코드를 살펴보자.

```
if( expression = 0 ) then begin

  << 식의 값이 0이면 실행될 코드 >>

end
else if( expression = 1 ) then begin

  << 식의 값이 1이면 실행될 코드 >>

end
else if( expression = 2 ) then begin

  << 식의 값이 2면 실행될 코드 >>

end
else
```

```
<< 식의 값이 1이나 2가 아닐 경우, 실행될 코드 >>

end;
```

이 특정 시퀀스는 case문과 동일한 결과를 얻을 수 있지만, if..then..elseif 시퀀스와 파스칼 case 구현 사이에는 몇 가지 근본적인 차이가 있다. 첫째, case문의 case 레이블은 모두 상수여야 하는데, if..then..elseif 체인에서는 실제로 변수나 기타 상수가 아닌 값을 제어 변수와 비교할 수 있다. switch/case문의 또 다른 제한은 단일 표현식의 값만 상수 집합과 비교할 수 있다는 것이다. if..then..elseif 체인에서 할 수 있는 것처럼, 경우에 따라 여러 식을 비교하는 것은 불가능하다. 이러한 제한에 대한 이유는 곧 알게 되겠지만, 중요한 점은 if..then..elseif 체인이 switch/case문과 의미상 다르며 더 강력하다는 것이다.

13.5.2 점프 테이블과 연속 비교

switch/case문이 if..then..elseif 체인보다 더 읽기 쉽고 편리하지만, 원래는 가독성이나 편의성이 아닌 효율성 때문에 HLL에 추가됐다. 서로 다른 표현식을 계산하는 if..then.. elseif 문이 열 개쯤 연달아 있다고 생각해보자. 모든 경우가 서로 독립적이며 일어날 확률도 같다고 하면, 결과가 true인 식을 만나기 위해 평균적으로 다섯 번 정도 비교를 수행한다. 어셈블리 언어에서는 테이블 참조와 간접 점프를 사용하면 경우의 수와 관계없이 고정된 시간 안에 특정 위치로 프로그램의 흐름을 옮기는 것이 가능하다. 실제로 이러한 코드는 switch/case 표현식의 값을 주소 테이블의 인덱스로 사용한 다음, 테이블 항목에 지정된 위치로 (간접적으로) 점프한다. 가능한 경우가 3~4개 이상이라면, 일반적으로 if.. then..elseif 체인보다 더 빠르며 메모리도 덜 사용한다. switch/case문을 어셈블리 언어로 간단히 구현한 다음 예를 살펴보자.

```
//      switch(i)
//      { case 0:...case 1:...case 2:...case 3:...}을
// 어셈블리로 변환
```

```
static
  jmpTable: dword[4] :=
    [ &label0, &label1, &label2, &label3 ];
      .
      .
      .
    // jmpTable[i]에 지정된 주소로 jmp

    mov( i, eax );
    jmp( jmpTable[ eax*4 ] );

label0:
    << i = 0인 경우 실행할 코드 >>
    jmp switchDone;

label1:
    << i = 1인 경우 실행할 코드 >>
    jmp switchDone;

label2:
    << i = 2인 경우 실행할 코드 >>
    jmp switchDone;

label3:
    << i = 3인 경우 실행할 코드 >>

switchDone:
    << switch문 뒤에 오는 코드 >>
```

이 코드의 작동 방식을 확인하기 위해 명령어 하나씩 단계별로 살펴보자. jmpTable 선언은 switch문 에뮬레이션 각 케이스에 대해, 네 개의 더블 워드 포인터로 이뤄진 배열을 정의한다. 배열 엔트리 0은 switch 식의 값이 0일 때 점프할 명령문의 주소를 갖고, 엔트리 1은 switch문의 값이 1일 때 점프할 명령문의 주소가 포함된다. 그 뒤도 마찬가지다. switch문의 각 경우에 대응되는 인덱스를 배열의 한 요소로 가진다(여기서는 0~3까지).

이 예제의 첫 번째 기계어 명령어는 switch 표현식의 값(변수 i의 값)을 EAX 레지스터로 로드한다. 이 코드는 switch 표현식의 값을 jmpTable 배열의 인덱스로 사용하므로,

이 값은 80x86 32비트 레지스터의 서수(정수) 값이어야 한다. 다음 명령어(jmp)는 switch문 에뮬레이션의 실제 작업을 수행한다. jmpTable 배열에서 EAX 값을 인덱스로 사용해 찾아낸 주소로 점프하는 것이다. jmp문을 실행할 때 EAX의 값이 0이면, 프로그램은 jmpTable[0]에서 더블 워드를 가져와 해당 주소로 제어를 넘긴다. 이것은 프로그램 코드에서 label0 레이블 다음의 첫 번째 명령어의 주소다. EAX의 값이 1인 경우, jmp 명령어는 메모리의 jmpTable + 4 주소에서 더블 워드 값을 가져온다(이 코드에서는 *4 스케일 인덱스 주소 지정 모드가 사용된다. 자세한 내용은 3.5.6절 '인덱스 주소 지정 모드' 참조). 마찬가지로 EAX의 값이 2나 3이라면, jmp 명령어는 jmpTable+8이나 jmpTable+12(각각)에 있는 더블 워드 주소로 제어를 넘긴다. jmpTable 배열은 각각의 오프셋 0, 4, 8, 12에서 label0, label1, label2, label3의 주소로 초기화되기 때문에, 여기에 있는 간접 jmp 명령어는 i의 값에 대응되는 레이블의 위치로 프로그램의 제어를 넘긴다(label0, label1, label2, label3).

이 switch문 에뮬레이션에서 가장 흥미로운 점은 네 가지 가능한 경우 중 하나로 제어를 넘기는 데 두 개의 기계어 명령(그리고 점프 테이블)만 필요하다는 것이다. 이를 if..then..elseif 식으로 구현하면, 각 경우마다 최소 두 개의 기계어 명령어가 필요하다. 실제로 if..then..elseif 구현에 더 많은 경우를 추가하면 비교 및 조건 분기 명령어의 수가 증가하지만, 점프 테이블로 구현하면 기계어 명령어의 수는 두 개로 고정된다(점프 테이블은 각 경우마다 한 항목씩 증가한다). 따라서, if..then..elseif 구현은 더 많은 경우를 추가할수록 점진적으로 느려지고, 점프 테이블로 구현하면 (경우의 수에 관계없이) 실행하는 데 일정한 시간이 걸린다. HLL 컴파일러가 switch문을 점프 테이블로 구현한다고 가정하면, 경우의 수가 많은 상황에서는 switch문이 if..then..elseif 문보다 훨씬 빠르다.

그러나, switch문의 점프 테이블 구현에는 몇 가지 단점이 있다. 첫째, 점프 테이블은 메모리의 배열이고 캐시되지 않은 메모리에 액세스하는 속도가 느릴 수 있으므로, 점프 테이블 배열에 액세스하면 시스템 성능이 저하될 수 있다.

또 다른 단점은, 실제로 가능한 가장 작은 값과 가장 큰 값 사이의 모든 값에 대해서는 명시적으로 지정한 경우가 아니더라도 모두 테이블에 대응되는 것이 있어야 한다는 점이다. 지금까지 본 예제에서는 경우의 값이 0부터 3까지 연속적이었기 때문에 문제가 되지 않았다. 다음 파스칼 case문을 살펴보자.

```
case( i ) of

  0: begin
     << i = 0일 경우 실행되는 코드 >>
     end;

  1: begin
     << i = 1일 경우 실행되는 코드 >>
     end;

  5: begin
     << i = 5일 경우 실행되는 코드 >>
     end;

  8: begin
     << i = 8일 경우 실행되는 코드 >>
     end;

end; (* case *)
```

네 개의 항목이 포함된 점프 테이블로 이 case문을 구현할 수는 없다. i의 값이 0이나 1이면, 올바른 주소를 가져올 수 있다. 그러나 5일 경우 점프 테이블의 인덱스는 점프 테이블의 세 번째 항목($2 \times 4 = 8$)이 아니라 20(5×4)이 된다. 점프 테이블에 네 개의 값(16바이트)만 있을 경우, 값 20을 사용해 점프 테이블로 인덱싱하면 테이블 범위를 넘는 주소를 가져와서 애플리케이션이 중단될 수 있다. 이것이 바로 파스칼의 원래 정의에서 프로그램이 특정 case문에 대해 레이블 셋에 없는 경우의 값을 제공하면, 결과가 정의되지 않는 이유다.

어셈블리 언어에서 이 문제를 해결하려면, 가능한 각 case 레이블에 대한 항목과 그 사이에 있는 모든 값에 대해 대응되는 값이 있는지 확인해야 한다. 위의 예에서 가능한 모든 값(0~8 사이의)을 처리하려면 점프 테이블에 아홉 개의 항목이 필요하다.

```
//    switch(i)
//    { case 0:...case 1:...case 5:...case 8:}을
```

```
// 어셈블리로 변환한 것

static
  jmpTable: dword[9] :=
        [
          &label0, &label1, &switchDone,
          &switchDone, &switchDone,
          &label5, &switchDone, &switchDone,
          &label8
        ];
      .
      .
      .
    // jmpTable[i]에 지정된 주소로 점프

    mov( i, eax );
    jmp( jmpTable[ eax*4 ] );

label0:
    << i = 0일 경우 실행되는 코드 >>
    jmp switchDone;

label1:
    << i = 1일 경우 실행되는 코드 >>
    jmp switchDone;

label5:
    << i = 5일 경우 실행되는 코드 >>
    jmp switchDone;

label8:
    << i = 8일 경우 실행되는 코드 >>

switchDone:
  << switch문 뒤에 이어지는 코드 >>
```

i의 값이 2, 3, 4, 6, 7인 경우, 이 코드는 switch문(C의 switch문이나 대부분의 최신 파스칼 변형의 case문에 대한 표준 의미 체계) 뒤에 이어지는 첫 문장으로 제어를 전달한다. 물론,

switch/case 표현식의 값이 가장 큰 경우 값보다 크면, C는 코드에서 이 지점으로 제어를 전달한다. 대부분의 컴파일러는 간접 점프 직전에 비교 및 조건 분기를 사용해 이 기능을 구현한다. 예를 들면, 다음과 같다.

```
//      switch(i)
//      { case 0:...case 1:...case 5:...case 8:}을
// 어셈블리로 변환하면서
// 8보다 큰 값을 자동적으로 처리하게 만든 것

static
  jmpTable: dword[9] :=
          [
              &label0, &label1, &switchDone,
              &switchDone, &switchDone,
              &label5, &switchDone, &switchDone,
              &label8
          ];
      .
      .
      .
  // 값이 switch/case문에서 허용하는 범위를 벗어나는지 검사

    mov( i, eax );
    cmp( eax, 8 );
    ja switchDone;

    // jmpTable[i]에 지정된 주소로 점프

    jmp( jmpTable[ eax*4 ] );

      .
      .
      .

switchDone:
  << switch문 뒤에 이어지는 코드 >>
```

이 코드에서는 case 값이 0에서 시작한다는 것을 가정한다. 임의 범위의 case 값을 처리하도록 코드를 수정하는 것은 간단하다. 다음 예를 살펴보자.

```
//      switch(i)
//      { case 10:...case 11:...case 12:...case 15:...case 16:}을
// 어셈블리로 변환하면서
// 16보다 크거나 10보다 작은 값들을 자동적으로 처리하게 만든 것

static
    jmpTable: dword[7] :=
            [
                &label10, &label11, &label12,
                &switchDone, &switchDone,
                &label15, &label16
            ];
        .
        .
        .
        // 값이 10..16의 범위를 벗어나는지 검사

        mov( i, eax );
        cmp( eax, 10 );
        jb switchDone;
        cmp( eax, 16 );
        ja switchDone;

        // EAX가 0이 아니라 10에서 시작하기 때문에
        // 0에서 시작하는 배열 인덱스를 만들기 위해
        // 다음 식에 "- 10*4"를 사용했다

        jmp( jmpTable[eax*4 - 10*4] );

        .
        .
        .

switchDone:
    << switch문 뒤에 이어지는 코드 >>
```

이 예제와 이전 예제에는 두 가지 차이점이 있다. 먼저, 이 예제는 EAX의 값을 10..16 범위와 비교해서 값이 이 범위를 벗어나면 switchDone 레이블로 분기된다(즉, EAX의 값에 대한 case 레이블이 없음). 둘째, jmpTable 인덱스가 [eax*4 - 10*4]로 수정됐다. 시스템 레벨의 배열은 항상 인덱스 0에서 시작한다. EAX가 실제로 0이 아닌 10에서 시작하는 값을 가지기 때문에 "- 10*4"만큼 수식의 값을 조정한다. 실제로 이 식은 jmpTable이 선언한 것보다, 메모리에서 40바이트 더 앞에서 시작되도록 한다. EAX는 항상 10 이상(eax*4는 40바이트 이상)이므로, 이 코드는 선언된 시작 위치부터 테이블에 액세스하기 시작한다. HLA는 jmpTable의 주소에서 이 오프셋을 뺀다. CPU는 이 빼기를 실제 런타임에 수행하지 않는다. 따라서, 이렇게 0에서 시작하는 인덱스를 생성하는 데 추가적인 효율성 손실은 없다.

완전히 일반화된 switch/case문을 실제로 구현하려면 여섯 개의 명령어가 필요하다. 원래 필요한 두 개의 명령어와 범위를 테스트하기 위한 네 개의 명령어가 필요하다.[3] 이를 통해, 간접 점프가 조건부 분기보다 실행하기에 좀 더 느리다는 사실과 왜 경우의 수가 3이나 4일 때부터 switch/case문이 더 효율적인지를 알려준다(if ..then..elseif 체인보다).

앞서 언급했듯이, switch/case문을 점프 테이블로 구현했을 때 발생하는 가장 심각한 문제는 가장 작은 경우와 가장 큰 경우 사이에 가능한 모든 값에 대해 하나의 테이블 원소가 있어야 한다는 사실이다. 다음 C/C++ switch문을 살펴보자.

```
switch( i )
{
  case 0:
      << i == 0일 경우 실행되는 코드 >>
      break;

  case 1:
      << i == 1일 경우 실행되는 코드 >>
      break;

  case 10:
```

---

3   실제로 약간의 어셈블리 언어 속임수를 사용하면, 좋은 프로그래머나 컴파일러는 이를 (분기가 단 하나만 있는) 세 개의 기계어 명령어로 줄일 수 있다.

```
        << i == 10일 경우 실행되는 코드 >>
        break;

    case 100:
        << i == 100일 경우 실행되는 코드 >>
        break;

    case 1000:
        << i == 1000일 경우 실행되는 코드 >>
        break;

    case 10000:
        << i == 10000일 경우 실행되는 코드 >>
        break;
}
```

C/C++ 컴파일러가 점프 테이블을 사용해 switch문을 구현하는 경우, 해당 테이블에는 10,001개의 항목(즉, 32비트 프로세서에서는 40,004바이트의 메모리)이 필요하다. 그렇게 간단한 명령문을 실행하기에는 꽤 많은 양의 메모리다! case를 광범위하게 나누면 메모리 사용에 큰 영향을 미치지만, switch문의 실행 속도에 미치는 영향은 미미하다. 값이 연속적인 경우에도, 프로그램을 실행하는 데 필요한 명령어는 동일하게 네 개다(0에서 시작하는 case는 아래쪽 범위 체크가 필요 없으므로, 네 개의 명령어만 있으면 된다). 실제로 성능 차이가 발생하는 유일한 이유는 테이블 크기가 캐시에 미치는 영향 때문이다(테이블이 커질수록 캐시에서 특정 테이블 항목을 찾을 가능성이 낮아진다). 속도 문제는 제쳐두고, 점프 테이블의 메모리 사용량은 대부분의 애플리케이션에서 받아들이기 어렵다. 따라서 특정 컴파일러가 모든 switch/case문에 대해 점프 테이블을 생성하는 경우(생성하는 코드를 보고 확인할 수 있다), case가 광범위하게 구분되는 switch/case문을 만들 때는 주의해야 한다.

13.5.3 switch/case문의 기타 구현

점프 테이블의 크기 문제 때문에 일부 HLL 컴파일러는 switch/case문을 구현할 때 점프 테이블을 사용하지 않는다. 일부 컴파일러는 단순히 switch/case문을 if..then..elseif 체인으로 변환한다(스위프트는 여기에 속한다). 물론, 그러한 컴파일러는 점프 테이블이 더 나은 경우에는 (속도 측면에서) 코드 품질이 떨어지는 경향이 있다. 많은 현대의 컴파일러는 코드 생성에 대해 상대적으로 똑똑하다. 그들은 switch/case문의 경우의 수나 그 분포를 결정한다. 그런 다음, 일부 임계 값 기준(코드 크기냐, 속도냐)에 따라 점프 테이블을 사용할지, if..then..elseif로 구현할지를 선택한다. 일부 컴파일러는 두 가지를 섞어 쓸 수도 있다. 예를 들어, 다음 파스칼 case문을 살펴보자.

```
case( i ) of
  0: begin
       << i = 0이면 실행되는 코드 >>
       end;

  1: begin
       << i = 1이면 실행되는 코드 >>
       end;

  2: begin
       << i = 2면 실행되는 코드 >>
       end;

  3: begin
       << i = 3이면 실행되는 코드 >>
       end;

  4: begin
       << i = 4이면 실행되는 코드 >>
       end;

  1000: begin
       << i = 1000이면 실행되는 코드 >>
         end;
end; (* case *)
```

좋은 컴파일러는 하나(또는 몇 개)의 경우를 제외하고, 대부분 점프 테이블에서 잘 작동한다. 이 코드를 if..then과 점프 테이블을 섞어서 구현하는 일련의 명령어로 변환할 수 있다. 예를 들면, 다음과 같다.

```
    mov( i, eax );
    cmp( eax, 4 );
    ja try1000;
    jmp( jmpTable[ eax*4 ] );
      .
      .
      .
try1000:
    cmp( eax, 1000 );
    jne switchDone;
    << i = 1000일 경우, 실행되는 코드 >>
switchDone:
```

switch/case문은 원래 HLL에서 효율적인 점프 테이블 전송 메커니즘을 사용할 수 있도록 만들어졌지만, 제어 구조를 구체적으로 어떻게 구현해야 하는지를 언어가 정의하고 있는 경우는 거의 없다. 따라서, 특정 컴파일러를 고수하는데 컴파일러가 모든 상황에서 코드를 생성하는 방법을 알고 있지 않다면, switch/case문이 컴파일되면서 점프 테이블을 쓸지, if..then..elseif 체인을 쓸지, 두 가지를 섞어 쓸지, 아니면 완전히 다른 방법을 사용할지에 대해 전혀 장담할 수 없다. 예를 들어, 다음과 같은 짧은 C 프로그램과 결과 어셈블리 출력을 살펴보자.

```
extern void f( void );
extern void g( void );
extern void h( void );
int main( int argc, char **argv )
{
    int boolResult;

    switch( argc )
    {
        case 1:
            f();
            break;

        case 2:
```

```
            g();
            break;

        case 10:
            h();
            break;

        case 11:
            f();
            break;
    }
    return 0;
}
```

다음은 (이전) 볼랜드 C++ v5.0 컴파일러의 80x86 출력이다.

```
_main    proc    near
?live1@0:
    ;
    ;      int main( int argc, char **argv )
    ;
@1:
    push        ebp
    mov         ebp,esp
    ;
    ;      {
    ;          int boolResult;
    ;
    ;          switch( argc )
    ;

; argc == 1인가?

    mov         eax,dword ptr [ebp+8]
    dec         eax
    je          short @7

; argc == 2인가?
```

```
        dec       eax
        je        short @6

; argc == 10인가?

        sub       eax,8
        je        short @5

; argc == 11인가?

        dec       eax
        je        short @4

; 해당되는 것이 없으면

        jmp       short @2
        ;
        ;             {
        ;                 case 1:
        ;                     f();
        ;
@7:
    call        _f
    ;
    ;                     break;
    ;
        jmp       short @8
    ;
    ;
    ;                 case 2:
    ;                     g();
    ;
@6:
    call        _g
    ;
    ;                     break;
    ;
        jmp       short @8
    ;
    ;
```

```
;            case 10:
;                   h();
;
@5:
   call      _h
;
;                   break;
;
   jmp      short @8
;
;
;               case 11:
;                   f();
;
@4:
   call      _f
;
;                   break;
;
;         }
;           return 0;
;
@2:
@8:
   xor         eax,eax
;
;     }
;
@10:
@9:
   pop         ebp
   ret
_main   endp
```

main 프로그램의 시작 부분에서 볼 수 있듯이, 이 코드는 argc의 값을 네 개의 값(1, 2, 10, 11)과 순차적으로 비교한다. 이처럼 작은 switch문의 경우에는 잘못된 구현이 아니다.

상당한 수의 case가 있고 점프 테이블이 너무 클 경우, 많은 최신 최적화 컴파일러는

case를 테스트하기 위해 이진 검색 트리를 생성한다. 예를 들어, 다음 C 프로그램과 해당 출력을 살펴보자.

```c
#include <stdio.h>

extern void f( void );
int main( int argc, char **argv )
{
    int boolResult;

    switch( argc )
    {
        case 1:
            f();
            break;

        case 10:
            f();
            break;

        case 100:
            f();
            break;

        case 1000:
            f();
            break;

        case 10000:
            f();
            break;

        case 100000:
            f();
            break;

        case 1000000:
            f();
```

```
            break;

        case 10000000:
            f();
            break;

        case 100000000:
            f();
            break;

        case 1000000000:
            f();
            break;
    }
    return 0;
}
```

다음은 비주얼 C++ 컴파일러의 64비트 MASM 출력이다. 마이크로소프트의 컴파일러가 열 가지 경우에 대해 어떻게 부분 이진 검색을 만들어내는지 살펴보자.

```
main    PROC

$LN18:
        sub     rsp, 40                         ; 00000028H

; >+ 100,000?
        cmp     ecx, 100000                     ; 000186a0H
        jg      SHORT $LN15@main
        je      SHORT $LN10@main

; argc가 100,000보다 작은 경우, 처리한다
;
; argc = 1인가?

        sub     ecx, 1
        je      SHORT $LN10@main
```

```
; argc = 10인가?

        sub     ecx, 9
        je      SHORT $LN10@main

; argc = 100인가?

        sub     ecx, 90                         ; 0000005aH
        je      SHORT $LN10@main

; argc = 1,000인가?

        sub     ecx, 900                        ; 00000384H
        je      SHORT $LN10@main

; argc = 10,000인가?

        cmp     ecx, 9000                       ; 00002328H
        jmp     SHORT $LN16@main
$LN15@main:

; argc = 100,000인가?

        cmp     ecx, 1000000                    ; 000f4240H
        je      SHORT $LN10@main

; argc = 1,000,000인가?
        cmp     ecx, 10000000                   ; 00989680H
        je      SHORT $LN10@main
; argc = 10,000,000인가?
        cmp     ecx, 100000000                  ; 05f5e100H
        je      SHORT $LN10@main

; argc = 100,000,000인가?

        cmp     ecx, 1000000000                 ; 3b9aca00H
$LN16@main:
        jne     SHORT $LN2@main
$LN10@main:
```

```
        call    f
$LN2@main:

        xor     eax, eax

        add     rsp, 40                              ; 00000028H
        ret     0
main    ENDP
```

흥미롭게도 32비트 코드로 컴파일할 때, 비주얼 C++는 진정한 이진 검색을 생성한다. 다음은 비주얼 C++ 32비트 버전의 MASM32 출력이다.

```
_main   PROC

        mov     eax, DWORD PTR _argc$[esp-4] ; argc는 32비트 코드의 스택에 전달된다

; >100,000, = 100,000, < 100,000으로 시작

        cmp     eax, 100000             ; 000186a0H
        jg      SHORT $LN15@main        ; >100,000이면, 이동
        je      SHORT $LN4@main         ; Match if equal

; argc < 100,000인 경우, 처리
;
; > 100과 < 100으로 나눈다

        cmp     eax, 100                ; 00000064H
        jg      SHORT $LN16@main        ; > 100이면 분기
        je      SHORT $LN4@main         ; = 100

; < 100이면, 여기 아래로

        sub     eax, 1
        je      SHORT $LN4@main         ; 1이면 분기

        sub     eax, 9                  ; 10인지 테스트
        jmp     SHORT $LN18@main
```

```
; >100과 <100,000이면, 여기로
$LN16@main:

        cmp     eax, 1000               ; 000003e8H
        je      SHORT $LN4@main         ; 1000이면 분기
        cmp     eax, 10000              ; 00002710H
        jmp     SHORT $LN18@main        ; 10,000이거나 범위에 없으면, 처리


; 여기서 > 100,000을 처리

$LN15@main:
        cmp     eax, 100000000          ; 05f5e100H
        jg      SHORT $LN17@main        ; > 100,000,000
        je      SHORT $LN4@main         ; = 100,000


; 여기서 < 100,000,000과 > 100,000을 처리

        cmp     eax, 1000000            ; 000f4240H
        je      SHORT $LN4@main         ; =1,000,000
        cmp     eax, 10000000           ; 00989680H

        jmp     SHORT $LN18@main        ; 10,000,000이거나 범위에 없으면, 처리


; 여기서 > 100,000,000을 처리
$LN17@main:
; 1,000,000,000인가?
        cmp     eax, 1000000000         ; 3b9aca00H
$LN18@main:
        jne     SHORT $LN2@main
$LN4@main:

        call    _f
$LN2@main:

        xor     eax, eax

        ret     0
_main   ENDP
```

일부 컴파일러, 특히 일부 마이크로컨트롤러 디바이스용 컴파일러는 **2-튜플**2-tuple(쌍으로 된 레코드/구조체) 테이블을 생성하는데, 튜플의 한 원소는 case의 값이고 두 번째 원소는 값이 일치하는 경우 점프할 주소다. 다음으로, 컴파일러는 현재 switch/case 표현식 값을 검색하는 이 작은 테이블을 스캔하는 루프를 내보낸다. 선형 검색인 경우, 이 구현은 if..then..elseif 체인보다 훨씬 느리다. 컴파일러가 이진 검색을 내보내는 경우, 코드는 if..then.elseif 체인보다 빠르지만 점프 테이블 구현만큼 빠르지는 않을 수 있다.

다음은 컴파일러가 생성하는 자바 바이트코드와 switch문의 자바 예제다.

```java
public class Welcome
{
    public static void f(){}
    public static void main( String[] args )
    {
        int i = 10;
        switch (i)
        {
            case 1:
                f();
                break;

            case 10:
                f();
                break;

            case 100:
                f();
                break;

            case 1000:
                f();
                break;

            case 10000:
                f();
                break;
```

```
            case 100000:
                f();
                break;

            case 1000000:
                f();
                break;

            case 10000000:
                f();
                break;

            case 100000000:
                f();
                break;

            case 1000000000:
                f();
                break;

        }
    }
}


// JBC 출력

Compiled from "Welcome.java"
public class Welcome extends java.lang.Object{
public Welcome();
  Code:
   0:    aload_0
   1:    invokespecial   #1; //Method java/lang/Object."<init>":()V
   4:    return

public static void f();
  Code:
   0:    return

public static void main(java.lang.String[]);
  Code:
```

```
  0:    bipush 10
  2:    istore_1
  3:    iload_1
  4:    lookupswitch{ //10
        1: 96;
        10: 102;
        100: 108;
        1000: 114;
        10000: 120;
        100000: 126;
        1000000: 132;
        10000000: 138;
        100000000: 144;
        1000000000: 150;
        default: 153 }
 96: invokestatic    #2; //Method f:()V
 99: goto     153
102: invokestatic    #2; //Method f:()V
105: goto     153
108: invokestatic    #2; //Method f:()V
111: goto     153
114: invokestatic    #2; //Method f:()V
117: goto     153
120: invokestatic    #2; //Method f:()V
123: goto     153
126: invokestatic    #2; //Method f:()V
129: goto     153
132: invokestatic    #2; //Method f:()V
135: goto     153
138: invokestatic    #2; //Method f:()V
141: goto     153
144: invokestatic    #2; //Method f:()V
147: goto     153
150: invokestatic    #2; //Method f:()V
153: return

}
```

lookupswitch 바이트코드 명령어는 2-튜플 테이블을 포함한다. 앞에서 설명한 것처럼 튜플의 첫 번째 값은 case 값이고, 두 번째는 값이 일치하는 경우 점프할 주소다. 아마도 바이트코드 인터프리터는 이러한 값에 대해 선형 검색이 아닌 이진 검색을 수행할 것이다(그러길 바란다!). 자바 컴파일러는 각 경우에서 f() 메소드에 대한 별도의 호출을 생성한다. GCC나 비주얼 C++처럼 단일 호출로 최적화하지 않는다.

노트 | 자바에는 테이블 중심의 switch 연산을 실행하는 tableswitch VM 명령어도 있다. 자바 컴파일러는 case 값의 밀도에 따라 tableswitch와 lookupswitch 명령어 중에서 선택한다.

때때로 컴파일러는 특정 상황에서 좀 더 나은 코드를 생성하기 위해 일부 코드 트릭에 의존한다. 볼랜드 컴파일러가 선형 검색을 생성하도록 유도한 짧은 switch문을 다시 살펴보자.

```
switch( argc )
    {
        case 1:
            f();
            break;

        case 2:
            g();
            break;

        case 10:
            h();
            break;

        case 11:
            f();
            break;

    }
```

다음은 이 switch문에 대해 마이크로소프트 비주얼 C++ 32비트 컴파일러가 생성하는 코드다.

```
; File t.c
; Line 13
;
; ARGC를 $L1240 table에 대한 인덱스로 사용하며
; $L1241 테이블에 오프셋을 반환한다

    mov eax, DWORD PTR _argc$[esp-4]
    dec eax         ; --argc, 1=0, 2=1, 10=9, 11=10
    cmp eax, 10     ; 범위를 넘어가는가?
    ja SHORT $L1229
    xor ecx, ecx
    mov cl, BYTE PTR $L1240[eax]
    jmp DWORD PTR $L1241[ecx*4]

    npad 3
$L1241:
    DD $L1232  ; f를 호출하는 경우
    DD $L1233  ; g를 호출하는 경우
    DD $L1234  ; h를 호출하는 경우
    DD $L1229  ; 디폴트

$L1240:
    DB 0    ; 1이면 f 호출
    DB 1    ; 2면 g 호출
    DB 3    ; 디폴트
    DB 3    ; 디폴트
    DB 3    ; 디폴트
    DB 3    ; 디폴트
    DB 3    ; 디폴트
    DB 3    ; 디폴트
    DB 3    ; 디폴트
    DB 2    ; 10이면 h 호출
    DB 0    ; 11이면 f 호출

; 다음은 다양한 경우에 대한 코드다
```

686

```
$L1233:
; Line 19
    call    _g
; Line 31
    xor eax, eax
; Line 32
    ret 0


$L1234:
; Line 23
    call    _h
; Line 31
    xor eax, eax
; Line 32
    ret 0


$L1232:
; Line 27
    call    _f
$L1229:
; Line 31
    xor eax, eax
; Line 32
    ret 0
```

이 80x86 코드의 트릭은 비주얼 C++가 먼저 1..11 범위의 argc 값을 0..3 범위의 값으로 만들기 위해 테이블 조회를 수행한다는 것이다(case에 나타나는 세 가지 서로 다른 코드와 디폴트에 각각 대응된다). 이 코드는 메모리에 있는 두 개의 다른 테이블에 액세스해야 하기 때문에 점프 테이블보다 약간 느리지만, 디폴트에 매핑되는 더블 워드 항목은 점프 테이블보다 짧다(이 코드의 속도가 이진 검색이나 선형 검색과 비교하면 어떻게 되는지는 각자 연구해보자. 아마도 프로세서에 따라 다를 것이다). 그러나 64비트 코드를 생성할 때, 비주얼 C++는 선형 검색으로 되돌아간다.

```
main    PROC

$LN12:
        sub     rsp, 40                                  ; 00000028H
```

; ARGC는 ECX에서 전달된다

```
        sub     ecx, 1
        je      SHORT $LN4@main ; case 1
        sub     ecx, 1
        je      SHORT $LN5@main ; case 2
        sub     ecx, 8
        je      SHORT $LN6@main ; case 10
        cmp     ecx, 1
        jne     SHORT $LN10@main ; case 11
$LN4@main:

        call    f
$LN10@main:

        xor     eax, eax

        add     rsp, 40                                  ; 00000028H
        ret     0
$LN6@main:

        call    h

        xor     eax, eax

        add     rsp, 40                                  ; 00000028H
        ret     0
$LN5@main:

        call    g

        xor     eax, eax

        add     rsp, 40                                  ; 00000028H
```

```
        ret     0
main    ENDP
```

컴파일러가 특정 switch/case문을 변환하는 방법을 명시적으로 지정하는 옵션을 제공하는 컴파일러는 거의 없다. 예를 들어, 점프 테이블을 생성하기 위해 앞에 나온 0, 1, 10, 100, 1,000, 10,000의 경우를 갖는 switch문을 정말 원한다면, 어셈블리 언어로 코드를 작성하거나 해당 코드가 있는 특정 컴파일러를 사용해야 한다. 그러나 점프 테이블을 생성하는 컴파일러에 의존해 작성한 HLL 코드는 다른 컴파일러로 이식할 수 없다. 하이레벨 제어 구조의 실제 기계어 코드 구현을 지정하는 언어는 거의 없기 때문이다.

물론, switch/case문을 적절하게 구현한 코드를 생성하기 위해 컴파일러에 전적으로 의존할 필요는 없다. 컴파일러가 모든 switch/case문을 점프 테이블로 구현한다고 해도, HLL 소스 코드를 수정하면 큰 점프 테이블이 생성될 수 있고 더 나은 코드를 생성할 수 있다. 예를 들어, 앞에 나온 0, 1, 2, 3, 4와 1,000의 경우를 갖는 switch문을 살펴보자. 컴파일러가 1,001개의 항목이 있는 점프 테이블을 생성하는 경우(4KB보다 좀 더 많은 메모리 사용), 다음과 같이 파스칼 코드를 작성해 출력을 개선할 수 있다.

```
if( i = 1000 ) then begin

  << i = 1000일 경우 실행되는 코드 >>

end
else begin

  case( i ) of
    0: begin
        << i = 0일 경우 실행되는 코드 >>
      end;

    1: begin
        << i = 1일 경우 실행되는 코드 >>
      end;

    2: begin
```

```
      << i = 2일 경우 실행되는 코드 >>
    end;

  3: begin
      << i = 3일 경우 실행되는 코드 >>
    end;

  4: begin
      << i = 4일 경우 실행되는 코드 >>
    end;
  end; (* case *)
end; (* if *)
```

---

case 값 1000인 경우를 switch문 외부에서 처리함으로써, 컴파일러는 연속적인 경우에 대해 짧은 점프 테이블을 생성할 수 있다.

좀 더 읽기 쉬운 또 다른 방법은 다음 C/C++ 코드와 같다.

```
switch( i )
{
  case 0:
      << i == 0일 경우 실행되는 코드 >>
      break;

  case 1:
      << i == 1일 경우 실행되는 코드 >>
      break;

  case 2:
      << i == 2일 경우 실행되는 코드 >>
      break;

  case 3:
      << i == 3일 경우 실행되는 코드 >>
      break;

  case 4:
      << i == 4일 경우 실행되는 코드 >>
```

```
      break;

  default:
    if( i == 1000 )
    {
      << i == 1000일 경우 실행되는 코드 >>
    }
    else
    {
      << 해당되는 것이 없을 경우, 실행되는 코드 >>
    }
}
```

이 예제가 좀 더 읽기 쉬운 이유는 i가 1000일 때의 코드가 switch문(default 절 덕분에)으로 옮겨졌기 때문인데, 이는 모든 경우가 switch 안에서 해결되는 것으로 보이게 해준다.

일부 컴파일러는 단순히 switch/case문에 대한 점프 테이블을 생성하지 않는다. 그러한 컴파일러를 사용하면서 점프 테이블을 생성하려는 경우, 어셈블리 언어로 이동하거나 비표준 C 확장을 사용하는 것 외에는 할 수 있는 일이 거의 없다.

점프 테이블을 사용해 switch/case문을 구현하는 것은 case 수가 많고 모두 발생할 확률이 비슷한 경우에는 일반적으로 효율적이지만, 한두 가지 경우가 다른 것에 비해 훨씬 자주 발생할 때는 if..then..elseif 체인이 더 빠를 수 있다. 예를 들어, 변수의 값이 절반 이상은 15이고, 1/4 정도는 20이고, 나머지 25%가 여러 다른 값 중 하나인 경우에는 if..then..elseif 체인을 반복적으로 사용해 구현하는 것이 더 효율적일 수 있다(또는, if..then..elseif와 switch/case문을 섞어 사용). 가장 일반적인 경우를 먼저 테스트해 평균적인 실행 시간을 줄일 수 있다. 예를 들면, 다음과 같다.

```
if( i == 15 )
{
  // i = 15가 50% 이상이라면
  // 50% 이상의 경우에 하나의 테스트만 실행한다
}
else if( i == 20 )
```

```
{
  // i == 20이 25% 이상이라면
  // 75% 이상의 경우에 한 개 혹은 두 개의 비교만 수행하면 된다
}
else if etc....
```

i가 15인 경우가 대부분이라면, 이 코드는 대부분 두 개의 명령어만 실행한 후 첫 번째 if문의 본문을 실행한다. switch문을 가장 효율적으로 구현한다고 해도 이보다는 많은 명령어가 필요하다.

13.5.4 스위프트 switch문

스위프트의 switch문은 대부분의 다른 언어와 문법적으로 차이가 있다. 스위프트의 switch와 일반적인 C/C++의 switch나 파스칼의 case문 사이에는 네 가지 주요 차이점이 있다.

- 스위프트의 switch는 switch에 조건을 적용할 수 있는 특별한 where 절을 제공한다.
- 스위프트의 switch를 사용하면, 둘 이상의 case문에서 동일한 값을 사용할 수 있다(where 절로 구분됨).
- 스위프트의 switch를 사용하면 튜플tuple, 문자열string, 셋set과 같은 비정수/서수 데이터 타입을 선택 값으로 사용할 수 있다(적절하게 입력된 case 값 포함).
- 스위프트의 switch문은 case 값에 대한 패턴 매칭을 지원한다.

자세한 내용은 스위프트 언어의 레퍼런스 매뉴얼을 참조하자. 이 절의 목적은 스위프트 switch의 구문과 문법을 다루는 것이 아니라, 스위프트의 switch 구현을 살펴보는 것이다.

switch 선택 값으로 임의의 타입을 사용할 수 있기 때문에, 스위프트가 점프 테이블을 사용해 switch문을 구현할 수 있는 방법은 없다. 점프 테이블로 구현하려면, 컴파일러가 점프 테이블에 대한 인덱스로 사용할 수 있는 서수 값(정수로 나타낼 수 있는 값)이 있어야 한다. 예를 들어 문자열은 배열의 인덱스로 사용할 수 없다. 또한, 스위프트는 동일한 case

값을 두 번 지정할 수 있는데,[4] 이는 동일한 점프 테이블 항목이 두 개의 케이스에 매핑되는 일관성 문제를 겪을 수 있다(이는 점프 테이블에서는 불가능하다).

스위프트 switch문을 설계할 때는 선형 검색이 유일한 방법이다(효율적이게도 switch문은 if..else if..else if..etc. 문의 체인과 동일하다). 요점은 if문 셋에 대해 switch문을 사용하면 성능상의 이점이 없다는 것이다.

13.5.5 switch문에 대한 컴파일러 출력

컴파일러가 switch문에 대해 더 나은 코드를 생성할 수 있도록 '도와주는' 작업을 실행하기 전에 생성되는 실제 코드를 검사할 수 있다. 13장에서는 다양한 컴파일러가 기계어 코드 수준에서 switch/case문을 구현하는 데 사용하는 몇 가지 기술을 설명했지만, 이 책에서 다루지 못한 몇 가지 추가적인 구현 방법도 있다. 컴파일러가 switch/case문에 대해 항상 동일한 코드를 생성한다고 가정할 수는 없지만, 출력 결과를 보면 컴파일러 제작자가 사용한 구현 방식을 알아보는 데 도움이 될 것이다.

13.6 참고 자료

Aho, Alfred V., Monica S. Lam, Ravi Sethi, and Jeffrey D. Ullman. *Compilers: Principles, Techniques, and Tools*. 2nd ed. Essex, UK: Pearson Education Limited, 1986.

Barrett, William, and John Couch. *Compiler Construction: Theory and Practice*. Chicago: SRA, 1986.

Dershem, Herbert, and Michael Jipping. *Programming Languages, Structures and Models*. Belmont, CA: Wadsworth, 1990.

Duntemann, Jeff. *Assembly Language Step-by-Step*. 3rd ed. Indianapolis: Wiley, 2009.

Fraser, Christopher, and David Hansen. *A Retargetable C Compiler: Design and Implementation*. Boston: Addison-Wesley Professional, 1995.

---

4 두 개의 동일한 case를 제공하면, 보통 where 절을 사용해 둘을 구분한다. where 절이 없거나 두 where 절이 모두 true면, switch는 첫 번째 케이스를 실행한다.

Ghezzi, Carlo, and Jehdi Jazayeri. *Programming Language Concepts*. 3rd ed. New York: Wiley, 2008.

Hoxey, Steve, Faraydon Karim, Bill Hay, and Hank Warren, eds. *The PowerPC Compiler Writer's Guide*. Palo Alto, CA: Warthman Associates for IBM, 1996.

Hyde, Randall. *The Art of Assembly Language*. 2nd ed. San Francisco: No Starch Press, 2010.

Intel. "Intel 64 and IA-32 Architectures Software Developer Manuals." Updated November 11, 2019. https://software.intel.com/en-us/articles/intel-sdm.

Ledgard, Henry, and Michael Marcotty. *The Programming Language Landscape*. Chicago: SRA, 1986.

Louden, Kenneth C. *Compiler Construction: Principles and Practice*. Boston: Cengage, 1997.

Louden, Kenneth C., and Kenneth A. Lambert. *Programming Languages: Principles and Practice*. 3rd ed. Boston: Course Technology, 2012.

Parsons, Thomas W. *Introduction to Compiler Construction*. New York: W. H. Freeman, 1992.

Pratt, Terrence W., and Marvin V. Zelkowitz. *Programming Languages, Design and Implementation*. 4th ed. Upper Saddle River, NJ: Prentice Hall, 2001.

Sebesta, Robert. *Concepts of Programming Languages*. 11th ed. Boston: Pearson, 2016.

14

반복 제어 구조

대부분의 프로그램은 루프 안에서 기계어 명령을 실행하는 데 대부분의 시간을 소비한다. 따라서, 애플리케이션의 실행 속도를 향상시키려면, 먼저 코드에서 루프의 성능을 향상시킬 수 있는지 확인해야 한다. 14장에서는 다음과 같은 다양한 루프를 설명한다.

- while 루프
- repeat..until/do..while 루프
- forever (무한) 루프
- for (유한) 루프

14.1 while 루프

while 루프는 HLL이 제공하는 가장 일반적인 반복문으로, 컴파일러는 최적의 코드를 생성하기 위해 최선을 다한다. while 루프는 루프 본문의 맨 위에 있는 부울 표현식을 테스트하고, 그 결과값이 true면 루프 본문을 실행한다. 루프 본문 실행이 완료되면 제어는 테스트로 다시 넘어가고, 프로세스가 반복된다. 부울 표현식 결과값이 false면, 프로그램은 루프 밖의 첫 번째 명령문으로 제어를 넘긴다. 즉, 프로그램이 while문을 처음 만날 때 부울식 결과값이 false면, 프로그램은 루프 본문의 모든 명령문을 실행하지 않고 즉시 건너뛴다. 다음 예제는 파스칼 while 루프를 보여준다.

```
while( a < b ) do begin

   << b보다 작은 경우, 실행할 명령문.
      이러한 명령문은 이 루프가 궁극적으로 종료되도록 a나 b의 값을 수정한다 >>

end; (* while *)
<< b보다 작지 않을 때, 실행되는 명령문 >>
```

---

if문과 goto문을 사용하면 HLL에서 while 루프를 쉽게 시뮬레이션할 수 있다. C/C++ while 루프와 (그것과 의미상 동등하게 작성된) if 및 goto문을 사용한 다음 코드를 살펴보자.

```
// while 루프

while( x < y )
{
  arr[x] = y;
  ++x;
}

// if문과 goto문으로 변환

whlLabel:
if( x < y )
{
  arr[x] = y;
  ++x;
  goto whlLabel;
}
```

이 예제에서는 if/goto 조합이 처음 실행될 때 x가 y보다 작다고 가정한다. 이것이 true면, 루프의 본문(if문의 then 부분)이 실행된다. 루프 본문의 맨 아래에 있는 goto문은 if문 바로 앞으로 제어를 보낸다. 이는 코드가 while 루프와 마찬가지로 표현식을 다시 테스트한다는 것을 의미한다. if 표현식이 false면, 제어는 if 구문(이 코드에서는 goto문 다음으로 제어를 전달) 뒤의 첫 번째 명령문으로 넘어간다.

if/goto문은 while 루프와 의미상 동일하지만, 여기에 제시된 if/goto문이 일반적인 컴파일러가 생성하는 것보다 더 효율적이라는 점을 의미하지는 않는다. 다음 어셈블리 코드는 앞의 while 루프 코드를 평범한 컴파일러로 돌린 결과를 보여준다.

```
    // while( x < y )

whlLabel:
    mov( x, eax );
    cmp( eax, y );
    jnl exitWhile;   // x가 y보다 작지 않으면, exitWhile 레이블로 점프

    mov( y, edx );
    mov( edx, arr[ eax*4 ] );
    inc( x );
    jmp whlLabel;
exitWhile:
```

괜찮은 컴파일러는 **코드 이동**code movement(또는 **표현식 로테이션**expression rotation)이라는 테크닉을 사용해 이를 약간 개선할 수 있다. 이전 while 루프보다 좀 더 효율적으로 구현해보자.

```
// while( x < y )

    // while 루프의 본문을 건너뛴다

    jmp testExpr;

whlLabel:
    // 이것은 while 루프의 본문이다
    // (몇 가지 명령어를 위로 옮긴 것을 제외하고는 이전과 동일하다)
```

```
    mov( y, edx );
    mov( edx, arr[ eax*4 ] );
    inc( x );
```

// 여기서 루프 본문을 반복해야 하는지 결정하기 위해 표현식을 테스트한다

```
testExpr:
    mov( x, eax );
    cmp( eax, y );
    jl whlLabel;    // x < y인 경우, 루프 본문으로 제어를 넘긴다
```

이 예제의 기계어 명령어의 수는 이전 예제와 정확히 동일하지만, 루프 종료 테스트는 루프의 맨 아래로 이동했다. while 루프의 개념에 맞도록(표현식이 루프 초반에 false로 평가되는 경우, 루프 본문을 실행하지 않도록), 이 시퀀스의 첫 번째 명령문은 루프 종료 표현식을 테스트하는 코드로 이동하는 jmp문이다. 결과값이 true면, 프로그램은 제어를 while 루프의 본문(whlLabel 바로 뒤)으로 보낸다.

이 코드에는 이전 예제와 동일한 수의 명령문이 있지만, 두 구현 사이에는 미묘한 차이가 있다. 이 예제의 초기 jmp 명령어는 루프가 처음 실행될 때 한 번만 실행되며, 이후의 각 반복에 대해서는 이 명령문의 실행을 건너뛴다. 원래 예제에서 해당 jmp문은 루프 본문 맨 아래에 있으며, 루프가 반복될 때마다 실행된다. 따라서, 루프 본문이 두 번 이상 실행되면, 두 번째 버전이 더 빠르다. 반면, while 루프가 루프 본문을 한 번도 실행하지 않는 경우에는 첫 번째 버전이 좀 더 효율적이다. 컴파일러가 while문에 대해 최상의 코드를 생성하지 않으면, 다른 컴파일러를 사용하는 것이 좋다. 13장에서 논의했듯이, HLL에서 if문과 goto문을 사용해 최적의 코드를 작성하려고 하면 자칫 읽기 어려운 스파게티 코드가 생성될 수 있고, 코드의 goto문은 실제로 적절한 출력을 생성하는 컴파일러의 성능을 저하시킨다.

노트 | 14장에서 repeat..until/do..while 루프를 설명할 때, 컴파일러가 처리할 수 있는 좀 더 구조화된 코드를 생성하는 if..goto 문 버전을 볼 수 있다. 컴파일러가 이렇게 간단한 변환을 할 수 없다면, 컴파일된 while 루프의 효율성은 가장 사소한 문제일 수도 있다.

---

while 루프를 최적화하는 컴파일러는 일반적으로 루프에 대해 특정한 가정을 하는데, 그중 가장 큰 가정은 루프에 정확히 하나의 진입점과 하나의 종료점이 있다는 것이다. 많은 언어가 루프를 조기 종료하는 명령문을 제공한다(13.3.1절 '제한된 형식의 goto문'에서 설명한 break 같은). 물론, 많은 언어는 임의의 지점에서 루프를 시작하거나 종료할 수 있도록 여러 형식의 goto문을 제공한다. 이러한 명령문은 문법상 문제가 없어도 컴파일러의 코드 최적화 기능에 심각한 영향을 미칠 수 있다. 따라서 사용할 때 주의해야 한다.[1] while 루프에 관한 코드는 직접 최적화하려 하지 말고 컴파일러에 맡기는 것이 좋다(사실, 컴파일러는 루프를 최적화하기 좋은 작업을 수행하는데, 이런 작업은 모든 루프에 적용된다).

14.1.1 while 루프에서 완전 부울 연산 강제하기

while문의 실행은 부울 표현식 결과에 따라 다르다. if문과 마찬가지로 while 루프의 정확한 실행은 부울 표현식이 완전 연산을 사용하는지, 단축 연산을 사용하는지에 따라 달라진다. 이 절에서는 while 루프가 완전 부울 연산을 사용하도록 강제하는 방법을 설명하고, 다음 절에서는 단축 연산을 강제하는 방법을 보여준다.

처음에는 if문에서와 같은 방식으로 while 루프에서도 완전 부울 연산을 강제한다고 추측할 수 있다. 그러나, if문에 대해 제공된 솔루션을 다시 살펴보면(13.4.2절 'if문에서 완전 부울 연산 강제하기' 참조), if문에서 사용한 접근 방식(if 중첩과 임시 계산)이 while문에서는 작동하지 않는다는 것을 알 수 있다. 여기서는 다른 접근 방식이 필요하다.

14.1.1.1 비효율적이지만 사용하기 쉬운 함수

완전 부울 연산을 강제하는 한 가지 쉬운 방법은 부울 표현식의 결과를 계산하는 함수를 작성하고, 해당 함수 내에서 완전 부울 연산을 사용하는 것이다. 다음 C 코드는 이 아이디어를 구현한 것이다.

---

1   많은 프로그래머가 코드를 최적화하기 위해 루프 내에서 여러 항목이나 여러 종료를 사용하는 것은 아이러니하다. 코드를 최적화하기 위한 그들의 노력은 종종 코드 최적화를 파괴하기도 한다.

```c
#include <stdio.h>

static int i;
static int k;

extern int x;
extern int y;
extern int f( int );
extern int g( int );

/*
** 다음 표현식에 대한 완전 부울 연산
** i < g(y) || k > f(x)
*/

int func( void )
{
    int temp;
    int temp2;

    temp = i < g(y);
    temp2 = k > f(x);
    return temp || temp2;
}

int main( void )
{
    /*
    ** 다음 while 루프는 완전 부울 연산을 사용한다
    */

    while( func() )
    {
    IntoIF:

      printf( "Hello" );
    }

    return( 0 );
```

}

다음은 GCC(x86)가 이 C 코드에 대해 내보내는 코드다(불필요한 라인을 제거하기 위해 살짝 정리했다).

```
func:
.LFB0:
        pushq   %rbp
        movq    %rsp, %rbp
        subq    $16, %rsp
        movl    y(%rip), %eax
        movl    %eax, %edi
        call    g
        movl    %eax, %edx
        movl    i(%rip), %eax
        cmpl    %eax, %edx
        setg    %al
        movzbl  %al, %eax
        movl %eax, -8(%rbp)
        movl    x(%rip), %eax
        movl    %eax, %edi
        call    f
        movl    %eax, %edx
        movl    k(%rip), %eax
        cmpl    %eax, %edx
        setl    %al
        movzbl  %al, %eax
        movl    %eax, -4(%rbp)
        cmpl    $0, -8(%rbp)
        jne     .L2
        cmpl    $0, -4(%rbp)
        je      .L3
.L2:
        movl    $1, %eax
        jmp     .L4
.L3:
        movl    $0, %eax
.L4:
```

```
        leave
        ret
.LFE0:
        .size   func, .-func
        .section        .rodata
.LC0:
        .string "Hello"
        .text
        .globl  main
        .type   main, @function
main:
.LFB1:
        pushq   %rbp
        movq    %rsp, %rbp
        jmp     .L7
.L8:
        movl    $.LC0, %edi
        movl    $0, %eax
        call    printf
.L7:
        call    func
        testl   %eax, %eax
        jne     .L8
        movl    $0, %eax
        popq    %rbp
        ret
```

어셈블리 코드에서 알 수 있듯이, 이 방법의 문제점은 코드가 식의 값을 계산하기 위해 함수를 호출하고 반환해야 한다는 것이다(두 연산 모두 느리다). 많은 표현식의 경우에는 호출 및 반환의 오버헤드가 표현식 값의 실제 계산보다 더 비싸다.

14.1.1.2 인라인 함수 사용

이전 접근 방식은 공간이나 속도 측면에서 최고의 코드를 만들어내지 못한다. 하지만 컴파일러가 **인라인**inline 함수를 지원한다면, 다음 예제와 같이 func()를 인라인해 훨씬 더 나은 결과를 만들 수 있다.

```
#include <stdio.h>

static int i;
static int k;

extern int x;
extern int y;
extern int f( int );
extern int g( int );

inline int func(void)
{
    int temp;
    int temp2;

    temp = i < g(y);
    temp2 = k > f(x);
    return temp || temp2;
}

int main( void )
{
    while( func() )
    {
      IntoIF:

        printf( "Hello" );
    }

    return( 0 );
}
```

다음은 GCC 컴파일러를 사용해 (32비트) x86 Gas 어셈블리로 변환한 것이다.

```
main:
        pushl   %ebp
        movl    %esp, %ebp
```

```
        pushl   %ebx
        pushl   %ecx
        andl    $-16, %esp
        .p2align 2,,3
.L2:
        subl    $12, %esp

; while( i < g(y) || k > f(x) )
;
; g(y)를 %EAX로 계산

        pushl   y
        call    g
        popl    %edx
        xorl    %ebx, %ebx
        pushl   x

; i < g(y)인지 확인하고
; 부울 결과를 %EBX에 둔다

        cmpl    %eax, i
        setl    %bl

; f(x)를 계산하고, 그 결과를 %EAX에 넣는다

        call    f ; 위 결과가 true여도 f를 호출한다
        addl    $16, %esp        ; 위는 true로 평가

; k > f(x)를 계산하고 그 결과를 %EAX에 넣는다

        cmpl    %eax, k
        setg    %al

; 위 두 표현식의 논리적 OR을 계산한다

        xorl    %edx, %edx
        testl   %ebx, %ebx
        movzbl  %al, %eax
        jne .L6
        testl   %eax, %eax
```

```
        je      .L7
.L6:
        movl    $1, %edx
.L7:
        testl   %edx, %edx
        je      .L10
.L8:

; 루프 본문

        subl    $12, %esp
        pushl   $.LC0
        call    printf
        addl    $16, %esp
        jmp     .L2
.L10:
        xorl    %eax, %eax
        movl    -4(%ebp), %ebx
        leave
        ret
```

이 예제에서 알 수 있듯이, GCC는 함수를 while 루프 테스트로 직접 컴파일해 이 프로그램의 함수 호출 및 반환과 관련된 오버헤드를 줄인다.

14.1.1.3 비트 논리 연산 사용

비트에 대한 부울 연산(비트 논리 연산이라고도 한다)을 지원하는 C 프로그래밍 언어에서는 if문에 사용된 것과 동일한 트릭을 사용해 완전 부울 연산을 강제할 수 있다(비트 연산자만 사용하면 된다). && 연산자나 || 연산자에 왼쪽과 오른쪽 오퍼랜드가 있는 특별한 경우에는 결과가 항상 0이나 1이므로, 다음과 같은 코드를 사용해 완전 부울 연산을 강제할수 있다.

```
#include <stdio.h>

static int i;
static int k;
```

```
extern int x;
extern int y;
extern int f( int );
extern int g( int );

int main(void)
{
    // 여기서 완전 부울 연산을
    // 강제하기 위해
    // "||"보다는 "|"를 사용한다

    while( i < g(y) | k > f(x) )
    {
        printf( "Hello" );
    }

    return( 0 );
}
```

다음은 볼랜드 C++에서 이 C 소스 코드에 대해 생성하는 어셈블리 코드다.

```
_main   proc    near
?live1@0:
    ;
    ;   int main( void )
    ;
@1:
        push    ebx
        jmp     short @3 ; expr 테스트로 건너뛰기
    ;
    ;   {
    ;           while( i < g(y) | k > f(x) )
    ;           {
    ;                   printf( "Hello" );
    ;
@2:
        ; 루프 본문
```

```
        push    offset s@
        call    _printf
        pop     ecx
```

; 여기서 표현식 테스트가 시작된다

```
@3:
        ; "i < g(y)"를 ebx로 계산

        mov     eax,dword ptr [_y]
        push    eax
        call    _g
        pop     ecx
        cmp     eax,dword ptr [_i]
        setg    bl
        and     ebx,1

        ; "k > f(x)"를 EDX로 계산

        mov     eax,dword ptr [_x]
        push    eax
        call    _f
        pop     ecx
        cmp     eax,dword ptr [_k]
        setl    dl
        and     edx,1

        ; 위 두 결과의 논리적 OR을 계산한다

        or      ebx,edx

        ; true면 루프 본문 반복

        jne     short @2
    ;
    ;           }
    ;
    ;           return( 0 );
    ;
        xor     eax,eax
```

```
        ;
        ; }
        ;
@5:
@4:
            pop        ebx
            ret
_main      endp
```

이 80x86 출력에서 볼 수 있듯이, 컴파일러는 비트 논리 연산자를 사용할 때 의미상 동등한 코드를 생성한다. 이 코드는 부울 값 false, true로 0, 1을 사용하는 경우에만 유효하다.

14.1.1.4 구조화되지 않은 코드 사용하기

인라인 함수 기능이 없거나 비트 논리 연산자를 사용할 수 없는 경우, 최후의 수단으로 구조화되지 않은 코드를 사용해 완전 부울 연산을 강제할 수 있다. 기본 아이디어는 무한 루프를 만든 다음 조건이 거짓인 경우, 명시적으로 루프를 빠져나오는 코드를 작성하는 것이다. 일반적으로 루프 종료를 제어하기 위해 goto문(C의 break나 continue문과 같이 제한된 형태의 goto문)을 사용한다. 다음 C 예제를 살펴보자.

```c
#include <stdio.h>

static int i;
static int k;

extern int x;
extern int y;
extern int f( int );
extern int g( int );

int main( void )
{
    int temp;
    int temp2;
```

```
    for( ;; )                    // C/C++의 무한 루프
    {
        temp = i < g(y);
        temp2 = k > f(x);
        if( !temp && !temp2 ) break;
        printf( "Hello" );
    }

    return( 0 );
}
```

무한 루프와 명시적 break를 사용해서 별도의 C 문장을 통해 부울식의 두 구성 요소를 계산할 수 있다(따라서, 컴파일러가 두 하위식을 모두 실행하도록 강제한다). 다음은 MSVC++ 컴파일러가 생성하는 코드다.

```
main    PROC
; File c:\users\rhyde\test\t\t\t.cpp
; Line 16
$LN9:
        sub     rsp, 56                              ; 00000038H

; 여기서 무한 루프 점프

$LN2@main:
; Line 21
;
; temp = i < g(y);
;
        mov     ecx, DWORD PTR ?y@@3HA               ; y
        call    ?g@@YAHH@Z                           ; g

; i < g(y)를 계산하고, 결과는 eax에 남겨둔다

        cmp     DWORD PTR ?i@@3HA, eax
        jge     SHORT $LN5@main
        mov     DWORD PTR tv67[rsp], 1
        jmp     SHORT $LN6@main
```

```
$LN5@main:
        mov     DWORD PTR tv67[rsp], 0

$LN6@main:

; temp2 = k > f(x);

        mov     ecx, DWORD PTR ?x@@3HA                   ; x
        call    ?f@@YAHH@Z                               ; f

; k > f(x)를 계산하고 결과는 eax에 둔다

        cmp     DWORD PTR ?k@@3HA, eax
        jle     SHORT $LN7@main
        mov     DWORD PTR tv71[rsp], 1
        jmp     SHORT $LN8@main
$LN7@main:
        mov     DWORD PTR tv71[rsp], 0
$LN8@main:

; if( !temp && !temp2 ) break;

        or      ecx, eax
        mov     eax, ecx
        test    eax, eax
        je      SHORT $LN3@main
; Line 23
        lea     rcx, OFFSET FLAT:$SG6924
        call    printf

; for(;;) 루프의 시작 부분으로 다시 이동한다
;
; Line 24
        jmp     SHORT $LN2@main


$LN3@main:
; Line 26
        xor     eax, eax
; Line 27
```

```
        add        rsp, 56                                          ; 00000038H
        ret        0
main    ENDP
```

보다시피 이 프로그램은 원래 부울 표현식의 두 부분을 모두 항상 연산한다(즉, 완전 부울 연산을 수행한다).

이런 식으로 구조화되지 않은 코드를 사용할 때는 주의해야 한다. 결과를 읽기도 어렵고, 컴파일러가 원하는 코드를 생성해내기도 어렵기 때문이다. 더욱이 컴파일러에 따라 괜찮은 코드가 생성될 수도 있지만, 안 좋은 결과가 나올 수도 있다.

break문을 지원하지 않는 언어에서는 항상 goto문을 사용해 루프를 벗어나면 동일한 결과를 얻을 수 있다. 코드에 goto를 사용하는 것은 좋은 생각이 아니지만, 경우에 따라서는 유일한 옵션이다.

14.1.2 while 루프에서 단축 부울 연산 강제하기

베이직이나 파스칼처럼 언어가 해당 스키마를 구현하지 않더라도, while문에서 부울 표현식의 단축 연산을 보장해야 하는 경우가 있다. if문의 경우에는 프로그램에서 루프 제어식을 계산하는 방식을 재정렬해 단축 연산을 강제할 수 있다. if문과 달리 단축 연산을 강제하기 위해 중첩된 while문을 사용하거나, while 루프 앞에 다른 while문을 사용할 수는 없지만, 대부분의 프로그래밍 언어에서 수행할 수 있는 방법이 있다.

다음 C 코드를 살펴보자.

```
while( ptr != NULL && ptr->data != 0 )
{
    << 루프 본문 >>
    ptr = ptr->Next; // 링크드 리스트를 통해
}
```

C가 부울 표현식의 단축 연산을 보장하지 않으면, 이 코드는 실패할 수 있다.

완전 부울 연산을 강제하는 것과 마찬가지로, 파스칼 같은 언어에서 단축 연산을 강

제하는 가장 쉬운 방법은, 단축 부울 연산을 사용해 계산한 부울 결과를 반환하는 함수를 작성하는 것이다. 그러나, 이 스키마는 함수 호출의 높은 오버헤드로 인해 상대적으로 느리다. 다음 파스칼 예제를 살펴보자.[2]

```
program shortcircuit;
{$APPTYPE CONSOLE}
uses SysUtils;
var
    ptr      :Pchar;

    function shortCir( thePtr:Pchar ):boolean;
    begin

        shortCir := false;
        if( thePtr <> NIL ) then begin

            shortCir := thePtr^ <> #0;

        end; // if

    end; // shortCircuit

begin

    ptr := 'Hello world';
    while( shortCir( ptr )) do begin

        write( ptr^ );
        inc( ptr );

    end; // while
    writeln;
end.
```

---

2   델파이는 단축 연산과 완전 부울 연산을 모두 지원한다. 따라서, 델파이를 사용할 때는 이 스키마를 쓸 필요가 없다. 어쨌든 델파이는 이 코드를 컴파일하므로 예제의 컴파일러로 사용했다(프리 파스칼도 마찬가지다).

이제 볼랜드의 델파이 컴파일러에서 생성된(IDAPro로 디스어셈블된) 80x86 어셈블리 코드를 살펴보자.

```
; function shortCir( thePtr:Pchar ):boolean
;
; 참고: thePtr EAX 레지스터에 담겨 이 함수로 전달된다


sub_408570  proc near


            ; EDX에 함수 결과값이 담긴다
            ; (false로 가정한다)
            ;
            ; shortCir := false;


            xor     edx, edx


            ; if( thePtr <> NIL ) then begin


            test    eax, eax
            jz      short loc_40857C    ; NIL이면 분기한다


            ; shortCir := thePtr^ <> #0;


            cmp     byte ptr [eax], 0
            setnz   dl  ; #0이 아니면, DL = 1


loc_40857C:


            ; EAX에 결과값을 담아 반환한다


            mov     eax, edx
            retn
sub_408570  endp




; Main program (pertinent section):
;
```

; EBX에 전역 변수 'ptr'의 주소를 로드하고
; 'while' 루프에 진입한다(델파이가 while 루프 검사를
; 루프 본문 뒤로 옮겼다)

```
                mov     ebx, offset loc_408628
                jmp     short loc_408617
; --------------------------------------------------------

loc_408600:
                ; 'ptr' 주소에 담겨 있는 문자 값을 출력한다

                mov     eax, ds:off_4092EC  ; ptr 포인터
                mov     dl, [ebx]           ; char 패치
                call    sub_404523          ; char 프린트
                call    sub_404391
                call    sub_402600

                inc     ebx                 ; inc( ptr )

; while( shortCir ( ptr ) ) do ...

loc_408617:
                mov     eax, ebx            ; ptr을 EAX에 넣는다
                call    sub_408570          ; shortCir
                test    al, al              ; Returns true/false
                jnz     short loc_408600    ; true면 분기한다
```

sub_408570 프로시저에는 이전 C 코드에 나타난 것과 유사한 표현식의 단축 부울 연산을 계산하는 함수가 포함되어 있다. 보다시피, thePtr이 NIL(0)이면 thePtr을 역참조하는 코드는 실행되지 않는다.

함수 호출을 논외로 한다면, 유일한 합리적인 해결책은 구조화되지 않은 접근 방식을 사용하는 것이다. 다음은 단축 부울 연산을 강제하는 이전 C 코드의 while 루프를 파스칼로 구현한 것이다.

```
while( true ) do begin

    if( ptr = NIL ) then goto 2;
    if( ptr^.data = 0 ) then goto 2;
    << 루프 본문 >>
    ptr := ptr^.Next;

end;
2:
```

다시 말하지만, 이 예제의 코드와 같이 구조화되지 않은 코드를 생성하는 것은 최후의 수단이다. 그러나, 사용 중인 언어(또는 컴파일러)가 단축 연산을 보장하지 않고 이러한 의미 체계가 필요한 경우, 구조화되지 않은 코드나 비효율적인 코드(함수 호출을 사용한)가 유일한 해결책일 수도 있다.

14.2 repeat..until(do..until/do..while) 루프

대부분의 최신 프로그래밍 언어에서 나타나는 또 다른 일반적인 루프는 repeat..until이다. 이 루프는 루프 맨 아래에서 종료 조건을 테스트한다. 즉, 루프의 첫 번째 반복에서 부울 컨트롤 표현식이 false로 평가되더라도 루프의 본문은 항상 한 번 이상 실행된다. repeat..until 루프는 while 루프에 비해 광범위하게 적용되지도 않고 자주 사용하지도 않지만, repeat..until 루프가 가장 좋은 선택인 경우가 많다. 아마도 고전적인 예는 사용자가 특정 값을 입력할 때까지 사용자로부터 입력을 받는 경우다. 다음 파스칼 코드는 매우 일반적인 예다.

```
repeat

    write( 'Enter a value (negative quits): ');
    readln( i );
    // i 값으로 작업한다

until( i < 0 );
```

이 루프는 항상 본문을 한 번 실행한다. 즉, 루프 실행이 끝났는지 검사하려면 우선 사용자로부터 입력받는 루프 본체를 실행해야 한다.

repeat..until 루프는 until이라는 단어가 암시하는 것처럼, 부울 제어식의 결과값이 true일 때(while 루프에서 false인 것과 다르다) 종료된다. 그러나 이것은 사소한 구문상의 문제다. C/C++/자바/스위프트 언어(그리고, C 계열의 많은 언어)는 루프 조건이 true일 때만 루프 본문의 실행을 반복하는 do..while 루프를 제공한다. 효율성의 관점에서 볼 때 이 두 루프 사이에는 전혀 차이가 없으며, 논리 NOT 연산자를 사용해 하나의 루프 종료 조건을 다른 루프로 쉽게 변환할 수 있다. 다음 예제는 파스칼, HLA, C/C++의 repeat..until과 do..while 루프의 구문을 보여준다. 다음은 파스칼의 repeat..until 루프 예제다.

```
repeat

    (* 'raw' 문자를 'input' 파일(이 경우에는 키보드다)에서 읽는다 *)

    ch := rawInput( input );

    (* 문자를 저장한다 *)

    inputArray[ i ] := ch;
    i := i + 1;

    (* 사용자가 엔터 키를 칠 때까지 반복한다 *)

until( ch = chr( 13 ) );
```

다음은 동일한 루프의 C/C++ do..while 버전이다.

```
do
{
    /* 'raw' 문자를 'input' 파일(이 경우에는 키보드)에서 읽는다 */

    ch = getKbd();
```

```
    /* 문자를 저장한다 */

    inputArray[ i++ ] = ch;

    /* 사용자가 엔터 키를 칠 때까지 반복한다 */
}
while( ch != '\r' );
```

다음은 HLA repeat..until 루프다.

```
repeat

    // 문자를 표준 입력 장치에서 읽는다

    stdin.getc();

    // 문자를 저장한다

    mov( al, inputArray[ ebx ] );
    inc( ebx );

    // 사용자가 엔터 키를 칠 때까지 반복한다

until( al = stdio.cr );
```

repeat..until(또는 do..while) 루프를 어셈블리 언어로 변환하는 것은 비교적 쉽고 간단하다. 컴파일러가 해야 할 일은 부울 루프 제어 표현식의 결과값이 긍정으로 평가되면(repeat..until의 경우 false, do..while의 경우 true), 루프 본문의 시작 부분으로 다시 분기해주는 코드를 넣어주는 것이다. 다음은 이전 HLA repeat..until 루프를 순수 어셈블리로 간단히 구현한 것이다(C/C++와 파스칼 컴파일러는 거의 동일한 코드를 생성한다).

```
rptLoop:

    // 표준 입력에서 문자를 읽는다
```

```
    call stdin.getc;

    // 문자를 저장한다

    mov( al, inputArray[ ebx ] );
    inc( ebx );

    // 사용자가 엔터 키를 치지 않으면 루프를 반복한다

    cmp( al, stdio.cr );
    jne rptLoop;
```

위에서 보듯이, 일반적인 컴파일러가 repeat..until(또는 do..while) 루프에 대해 생성하는 코드는 보통 일반적인 while 루프에 대해 얻을 수 있는 코드보다 좀 더 효율적이다. 따라서 의미상 가능하다면, repeat..until/do..while 형식을 사용하는 것을 고려해야 한다. 많은 프로그램에서 부울 제어 표현식은 맨 처음에 ture인 경우가 많다. 예를 들어, 애플리케이션에서 다음과 같은 루프를 찾는 것은 어렵지 않다.

```
i = 0;
while( i < 100 )
{
    printf( "i: %d\n", i );
    i = i * 2 + 1;
    if( i < 50 )
    {
        i += j;
    }
}
```

이 while 루프는 다음과 같이 do..while 루프로 쉽게 변환된다.

```
i = 0;
do
{
```

```
        printf( "i: %d\n", i );
        i = i * 2 + 1;
        if( i < 50 )
        {
            i += j;
        }
} while( i < 100 );
```

이 변환은 i의 초기값(0)이 100보다 작다는 것을 알고 있기 때문에, 루프의 본문은 항상 적어도 한 번 실행된다.

지금까지 살펴본 것처럼, 일반적인 while 루프를 쓰는 것보다 repeat..until/do..while 루프를 더 적절히 사용하는 것이 컴파일러가 더 나은 코드를 생성하는 데 도움이 된다. 그러나, 효율성이 크게 좋아지는 것은 아니므로, 가독성이나 유지 보수성이 희생되지 않도록 주의하자. 항상 가장 논리적으로 적절한 루프 구조를 사용하자. 루프 본문이 항상 한 번 이상 실행된다면, while 루프가 똑같이 잘 작동하더라도 repeat..until/do..while 루프를 사용하는 것이 좋다.

14.2.1 repeat..until 루프에서 완전 부울 연산 강제하기

repeat..until(또는 do..while) 루프에서 루프 종료 테스트는 루프의 마지막에서 하므로, 완전 부울 연산을 강제하는 것은 if문에서 수행하는 것과 유사하다. 다음 C/C++ 코드를 살펴보자.

```
extern int x;
extern int y;
extern int f( int );
extern int g( int );
extern int a;
extern int b;
int main( void )
{

    do
```

```
    {
        ++a;
        --b;
    } while( a < f(x) && b > g(y) );

    return( 0 );
}
```

다음은 do..while 루프에 대한 파워PC의 GCC 출력이다(C의 표준대로 단축 연산 사용).

```
L2:
        // ++a
        // --b

        lwz r9,0(r30)  ; get a
        lwz r11,0(r29) ; get b
        addi r9,r9,-1  ; --a
        lwz r3,0(r27)  ; f에 대한 x 매개변수 설정
        stw r9,0(r30)  ; a에 다시 저장
        addi r11,r11,1 ; ++b
        stw r11,0(r29) ; b에 다시 저장


        ; compute f(x)

        bl L_f$stub    ; f를 호출하고, 결과를 R3으로

        ; a >= f(x)이면, 루프 종료

        lwz r0,0(r29)  ; get a
        cmpw cr0,r0,r3 ; a를 f 값과 비교
        bge- cr0,L3

        lwz r3,0(r28)  ; g에 대한 y 매개변수 설정
        bl L_g$stub    ; g 호출

        lwz r0,0(r30)  ; get b
        cmpw cr0,r0,r3 ; b를 g의 값과 비교
        bgt+ cr0,L2    ; 'b>(g의 값)'인 경우, 반복
```

이 프로그램은 표현식 a < f(x)가 false(즉, a >= f(x)인 경우)면, b > g(y)에 대한 테스트를 생략하고 L3 레이블로 건너뛴다.

여기서 완전 부울 연산을 강제하려면, C 소스 코드가 while 절 바로 앞에 있는 부울식의 각 부분을 계산해서 임시 변수에 넣어두고 while 절의 결과만 테스트해야 한다.

```c
static int a;
static int b;

extern int x;
extern int y;
extern int f( int );
extern int g( int );

int main( void )
{
    int temp1;
    int temp2;

    do
        {
            ++a;
            --b;
            temp1 = a < f(x);
            temp2 = b > g(y);
        } while( temp1 && temp2 );

    return( 0 );
}
```

다음은 GCC를 사용해 파워PC 코드로 변환한 것이다.

```
L2:
        lwz r9,0(r30)    ; r9 = b
```

```
          li r28,1          ; temp1 = true
          lwz r11,0(r29)    ; r11 = a
          addi r9,r9,-1     ; --b
          lwz r3,0(r26)     ; r3 = x (f의 매개변수 설정)
          stw r9,0(r30)     ; b 저장
          addi r11,r11,1    ; ++a
          stw r11,0(r29)    ; a 저장
          bl L_f$stub       ; f 호출
          lwz r0,0(r29)     ; a 읽어옴
          cmpw cr0,r0,r3    ; temp1 = a < f(x) 계산
          blt- cr0,L5       ; a < f(x)이면, temp1을 true로 함
          li r28,0          ; temp1 = false
L5:
          lwz r3,0(r27)     ; r3 = y, g의 매개변수 설정
          bl L_g$stub       ; g 호출
          li r9,1           ; temp2 = true
          lwz r0,0(r30)     ; b 읽어옴
          cmpw cr0,r0,r3    ; b > g(y) 계산
          bgt- cr0,L4       ; b > g(y)이면, temp2를 true로 함
          li r9,0           ; 아니면, temp2를 false로 함
L4:
          ; 다음은 while 절의 실제 종료 테스트다

          cmpwi cr0,r28,0
          beq- cr0,L3
          cmpwi cr0,r9,0
          bne+ cr0,L2
L3:
```

물론, 실제 부울 표현식(temp1 && temp2)은 여전히 단축 연산을 사용하지만, 생성된 임시 변수에 대해서만 사용된다. 루프는 첫 번째 결과에 관계없이 원래 하위 표현식을 모두 계산한다.

14.2.2 repeat..until 루프에서 단축 부울 연산 강제하기

프로그래밍 언어가 C의 break문과 같이 repeat..until 루프에서 벗어날 수 있는 기능을 제공하는 경우, 단축 연산을 강제하는 것은 매우 쉽다. 완전 부울 연산을 강제하는 이전

절의 C do..while 루프를 살펴보자.

```
do
{
    ++a;
    --b;
    temp1 = a < f(x);
    temp2 = b > g(y);

} while( temp1 && temp2 );
```

다음은 단축 부울 연산을 사용해 종료 조건을 평가하도록 위 코드를 변환하는 방법
중 하나를 보여준다.

```
static int a;
static int b;

extern int x;
extern int y;
extern int f( int );
extern int g( int );

int main( void )
{
    do
    {
        ++a;
        --b;

        if( !(a < f(x)) ) break;
    } while( b > g(y) );

    return( 0 );
}
```

다음은 이 코드 시퀀스에서 do..while 루프에 대해 GCC가 내보내는 파워PC 코드다.

```
L2:
        lwz r9,0(r30)    ; r9 = b
        lwz r11,0(r29)   ; r11 = a
        addi r9,r9,-1     ; --b
        lwz r3,0(r27)    ; f(x) 매개변수 설정
        stw r9,0(r30)    ; b 저장
        addi r11,r11,1   ; ++a
        stw r11,0(r29)   ; a 저장
        bl L_f$stub       ; f 호출

        ; break if !(a < f(x)):

        lwz r0,0(r29)
        cmpw cr0,r0,r3
        bge- cr0,L3

        ; while( b > g(y) ):

        lwz r3,0(r28)    ; y 매개변수 설정
        bl L_g$stub       ; g 호출
        lwz r0,0(r30)    ; b > g(y) 계산
        cmpw cr0,r0,r3
        bgt+ cr0,L2 ; true면 분기
L3:
```

위 코드는 a가 f(x)가 반환하는 값보다 크거나 같으면, b가 g(y)가 반환하는 값보다 큰지 확인하지 않고 즉시 루프(레이블 L3에서)를 종료한다. 따라서, 이 코드는 C/C++ 표현식 a < f(x) && b > g(y)의 단축 부울 연산을 시뮬레이션한다.

사용 중인 컴파일러가 C/C++의 break문에 해당하는 구문을 지원하지 않는 경우, 좀 더 정교한 논리를 사용해야 한다. 이를 수행하는 한 가지 방법은 다음과 같다.

```
static int a;
static int b;

extern int x;
extern int y;
```

```
extern int f( int );
extern int g( int );

int main( void )
{
    int temp;

    do
    {
        ++a;
        --b;
        temp = a < f(x);
        if( temp )
        {
            temp = b > g(y);
        };
    } while( temp );

    return( 0 );
}
```

다음은 이 예에서 GCC가 생성하는 파워PC 코드다.

```
L2:
        lwz r9,0(r30)    ; r9 = b
        lwz r11,0(r29)   ; r11 = a
        addi r9,r9,-1     ; --b
        lwz r3,0(r27)    ; f(x) 매개변수 설정
        stw r9,0(r30)    ; b 저장
        addi r11,r11,1   ; ++a
        stw r11,0(r29)   ; a 저장
        bl L_f$stub      ; f 호출
        li r9,1          ; temp가 true라고 가정
        lwz r0,0(r29)    ; a < f(x)이면,
        cmpw cr0,r0,r3   ; temp를 false로 세팅
        blt- cr0,L5
        li r9,0
L5:
```

```
        cmpwi cr0,r9,0   ; !(a < f(x))이면
        beq- cr0,L10     ; do..while 루프에서 빠져나온다
        lwz r3,0(r28)    ; temp = b > f(y) 값을
        bl L_g$stub      ; 위의 코드와
        li r9,1          ; 마찬가지로
        lwz r0,0(r30)    ; 계산한다
        cmpw cr0,r0,r3
        bgt- cr0,L9
        li r9,0
L9:
        ; while 종료식을 테스트한다

        cmpwi cr0,r9,0
        bne+ cr0,L2
L10:
```

이 예에서는 연결 연산(논리 AND)을 사용했지만, 분리 연산자(논리 OR)를 사용하는 것도 마찬가지로 쉽다. 이 섹션을 닫는 다음 파스칼 코드와 해당 변환을 살펴보자.

```
repeat

    a := a + 1;
    b := b - 1;

until( (a < f(x)) OR (b > g(y)) );
```

완전 부울 연산을 강제하는 변환은 다음과 같다.

```
repeat

    a := a + 1;
    b := b - 1;
    temp := a < f(x);
    if( not temp ) then begin

        temp := b > g(y);
```

```
      end;
until( temp );
```

다음은 볼랜드의 델파이가 두 루프에 대해 생성하는 코드다(컴파일러의 옵션에서 완전 부울 연산을 선택했다고 가정한다).

```
;     repeat
;
;         a := a + 1;
;         b := b - 1;
;
;     until( (a < f(x)) or (b > g(y)) );

loc_4085F8:
            inc     ebx                 ; a := a + 1;
            dec     esi                 ; b := b - 1;
            mov     eax, [edi]          ; EDI가 x를 가리키게
            call    locret_408570
            cmp     ebx, eax            ; a < f(x)이면
            setl    al                  ; AL을 1로 세팅
            push    eax                 ; 부울 결과값을 저장

            mov     eax, ds:dword_409288 ; y
            call    locret_408574       ; g(6)

            cmp     esi, eax            ; b > g(y)이면
            setnle  al                  ; AL을 1로 세팅
            pop     edx                 ; 마지막 값 검색
            or      dl, al              ; 이 둘의 OR 값 계산
            jz      short loc_4085F8    ; false면 반복

;     repeat
;
;         a := a + 1;
;         b := b - 1;
;         temp := a < f(x);
;         if( not temp ) then begin
;
```

```
;              temp := b > g(y);
;
;         end;
;
;    until( temp );


loc_40861B:
                inc     ebx                  ; a := a + 1;
                dec     esi                  ; b := b - 1;
                mov     eax, [edi]           ; x 가져옴
                call    locret_408570        ; f 호출
                cmp     ebx, eax             ; a < f(x)인가?
                setl    al                   ; 그렇다면, AL을 1로 세팅


                ; 위의 계산 결과가 true면
                ; 두 번째 계산은 하지 않는다
                ; (즉, 단축 연산이 된다)

                test    al, al
                jnz     short loc_40863C

; b > g(y)인지 검사

                mov     eax, ds:dword_409288
                call    locret_408574

; b > g(y)인 경우, AL = 1로 설정

                cmp     esi, eax
                setnle  al

; 두 조건이 모두 false면 루프 반복

loc_40863C:
                test    al, al
                jz      short loc_40861B
```

위와 같이 강제로 단축 연산을 하면, 델파이 컴파일러가 직접 단축 연산을 하게 한 것

보다 훨씬 못한 코드가 나온다. 다음은 완전 부울 연산 옵션이 선택되지 않은 델파이 코드다(이 경우, 델파이는 단축 연산을 사용한다).

```
loc_4085F8:
            inc     ebx
            dec     esi
            mov     eax, [edi]
            call    nullsub_1 ;f
            cmp     ebx, eax
            jl      short loc_408613
            mov     eax, ds:dword_409288
            call    nullsub_2 ;g
            cmp     esi, eax
            jle     short loc_4085F8
```

이 트릭은 컴파일러가 단축 연산을 강제하는 기능을 지원하지 않을 때는 유용하지만, 뒤의 델파이 예제에서는 가능하면 컴파일러의 기능을 사용하는 것이 낫다는 사실을 보여준다. 그 편이 일반적으로 더 나은 기계어 코드를 얻을 수 있다.

14.3 forever..endfor 루프

while 루프는 루프의 시작(맨 위)에서 루프 종료를 테스트하고, repeat..until 루프는 루프의 끝(하단)에서 루프 종료를 테스트한다. 남은 것은 루프 본문의 중간에서 루프 종료를 테스트하는 형식인데, forever..endfor 루프와 특별한 루프 종료 문장이 이에 해당한다.

대부분의 최신 프로그래밍 언어는 while 루프와 repeat..until 루프(또는, 그에 상응하는 것)를 제공한다. 흥미롭게도, 현대의 몇몇 명령형 프로그래밍 언어만이 명시적인 forever..endfor 루프를 제공한다.[3] 실제로 forever..endfor 루프(루프 종료 테스트도 포함된)가 세 가지 형식 중 가장 일반적이라는 점은 매우 놀랍다. forever..endfor 루프만 있으면, while 루프나 repeat..until 루프를 쉽게 만들 수 있다.

---

3   에이다는 C, C++(for(;;) 루프)와 마찬가지로 루프 하나를 제공한다.

다행히도 모든 언어에서 지원하는 while 루프나 repeat..until/do..while 루프를 이용해 forever..endfor 루프를 쉽고 간단하게 만들 수 있다. 부울 제어식을 repeat..until에서는 항상 false로, do..while에서는 항상 true로 하면 된다. 예를 들어, 파스칼에서는 다음과 같은 코드를 사용할 수 있다.

```
const
    forever = true;
        .
        .
        .
    while( forever ) do begin

        << 무한 루프에서 실행할 코드 >>

    end;
```

표준 파스칼의 큰 문제점은 명시적으로 루프를 종료하는 메커니즘(일반 goto문 제외)을 제공하지 않는다는 것이다. 다행히, 델파이나 프리 파스칼 같은 많은 최신 파스칼에서는 현재 루프를 즉시 종료하기 위해 break와 같은 명령문을 제공한다.

C/C++ 언어가 명시적인 무한 루프 문을 지원하는 것은 아니지만, 문법적으로 이상한 for(;;) 문은 초기 C 컴파일러부터 지원됐다. 따라서, C/C++ 프로그래머는 forever..endfor 루프를 다음과 같이 만들 수 있다.

```
for(;;)
{
    << 무한 루프에서 실행할 코드 >>
}
```

C/C++ 프로그래머는 다음과 같이 C의 break문(if문과 함께)을 사용해 루프 중간에 루프 종료 조건을 배치할 수 있다.

```
for(;;)
{
    << 종료 테스트 전에 실행할 코드(최소 한 번) >>

    if( termination_expression ) break;

    << 루프 종료 테스트 후 실행할 코드 >>
}
```

HLA 언어는 중간 어딘가에서 루프를 종료할 수 있는 명시적 (하이레벨) forever..endfor 문(break, breakif 문과 함께)을 제공한다. 이 HLA forever..endfor 루프는 루프 중간에서 루프 종료를 테스트한다.

```
forever

    << 종료 테스트 전에 실행할 코드(최소 한 번) >>

    breakif( termination_expression );

    << 루프 종료 테스트 후 실행할 코드 >>

endfor;
```

forever..endfor 루프를 순수한 어셈블리 언어로 변환하는 것은 간단하다. 루프의 맨 아래에서 루프 맨 위로 제어를 전송할 수 있는 단일 jmp 명령어만 있으면 된다. break문의 구현도 단순해서, 루프 다음의 첫 번째 문장으로 점프(또는 조건부 점프)하면 된다. 다음 두 코드는 HLA forever..endfor 루프(breakif와 함께)와 그에 해당하는 '순수' 어셈블리 코드를 보여준다.

```
// HLA의 하이레벨 forever 문

forever
```

```
    stdout.put
    (
    "Enter an unsigned integer less than five:"
    );
    stdin.get( u );
    breakif( u < 5);
    stdout.put
    (
        "Error: the value must be between zero and five" nl
    );
endfor;

// HLA의 forever 루프의 로우레벨 코딩

foreverLabel:
    stdout.put
    (
        "Enter an unsigned integer less than five:"
    );
    stdin.get( u );
    cmp( u, 5 );
    jbe endForeverLabel;
    stdout.put
    (
        "Error: the value must be between zero and five" nl
    );
    jmp foreverLabel;

endForeverLabel:
```

물론, 이 코드를 회전시켜서 좀 더 효율적인 버전을 만들 수도 있다.

```
// HLA의 forever 루프의 로우레벨 코딩
// 코드 회전을 사용함

jmp foreverEnter;
foreverLabel:
        stdout.put
```

```
                (
                    "Error: the value must be between zero and five"
                    nl
                );
        foreverEnter:
                stdout.put
                (
                    "Enter an unsigned integer less "
                    "than five:"
                );
                stdin.get( u );
                cmp( u, 5 );
                ja foreverLabel;
```

사용 중인 언어가 forever..endfor 루프를 지원하지 않는 경우, 괜찮은 컴파일러는
while(true) 문을 점프 명령 한 개로 변환한다. 컴파일러가 그렇게 하지 않으면 최적화 작
업이 제대로 수행되지 않으며, 코드를 수동으로 최적화하려는 시도는 코드 손실의 원인
이 된다. 그 이유는 곧 알게 되겠지만, goto문을 사용해 forever..endfor 루프를 만들려고
하면 안 된다.

14.3.1 forever 루프에서 완전 부울 연산 강제하기

if문을 사용해 forever 루프를 빠져나오기 때문에, forever 루프를 종료할 때 완전 부울
연산을 강제하는 기술은 if문과 동일하다. 자세한 내용은 13.4.2절 'if문에서 완전 부울
연산 강제하기'를 참조하자.

14.3.2 forever 루프에서 단축 부울 연산 강제하기

마찬가지로 if문을 사용해 forever 루프를 빠져나오기 때문에, forever 루프를 종료할 때
단축 부울 연산을 강제하는 기술은 repeat..until 문과 동일하다. 자세한 내용은 14.2.2절
'repeat..until 루프에서 단축 부울 연산 강제하기'를 참조하자.

14.4 유한 루프(for 루프)

forever..endfor 루프는 무한 루프다(break문으로 빠져나오지 않는다고 가정하면). while과 repeat..until 루프는 무한 루프의 예다. 이는 일반적으로 프로그램이 루프를 처음 만날 때, 루프의 반복 횟수를 정확히 결정할 수 없기 때문이다. 반면 유한 루프는 프로그램이 루프 본문의 첫 번째 명령문을 실행하기 전에 루프가 반복할 횟수를 정확히 결정할 수 있다. 기존 HLL에서 유한 루프의 좋은 예로, 다음 구문을 사용하는 파스칼의 for 루프를 들 수 있다.

```
for variable := expr1 to expr2 do
        statement
```

*expr1*이 *expr2*보다 작거나 같으면 *expr1..expr2* 범위에서 반복된다.

```
for variable := expr1 downto expr2 do
        statement
```

*expr1*이 *expr2*보다 크거나 같으면 *expr1..expr2* 범위에서 반복된다. 다음은 파스칼 for 루프의 일반적인 예다.

```
for i := 1 to 10 do
    writeln( 'hello world');
```

이 루프는 항상 정확히 열 번 실행된다. 따라서, 이것은 유한 루프다. 그러나, 컴파일러가 컴파일 타임에 루프 반복 횟수를 결정할 수 있어야 한다는 것을 의미하지는 않는다. 또한, 유한 루프는 런타임에 반복 횟수를 결정하도록 하는 식을 사용할 수 있다. 예를 들면, 다음과 같다.

```
write( 'Enter an integer:');
readln( cnt );
```

```
for i := 1 to cnt do
    writeln( 'Hello World');
```

파스칼 컴파일러는 이 루프가 실행할 반복 횟수를 결정할 수 없다. 실제로 반복 횟수는 사용자 입력에 따라 다르기 때문에, 위 코드가 실행될 때마다 반복 횟수는 달라질 수 있다. 그러나, 프로그램은 이 루프를 만날 때마다 cnt 변수의 값으로 루프가 실행될 반복 횟수를 정확히 알 수 있다. 파스칼(유한 루프를 지원하는 대부분의 언어와 마찬가지로)은 다음과 같은 코드를 명시적으로 금지한다.

```
for i := 1 to j do begin

    << 다른 명령들 >>
    i := <<임의의 값>>);
    << 다른 명령들 >>

end;
```

루프 본문을 실행하는 동안, 루프 제어 변수의 값은 변경할 수 없다. 이 예에서 for 루프의 제어 변수를 변경하려고 하면, 고품질 파스칼 컴파일러가 해당 시도를 감지하고 오류를 보고한다. 또한, 유한 루프는 시작 및 종료 값을 한 번만 계산한다. 따라서, for 루프 안에서 두 번째 수식의 변수를 변경해도 루프를 반복할 때마다 수식 값을 다시 계산하지 않는다. 예를 들어, 위 예제에서 for 루프의 본문에서 j 값을 수정해도 for 루프 반복 횟수에는 영향을 미치지 않는다.[4]

유한 루프에는 (좋은) 컴파일러가 더 좋은 기계어 코드를 생성할 수 있도록 하는 몇 가지 특징이 있다. 특히, 컴파일러는 루프 본문의 첫 번째 명령문을 실행하기 전에 루프가 몇 번을 반복할지 결정할 수 있으므로, 컴파일러는 루프 종료에 대한 복잡한 테스트를 생략하고 단순히 레지스터를 0으로 감소시켜 루프 반복 개수를 컨트롤할 수 있다. 또한, 컴파일러는 인덕션을 사용해 유한 루프에서 루프 제어 변수에 대한 액세스를 최적화할

---

4   물론, 일부 컴파일러는 실제로 반복할 때마다 이를 다시 계산할 수도 있지만, 파스칼 언어 표준에서는 이를 요구하지 않는다. 실제로 표준에서는 이러한 값이 루프 본문 실행 중에 변경되지 않아야 한다고 제안한다.

수 있다(인덕션에 대해서는 12.2절 '산술문 최적화' 참조).

C/C++/자바 사용자는 해당 언어의 for 루프가 진정한 유한 루프가 아니라 무한 while 루프의 특별한 경우라는 점에 유의해야 한다. 대부분의 좋은 C/C++ 컴파일러는 for 루프가 유한 루프인지 확인해 사전에 알 수 있으면 적절한 코드를 생성해낸다. 컴파일러가 좋은 코드를 생성할 수 있게 하려면 다음 사항을 지키는 것이 좋다.

- C/C++ for 루프는 파스칼 같은 언어의 유한 (for) 루프와 동일한 의미로 사용해야 한다. 즉, for 루프는 하나의 루프 제어 변수를 초기화하고, 이 변수 값이 종료 값보다 작거나 클 때만 루프 종료 테스트를 수행해 루프 제어 변수를 1씩 증가시키거나 감소시켜야 한다.
- C/C++ for 루프는 루프 내에서 루프 제어 변수의 값을 수정하면 안 된다.
- 루프 종료 검사 값은 루프 본문을 실행하는 동안 변경되지 않도록 유지한다. 즉, 루프 본문은 종료 조건을 변경할 수 없어야 한다(변경될 경우, 정의에 따라 루프는 무한 루프가 될 수 있다). 예를 들어, 루프 종료 조건이 i < j이면 루프 본문에서 i나 j의 값을 수정해서는 안 된다.
- 루프 본문 내에서 실제 매개변수를 수정하는 함수에는 루프 제어 변수나 루프 종료 조건에 포함된 변수를 함수 매개변수로 전달하지 않는다.

14.5 참고 자료

Aho, Alfred V., Monica S. Lam, Ravi Sethi, and Jeffrey D. Ullman. *Compilers: Principles, Techniques, and Tools*. 2nd ed. Essex, UK: Pearson Education Limited, 1986.

Barrett, William, and John Couch. *Compiler Construction: Theory and Practice*. Chicago: SRA, 1986.

Dershem, Herbert, and Michael Jipping. *Programming Languages, Structures and Models*. Belmont, CA: Wadsworth, 1990.

Duntemann, Jeff. *Assembly Language Step-by-Step*. 3rd ed. Indianapolis: Wiley, 2009.

Fraser, Christopher, and David Hansen. *A Retargetable C Compiler: Design and*

Implementation. Boston: Addison-Wesley Professional, 1995.

Ghezzi, Carlo, and Jehdi Jazayeri. *Programming Language Concepts*. 3rd ed. New York: Wiley, 2008.

Hoxey, Steve, Faraydon Karim, Bill Hay, and Hank Warren, eds. *The PowerPC Compiler Writer's Guide*. Palo Alto, CA: Warthman Associates for IBM, 1996.

Hyde, Randall. *The Art of Assembly Language*. 2nd ed. San Francisco: No Starch Press, 2010.

Intel. "Intel 64 and IA-32 Architectures Software Developer Manuals." Updated November 11, 2019. https://software.intel.com/en-us/articles/intel-sdm.

Ledgard, Henry, and Michael Marcotty. *The Programming Language Landscape*. Chicago: SRA, 1986.

Louden, Kenneth C. *Compiler Construction: Principles and Practice*. Boston: Cengage, 1997.

Louden, Kenneth C., and Kenneth A. Lambert. *Programming Languages: Principles and Practice*. 3rd ed. Boston: Course Technology, 2012.

Parsons, Thomas W. *Introduction to Compiler Construction*. New York: W. H. Freeman, 1992.

Pratt, Terrence W., and Marvin V. Zelkowitz. *Programming Languages, Design and Implementation*. 4th ed. Upper Saddle River, NJ: Prentice Hall, 2001.

Sebesta, Robert. *Concepts of Programming Languages*. 11th ed. Boston: Pearson, 2016.

15

함수와 프로시저

1970년대에 구조화 프로그래밍 혁명이 시작된 이래로, 서브루틴(프로시저와 함수)은 소프트웨어 엔지니어가 프로그램을 구성하고 모듈화하고 구조화하는 데 사용하는 주요 도구 중 하나였다. 프로시저와 함수 호출은 코드에서 자주 사용되기 때문에, CPU 제조업체는 가능한 한 효율적으로 만들려고 노력했다. 그럼에도 불구하고, 이러한 호출(그리고, 반환)에는 프로그래머가 함수를 만들 때 고려하지 않는 비용이 발생한다. 이를 부적절하게 사용하면, 프로그램의 크기와 실행 시간이 크게 늘어날 수 있다. 15장에서는 이러한 비용과 이를 방지하는 방법에 대해 설명하며, 지금부터 다룰 주제는 다음과 같다.

- 함수와 프로시저 호출
- 매크로 및 인라인inline 함수
- 매개변수 전달과 호출 방식calling convention
- 활성화 레코드와 지역 변수
- 매개변수 전달 메커니즘
- 함수 반환 결과

이러한 주제를 이해하면, 프로시저와 함수를 많이 사용하는 최신 프로그램에서 흔히 발생하는 효율성 문제를 피할 수 있다.

15.1 간단한 함수와 프로시저 호출

몇 가지 정의부터 살펴보자. **함수**function는 값(함수 결과)을 계산하고 반환하는 코드 섹션이다. **프로시저**(또는, C/C++/자바/스위프트의 void 함수)는 단순히 일부 동작을 수행한다. 함수호출은 일반적으로 산술식이나 논리 표현식 내에서 나타나는 반면, 프로시저 호출은 프로그래밍 언어의 평범한 구문처럼 보인다. 이 절에서는 일반적으로 프로시저 호출과 함수 호출이 동일하다고 가정하고, 함수와 프로시저라는 용어를 같은 의미로 사용한다. 대부분의 경우, 컴파일러는 프로시저와 함수 호출을 동일하게 구현한다.

노트 | 함수와 프로시저 사이에는 약간의 차이가 있다. 15.7절 '함수 리턴 값'에서 함수 결과와 관련된 몇 가지 효율성 문제에 대해 다룬다.

대부분의 CPU에서는 80x86 call(ARM과 파워PC의 branch와 link)과 유사한 명령어로 프로시저를 호출하고, ret(return) 명령어를 사용해 호출한 곳으로 돌아간다. call 명령어는 다음과 같이 세 가지 개별 연산을 수행한다.

1. 프로시저에서 복귀할 때, 실행할 명령어의 주소를 결정한다(보통은 call 명령어의 바로 다음에 있는 명령어다).
2. 주소(일반적으로 '반환 주소return address' 또는 '링크 주소link address'라고 한다)를 정해진 위치에 저장한다.
3. 프로그램의 제어(점프 메커니즘을 통해)를 프로시저의 첫 번째 명령으로 넘긴다.

실행은 프로시저의 첫 번째 명령으로 시작해 CPU가 ret 명령어와 만날 때까지 계속된다. ret 명령어는 반환 주소를 가져와서 해당 주소가 가리키는 기계어 명령으로 제어를 넘긴다. 다음 C 함수를 살펴보자.

```
#include <stdio.h>

void func( void )
{
    return;
}
```

```
}
int main( void )
{
    func();
    return( 0 );
}
```

다음은 GCC가 변환한 파워PC 어셈블리 코드다.

```
_func:
        ; 함수의 활성화 레코드를 준비한다
        ; R1은 IBM이 정의한 파워PC ABI(Application Binary Interface)
        ; (애플리케이션 이진 인터페이스)
        ; 에서 스택 포인터로 사용된다

        stmw r30,-8(r1)
        stwu r1,-48(r1)
        mr r30,r1

        ; 반환에 앞서 활성화 레코드를 정리한다

        lwz r1,0(r1)
        lmw r30,-8(r1)

        ; 호출자에게 반환한다
        ; (링크 레지스터에 있는 주소로 분기)

        blr

_main:
        ; main 프로그램에서 반환 주소를 저장한다
        ; (따라서, OS로 돌아갈 수 있다)

        mflr r0
        stmw r30,-8(r1) ; r30/31 보존
        stw r0,8(r1)    ; 반환 주소 저장
        stwu r1,-80(r1) ; func()용 스택 업데이트
        mr r30,r1       ; 프레임 포인터 설정
```

```
    ; func 호출

    bl _func

    ; main 함수의 결과로 0 리턴

    li r0,0
    mr r3,r0
    lwz r1,0(r1)
    lwz r0,8(r1)
    mtlr r0
    lmw r30,-8(r1)
    blr
```

다음은 같은 코드를 GCC에서 컴파일한 32비트 ARM 버전이다.

```
func:
    @ args = 0, pretend = 0, frame = 0
    @ frame_needed = 1, uses_anonymous_args = 0
    @ 링크 레지스터 저장이 제거됐다

    str fp, [sp, #-4]!  @ 스택에 프레임 포인터 저장
    add fp, sp, #0
    nop
    add sp, fp, #0
    @ sp needed
    ldr fp, [sp], #4    @ 스택에서 FP 로드
    bx lr               @ 서브루틴에서 복귀

main:
    @ args = 0, pretend = 0, frame = 0
    @ frame_needed = 1, uses_anonymous_args = 0

    push {fp, lr}       @ FP 저장 및 주소 반환

    add fp, sp, #4      @ FP 설정
    bl func             @ func 호출
    mov r3, #0          @ main return value = 0
```

```
    mov r0, r3

    @ popping PC는 리눅스로 리턴한다
    pop {fp, pc}
```

다음은 GCC에서 동일한 소스 코드를 80x86 코드로 변환한 것이다.

```
func:
.LFB0:
    pushq    %rbp
    movq     %rsp, %rbp
    nop
    popq     %rbp
    ret

main:
.LFB1:
    pushq    %rbp
    movq     %rsp, %rbp
    call     func
    movl     $0, %eax
    popq     %rbp
    ret
```

보다시피 80x86, ARM, 파워PC는 활성화 레코드를 만들고 관리하는 데 상당한 노력을 기울인다(7.1.4절 '스택 섹션' 참조). 이 두 어셈블리 코드에서 확인해야 할 중요한 사항은 파워PC의 bl _func 명령어와 blr 명령어, ARM 코드의 bl func 명령어와 bx lr 명령어, 80x86 코드의 call func 명령어와 ret 명령어다. 이것들은 함수를 호출하고 반환하는 명령어다.

15.1.1 반환 주소 저장

CPU는 정확히 어디에 반환 주소^{return address}(리턴 주소라고도 함)를 저장할까? 리컬시브^{recursive} 호출이나 다른 특정 프로그램 제어 구문이 없는 경우, CPU는 주소를 보유할 수 있을 만큼 크고 프로시저가 호출자에게 반환될 때 해당 주소를 유지할 수 있는 위치라면 어디든 반환 주소를 저장할 수 있다. 예를 들어, 프로그램은 시스템 레지스터에 반환 주소를 저장하도록 선택할 수 있다(이 경우, 리턴 명령은 해당 레지스터에 담긴 주소로 간접 점프하는 것이 된다). 그러나, 레지스터를 사용할 때 발생하는 한 가지 문제는 보통 CPU의 레지스터 수가 제한돼 있다는 것이다. 이는 반환 주소를 저장하는 모든 레지스터는 다른 용도로 사용할 수 없다는 것을 의미한다. 이러한 이유로, 레지스터에 반환 주소를 저장하는 CPU에서 동작하는 애플리케이션은 일반적으로 해당 레지스터를 재사용할 수 있도록 반환 주소를 메모리로 이동시킨다.

파워PC와 ARM의 bl(분기branch 및 링크link) 명령어를 살펴보자. 이 명령어는 오퍼랜드에 명시된 타깃 주소로 제어를 보내고, bl 다음에 오는 명령어의 주소를 LINK 레지스터로 복사한다. 프로시저 내에서 LINK 레지스터의 값을 수정하는 코드가 없다면, 프로시저는 파워PC blr(링크 레지스터에 저장된 주소로 분기) 명령어나 ARM bx(분기branch 및 교환exchange) 명령어를 실행해 호출자에게 반환할 수 있다. 앞의 간단한 예제에서 func() 함수는 LINK 레지스터의 값을 수정하는 코드를 실행하지 않으므로, func()가 정확히 호출자에게 반환하는 방식이다. 그러나, 이 함수가 다른 목적으로 LINK 레지스터를 사용했다면, 함수 호출이 끝날 때 blr 명령을 통해 반환되기 전에 값을 복원할 수 있도록 프로시저는 반환 주소를 저장해야 할 책임이 있다.

반환 주소를 저장할 때, 좀 더 일반적인 위치는 메모리다. 대부분의 최신 프로세서에서 메모리에 액세스하는 것은 CPU 레지스터에 액세스하는 것보다 훨씬 느리지만, 메모리에 반환 주소를 저장하면 프로그램은 많은 수의 중첩된 프로시저를 호출할 수 있다. 대부분의 CPU는 실제로 스택을 사용해 반환 주소를 저장한다. 예를 들어, 80x86 call 명령어는 반환 주소를 메모리의 스택 데이터 구조체에 푸시하고, ret 명령어는 이 반환 주소를 스택에서 팝한다. 메모리의 스택을 사용해 반환 주소를 보관하면, 다음과 같은 몇 가지 이점이 있다.

- 스택은 LIFOLast-In, First-Out 구조로, 중첩된 프로시저 호출 및 반환은 물론 리컬시브recursive 프로시저 호출 및 반환을 완벽하게 지원한다.
- 스택은 메모리를 효율적으로 사용한다. 서로 다른 프로시저 반환 주소에 대해 동

일한 메모리 위치를 재사용하기 때문이다(각 프로시저의 반환 주소를 보관하기 위해 별도의 메모리 위치를 요구하지 않는다).

- 스택 액세스가 레지스터 액세스보다 느리지만, CPU는 스택에 자주 액세스하고 스택 내용은 캐시에 남아있는 경향이 있기 때문에, CPU가 다른 곳에서 별도의 반환 주소에 액세스하는 것보다 스택의 메모리 위치에 액세스하는 것이 일반적으로 더 빠르다.

- 7장에서 설명했듯이, 스택은 활성화 레코드(매개변수, 지역 변수, 기타 프로시저 상태 정보 등)를 저장하기에 좋은 장소이기도 하다.

스택을 사용하면 몇 가지 단점이 발생한다. 가장 중요한 문제는 보통 스택을 유지하기 위해 메모리에서 위치를 추적하는 전용 CPU 레지스터를 지정해야 한다는 것이다. 이는 CPU가 이런 목적으로 전용 레지스터(x86-64의 RSP 레지스터나 ARM의 R14/SP)를 제공할 수도 있고, 명시적으로 하드웨어에서 스택을 제공하지 않는 경우 범용 레지스터를 지정할 수도 있다(예를 들면, 파워PC 프로세서 제품군에서 실행되는 애플리케이션은 일반적으로 이러한 목적으로 R1을 사용한다).

하드웨어 스택 구현과 call/ret 명령어 쌍을 제공하는 CPU에서는 프로시저를 쉽게 호출할 수 있다. 80x86 GCC 예제 출력의 앞부분에 표시된 것처럼, 프로그램은 단순히 call 명령어 실행으로 제어를 프로시저의 시작 부분으로 넘기고 ret 명령을 실행해 프로시저에서 반환한다.

'분기 및 링크' 명령을 사용하는 파워PC/ARM 접근 방식은 call/ret 메커니즘보다 효율성이 떨어질 수 있다. '분기 및 링크' 접근 방식에 좀 더 많은 코드가 필요하다는 것은 분명 사실이지만, call/ret 접근 방식보다 느리다는 것은 분명하지 않다. call 명령어는 복잡한 명령어(단일 명령어로 여러 개의 독립적인 작업 수행)이므로, 일반적으로 실행하기 위해서는 여러 CPU 클럭 사이클이 필요하다. ret 명령어의 실행도 비슷하다. 추가 오버헤드가 소프트웨어 스택을 유지하는 것보다 비용이 많이 드는지 여부는 CPU와 컴파일러에 따라 다르다. 그러나, 소프트웨어 스택을 유지하는 오버헤드 없이, '분기 및 링크' 명령과 링크 주소를 통한 간접 점프는 일반적으로 해당 call/ret 명령 쌍보다 빠르다. 프로시저가 다른 프로시저를 호출하지 않고 시스템 레지스터에서 매개변수와 지역 변수를 유지할 수 있다면, 소프트웨어 스택 유지 관리 명령을 모두 건너뛸 수 있다. 예를 들면, 이전 예제에서 func()에 대한 호출은 80x86보다 파워PC와 ARM에서 더 효율적일 수 있다. func()는 LINK 레지스터의 값을 메모리에 저장할 필요가 없으므로 함수가 실행되는 동안 해당 값을 LINK에 그대로 둔다.

많은 프로시저는 길이가 짧고 매개변수와 지역 변수의 수도 적기 때문에, 좋은 RISC 컴파일러는 종종 소프트웨어 스택 유지 관리를 완전히 생략할 수 있다. 따라서, 많은 일반적인 프로시저에서 이 RISC 방식은 CISC (call/ret) 방식보다 빠르다. 하지만, 그것이 항상 더 좋다는 의미는 아니다. 이 절의 간단한 예는 매우 특별한 경우다. 간단한 데모 프로그램에서 이 코드가 bl 명령어를 통해 호출하는 함수는 bl 명령어 근처에 있다. 완전한 애플리케이션에서 func()는 매우 멀리 떨어져 있을 수 있으며, 컴파일러는 명령어의 일부로 타깃 주소를 인코딩할 수 없다. 이는 RISC 프로세서(파워PC와 ARM)가 single 32비트 값 내에서(opcode와 함수에 대한 변위를 모두 포함해야 한다) 전체 명령어를 인코딩해야 하기 때문이다. func()가 나머지 변위 비트(파워PC 및 ARM bl 명령어의 경우 24)에서 인코딩할 수 있는 것보다 멀리 떨어져 있는 경우, 컴파일러는 타깃 루틴의 주소를 계산하고 해당 주소로 간접 점프하는 일련의 명령어를 내보낸다. 대부분의 경우 이것은 그닥 문제가 되지 않는다. 결과적으로 이 범위(파워PC의 경우 64MB, ARM의 경우 ±32MB)를 벗어나는 프로그램은 거의 없다. 그러나, GCC(그리고, 기타 컴파일러)가 이러한 유형의 코드를 생성해야 하는 매우 일반적인 경우는 있다. 컴파일 후 링커가 병합해야 하는 외부 심벌일 때, 컴파일러는 함수의 타깃 주소를 모를 수도 있다. 컴파일러는 루틴이 메모리의 어느 곳에 위치할지 모르므로(대부분의 링커는 24비트 변위 필드가 아닌 32비트 주소로만 작동하기 때문에), 컴파일러는 함수의 주소가 범위를 벗어났다고 가정해서 긴 버전의 함수 호출을 내보낸다. 이전 예제를 살짝 바꾼 다음 코드를 보자.

```c
#include <stdio.h>

extern void func( void );

int main( void )
{
    func();
```

```
        return( 0 );
}
```

이 코드는 func()를 외부 함수로 선언한다. 이제 GCC가 생성하는 파워PC 코드를 살펴보고 이전 코드와 비교해보자.

```
.text
        .align 2
        .globl _main
_main:
        ; main의 활성화 레코드 생성

        mflr r0
        stw r0,8(r1)
        stwu r1,-80(r1)

        ; func()을 실제로 호출할
        ; 'stub' 루틴을 호출한다

        bl L_func$stub

        ; main 함수 결과값으로 0 리턴

        lwz r0,88(r1)
        li r3,0
        addi r1,r1,80
        mtlr r0
        blr


; 메모리에 있는 모든 곳에서
; 실제 func() 함수를 호출하는
; stub 루틴이다

        .data
        .picsymbol_stub
L_func$stub:
        .indirect_symbol _func
```

```
        ; 나중에 복원할 수 있도록
        ; LINK 레지스터 값을 R0에 저장하는 것으로 시작한다

        mflr r0

        ; 다음 코드 시퀀스는
        ; L_func$lazy_ptr 포인터 오브젝트의 주소를
        ; R12로 가져온다

        bcl 20,31,L0$_func          ; R11<-adrs(L0$func)
L0$_func:
        mflr r11
        addis r11,r11,ha16(L_func$lazy_ptr-L0$_func)

        ; R0에서 LINK 레지스터(이전 코드에서 사용한)를 복원한다

        mtlr r0

        ; func()의 주소를 계산하고
        ; 이를 파워PC COUNT 레지스터로 옮긴다

        lwz r12,lo16(L_func$lazy_ptr-L0$_func)(r11)
        mtctr r12

        ; environment 포인터로 R11을 설정한다

        addi r11,r11,lo16(L_func$lazy_ptr-L0$_func)

        ; COUNT 레지스터에 있는(즉, func) 주소로 분기

        bctr

; 링커는 실제 func() 함수의 주소로
; 다음 dword(.long) 값을 초기화한다

        .data
        .lazy_symbol_pointer
L_func$lazy_ptr:
        .indirect_symbol _func
        .long dyld_stub_binding_helper
```

이 코드는 func()를 호출하기 위해 두 개의 함수를 효과적으로 호출한다. 먼저 스텁 함수(L_func $ stub)를 호출한 다음, 제어를 실제 func() 루틴으로 넘긴다. 여기에는 분명 상당한 오버헤드가 발생한다. 80x86 코드와 파워PC 코드의 성능을 실제로 비교해본 것이 아니라면, 80x86 솔루션이 좀 더 효율적이라고 생각하는 편이 안전할 것이다(80x86 버전의 GCC 컴파일러는 외부 참조에서 컴파일하는 경우에도 이전 예제에서와 같이 main에 대해 동일한 코드를 내보낸다). 또한 파워PC가 외부 함수 이외의 항목에 대한 stub 함수도 생성한다는 사실을 곧 알게 될 것이다. 따라서, CISC 솔루션은 종종 RISC 솔루션보다 더 효율적이다(물론, 다른 부분에서는 RISC CPU의 성능이 훨씬 좋은 영역도 있다).

마이크로소프트 CLR은 일반 호출과 리턴 함수도 제공한다. 정적 함수 f()가 있는 다음 C# 프로그램을 살펴보자.

```
using System;

namespace Calls_f
{
    class program
     {
        static void f()
        {
            return;
        }
        static void Main(string[] args)
        {
            f();
        }
     }
}
```

다음은 마이크로소프트 C# 컴파일러가 함수 f() 및 Main()에 대해 내보내는 CIL 코드다.

```
.method private hidebysig static void f() cil managed
{
  // 코드 크기        4 (0x4)
  .maxstack  8
  IL_0000:  nop
  IL_0001:  br.s        IL_0003
  IL_0003:  ret
} // end of method program::f

.method private hidebysig static void Main(string[] args) cil managed
{
  .entrypoint
  // 코드 크기        8 (0x8)
  .maxstack  8
  IL_0000:  nop
  IL_0001:  call        void Calls_f.program::f()
  IL_0006:  nop
  IL_0007:  ret
} // end of method program::Main
```

마지막으로, 비슷한 자바 프로그램이다.

```
public class Calls_f
{
    public static void f()
    {
        return;
    }

    public static void main( String[] args )
    {
        f();
    }
}
```

다음은 JBC(자바 바이트코드) 출력이다.

```
Compiled from "Calls_f.java"
public class Calls_f extends java.lang.Object{
public Calls_f();
  Code:
   0:    aload_0
 //call Method java/lang/Object."<init>":()
   1:    invokespecial   #1;
   4:    return

public static void f();
  Code:
   0:    return

public static void main(java.lang.String[]);
  Code:
   0:    invokestatiC    #2; //Method f:()
   3:    return


}
```

마이크로소프트 CLR과 자바 VM에는 모두 호출 명령과 call 명령어의 여러 변형이 있다. 이 간단한 예제는 정적 메소드에 대한 호출을 보여준다.

15.1.2 오버헤드의 다른 원인

물론, 일반적인 프로시저의 호출과 반환에는 실제 프로시저 call 및 return 명령을 실행하는 것 이상의 오버헤드가 포함된다. 프로시저를 호출하기 전에 호출 코드는 모든 매개변수를 계산하고 전달해야 한다. 프로시저가 시작할 때, 호출 코드는 **활성화 레코드**activation record의 구성(즉, 지역 변수에 대한 스토리지 할당)을 완료해야 한다. 이러한 작업의 비용은 CPU와 컴파일러에 따라 다르다. 예를 들면, 호출 코드는 스택(또는 다른 메모리 위치)에 있는 매개변수를 전달하는 대신 레지스터에서 매개변수를 전달하는 것이 보통 더 효율적이다. 마찬가지로, 프로시저가 스택의 활성화 레코드가 아닌 레지스터에 모든 지역 변수를 유지할 수 있다면 해당 지역 변수에 훨씬 더 효율적으로 액세스할 수 있다. 이는 RISC 프로세서가 CISC 프로세서에 비해 상당한 이점이 있는 영역이다. 일반적인 RISC 컴파일러는 매개변수 및 지역 변수를 전달하기 위해 여러 레지스터를 예약할 수 있다(RISC 프로세서에는 일반적으로 16, 32개 또는 그 이상의 범용 레지스터가 있으므로, 이 목적을 위해 여러 레지스터를 따로 설정하는 것은 터무니없는 일이 아니다). 다른 프로시저를 호출하지 않는 프로시저(다음 절에서 설명함)의 경우에는 필요하지 않다. 이러한 레지스터 값을 보존하기 위해서는 매개변수 및 지역 변수 액세스가 매우 효율적이다. 레지스터 수가 제한된 CPU(32비트 80x86)에서도 레지스터에 적은 수의 매개변수를 전달하거나 몇 개의 지역 변수를 유지할 수 있다. 예를 들어, 많은 80x86 컴파일러는 레지스터에 최대 세 개의 값(매개변수 또는 지역 변수)을 저장한다. 분명, RISC 프로세서는 이 부분에서만큼은 이점이 있다.[1]

이러한 지식들을 갖춘다면, 앞서 다룬 활성화 레코드와 스택 프레임에 대한 배경지식(7.1.4절 '스택 섹션' 참조)과 함께 프로시저와 함수를 가능한 한 효율적으로 동작하게 작성하는 방법을 논의할 수 있다. 정확한 규칙은 사용 중인 CPU와 컴파일러에 따라 크게 다르지만, 일부 개념은 모든 프로그램에 적용할 수 있을 만큼 일반적이다. 다음 절에서는 사용자가 80x86이나 ARM CPU에서 프로그램을 작성한다고 가정한다(전 세계 대부분의 소프트웨어가 이 두 CPU 중 하나에서 실행되기 때문이다).

15.2 리프 함수와 프로시저

컴파일러는 **리프**leaf 프로시저와 함수, 즉 다른 프로시저나 함수를 호출하지 않는 코드에 대해 더 나은 코드를 생성하는 경우가 많다. 이 은유는 **호출 트리**call tree로 알려진 프로시저/함수 호출의 그래픽 표현에서 비롯된다. 호출 트리는 프로그램의 함수와 프로시저를 나타내는 일련의 서클(노드node)로 구성된다. 한 노드에서 다른 노드로의 화살표는 첫 번째 노드에 두 번째 노드에 대한 호출이 포함되어 있음을 의미한다. 그림 15-1은 일반적인 호출 트리를 보여준다.

---

1   80x86은 CPU가 일반적인 RISC 장치보다 훨씬 빠르게 실행되므로, 몇 가지 명령을 더 실행하거나 여러 클럭 사이클을 사용하는 명령을 실행할 수 있다. 이것은 여전히 현대의 RISC CPU보다 더 빠르게 실행된다. 같은 동작을 하기 위해서는 RISC가 CISC CPU보다 더 많은 명령어를 필요로 하지만, 원래 RISC 설계의 전체 목적이 더 높은 클럭 주파수에서 실행될 수 있는 CPU를 만드는 것이었으므로 이는 역설이다.

이 예에서 main 프로그램은 프로시저 prc1()과 함수 fnc1() 및 fnc2()를 직접 호출한다. 함수 fnc1()은 프로시저 prc2()를 직접 호출한다. fnc2() 함수는 fnc3() 함수뿐만 아니라 prc2()와 prc3() 프로시저를 직접 호출한다. 이 호출 트리의 리프 프로시저와 리프 함수는 다른 프로시저나 함수를 호출하지 않는 prc1(), prc2(), fnc3(), prc3()이다.

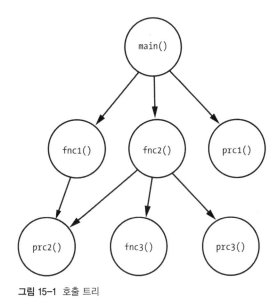

그림 15-1 호출 트리

리프 프로시저와 리프 함수로 작업하면 좋은 점이 있다. 전달된 매개변수를 레지스터에 저장하거나 레지스터에 있는 지역 변수의 값을 유지할 필요가 없다. 예를 들어, main()이 EAX와 EDX 레지스터의 fnc1()에 두 개의 매개변수를 전달하고, fnc1()이 EAX와 EDX의 prc2()에 다른 쌍의 매개변수를 전달하는 경우, fnc1()은 prc2()를 호출하기 전에 EAX와 EDX에서 찾을 수 있는 값을 먼저 저장해야 한다. 한편 prc2() 프로시저는 이러한 호출을 수행하지 않기 때문에, 일부 프로시저나 함수를 호출하기 전에 EAX와 EDX에 값을 저장할 필요가 없다. 비슷한 맥락에서 fnc1()이 레지스터에 지역 변수를 할당하면, prc2()가 자체 목적으로 레지스터를 사용할 수 있기 때문에, prc2() 호출을 통해 해당 레지스터를 보존해야 한다. 반대로, prc2()가 지역 변수에 레지스터를 사용하는 경우에는 서브루틴을 호출하지 않기 때문에, 변수의 값을 보존할 필요가 없다. 따라서, 좋은 컴파일러는 레지스터 값을 보존할 필요가 없으므로 리프 프로시저와 리프 함수에 대해 더 나은 코드를 생성할 수 있다.

호출 트리를 **평면화**flatten하는 한 가지 방법은 내부 노드의 프로시저 및 함수 관련 코드를 가져와서 호출 트리의 상위 함수에 인라인하는 것이다. 예를 들면, 그림 15-1에서 fnc1()에 대한 코드를 main()으로 이동하는 것이 실용적인 경우에는 레지스터에 값을 저장하고 복원할 필요가 없다(다른 연산으로). 그러나, 호출 트리를 평면화할 때는 가독성과 유지 관리성은 지켜야 한다. 자체 작업을 수행하지 않고 단순히 다른 프로시저와 함수를 호출하기만 하는 프로시저와 함수를 만들지 않으려고 코드 전체로 함수와 프로시저 호출을 확장해 애플리케이션 설계의 모듈성을 파괴해서는 안 된다.

리프 함수를 사용하면 파워PC나 ARM처럼 '분기 및 링크' 명령어를 사용해 서브루틴 호출을 수행하는 RISC 프로세서를 사용할 때 편리하다는 점은 이미 알고 있다. 파워PC 및 ARM LINK 레지스터는 프로시저 호출에서 보존해야 하는 레지스터의 좋은 예다. 리프 프로시저는 LINK 레지스터의 값을 (일반적으로는) 수정하지 않기 때문에, 해당 레지스터의 값을 유지하기 위해 리프 프로시저에 추가 코드가 필요한 것은 아니다. RISC CPU에서 리프 함수 호출의 이점을 확인하려면, 다음 C 코드를 살펴보자.

```
void g( void )
{
    return;
}

void f( void )
{
    g();
    g();
    return;
}

int main( void )
{
    f();
    return( 0 );
}
```

GCC가 내보내는 파워PC 어셈블리 코드는 다음과 같다.

```
; 함수 g의 코드

_g:
        ; g의 환경 설정
        ; (활성화 레코드 설정)

        stmw r30,-8(r1)
        stwu r1,-48(r1)
        mr r30,r1

        ; 활성화 레코드 제거

        lwz r1,0(r1)
        lmw r30,-8(r1)

        ; LINK를 통해 호출자에게 리턴한다

        blr

; f의 함수 코드

_f:
        ; LINK 레지스터 값 저장 포함,
        ; 활성화 레코드 설정

        mflr r0         ; R0 = LINK
        stmw r30,-8(r1)
        stw r0,8(r1)    ; LINK 저장
        stwu r1,-80(r1)
        mr r30,r1

        ; g (twice) 호출

        bl _g
        bl _g

        ; 활성화 레코드에서 LINK를 복원한 다음
```

```
        ; 활성화 레코드를 정리한다

        lwz r1,0(r1)
        lwz r0,8(r1)    ; R0 = saved adrs
        mtlr r0         ; LINK = R0
        lmw r30,-8(r1)

        ; main 함수로 리턴

        blr

; main 함수 코드

_main:
        ; main의 반환 주소를
        ; main의 활성화 레코드에 저장한다

        mflr r0
        stmw r30,-8(r1)
        stw r0,8(r1)
        stwu r1,-80(r1)
        mr r30,r1

        ; f 함수 호출

        bl _f

        ; main을 호출한 곳에 0 반환

        li r0,0
        mr r3,r0
        lwz r1,0(r1)
        lwz r0,8(r1)    ; 저장된 반환 주소를
        mtlr r0         ; LINK로 이동
        lmw r30,-8(r1)
        ; 호출자에게 리턴

        blr
```

이 파워PC 코드에서 f()와 g() 함수의 구현 사이에는 중요한 차이가 있다. f()는 LINK 레지스터의 값을 보존하지만, g()는 그렇지 않다. 여기에는 추가 명령뿐 아니라 메모리 액세스도 포함되므로 속도가 느려질 수 있다.

호출 트리에서 명확하지 않은 리프 프로시저를 사용해 얻는 또 다른 이점은 활성화 레코드를 구성하는 데 필요한 작업이 적다는 것이다. 예를 들어, 80x86에서 좋은 컴파일러는 EBP 레지스터의 값을 보존하고 활성화 레코드 주소를 EBP로 로드한 다음, ESP(스택 포인터 레지스터)를 통해 지역 오브젝트에 액세스해 원래 값을 복원하는 등의 작업을 할 필요가 없다. 스택을 수동으로 유지 관리하는 RISC 프로세서에서는 상당한 절감 효과를 얻을 수 있다. 이러한 프로시저의 경우, 프로시저 호출 및 리턴과 활성화 레코드 관리의 오버헤드가 프로시저에서 수행한 실제 작업보다 크다. 따라서, 활성화 레코드를 관리하는 코드를 제거하면, 프로시저 속도는 거의 두 배가 될 수도 있다. 이런저런 이유로 호출 트리는 가능한 한 얇게 유지해야 한다. 프로그램에서 사용하는 리프 프로시저가 많을 수록 괜찮은 컴파일러로 컴파일할 때 더 효율적일 수 있다.

15.3 매크로와 인라인 함수

구조화된 프로그래밍 혁명으로, 컴퓨터 프로그래머는 작고 모듈화되고 논리적으로 일관된 함수를 작성해야 한다고 배웠다.[2] 논리적으로 일관된 함수는 한 가지 일은 잘 수행한다. 이러한 프로시저나 함수의 모든 명령문은 부차적인 계산을 만들어내거나 불필요한 연산을 하지 않고, 눈앞에 있는 작업을 처리하는 데 전념한다. 수년간의 소프트웨어 공학 연구에 따르면, 문제를 작은 구성 요소로 분해한 다음 구현하면 읽기, 유지 관리, 수정이 더 쉬운 프로그램을 만들 수 있다. 이 프로세스에 따라 다음 파스칼 예제와 같은 함수를 만드는 것은 쉽다.

```
function sum( a:integer; b:integer ):integer;
begin
```

---

2 『Write Great Code, Volume 4: Designing Great Code』에서 이 주제를 더 자세히 다룬다.

```
    (* a와 b의 합을 함수 결과로 반환 *)

     sum := a + b;

end;
    .
    .
    .
sum( aParam, bParam );
```

80x86에서 두 값의 합을 계산하고 그 결과를 메모리 변수에 저장하려면 약 세 개의 명령어가 필요할 것이다. 예를 들면, 다음과 같다.

```
mov( aParam, eax );
add( bParam, eax );
mov( eax, destVariable );
```

간단히 sum() 함수를 호출하는 데 필요한 코드와 대조해보자.

```
push( aParam );
push( bParam );
call sum;
```

프로시저 sum 내에서(평범한 컴파일러로 가정함) 다음 HLA 시퀀스와 같은 코드를 찾을 수 있다.

```
// 활성화 레코드 구성

push( ebp );
mov( esp, ebp );

// aParam의 값 가져오기
```

```
mov( [ebp+12], eax );
```

```
// 합계를 계산하고 EAX로 반환
```

```
add( [ebp+8], eax );
```

```
// EBP의 값 복원
```

```
pop( ebp );
```

```
// 호출자에게 돌아가서
// 활성화 레코드 정리
```

```
ret( 8 );
```

이와 같이, 이 두 오브젝트의 합을 계산하는 데 함수를 사용하면 직접 만드는(함수 호출 없음) 코드보다 세 배의 명령이 더 필요하다. 더 안 좋은 것은 이 아홉 개의 명령어가 일반적으로 인라인 코드를 구성하는 세 개의 명령어보다 느리다는 사실이다. 인라인 코드는 함수 호출이 있는 코드보다 5~10배 빠르게 실행될 수 있다.

함수나 프로시저 호출과 관련된 오버헤드에 대한 장점은 오버헤드가 고정돼 있는 것이다. 프로시저나 함수 본문에 한 개의 기계어 명령어가 있는지 1,000개의 기계어 명령이 포함돼 있는지에 관계없이, 매개변수나 활성화 레코드를 설정하는 데는 동일한 수의 명령이 필요하다. 프로시저 본문의 크기가 작으면 프로시저 호출의 오버헤드가 크지만, 프로시저 본문이 크면 중요하지 않다. 따라서, 프로그램에서 프로시저/함수 호출 오버헤드의 영향을 줄이려면, 더 큰 프로시저와 함수를 배치하고 더 짧은 시퀀스는 인라인 코드로 작성하면 된다.

모듈식 구조의 이점과 너무 빈번한 프로시저 호출의 비용 사이에서 최적의 균형을 찾는 것은 어려울 수 있다. 불행히도, 좋은 프로그램 디자인은 종종 우리가 프로시저와 함수의 크기를 늘리지 못하게 해서 호출과 리턴의 오버헤드가 중요하지 않게 만든다. 물론, 우리는 여러 함수와 프로시저 호출을 하나의 프로시저나 함수로 결합할 수 있지만, 이는 프로그래밍 스타일의 여러 규칙을 위반할 수 있으며 훌륭한 코드는 일반적으로 그러한 전략을 피한다(이러한 프로그램의 한 가지 문제점은 프로그램을 최적화하기 위해 이해하려 할 때, 어떻게 작동하는지 파악할 수 있는 사람이 거의 없다는 것이다). 그러나, 프로시저의 크기를 늘려서 프로시저 본문의 오버헤드를 충분히 낮출 수 없는 경우에도 다른 방법으로 오버헤드를 줄임으로써 성능을 전체적으로 개선할 수 있다. 앞에서 언급했듯이, 한 가지 옵션은 리프 프로시저와 리프 함수를 사용하는 것이다. 좋은 컴파일러는 호출 트리의 리프 노드에 대해 더 적은 명령어를 내보내므로 호출/반환 오버헤드가 감소한다. 그러나, 프로시저의 본문이 짧으면, 프로시저 호출/반환 오버헤드를 완전히 제거할 수 있는 방법을 찾아야 한다. 일부 언어에서는 이를 위해 **매크로**macro를 사용한다.

순수 매크로는 호출 대신 프로시저나 함수의 본문을 확장한다. 프로그램의 다른 곳에서는 호출/반환 코드가 없기 때문에, 매크로 확장은 해당 명령어(call/ret)와 관련된 오버헤드를 피할 수 있다. 또한, 매크로는 매개변수 데이터를 스택으로 푸시하거나 레지스터에 저장하는 대신, 매개변수에 대한 텍스트를 본문에 직접 대입함으로써 상당한 비용을 절감할 수 있다. 매크로의 단점은 컴파일러가 매크로를 호출할 때마다 매크로 본문을 확장한다는 것이다. 매크로 본문이 크고 여러 위치에서 호출하게 되면, 실행 프로그램은 상당히 커질 수 있다. 매크로는 고전적인 시간/공간의 트레이드오프를 보여준다. 즉, 더 큰 크기를 희생해서 더 빠른 코드를 생성한다. 따라서, 속도가 가장 중요한 일부 드문 경우를 제외하고는 적은 수의 명령문(1~5개)이 있는 프로시저와 함수를 대체할 때만 매크로를 사용해야 한다.

일부 언어(C/C++)는 실제 함수(또는 프로시저)와 순수 매크로를 교차하는 인라인 함수와 인라인 프로시저를 제공한다. 인라인 함수와 인라인 프로시저를 지원하는 대부분의 언어는 컴파일러가 코드를 인라인으로 확장한다는 것을 보장하지 않는다. **인라인 확장**Inline expansion이나 메모리의 실제 함수에 대한 호출은 컴파일러의 재량에 따라 달라진다. 대부분의 컴파일러는 본문이 너무 크거나 매개변수가 너무 많으면 인라인 함수를 확장하지 않는다. 또한, 관련 프로시저의 호출 오버헤드가 없는 순수 매크로와 달리, 인라인 함수는 지역 변수, 임시 변수, 기타 요구 사항 등을 처리하기 위해 활성화 레코드를 작성해야 할 수도 있다. 따라서, 컴파일러가 이러한 함수를 인라인으로 확장하더라도 순수한 매크로에는 없는 오버헤드가 여전히 있을 수 있다.

함수 인라인 결과를 보려면, 마이크로소프트 비주얼 C++에서 컴파일하기 위해 준비한 다음 C 소스 파일을 살펴보자.

```c
#include <stdio.h>

// geti와 getj 외부 함수를 만들어
// 상수 전달을 방해한다
// 다음 코드의 영향력을 살펴보자

extern int geti( void );
extern int getj( void );

// 인라인 함수 예제
// '_inline'은 인라인 함수를 지정하는
// 레거시 MSVC++ 'C' 방식이다
// (실제 'inline' 키워드는 C++/C99 기능이었으며
// 이 코드에서는 어셈블리 출력을
// 좀 더 읽기 쉽게 만들기 위해 이를 피했다)
//
// 'inlineFunc'는 C/C++ 컴파일러가
// 함수의 간단한 인라인 매크로 확장을 수행하는
// 방법을 보여주는 간단한 인라인 함수다

_inline int inlineFunc( int a, int b )
{
    return a + b;
}

_inline int ilf2( int a, int b )
{
    // 활성화 레코드를 빌드해야 하는
    // 일부 변수를 선언한다
    // (레지스터 할당은 충분하지 않다)

    int m;
    int c[4];
    int d;

    // 최적화 프로그램이 선언을 무시하지 않도록
    // 'c' 배열을 사용해야 한다

    for( m = 0; m < 4; ++m )
```

```
        {
            c[m] = geti();
        }
        d = getj();
        for( m = 0; m < 4; ++m )
        {
            d += c[m];
        }
        // 호출한 프로그램에 결과를 반환한다

        return (a + d) - b;
}


int main( int argc, char **argv )
{
    int i;
    int j;
    int sum;
    int result;

    i = geti();
    j = getj();
    sum = inlineFunc( i, j );
    result = ilf2( i, j );
    printf( "i+j=%d, result=%d\n", sum, result );
    return 0;
}
```

다음은 C 컴파일을 지정할 때, MSVC가 내보내는 MASM 호환 어셈블리 코드다(더 복잡한 출력을 생성하는 C++ 컴파일과 비교한다).

```
_main    PROC NEAR
main     PROC
;
; 활성화 레코드 생성
;
$LN6:
```

```
        mov     QWORD PTR [rsp+8], rbx
        push    rdi
        sub     rsp, 32         ; 00000020H
; Line 66
;
; i = geti();
;
        call    ?geti@@YAHXZ    ; geti -- 결과를 EAX로 반환
        mov     edi, eax        ; i를 edi에 저장

; Line 67
;
; j = getj();
;
        call    ?getj@@YAHXZ    ; getj -- 결과를 EAX로 반환
; Line 69
;
; inlineFunc()의 인라인 확장
;
        mov     edx, eax        ; EDX에 j 전달
        mov     ecx, edi        ; ECX에 i 전달
        mov     ebx, eax        ; EBX를 'sum' 로컬로 사용
        call    ?ilf2@@YAHHH@Z  ; ilf2

;       sum = i+j (inline) 계산

        lea     edx, DWORD PTR [rbx+rdi]

; Line 70
;
; printf 함수 호출

        mov     r8d, eax
        lea     rcx, OFFSET FLAT:??_C@_0BD@INCDFJPK@i?$CLj?$DN?$CFd?0?5result?$DN?$CFd?6?$AA@
        call    printf
; Line 72
;
; main 함수에서 복귀
;
        mov     rbx, QWORD PTR [rsp+48]
```

```
        xor     eax, eax
        add     rsp, 32         ; 00000020H
        pop     rdi
        ret     0
main    ENDP

?ilf2@@YAHHH@Z PROC             ; ilf2, COMDAT
; File v:\t.cpp
; Line 30
$LN24:
        mov     QWORD PTR [rsp+8], rbx
        mov     QWORD PTR [rsp+16], rsi
        push    rdi
        sub     rsp, 64         ; 00000040H
;
; 스택 데이터를 해킹하는 것을 방지하는 추가 코드
; (오래된 메모리 데이터 관찰을 막기 위해 배열 데이터 삭제)
        mov     rax, QWORD PTR __security_cookie
        xor     rax, rsp
        mov     QWORD PTR __$ArrayPad$[rsp], rax
        mov     edi, edx
        mov     esi, ecx
; Line 43
; 'v' 배열을 채우기 위한 루프
;
        xor     ebx, ebx
$LL4@ilf2:
; Line 45
        call    ?geti@@YAHXZ    ; geti
        mov     DWORD PTR c$[rsp+rbx*4], eax
        inc     rbx
        cmp     rbx, 4
        jl      SHORT $LL4@ilf2

; Line 47
;
; d = getj();
;
        call    ?getj@@YAHXZ    ; getj
; Line 50
```

```
;
; 두 번째 for 루프는 인라인으로 펼쳐지고 확장된다
;
; d += c[m];

        mov      r8d, DWORD PTR c$[rsp+8]
        add      r8d, DWORD PTR c$[rsp+12]
        add      r8d, DWORD PTR c$[rsp]
        add      r8d, DWORD PTR c$[rsp+4]
;
; return (a+d) - b
;
        add      eax, r8d
; Line 55
        sub      eax, edi
        add      eax, esi
; Line 56
;
; 넘어가기 전에 코드가 스택을 엉망으로 만들지 않았는지 확인하라
; (배열 오버플로)
;
        mov      rcx, QWORD PTR __$ArrayPad$[rsp]
        xor      rcx, rsp
        call     __security_check_cookie
        mov      rbx, QWORD PTR [rsp+80]
        mov      rsi, QWORD PTR [rsp+88]
        add      rsp, 64         ; 00000040H
        pop      rdi
        ret      0
?ilf2@@YAHHH@Z ENDP             ; ilf2


?inlineFunc@@YAHHH@Z PROC       ; inlineFunc, COMDAT
; File v:\t.cpp
; Line 26
        lea      eax, DWORD PTR [rcx+rdx]
; Line 27
        ret      0
?inlineFunc@@YAHHH@Z ENDP       ; inlineFunc
```

이 어셈블리 출력에서 볼 수 있듯이 inlineFunc() 함수에 대한 함수 호출은 없다. 그 대신에 컴파일러는 main 프로그램이 호출하는 지점에서 main() 함수에 이 함수를 확장했다. ilf2() 함수도 인라인으로 선언됐지만, 컴파일러는 인라인 확장을 거부하고 일반 함수처럼 처리했다(아마도, 크기 때문이었을 것이다).

15.4 함수나 프로시저에 매개변수 전달

매개변수의 수와 타입은 컴파일러가 프로시저와 함수에 대해 생성하는 코드의 효율성에 큰 영향을 미칠 수 있다. 간단히 말해, 전달하는 매개변수 데이터가 많을수록 프로시저나 함수의 호출 비용은 더 많이 든다. 프로그래머는 종종 함수가 사용하지 않는 값을 몇 가지 매개변수로 전달하는 일반 함수를 호출한다(또는 일반 함수를 설계한다). 이러한 방식은 다른 애플리케이션에 좀 더 일반적으로 적용 가능한 함수를 만들 수 있지만(이 절에서 볼 수 있듯이), 그 일반성과 관련된 비용이 발생한다. 따라서, 속도나 공간이 중요한 애플리케이션에서는 특정한 버전의 함수를 사용하는 것을 고려해야 한다.

매개변수 전달 메커니즘(참조에 의한 전달 또는 값에 의한 전달)도 프로시저 호출 및 리턴과 관련된 오버헤드에 영향을 준다. 일부 언어에서는 큰 데이터 오브젝트도 값에 의해 전달할 수 있게 허용한다(파스칼에서는 문자열, 배열, 레코드를 값으로 전달할 수 있고, C/C++에서는 구조체structure를 값으로 전달할 수 있다. 다른 언어는 디자인에 따라 다르다). 큰 데이터 오브젝트를 값으로 전달할 때마다, 컴파일러는 해당 데이터의 복사본을 프로시저의 활성화 레코드로 만드는 기계어 코드를 내보내야 한다. 이는 시간이 많이 걸릴 수 있다(특히, 큰 배열이나 구조체를 복사할 때). 게다가 큰 오브젝트는 CPU의 레지스터 셋에 맞지 않을 수 있으므로, 프로시저나 함수 내에서 이러한 데이터에 액세스하는 데 많은 비용이 든다. 배열이나 구조체처럼 큰 데이터 오브젝트는 값보다 참조로 전달하는 것이 좀 더 효율적이다. 데이터에 간접적으로 액세스하면 보통 데이터를 활성화 레코드에 복사할 필요가 없으므로 그만큼 비용이 절약된다. C 함수에 큰 구조체를 값에 의해 전달하는 다음 C 코드를 살펴보자.

```
#include <stdio.h>

typedef struct
{
    int array[256];
} a_t;

void f( a_t a )
{
    a.array[0] = 0;
    return;
}

int main( void )
{
    a_t b;

    f( b );
    return( 0 );
}
```

다음은 GCC가 내보내는 파워PC 코드다.

```
_f:
        li r0,0 ; To set a.array[0] = 0

        ; 참고: 파워PC ABI는 R3..R10에 있는
        ; 데이터의 처음 여덟 개 dword를 전달한다
        ; 이 데이터는 메모리 배열에 다시 넣어야 한다

        stw r4,28(r1)
        stw r5,32(r1)
        stw r6,36(r1)
        stw r7,40(r1)
        stw r8,44(r1)
        stw r9,48(r1)
        stw r10,52(r1)
```

        ; 0을 a.array[0]에 저장

        stw r0,24(r1)

        ; 호출자에게 리턴

        blr

; main 함수

_main:

        ; main의 활성화 레코드 설정

        mflr r0
        li r5,992
        stw r0,8(r1)

        ; a에 대한 스토리지 할당

        stwu r1,-2096(r1)

        ; f에 대한 활성화 레코드에
        ; 처음 여덟 개의 dword를 제외한
        ; 모든 것을 복사한다

        addi r3,r1,56
        addi r4,r1,1088
        bl L_memcpy$stub

        ; 처음 여덟 개의 dword를
        ; 레지스터에 로드한다
        ; (파워PC ABI에 따름)

        lwz r9,1080(r1)
        lwz r3,1056(r1)
        lwz r10,1084(r1)
        lwz r4,1060(r1)
        lwz r5,1064(r1)
        lwz r6,1068(r1)

```
        lwz r7,1072(r1)
        lwz r8,1076(r1)

        ; 함수 f 호출

        bl _f

        ; 활성화 레코드를 정리하고
        ; main 호출자에게 0을 반환한다

        lwz r0,2104(r1)
        li r3,0
        addi r1,r1,2096
        mtlr r0
        blr

; 구조체 데이터를
; main 함수의 활성화 레코드에
; 복사하는 stub 함수
; (실제 복사를 수행하기 위해
; C 표준 라이브러리 memcpy 함수를 호출함)

        .data
        .picsymbol_stub
L_memcpy$stub:
        .indirect_symbol _memcpy
        mflr r0
        bcl 20,31,L0$_memcpy
L0$_memcpy:
        mflr r11
        addis r11,r11,ha16(L_memcpy$lazy_ptr-L0$_memcpy)
        mtlr r0
        lwz r12,lo16(L_memcpy$lazy_ptr-L0$_memcpy)(r11)
        mtctr r12
        addi r11,r11,lo16(L_memcpy$lazy_ptr-L0$_memcpy)
        bctr

.data
.lazy_symbol_pointer
L_memcpy$lazy_ptr:
```

```
    .indirect_symbol _memcpy
    .long dyld_stub_binding_helper
```

보다시피, f() 함수 호출은 memcpy를 호출해 main() 함수의 지역 배열에서 f() 함수의
활성화 레코드로 데이터 복사본을 전송한다. 다시 말하지만, 메모리 복사는 느린 프로세
스이며, 이 코드는 큰 오브젝트를 값으로 전달하지 않아야 한다는 것을 보여주기에 충분
하다. 위와 동일한, 구조체를 참조에 의해 전달하는 코드는 다음과 같다.

```c
#include <stdio.h>

typedef struct
{
    int array[256];
} a_t;

void f( a_t *a )
{
    a->array[0] = 0;
    return;
}

int main( void )
{
    a_t b;

    f( &b );
    return( 0 );
}
```

다음은 GCC에서 이 C 소스 코드를 32비트 ARM 어셈블리로 변환한 것이다.

```
f:
    @ Build activation record:

    str fp, [sp, #-4]!  @ 스택에 이전 FP 푸시
```

```
        add fp, sp, #0      @ FP = SP
        sub sp, sp, #12     @ 지역 변수의 스토리지 예약
        str r0, [fp, #-8]   @ 포인터를 'a'에 저장
        ldr r3, [fp, #-8]   @ r3 = a

        @ a->array[0] = 0;

        mov r2, #0
        str r2, [r3]
        nop

        @ 스택에서 지역 변수 제거

        add sp, fp, #0

        @ 스택에서 FP 팝

        ldr fp, [sp], #4

        @ main 함수로 리턴

        bx  lr

main:
        @ 리눅스 반환 주소와 FP 저장

        push    {fp, lr}
        @ 활성화 레코드 설정

        add fp, sp, #4
        sub sp, sp, #1024   @ b용 스토리지 예약
        sub r3, fp, #1024   @ R3 = &b
        sub r3, r3, #4

        mov r0, r3          @ R0에서 &b를 f로 전달
        bl  f               @ f 호출

        @ 리눅스에 결과 0 반환

        mov r3, #0
```

```
    mov r0, r3
    sub sp, fp, #4          @ 스택 프레임 정리
    pop {fp, pc}            @ 리눅스로 리턴
```

CPU나 컴파일러에 따라서 작은 (스칼라) 데이터 오브젝트를 참조가 아닌 값으로 전달하는 것이 좀 더 효율적일 수 있다. 예를 들어, 스택에서 80x86 컴파일러를 사용해 매개변수를 전달하는 경우, 참조로 메모리 오브젝트를 전달하려면 두 개의 명령어가 필요하지만 값으로 동일한 오브젝트를 전달하려면 하나의 명령어만 있으면 된다. 따라서, 큰 오브젝트는 참조로 전달하는 것이 좋은 생각이지만, 작은 오브젝트는 보통 그 반대다. 이 것은 어렵고 빠른 규칙이 아니다. 그 유효성은 사용 중인 CPU나 컴파일러에 따라 다르다.

일부 프로그래머는 전역 변수를 통해 프로시저나 함수에 데이터를 전달하는 것이 더 효율적이라고 생각할 수 있다. 데이터가 프로시저나 함수에 액세스할 수 있는 전역 변수에 이미 있는 경우, 해당 프로시저나 함수를 호출할 때 데이터를 서브루틴으로 전달하기 위한 추가 명령이 필요하지 않으므로 호출 오버헤드는 줄어든다. 이것이 큰 장점처럼 보이지만, 전역 변수를 과도하게 사용하는 프로그램은 컴파일러가 최적화하기 어렵다. 전역 변수를 사용하면 함수/프로시저 호출 오버헤드를 줄일 수 있지만, 그렇지 않으면 가능했을 다른 최적화를 컴파일러가 처리하지 못하게 할 수도 있다. 다음은 이 문제를 보여주는 간단한 마이크로소프트 비주얼 C++ 예제다.

```c
#include <stdio.h>

// 다음 코드의 효과를 볼 수 있도록
// geti를 상수 전달을 방해하는
// 외부 함수로 만든다

extern int geti( void );

// globalValue는 'useGlobal' 함수에
// 데이터를 전달하기 위해 사용하는
// 전역 변수다

int globalValue = 0;
```

```
// 인라인 함수 예제
// '_inline'은 인라인 함수를 지정하는
// 레거시 MSVC++ 'C' 방식이다
// (실제 'inline' 키워드는 C99/C++ 기능이며,
// 어셈블리 출력을 좀 더 읽기 쉽게 만들고자
// 여기서는 이를 사용하지 않는다)

_inline int usesGlobal( int plusThis )
{
    return globalValue+plusThis;
}

_inline int usesParm( int plusThis, int globalValue )
{
    return globalValue+plusThis;
}


int main( int argc, char **argv )
{
    int i;
    int sumLocal;
    int sumGlobal;

    // 참고: globalValue 설정과 usesGlobal 호출 사이의
    // geti 호출은 의도적이다
    // 컴파일러는 geti가 globalValue의 값을
    // 수정하지 않는다는 것을 알지 못하므로
    // (솔직히 우리도 마찬가지다),
    // 컴파일러는 여기서 상수 전달을 사용할 수 없다

    globalValue = 1;
    i = geti();
    sumGlobal = usesGlobal( 5 );

    // 전역 변수를 설정하는 대신
    // 'globalValue'를 매개변수로 전달하면
    // 컴파일러에서 코드를 최적화할 수 있다

    sumLocal = usesParm( 5, 1 );
```

```
        printf( "sumGlobal=%d, sumLocal=%d\n", sumGlobal, sumLocal );
        return 0;
}
```

다음은 MSVC++ 컴파일러가 이 코드에 대해 생성하는 32비트 MASM 소스 코드다(수동 주석 포함).

```
_main       PROC NEAR

;   globalValue = 1;

        mov     DWORD PTR _globalValue, 1

; i = geti();
;
; 죽은 코드 제거로 인해
; MSVC++는 실제로 결과를 i에 저장하지 않지만,
; geti()가 (globalValue의 값 수정과 같은) 사이드 이펙트를
; 생성할 수 있으므로
; 여전히 geti()를 호출해야 한다

        call    _geti

;   sumGlobal = usesGlobal( 5 );
;
; 인라인 확장
;
; globalValue+plusThis

        mov     eax, DWORD PTR _globalValue
        add     eax, 5          ; plusThis = 5

; 컴파일러는 상수 전달을 사용해
; 컴파일 타임에 다음을 계산한다
;   sumLocal = usesParm( 5, 1 );
; 계산 결과는 6이며
; 컴파일러가 여기에 프린트하기 위해 직접 전달한다
```

```
        push    6

; 다음은 위에서 계산한
; usesGlobal 확장에 대한 결과다

        push    eax
        push    OFFSET FLAT:formatString ; 'string'
        call    _printf
        add     esp, 12                 ; Remove printf parameters

; return 0;

        xor     eax, eax
        ret     0
_main   ENDP
_TEXT   ENDS
        END
```

보다시피, 전역 변수를 중심으로 최적화하는 컴파일러의 함수는 겉보기에 관련 없는 코드가 있으면 쉽게 방해받을 수 있다. 이 예제에서 컴파일러는 외부 geti() 함수를 호출했을 때 globalValue 변수의 값을 수정하지 않는다는 것을 확인하지 못한다. 따라서, 컴파일러는 usesGlobal()에 대한 인라인 함수 결과를 계산할 때, globalValue의 값이 여전히 1이라고 가정하지 못한다. 프로시저 또는 함수와 해당 호출자 간에 정보를 전달하기 위해 전역 변수를 사용할 때는 각별히 주의해야 한다. 현재 작업과 관련이 없는 코드 (globalValue 값에 영향을 미치지 않는 geti() 호출 같은)는 컴파일러가 전역 변수를 사용하는 코드를 최적화하지 못하게 할 수도 있다.

15.5 활성화 레코드와 스택

스택이 작동하는 방식 때문에, 소프트웨어가 생성하는 마지막 프로시저 활성화 레코드는 시스템이 할당 해제하는 첫 번째 활성화 레코드가 된다. 활성화 레코드는 프로시저 매개변수와 지역 변수를 보유하기 때문에, LIFO^{Last-In, First-Out} 구조는 활성화 레코드를 구현하는 매우 직관적인 방법이다. 작동 방식을 확인하기 위해, 다음과 같은 간단한 파스칼 프로그램을 살펴보자.

```
program ActivationRecordDemo;

    procedure C;
    begin

        (* Stack Snapshot here *)

    end;

    procedure B;
    begin

        C;

    end;

    procedure A;
    begin

        B;

    end;

begin (* Main 프로그램 *)

    A;

end.
```

그림 15-2는 이 프로그램이 실행되는 스택 레이아웃을 보여준다.

프로그램이 실행을 시작하면, 먼저 main 프로그램에 대한 활성화 레코드를 만든다. main 프로그램은 A 프로시저를 호출한다(①). A 프로시저에 들어가면, 코드는 A에 대한 활성화 레코드의 구성을 완료해 효과적으로 스택에 푸시한다. 프로시저 A 내에서 코드는 프로시저 B를 호출한다(②). 코드가 B를 호출하는 동안, A는 여전히 활성 상태이므로 A의 활성화 레코드는 스택에 남아있다. B에 들어가면, 시스템은 B의 활성화 레코드를 작성해 스택의 맨 위에 밀어 넣는다(③). B 내부에서 코드는 프로시저 C를 호출하고, C는 스택에 활성화 레코드를 빌드하고 주석(* Stack snapshot here *)에 도달한다(④).

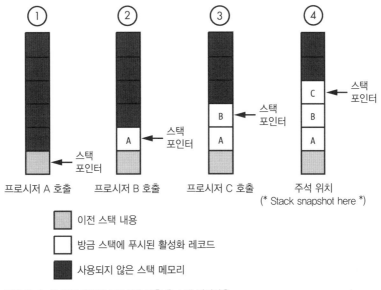

그림 15-2 세 번의 중첩된 프로시저 호출 후 스택 레이아웃

프로시저는 지역 변수와 매개변수 값을 활성화 레코드에 보관하기 때문에, 이러한 변수의 수명은 시스템이 활성화 레코드를 처음 생성한 시점부터 프로시저가 호출자에게 반환하면서 할당을 해제할 때까지 연장된다. 그림 15-2에서 A의 활성화 레코드는 B 프로시저와 C 프로시저를 실행하는 동안 스택에 남아있다. 따라서, A의 매개변수와 지역 변수의 수명은 B와 C의 활성화 레코드 수명을 포함할 만큼 길다.

이제 리컬시브 함수가 있는 다음 C/C++ 코드를 살펴보자.

```
void recursive( int cnt )
{
    if( cnt != 0 )
    {
        recursive( cnt - 1 );
    }
```

```
}

int main( int argc, char **argv )
{
    recursive( 2 );
}
```

이 프로그램은 반환을 시작하기 전에 recursive() 함수를 세 번 호출한다(main 프로그램은 매개변수 값 2로 recursive()를 한 번 호출하고, recursive()는 매개변수 값 1과 0으로 자신을 두 번 호출한다). recursive()에 대한 각 리컬시브 호출은 현재 호출이 반환되기 전에 또 다른 활성화 레코드를 푸시하기 때문에, 이 프로그램이 마지막으로 이 코드에서 cnt가 0인 if문에 도달할 때 스택의 모습은 그림 15-3과 같다.

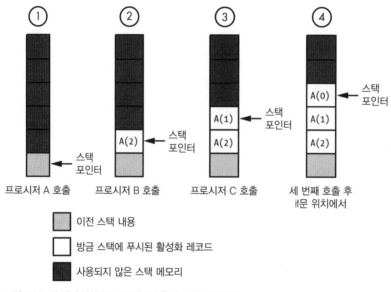

그림 15-3 세 번의 리컬시브 프로시저 호출 후 스택 레이아웃

각 프로시저는 호출되면서 별도의 활성화 레코드를 가지므로, 프로시저의 각 활성화에는 매개변수 및 지역 변수의 자체 사본이 있다. 프로시저나 함수에 대한 코드가 실행되는 동안에는 가장 최근에 생성된 활성화 레코드의 해당 지역 변수와 매개변수에만 액세

스하므로[3] 이전 호출에서 생긴 값들은 보호할 수 있다.

15.5.1 활성화 레코드 분석

프로시저가 스택에서 활성화 레코드를 어떻게 다루는지 살펴봤으니, 이제 일반적인 활성화 레코드의 내부 구성을 살펴보자. 이 절에서는 80x86에서 코드를 실행할 때 볼 수 있는 일반적인 활성화 레코드 레이아웃을 사용한다. 다른 언어, 다른 컴파일러, 다른 CPU가 활성화 레코드를 다르게 배치하더라도 그 차이는 미미하다.

80x86은 ESP/RSP(스택 포인터)와 EBP/RBP(인텔에서 기본 포인터라고 부르는 프레임 포인터)의 두 레지스터를 사용해 스택과 활성화 레코드를 유지한다. ESP/RSP 레지스터는 현재 스택의 최상위를 가리키고, EBP 레지스터는 활성화 레코드의 **베이스 주소**base address 를 가리킨다.[4] 프로시저는 인덱스 주소 지정 모드(3.5.6절 '인덱스 주소 지정 모드' 참조)로 EBP/RBP 레지스터의 값에서 양수나 음수 오프셋을 이용해, 활성화 레코드 내의 오브젝트에 액세스할 수 있다. 일반적으로 프로시저는 EBP/RBP 값에서 음수 오프셋에 있는 지역 변수와 EBP/RBP에서 양수 오프셋에 있는 매개변수에 대해 메모리 스토리지를 할당한다. 매개변수와 지역 변수가 모두 있는 다음 파스칼 프로시저를 살펴보자.

```
procedure HasBoth( i:integer; j:integer; k:integer );
var
    a   :integer;
    r   :integer;
    c   :char;
    b   :char;
    w   :smallint; (* smallint는 16bits *)
begin

        .
        .
```

---

3   유일한 예외는 프로시저가 자신을 재귀적으로 호출하고 새로운 호출을 참조해 해당 지역 변수나 매개변수 중 하나를 전달하는 경우다.

4   어떤 사람들은 활성화 레코드 **스택 프레임**(stack frame)이라고 부르는데, 이는 **프레임 포인터**(frame pointer)라는 용어의 유래가 된다. 인텔은 EBP 레지스터를 **베이스 포인터**(base pointer)라고 부르는데, 이 레지스터가 스택 프레임의 베이스(base) 주소를 가리키기 때문이다.

```
  .
end;
```

그림 15-4는 이 파스칼 프로시저에 대한 일반적인 활성화 레코드를 보여준다(스택이 32비트 80x86에서 더 낮은 메모리 쪽으로 증가한다는 것을 기억하자).

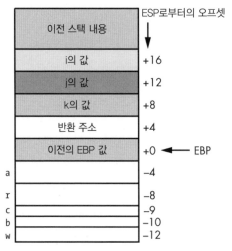

그림 15-4 일반적인 활성화 레코드

메모리 오브젝트와 관련된 '베이스base'라는 단어를 보면, 베이스 주소가 메모리의 해당 오브젝트에서 가장 낮은 주소라고 생각할 수 있다. 그러나 실제로 그런 조건은 없다. 베이스 주소는 단순히 해당 오브젝트의 특정 필드에 대한 오프셋의 기반이 되는 메모리 주소다. 이 활성화 레코드에서 알 수 있듯이, 80x86 활성화 레코드 베이스 주소는 실제로 레코드 중간에 있다.

활성화 레코드는 두 단계로 구성된다. 첫 번째 단계는 프로시저를 호출하는 코드가 호출에 대한 매개변수를 스택에 푸시할 때 시작된다. 예를 들어 이전 예제에서 HasBoth()에 대한 다음 호출을 살펴보자.

```
HasBoth( 5, x, y + 2 );
```

이 호출에 대한 HLA/x86 어셈블리 코드는 다음과 같다.

```
pushd( 5 );
push( x );
mov( y, eax );
add( 2, eax );
push( eax );
call HasBoth;
```

이 코드 시퀀스의 세 가지 push 명령어는 활성화 레코드의 처음 세 개의 더블 워드를 빌드하고, call 명령어는 스택에 **반환 주소**return address를 푸시해 활성화 레코드에 네 번째 더블 워드를 생성한다. 호출 후, HasBoth() 프로시저 자체에서 실행이 계속되며, 프로그램은 활성화 레코드를 계속 빌드한다.

HasBoth() 프로시저의 처음 몇 개의 명령은 활성화 레코드 생성을 완료한다. HasBoth()에 들어가는 즉시, 스택은 그림 15-5와 같은 형식을 취한다.[5]

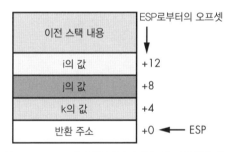

그림 15-5 HasBoth()가 실행되기 시작한 직후의 활성화 레코드

프로시저의 코드에서 가장 먼저 해야 할 일은 80x86 EBP 레지스터의 값을 유지하는 것이다. 시작한 뒤, EBP는 아마도 호출자의 활성화 레코드의 베이스 주소를 가리킬 것이다. HasBoth()를 종료할 때 EBP는 원래 값을 포함해야 한다. 따라서 시작할 때, HasBoth()는 EBP의 값을 유지하기 위해 EBP의 현재 값을 스택에 푸시해야 한다. 다음으로 HasBoth() 프로시저는 HasBoth() 활성화 레코드의 베이스 주소를 가리키도록 EBP를

---

5   x86-64 CPU에서는 특정 오브젝트(반환 주소 같은)가 32비트 엔티티가 아닌 64비트 엔티티이므로 오프셋이 조금 다르다.

변경해야 한다. 다음 HLA/x86 코드는 이 두 작업을 처리한다.

```
// 호출자의 베이스 주소를 보존한다

    push( ebp );

    // ESP는 방금 저장한 값을 가리킨다
    // 해당 주소를 활성화 레코드의 베이스 주소로 사용한다

    mov( esp, ebp );
```

마지막으로 HasBoth() 시작 부분의 코드는 지역 (자동) 변수에 대한 스토리지를 할당한다. 그림 15-4에서 볼 수 있듯이, 이러한 변수는 활성화 레코드의 프레임 포인터 아래에 있다. 향후 푸시로 해당 지역 변수의 값이 지워지는 것을 방지하기 위해, 코드는 ESP를 활성화 레코드에 있는 지역 변수의 마지막 더블 워드의 주소로 설정해야 한다. 이를 수행하기 위해 다음 기계어 명령어로 ESP에서 지역 변수의 바이트 수를 뺀다.

```
sub( 12, esp );
```

HasBoth()와 같은 프로시저의 **표준 엔트리 시퀀스**standard entry sequence는 프로시저 내에서 활성화 레코드 구성을 완료하는, 방금 고려한 세 가지 기계어 명령어(push (ebp);, mov (esp, ebp);, sub (12, esp);)로 구성된다. 리턴 직전에 파스칼 프로시저는 활성화 레코드와 관련된 스토리지 할당을 해제한다. **표준 종료 시퀀스**standard exit sequence는 일반적으로 파스칼 프로시저에 대해 다음과 같은 형식(HLA)을 사용한다.

```
// EBP를 ESP로 복사함으로써
// 지역 변수 할당 해제

mov( ebp, esp );

// 원래 EBP 값 복원
```

```
pop( ebp );
```

```
// 반환 주소와 12개의 매개변수 바이트(3 dwords)를 팝한다
```

```
ret( 12 );
```

첫 번째 명령어는 그림 15-4에 표시된 지역 변수에 대한 스토리지 할당을 해제한다. EBP는 EBP의 이전 값을 가리키고 있는데, 이 값은 모든 지역 변수 바로 위에 있는 메모리 주소에 저장된다. EBP의 값을 ESP로 복사함으로써, 스택 포인터가 모든 지역 변수를 지나치도록 이동시켜 변수에 할당한 메모리를 효과적으로 해제한다. 이제 스택 포인터는 스택에서 이전 EBP 값을 가리킨다. 따라서, 이 시퀀스의 pop 명령어는 EBP의 원래 값을 복원하고, ESP가 스택의 반환 주소를 가리키게 한다. 표준 종료 시퀀스의 ret 명령어는 다음 두 작업을 수행한다. 먼저 스택에서 반환 주소를 꺼내고(물론, 이 주소로 제어를 전송한다), 12바이트의 매개변수를 제거한다. HasBoth()에는 세 개의 더블 워드 매개변수가 있으므로, 스택에서 12바이트를 팝하면 해당 매개변수가 제거된다.

15.5.2 지역 변수에 오프셋 할당

이 HasBoth() 예제는 컴파일러가 만나는 순서대로 지역 (자동) 변수를 할당한다. 일반적인 컴파일러는 지역 변수의 활성화 레코드에 **현재 오프셋**current offset을 유지한다(초기값은 0이다). 컴파일러는 지역 변수를 발견할 때마다, 현재 오프셋에서 변수의 크기를 뺀 다음 그 결과를 활성화 레코드의 지역 변수 오프셋(EBP/RBP에서)으로 사용한다. 예를 들어, 변수 a에 대한 선언을 발견하면, 컴파일러는 현재 오프셋(0)에서 a(a가 32비트 정수라고 가정하면 4바이트)의 크기를 빼고 그 결과(-4)를 a의 오프셋으로 사용한다. 다음으로 컴파일러는 변수 r(역시 4바이트)을 발견하면, 현재 오프셋을 -8로 설정하고 이 오프셋을 r에 할당한다. 이 프로세스는 프로시저의 각 지역 변수에 대해 반복된다.

이것이 컴파일러가 지역 변수에 오프셋을 할당하는 일반적인 방법이지만, 대부분의 언어는 컴파일러 개발자에게 지역 오브젝트를 자유롭게 할당할 수 있도록 허용한다. 컴파일러는 활성화 레코드의 오브젝트를 더 편리하게 재정렬할 수 있다. 일부 컴파일러는 조금 다르게 수행되기 때문에, 알고리즘을 설계할 때 앞서 언급한 할당 체계에 의존할 필

요가 없다.

많은 컴파일러는 선언한 모든 지역 변수에 오브젝트 크기의 배수인 오프셋이 있는지 확인한다. 예를 들어, C 함수에 다음 두 가지 선언이 있다고 가정해보자.

```
char c;
int  i;
```

일반적으로는 컴파일러가 −1과 같은 오프셋을 c 변수에 추가하고, −5를 (4바이트) int 변수 i에 추가할 것으로 예상한다. 그러나, 일부 CPU(RISC CPU 등)에서 컴파일러는 더블 워드 경계에 더블 워드 오브젝트를 할당해야 한다. 이를 따르지 않는 CPU(80x86)에서 컴파일러가 더블 워드 경계에 정렬시키면 더블 워드 변수에 액세스하는 것이 더 빨라질 수 있다. 이러한 이유로(14장에서 설명했듯이) 많은 컴파일러는 지역 변수 사이에 패딩 바이트를 자동으로 추가해, 각 변수가 활성화 레코드상에서 자연스러운 오프셋에 머물 수 있도록 한다. 일반적으로 바이트는 모든 오프셋에 나타날 수 있으며, 워드는 짝수 주소 경계에서 가장 만족스럽고, 더블 워드는 4의 배수인 메모리 주소가 있어야 한다.

최적화 컴파일러는 이 정렬을 자동으로 처리할 수 있지만, 비용(추가 패딩 바이트)이 발생한다. 앞에서 설명한 것처럼 컴파일러는 일반적으로 활성화 레코드의 변수를 자유롭게 재배열할 수 있지만, 항상 그런 것은 아니다. 따라서, 지역 변수 선언에서 여러 바이트, 워드, 더블 워드 등의 오브젝트들이 서로 뒤엉켜 나타난다면, 컴파일러는 활성화 레코드에 몇 개의 패딩 바이트를 넣어야 할지 모른다. 프로시저와 함수에서 같은 크기의 오브젝트끼리 그룹화함으로써, 이 문제를 합리적으로 최소화할 수 있다. 32비트 시스템의 다음 C/C++ 코드를 살펴보자.

```
char c0;
int  i0;
char c1;
int  i1;
char c2;
int  i2;
char c3;
```

```
int   i3;
```

최적화 컴파일러는 이러한 각 char 변수와 바로 뒤에 오는 (4바이트) 정수 변수 사이에 3바이트의 패딩을 삽입하도록 선택할 수 있다. 이는 앞의 코드에 약 12바이트의 낭비되는 공간이 있다는 것을 의미한다(각 char 변수마다 3바이트씩). 이제 동일한 C 코드의 다음 선언을 살펴보자.

```
char c0;
char c1;
char c2;
char c3;
int  i0;
int  i1;
int  i2;
int  i3;
```

여기서 컴파일러는 코드에 추가 패딩 바이트를 내보내지 않는다. 왜일까? char(각각 1바이트)은 메모리의 모든 주소에서 시작할 수 있기 때문이다.[6] 따라서 컴파일러는 활성화 레코드 내의 오프셋 −1, −2, −3, −4에 이러한 char 변수를 배치할 수 있다. 마지막 char 변수는 4의 배수인 주소에 나타나기 때문에 컴파일러는 c3과 i0 사이에 패딩 바이트를 삽입할 필요가 없다(i0은 당연히 앞 선언에서 오프셋 -8에 나타난다).

이와 같이 비슷한 크기의 모든 오브젝트가 서로 붙어있도록 선언을 배열하면, 컴파일러가 더 나은 코드를 생성하는 데 도움이 될 수 있다. 하지만 이를 극단적으로 받아들이지는 말자. 재배치로 인해 프로그램을 읽거나 유지하기가 더 어려워진다면, 이렇게 하는 것이 과연 가치가 있을지 신중하게 고민해야 한다.

---

6   일부 RISC 시스템에서는 메모리의 개별 바이트에 액세스하는 것이 더블 워드보다 더 비쌀 수 있다. 이는 RISC 컴파일러가 각 char 변수에 대해 4바이트(또는 8바이트)를 할당할 수 있음을 의미한다.

15.5.3 오프셋과 매개변수

앞에서도 언급했듯이, 컴파일러는 프로시저 내에서 지역 (자동) 변수에 오프셋을 할당하는 방식과 관련해서는 상당히 여유가 있다. 컴파일러가 이러한 오프셋을 일관되게 사용하는 한, 적용되는 할당 알고리즘이 정확히 무엇인지는 거의 상관없다. 실제로, 컴파일러는 동일한 프로그램의 다른 프로시저에서 다른 할당 체계를 사용할 수 있다. 그러나, 매개변수에 오프셋을 할당할 때 컴파일러는 자유롭지 않다. 프로시저 외부의 다른 코드가 해당 매개변수에 액세스하기 때문에, 특정 제한 사항이 있어야 한다. 특히, 호출 코드가 매개변수 리스트를 작성할 수 있도록 프로시저와 호출 코드는 활성화 레코드의 매개변수 레이아웃에 동의해야 한다. 호출 코드는 프로시저와 동일한 소스 파일이나 동일한 프로그래밍 언어에 없을 수도 있다. 프로시저와 해당 프로시저를 호출하는 코드 간의 상호 운용성을 보장하기 위해, 컴파일러는 특정 **호출 규칙**calling convention을 준수해야 한다. 이 절에서는 파스칼/델파이, C/C++에 대한 세 가지 일반적인 호출 규칙을 알아본다.

15.5.3.1 파스칼 호출 규칙

파스칼(델파이 포함)에서 표준 매개변수 전달 규칙은 매개변수 리스트에 나타나는 순서대로 스택에 매개변수를 푸시하는 것이다. 이전 예제에서 HasBoth() 프로시저에 대한 다음 호출을 살펴보자.

```
HasBoth( 5, x, y + 2 );
```

이 호출을 구현한 어셈블리 코드는 다음과 같다.

```
// 매개변수 i 값 푸시

pushd( 5 );

// 매개변수 j에 대한 x 값 푸시

push( x );
```

```
// EAX에서 y + 2를 계산하고
// 이것을 매개변수 k의 값으로 푸시한다

mov( y, eax );
add( 2, eax );
push( eax );

// 이 세 가지 매개변수 값을 사용해
// HasBoth 프로시저를 호출한다

call HasBoth;
```

프로시저의 형식 매개변수에 오프셋을 할당할 때, 컴파일러는 가장 높은 오프셋을 첫 번째 매개변수에 할당하고 가장 낮은 오프셋을 마지막 매개변수에 할당한다. EBP의 이전 값은 활성화 레코드의 오프셋 0에 있고 반환 주소는 오프셋 4에 있기 때문에, 활성화 레코드의 마지막 매개변수(80x86 CPU에서 파스칼 호출 규칙을 사용할 때)는 EBP의 오프셋 8에 있다. 그림 15-4를 다시 보면, 매개변수 k가 오프셋 +8에 있고 매개변수 j가 오프셋 +12에 있으며 매개변수 i(첫 번째 매개변수)가 활성화 레코드의 오프셋 +16에 있음을 알 수 있다.

파스칼 호출 규칙은 프로시저가 호출자에게 반환될 때, 호출자가 푸시한 매개변수를 제거하는 것이 프로시저의 책임이라고 규정한다. 앞서 살펴본 것처럼, 80x86 CPU는 리턴할 때 스택에서 제거할 매개변수의 바이트 수를 지정할 수 있는 ret 명령어의 변형을 제공한다. 따라서, 파스칼 호출 규칙을 사용하는 프로시저는 호출자에게 반환할 때, ret 명령어의 오퍼랜드로 매개변수 바이트 수를 제공한다.

15.5.3.2 C 호출 규칙

C/C++/자바 언어는 일반적으로 cdecl 호출 규칙(또는 간단히 C 호출 규칙)으로 알려진, 또 다른 매우 인기 있는 호출 규칙을 사용한다. C와 파스칼 호출 규칙에는 두 가지 주요 차이점이 있다. 첫째, C의 함수 호출은 스택에 역순으로 매개변수를 푸시한다. 즉, 첫 번째 매개변수는 스택의 가장 낮은 주소에 나타나며(스택이 아래쪽으로 증가한다고 가정), 마지막 매개변수는 메모리의 가장 높은 주소에 나타난다. 두 번째 차이점은 C가 스택에서 모

든 매개변수를 제거하려면 함수가 아닌 호출자를 필요로 한다는 것이다.

파스칼 대신 C로 작성된 다음 HasBoth()를 살펴보자.

```
void HasBoth( int i, int j, int k )
{
    int a;
    int r;
    char c;
    char b;
    short w;   /* 가정: short int는 16비트다 */

        .
        .
        .

}
```

그림 15-6은 전형적인 HasBoth 활성화 레코드(32비트 80x86 프로세서에서 C로 작성)의 레이아웃을 보여준다.

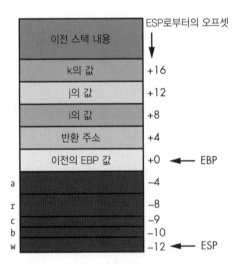

그림 15-6 C의 HasBoth() 활성화 레코드

자세히 살펴보면, 이 그림과 그림 15-4의 차이를 알 수 있다. i와 k 변수의 위치는 이 활성화 레코드에서 바뀌어 있다(j가 둘 다에서 동일한 오프셋에 나타나는 것은 우연일 뿐이

다).

C 호출 규칙은 매개변수의 순서를 바꾸고 호출자는 스택에서 모든 매개변수 값을 제거할 책임이 있으므로, HasBoth()에 대한 호출 시퀀스는 파스칼과 조금 다르다. HasBoth()에 대한 다음 호출을 살펴보자.

```
HasBoth( 5, x, y + 2 );
```

이 호출에 대한 HLA 어셈블리 코드는 다음과 같다.

```
// EAX에서 y + 2를 계산하고
// 이것을 매개변수 k의 값으로 푸시한다

mov( y, eax );
add( 2, eax );
push( eax );

// 매개변수 j에 대한 x 값 푸시

push( x );

// 매개변수 i의 값 푸시

pushd( 5 );

// 이 세 가지 매개변수 값을 사용해
// HasBoth 프로시저를 호출한다

call HasBoth;

// 스택에서 매개변수 제거

add( 12, esp );
```

C 호출 규칙을 사용한 이 코드는 파스칼 구현용 어셈블리 코드와 두 가지 점에서 다

르다. 먼저, 이 예제는 실제 매개변수의 값을 파스칼 코드의 반대 순서로 푸시한다. 즉, 먼저 y + 2를 계산하고 그 값을 푸시한 다음에 x를 푸시하며, 마지막으로 값 5를 푸시한다. 두 번째 차이는 호출 직후에 add(12,esp); 명령이 포함된다는 것이다. 이 명령어는 반환 시 스택에서 12바이트의 매개변수를 제거한다. HasBoth()의 반환은 ret n 명령어가 아닌 ret 명령어만 사용한다.

15.5.3.3 레지스터의 매개변수 전달 규칙

이 예에서 봤듯이, 두 프로시저나 함수 사이에 스택의 매개변수를 전달하려면 상당한 양의 코드가 필요하다. 훌륭한 어셈블리 언어 프로그래머는 레지스터에 매개변수를 전달하는 것이 더 낫다는 사실을 오랫동안 알고 있었다. 따라서, 인텔의 ABI(애플리케이션 바이너리 인터페이스) 규칙을 따르는 여러 80x86 컴파일러는 EAX, EDX, ECX 레지스터에서 최대 세 개의 매개변수를 전달하려고 시도할 수 있다.[7] 대부분의 RISC 프로세서는 함수와 프로시저 사이에 매개변수를 전달하기 위한 레지스터 셋을 별도로 설정한다. 15.5.5절 'Rescue 레지스터'를 참조하자.

대부분의 CPU는 스택 포인터가 합리적인 경계(예를 들면, 더블 워드 경계)에 정렬된 상태로 유지되도록 하는데, 이를 절대적으로 요구하지 않는 CPU도 이런 이점은 누릴 수 있다. 많은 CPU(80x86 포함)는 바이트 같은 작은 크기의 오브젝트를 스택에 간단히 푸시할 수 없다. 따라서, 대부분의 컴파일러는 매개변수의 실제 크기에 상관없이 최소 바이트 수(보통 4바이트)를 예약한다. 예를 들어, 다음 HLA 프로시저 코드 조각을 살펴보자.

```
procedure OneByteParm( b:byte ); @nodisplay;
    // 지역 변수 선언
begin OneByteParm;
    .
    .
    .
end OneByteParm;
```

---

7   선택한 매개변수의 수, 3은 임의로 선택한 것이 아니다. 소프트웨어 공학에 따르면, 대부분의 사용자 작성 프로시저에는 세 개 이하의 매개변수가 있다.

이 프로시저에 대한 활성화 레코드는 그림 15-7에서 볼 수 있다.

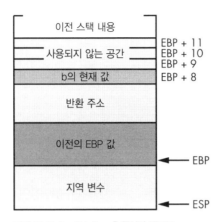

그림 15-7 OneByteParm() 활성화 레코드

HLA 컴파일러는 b가 단일 바이트 변수일지라도 b 매개변수에 대해 4바이트를 예약한다. 이 추가 패딩은 ESP 레지스터가 더블 워드 경계에 정렬된 상태로 유지되도록 한다.[8] 4바이트 push 명령어를 사용해서 OneByteParm()을 호출하는 코드의 스택에 b의 값을 쉽게 푸시할 수 있다.[9]

프로그램이 b 매개변수와 관련된 추가 바이트의 패딩에 액세스할 수 있다고 해도, 그렇게 하는 것은 결코 좋은 생각이 아니다. 매개변수를 스택에 명시적으로 푸시하지 않는 한(예: 어셈블리 언어 코드 사용), 패딩 바이트에 나타나는 데이터 값에 대해 보장할 수 없다. 특히, 0을 포함하지 않을 수도 있다. 코드에 패딩이 존재한다고 가정하거나 컴파일러가 이러한 변수를 4바이트까지 채운다고 가정해서는 안 된다. 일부 16비트 프로세서에는 1바이트의 패딩만 필요할 수도 있고, 일부 64비트 프로세서에는 7바이트의 패딩이 필요할 수도 있다. 80x86의 일부 컴파일러는 1바이트의 패딩을 사용하고, 다른 컴파일러는 3바이트를 사용한다. 단 하나의 컴파일러만 컴파일할 수 있는 코드(그리고, 다음 버전의 컴파일러가 나오면 동작하지 않는)를 사용하는 것이 아니라면, 이러한 패딩 바이트는 무시하는

---

8   물론, 스택에 b 매개변수가 나타나기 전에 정렬된다고 가정한다.

9   80x86은 스택에 1바이트 푸시를 직접 지원하지 않으므로, 컴파일러가 이 매개변수에 대해 1바이트의 스토리지만 예약한 경우, 1바이트 푸시를 시뮬레이션하기 위해서는 여러 기계어 명령이 필요하다.

것이 가장 좋다.

15.5.4 매개변수와 지역 변수에 액세스

서브루틴이 활성화 레코드를 만들면, 지역 (자동) 변수와 매개변수에 쉽게 액세스할 수 있다. 기계어 코드는 단순히 인덱스 주소 지정 모드를 사용해서 이러한 오브젝트에 액세스한다. 그림 15-4의 활성화 레코드를 다시 살펴보자. HasBoth() 프로시저의 변수들에 대한 오프셋은 표 15-1에 나와 있다.

표 15-1 HasBoth()(파스칼 버전)의 지역 변수와 매개변수에 대한 오프셋

변수	오프셋	주소 모드의 예제
i	+16	mov([ebp+16], eax);
j	+12	mov([ebp+12], eax);
k	+8	mov([ebp+8], eax);
a	−4	mov([ebp−4], eax);
r	−8	mov([ebp−8], eax);
c	−9	mov([ebp−9], al);
b	−10	mov([ebp−10], al);
w	−12	mov([ebp−12], ax);

컴파일러는 메모리의 고정 주소에서 프로시저의 정적 지역 변수를 할당한다. 정적 변수는 활성화 레코드에 나타나지 않으므로, CPU는 직접 주소 지정 모드를 사용해 정적 오브젝트에 액세스한다.[10] 3장에서 설명한 것처럼, 직접 주소 지정 모드를 사용하는 80x86 어셈블리 언어 명령어는 전체 32비트 주소를 기계어 명령어의 일부로 인코딩해야 한다. 따라서, 직접 주소 지정 모드를 사용하는 명령어는 일반적으로 길이가 5바이트 이상(종종 더 길어지기도 한다)이다. 80x86에서 EBP의 오프셋이 −128~+127이면, 컴파일러는 [ebp + constant] 형식의 명령어를 최소 2바이트나 3바이트로 인코딩할 수 있다. 이러한 명령어는 전체 32비트 주소를 인코딩하는 명령어보다 더 효율적이다. 해당 CPU가 다른

---

10 오브젝트는 스칼라 오브젝트라고 가정한다. 예를 들어, 배열인 경우 기계어 코드는 인덱스 주소 지정 모드를 사용해 정적 배열의 요소에 액세스할 수 있다.

주소 지정 모드나 다른 주소 크기 등을 제공하더라도, 동일한 원칙은 다른 프로세서에도 적용된다. 특히, 오프셋이 상대적으로 작은 지역 변수에 액세스하는 것이 일반적으로 더 큰 오프셋이 있는 변수나 정적 변수에 액세스하는 것보다 더 효율적이다.

대부분의 컴파일러는 지역 (자동) 변수에 오프셋을 할당하기 때문에, 지역 변수의 처음 128바이트는 오프셋이 가장 짧은 항목이 된다(최소한 80x86에서는 그렇다. 이 값은 다른 프로세서에서는 다를 수 있다).

다음 두 지역변수 선언 셋을 살펴보자(어떤 C 함수에 나타날지는 모른다).

// 선언 셋 #1:

```
char string[256];
int i;
int j;
char c;
```

다음은 이러한 선언의 두 번째 버전이다.

// 선언 셋 #2

```
int i;
int j;
char c;
char string[256];
```

이 두 선언 섹션은 의미상 동일하지만, 32비트 80x86용 컴파일러가 이러한 변수에 액세스하기 위해 생성하는 코드에는 큰 차이가 있다. 첫 번째 선언에서 변수 문자열은 활성화 레코드 내의 오프셋 −256에 나타나고, i는 오프셋 −260에 나타나며, j는 오프셋 −264에 나타나고, c는 오프셋 −265에 나타난다. 이러한 오프셋은 −128~+127 범위 밖에 있기 때문에 컴파일러는 1바이트 상수가 아닌 4바이트 오프셋 상수를 인코딩하는 기계어 명령어를 내보내야 한다. 따라서, 이러한 선언과 관련된 코드는 더 커지고 느리게 실행될 수 있다.

이제 두 번째 선언을 살펴보자. 이 예제에서 프로그래머는 스칼라 (non-array) 오브 젝트를 먼저 선언한다. 따라서, 변수의 오프셋은 다음과 같다. i는 −4, j는 −8, c는 −9, string은 −265이다. 이것은 이러한 변수에 대한 최적의 구성이다(i, j, c는 1바이트 오프 셋을 사용하고, string에는 4바이트 오프셋이 필요하다). 이 예제는 지역 (자동) 변수를 선언할 때 따라야 할 또 다른 규칙을 보여준다. 프로시저 내에서 먼저 더 작은 스칼라 오브젝트 를 선언한 후 모든 배열, 구조체/레코드와 기타 대형 오브젝트를 선언한다.

15.5.3절 '오프셋과 매개변수'에 설명된 대로, 서로 인접한 크기가 각기 다른 여러 지 역 오브젝트를 선언하는 경우, 컴파일러는 더 큰 오브젝트를 적절한 메모리 주소에 정렬 되도록 유지하기 위해 패딩 바이트를 삽입해야 한다. 여기서 낭비되는 몇 바이트에 대해 걱정하는 것이 기가 바이트(또는 그 이상)의 RAM이 있는 머신에서는 우스꽝스럽게 보일 수 있지만, 이 몇 개의 패딩 바이트를 밀어 넣어 특정 지역 변수의 오프셋이 −128 이상 으로 넘어갈 수도 있다. 이렇게 되면, 컴파일러는 해당 변수에 대해 1바이트 오프셋이 아 닌 4바이트 오프셋을 내보낸다. 이것이 같은 크기의 지역 변수를 서로 인접해 선언해야 하는 또 다른 이유다.

파워PC나 ARM 같은 RISC 프로세서에서 가능한 오프셋 범위는 보통 ±128보다 훨씬 크다. RISC CPU가 직접 명령어로 인코딩할 수 있는 활성화 레코드 오프셋 범위를 초과 하면, 매개변수나 지역 변수 액세스 비용이 매우 커지기 때문에 이는 매우 좋다. 다음 C 프로그램을 살펴보자.

```c
#include <stdio.h>
int main( int argc, char **argv )
{
    int a;
    int b[256];
    int c;
    int d[16*1024*1024];
    int e;
    int f;

    a = argc;
    b[0] = argc + argc;
    b[255] = a + b[0];
```

```
        c = argc + b[1];
        d[0] = argc + a;
        d[4095] = argc + b[255];
        e = a + c;
        printf
        (
            "%d %d %d %d %d ",
            a,
            b[0],
            c,
            d[0],
            e
        );
        return( 0 );
}
```

다음은 GCC가 생성한 파워PC 어셈블리 출력이다.

```
.data
        .cstring
        .align 2
        LC0:
        .ascii "%d %d %d %d %d \0"
        .text

; main 함수

        .align 2
        .globl _main
_main:
        ; main의 활성화 레코드 설정

        mflr r0
        stmw r30,-8(r1)
        stw r0,8(r1)
        lis r0,0xfbff
        ori r0,r0,64384
        stwux r1,r1,r0
```

```
        mr r30,r1
        bcl 20,31,L1$pb
L1$pb:
        mflr r31

        ; 다음은 스택에 16MB의 스토리지를 할당한다
        ; (여기서 R30은 스택 포인터다)

        addis r9,r30,0x400
        stw r3,1176(r9)

        ; argc의 값을 R0 레지스터로 가져온다

        addis r11,r30,0x400
        lwz r0,1176(r11)
        stw r0,64(r30)          ; a = argc

        ; argc의 값을 r9로 가져온다

        addis r11,r30,0x400
        lwz r9,1176(r11)

        ; argc의 값을 R0으로 가져온다

        addis r11,r30,0x400
        lwz r0,1176(r11)

        ; argc + argc를 계산해서
        ; b[0]에 저장한다

        add r0,r9,r0
        stw r0,80(r30)

        ; a + b[0]을 계산하고
        ; c에 저장한다

        lwz r9,64(r30)
        lwz r0,80(r30)
        add r0,r9,r0
        stw r0,1100(r30)
```

```
; argc의 값을 가져오고
; b[1]에 더하고, c에 저장한다

    addis r11,r30,0x400
    lwz r9,1176(r11)
    lwz r0,84(r30)
    add r0,r9,r0
    stw r0,1104(r30)

; argc + a를 계산하고, d[0]에 저장한다

    addis r11,r30,0x400
    lwz r9,1176(r11)
    lwz r0,64(r30)
    add r0,r9,r0
    stw r0,1120(r30)

; argc + b[255]를 계산하고, d[4095]에 저장한다

    addis r11,r30,0x400
    lwz r9,1176(r11)
    lwz r0,1100(r30)
    add r0,r9,r0
    stw r0,17500(r30)

; argc + b[255] 계산

    lwz r9,64(r30)
    lwz r0,1104(r30)
    add r9,r9,r0

; ***********************************************
    ; 여기부터 추해지기 시작한다
    ; 현재 r9에 있는 결과를 e에 저장할 수 있도록
    ; e의 주소를 계산해야 한다. 그러나
    ; e의 오프셋은 단일 명령어로 인코딩할 수 있는 것을
    ; 초과하므로, 단일 명령어가 아닌
    ; 다음 시퀀스를 사용해야 한다

    lis r0,0x400
```

```
        ori r0,r0,1120
        stwx r9,r30,r0

; **************************************************
        ; 다음은 printf에 대한 호출을 설정하고
        ; printf를 호출한다

        addis r3,r31,ha16(LC0-L1$pb)
        la r3,lo16(LC0-L1$pb)(r3)
        lwz r4,64(r30)
        lwz r5,80(r30)
        lwz r6,1104(r30)
        lwz r7,1120(r30)
        lis r0,0x400
        ori r0,r0,1120
        lwzx r8,r30,r0
        bl L_printf$stub
        li r0,0
        mr r3,r0
        lwz r1,0(r1)
        lwz r0,8(r1)
        mtlr r0
        lmw r30,-8(r1)
        blr


; 외부 printf 함수를 호출하기 위한 stub

        .data
        .picsymbol_stub
L_printf$stub:
        .indirect_symbol _printf
        mflr r0
        bcl 20,31,L0$_printf
L0$_printf:
        mflr r11
        addis r11,r11,ha16(L_printf$lazy_ptr-L0$_printf)
        mtlr r0
        lwz r12,lo16(L_printf$lazy_ptr-L0$_printf)(r11)
        mtctr r12
```

```
        addi r11,r11,lo16(L_printf$lazy_ptr-L0$_printf)
        bctr
.data
.lazy_symbol_pointer
L_printf$lazy_ptr:
        .indirect_symbol _printf
        .long dyld_stub_binding_helper
```

이 컴파일은 GCC에서 최적화 없이 수행돼, 활성화 레코드가 더 이상 활성화 레코드 오프셋을 명령어로 인코딩할 수 없는 지점까지 커지면 어떤 일이 발생하는지 보여준다.

오프셋이 너무 큰 e의 주소를 인코딩하려면 다음 세 가지 명령어가 필요하다.

```
lis r0,0x400
ori r0,r0,1120
stwx r9,r30,r0
```

R0을 변수에 저장하는 단일 명령어 대신 다음과 같이 쓸 수 있다.

```
stw r0,64(r30)    ; a = argc
```

이 크기의 프로그램에서 두 개의 추가 명령어는 중요하지 않은 것처럼 보일 수 있지만, 컴파일러는 각 액세스에 대해 이런 추가 명령어를 생성한다. 오프셋이 큰 지역 변수에 자주 액세스하는 경우, 컴파일러는 함수나 프로시저 전체에서 상당한 수의 추가 명령어를 생성할 수 있다.

물론, RISC에서 실행되는 표준 애플리케이션에서는 단일 명령어가 인코딩할 수 있는 범위를 초과하는 지역 스토리지를 거의 할당하지 않기 때문에, 이런 문제는 거의 발생하지 않는다. 또한, RISC 컴파일러는 일반적으로 활성화 레코드의 다음 메모리 주소에 맹목적으로 할당하지 않고, 레지스터에 스칼라(비배열/비구조체) 오브젝트를 할당한다. 예를 들어, -02 커맨드라인 스위치switch를 사용해 GCC의 최적화를 설정하면, 다음과 같은 파워 PC 출력이 표시된다.

```
.globl _main
_main:

; main 활성화 레코드 빌드

        mflr r0
        stw r31,-4(r1)
        stw r0,8(r1)
        bcl 20,31,L1$pb
L1$pb:
        ; 값을 계산하고 매개변수를 설정하고
        ; printf를 호출한다

        lis r0,0xfbff
        slwi r9,r3,1
        ori r0,r0,64432
        mflr r31
        stwux r1,r1,r0
        add r11,r3,r9
        mr r4,r3
        mr r0,r3
        lwz r6,68(r1)
        add r0,r0,r11 ;c = argc + b[1]
        stw r0,17468(r1)
        mr r5,r9
        add r6,r3,r6
        stw r9,64(r1)
        addis r3,r31,ha16(LC0-L1$pb)
        stw r11,1084(r1)
        stw r9,1088(r1)
        la r3,lo16(LC0-L1$pb)(r3)
        mr r7,r9
        add r8,r4,r6
        bl L_printf$stub

; main의 활성화 레코드를 정리하고
; 0을 반환한다

        lwz r1,0(r1)
```

```
li r3,0
lwz r0,8(r1)
lwz r31,-4(r1)
mtlr r0
blr
```

최적화가 활성화된 이 버전에서 눈에 띄는 한 가지는 GCC는 활성화 레코드에 변수가 발생했을 때 할당하지 않았다는 것이다. 그 대신에 대부분의 오브젝트(배열 원소 포함)를 레지스터에 배치했다. 최적화 컴파일러는 선언된 모든 지역 변수를 매우 잘 재배치해 준다.

ARM 프로세서에는 명령어 opcode(32비트)의 크기에 따라 유사한 제한이 있다. 다음은 GCC의 (최적화되지 않은) ARM 출력이다.

```
.LC0:
    .ascii "%d %d %d %d %d \000"

main:

    @ 활성화 레코드 설정

    push    {fp, lr}
    add fp, sp, #4

    @ 지역 변수를 위한 스토리지 예약
    @ (명령어 크기 제한 때문에, 두 개의 명령어)

    add sp, sp, #-67108864
    sub sp, sp, #1056

    @ argc(R0에서 전달됨)를 a에 저장
    @ ARM 32비트 명령어 인코딩 제한 때문에
    @ 세 가지 추가 사항(-67108864, 4, -1044)이 필요하다

    add r3, fp, #-67108864
    sub r3, r3, #4
    str r0, [r3, #-1044]
```

```
@ a = argc

add r3, fp, #-67108864
sub r3, r3, #4
ldr r3, [r3, #-1044]     @ r3 = argc
str r3, [fp, #-8]        @ a = argc


@ b[0] = argc + argc

add r3, fp, #-67108864
sub r3, r3, #4
ldr r2, [r3, #-1044]     @ R2 = argc
ldr r3, [r3, #-1044]     @ R3 = argc
add r3, r2, r3           @ R3 = argc + argc
str r3, [fp, #-1040]     @ b[0] = argc+argc


ldr r2, [fp, #-1040]     @ R2 = b[0]
ldr r3, [fp, #-8]        @ R3 = a
add r3, r2, r3           @ a + b[0]
str r3, [fp, #-20]       @ b[255] = a  +b[0]


ldr r2, [fp, #-1036]     @ R2 = b[1]
add r3, fp, #-67108864
sub r3, r3, #4
ldr r3, [r3, #-1044]     @ R3 = argc
add r3, r2, r3           @ argc + b[1]
str r3, [fp, #-12]       @ c = argc + b[1]


add r3, fp, #-67108864
sub r3, r3, #4
ldr r2, [r3, #-1044]     @ R2 = argc
ldr r3, [fp, #-8]        @ R3 = a
add r3, r2, r3           @ R3 = argc + a
add r2, fp, #-67108864
sub r2, r2, #4
str r3, [r2, #-1036]     @ d[0] = argc + a


ldr r2, [fp, #-20]       @ R2 = b[255]
add r3, fp, #-67108864
sub r3, r3, #4
```

```
    ldr r3, [r3, #-1044]      @ R3 = argc
    add r3, r2, r3            @ R3 = argc + b[255]
    add r2, fp, #-67108864
    sub r2, r2, #4
    add r2, r2, #12288
    str r3, [r2, #3056]       @ d[4095] = argc + b[255]

    ldr r2, [fp, #-8]         @ R2 = a
    ldr r3, [fp, #-12]        @ R3 = c
    add r3, r2, r3            @ R3 = a + c
    str r3, [fp, #-16]        @ e = a + c

    @ printf 함수 호출

    ldr r1, [fp, #-1040]
    add r3, fp, #-67108864
    sub r3, r3, #4
    ldr r3, [r3, #-1036]
    ldr r2, [fp, #-16]
    str r2, [sp, #4]
    str r3, [sp]
    ldr r3, [fp, #-12]
    mov r2, r1
    ldr r1, [fp, #-8]
    ldr r0, .L3
    bl printf

    @ 함수에서 리눅스로 리턴
    mov r3, #0
    mov r0, r3
    sub sp, fp, #4

    pop {fp, pc}

.L3:
    .word .LC0
```

이것이 파워PC 코드보다 낫기는 하지만, ARM CPU가 32비트 상수를 명령어 연산

코드의 일부로 인코딩할 수 없기 때문에, 주소를 계산하는 데 여전히 상당히 불편하다. GCC가 활성화 레코드로 오프셋을 계산하기 위해 이러한 기괴한 상수를 내보내는 이유를 이해하려면, 온라인 부록 C의 '즉시 주소 지정 모드' 절에서 ARM 즉시 오퍼랜드에 대한 설명을 참조하자.

최적화된 파워PC나 ARM 코드를 따라가기가 조금 어렵다면, 동일한 C 프로그램에 대한 다음 80x86 GCC 출력을 살펴보자.

```
.file   "t.c"
 .section               .rodata.str1.1,"aMS",@progbits,1
.LC0:
        .string "%d %d %d %d %d "
        .text
        .p2align 2,,3
        .globl main
        .type   main,@function
main:
        ; main 활성화 레코드 빌드

        pushl   %ebp
        movl    %esp, %ebp
        pushl   %ebx
        subl    $67109892, %esp

        ; ARGC를 ECX로 가져오기

        movl    8(%ebp), %ecx

        ; EDX = 2*argc:

        leal    (%ecx,%ecx), %edx

        ; EAX = a (ECX) + b[0] (EDX):

        leal    (%edx,%ecx), %eax

        ; c (ebx) = argc (ecx) + b[1]:
```

```
        movl    %ecx, %ebx
        addl    -1028(%ebp), %ebx
        movl    %eax, -12(%ebp)


; printf 호출을 위한 스택 정렬

        andl    $-16, %esp

;d[0] (eax) = argc (ecx) + a (eax);

        leal    (%eax,%ecx), %eax

; printf 매개변수를 위한 공간을 만든다

        subl    $8, %esp
        movl    %eax, -67093516(%ebp)

; e = a + c

        leal    (%ebx,%ecx), %eax


        pushl   %eax    ;e
        pushl   %edx    ;d[0]
        pushl   %ebx    ;c
        pushl   %edx    ;b[0]
        pushl   %ecx    ;a
        pushl   $.LC0
        movl    %edx, -1032(%ebp)
        movl    %edx, -67109896(%ebp)
        call    printf
        xorl    %eax, %eax
        movl    -4(%ebp), %ebx
        leave
        ret
```

물론, 80x86에는 매개변수를 전달하고 지역 변수를 보유하는 데 사용할 레지스터가 많지 않으므로, 80x86 코드는 활성화 레코드에 더 많은 지역 변수를 할당해야 한다. 또한 80x86은 EBP 레지스터 주변에서만 −128~+127바이트의 오프셋 범위를 제공하므로, 더 많은 수의 명령어는 1바이트 오프셋이 아닌 4바이트 오프셋을 사용해야 한다. 다행히도 80x86에서는 메모리에 액세스하는 명령어의 일부로 전체 32비트 주소를 인코딩할 수 있으므로, 스택 프레임의 EBP가 가리키는 곳에서 멀리 떨어진 곳에 저장된 변수에 액세스하기 위해 여러 명령어를 실행할 필요가 없다.

15.5.5 Rescue 레지스터

이전 절의 예에서 본 것처럼, RISC 코드는 명령어 opcode의 범위 내에서 오프셋을 표현하기가 쉽지 않은 매개변수나 지역 변수를 처리해야 할 때 큰 어려움을 겪는다. 그러나, 실제 코드에서는 상황이 그렇게 심각하지 않다. 컴파일러는 머신 레지스터를 사용해 매개변수를 전달하고, 해당 값에 대해 즉각적인 액세스를 제공하는 지역 변수를 보유할 만큼 똑똑하다. 이것은 일반적인 함수의 명령어 수를 크게 줄인다.

(레지스터가 부족한) 32비트 80x86 CPU를 살펴보자. 범용 레지스터는 여덟 개뿐이며, 그중 두 개(ESP나 EBP)는 사용에 제한이 있는 특수 목적을 가지므로 매개변수를 전달하거나 지역 변수를 보유하는 데 사용할 수 있는 레지스터는 많지 않다. 일반적인 C 컴파일러는 EAX, ECX, EDX를 사용해 최대 세 개의 매개변수를 함수에 전달한다. 함수는 EAX 레지스터에 결과를 반환한다. 이 함수는 사용하는 다른 레지스터(EBX, ESI, EDI, EBP)의 값을 유지해야 한다. 다행스럽게도 함수 내부의 지역 변수와 매개변수에 대한 메모리 액세스는 매우 효율적이다. 제한된 레지스터 셋을 고려할 때, 32비트 80x86 CPU는 메모리를 이러한 용도로 자주 사용해야 한다.

대부분의 애플리케이션에서 32비트 80x86과 비교해 64비트 x86-64가 아키텍처 측면에서 갖는 가장 큰 개선점은 64비트 레지스터(또는 주소)가 아니라, 여덟 개의 새로운 범용 레지스터와 여덟 개의 새로운 컴파일러가 매개변수를 전달하고 지역 변수를 보유하는 데 사용할 수 있는 XMM 레지스터다. x86-64용 인텔/AMD ABI를 사용하면, 컴파일러는 레지스터에 있는 최대 여섯 개의 서로 다른 인수를 함수에 전달할 수 있다(호출자가 레지스터 값을 사용하기 전에 명시적으로 저장하지 않아도 된다). 표 15-2에는 사용 가능한 레지스터가 나열돼 있다.

표 15-2 레지스터를 통해 전달되는 Ix86-64 인수

레지스터	사용
RDI	첫 번째 인수
RSI	두 번째 인수
RDX	세 번째 인수
RCX	네 번째 인수
R8	다섯 번째 인수
R9	여섯 번째 인수
XMM0 - XMM7	부동 소수점 인수를 전달하는 데 사용
R10	정적 체인 포인터를 전달하는 데 사용 가능
RAX	가변 개수의 매개변수가 있는 경우, 인수 개수를 전달하는 데 사용

32비트 ARM(A32) ABI는 레지스터 R0~R3에 나타나는 최대 네 개의 인수를 지정한다. A64 아키텍처에는 레지스터(32)가 두 배 많게 있으므로, A64 ABI는 R0~R7에서 최대 여덟 개의 64비트 정수/포인터 인수를 전달하고, V0~V7에서 최대 여덟 개의 추가 부동 소수점 매개변수를 전달한다.

32개의 범용 레지스터가 있는 파워PC ABI는 함수에 최대 여덟 개의 인수를 전달하기 위해 R3에서 R10까지 따로 설정한다. 또한, 함수에 부동 소수점 인수를 전달하기 위해 F1~F8 부동 소수점 레지스터를 따로 설정한다.

함수 인수를 보관하기 위해 레지스터를 따로 설정하는 것 외에도, 다양한 ABI는 일반적으로 함수가 지역 변수나 임시 값을 보관하는 데 사용할 수 있는 다양한 레지스터를 정의한다(함수 입력 시, 해당 레지스터에 보관된 값을 명시적으로 보존하지 않는다). 예를 들어, 윈도우 ABI는 임시/지역 변수를 사용하기 위해 R11, XMM8~XMM15, MMX0~MMX7, FPU 레지스터, RAX를 따로 설정한다. ARM A32 ABI는 지역 변수로 사용하기 위해 R4~R8과 R10~R11을 따로 설정한다. A64 ABI는 지역 변수와 임시 변수를 위해 R9에서 R15까지 따로 설정한다. 파워PC는 지역 변수에 대해 R14~R30과 F14~F31을 따로 설정한다. 컴파일러가 ABI가 인수 전달을 위해 정의한 레지스터를 모두 사용하면, 대부분의 ABI는 호출 코드가 스택에 추가 매개변수를 전달할 것으로 예상한다. 마찬가지로, 함수가 지역 변수용으로 따로 설정된 모든 레지스터를 사용하면 스택에서 추가 지역 변수 할당이 발생한다.

물론, 컴파일러는 CPU나 OS의 ABI에서 따로 설정한 값뿐만 아니라 지역 및 임시 값에 대해 다른 레지스터를 사용할 수 있다. 그러나, 함수 호출에서 이러한 레지스터 값을 유지하는 것은 컴파일러의 책임이다.

노트 | ABI는 OS나 하드웨어의 기본 요구 사항이 아닌 규칙이다. 주어진 ABI를 고수하는 컴파일러 작성자(그리고 어셈블리 언어 프로그래머)는 오브젝트 코드 모듈이 해당 ABI를 준수하는 다른 언어로 작성된 코드와 상호 작용할 수 있을 것으로 기대할 수 있다. 그러나, 컴파일러 작성자가 선택한 메커니즘을 사용하는 것은 막을 수 없다.

15.5.6 자바 VM과 마이크로소프트 CLR의 매개변수와 지역 변수

자바 VM과 마이크로소프트 CLR은 모두 가상 스택 머신이므로 이러한 두 아키텍처로 컴파일된 프로그램은 항상 함수 인수를 스택에 푸시한다. 그 외에도, 두 가상 머신 아키텍처는 서로 다른 점이 있다. 자바 VM의 디자인은 JIT 컴파일을 통해 자바 바이트코드의 효율적인 해석을 지원하며 필요에 따라 성능을 향상시키는 데 반해, 마이크로소프트 CLR은 해석을 지원하지 않는다. 그 대신에 CIL(CLR 코드) 디자인은 최적화된 기계어 코드에 대한 효율적인 JIT 컴파일을 지원한다.

자바 VM은 매개변수, 지역 변수, 임시 변수가 모두 스택에 있는 전통적인 스택 아키텍처다. 이러한 오브젝트에 사용할 레지스터가 없다는 점을 제외하면, 자바의 메모리 구성은 80x86/x86-64, 파워PC, ARM CPU와 매우 유사하다. JIT 컴파일 중에는 스택의 어떤 값을 레지스터로 이동할 수 있는지, 자바 컴파일러가 스택에 할당하는 지역 변수를 레지스터에 할당할 수 있는지 파악하기 어려울 수 있다. 레지스터를 사용하기 위해 이러한 스택 할당을 최적화하는 것은 매우 많은 시간이 소요될 수 있으므로, 자바 JIT 컴파일러가 애플리케이션이 실행되는 동안 이 작업을 수행할지는 의심스럽다(그렇게 하면 애플리케이션의 런타임 성능이 크게 저하된다).

마이크로소프트의 CLR은 다른 방식으로 운영된다. CIL은 항상 기본 기계어 코드로 JIT 컴파일된다. 마이크로소프트는 JIT 컴파일러가 최적화된 기본 기계어 코드를 생성하도록 한다. JIT 컴파일러는 전통적인 C/C++ 컴파일러만큼 좋지 않지만, 일반적으로 자바 JIT 컴파일러보다는 훨씬 더 낫다. 이는 마이크로소프트 CLR 정의가 매개변수 인수와 지역 변수 메모리 액세스를 명시적으로 구분하기 때문이다. JIT 컴파일러는 이러한 특수 명령어로 해당 변수를 메모리 위치가 아닌 레지스터에 할당할 수 있다. 결과적으로, CLR JIT 컴파일 코드는 자바 VM JIT 컴파일 코드(특히, RISC 아키텍처에서)보다 짧고 빠르다.

15.6 매개변수 전달 메커니즘

대부분의 HLL은 실제 매개변수 데이터를 서브루틴에 전달하기 위해 두 가지 이상의 메커니즘을 제공한다(값에 의한 전달과 참조에 의한 전달).[11] 비주얼 베이직, 파스칼, C++와 같은 언어에서는 두 가지 타입의 매개변수를 선언하고 사용할 수 있기 때문에, 프로그래머는 두 메커니즘 사이에 효율성 차이가 거의 없다는 결론을 내릴 수 있다. 이 절에서는 이런 잘못된 생각을 뿌리째 뽑아버리자.

노트 | 값에 의한 전달과 참조에 의한 전달 외에 다른 매개변수 전달 메커니즘도 있다. 예를 들어, 포트란과 HLA는 값/결과에 의한 전달(또는 값/반환에 의한 전달)이라는 메커니즘을 지원한다. 에이다와 HLA는 결과에 의한 전달을 지원한다. HLA와 알골(Algol)은 이름에 의한 전달을 지원한다. 이 책에서는 이러한 대체 매개변수 전달 메커니즘은 더 이상 논의하지 않을 것이다. 왜냐하면, 자주 접하지는 않을 것이기 때문이다. 자세한 내용은 프로그래밍 언어 디자인에 대한 좋은 책이나 HLA 문서를 참조하자.

15.6.1 값에 의한 전달

값에 의한 전달pass-by-value은 이해하기 가장 쉬운 매개변수 전달 메커니즘이다. 프로시저를 호출하는 코드는 매개변수 데이터의 복사본을 만들고, 이 복사본을 프로시저에 전달한다. 값이 작은 경우, 매개변수를 값으로 전달하려면 일반적으로 push 명령어(또는, 레지스터에서 매개변수를 전달할 때, 값을 레지스터로 이동하는 명령어)보다 약간의 공간만 더 있으면 된다. 따라서 이 메커니즘은 종종 매우 효율적이다.

---

11 C는 값에 의한 전달만 허용하지만, 참조에 의한 전달을 쉽게 시뮬레이트할 수 있도록 일부 오브젝트의 참조 주소를 가져올 수 있다. C++는 참조에 의한 매개변수 전달을 완벽하게 지원한다.

값에 의한 매개변수 전달의 큰 장점 중 하나는 CPU가 매개변수를 활성화 레코드 내의 지역 변수처럼 취급한다는 것이다. 프로시저에 전달하는 매개변수 데이터는 120바이트 이상이 거의 없기 때문에, 인덱스 주소 지정 모드로 단축된 변위를 제공하는 CPU는 더 짧은(그래서 더 효율적인) 명령어를 사용해 대부분의 매개변수 값에 액세스할 수 있다.

값으로 매개변수를 전달하는 것이 비효율적일 수 있는 한 가지 경우는 배열이나 레코드처럼 큰 데이터 구조체를 전달해야 하는 경우다. 이전 예제에서 본 것처럼, 호출하는 코드에서는 실제 매개변수를 프로시저의 활성화 레코드에 바이트 단위로 복사해야 한다. 100만 개의 원소를 가진 배열을 서브루틴에 값으로 전달하면, 이 프로세스는 매우 느려질 수 있다. 따라서 절대적으로 필요한 경우가 아니면, 큰 오브젝트는 값으로 전달하지 않도록 해야 한다.

15.6.2 참조에 의한 전달

참조에 의한 전달pass-by-reference 메커니즘은 값이 아닌 오브젝트의 주소를 전달한다. 이는 값에 의한 전달에 비해 몇 가지 뚜렷한 장점이 있다. 첫째, 참조에 의한 매개변수 전달은 매개변수의 크기에 관계없이 항상 동일한 양의 메모리(일반적으로 기계 레지스터에 맞는 포인터 크기)를 사용한다. 둘째, 참조에 의한 매개변수 전달을 사용하면 실제 매개변수의 값을 수정할 수 있다. 이는 값에 의한 매개변수 전달에서는 불가능하다.

참조에 의한 매개변수 전달에도 단점은 있다. 일반적으로 프로시저 내에서 참조에 의한 매개변수에 액세스하는 것은 값에 의한 매개변수에 액세스하는 것보다 비용이 많이 든다. 서브루틴은 오브젝트의 각 액세스에서 해당 주소를 역참조해야 하기 때문이다. 보통 이럴 때는 레지스터 간접 주소 지정 모드를 사용해 포인터를 역참조하기 위해 포인터로 레지스터를 로드하는 작업이 포함된다.

예를 들어, 다음 파스칼 코드를 살펴보자.

```
procedure RefValue
(
    var dest:integer;
    var passedByRef:integer;
        passedByValue:integer
```

```
);
begin

    dest := passedByRef + passedByValue;

end;
```

다음은 위와 동등한 HLA/x86 어셈블리 코드다.

```
procedure RefValue
(
var     dest:int32;
var     passedByRef:int32;
        passedByValue:int32
); @noframe;
begin RefValue;

    // 표준 엔트리 시퀀스(@noframe 때문에 필요) 베이스 포인터를 설정한다
    // 참고: 지역 변수가 없기 때문에, SUB(nn,esp)는 필요하지 않다

    push( ebp );
    mov( esp, ebp );

    // 실제 값에 대한 포인터 가져오기

    mov( passedByRef, edx );

    // PassedByRef가 가리키는 값 가져오기

    mov( [edx], eax );

    // 값 매개변수에 더하기

    add( passedByValue, eax );

    // 데스티네이션 참조 매개변수의 주소 가져오기

    mov( dest, edx );
```

```
    // 합계를 dest에 저장

    mov( eax, [edx] );

    // 종료 시퀀스는 지역 변수가 없기 때문에
    // 할당을 해제할 필요가 없다

    pop( ebp );
    ret( 12 );

end RefValue;
```

이 코드에는 값에 의한 전달을 사용하는 버전보다 명령어가 두 개 더 많이 필요하다. 특히, dest나 passedByRef의 주소를 EDX 레지스터로 로드하는 두 개의 명령어가 필요하다. 일반적으로, 값에 의한 매개변수 전달 방식으로 값에 액세스하려면 명령어 하나만 있으면 된다. 그러나, 매개변수를 참조로 전달할 때, 매개변수 값을 조작하려면 두 개의 명령어(주소를 가져오는 명령어 하나와 해당 주소에서 데이터를 조작하는 명령어 하나)가 필요하다. 따라서, 참조에 의한 전달 방식이 필요하지 않다면 값에 의한 전달을 사용하는 것이 낫다.

CPU에 포인터 값을 유지하는 데 사용할 수 있는 사용 가능한 레지스터가 많으면, 참조에 의한 전달의 문제는 감소한다. 이러한 상황에서 CPU는 명령어 하나로 레지스터에 유지되는 값을 포인터를 통해 가져오거나 저장할 수 있다.

15.7 함수 리턴 값

대부분의 HLL은 함수 결과를 하나 이상의 CPU 레지스터로 반환한다. 컴파일러가 사용하는 레지스터는 정확히 데이터 타입, CPU, 컴파일러에 따라 다르다. 그러나, 대부분의 경우 함수는 레지스터에 결과를 반환한다(반환 데이터는 기계 레지스터에 맞는다고 가정한다).

32비트 80x86에서 서수 (정수) 값을 반환하는 대부분의 함수는 AL, AX, EAX 레지스터에 함수 결과를 반환한다. 64비트 값(long long int)을 반환하는 함수는 일반적으로 EDX:EAX 레지스터 쌍(64비트 값의 HO 더블 워드를 포함하는 EDX 포함)에 함수 결과를 반환한다. 80x86 제품군의 64비트 변형에서 64비트 컴파일러는 RAX 레지스터에 64비트 결과를 반환한다. 파워PC에서 대부분의 컴파일러는 IBM ABI에 따라 R3 레지스터에 8비트, 16비트, 32비트 값을 반환한다. 32비트 버전의 파워PC용 컴파일러는 R4:R3 레지스터 쌍에 64비트 서수 값을 반환한다(R4는 함수 결과의 HO 워드를 포함한다). 아마도 파워PC의 64비트 변형에서 실행되는 컴파일러는 64비트 서수 결과를 R3에 직접 반환할 수 있다.

일반적으로 컴파일러는 부동 소수점 결과를 CPU(또는 FPU)의 부동 소수점 레지스터 중 하나에 반환한다. 80x86 CPU 제품군의 32비트 변형에서 대부분의 컴파일러는 80비트 ST0 부동 소수점 레지스터에 부동 소수점 결과를 반환한다. 80x86 제품군의 64비트 버전도 32비트 멤버와 동일한 FPU 레지스터를 제공하지만, 윈도우-64 같은 일부 운영체제는 보통 SSE 레지스터(XMM0) 중 하나를 사용해 부동 소수점 값을 반환한다. 파워PC 시스템은 일반적으로 부동 소수점 함수 결과를 F1 부동 소수점 레지스터로 반환한다. 다른 CPU는 비슷한 위치에서 부동 소수점 결과를 반환한다.

일부 언어에서는 함수가 스칼라가 아닌 (집계) 값을 반환할 수 있다. 컴파일러가 큰 함수 반환 결과를 리턴하는 데 사용하는 정확한 메커니즘은 컴파일러마다 다르다. 그러나, 일반적인 솔루션은 함수가 반환 결과를 배치할 수 있는 일부 스토리지의 주소를 함수에 전달하는 것이다. 예를 들어, func() 함수가 구조체 오브젝트를 반환하는 짧은 C++ 프로그램은 다음과 같다.

```
#include <stdio.h>

typedef struct
{
    int a;
    char b;
    short c;
    char d;
} s_t;

s_t func( void )
{
    s_t s;
```

```
        s.a = 0;
        s.b = 1;
        s.c = 2;
        s.d = 3;
        return s;
    }

    int main( void )
    {
        s_t t;

        t = func();
        printf( "%d %d", t.a, func().a );
        return( 0 );
    }
```

위 C++ 프로그램에 대해 GCC가 내보내는 파워PC 코드는 다음과 같다.

```
.text
        .align 2
        .globl _func

; func() -- 참고: 입력 시,
;               이 코드는 R3이 반환 결과를 보유하기 위해
;               스토리지를 가리킨다고 가정한다

_func:
        li r0,1
        li r9,2
        stb r0,-28(r1) ; s.b = 1
        li r0,3
        stb r0,-24(r1) ; s.d = 3
        sth r9,-26(r1) ; s.c = 2
        li r9,0 ; s.a = 0

        ; 오케이, 반환 결과를 설정하자

        lwz r0,-24(r1) ; r0 = d::c
```

```
        stw r9,0(r3)    ; result.a = s.a
        stw r0,8(r3)    ; result.d/c = s.d/c
        lwz r9,-28(r1)
        stw r9,4(r3)    ; result.b = s.b
        blr


        .data
        .cstring
        .align 2
LC0:
        .ascii "%d %d\0"
        .text
        .align 2
        .globl _main
_main:
        mflr r0
        stw r31,-4(r1)
        stw r0,8(r1)
        bcl 20,31,L1$pb
L1$pb:
        ; t를 위한 스토리지 할당과
        ; func에 대한 두 번째 호출을 위한
        ; 임시 스토리지 할당

        stwu r1,-112(r1)

        ; 위에서 LINK 복원

        mflr r31

        ; 데스티네이션 스토리지(t)에 대한 포인터를
        ; R3으로 가져오고, func를 호출한다

        addi r3,r1,64
        bl _func

        ; "func().a" 계산

        addi r3,r1,80
```

```
        bl _func

        ; t.a와 func().a 값을 가져와서 출력한다

        lwz r4,64(r1)
        lwz r5,80(r1)
        addis r3,r31,ha16(LC0-L1$pb)
        la r3,lo16(LC0-L1$pb)(r3)
        bl L_printf$stub
        lwz r0,120(r1)
        addi r1,r1,112
        li r3,0
        mtlr r0
        lwz r31,-4(r1)
        blr

; printf 함수의 stub

        .data
        .picsymbol_stub
L_printf$stub:
        .indirect_symbol _printf
        mflr r0
        bcl 20,31,L0$_printf
L0$_printf:
        mflr r11
        addis r11,r11,ha16(L_printf$lazy_ptr-L0$_printf)
        mtlr r0
        lwz r12,lo16(L_printf$lazy_ptr-L0$_printf)(r11)
        mtctr r12
        addi r11,r11,lo16(L_printf$lazy_ptr-L0$_printf)
        bctr
        .data
        .lazy_symbol_pointer
L_printf$lazy_ptr:
        .indirect_symbol _printf
        .long dyld_stub_binding_helper
```

다음은 GCC가 동일한 함수에 대해 내보낸 32비트 80x86 코드다.

```
        .file    "t.c"
        .text
        .p2align 2,,3
        .globl func
        .type func,@function

; 입력 시, 함수의 반환 결과를 보관할
; 스토리지 주소가 반환 주소 바로 위의
; 스택에 전달된다고 가정한다

func:
        pushl    %ebp
        movl     %esp, %ebp
        subl     $24, %esp        ; s에 대한 스토리지 할당

        movl     8(%ebp), %eax    ; 결과 주소 가져오기
        movb     $1, -20(%ebp)    ; s.b = 1
        movw     $2, -18(%ebp)    ; s.c = 2
        movb     $3, -16(%ebp)    ; s.d = 3
        movl     $0, (%eax)       ; result.a = 0;
        movl     -20(%ebp), %edx  ; 반환 결과를 위해
        movl     %edx, 4(%eax)    ; 나머지 s를
        movl     -16(%ebp), %edx  ; 스토리지에 복사한다
        movl     %edx, 8(%eax)
        leave
        ret      $4
.Lfe1:
        .size    func,.Lfe1-func
        .section         .rodata.str1.1,"aMS",@progbits,1
.LC0:
        .string "%d %d"

        .text
        .p2align 2,,3
        .globl  main
        .type    main,@function
main:
        pushl    %ebp
        movl     %esp, %ebp
```

```
subl     $40, %esp        ; t와 temp 결과에 대한
andl     $-16, %esp       ; 스토리지 할당

; t의 주소를 func에 전달

leal     -24(%ebp), %eax
subl     $12, %esp
pushl    %eax
call     func

; 임시 스토리지의 주소를 func에 전달

leal     -40(%ebp), %eax
pushl    %eax
call     func

; 스택에서 정크 제거

popl     %eax
popl     %edx

; 두 값을 출력하려면 printf를 호출하라

pushl    -40(%ebp)
pushl    -24(%ebp)
pushl    $.LC0
call     printf
xorl     %eax, %eax
leave
ret
```

이러한 80x86 및 파워PC 예제에서 알 수 있는 사실은 큰 오브젝트를 리턴하는 함수는 종종 반환 직전에 함수 결과 데이터를 복사한다는 것이다. 이 추가적인 복사는 특히 리턴 결과가 큰 경우에 상당한 시간이 걸릴 수 있다. 이처럼, 큰 구조체는 함수 결과로 바로 반환하는 대신 큰 결과를 리턴하는 함수에 일부 데스티네이션 스토리지에 대한 포인터를 명시적으로 전달한 다음, 함수가 필요한 복사를 모두 수행하도록 하는 것이 좋다. 이것은 종종 시간과 코드를 절약한다. 이를 구현하는 다음 C 코드를 살펴보자.

```
#include <stdio.h>

typedef struct
{
    int a;
    char b;
    short c;
    char d;
} s_t;

void func( s_t *s )
{
    s->a = 0;
    s->b = 1;
    s->c = 2;
    s->d = 3;
    return;
}

int main( void )
{
    s_t s,t;

    func( &s );
    func( &t );
    printf( "%d %d", s.a, t.a );
    return( 0 );
}
```

GCC로 변환한 80x86 코드는 다음과 같다.

```
        .file "t.c"
        .text
        .p2align 2,,3
        .globl func
        .type   func,@function
func:
```

```
        pushl   %ebp
        movl    %esp, %ebp
        movl    8(%ebp), %eax
        movl    $0, (%eax)          ; s->a = 0
        movb    $1, 4(%eax)         ; s->b = 1
        movw    $2, 6(%eax)         ; s->c = 2
        movb    $3, 8(%eax)         ; s->d = 3
        leave
        ret
.Lfe1:
        .size   func,.Lfe1-func
        .section        .rodata.str1.1,"aMS",@progbits,1
.LC0:
        .string "%d %d"
        .text
        .p2align 2,,3
        .globl main
        .type   main,@function
main:
        ; 활성화 레코드를 빌드하고
        ; s와 t에 대한 스토리지 할당

        pushl   %ebp
        movl    %esp, %ebp
        subl    $40, %esp
        andl    $-16, %esp
        subl    $12, %esp

        ; s의 주소를 func에 전달하고 func를 호출한다

        leal    -24(%ebp), %eax
        pushl   %eax
        call    func

        ; t의 주소를 func에 전달하고 func를 호출한다

        leal    -40(%ebp), %eax
        movl    %eax, (%esp)
        call    func
```

```
; 스택에서 정크 제거

addl    $12, %esp

; 결과 출력

pushl   -40(%ebp)
pushl   -24(%ebp)
pushl   $.LC0
call    printf
xorl    %eax, %eax
leave
ret
```

보다시피, 이 방법은 코드가 데이터를 두 번(한 번은 데이터의 지역 변수 사본에, 다른 한
번은 최종 대상 변수에) 복사할 필요가 없으므로 더 효율적이다.

15.8 참고 자료

Aho, Alfred V., Monica S. Lam, Ravi Sethi, and Jeffrey D. Ullman. *Compilers:
Principles, Techniques, and Tools*. 2nd ed. Essex, UK: Pearson Education Limited,
1986.

Barrett, William, and John Couch. *Compiler Construction: Theory and Practice*.
Chicago: SRA, 1986.

Dershem, Herbert, and Michael Jipping. *Programming Languages, Structures and
Models*. Belmont, CA: Wadsworth, 1990.

Duntemann, Jeff. *Assembly Language Step-by-Step*. 3rd ed. Indianapolis: Wiley, 2009.

Fraser, Christopher, and David Hansen. *A Retargetable C Compiler: Design and
Implementation*. Boston: Addison-Wesley Professional, 1995.

Ghezzi, Carlo, and Jehdi Jazayeri. *Programming Language Concepts*. 3rd ed. New
York: Wiley, 2008.

Hoxey, Steve, Faraydon Karim, Bill Hay, and Hank Warren, eds. *The PowerPC
Compiler Writer's Guide*. Palo Alto, CA: Warthman Associates for IBM, 1996.

Hyde, Randall. *The Art of Assembly Language*. 2nd ed. San Francisco: No Starch Press, 2010.

———. "Webster: The Place on the Internet to Learn Assembly." http://plantation-productions.com/Webster/index.html.

Intel. "Intel 64 and IA-32 Architectures Software Developer Manuals." Updated November 11, 2019. https://software.intel.com/en-us/articles/intel-sdm.

Ledgard, Henry, and Michael Marcotty. *The Programming Language Landscape*. Chicago: SRA, 1986.

Louden, Kenneth C. *Compiler Construction: Principles and Practice*. Boston: Cengage, 1997.

Louden, Kenneth C., and Kenneth A. Lambert. *Programming Languages: Principles and Practice*. 3rd ed. Boston: Course Technology, 2012.

Parsons, Thomas W. *Introduction to Compiler Construction*. New York: W. H. Freeman, 1992.

Pratt, Terrence W., and Marvin V. Zelkowitz. *Programming Languages, Design and Implementation*. 4th ed. Upper Saddle River, NJ: Prentice Hall, 2001.

Sebesta, Robert. *Concepts of Programming Languages*. 11th ed. Boston: Pearson, 2016.

후기:
엔지니어링 소프트웨어

이 책의 목표는 컴파일러에 의해 생성된 기계어 코드에 하이레벨 코딩 기술이 미치는 영향을 이해할 수 있도록 돕는 것이다. HLL 프로그램에서 명령문이나 데이터 구조의 비용 절충을 이해하지 못하면, 효율적인 프로그램을 일관되게 만들어낼 수 없다. 훌륭한 코드를 작성하고 싶다면, 비효율적인 프로그램을 만들지 말아야 한다. 이를 위해 『Write Great Code』 시리즈의 처음 두 권의 책인 1편(『Write Great Code, Volume 1: Understanding the Machine』)과 2편(『Write Great Code, Volume 2: Thinking Low-Level, Writing High-Level』)에서는 현대 프로그래머가 직면한 효율성 문제를 다뤘다. 그러나 이 책의 1장에서 언급했듯이 효율성이 훌륭한 코드의 유일한 속성은 아니다. 따라서, 3편 (『Write Great Code, Volume 3: Engineering Software』)에서는 방향을 바꿔 다른 속성에 대해 논의할 것이다.

특히, 3편은 프로그래밍의 퍼스널 소프트웨어 엔지니어링 측면을 다룬다. 소프트웨어 엔지니어링 분야는 주로 대규모 소프트웨어 시스템 관리에 중점을 둔다. 반면, 퍼스널 소프트웨어 엔지니어링은 장인 정신, 예술, 작업에 대한 자부심 등과 같이 개인적으로 훌륭한 코드를 작성하는 것과 관련된 주제를 논의한다. 따라서, 3편에서는 여러 다른 주제 중에서 소프트웨어 개발 비유, 소프트웨어 개발자 비유, 시스템 도큐먼트에 대한 토론을 통해 이러한 측면을 살펴볼 것이다.

지금까지 훌륭한 코드를 향해 달려온 당신의 여정이 일단락된 것을 축하한다. 자, 이제 3편에서 다시 만나자.

| 용어 설명 |

공통 하위 표현식 제거^{common subexpression elimination}: 표현식의 값을 다시 계산하지 않고 나중에 사용할 수 있도록 일부 (하위) 표현식의 값을 보존하는 컴파일러 최적화

관리 포인터^{managed pointer}: 관리되지 않는 포인터(즉, 임의의 포인터 연산을 허용하는 포인터)에 서 발생하는 일반적인 문제를 제거하는 데 도움이 되도록 연산에 특정 제한이 있는 포인터

그래핌 클러스터^{grapheme cluster}: 단일 문자(상형 문자)를 정의하는 하나 이상의 유니코드 코드 포인트 시퀀스. 대부분의 사람이 출력 장치에서 독립 실행형 문자로 인식할 단일 항 목을 생성하는 일련의 유니코드 코드 포인트

글리프^{glyph}: 출력 장치에 단일 문자를 그리는 일련의 획

기본 블록^{basic block}: 베이스 블록이라고도 함. 시퀀스의 시작과 끝을 제외하고는 분기가 없 는 기계 명령어 시퀀스

네임스페이스 오염^{namespace pollution}: 주어진 범위에 너무 많은 이름이 있으면, 새 오브젝트에 부여하려는 이름이 이미 프로그램의 다른 곳에서 사용되고 있어 잠재적으로 이름 충 돌이 발생할 수 있다.

다중 상속^{multiple inheritance}: 여러 상위 클래스에서 속성(데이터 필드)과 동작(메서드/함수)을 상속하는 클래스의 기능

단일 주소 머신^{single-address machine/one-address machine}: 산술 및 논리 명령어에 단일 오퍼랜드가 있는 CPU. 일반적으로는 어큐뮬레이터 기반 아키텍처다.

단축 연산^{short-circuit evaluation}: 숏컷 연산이라고도 함. 해당 계산의 전체 결과에 영향을 미치 지 않는 계산의 특정 부분은 무시한다.

댕글링 포인터^{dangling pointer}: 애플리케이션이 포인터를 해제하고 할당된 메모리를 다른 용도 로 사용할 수 있게 만든 후에도 애플리케이션이 계속 사용하는 포인터

데드 코드 제거^{dead code elimination}: 죽은 코드 제거라고도 함. 절대 실행할 수 없는 오브젝트 모듈 에서 모든 코드를 제거하는 컴파일러 최적화

도프 벡터dope vector: 동적으로 할당된 배열의 경계를 지정하는 정수 배열

디스플레이display: 중첩된 프로시저나 함수의 중간 변수에 액세스하기 위한 포인터를 제공하는 데이터 구조(일반적으로 활성화 레코드에 있음)

루프 불변loop invariant: 루프의 각 반복에서 값이 변경되지 않는, 루프 내에서 발생하는 계산

리프 프로시저 및 함수leaf procedure and function: 다른 프로시저나 함수를 호출하지 않는 프로시저/함수(즉, 호출 트리의 '리프' 노드임). '호출 트리' 참조

매크로macro: 일부 소스 코드에서 컴파일러가 매크로 호출 대신 대체하는 텍스트 본문

메모리 누수memory leak: 다시는 사용되지 않더라도 해당 메모리를 해제하지 않고 지속적으로 메모리를 할당하는 것을 말한다. 이러한 메모리는 시스템에서 액세스할 수 없게 된다.

메타데이터metadata: 파일의 다른 데이터를 설명하는 파일의 데이터

바인딩binding: 일부 오브젝트에 속성(이름, 타입, 값, 주소 등)을 연결하는 프로세스

사이드 이펙트side effect: 해당 계산의 의도된 기본 결과가 아닌 일부 계산 결과. 일반적으로 여기에는 계산의 주요 의도를 벗어난 값(변수)이나 기타 프로그램 상태의 수정이 포함된다.

서로게이트 코드 포인트surrogate code point: 문자 셋을 65,536자(16비트 이상 확장) 이상으로 확장하는 특수 유니코드 값

선언 상수manifest constant: 심벌 이름과 연결된 상수 값. 컴파일러가 심벌 이름을 만나면 이를 상수 값으로 직접 바꾼다.

센티널sentinel: 데이터 시퀀스의 일부 경계를 표시하는 특별한 값(예: 문자열 끝에 있는 0으로 끝나는 바이트)

속성attribute: 일부 오브젝트와 관련된 속성. 예를 들면 오브젝트의 이름, 타입, 메모리 주소, 값 등이 포함된다.

스래싱thrashing: 캐시에 없는(또는, 메모리 페이지에 존재하지 않고 가상 스토리지에 존재하는) 값을 지속적으로 로드한다. 데이터를 캐시(또는, 메모리 페이지)에 로드하면, 애플리케이션이 곧 액세스할 데이터가 제거돼 더 많은 스래싱이 발생할 수 있다.

스택 기반 머신stack-based machine: (머신 레지스터를 사용하지 않고) 하드웨어 스택에서 모든 계

산을 수행하는 CPU

스택 프레임stack frame: '활성화 레코드' 참조

스파게티 코드spaghetti code: 프로그램에서 제어 흐름을 결정하기 어렵게 만드는 많은 제어 전달 명령문(goto문)을 포함하는 코드

시퀀스 포인트sequence point: 컴파일러가 이전의 모든 사이드 이펙트가 계산/완료됐음을 보장하는 계산 포인트

언롤링unrolling(루프loop): (고정 반복) 루프에 각 반복마다 나타나는 코드 확장. 루프 오버헤드 코드를 제거하면 성능을 향상시킬 수 있다.

열 우선 정렬column-major ordering: 다차원 배열의 요소를 메모리에 저장하기 위한 메커니즘으로, 연속된 메모리 위치에 있는 첫 번째 인덱스의 원소가 배열의 다른 인덱스보다 빠르게 변경된다.

열거 데이터 타입enumerated data type: (상수) 값이 고유한 숫자 값과 연관된 시스템의 심벌 이름 리스트인 데이터 타입(열거는 카운트나 리스트를 의미함)

완전 부울 평가complete boolean evaluation: 일부 하위 구성 요소가 계산 결과에 영향을 미치지 않더라도 부울 표현식의 모든 구성 요소를 평가한다.

유니코드 정규화 Unicode normalization: 동일한 순서로 구성된 동일한 (최소) 코드 포인트를 갖도록 정식으로 동등한 유니코드 문자열을 조정한다.

유니코드Unicode: 대부분의 알려진 문자를 지원하는 보편적인 표준화된 문자 셋

인다이렉트 리컬시브 함수indirect recursion: 간접 재귀 함수라고도 함. 해당 함수로 돌아가기 전에 궁극적으로 원래 함수를 호출하는 다른 함수(다른 함수 등을 호출할 수 있음)를 호출하는 함수

인라인 함수inline function: 함수를 호출하지 않고 함수 호출 포인트에서 컴파일러가 본문을 확장하는 함수

재귀recursion: 리컬전이라고도 함. 함수 자체에서 이뤄지는 함수 호출. '간접 재귀' 참조

정규 등가canonical equivalence: 두 개의 다른 시퀀스(문자열 등)는 출력 장치에서 동일한 문자를 생성하는 경우 표준적으로 동일하다. 두 문자열이 표준적으로 동일한 경우, 시퀀스에 다른 바이트가 있더라도 동일한지 비교하면 true가 생성돼야 한다.

정적 바인딩static binding: 프로그램 실행 전에 발생하는 바인딩(속성을 오브젝트와 연결)

지역 변수local variable: 범위가 코드 블록(일반적으로 함수 또는 프로시저)과 관련된 일련의 명령문으로 제한되는 변수

직선형 코드straight-line code: 분기, 조건, 함수 호출 또는 제어 전송을 유발하는 기타 항목이 포함되지 않은 명령 시퀀스

코드 모션code motion: 컴파일러가 코드 섹션을 좀 더 효율적으로 실행할 수 있는 다른 위치로 이동하는 최적화 기술(예: 루프 외부에서 루프 불변 코드 이동).

코드 포인트code point: 유니코드 문자(스칼라) 또는 대리 코드 포인트(유니코드 문자 셋 확장)를 나타내는 숫자 값(0 – 65,535 범위)

코드 플레인code plane: 최대 65,536개의 서로 다른 유니코드 문자 셋

토큰화된tokenized: 단어word나 기타 어휘lexeme가 숫자(일반적으로 1바이트) '토큰' 값으로 대체된 데이터

튜플tuple: 관련된 데이터 값의 리스트. 스위프트에서 튜플은 리스트 값과 거의 같다.

플레인 바닐라 텍스트plain vanilla text: 특별한 형식 없이 텍스트 정보만 담겨 있는 ASCII 또는 유니코드 텍스트 파일

필터 프로그램filter program: 파일을 읽고 입력을 처리하고 해당 입력을 기반으로 출력 파일을 생성하는 프로그램

할당 단위allocation granularity(메모리 관리자memory manager): 메모리 할당자가 스토리지 요청에 따라 할당할 최소 크기 블록

행 우선 정렬row-major ordering: 다차원 배열의 요소를 메모리에 저장하기 위한 메커니즘으로, 연속적인 메모리 위치에서 배열의 다른 인덱스보다 더 빠르게 변하는 마지막 인덱스 요소를 가진다.

호출 규칙calling convention: 매개변수를 전달하고 함수/프로시저의 실행을 호출하는 일련의 기계어 명령

호출 트리call tree: 프로그램의 모든 호출과 애플리케이션 특정 함수의 루트rooted와 관련된 모든 호출에 대한 그래픽 다이어그램. 루트 노드에서 나오는 화살표는 해당 루트 노드가 나타내는 함수/프로시저에 의해 만들어진 호출을 나타낸다. 이 화살표는 노드에서 호출한 함수를 가리킨다. 이러한 각 노드는 다른 노드에 대한 자체 호출을 포함할

수 있다(호출 노드에서 나가는 화살표로 표시됨). 기술적으로 호출 트리는 더 일반적인 호출 그래프다. (간접) 리컬시브 호출로 호출 트리의 상위 노드에 대한 화살표가 발생할 수 있기 때문이다.

활성화 레코드activation record: 반환 주소, 함수 인수, 지역 변수와 기타 항목을 포함하는 서브루틴/함수 호출에 관련된 메모리 섹션

힙heap: 언어의 런타임 시스템이 동적 변수에 대한 스토리지를 할당하거나 해제하는 특수 메모리 영역

A32: 32비트 ARM CPU

A64: 64비트 레지스터 및 연산을 지원하는 ARMv8 이상의 CPU 아키텍처

ABIApplication Binary Interface: 애플리케이션 바이너리 인터페이스

AOT 컴파일 Ahead-of-Time compilation: 실행 전에 기계 독립적 바이트코드를 기본 기계 코드로 변환한다.

AOTAhead-of-Time: 'AOT 컴파일' 참조

BMPBasic Multilingual Plane: 65,536 유니코드 코드 포인트의 첫 번째 그룹(U+0000~U+CFFF와 U+E000~U+FFFF)

BSSBlock Started by a Symbol: 기호로 시작되는 블록(오브젝트 코드 파일의 초기화되지 않은 데이터 섹션)

CILCommon Intermediate Language: 공통 중간 언어(마이크로소프트 .NET)

CISCComplex Instruction Set Computer: 복합 명령어 셋 컴퓨터

CLICommon Language Infrastructure: 공용 언어 인프라(마이크로소프트)

CLRCommon Language Runtime: 공용 언어 런타임(마이크로소프트 .NET)

CLSCommon Language Specification: 공용 언어 스펙

COFFCommon Object File Format: 공용 오브젝트 파일 포맷

CTSCommon Type System: 공용 시스템

DBCSDouble-Byte Character Set: 2바이트 문자 셋

DFAData Flow Analysis: 데이터 흐름 분석. 또는 결정론적 유한 상태 오토마타Deterministic Finitestate Automata를 의미한다.

ECMA^{European Computer Manufacturers Association}: 유럽 컴퓨터 제조업체 협회

ELF^{Executable and Linkable File format}: 실행 및 연결 가능한 파일 포맷

FSF^{Free Software Foundation}: 프리 소프트웨어 재단

Gas^{GNU Assembler}: GNU 어셈블러

GNU^{Gnu's Not Unix}: 'Gnu는 Unix가 아니다.'라는 의미다.

HLA^{High-Level Assembly language}: 하이레벨 어셈블리 언어

HLL^{High-Level Language}: 하이레벨 언어

HO^{High-Order}: 상위

I/O^{Input/Output}: 입출력

IDE^{Integrated Development Environment}: 통합 개발 환경

IL^{Intermediate Language}: 중급 언어(마이크로소프트)

ILAsm^{Intermediate Language Assembly}: 중급 언어 어셈블리. 마이크로소프트 CLR의 어셈블리 언어 구문

JBC^{Java bytecode}: 자바 바이트코드

JIT^{Just In Time}: 저스트 인 타임 (컴파일)

LIFO^{Last-In, First-Out}: 후입 선출(스택 데이터 구조의 구성)

LINK 레지스터^{LINK register}: 함수 진입 시 함수 반환 주소를 보유한다(파워PC). 'LR' 참조

LO^{Low-Order}: 하위

LR^{Link Register}: 링크 레지스터(ARM CPU의). 함수에 들어갈 때 함수의 반환 주소를 유지한다.

MASM^{Microsoft Assembler}: 마이크로소프트 어셈블러

MSIL^{Microsoft Intermediate Language}: 마이크로소프트 중급 언어

MSVC^{Microsoft Visual C(++)}: 마이크로소프트 비주얼 C(++)

NaN^{Not a Number}: 숫자가 아님(부동 소수점 결과)

NASM^{Netwide Assembler}: 넷와이드 어셈블러

NOS^{Next On Stack}: 스택의 다음. 스택 맨 위 바로 아래에 있는 값

op코드 접두사 바이트^{opcode prefix byte}: 명령 코드, 오피 코드라고도 하는데, op코드나 opcode 로 표기하기도 함. 연산 바로 다음에 오는 명령어를 수정하는 특별한 기계어 명령어 값. 예를 들어, 80x86에서 opcode 크기의 접두사 바이트는 다음 명령어의 여러 메모리/레지스터 오퍼랜드 크기를 지정할 수 있다.

opaque 데이터 유형^{opaque data type}: 내부 구현이 프로그래머에게 표시되지 않는 데이터 유형

PC^{Personal Computer}: 개인용 컴퓨터

PE/COFF^{Portable Executable/Common Object File Format}: 이식 가능한 실행 파일, 공용 오브젝트 파일 포맷(마이크로소프트)

RISC^{Reduced Instruction Set Computer}: 축소 명령어 셋 컴퓨터

SBC^{Single-Board Computer}: 싱글 보드 컴퓨터

SIMD^{Single-Instruction, Multiple Data}: 단일 명령어, 다중 데이터(CPU용 명령어)

TASM^{Turbo assembler}: 터보 어셈블러(볼랜드, 엠바카데로)

TOS^{Top Of Stack}: 스택 맨 위

UTF^{Universal Transformation Format}: 범용 변환 포맷. 유니코드에 대한 인코딩 스키마(세 가지 표준 유니코드 인코딩 스키마는 UTF-8, UTF-16, UTF-32)를 의미한다.

VB^{Visual BASIC}: 비주얼 베이직

VC++^{Visual C++}: 비주얼 C++(마이크로소프트)

VFP^{Vector Floating-Point}: 벡터 부동 소수점(ARM 명령어)

VHLL^{Very High-Level Language}: 상당한 하이레벨 언어

VM^{Virtual Machine}: 가상 머신

WGC1: 『Write Great Code』 시리즈 1편(『Write Great Code, Volume 1: Understanding the Machine』)

x86-64: AMD/인텔 80x86 CPU의 64비트 변형

0-주소 머신^{zero-address machine}: 산술 및 논리 명령어가 오퍼랜드를 지정하지 않는 CPU. 일반

적으로 스택 머신 아키텍처다.

2-주소 머신^{two-address machine}: 산술 명령어가 일반적으로 두 개의 오퍼랜드를 갖는 CPU. 두 개의 오퍼랜드는 데스티네이션 오퍼랜드와 소스 오퍼랜드이며, 데스티네이션 오퍼랜드는 소스 오퍼랜드의 두 배다. 대부분의 2-주소 머신은 레지스터 기반 머신이다.

3-주소 머신^{three-address machine}: 산술 명령어가 일반적으로 세 개의 오퍼랜드(하나의 데스티네이션 오퍼랜드와 두 개의 소스 오퍼랜드)를 갖는 CPU. 대부분의 3-주소 머신은 레지스터 기반 머신이다.

찾아보기

숫자

GREAT CODE Vol. 2 2/e
로우레벨로 생각하고 하이레벨로 코딩하기

발 행 | 2022년 1월 28일

지은이 | 랜달 하이드
옮긴이 | 송 주 경

펴낸이 | 권 성 준
편집장 | 황 영 주
편 집 | 이 지 은
디자인 | 윤 서 빈

에이콘출판주식회사
서울특별시 양천구 국회대로 287 (목동)
전화 02-2653-7600, 팩스 02-2653-0433
www.acornpub.co.kr / editor@acornpub.co.kr

한국어판 ⓒ 에이콘출판주식회사, 2022, Printed in Korea.
ISBN 979-11-6175-595-3
http://www.acornpub.co.kr/book/greatcode-vol2-2e

책값은 뒤표지에 있습니다.